龍門區系石刻文萃

RUBBINGS SELECTION FROM THE STONE INSCRIPTIONS OF LONGMEN AREA

張乃翥 輯

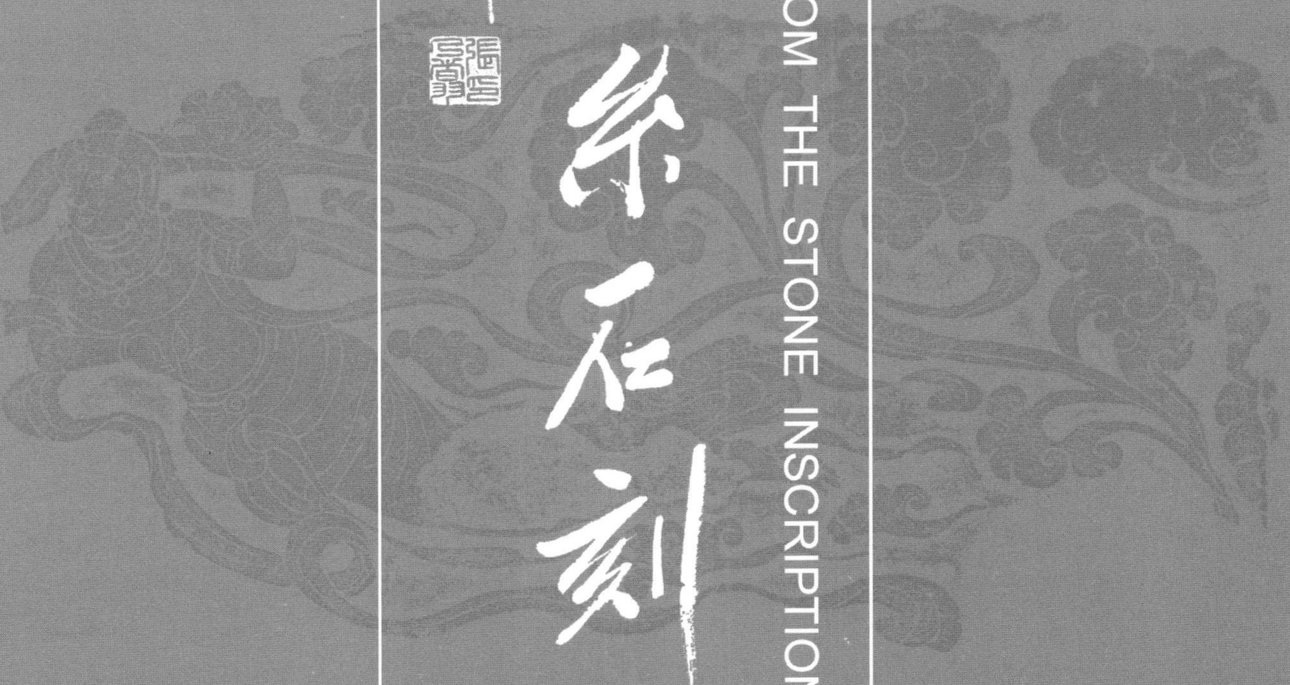

國家圖書館出版社

圖書在版編目(CIP)數據

龍門區系石刻文萃/張乃翥輯. —北京:國家圖書館出版社,2011.10
ISBN 978-7-5013-4670-7

Ⅰ. ①龍…　Ⅱ. ①張…　Ⅲ. ①龍門石窟-石刻-研究-文集　Ⅳ. ①K877.404-53

中國版本圖書館 CIP 數據核字(2011)第 187458 號

書　名　龍門區系石刻文萃
著　者　張乃翥　輯

出　版　國家圖書館出版社　(100034　北京西城區文津街 7 號)
發　行　010-66139745　66151313　66175620　66126153
66174391(傳真)　66126156(門市部)
E-mail　btsfxb@nlc.gov.cn(郵購)
Website　www.nlcpress.com(投稿)
經　銷　新華書店
印　刷　河北三河弘翰印務有限公司

開　本　787×1092　1/8
印　張　75
版　次　2011 年 10 月第 1 版　2011 年 10 月第 1 次印刷

書　號　ISBN 978-7-5013-4670-7
定　價　980.00 圓

序

柴劍虹

我對以洛陽龍門石窟造像藝術以及周邊地區的碑刻遺存爲核心內容的 “區系文化生態”可謂毫無研究，但依然是這一巨大的世界文化遺産的鍾情者，所以當張乃翥先生將他的大作文字部分的電子文本發來並索序於我時，我也就抱着珍惜這一次學習機會的態度，愉快地接受了這一任務。

乃翥將他置於書前的理論分析文字，命題爲《中古時期龍門地區區系文化群落探驪》，首先引起了我的興趣。因爲他着眼的不僅僅是大家較多瞭解的石窟造像，而且擴充到龍門地區歷年出土的一批年代有序、形態各異、內容繁富的碑刻文本；他關注的不單單是這些石刻文物的形制、風格和直接的文獻價值，而是力求解讀它們所包含的多向歷史信息，從而去探尋這一地區中古時期的人文形態，進而發掘這一珍貴遺産的人文價值與現代意義。他提出的許多精闢論點，對我都有啓示作用。例如講到地望環境與文化內涵，涉及到地理形勝與宗教文化的密切關係；例如將龍門地區的人文特色，概括爲以宗教信仰爲主體紐帶的人文生態，以石窟崇拜爲先導的人間事態，以寺院活動爲核心的民俗行徑；例如要建立“大遺址”文化概念，就必須善於以文化生態的眼光去審視這一遺址所包含的多重歷史信息，等等。乃翥在龍門地區生活、工作了幾十年，這些結論决非是他一時興起的突發奇想或偶生議論，而是多年來經過深思熟慮而形成的思想觀念。這既是充滿理性思考的結果，也是浸潤着他熱愛家鄉、熱愛優秀傳統文化的真摯情感。用他自己的話來説，就是將這一生態體系的“理性韻致深深融匯在我們的心田”。

在乃翥論著的字里行間，我感受到他強調的是文物遺跡生成的人文背景，是文化生態所展示的人文意義與價值，不禁使我於心有戚戚焉。二十多年來，我參與敦煌古文獻及相關文物的整理研究，越來越深切地感到只有將敦煌文物置於絲綢之路咽喉地區文化交流的大背景中，探尋其豐富多彩的人文環境，才能真正弄清楚它們所依存的物質與精神基礎，切實解答諸如莫高窟藝術品的人文價值、藏經洞文獻的由來與封閉原因、敦煌文化的現代意義等重要課題。多年以來，我們的歷史學、文學、語言、藝術、哲學、經濟、軍事等學科的研究，雖然十分強調“人民群衆創造歷史”，但卻往往是就事論事，見物不見人的。我這里講的“人”，是各個歷史階段中各民族、各階層的人，是各色人等的生活環境、生存權利、家庭與社會活動及生動活潑的創造能力。《周易》中説：“文明以止，人文也。觀乎天文，以察時變；觀乎人文，以化成天下。”可見，我們的老祖宗早就對“人文”的意義有着明確的認識；由此看來，包括“人權”、“民權”在內的“人文主義”，並非西方人的專利權。談人文色變，則大可不必。因此，北京申辦奧運會，提出“人文奧運”的理念，大家舉雙手贊成。只是我們在相應的宣傳上（包括對外宣傳），似乎還有點離題，還有些語焉不詳。前年6月在深圳舉辦的“人文奧運高級論壇”上，我曾就此發表過具體的意見，此不贅述。我只是想説明，歷史文化研究，文物考古工作，文化遺産的保護、繼承與發揚，乃至我們各項日常工作的方方面面，都不能離開人文精神。乃翥此書，在探索人間事象這一問題時，是抓住了關鍵和核心的，足以啓示吾心。

當然，我於乃翥此書，不僅是有興趣，也不止是受啓迪，還有實實在在的感動。我與乃翥結識多年，交往不頻，但他是一位接觸幾次便能給人留下深刻印象的人——對本職工作的熱愛，對學問的執著探究，對同道及友人的熱忱，均有口皆碑。他又是文物研究機構中一位特別注重田野踏查的學者，冬寒夏暑，沐雨櫛風，幾十年如一日，足跡遍及伊闕峽谷的山前水後、窟内洞外，蒐集了大批寶貴的第一手資料。而且，他收存資料，並不像有些考古人那樣，是奇貨可居，保守己用，而是爲了搶救遺存的寶貴文物，並使之成爲“奇文共欣賞，疑義相與析”的學術公器。他曾多次和我談起踏勘遺址、蒐羅碑刻時的沉痛和焦急，拳拳之心，耿耿之情，溢於言表，期望在他退休之前能爲搶救文物多做些力所能及的工作。現在，他退休了，終於能夠及時地將這批考古資料公諸於士林，他希望爲認識與研究龍門地區這個“文化群落”的典型個案提供更豐富的圖文資料，以彌補往昔學界資料積累之不足；這是對自己辛勤勞動的檢視與小結，更在貢獻學術的同時獲得了心靈的撫慰。所以，我們要感謝他，也祝賀這本《龍門區系石刻文萃》的出版。

2007年2月3日

編輯要言

一、本書石刻資料之遴選,以其中事涉龍門石窟及龍門地區中古掌故爲因由。

二、本書選輯上述石刻資料凡 406 品,其收集時間止於 2006 年 12 月。個別資料引録於 2008 年年底。

三、上述歷史資料之排列順序,以北朝、隋、唐、五代、北宋爲次第。

四、在每一朝代之内部,則按資料具體刊刻年代、月、日之順序,次第排列。

五、資料本身紀年闕如者,則以相對年代之先後,逐一列於每一朝代相對年代之末尾。

六、倘屬有關資料業已刊布於以往出版之石刻專著,本書自然遵照學界公儀,一一於本書圖版之當頁,注明引於前賢專著之所在。

七、本書採選的主要石刻專著有:

1.趙萬里編:《漢魏南北朝墓誌集釋》(本書引用,簡稱《集釋》),科學出版社,1956 年,北京。

2.《千唐志齋》(本書引用,簡稱《千唐》),文物出版社,1984 年/1989 年,北京。

3. 北京圖書館金石組編:《北京圖書館藏中國歷代石刻拓本彙編》(本書引用,簡稱《北圖》),中州古籍出版社,1989 年 11 月,鄭州。

4.洛陽市文物工作隊編:《洛陽出土歷代墓誌輯繩》(本書引用,簡稱《輯繩》),中國社會科學出版社,1991 年,北京。

5.吳樹平、吳寧歐編:《隋唐五代墓誌彙編》(本書引用,簡稱《彙編》),天津古籍出版社,1992 年。

6.洛陽市第二文物工作隊編:《洛陽新獲墓誌》(本書引用,簡稱《新獲》),文物出版社,1996 年,北京。

7.吳元眞主編:《北京圖書館藏龍門石窟造像題記拓本全編》(本書引用,簡稱《全編》),廣西師範大學出版社,2000 年,桂林。

8.楊祚龍、趙水森等編:《洛陽新出土墓誌釋録》(本書引用,簡稱《釋録》),北京圖書館出版社,2004 年。

9.洛陽市第二文物工作隊、喬棟、李獻奇、史家珍編著:《洛陽新獲墓誌續編》(本書引用,簡稱《新獲續編》),科學出版社,2008 年,北京。

八、考慮到洛中出土石刻資料向爲學界研究古史所倚重,兹將本人近年蒐集石刻拓本 113 品結集連綴於篇次,以饗業内同好研究利用之期待。

中古時期龍門地區區系文化群落探驪

AN INQUIRY ON THE CULTURAL SETTLEMENTS OF THE LONGMEN AREA DURING THE MIDDLE ANCIENT PERIOD (THIRD–TENTH CENTURIES AD)

張乃翥

本文以作者二十年來田野考古所獲石刻資料爲主體,結合相關歷史文獻與金石著録的記載,對龍門石窟及其周圍地帶中古時期的人文情態作了全景式復原。行文中,作者從文化生態學角度出發,對上述遺産資料進行了內容範式的理性歸納,進而以此資料系統爲脈絡,指出龍門地區中古一代曾經存在過諸如政治、軍事、交通、水文、民族、鄉俗、居墅、林囿、館驛、宿止、寺廟、造像、幢塔、墓葬、祭奠、祈雨、施捨、觀游、聚會、行樂、文學等等一系列繽紛多姿的萬象世態。作者認爲,這種種雜陳紛呈、行色各異的人間事相,反映了中古時代龍門地區作爲封建國家都畿之下一處地理名勝賴以形成的那種彼此依存、相互推挽的文化圈系的歷史現實。這種充滿了人文互動色彩的區系生態的揭示,一方面爲"龍門學"(Longmenology)的學科建立奠定了一種帶有嘗試意義的學術起點,另一方面也爲人們認識其他文化遺産單位的全息歷程提供了一個具有示範價值的研究個案。

一

龍門佛教藝術大盛於魏、唐,其中北朝造像則尤以雕琢瑰麗、裝飾繁縟稱譽於古今。中國石窟寺考古調查告訴我們,魏、唐時代的石窟裝飾雕刻中,幾無例外地包含了一些頗具認識價值的視覺材料,因此,尋索龍門石窟碑刻題記、裝飾雕刻中某些帶有典型文化學意義的文物遺存以爲鏡鑒中古社會之素材,則無疑應該成爲古代文化史研究領域內一項值得引起重視的工作。

人們知道,在我國地方文化史研究領域中,石刻拓本以其獨特的原始性價值向爲人們所珍視。而兩宋以降中國金石之學的繁榮,則以中國傳統學術方式對地方文化史研究成果之富仍積累,作出過巨大的貢獻。

然而,以人文關懷爲終極目標的近代石窟遺産之研究,就龍門石窟來説,則肇始於 19 世紀末葉西方學人對東方文化遺産田野調查的展開。

1889 年,法國學人魯勃蘭斯·蘭格(Leprince Ringuet,1873 年—1938 年)率先訪問龍門石窟,由此揭開了國際社會關注龍門的序幕。1902 年蘭格的考察資料(Voyage dans Les Provinces du Nord La Chine,Le Tour Du Monde,9 serie tome 20, 1902.)發表後,立即引起各國學術階層的廣泛注意。其中早已關注東方文化的法國漢學家沙畹(E.E.Chavannes,1865 年—1918 年),借諸蘭格收集的龍門石窟的照片和拓本,參考《魏書》、《河南通志》、《金石萃編》等史籍,寫成了龍門石窟的概要性報道(E.Chavannes,Le Defile de Longmen dans Provinces Hounan Journal Asiatique,1902.),發表在同年的《亞細亞學報》上。

此後,日本人伊東忠太、冢本靖和平子鐸嶺,於 1902 年至 1906 年先後訪問河南，對龍門石窟進行了系統的考察。冢本的考察報告《清國内地旅行談》發表於《東洋學藝雜誌》第25、26兩卷上。平子的調查筆記，則見於大村西崖《支那美術史·雕塑篇》的引文中。

1907年，沙畹親抵龍門，在當地考察了十二天，其考察報告載入後來出版的《北中國考古圖譜》(E.Chavannes，Mission Archeologique dans La Chine Septentrionale,Paris,1915.)中。

1918年—1920年，日本學者關野貞、常盤大定也先後訪問龍門，在其合著之《支那佛教史跡》一書中，對龍門石窟進行了頗爲詳細的論述。

1918年4月—1921年12月，在河南、陝西兩省旅遊的瑞典人阿斯瓦德·喜龍仁(Osvald Sirun，1879年–1966年)，曾兩次考察龍門石窟。後來將其從雕塑史角度研究龍門石窟的論述，收入他的《支那雕刻》(Osvald Sirun，Chinese Sculpture–from the Fifth to the Fourteenth Century,London,1925.)一書中，這是西方人最早探討龍門藝術史的學術成果。

1936年，日本學人水野清一、長廣敏雄等人，繼調查響堂山石窟之後，又轉赴龍門考察了六天。其後來出版的《龍門石窟之研究》，成爲外國人研究龍門石窟的一部長期享有權威地位的學術專著。

面對國際社會如此活躍的學術潮流，20世紀的初期，豫籍學者關百益、時經訓先生即以珍視鄉土的情懷，編輯出版了《伊闕魏刻百品》一書。本世紀20至30年代，中國學人袁希濤、崔盈科、許同莘，建築學家梁思成、林徽因、劉敦楨等，亦相繼考察龍門，發表報告。此後關百益先生《伊闕石刻圖表》〔1〕又以極大篇幅選刊了龍門魏、唐造像中一些石刻圖文的拓本。兹中若干印製精工的圖例，則借諸沙畹舊著之圖版，尤爲珍貴地保存了龍門石刻中一些被毁前夕的歷史資料。

後至50年代之末葉，我國美術界前輩于希寧、羅尗子先生又以識珠慧眼編輯出版了題爲《北魏石窟浮雕拓片選》〔2〕的美術圖冊，從而引起新中國文化學界對洛陽石窟寺石刻資料分外的關注。

1981年，宮大中先生的力作《龍門石窟藝術》由上海人民出版社出版，書中將龍門石窟的文化要素按題材條理向讀者做了系統的介紹。

進入90年代以來，李文生先生竭其平生所好編輯出版了《龍門石窟裝飾雕刻》〔3〕一書，由此將龍門魏、唐造像中的部分石刻圖影，以美術史資料形式展示於同賢。

在此期間，龍門文物保管所會同中國文物出版社、日本平凡社編輯出版了圖版質量頗佳的《中國石窟·龍門石窟》〔4〕圖冊。其對龍門造像之精品，多有視角獨特的展現。

然而，當我們回顧一個世紀以來龍門石窟的學術歷程的時候，我們不難發現，前賢哲人們這些歷盡曲折、各領千秋的學術行爲及其成果，無不以時代條件的局限，僅能將理性思維及勘察目光設定在石窟内部這一狹義的研究領域内。龍門石窟地緣文化的生態環境及其遺産要素的動態機理，自始至終未曾引起各國學人應有的注意。

事實上，每當我們轉而檢閲中國清季以來的金石文獻並留心龍門地區近年出土的文物遺跡的時侯，我們自然能夠體驗到龍門石窟與周邊地區的人文生活存在着一種相爲表裏、交互影響的文化生態聯結。這無疑使我們意識到，石窟研究應該參照區域文化形態的既有揭示，跟上當代前沿學術之潮流，採用“文化生態學

（Cultural Ecology ）抑或”生態人類學“（Ecological Anthropology）的理性提醒，以更爲廣闊的治學視野，對龍門文化遺産的整體信息給予應有的重視。

筆者晚生而不慧，年屆而立始有結緣龍門的方便。二十餘年來，藉諸鄉土條件的允許，兼以家學提染之積愫，故能孤旨慊慊、累以時月潛心於龍門文物的蒐集與踏勘。每當涉足龍門文化遺跡之期間，龍門一帶相屬枕藉的殘垣斷壁，煢煢突兀的寺塔丘墟，其荆棘羅列、蒿茅蓬披之遺像，無不歷歷入目，動人心弦。面對這迤邐綿亙、閱盡滄桑的歷史陳跡，追溯龍門地區中古一代人文勝概的思緒遂復油然而叢生。

隨着筆者田野考察活動的深入和文獻遴集過程的持續，龍門石窟外圍地帶的魏、唐遺存與石窟内部的造像行爲相與推挽的文化現象便亦日愈明顯地凸現於腦海。這種帶有生態系鏈意義的地緣文化信息，終於使我們認識到中古時代的龍門地區，曾經有過一個以信仰意識爲連結紐帶的區系文化群落的存在。基於田野調查和文獻鈎稽的積累，1992 年筆者嘗以《從出土文物看中古時期龍門地區的區系文化聚落》〔5〕爲題，提出了個人對這一問題的初步見解，這大體上反映了 20 世紀末葉考古資料佔有水平下我們對這一地域文化史態的認識。

1993 年迄今，龍門地區相繼又有大量文化遺物的出土，這爲學者們認識中古時期這一大遺址的整體歷史面貌提供了便利。此後，筆者以日常目閲與田野調查爲本柢，對龍門區系文化環境的歷史構成進行了爲期十年的追踪。現今公諸於讀者面前的這一資料影本，便是筆者歷年捃採零瑣的結集。

本書收集龍門石窟及其周圍地帶石刻文物的拓本資料總計 500 餘幅，這些資料在一定程度上透露了龍門地區各種人文活動的典型事態，因而對復原龍門地區中古時期的文化生態——尤其是這一地區的文化群落體系——必將有着彌足珍貴的史料價值。

由這些文物資料的内容，我們可以概括出龍門地區區系文化群落如下的一些總體的特徵：

一、從時間領域來攷察，自魏、晉駐都於洛京，伊闕便以京畿隘障爲文明社會所注目。魏晉時代龍門地理石刻之著録及漠北質子的遷駐，反映了時人關注伊闕地緣形勝的意識。迨至北魏、唐宋龍門石窟之鑿建，龍門地區又以宗教名跡彰顯於中古的始終。

二、從文化成因角度來審視，龍門地區區系文化的鼎盛，根源於北魏、唐宋期間當地宗教崇拜的推挽與張揚。此間僧俗二衆對龍門地宜的熱衷，造成了石窟内外人文事態的叢仍連鎖與繁榮。這是本書圖文資料在内容領域内體現出來的價值主體。

本着追踪遺逝、復原往古的學理訴求，讓我們以歷史文獻和出土文物的時間順序爲傍依，對龍門地區逝如川水的往昔歲月給予一次全景式回溯。這是閱歷一段地方人文史乘心力跋涉的實踐，也是解讀一處世界文化遺産歷史内涵學養陶冶的必須。

二

史載“景明初（500），世宗詔大長秋卿白整，準代京靈岩寺石窟，於洛南伊闕山爲高祖、文昭皇太后營石窟二所。初建之始，窟頂去地三百一十尺。至正始二年（505）中，始出斬山二十三丈。至大長秋卿王質，謂斬山太高，費工難就，奏求下移就平，去地一百尺，南北一百四十尺。永平中，中尹劉騰奏爲世宗復造石窟一，凡爲三所。從景明元年(500)至正光四年(523)六月已前,用功八十萬二千三百六十六"〔6〕。可見北魏遷都洛陽之未久,便傚仿平城舊規在伊闕峽谷展開了規模巨大的國家佛教造像活動。此後,隨着龍門造像規模的日益宏仍,封建國家的統治階層便不約而同地以親臨莅幸的方式,表達了對龍門地方事物的注重。僅以魏、唐時代爲限例,文獻透露的歷史信息即有:

魏宣武帝正始元年(504)十二月"己亥,行幸伊闕"〔7〕。

胡靈太后熙平二年(517)四月乙卯,"幸伊闕石窟寺,即日還宮"〔8〕。

孝明帝孝昌二年(526)八月戊寅,"幸南石窟寺,即日還宮"〔9〕。

出帝元修,永熙二年(533)正月"己亥,車駕幸崧高、石窟、靈岩寺。庚子,又幸,散施各有差"〔10〕。

時屆楊隋,大業二年(606)"夏四月庚戌,上(煬帝)自伊闕,陳法駕,備千乘萬騎,入於東京"〔11〕。

有唐一代,太宗於貞觀十五年(641)"冬十月辛卯,大閱於伊闕"〔12〕。

高宗龍朔元年(661)"冬十月丁卯,狩於陸渾。癸酉,還宮"〔13〕。在伊闕一帶從事了長達六天的畋獵活動。

長安四年(704)春正月,則天令"造興泰宮於壽安縣之萬安山。"四月"丙子,幸興泰宮"〔14〕。

約在此前,則天又"幸洛陽龍門,令從官賦詩,左史東方虬詩先成,則天以錦袍賜之。及(宋)之問詩成,則天稱其詞愈高,奪虬錦袍以賞之"〔15〕。

中宗神龍元年(705)"冬十月癸亥,幸龍門香山寺"〔16〕。

玄宗開元十三年(725)"二月戊午,幸龍門,即日還宮"〔17〕。

所有這些歷史文獻的記載,無不反映出龍門石窟營造年代最高統治當局對伊闕人文形勝的關注與垂青。這說明,當魏、唐時代龍門佛教藝術正值繁榮的階段,這裏的一些突出的人事行爲便已富有強烈的國家政治色彩。這是龍門石窟有別於中國其他石窟的一個顯著的特點。

不僅如此,當我們對龍門文物遺跡進行考察的時候,我們可以發現,還在龍門造像時代的初期,伊闕地區即已伴隨着石窟崇拜演繹了一些令人心魄震撼的歷史事件。

龍門古陽洞北壁,有北海王元詳造像記文云:"維太和之十八年(494)十二月十一日,皇帝親御六旌,南伐蕭逆。軍國二容,別於洛汭;行留兩音,分於闕外。太妃以聖善之規戒途戎旅,弟子以資孝之心戈言奉淚。其日太妃還家,伊川立願:'母子平安,造彌勒像一區,以置於此。'至二十二年(498)九月二十三日,法容克就。因即造齋;鐫石表心,奉申前志……"(圖2)。由此可見,北魏王族此次龍門石窟之造像,起因於洛汭、伊闕之間經歷的一次南伐蕭梁的軍事行爲。這種石窟造像結緣於國家軍事行爲的例證,在中國石窟造像史上並不少見〔18〕。

古陽洞同壁楊大眼造像記有曰:"……輔國將軍、直閤將軍、[游擊將軍]、梁州大中正、安戎縣開國子仇池楊大眼,誕承龍曜之資,遠踵應符之胤,稟英奇於弱年,挺超群於始冠。其□也,垂仁聲於未聞;揮光也,摧百萬於一掌。震英勇則九宇咸駭,存侍納則朝野必附。竫王衢於三紛,掃雲鯨於天路。南穢既澄,震旅歸闕,軍次□行,路逕石窟,覽先皇之明踪,睹盛聖之麗跡,矚目徹霄,泫然流感,遂爲孝文皇帝造石像一區……"(圖5)。

楊大眼,氐人,北魏馳騁疆場之名將,《魏書》、《北史》皆有傳。楊氏此次"南穢既澄，震旅歸闕，軍次□行，路逕石窟”之行爲，事在景明元年(500 年)蕭齊豫州刺史裴叔業以壽春内屬，楊大眼與奚康生率軍赴援、凱旋洛京的途中。楊大眼自壽春返京路逕於龍門，與上述孝文南伐之過往，一再説明伊闕峽谷自古即爲洛陽南通江淮的孔道。

另如古陽洞同壁，别有碑刻題記文云：“都綰闕口游激校尉司馬解伯達造彌勒像一軀，願皇道赫寧，九荒沾泯，……太和年造”(圖 3)。“正始五年(508)四月二日，闕口關功曹敦光造釋迦文佛石像一軀……”。“正始五年(508)四月二十日，闕口關功曹史張英周妻蘇文好造石像一區……”。“正始五年(508)四月二十日，闕口關吏史市榮造釋迦文佛石像一軀……”。這些次第出現的石刻資料，集中地反映出龍門造像與伊闕北魏軍事史態的連結。

古代軍事行逕接緣石窟造像的事態，龍門唐代遺跡中亦有相近的史例。如龍門唐字洞南壁有題記文云：“永徽二年(651)七月六日，永州□縣人郭孝隱男大亮入遼，爲造觀音一軀，願行人平安”。龍門老龍洞南壁題記又有：“清信女王三娘爲亡父母及見存眷屬、姊妹兄弟又夫主張通東行願平安，敬造阿彌陀像一龕，……唐總章元年(668)十一月一日。”清明寺窟外窟口北側題記另有：“不可思宜清信女王婆，爲兒宋玄慶東行，願得平安，敬造觀音一軀了。上元三年(676)二月。”

徵諸文獻，我們知道，文物實例中的這幾次征人東行，與貞觀、上元年間李唐征伐高麗、新羅之役有着密切的聯繫〔19〕。

伊闕既以峽谷地貌顯示其軍事價值，則歷史時期的和平年代這一川河峽谷即有可能成爲人們南來北往的必由途徑。這種帶有鮮明交通價值的輿地史態，早在魏晉時代已爲世人所關注。《水經注·伊水》：“(伊) 闕左壁有石銘云：‘黄初四年(224)六月二十四日辛巳，大水出，舉高四丈五尺，齊此以下。’蓋記水之漲減也”。“右壁又有石銘云：‘元康五年(295)河南府君循大禹之軌，部督郵辛曜、新城令王琨，部監作掾董猗、李褒，斬岸開石，平通伊闕。’石文尚存也”〔20〕。

正是由於伊闕峽谷以地理險要連貫着黄淮江漢一帶的交通，北魏以降龍門地區便留下了不少游弋羈旅者吟咏纏綿的行記，這在龍門造像碑刻和當地出土文物中並有信息的顯示。

龍門西山老龍窩中層，有造像記另云：“魏故使持節平南將軍、原陽侯、都太守、青州刺史、隴西公姚尊□惠銘。公諱尊，字天生，南安人也。……至乃方軌南陸，涇塗伊川，睹崇崖之崢嶸，臨清流之漫衍，遂鎸巖靈石，雕神妙軌。……正光□年(520–524)……朔十五日造”(圖 24)。

又賓陽中洞窟口北側一造像記文云：“蜀郡成都縣募人□□□李子贇行至此，敬爲亡父、見在母、兄弟、自身，願早還相見，造觀音像一軀，並及六道四生，同沾斯福。大業十二年(616)四月二十五日”(圖 38)。

龍門雙窰南側有蘇鋗造像記文曰：“大唐永淳元年(682)歲次庚子十一月十一日，衛州共城縣人蘇鋗父任唐州比陽令，言將覲省漢池。背河朔而行，途經龍門，而極目翠巖千仞，尊儀萬龕，睹淨域以歸心，仰靈相而誠懇，遂發第一願，敬造釋迦牟尼像一龕……”(圖 72)。

史載聖歷元年(698)，則天欲召廬陵王李顯自房陵返洛。“天后曰：‘安可卻向房陵，只於石像驛安置，具法駕、陳百僚就迎之’〔21〕”。其年三月，“中宗自房陵還宫，則天匿之帳中，召(狄)仁傑以廬陵爲言。仁傑慷慨敷奏，言發涕流。遽出中宗謂仁傑曰：‘還卿儲君。’仁傑降階泣賀。既已，奏曰：‘太子還宫，人無知者，物議安審是非！’則天以爲然。乃復置中宗於龍門，具禮迎歸，人情感悦”〔22〕。

龍門東山萬佛溝北崖，有盧徵造觀世音像銘一品，文記盧徵“建中□年（780–783），自御史謫居夜郎。貞元二祀（786），自□官貶□（嶺）南，□皆爲權臣所忌。……亦不知其所如往也。夜宿龍門香山寺靈龕，天眼億萬，相對稽首，悲嘿！……此乃夜郎之役也。貞元之黜，又過於此。……”（圖 288）。

歷史文獻與石窟遺跡中如此頻仍的交通記事，反映了中古時期伊闕在通往江漢以南地區時所具有的重要地位。從宏觀情勢和文物資料所顯示出來的微觀信息來考察，伊闕以南的交通方向大抵會有東南、正南與西南三種情況。《白氏長慶集》中吟唱龍門鄉關之詞所謂“危亭絶頂四無鄰，見盡三千世界春，……回看官路三條線，卻望都城一片塵”〔23〕之道白，的爲當時闕南交通線路的寫真。本書收集龍門西山出土張氏墓誌所見“以（開元）二十一年（733）歲次癸酉五月景寅朔七日壬申窆於龍門山南官路西南四里鞏家山原上”（圖 162）的記事，無獨有偶印證了龍門“官路”的存在。

然而，圍繞龍門交通環境展開的生活畫卷絶非思慕鄉關、祈福造像般充滿了詩意，這里的個別歷史事件亦會讓人産生不寒而慄的心靈感覺。史載許王素節“永隆元年（680）轉岳州刺史，後改封葛王。則天稱制，又進封許王，累除舒州刺史。天授（690–691）中，與上金同被誣告，追赴都，……行至都城南龍門驛被縊死”〔24〕。如此看來，處心積慮狂熱於龍門造像的武則天，並非以佛陀慈悲推及於他人——宗教宣傳粉飾於政治利害的需要，這是一切專制主義政治家一貫的表演。

龍門石窟佛教功德連及於交通，有唐以後仍有文物遺跡可以追尋。今魏字洞北崖之底層，有咸平三年（1000）《石道記》碑刻一通，碑文中有“……師本洛陽人，俗姓高氏。……才修梓匠，措意禹門，願石道以陳殘，起□徵而整葺。矧自太平興國癸未歲（983）季五月，伊水……坦路崩陷，巨石欹傾，逾月以來，杜絶往復。……自雍熙四年（987）丁亥歲二月，……飲□者差肩而至，荷畚臿者陳力而往。端拱以來，首尾三載，厥功已就，大路坦途，遍會禹門”（圖 394）。

石窟研究表明，《石道記》碑涉及的碑主即是《宋高僧傳》的作者釋贊寧是也。碑文記載了太平興國八年（983）五月伊河洪水冲毀伊闕通道、贊寧大師引領各界以三載之功恢復通途的經過〔25〕，這是中古時代佛教社會直接參與龍門交通事業的實例。茲後，東京八作司作頭胡榮等十人於大中祥符九年（1016）二月於龍門“修石佛”、天聖四年（1026）“三班借職監伊河竹木務兼本鎮煙火修整石佛石道公事”丁裕等於龍門兼修石佛、石道的活動（圖 398），反映了北宋時代封建國家對龍門造像、交通遺存的關注，這由真宗皇帝大中祥符四年（1011）三月“觀風”伊闕（圖 397）及責成沙門棲演修復龕像可爲佐證〔26〕。

龍門既以區域名勝彰顯於中原，則以仕宦生計行止於洛都的社會名流必有涉足行爲顯示於當地。

通過對龍門造像題記的系統追踪，我們大體廓清了魏、唐時代包括丘穆陵亮、元詳、楊大眼、元燮、元祐、元善見、崔光、袁翻、李元慶、李泰、岑文本、褚遂良、唐臨、王玄策、孟利貞、丘悦、蘇良嗣、渾元慶、張九齡、崔廷玉、高力士、楊思勖、蕭元禮、姚崇、徐嶠之、盧徵、崔縱、黨曄、趙驊等等在内的一系列歷史名人在石窟内部的宗教遺存〔27〕。其中袁、岑、孟、丘、蘇、張、徐、盧者輩，俱爲中古一代流譽時林的文壇手筆。這些歷史名人在龍門石窟的文化行跡（圖 40、59、125），反映出中古時期社會名流對石窟崇拜曾經發揮着引領嚮導的文化功能。

與此同時,魏、唐期間某些榮貴一時的官宦階層,亦以種種世象事態顯現出他們與龍門宗教事物的密邇因緣。

舉例來講,龍門極南洞係盛唐名人姚崇爲其母劉氏所造之功德。該窟造像碑刻中見有"……長沙郡公姚意之妻也,龍朔年中(661–663),……於伊闕南之別業也。夫人時入洛城,路由此地,……徐嶠之書"之内容。由此可知,龍朔年中姚氏家族於伊闕南邇曾有別墅之建置。造像碑中"夫人時入洛城,路由此地"之叙事,反映的正是唐人視石窟造像與居止行色爲連裔的心理情態。極南洞踞於龍門石窟南端極爲高暢之地段,由此南望伊川原野頗有鄉關煙波之勝概。姚氏家族選擇這一典型場所修持佛事之功德,其看重龍門區域形勝之心愫更由別業選址得到恰切的印證。

龍門地區分布世俗居墅、園囿建築的情況,出土文物、歷史文獻中每有不斷的記載。

如當地出土唐衛國夫人墓誌中有:"夫人王氏,……神龍元年(705)二月二十八日封爲新昌郡夫人,……景龍二年(708)四月二十日改封薛國夫人,……唐隆元年(710)六月二十八日復封徐國夫人,……景雲二年(711)轉封衛國夫人,同京官三品,但亞列侯,名超宮掖。……春秋八十有七,去開元八年(720)七月遘疾終於伊□(闕)之別業也。以今年二月二十五日遷窆於邙山之原"(圖 141)。由王氏累封國君之記事,可知王氏生前正以顯貴身資居寢於龍門,盛唐時期龍門不乏貴宦之鄉墅,於此可見其一斑。

2004 年 9 月龍門西山出土江州刺史李君夫人崔氏墓誌,載崔氏"以執徐歲冬月之季終於伊闕之別業"。且以"壬午歲(天寶元年/742)正月己酉(三日)"葬於"洛陽之南、伊水之西,行先志也。踞龍門之爽塏,歸鷲嶺之田園。弘此法因,寧指梵氏之葬;從其理命,何假祔集之言"(圖 201)。看來,崔氏之別居或歸葬於龍門,大抵以佛教信仰爲選擇。

陸府君夫人趙氏墓誌,載"夫人趙氏,天水人也。……春秋二十九,開元十六年(728)春夭逝於伊闕高泉私第。天寶四載(745)冬葬於河南縣邙山"(圖 224)。

1997 年 8 月龍門東山南麓出土王府君夫人崔氏墓誌,載其開元廿七年(739)六月十二日"崩殁于都城龍門南韓村別業"(圖 190)。

1995 年邙山出土田思順夫人李氏墓誌,載其天寶二載(743)十二月五日"終于伊闕里之私第"(圖 215)。

2006 年春洛陽邙山出土郭山松墓誌,載其"天寶五載(746)七月廿九日啓手於伊闕之私第"(圖 227)。

崔瑤墓誌記事則有:"天寶八載(749)太歲己丑秋九月壬辰朔二十五日景辰,銀青光祿大夫、光祿卿、上柱國、魏縣開國公崔府君(瑤)感疾暴薨於東京鼎門之南別業,……即以明月壬戌朔二十三日甲申權殯於龍門北原。……鼎門近郊,名園對出;王城貴里,甲第同回"(圖 235)。

盧正道女范陽郡君墓誌:"……天寶十一載(752)七月七日……終於伊闕歸善鄉之私第"(圖 244)。

虞從道墓誌,載夫人吳氏以天寶十二載(753)"正月十二日終於伊闕之私第"(圖 263)。

1992 年洛陽邙山出土劉君夫人隴西李氏(智玄寂)墓誌,載其元和癸巳(八年/813)正月七日終于"河南府伊闕縣莊居"。而其"長女性忠、次女性貞,出家住安國寺"爲尼(圖310),可見這一信教家庭對於龍門懷有山居依託的感情,這從後二年性忠本誌記事中可以窺見其端的。

李群墓誌,載李氏寶歷二年(826)歸閑於洛陽,四月十七日"終於伊川之別墅"(圖323)。

出土文物中透露的龍門居墅史例,歷史文獻中亦有相應材料可以印證。

盛唐詩文載有唐明皇幸臨韋嗣立龍門北溪山莊的遺事,並有張説、魏奉古、崔日知、崔泰之、李乂等侍宴應制賦詩的美談,從中透露出開、天時代駐蹕東都的玄宗皇帝及其御前侍臣,亦有龍門山居宴樂行賞的雅興〔28〕。

韋嗣立時有《自湯還都經龍門北溪贈張左丞崔禮部崔光禄》文曰:"僕自湯還都,經龍門北溪莊宿。張左丞、崔禮部、崔光禄並枉垂光顧。數公宿敦道義,雅尚林壑。謂急於幽尋,故此命駕。遂不知別有勝賞,偶然相過。寒暄未周,神意已往。雲霞之至,蔑而不存。逸轡放驅,清塵徒企。耿歎不已,而贈是詩:'棲閑有愚谷,好事枉朝軒;樹接前驅擁,巖傳後騎喧;褰簾出野院,植杖候柴門;既拂林下席,仍攜池上樽;深期契幽賞,實謂展歡言;末眷誠未易,佳遊時更敦;俄看嘯儔侶,各已共飛騫;延睇儘朝日,長懷通夜魂;空聞岸竹動,徒見浦花繁;多愧春鶯曲,相求意獨存'"〔29〕。

張説《奉酬韋祭酒自湯還都經龍門北溪莊見貽之作》詩曰:"聞君湯井至,瀟灑憩郊林;拂曙攜清賞,披雲覿緑岑;歡言遊覽意,款曲望歸心;是日期佳客,同山忽異尋;桃花迁路轉,楊柳間門深;泛舟伊水漲,繫馬香樹蔭;繁弦弄水族,嬌吹狎沙禽;春滿汀色媚,景斜嵐氣侵;懷仁殊未遠,重德匪專臨;來藻敷幽思,連詞報所欽"〔30〕。

《舊唐書》卷一八七《李憕傳》,載李氏天寶"十四載(755)轉光禄卿、東京留守,判尚書省事。……憕豐於産業,伊川膏腴,水陸上田,修竹茂樹,自城及闕口,別業相望……"。

同書卷一七四《李德裕傳》,載德裕嘗"於伊闕南置平泉別墅,清流翠篠,樹石幽奇。初未仕時講學其中。及從官藩服,出將入相,三十年不復重遊。而題寄歌詩,皆銘之於石。今有《花木記》、《歌詩篇録》二石存焉。"

平泉別墅唐代末年仍爲李氏後裔閑淡經營,以致兵亂年代復有往日舊好棲身於其間。史載"天復初(901),駕在鳳翔,汴軍攻蒲、華,(李)愚避難東歸洛陽。時衛公李德裕孫延古在平泉舊墅,愚往依焉。子弟親採秬負薪,以給朝夕,未嘗干人"〔31〕。

與李德裕棲息平泉之同時,唐人文集中尚有別例之顯現。

張籍《和令狐尚書平泉東莊近居李僕射有寄十韻》:"平地有清泉,伊南古寺邊;漲池閒遶屋,出野遍澆田;舊隱離多日,新鄰得幾年;探幽皆一絶,選勝又雙全;門靜山光別,園深竹影連;斜分採藥徑,直過釣魚船;鷄犬還應識,雲霞頓覺鮮;追思應不遠,賞愛諒難遍;此處堪長往,遊人早共傳;各當恩寄重,歸臥恐無緣"〔32〕。這至少説明伊闕南麓平泉莊一帶有唐時期多有士大夫鄉墅的存在。

白居易《薦李晏、韋楚狀》,有"伊闕山平泉處士韋楚……隱居樂道,獨行善身,斂跡市朝,息機名利……棲山卧雲,練氣絶粒……二十餘年,不改其樂"〔33〕的叙事,可見時人賞悦平泉之悠遊。

同人詩文中,更有透露龍門莊墅山居的咏歎,可爲我們提供當年人文地理的素材。如詩曰:"龍門蒼石壁,浥澗碧潭水;各在一山隅,迢遙幾十里;清鏡碧屏風,惜哉信爲美；……緑宜春濯足，淨可朝漱齒；繞砌紫鱗遊，拂簾白鳥起；何言履道叟，便是滄浪子；君若趁歸程，請君先到此；願以潺湲聲，洗君塵土耳”〔34〕。

“郊野遊行熟，村園次第過；驀山尋浥澗，踏水渡伊河；寒食青青草，春風瑟瑟波；逢人共杯酒，隨馬有笙歌；勝事經非少，芳辰過亦多；還須自知分，不老擬如何”〔35〕。如此“郊野遊行熟，村園次第過”的生活化敘事，眞可謂一幅唐代士族連綿經營城南别業的風景圖畫。

與上述名人園墅相交織，有唐一代龍門地區尚有不少民居村落的存在，這由當地出土墓誌、經幢材料可以略見其大概：

2007年1月龍門西山北麓出土李文楷墓誌，云李氏“大足元年(701)四月廿九日遘機疾終於神都履道里之私第，即以其年五月廿四日窆於合宫縣龍門鄉費村西北之平原”(圖99)。

龍門出土黄撝夫人劉氏墓誌，曰劉氏天寶十三年(754)“八月十日葬於龍門南西山淨土村太平□律師之塔北”(圖251)〔36〕。

又洛陽近年出土鄭鎬墓誌，載鄭氏至德三載(758)“正月九日遷殯於河南府河南縣龍門里張村東北三里之平原”(石存洛陽師範學院圖書館)。

韋珮母段氏墓誌，載段氏元和四年(809)十二月二日“葬於河南縣龍門鄉之午橋村”(圖307)。

崔遂墓誌，載崔氏元和六年(811)四月九日自萬年縣遷葬於“河南縣伊汭鄉中梁村告都里上”(圖309)。

東都安國寺比丘尼性忠墓誌，載其元和十年(815)“七月十三日歸窆於龍門望仙鄉護保村先師姑塔右”(圖313)〔37〕。

蘇君夫人盧氏墓誌，載盧氏長慶元年(821)“十一月九日合於先府君河南縣龍門鄉南王村龍門之原”〔38〕。

與上述民居生態相關聯，龍門地區竟然又有鄉校學肆的出現。洛陽出土大中四年(850)李惟一墓誌記事有謂：“有子三人，長曰從周，德志清靜，高明柔克，習學究業於龍門之側。歲及弱冠，俟命未至，痛盛年之染疾，乃先公而歿”(圖349)。

諸如此類散見各時的民間村居，自然使龍門地區的人事環境中洋溢着一種鄉村世俗的生活氣息，中古龍門之兼有田園氣象，出土文物無疑爲人們提供了真切的信息。而文物、史傳如此相關之記載，則從更爲廣闊的生活畫卷的角度，展示了伊闕一帶山水形勝之間每有士庶居舍、園囿别業構建的歷史情態，從而透露出中古時期龍門地區人事活動具有突出的世俗情節的特色。

不僅如此，通過對石窟造像中上述姚氏遺跡的擴展考察，我們可以看出這類仕宦家族與龍門區系文化的澆灕形態包含有旨趣品色的文化信息。

位於伊闕東南許營村北側的“萬安山”南麓，至今仍樹立着姚崇長子姚彝的神道碑。碑中記載墓主“開元四年(716)歲次景辰八月二十六日寢疾終於東都慈惠里第，春秋□□，……以其年十一月癸酉朔十八日庚寅葬於東都萬安山之南”(圖129)。可見毗鄰伊闕的萬安山一帶，尙有姚氏塋的存在。

近代出土文物表明，萬安山一帶容納了有唐一代衆多名門世家的族塋，這由本書收集的墓誌材料亦可得到相應的説明。但是，人們不僅要問：兹將標明“萬安山”出土的墓誌文物納入“龍門”文化系統來看待，是否有其牽強的成分？

這一問題的回答，最爲直接的方法看來還是應由考古資料的挖掘、分析來完成。

《姚懿神道碑》載懿妻劉氏“以神龍三年(707)正月八日終於洛陽慈惠坊之私第,嗚呼!遺令曰:‘生以形累,死以魂遊。然事尊在冥,無遠不至,何必合葬,然後爲禮。……歿已,可於龍門山外,用爲窀穸,冀近家園,以慰我平生之好耳。’崇等敬遵遺旨,以景龍二年(708)歲次戊申九月庚寅朔十五日甲辰,葬於萬安山之南陽”(圖126)〔39〕。可見唐人彼時正以“萬安山”認同於“龍門”。

又從天寶十三載(754)曹仁墓誌載其葬於“河南縣伊汭鄉萬安山之陽”(圖249)及大中十二年(858)鄭氏墓誌載其葬於“河南縣伊汭鄉尹樊村萬安山南”(圖360)的記叙,可以看出萬安山亦在伊汭鄉之轄境。而由元和十一年(816)向氏墓誌“厝於龍門天闕之南伊汭鄉”之措詞,則人們不難理解“萬安山”唐人墓地正與“龍門天闕”保持着同一地域單元的關係。這由近年伊闕南口所出李多祚墓誌載其葬於“河南縣伊汭鄉之平原”可以作爲資料之輔證。

關於“萬安山”與“龍門”、“闕塞”視同一體的看法,除姚氏家族等碑石資料反復不輟之陳叙,唐人穆員亦有叙事説辭引人咀嚼:“(伊水)斗門卒事之月,安平公(崔皚?)罷尹,杜公(亞)實來,……創爲此亭。有若嵩高二室、萬安闕塞,實檐前之山;清洛麗都,類夫河漢,實砌下之池”〔40〕。

此外,1998年12月,姚崇夫人劉氏墓誌出土於萬安山姚氏之族塋。墓誌記載劉氏“以聖歷元年(698)十月二十三日權歸殯邙山。……以開元五年(717)歲次丁巳二月壬申朔十三日甲申,改葬萬安山南大塋”(圖128)。從中不難看出姚氏家族對龍門人文環境的懷戀。這里值得特别提到的是,姚懿神道碑、龍門極南洞造像碑與姚彝神道碑俱爲徐嶠之書丹,而以往出土的姚弈神道碑則爲徐浩之手筆。從擅名當代的徐氏父子迭爲姚姓手沐來尋味,似乎透露出中國名人社會向有人緣執舊的傳統。

龍門地區的士族墓地,一些著名的家族例案甚至引起李唐朝廷的注重。唐人筆記叙此有曰:“張説既致仕,在家修養,乃承閑往景山之陽,于先塋建立碑表。玄宗仍賜御書碑額以崇之。其文曰:‘嗚呼!積善之墓。’與宣父延陵季子墓誌同體也。朝野以爲榮。及説薨,玄宗親制神道碑,其略曰:‘長安中,公爲鳳閣舍人,屬麟臺監張易之誣搆大臣,作爲飛語。御史大夫魏元忠即其醜正,必爲中傷。天后致投杼之疑,中宗憂掘蠱之變。是時敕公爲證,啗以右職。一言刺回,四國交亂。公重爲義,死且不辭,庭辯無辜,中旨有忤,左右爲之惕息,而公以之抗詞。反元忠之塋魂,出太子于坑陷。人謂此舉義重於生。由是長流欽州,守正故也。’文多不盡載”〔41〕。1998年冬龍門東山南麓張説墓誌的出土,可以印證當年此事演繹于龍門。

另如2001年6月於龍門西山張溝村東地出土的蕭識墓誌(圖166),從誌文表面似乎難以發現這一文化遺存與龍門石窟的内在聯繫,但借助於龍門石窟考古研究的前期成果,我們卻能夠感受到這一墓葬遺跡與龍門地區孔熾一時的佛教崇拜存在着十分密切的歷史關聯。

由墓誌記蕭氏世系得知,蕭識本南朝梁武之裔胤。識父元禮,史籍與龍門近年出土墓誌俱載其爲相州刺史(圖134)。蕭氏一門,梁、唐之際宗崇佛法稱著中古,此已爲歷史學界所公認。而元禮夫婦結緣龍門佛法之純誠,則另有考古資料足以説明之。

按龍門西山淨土堂之南崖,至今仍舊保存着蕭元禮夫人張氏的瘞窟。由此,人們自然能夠想象到蕭氏家族與龍門佛教崇拜關係的密切〔42〕。今由蕭識父子墓誌於伊闕近邇的出土,可以想見這一士族墓地之選址,與龍門佛教淨土崇拜在在結有深刻之因緣。而龍門地區近代出土的若干瘞窟史料，則尤爲唐人結緣龍門淨土崇拜的絕佳例證。

除此之外，唐人穆員有關伊水"斗門"的叙事，還讓人們對伊闕水利引起了聯想。

《舊唐書》卷一〇八《崔渙傳》，載渙子縱，"貞元元年(785)親祀南郊，爲大禮使。……數月，除吏部侍郎，尋檢校吏部尚書、東畿唐汝鄧都觀察使、河南尹。……又引伊、洛水以通里閈，都中灌溉濟不逮爲十一二，人甚安之。"可見伊闕水利有唐一代不斷施惠於東都。

無獨有偶的是，分流伊水通惠都人的崔縱，在此之前已有結緣龍門的舊事。今龍門東山萬佛溝南崖，有"黨曄、趙驊、盧政、王後己、王銷、崔縱、王澄、盧誧大曆七年(772)"聯袂宿止龍門山寺的題刻(圖 268)，可知崔氏以宦遊東都向已留心于龍門。

唐人經營伊闕峽谷裏的河水分流洛陽城内的信息，當年文人詩話亦有相關的涉及。白樂天詩曰："嵌巉嵩石峭，皎潔伊流清；立爲遠峰勢，激作寒玉聲；夾岸羅密樹，面灘開小亭；忽疑嚴子瀨，流入洛陽城；是時羣動息，風靜微月明；高枕夜悄悄，滿耳秋泠泠；終日臨大道，何人知此情；此情苟自慊，亦不要人聽"〔43〕。"皎潔伊流清"，"流入洛陽城"的侃侃描白，道出了伊闕、洛都之間因清流通惠方便萬家的人文因緣。

至於會昌四年(844)這位香山居士疏浚伊闕"八節灘"的功德遺事〔44〕，則尤能折射出龍門佛心憫憐生民的綿長情懷。

自貞觀十四年(640)唐滅高昌設立西州，中西交通遂以大唐護持急劇高漲。此間不唯物質貿易極盡繁榮之能事，就連從事意識宣教的各種宗教人士，亦因絲路敞開絡繹往來於中外。我國玄奘、義淨等輩求法高僧的西行以及衆多梵僧大德的東來，即直接推動了梵漢文化交流的展開——龍門地區寺院崇拜的熾盛，正與這種文化交流的推動有着密切的關聯。

文獻記載與文物調查已經證明，僅有唐一代活躍於龍門地區的天竺高僧即有七人之多。這些入唐弘法的歷史人物，至今尚有遺跡可考者擇其若干簡述如次：

地婆訶羅，華言日照，中印度人氏，儀鳳年間來遊中國。"至天后垂拱末，於兩京東、西太原寺及西京廣福寺譯《大乘顯識經》、《大乘五蘊論》等凡一十八部。……後終於翻經小房，享年七十五。天后敕葬於洛陽龍門香山，塔見存焉"〔45〕。

寶隆，吐火羅弘法三藏，大約初唐時代自北天竺游方於中夏。景雲元年(710)寶隆於龍門東山看經寺上方造像一龕，龕側有造像題記略云："蓋聞百空者諸佛，……旋資糧，所以慧觀窮於二邊，□□破其四德。今有北天竺三藏弟子寶隆，上奉諸佛，中報四恩，下求群□，……敬造釋迦牟尼一鋪。……爲贊曰：大悲大願，是救是依，滅惡生善，不枉不欺。景雲元年玖月一日吐火羅僧寶隆造"(圖 121)。

由寶隆造像題記漢語遣詞之排達，可以想見這位客籍僧人對於中夏語言文化的熟稔，這無疑反映出古代印度佛教文化的傳播者，對東方世界的傳統文明有着兼容百川的融匯意識和身體力行的實踐精神。從而可知，中外一切優秀文明成就的交融，正是在這些飽蘊獻身精神的志士仁人的推動下，才得到了不斷地發揚。

釋阿儞真那，華言寶思惟，北印度迦濕蜜羅國人。"長壽二年(693)屆於洛都，敕於天宮寺安置。即以其年創譯，至中宗神龍景午，於佛授記、天宮、福先等寺，出《不空羂索陀羅尼經》等七部。睿宗太極元年(712)四月，太子洗馬張齊賢等繕寫進內。其年六月，敕令禮部尚書晉國公薛稷、右常侍高平侯徐彥伯等詳定入目施行。……後於龍門山請置一寺，制度皆依西域，因名天竺焉。……以開元九年(721)終於寺，構塔旌表焉”〔46〕。

史載開元十年(722)二月“伊水泛漲，毁都城南龍門天竺、奉先寺，壞羅郭東南角，平地水深六尺以上，入漕河，水次屋舍樹木蕩盡”〔47〕。但龍門出土文物中另有史料可以證實天竺寺又被唐人改建於伊闕的西山，從而可知中唐時代龍門西山又有天竺寺香火的余緒〔48〕。由此我們不難看出，洛陽佛教社會對於恢復一座“制度皆依西域”的寺院建築，抱有多麼熱忱的心態。

菩提流志，南天竺國人，姓迦葉氏。“初依耶舍瞿沙三藏學諸經論，其後遊歷五天，遍親講肆。高宗大帝聞其遠譽，挹彼高風，永淳二年(683)遣使迎接。天后復加鄭重，令住東洛福先寺，譯《佛境界》、《寶雨》、《華嚴》等經凡十一部。……志開元十二年(724)隨駕居洛京長壽寺。十五年(727)十一月四日，……奄然而卒，春秋一百五十六。帝聞軫悼，敕試鴻臚卿，謚曰‘開元一切遍知三藏’。遣內侍杜懷信監護喪事，出內庫物，務令優贍。用鹵簿羽儀，幡幢花蓋，填塞衢路。十二月一日，遷窆於洛南龍門西北原，起塔，勒石志之”〔49〕。

在龍門起塔安葬的梵僧中，菩提流志是唐朝遣使請迎的第一人，這與高宗初年西域邊陲的開拓和武后鋭意接緣梵僧大德有着密切的關係。而菩提流志法葬儀式的隆重，反映出盛唐時代龍門佛事活動的鼎盛。

菩提流志法身立塔的遺址，田野調查得知位於龍門西山北端今花園村南嶺的崗顛上，其遺址與周圍包括義淨、義福、善無畏諸大師身塔在內的一組盛唐墓塔，形成了自洛城南望伊闕一道聳人眼目的人文性景觀。

跋日羅菩提，漢譯金剛智，南印度摩賴耶國人也。“自開元七年(719)始屆番禺，漸來神甸，廣敷密藏，建曼拏羅，依法製成，皆感靈瑞。……二十年(732)壬申八月既望，於洛陽廣福寺命門人曰：‘白月圓時，吾當去矣。’遂禮毗盧遮那佛，……寂然而化。……其年十一月七日，葬於龍門南伊川之右，建塔旌表。……灌頂弟子中書侍郎杜鴻漸素所歸奉，述碑紀德焉”〔50〕。

金剛智在華事迹，唐人權德輿《唐大興善寺故大宏教大辨正三藏和尚影堂碣銘並序》記曰：“(智)航海涉險，聿來中土。開元中，隨鑾輅於兩都。大智大慧，皆摳衣請益。……化滅於洛京，起塔於龍門〔51〕。

金剛智墓塔之處所，在今龍門西山南麓奉先寺遺址之塔院正中，1984 年文物普查時，筆者曾經參與過對它的調查。由調查得知，該塔塔院夯築，今存六邊形遺址一所，墻基殘高 3.5 米左右。塔基實心，夯築，殘高 8 米左右。至今仍爲伊闕南麓一座突兀高顯的標誌性建築遺跡〔52〕。

另由考古調查所獲資料中得知，當開元二十年(732)來華高僧金剛智建塔於龍門奉先寺之後，與崔琳一併顯赫於玄宗朝廷的吏部尚書盧從願，其夫人鄭德曜氏生前曾“遺命”祔葬於“河南縣伊川鄉龍門山西靈塔之右”，這與鄭氏墓地和金剛智塔址的位移關係保持着完全的一致性。它反映的正是中古一代從法士女祔葬高僧的風習。鄭氏追隨名僧如此之摯着，與其當年崇信佛法必有聯繫，這由鄭氏墓誌書丹者爲一沙門可以想見其不虛〔53〕。

戍婆揭羅僧訶，華言善無畏，中印度人也。“開元四年(716)丙辰，賫梵夾始屆長安，……十二年(724)隨駕入洛，復奉詔於福先寺譯《大毗盧遮那經》。……二十三年(735)乙亥十月七日，右脅累足，奄然而化，享齡九十九，僧臘八十。法侶淒涼，皇心震悼，贈鴻臚卿。遣鴻臚丞李現具威儀，賓律師護喪事。二十八年(740)十月三日，葬於龍門西山廣化寺之庭焉。……會葬之日，涕泗傾都，山川變色，僧俗弟子寶畏禪師、明畏禪師、滎陽鄭氏、琅琊王氏，痛其安仰，如喪考妣焉。乾元之初，唐風再振，二禪師刻偈，諸信士營龕，弟子舍於旁，有同孔墓之戀"〔54〕。

自開元末葉善無畏法葬廣化寺之日起，該寺便以龍門一座靈感道場享飲於洛中。據歷史文獻之記載，後唐莊宗同光二年(924)、三年(925)兩赴廣化寺祈雪、請雨〔55〕。末帝從珂亦於清泰元年(934)、二年(935)、三年(936)四臨當寺祈禱雨雪〔56〕。有宋一代，太祖於開寶八年(975)三月、真宗於大中祥符四年(1011)三月先後移蹕同寺，祈雨、行香〔57〕。

龍門以西來梵僧獻身弘法曳引了寺院崇拜，這對龍門地區宗教信仰的形式轉換起到了巨大的推動作用。盛唐以降石窟造像的急劇衰落，大量的人力、物力移向了寺院崇拜的方向。這從中唐以來歷史文獻的連篇記載、當地文物遺跡的不斷出土中可以得到反復地印證。

龍門石窟西山珍珠泉南崖的"新羅像龕"，亦爲初盛唐時代中外佛教文化交流留下的遺跡。

有關龍門地區佛教寺院的情況，當代學人劉銘恕、宫大中、温玉成、李玉昆諸先生均已作過相關的研究。其中温玉成先生《龍門十寺考辨》〔58〕更對所謂"十寺"問題有着詳細地考察。

但隨着龍門地區近年出土文物的增多，我們除了對龍門寺院内部的具體情況在認識上不斷有所加深外，更對白居易當年"十寺"概念的提出及上述學者的考察有了更進一步的認識。

考古資料已經顯示，還在白居易"龍門十寺"唱説的同時，龍門地區的寺院數量已經超過了白氏的界説。就以收入本書的文物資料爲依據，我們即能見到北魏時代龍門已有"石窟寺"、"靈岩寺"等早期石窟寺院。李唐以降，龍門地區更有"伊闕寺"、"龍門寺"、"敬善寺"、"香山寺"、"天竺寺"、"菩提寺"、"奉先寺"、"廣化寺"、"寶應寺"、"潛溪寺"、"弘聖寺"、"乾元寺"、"玉泉寺"、"萬安寺"、"護法寺"、"元憲寺"、"萬壽寺"、"西明寺"等近二十座寺院出現於當地文物遺刻中〔59〕。至於近古文獻與鄉土口碑所傳的"勝善寺"、"嘉善寺"、"金鐘寺"、"看經寺"等等，或因寺名錯訛於舊稱，或以年代偏晚未與魏唐寺院共榮於中古。考慮到文獻價值的局限和行文篇幅的限制，本書對這類寺院資料的疑是或然採取暫且割捨的處理。

就目前能夠蒐集到的文物資料來看，我們大體可以勾畫出龍門地區中古寺院的若干歷史情節。

史載鮮卑早年，"文帝(沙漠汗)入賓於晉，從者務勿塵姿神奇偉，登僊伊闕之山寺"〔60〕。徵諸魏史，知沙漠汗此次入質中原事在西晉之初年〔61〕。如是，則歷史文獻已經透露，遠在西晉享國之初葉，龍門一帶即有宗教寺觀的存在。

兹後，内典記載元和年間(806–820)伏牛山自在禪師"居洛下香山，與天然禪師爲莫逆之交。所遊必好古，思得前賢遺跡，以快逸觀。龍門山得後魏三藏(菩提流支)翻經處"〔62〕。

其次，出土文獻顯示，龍門石窟開龕造像之同期，其東、西兩翼的後山一帶，的確已有寺院功德行爲的出現。如龍門古陽洞北壁有景明三年(502)五月高樹、高乞德等三十二人造像龕一鋪(圖7)。翌年三月高樹又結伙劉雄頭、高伏德等於龍門後山一帶鎸刋造像碑一通(圖8)。又同窟南壁之下層，有神龜元年(518)六月十五日杜安遷、劉梵達、展祖暉等人造像一鋪(圖 16),而龍門後山一帶的寺院出土文物中,亦有同日同一功德羣體人士的造像碑刻的發現(圖 17)。又從近代收集當地北魏石刻遺物的資料來審察(圖 27、圖 36),可以推斷北魏時代龍門後山一帶必有佛教寺院香火的傳緒。

這種早期宗教文化的積澱,與石窟寺文化遺産一樣,對後世龍門地區宗教文化的昌弘,殆將有着不可等閑的意義。

石窟考古調查中得知,龍門古陽洞西壁有張師伯等人造像記文云:“延昌三年(514)八月二日,張師伯、張道夷……王妃合十四人等,因石窟寺崖造彌勒像一區。願十四人等現世安穩,受(壽)命延長;……”。從而可知今日所稱的“古陽洞”,北魏時代原本稱爲“石窟寺”。這是迄今所知石刻文獻中最早確認龍門寺院存在的歷史資料,它與龍門文化遺存考古學排年所得出的遺址順序完全吻合。

有關龍門早期石窟寺院的情况, 如前所引史傳已有頗爲珍貴的記叙:“景明初,世宗詔大長秋卿白整,準代京靈岩寺石窟,於洛南伊闕山爲高祖、文昭皇太后營石窟二所。……永平中,中尹劉騰奏爲世宗復造石窟一,凡爲三所。從景明元年至正光四年六月已前,用功八十萬二千三百六十六”〔63〕。此即今日人們津津樂道的龍門“賓陽三窟”是也。

“石窟”、“靈岩”二寺稱道於龍門,史籍中亦有相應的旁證,如前引:

熙平二年(517)四月“乙卯,皇太后幸伊闕石窟寺,即日還宮”〔64〕。

孝昌二年(526)八月“戊寅,帝幸南石窟寺,即日還宮”〔65〕。

永熙二年(533)正月“己亥,(元修)車駕幸崧高、石窟、靈岩寺”〔66〕。

《洛陽伽藍記》亦有“天平元年(534)遷都鄴城,洛陽余寺四百二十一所。……京南關口有石窟寺、靈岩寺” 之記事〔67〕。

唐初以降,靈岩寺改稱“伊闕寺”,此又爲石刻文物所證實。今龍門賓陽南洞北壁,有韓文雅造像記文云:“大唐貞觀二十年(646)歲次景午五月壬辰朔五日,佛弟子韓文雅及妻唐,稽首和南十方,一切賢聖、夫運有緣,輪回萬品,鈴鑄無比,逢遇今身,仰憑三寶。夫妻二人,抽捨淨財,於伊闕寺敬造石(像)一龕並二菩薩。莊嚴今飾,成就如然,上爲皇□永隆,下爲去失(世)先亡、七世父母並現存親眷及一切衆生,俱沾淨土,永作勝因。圖寫刋□,□□供養”(圖 41)。這是目前所知唐人以“伊闕寺”稱謂龍門賓陽南洞的最早史例,從中可以看出有唐初期信教階層對伊闕石窟寺院的附麗行爲。

至於唐宋以來龍門地區佛教寺院的情况,現以歷年掇瑣所能見,權且做出如下的報道。

1. 敬善寺

敬善寺之創建,不知始於何時。迄今所能見到的早期史料,則首推龍門老龍洞北壁造像題記之記載:“永徽元年(650)五月二十日,敬善寺僧智山敬造過去七佛、十方佛、二十五佛、三十五佛、五十三佛。願山從今身至佛身,恒得童子出家……”。這説明至少永徽元年(650)敬善寺已經在龍門出現了,這較此前溫玉成先生依據同窟下一文物資料提出敬善寺的建置時間尚早八年〔68〕。

同窟南壁楊真藏造像記文曰:“惟顯慶三年(658)歲次戊午四月癸丑朔,佛弟子楊真藏爲七祖先亡,並願上品往生諸佛國土,聞經悟道,未及□□,爰諸眷屬,普蒙安樂,於洛州龍門山敬善寺之南西頰,造阿彌陀像一鋪並二菩薩……”(圖 47)。

又敬善寺窟上方,有初唐文士孟利貞撰騫公夫人造像記曰:“龍門敬善寺石龕阿彌陀佛觀音大至二菩薩像銘並序　竊以真宗寂遠，象外之辯莫詮；至教幽深，幾初之智罕測。……故華州長史騫公夫人敦煌郡君……敬造阿彌陀石像一區並觀音、大至兩菩薩夾侍。粵以總章□年(668–670)□月二十九日雕鐫克就……”(圖59)。

敬善寺石窟前室北壁，有《敬善寺石像銘》一碑，文曰：“敬善寺石像銘並序　宣德郎守記室參軍李孝倫撰。……紀國太妃韋氏，京兆人也。……爰擇勝畿，聿修靈像。質融虬彩，影襲鸞騫。月逗僊河，分紫眉而汰色；星流天苑，翊紺瞳而飛照……”(圖45)。

賓陽南洞東壁另有造像記文云：“敬善寺沙門曇響敬造彌勒尊像一龕供養。”時代屬於唐代之初期。

上述資料反映，至少在初唐時代，敬善寺已爲龍門地區一座享有時宜的佛家道場，這從本書其他與敬善寺相關的文物資料亦可得到相應的印證。

2. 奉先寺：

由龍門石窟大盧舍那像龕本尊佛座東南面造像題記的記載，我們知道奉先寺始建於調露元年(679)之八月。題記中說：“龍門山之陽(大盧舍)那像龕者，大唐(高宗)天皇大帝之所建也。……至上(元二年乙亥)十二月三十日(畢功)。調露元年己卯八月(十)五日，奉敕於大像南置大奉先寺，簡召高僧行解兼備者二七人，創基住持、範法英律而爲上首。至二年正月十五日，大帝書額。前後別度僧一十六人，並戒行精勤，住持爲務……”(圖68)。這是迄今所知關於大奉先寺建制情況最爲原始的一件文物資料，因而在龍門地方史料系統中自然佔有極其重要的地位。

然大盧舍那像龕東崖，另有永淳二年(683)陳順之造像記文云：“大唐朝散大夫陳君石龕像銘，陳順之爲文並書。竊聞妙色難方，超十方而面聖，……弟子朝散大夫行內謁者監□騎尉陳安洛及妻遼西縣君王氏等，……於龍門奉先寺敬造石像一鋪……”(圖70)。可見高宗晚期大盧舍那像龕一帶亦有“奉先寺”的存在〔69〕，這與下一考古資料從座標關係上衡量有其完全的一致性。

大盧舍那像龕北崖開元五年(717)刻石《魏牧謙家像銘》中，有“嘗讀佛經，云過去、未來、現在爲三世佛，慾求解脫而不歸依者未之有也。先世高焉，寵信極矣。……以爲滅無始世界之罪，憑有爲功德之助。乃於龍門奉先寺北敬爲亡考妣造阿彌陀像、釋迦牟尼像、彌勒像，合爲三鋪，同在一龕。以開元五年龍集丁巳八月戊辰朔十五日壬午功畢爾……”(圖130)。

此外，龍門石窟龍華寺窟北崖，有造像記文云：“奉先寺家人秦車□爲亡妻運□敬造像一龕供養，長安四年(704)正月二十日。”

另大盧舍那像龕南壁，有造像記又曰：“溫王立像一軀，盧妳菩薩一軀。神龍二年(706)十月二十三日大奉先寺檢校僧宗道、道傑記”(圖114)。這些似乎印證了大盧舍那像龕一帶此前確有奉先寺寺院的存在。

有關大盧舍那像龕與大奉先寺相與關係的情況，大盧舍那像龕本尊佛座北側開元十年(722)《河洛上都龍門山之陽大盧舍那像龕記》中亦有如下的記事：“大唐高宗天皇大帝之所建也。佛身通光座高八十五尺，二菩薩七十尺，迦葉、阿難、金剛、神王各高五十尺。粵以咸亨三年(672)壬申之歲四月一日皇后武氏助脂粉錢二萬貫。奉敕，檢校僧西京實際寺善道禪師，法海寺主惠暕法師，大使司農寺卿韋機，副使東面監上柱國樊玄則，支料匠李君瓚、成仁威、姚師積等，至上元二年(675)乙亥十月三十日畢功。調露元年己卯八月(十)五日，奉敕於大像南置大奉先寺，簡召高僧行解兼備者二七人，闕即續填，創基住持、軌法英律而爲上首。至二年正月十五日,大帝書額。前後別度僧一十六人,並戒行精勤,住持爲務。……牒 敕旨龍華寺宜合作奉先寺。開元十年(722)十二月五日……”(圖 146)。開元十年(722)歲末唐廷之所以發出“龍華寺宜合作奉先寺”的敕旨,原因在於是年春“伊水泛漲,毀城南龍門天竺、奉先寺,壞羅郭東南角。平地水深六尺以上……屋舍樹木蕩盡”〔70〕的緣故。

從目前能夠見到的歷史資料來看,與龍華寺合併之後的奉先寺大抵即於開元十年(722)遷移到了伊闕南口的伊水西畔,從而形成龍門山南麓一座帶有地域標誌性意義的佛教建築。

奉先寺開元十年(722)之南移,因場所宏闊、地望得宜招徠衆多高僧大德的風聚。大智禪師及金剛智和尚以欣動朝廷之資望肇建身塔於寺中,於是引起佛門法子的祔葬。

號稱密宗“三大士”之一的金剛智奢梨,“南印度摩賴耶國人也。……自開元七年(719)始届番禺,漸來神甸,廣敷密藏,建曼拏羅,依法製成,皆感靈瑞……二十年(732)壬申八月既望,於洛陽廣福寺命門人曰:‘白月圓時,吾當去矣。’……其年十一月七日,葬於龍門南伊川之右,建塔旌表”〔71〕。

盛唐居士杜昱撰大智禪師塔銘有謂:“禪師諱義福, 俗姓姜氏, 潞國銅鞮人……開元二十四年(736)夏五月二十五日右脅殂逝,春秋七十九,僧夏□□。粵六月十有七日,恩敕追號‘大智禪師’。秋七月六日甲申,還神於奉先寺之西原起塔窆之。……銘曰:闕塞西麓,相縈抱兮;極目南臨,伊汝道兮;……”(圖 173)。西安碑林嚴挺之《大智禪師碑銘》記此事亦有“粵七月六日還神於龍門奉先寺之北崗”(圖 174)的內容。

早年奉先寺出土沙門文皎書幢,內中提及某位高僧“……名遂身退,功成不居……吾師上亡日,寶德與最上人……造一石幢……不幾日月,鎸勒斯畢,樹於龍門奉先寺之塔院……於時貞元十八年(802)十一月三十日癸未建”(圖 303)〔72〕。

長慶四年(824)東都臨壇開法大師如信“窆於龍門山之南崗。”寶歷元年(825)“遷葬於奉先寺,祔其先師塔廟穴之上……請蘇州刺史白居易爲記”〔73〕。

龍門唐字洞外北崖,有造像記殘刻文云:“東京……巨象□須彌山□□超……論無異□□若天地……此龕無替。銘曰:清□寺□……樂業……郡救苦□□哉。顧公□、崔公芳……檢校僧大奉先寺上座圓覺……天竺寺上座法濬、□□寺上座□□……和……年□月”〔74〕。

大和九年(835)東都聖善寺鉢塔院主智如“具涅槃儀移窆於龍門祖師塔院”。開成元年(836)“用闍維法遷祔於奉先寺祖師塔西而建幢”〔75〕。

大中十年(856)正月,日本遣唐僧智證大師來訪龍門,十三日“與圓覺等回至龍門西崗,尋金剛智阿闍梨墳塔,遂獲禮拜,兼抄塔銘。便於伊川東邊,望見故太保白居易之墓”〔76〕。

歷史文獻與考古資料透露,北宋以來奉先寺仍爲龍門地區一座香火不絕的道場。

2000 年 10 月,奉先寺遺址考古發掘出土了大量的唐宋文物。其中有文彦博題壁石刻一通,石長 97 釐米、寬 144 釐米、上厚 24 釐米、下厚 19 釐米。其文云:

“題龍門奉先寺　河東節度使守太尉潞國公文彦博

伊叟已先至,興師猶未歸,臨高東北望,一片白雲飛。

門人云,師不久自魏歸。 元豐三年(1080)十月十三日,殿中丞陳安民、明素大師、陳宗應，三龕主從並同至。元豐四年九月望日傳戒副主持賜紫法晏立。化主僧惠然同立，張士寧刊記耳"（圖402）。

文彥博晚年，留連龍門，遣興良多。其《次韻留守相公同游龍門》、《寄題龍門臨伊堂兼呈奉先寺興公》諸篇，則尤風吟傳唱，繞梁一時。後者詩曰："山僧知我思歸意，爲我臨伊創草堂；聞説繞階聳巨石，更須當檻植修篁；窗間東望乾元刹，門外南趨積慶莊；便擬半移生計去，不知何似暢師房"。文氏相知於興師，故爾興師遂於奉先寺"臨伊"地段爲其創建草堂，以容行止聚首，嬋媛往還。另外，熙寧六年（1073）文彥博曾於龍門"珍珠泉"近旁置有濟貧之"藥寮"〔77〕，從中可以看出文氏對龍門慈善事業的篤崇。

3. 天竺寺：

天竺寺之創建，當始於睿宗年間來華高僧寶思惟的請建。蘇頲《唐龍門天竺寺碑》記寶思惟龍門弘法事跡則謂："法師乃亂流東濟，止彼香山，又於山北見龍泉二所，……法師樂之。爰創方丈，鄰於咫尺。……更於其側造浮圖精舍焉。……景雲歲辛亥（711）月建巳日辛卯制：以法師所造寺賜名曰'天竺'。……殿中侍御史李畬，字玉田，育粹含英，妙機強學，佑其垂成，憲以從事。法師即於山之東偏建丈六石龕，匪泐而攻，載追而琢…… "〔78〕。依照文獻如此之記載，結合龍門地理環境的情况，寶思惟當年創建的"天竺寺"，只能位於龍門東山北段瀕臨伊水的河濱一帶〔79〕。

但開元十年（722）春"伊水泛漲，毁城南龍門天竺、奉先寺"之事態，促成了天竺寺在龍門西山的改建，這由近年龍門西山寺溝村出土天竺寺文物可以得到相應的證明。

20世紀70年代，龍門西山寺溝村出土僧懷則幢塔殘石，塔銘首題中即有："唐東都聖善寺僧懷則於龍門廢天竺寺東北原創先修塋一所，敬造尊勝幢塔並記"的叙事。幢記描述"廢天竺寺"一帶地理形勝時則謂："兹地南臨禹闕，伊水灌其前；北望鼎郊，鳳苑鎮其後。崗連古寺，目飽煙霞"（圖348）。可見寺院周圍充斥着一派崗巒起伏、古寺藏幽的地望氛圍。僧懷則經幢的記事，不但反映了天竺寺曾有改建龍門西山的往事，同時也透露出懷則建幢的"大中四年（850）"五月十一日之前，這座建於經幢出土地點的"西天竺寺"，已經遭到人爲的廢棄。這一"廢寺"事態的發生，大抵與"會昌法難"有着直接的關係。

1999年春龍門西山出土的劉仁者墓誌，記誌主生前"清機頓悟，梵行常修。……以天寶三載（744）七月四日終於陽翟之官舍，春秋卅四。嗣子嵩奴禪師等，長未就傅，幼纔逾月。……夫人大照禪理，深思彼岸。窀穸之事，豈越宿心。以其年八月十二日，遷靈於龍門天竺寺南降魔和上塔院，依僧法而捐禮，葬從其願也"〔80〕。可知享譽北宗的普寂禪師，當年亦與天竺寺結有不解之因緣。

1981年孟縣西窰村出土元婉墓誌有云："夫人諱婉，字婉，河南元氏……開元十七年（729）詣天竺寺崇昭法師受菩薩戒，持《金剛經》。轉《涅槃經》於昭和上，通戒得禪定旨。又於壽覺寺主惠猷禪師受具足戒，於弘正、惠干禪師皆通經焉"（圖226）。

又往者龍門出土司馬元禮墓誌，其文有云："公諱元禮，字元禮，河内人也。……以天寶二年（743）四月二十三日遘疾終於東京福善里之第。……以其年五月二十二日永厝於龍門山天竺寺之東谷……"（圖219）。

2006年夏，龍門西山出土的唐天宮寺岩和尚墓誌，序文又有當寺故實的記事："和尚諱岩，俗姓石氏，歷陽人也。……神龍元年（705）敕度大雲寺僧。無何，移天宫大德。……以天寶七載(748)六月十七日遷化於天宫寺,即以其月二十八日窆於龍門天竺之原”(圖230)。

龍門出土李峰神道碑,亦能窺見盛唐時期貴族社會與天竺寺的因緣。碑載“李峰,今皇帝五從弟,元宰晉公之猶子也。……公幼岐嶷,冠而殊異,……□止之功,以爲冠時之□,盡成浮名,周身之餘,皆爲棄物。便受法以菩薩戒於東京聖善寺上人弘正和尚。……以天寶八載(749)十一月二十九日命不澡浴,衣以齋衣,重足而如□□,親席啓手,得生淨土,於天竺寺南原起塔而窆之,遺命也”(圖236)。

中唐以降,天竺寺在龍門佛國梵鄉中依然享有地望名勝的聲譽。

據《芒洛冢墓遺文補遺》收比丘尼圓淨墓誌文,知圓淨興元元年(784)卒化於東京安國寺律院,翌年(785)安神於龍門天竺寺西南原,從中透露出安史之亂以來洛中信衆祔葬當寺的情態。

2003年春龍門出土隴西李君墓誌,載李氏貞元十二年(796)“十月四日殯於龍門天竺寺石闕南二百步”(圖295),由此我們得知當年天竺寺尚有“石闕”的建置。

凡此種種文物信息,大抵反映了盛唐時代天竺寺地宜的可熱。

晚唐香山寺僧鑒空,嘗周遊名山,“大和元年(827)詣洛陽,於龍門天竺寺遇河東柳理,親説厥由向理。理聞空之説,事皆不常,且甚奇之”〔81〕。時有學士李玫習業於天竺寺,僧鑒空訪之,曾有預言佛法將衰之故事〔82〕。

1975年春,龍門寺溝村出土《龍門山天竺寺修殿記》碑一通,碑文略云:“唐代宗即位之元年,梵僧五百自天竺來……住錫於洛之龍門,構梵刹以容其衆……故謂其水曰‘八功德泉’,而名其寺曰‘天竺’,爲一山之勝絶。其後迭興迭廢,尤盛於德宗之貞元間,歷五代之兵而燼於火,梁末復興。至宋慶歷(1041–1048)中,雖殿像俱壞,其山清水靈,秀發一谷而得於天者猶在”(圖404)。

白居易晚年,有《天竺寺七葉堂避暑》、《題天竺南院贈閑、元、旻、清四上人》、《宿天竺寺回》詩篇,後者咏曰:“野寺經三宿,都城復一還;家仍念婚嫁,身尚系官班;蕭灑秋臨水,沉吟晚下山;長閑猶未得,逐日且偷閑”〔83〕。由此可知白居易時代天竺寺依然飲譽於龍門。此外,開元詩人陶翰曾有《宿天竺寺》詩,稱讚當寺美景有謂:“松柏亂岩口,山西微徑通;天開一峰見,宫闕生虚空;正殿倚霞壁,千樓標石叢;夜來猿鳥静,鍾梵響雲中;岑翠映湖月,泉聲亂溪風……”〔84〕。則西天竺寺之有泉湖縈帶,盛唐以來已爲寺院建築所倚重。

4. 香山寺:

香山寺據傳始建於北魏孝明帝時代。宋人陳振孫《白文公年譜》曾有“(香山)寺在龍門山後,魏熙平元年(516)建”的説法。達摩弟子慧可(487–593)四十歲(526)入嵩山投達摩前,曾“出家依龍門香山寶静禪師得度具戒”,説明526年以前龍門已有香山寺的存在。

時傳慧可“自幼志氣不羣,博學詩書,尤精玄理。……後覽佛書,超然自得。即抵洛陽龍門山,依寶静禪師出家受具。於永穆寺浮遊講肆,遍學大小乘義。年三十二(神龜元年/518),卻返香山,終日宴坐,又經八載(孝昌二年/526)”〔85〕。

前引地婆訶羅來華之事跡,内典又有另外的記載:“爰以永隆初歲(680),言届京師。……以垂拱三年(687)十二月二十七日……無疾而卒於神都魏國東寺。……會葬者數萬人,聖母(武則天)聞之,深加悲悼,施絹千匹以充殯禮。道俗悲慕,如喪所親,香花輦輿,瘗於龍門山陽、伊水之左。門人修理靈龕,加飾重閣,因起精廬其側，灑掃供養焉。後因梁王（武三思）所奏，請置伽藍，敕内注名爲'香山寺'。危樓切漢，飛閣凌雲，石像七龕，浮圖八角。駕親遊幸，具題詩贊云爾"〔86〕。

按地婆訶羅身塔所在的香山寺，位於龍門石窟東山南麓的伊水之濱。由 20 世紀 80 年代的考古調查得知，這一寺院遺址至今尚有 16000 平方米的面積，由此可知當年規模的宏大〔87〕。

龍門東山萬佛溝北崖高平郡王洞，其佛座造像題記文曰："□周之代，高平郡王圖像尊儀，軀有數十。厥功未就，掩歸四大。自茲零露，雨灑塵沾。遂使佛日沉輝，人天福減。惟我香山寺上座惠澄法師，傷之、嘆之、慚之、愧之。爰徵巧匠，盡取其材，飾雕翠石，渙然紫金。即□身之再□□高……"（圖 109）。

同窟另一佛座題記則曰："大唐開元十六年（728）二月二十六日，香山寺上座比丘慧澄檢校此龕莊嚴功德記。同檢校比丘張和尚法號義琬。刻字人常思"（圖 154）。惠澄以香山寺上座名義於萬佛溝雕飾佛法之功德，似乎反映着當時萬佛溝一帶以地緣比鄰而隸屬於香山寺的情勢，這由附近元豐年間宋人造像題記可以推勘。

玄奘弟子新羅僧文雅（613–696），萬歲通天元年（696）七月二十五日"燔於龍門香山寺北谷，便立白塔"。後文雅弟子西明寺主慈善法師、大薦福寺勝莊法師於香山葬所分和和骸一節，盛以寶函石椁，別葬於長安終南山豊德寺東嶺〔88〕。

後至長慶初（821–824），新羅國使金柱弼偕沙門無染入唐後，曾赴香山寺向如滿禪師問法。

至於詩人白居易與香山寺的因緣際會，則本文所列者已多，此不煩贅。

唐王保定《摭言》，記裴度早年"一日遊香山寺，有婦人致一緹褶於僧伽欄楯上，祈祝良久，擲筊瞻拜而去。少頃，度見緹褶在舊處，知其遺忘也。又料追付不及，遂收取以待。至暮，婦人竟不至。詰旦，復攜之往。寺門始闢。見向者婦人疾趨而至，撫膺惋嘆。度從而問之，婦人曰：'阿父無罪被縶，昨告人假得玉帶二、犀帶二，以賂津要，不幸遺失。吾父之禍，無所逃矣！'度因授之。婦人拜泣，請留其一，度不答而去。"

時人武元衡有《春題龍門香山寺》詩曰："衆香天上梵僊宮，鐘磬寥寥半碧空；清景乍開松嶺月，亂流長響石樓風；山河杳映春雲外，城闕參差茂樹中；慾盡出尋那可得，三千世界本無窮"〔89〕。

白居易《舒員外游香山寺數日不歸，兼辱尺書，大誇勝事，時正值坐衙慮囚之際，走筆題長句以贈之》更有膾炙人口的詩句："香山石樓倚天開，翠屏壁立波環回；黄菊繁時好客到，碧雲合處佳人來；謂遣英、倩二伎與舒君同游；酡顔一笑夭桃綻，清吟數聲寒玉哀；軒騎逶遲櫂容與，留連三日不能回；白頭老尹府中坐，早衙纔退暮衙催；庭前階上何所有，纍囚成貫案成堆；豈無池塘長秋草，亦有絲竹生塵埃；今日清光昨夜月，竟無人來勸一杯"〔90〕。士人遊寺可致"數日不歸"，無疑反映了當年寺院與文化階層禮尚往來的頻仍。

北宋時代，香山寺仍爲龍門地區一處帶有名勝意義的佛教寺院，文人名流如文彦博、司馬光、蔡襄、梅堯臣、范純仁等等均有咏唱香山寺的詩篇。二十世紀七十年代香山寺遺址考古試掘時，地層内出土有爲數不少的唐宋瓷片和"開元通寶"、"天聖元寶"、"紹聖元寶"、"崇寧重寶"等唐宋銅幣，反映出北宋一代香山寺仍有不輟之香火〔91〕。

龍門東山擂鼓臺南洞北崖，有阿彌陀造像一龕，龕下造像記文云："阿彌陀佛石像者，哀男清孫之所刻也。清孫始二歲，予宦游巴蜀，於馬上抱持之。……（元豐元年／1078）九月七日，以疾歿於東都，年二十二，哀哉！吾兒孝於父母，友於叔伯……以其平日所游最樂香山之勝，故塑像於佛室之前，鎸其容於旁以追薦之，冀其往生復尋兹境……二年七月石像成，以其月十二日摹其題壁二並書兹文於石。河中常景記”（圖403）。這顯然反映了宋人對香山寺名勝景觀的鍾情與熱愛。

5. 菩提寺：

迄今所見菩提寺之完整史料，最早者推《唐故尚舍直長薛府君夫人裴氏墓誌銘並序》的記載：“夫人裴氏，河東聞喜人。……以開元十三年（725）五月二十三日考終於通利之里第。……先是遺付，不許從於直長之塋，以其受戒律也。今奉所志，以明年景寅（726）二月二十三日葬於河南龍門山菩提寺之後崗，明去塵也”（圖150）〔92〕。

又龍門出土趙楚造像碑，高120釐米、寬86釐米、厚21釐米，上段造一佛二菩薩像一龕，龕下有造像記殘文云：“阿彌陀石像銘並序　金州西城縣□趙楚□□鍾賞罰，早傾怙恃，□日月□遠而霜露在懷，□藜食而不□，對松營而增感。爰憑佛慧，□展孝思。遂於龍門菩提寺奉爲□□謹造阿彌陀石像一鋪並二菩薩。□相好□□□□□之養□□□□之質□□□□□毫□□□□□□田儀形□□□□□□□□□□□□□□□□□□芳緣坐□□□□會□爲銘曰：……大唐先天元年（712）壬子九月十五日建成”〔93〕。

安史之亂中，菩提寺曾被羯胡用來羈押西京移入的俘虜。若唐人雜記即有：“天寶末，群賊陷西京，大掠文武朝臣及黄門、宫嬪、樂工、騎士。每獲數百人，以兵仗嚴衛，送於洛陽。……王維時爲賊拘於菩提寺中，聞之賦詩曰：……”（94）。

白居易與菩提寺結有嬋媛之法緣，其夕陽晚臥之咏吟《菩提寺上方晚望香山寺寄舒員外》、《菩提寺上方晚眺》諸詩便流譽時林、風傳於洛下：“晚登西寶剎，晴望東精舍；反照轉樓臺，輝輝似圖畫；冰浮水明滅，雪壓松偃亞；石閣僧上來，雲汀雁飛下；西京鬧於市，東洛閑如社；曾憶舊遊無，香山明月夜”〔95〕。“樓閣高低樹淺深，山光水色暝沉沉；嵩煙半卷青綃幕，伊浪平鋪緑綺衾；飛鳥去時宜極目，遠風來處好開襟；誰知不離簪纓內，長得逍遙自在心”〔96〕。

北宋時代，菩提寺仍有弘法之行事。僧傳記載，釋義莊“姓張氏，滑臺人也。……因樂遊方，始於洛邑採聽《法華》……建隆初左散騎常侍申公奏賜紫衣……於太平興國戊寅年（三年／978）八月奄終，俗壽七十八，僧臘五十九。明年二月，遷塔於龍門菩提寺西焉”〔97〕。可知宋初佛門傳人尚有祔葬菩提寺西崗者。

宋代文人社會若李建中、歐陽修輩者，行役洛中期間多有眷念菩提寺之詩作。如李氏《題菩提寺》詩曰：“龍門雙闕涌雲煙，雪末飛花雁下前；澈底清流照車馬，分臺御史過伊川”〔98〕。歐陽氏《晚登菩提寺上方》：“野色混晴嵐，蒼茫辨煙樹；行人下山道，猶向都門去”〔99〕。

6. 玉泉寺：

龍門玉泉寺未知始建於何年。從古籍文獻透露的歷史信息來推測，該寺之建置應該不會晚於神功元年（697）七月之前。如唐史曾有“神功元年（697）七月，清邊道大總管建安王攸宜破契丹凱還，慾以是月詣闕獻俘。……則天嘗幸萬安山玉泉寺，以山逕危懸，慾御腰輿而上。（王）方慶諫曰：‘昔漢元帝嘗祭廟，出便門，御樓船，光祿勛張猛奏曰：“乘船危，就橋安。”元帝乃從橋，即前代舊事。今山道危險，石路曲狹，上瞻駭目，下視寒心，比於樓船，安危不等。陛下蒸人父母，奈何踐此危途？

伏望停輿駐蹕'。則天納其言而止"〔100〕。歷史文獻以上的記事,透露出玉泉寺的地理方位應在伊闕以東的"萬安山"高危地段。

洛陽出土《唐故郴州刺史贈持節都督洪州諸軍事洪州刺史張府君墓誌銘並序》,載張氏"諱翃,字逸翰,安定人。……考具瞻,兵部郎中……公即兵部府君長子……童年,以門蔭補齋郎,立志不就,讀書於緱山玉泉寺,道業大成。……大歷十三年(778)九月二十九日薨於公館,享年七十。……"(圖283)〔101〕。以張氏享年推溯,其童年玉泉寺讀書期間應在開元十年(722)前後,可見盛唐時代玉泉寺正以文化場所享譽於洛中。

大抵玉泉寺以地居高暢俯瞰着伊洛河平原一帶的形勝景觀,所以唐宋期間不少文人墨客以登臨造訪多有詩歌咏唱傳頌於人間。

張九齡《冬中至玉泉寺,屬窮陰冰閉、崖谷無色,及仲春行縣復往焉,故有此作》詩曰:"靈境信幽絶,芳時重暄妍;再來及兹勝,一遇非無緣;萬木柔可結,千花敷慾然;松間鳴好鳥,竹下流清泉;石壁開精舍,金光照法筵;真空本自寂,假有聊相宣;復此灰心者,仍追巢頂禪;簡書雖有畏,身世亦相捐"〔102〕。

武元衡《玉泉寺與澗上人望秋山懷張少尹》詩:"山寒天降霜,煙月共蒼蒼;况此緑巖晚,尚餘丹桂芳;禪心殊衆樂,人世滿秋光;莫恠頻回首,孤雲思帝鄉"〔103〕。

白居易《題玉泉寺》詩曰:"湛湛玉泉色,悠悠浮雲身;閑心對定水,清淨兩無塵;手把青筇杖,頭戴白綸巾;興盡下山去,知我是誰人"〔104〕。同人《獨游玉泉寺》:"雲樹玉泉寺,肩舁半日程;更無人作伴,隻共酒同行;新葉千萬影,殘鸎三兩聲;閑遊竟未足,春盡有餘情"〔105〕。又《玉泉寺南三里澗下多深紅躑躅繁艷殊常感惜題詩以示游者》:"玉泉南澗花奇慧,不似花囊似火堆;今日多情唯我到,每年無故爲誰開;寧辭辛苦行三里,更與留連飲兩盃;猶有一般辜負事,不將歌舞管□□"〔106〕。

盛唐以降文人如此吟咏之篇章,足以折射當寺風情之宜人。

溫君玉成先生列論玉泉寺史地時,嘗舉宋人邵雍《八日渡洛登南山觀噴玉泉會壽安縣張趙尹三君同遊》詩:"渡洛南觀噴玉泉,千峰萬峰遙相連;中間一道長如雪,飛入寒潭不紀年"〔107〕。然邵詩所寫之勝境,實則壽安縣(今宜陽縣)之"洛南"錦屏山麓也。此處有泉瀑澌瀉,至今依然。白傅先前《題噴玉泉》詩題下"泉在壽安山下,高百餘尺,直瀉潭中"〔108〕之原注,可謂同響之傳音。是知溫氏援例,嘗有失考耳。

古人佚名氏《大唐傳載》謂"壽安縣有噴玉泉"〔109〕之記事,亦爲當寺地理所在提供一例別證。

玉泉寺直至北宋時代亦有寺院香火的傳緒,這由宋初文獻記事及地方遺跡可以概見其一斑。

"玉泉山,在(河南)縣東南四十里,山内有玉泉寺"〔110〕。

玉泉寺遺址位於偃師縣李村鄉之南山,此處有泉,泉旁石崖間有宋人遊記題刻:"司馬光君實、王尚恭安之、閔交如仲孚同至此處。元豐元年(1078)八月癸丑"〔111〕。可知有宋一代當地仍爲名流鄉賢觀光賞覽的去處。

7. 廣化寺:

廣化寺位於龍門西山之北端,最早見於文獻記載的是唐李華《玄宗朝翻經三藏善無畏贈鴻臚卿行狀》:無畏三藏"中印度摩謁陀國人……以開元四年(716)丙辰大賚梵夾,來達長安。……十二年隨駕入洛,於大福先寺安置。……洎開元二十三年(735)十一月七日,右脅累足,寂於禪室,……贈鴻臚卿……以八月八日葬於龍門西山"〔112〕。

同人《大唐東都大聖善寺故中天竺國善無畏三藏和尚碑銘並序》又詳載僧俗護葬之盛況〔113〕。至"乾元元年(758),郭令公奏塔院爲廣化寺"〔114〕。這與同年郭子儀奏請乾元寺之事態,大抵反映了安史亂中封建國家對東都佛教寺院的優容。

日本遣唐僧圓珍,大中九年(855)歲末"踏雪沒膝至東都龍門伊水之西廣化寺,禮拜無畏三藏舍利之塔。沙門道圓撰《三藏和尚碑》,流傳海東"〔115〕。

晚唐以降,洛中釋林多有事涉廣化寺之名流,其中若如:

"釋可止,姓馬氏,范陽大房山高丘人也。……天成三年(928)戊子,王師問罪,定州陷焉。招討使王晏休得瀛王馮道書,令尋止。既見,以車馬送至洛京,河南尹秦王從榮優禮待之,奏署大師,號'文智'焉。於長壽淨土院住持。應順元年(934)甲午正月二十二日,忽微疾作,召弟子'助吾往生',念彌陀佛,奄然而化。……閏正月二日荼毗,收遺骨。至清泰二年(935)四月八日,建塔於龍門山廣化寺之東南隅"〔116〕。

"釋僧照,姓張氏,范陽人也。……及抵洛陽,有命開《法華經》講,止法林院。……以乾祐元年(948)三月二十六日示滅於講院。……粵四月三日遷神於城南,行荼毗法,收舍利,紅潤可數百粒。濟陽丁公爲保釐之篚職,爲樹塔於廣化之寺南崗"〔117〕。

"長水縣懸泉院釋夢江者,姓楊氏,本邑人也。神采灑落,超拔凡態,遂願出家,恒誦《仁王》、《般若》。進具後,講《百法論》。清泰(934–936)中,龍門廣化寺請爲衆開演,遇帝幸其寺宣問,妙辯天逸,悅可上心,時於御前賜紫袈裟,卻乎不受。訓導二十餘年,講罷行道禮佛,日唯一食。慈仁於物,罕逢慍色。周顯德三年(956)疾終,緇素悲慕,爲其建塔矣"〔118〕。

"釋道丕,長安貴胄里人也。……十九歲,學通《金剛經》義,便行講貫。……至二十七歲,遇曜州牧婁繼英,招丕住洛陽福先彌勒院,即晉道安翻經創俗之地也。……以顯德二年(955)乙卯六月八日微疾,……俄然而化,春秋六十七,僧臘四十七。緇素號哭,諸寺具威儀,送葬于龍門廣化寺之左,立石塔焉"〔119〕。

大約由於廣化寺在洛都釋林享有不凡的聲譽,於是招致了五代、宋初一些封建皇帝的莅臨。

史載同光二年(924)十二月乙酉,莊宗"輿駕幸廣化寺祈雪"。三年(925)五月"戊申,帝幸龍門之廣化寺,開佛塔請雨"〔120〕。

清泰三年(936)正月"戊戌(八日),(末帝)幸龍門佛寺祈雪"〔121〕。

開寶八年(975)三月,宋太祖"幸洛陽,至龍門山廣化寺,開無畏三藏塔,瞻敬眞體。四月,上將郊天而雨不止,遣使禱無畏塔"〔122〕。

大中祥符四年(1011)三月,宋眞宗"幸洛陽龍門山廣化寺,瞻無畏三藏塔,制贊刻石,置之塔所"。九年(1016)"西京龍門山石龕佛,歲久廢壞,上命沙門棲演給工修飾,凡一萬七千三百三十九尊"〔123〕。

此外,祥符四年真宗亦有廣化寺祈雨之遣使,事見宋庠(996–1066)《謁龍門無畏師塔祈雨作》詩:"梵聖遺靈骨,洪緣福故都;慈深雲不斷,法遍雨常俱;使節開真椁(原注:朝廷遣中貴人開棺祈雨),天香奉供爐(原注:又賜御燻爐爲供養);拳拳依帝力，余潤冀昭蘇”〔124〕。

宋初名相文彦博以洛陽卜居長相往來於廣化寺，曾有詩云：“淨居高山四禪天，更對伊嵩開廣軒；塔聳千花依鷲嶺，舟浮一葉上龍門；雲藏古木當危檻，風遞疏鍾過遠村；我有草堂南澗口（原注：即臨伊堂），一回西望一銷魂”〔125〕。

8. 寶應寺：

1983年12月中旬，龍門西山唐寶應寺遺址出土了禪宗七祖荷澤大師神會塔銘的碑石。塔銘有云：“大唐東都荷澤寺歿故第七祖國師大德於龍門寶應寺龍崗腹建身塔銘並序　門人比丘慧空撰。粵自佛法東流，傳乎達摩。達摩傳可，可傳璨，璨傳道信，信傳弘忍，忍傳惠能，能傳神會。宗承七葉，永播千秋。……有皇唐兵部侍郎宋公諱鼎，迎請洛城，廣開法眼。樹碑立影，道俗歸心。……遂行邁江表之際，方有羯胡亂常。般若護持，傳燈有屬。享年七十有五，僧臘五十四夏，於乾元元年（758）五月十三日荆府開元寺奄然坐化。……有廟堂李公嗣虢王，再迎尊顔於龍門。別有施主功臣高輔成、趙令珍，奏寺度僧，果乎先願。和尚昔經行宴息，曾記此山。……其勢也，北鄰天闕，南枕伊川；東望嵩山，遙窺觀之指掌；西臨華岳，隱龍崗之在中。擇日吉祥，建乎身塔，可大可久，萬古千秋。唯佛與佛，正法東流，宗承七葉，劫石長休。永泰元年（765）歲次乙巳十一月戊子十五日壬申入塔。門人比丘法璘書”（圖259）。這是迄今所知關於寶應寺建制流變的一通最早的歷史文物，對研究寶應寺在中國禪宗史中的重要地位有着珍貴的文獻價值〔126〕。

由於神會在安史之亂中爲李唐王朝籌措軍需立下了功勞，所以神會一系禪宗法脈最終爲李唐朝廷確認爲禪宗的正統。神會以身塔名物樹立寶應寺於龍門，無疑反映出唐代佛教社會對龍門地望價值的看重。中唐以降寶應寺法脈的持續，在一定程度上透露了寶應寺香火的綿延。

歷史文獻中有關寶應寺的資料，目前可以蒐集到的權且鋪陳於篇次。

權德輿撰僧圓敬塔銘，曰“大師諱圓敬，姓陳氏，河南陸渾人。……代宗朝徵入内道場。累詔授興善、安國、寶慶等寺綱首，又充僧録。尋授寶應寺上座，賜律院以居……”〔127〕。

白居易撰《唐東都奉國寺禪德大師照公塔銘並序》，謂“大師號神照，姓張氏，蜀州青城人也。……大師祖達摩宗神會而父事（南）印。……出蜀入洛，與洛人有緣。……粵以開成三年（838）冬十二月示滅於奉國寺禪院，以是月遷葬於龍門山。報年六十三，僧夏四十四。明年，傳教主、院上首弟子沙門清閑，糺門施與服勤。弟子志行等，營度襄事，卜兆於寶應寺荷澤祖師塔東若干步窆而塔焉，示不忘其本也。其諸陞堂入室得心要口訣者，有宗實在襄，復儼在洛，道益在鎮，知遠在徐，建在晉，道光在潤，道威在潞，雲真在慈，雲表在汴，歸忍在越，會幽、齊經在蔡，智全、景玄、紹明在秦，各於一方分作佛事。咸鼓鐘鳴吼，龍象蹴蹋，斯皆吾師之教力也，不其盛歟。衆以余忝聞法門，人結菩提之緣甚熟，請於塔石，序而銘曰……”〔128〕。寶應寺法脈之隆盛，對中唐詩人白居易竟亦有着“甚熟”的感染。

僧傳載“釋知玄，……眉州洪雅人也。……時楊給事漢公廉問桂嶺，延止開元佛寺。屬宣宗龍飛，楊公自内樞統左禁軍，以冊定功高，請復興天竺教，奏乞訪玄聲迹。玄復掛壞衣，歸上國寶應寺。屬壽昌節講贊，賜紫袈裟，署爲三教首座”〔129〕。

北宋初年，西京廣愛寺僧普勝，“姓張氏，深州陸澤人也。……聞崇法大師傳《唯識論》，盛化洛都，往從學焉。……（宋）太祖神德皇帝賜紫衣，師號曰‘宣教’也。以太平興國四年（979）秋七月四日示疾，終於淨土院……門人等收舍利葬於龍門山寶應寺西阜，建塔旌表之"〔130〕。

此外，龍門地區早年出土的文物中，亦有寶應寺法門的信息。如義從法師，"天聖年中(1023–1031)，蒙請於寶應蓮宫講《百法》、《上生》十五余遍。……於明道二年(1033)正月二十九無疾而終於寶應之房。學法門人近二十餘人，不能具録其名矣。當年五月中建立此幢，講經律論傳大小乘戒同行願賜紫沙門德政書"〔131〕。

宋初以降，龍門石窟碑刻題記中亦有寶應寺的歷史信息。龍門萬佛溝南崖有遊記殘刻文曰："前河南尹蔡居厚罷尹宿寶應，宗正趙士陳轉□□□韓城管□□□□□□□□□□□□□□□□別□□□酉□□□蔡居厚題"。可見當時寶應寺以香火有緒接納着地方的士紳。

彭城人劉用元(1000–1061)以家財豐仍、喜捨好施嘗於龍門山寶應寺、奉先院及西京遐慶院、白馬寺各設"平等大會"〔132〕。

宋金之交，寶應寺仍有緇素之唱講，因本文篇幅所限制，是故省略而不綴。

9. 護法寺：

護法寺的歷史資料嚮來匱乏，幸賴近代出土文物之信息得以彰顯。

《全唐文補遺·千唐誌齋新藏專輯》，收録近年龍門出土唐人墓誌，内有護法寺史料兩則：

其一，《唐故亳州真源縣令李君夫人(雲氏)墓誌銘並序》，載"唐大歷十二年(777)十二月十五日，故亳州真源縣令李君夫人終於東周履信里私第，春秋六十有四。以十三年(778)十二月廿四日，葬於河南縣龍門之原，禮也。夫人姓雲，河南人也。……父遂，皇朝議大夫、金州刺史。夫人即金州府君第五女也。……及李君歿，夫人面絶粉黛，身去綺羅，……及春秋漸深，苦空白覺，淨除雜染，精進四依。心入佛乘，意開禪惠。蹔居塵世，五濁之難實超；不去俗衣，三界之緣已割。深於禪者，無不嘉焉。初，夫人之將終也，命其子珦曰：'吾聞合祔非古，不可從也。吾早履空門，懷歸淨土，身歿之後，俯精舍以塔吾。使旦暮得聞鐘梵之音，死有歸矣！'珦等恭承遺命，不敢顛越。乃建塔於龍門之原，東北去廣化寺五十步，西北去護法寺二百步，南去元憲寺二百步，西去寶應寺百步，遵遺制也。……"〔133〕。

其二，《大唐故段府君夫人魯郡孔氏墓誌銘並序》，載 "夫人姓孔氏，魯人也。……府君以大歷六年(771)四月即世，其年八月十九日，權窆於龍門護法寺之西原，禮也。夫人志投釋教，誓求本心，戒行因修，定慧頓入。建中二年(781)遇疾，久而不瘳。鑄佛轉經，捨財施食。靡神不禱，何藥不嘗。終天有期，翌日無間。嗚呼！以三年(782)二月十一日，寢疾於東都思順里之私第，享年六十有七。其年四月三日，歸葬於府君之塋内，異穴而處。夫人以早歲參禪、通經、問道之故。……"〔134〕。

1986 年 3 月，比丘尼澄璨尊勝經幢於龍門街北場伊水西畔出土，幢銘中有："……樹此幢者，尼貞信奉爲先師故臨壇大德敬造。大德諱澄璨，俗姓劉氏，彭城人也。茂族從緇，精嚴律行。霜壇秉御，法教度人。化緣將終，奄謝人世。即以元和九年 (814) 八月七日終於本寺法花道場，是年九月法葬於禹門護法寺之西原"(圖319)〔135〕。以此，我們得知元和時代伊闕北口並有"護法寺"的存在，這與大和六年(832)白居易唱説"龍門十寺"僅僅相去十八年的時間。

又龍門舊藏開成元年(836)□滿法師經幢，贊文記載"……爰有敬愛寺上座□滿，幼懷悉達，早悟浮幻。落凝釋業於少林大師累代禪祖，皆得心要於多佛所。……每於經行之際，宴□之坐，觀物像湍流，存亡倏忽，冀身有托，願立勝幢於護法東陲浴室院後先師塔側而建崇焉……"(圖 333)〔136〕。從□滿法師經幢贊文之記敘，可知護法寺“東陲”——臨近伊水一側——當年尚有“浴室”之建置。佛門僧衆之留心洗浴衛生，龍門出土文物的記事，可謂珍貴之一例。

以上石刻文獻之事主，俱爲崇信佛法之信衆。其歿後殯葬傍依於寺院，傳達了唐人墓地選址含有强烈淨土信仰的意識。

10. 弘聖寺：

弘聖寺未知創建於何時，從龍門地區出土文物資料考察，當不會晚於八世紀八十年代。

龍門出土《大唐東都弘聖寺故臨壇大德真堅幢銘》，載“大德法號真堅，河南府王屋人也。……自小不茹葷血，十三即自願出家。……初，準敕住天宫寺，後奉敕移住弘聖寺。……興元元年（784）五月十二日，忽示現生滅，終於弘聖寺本院。……其月十五日於東都龍門西天竺寺南堀面陽安厝，儀也。出家姊安國寺主真心、俗弟盧州長史棧、弟子弘聖寺僧□興等，敬造尊勝陀羅尼善幢，以記遷謝”（圖 287）〔137〕。

有關弘聖寺的歷史往事，出土文物且給我們提供了一些頗富意趣的資料。近年龍門出土的王公亮墓誌，載誌主會昌二年（842）七月二十日“歿於東都弘聖寺之軍營”（圖 341），這在我國寺院遺跡中，屬於人們值得特别重視的一項文化史資料。

中古寺院結緣軍伍的事例，敦煌遺書中亦有珍貴的信息。如 S.5971 號寫卷，即陳子昂所上西番邊州安危七條之奏狀。P.3030 號《因地論》寫本題記中，又有“開元廿五年（737）五月廿八日陳奉德於沙州豆盧軍在營寫《因地論》”之記事。而 S.6342 號《張議潮進表》，則系咸通二年（861）收復涼州事後河西與長安之間往還之奏批。至於 P.2618 號《論語》題記中，則有“沙州靈圖寺上座隨軍弟子索庭珍寫記，乾符三年（876）學士（郎）張喜進念。”這與 P.3342 號佛經殘卷題記“丑年三月二十日比丘曇辯囑記於沙州軍門蘭若畢功”之記事，都一再表明了敦煌佛教與河西軍政社會饒有聯結的因緣。

由此看來，龍門地區寺院中軍事機體的存在，在一定層面上反映了當地區系文化生態的繽紛多樣與形色龐雜。

另由前引比丘懷則之幢記，叙懷則“先修塋内，立尊勝幢並鎸陀羅尼”之前夜，曾有“去元和初，舉充弘聖寺塡闕，統綰常住，衆訴清廉。逢先皇釐革之科，烈（列）在得留之數”的記事。考慮到該幢建立的年代，時在“大中四年（850）龍集庚午夏五月中旬十一日戊子”也〔138〕。以此推測會昌滅法中弘聖寺能以“列在得留之數”，或即與當時寺中駐有“軍營”有所關聯。

又《歷代名畫記》卷三《東都寺觀畫壁》一節中，有“弘聖寺，陳静眼、張志畫。”可見寺中壁畫之絢麗，已引爲時人之注目。

11. 乾元寺：

龍門唐代諸寺中，乾元寺事跡最早見於《唐故張禪師墓誌銘並序》。墓誌略曰：“香山禪師諱義琬，字思靖，……法歲二十七，世齡五十九，開元十九年（731）七月十九日……寂然奄魂。……先則玄記：吾滅度後三十年內，有大功臣置寺，度遺法居士爲僧。……果二十八年，有文武朝綱□國老忠義司徒尚書左僕射朔方大使相國郭公，土□於居士，拜首受僧，奏塔梵宫，榜乾元寺。法孫明演受禪父托葬祖，黄金述德於中書令汾陽郡王郭公。徹天請號，焚葬借威儀，所由檢校。大歷三年（768）二月，汾陽表曰：‘義琬禪行素高，爲智海舟航，是釋門龍象，……伏望允其所請，光彼法流。’其月十八日，敕義琬宜賜謚號‘大演禪師’。……八月十九日荼毗入塔……”(圖 262)。龍門地區出土的這一石刻資料,至少在一定程度上反映出乾元寺與安史亂後李唐朝廷的上層人物保持有密切的關聯。

前引高平郡王洞佛壇義琬之題記,則從一個側面透露出義琬禪師開元年間與香山寺僧人曾於龍門開龕造像的聯動行爲。龍門石窟佛教藝術與當地寺院僧團之結緣,義琬墓誌、題記的連翩,無疑是一例珍貴的考古資料。

中唐初年,乾元寺在龍門地區一仍享有地域景觀的價值,這由當時方輿文獻之相關記事可以窺見。如安國寺比丘尼澄空墓誌,載其貞元九年(793)“八月癸酉就窆於龍門西南所置之蘭若,居大智和尚塔之右,金剛三藏塔之左,若隱香山、乾元等寺,得清崗之勝界”(圖 292),從而透露出乾元寺有唐中葉依舊享譽洛中的事實。

白居易寓居洛陽期間,賞玩吟唱於龍門寺院的内外。前引《春日題乾元寺上方最高峰亭》詩中“危亭絶頂四無鄰,盡見三千世界春;但覺虚空無障礙,不知高下幾由尋……”的描繪,庶幾讓人們體會到乾元寺雄峻高危的狀貌。

乾元寺至北宋時代一仍香火有緒，居洛名士文彦博即常與當寺僧人禮唱往還。文氏有詩曰:“乾元古道場,宛在香山陽;實師應請去,無滯於一方;……况聞師議論,博洽而精詳;和會禪與講,若登圭峰堂;……清伊自南來,長波極渺茫;所謂桄喻者,利濟如橋樑”〔139〕。

此外,龍門地區尚有一些未明所在的寺塔史跡的存在。如“東都龍門有一處,相傳廣成子所居也。天寶(742–756)中,北宗雅禪師者,於此處建藍若,庭中多古桐,枝幹拂地”〔140〕。

“洛京廣愛寺釋真亮,姓侯氏,景城人也。家訓儒雅,辭彩粲然。潔素持操,與群少年有異。……遂於本州開元寺智休師下披染服。……受具已,遊嵩少,遇普寂獎訓,頓開蒙昧。入龍門山,居而禪默,問津者交集,聲望日隆……”〔141〕。

次如達摩禪師圓覺塔重建之事，早年陝縣出土石刻則有:“大中庚午歲（四年/850)八月十五日,詔河南尹河東公再建斯塔,令擇僧有大德可用擬大師者俾宰之。洛陽僧與軒冕之士累百,同舉手而稱曰:‘大德僧審元其人也。’……河東公賫詔書詣龍門以天子意起之。於是元公杖錫至山下,不言而入化,無幾而塔成。……大中七年(853)歲在癸酉正月五日潁川陳寬誌,京兆少尹崔倬書,韓師復摸勒並刻”〔142〕。

五代時,沙門道賢於“清泰(934–936)初,隨末帝入洛陽終,塔於龍門”〔143〕。

龍門地區佛教寺院如此之衆多,反映了當時這一地區寺院崇拜的熾熱。因此,分析上述寺院遺跡的相關資料對瞭解這一地區的社會人文狀况——尤其是當地佛教行事的斑斕多姿與情態委婉——必將有着極爲珍貴的學術價值。

佛教寺院本是寄托精神信仰的場所，所以圍繞着寺院而展開的一些日常生活,便時常透露出世人人生追求的思想傾嚮和行爲支配。通過對龍門地區出土文物的個案考察,我們已能觀察到這一地區中古時代發生的一些與寺院崇拜有關的風俗事態。

龍門西山賓陽南洞北壁有造像題記文云:“清信女蕭爲亡兒孝子敬造阿彌陀佛一軀並二菩薩,願當來往生無量壽國,從今身見佛身,已業永斷生死業,不復爲怨(冤)家眷屬。然亡兒未捨壽以前,願亡後即於龍門山石龕内。母子情深,不違本志。即以貞觀二十二年(648)八月二十五日,從京□就此寺東山石龕内安置□”(圖 43)〔144〕。

龍門西山婁氏瘞窟題記則有:“大唐龍朔元年(661)十一月二十三日,洛陽縣文林郎沈裒爲亡妻婁氏敬造優塡王像一龕。……（婁氏）顯慶五年（660）十二月寢疾於思恭之第而謪裒曰：'笄冠之初，契期偕老。豈意非福，痼瘵纏躬。不諱之後，願從所志。'其月二十八日，薨於私第。遂延僧請佛，度建法壇。設供陳香，累七不絕。筮箴卜日，休兆棐從。寶幢香車，送歸伊濱。屍陳戢崖，魂藏孤岩，是曰'屍陀法'，禮也"（圖 51）〔145〕。

龍門出土封府君墓誌則曰："府君諱抱，字義，河南洛陽人也。……翹心淨土之疆，希樹未來之業。超身火宅之境，方逑出世之緣。……粵以證聖元年（695）五月七日遘疾於綏福里第。……即以天冊萬歲元年（695）十月二十八日窆於龍門山之懸巖"（圖 89）。

王美暢夫人長孫氏墓誌另有："夫人長孫氏，河南郡人也。……以大足元年（701）六月二十六日薨於汝州私第，春秋五十有四。夫人宿植得本，深悟法門，捨離蓋纏，超出愛河。以爲合葬非古，何必同墳。乃遺令於洛州合宮縣界龍門山寺側，爲空以安神。……遂以長安三年（703）梯山鑿道，架險穿空，構石崇其基，斫絜陳斯隙，與天地而長固，等靈光而巋然"（圖 108）。

薛夫人柳氏墓誌亦有：夫人"春秋七十有六，開元六年（718）四月二十三日終於洛陽縣尊賢里之私第。夫人悟法不常，曉身方幻。苟靈而有識，則萬里非艱；且幽而靡覺，則一丘爲阻。何必順同穴之信，從皎日之言。心無攸住，是非兩失。斯則大道，何《詩》、《禮》之□束乎？乃遺命鑿龕龍門而葬，從釋教也。……以其年八月二十九日，自殯遷葬於龍門西山之巖龕，順親命，禮也"（圖 133）。

考古研究表明，龍門石窟這類用來瘞葬佛教信徒的崖墓，保存至今而見於報道的尚有 39 處〔146〕。中古時期這種帶有天竺"屍陀法"葬俗的文化現象，反映出淨土信仰在東方社會得到廣泛流布的事實。不僅如此，田野調查尚且告訴我們，就在石窟內部流行這種"寒林葬法"的同時，龍門地區的黃土植被地帶亦曾出現了爲數衆多的祔葬寺院的喪葬事例。

早年龍門出土有程寶安墓誌，載永徽四年（653）正月十日"洛州伊闕縣歸善鄉部都里處士程寶安春秋五十有五。以今年月□終於里舍，即以其月十五日窆於闕巖之原敬善伽藍西一里"（圖 44）。這是目前所知龍門田野遺跡中，最早以佛教寺院爲坐標依託的殯葬實例。

當地出土王夫人墓誌，載"夫人諱師，字化，并州太原人也。……夫河西任，唐授朝散大夫，職宰王府……博識通雅，內誠盡竭。棄榮不仕，歸真正覺。夫人……以麟德二年（665）歲在乙丑五月壬申朔四日乙亥遭疾終於溫柔之第，春秋六十有二。……其月十三日甲申葬於龍門敬善寺西元祚之山，禮也"（圖 52）。

前引唐故尚舍直長薛君夫人裴氏墓誌，載"夫人裴氏，河東聞喜人。……以開元十三年（725）五月二十三日考終於通利之里第。……先是遺付，不許從於直長之塋，以其受戒律也。今奉所志，以明年景寅（726）二月二十三日葬於河南龍門山菩提寺之後崗，明去塵也"（圖 150）。

1987 年龍門出土盧從願夫人鄭氏墓誌，載鄭氏"諱某，字某，號德曜，則隋中書侍郎道念之五代孫，皇朝祠部郎中從簡之仲子也。……享齡六十，開元之二十有八年（740）秋九月戊戌薨於洛師陶化里第。……即以其冬十一月壬寅權殯於河南縣伊川鄉龍門山西靈塔之右，從遺命也……"（圖 195）。

前引司馬元禮墓誌，載其"天寶二年（743）四月二十三日遘疾終於東京福善里之第，春秋六十有四……以其年五月二十二日永厝於龍門山天竺寺之東谷"。

至於前引李峰墓誌，載李氏"以天寶八載(749)十一月二十九日命不澡浴，衣以齋衣，重足而化，□□親席啓手，得生淨土於天竺寺南原起塔而窆之"的叙事，則一再透露出信教階層對祔葬寺院的追逐。

前引同地出土唐安鄉郡長史黄撝妻劉氏龕銘，則謂："夫人……年才既笄，歸於江夏黄撝。公……挹醍醐之正味，□般若之妙門。爰寫藏經，或崇塔廟。夫人……既而煢居累載，靜念安神，五福暫倏，百齡俄奄。以天寶十三載(754)七月二十一日寢疾，終於東京宣教里之私第，春秋六十有九……即以其載秋八月十日葬於龍門南西山淨土村太平□律師之塔北、長史之龕旁"(圖 251)。

前引龍門西山出土李君墓誌，謂李氏"幼而探孔氏之文，長而訪釋迦之義。悟因性達，法理空人，智朗心閑，衣中得寶。乃拜於聖善寺山門院兩堂和上。……以貞元十二祀(796)六月十二日奄歸逝矣。……即年十月四日殯於龍門天竺寺石闕南二百步。前臨廣化，鍾梵齊音……"(圖 295)。

又如 1988 年龍門西山出土杜钑墓誌，載其夫人鄭氏生前曾"深入寂門。及巨寢之辰，顧有理命，變周公之禮，幽隧不同；道釋氏之教，靈塔斯起。"嗣子穎等，乃"周旋遺旨，建塔於龍門西原。以大歷四年(769)十月二十七日奉遷舊塋，鄰於塔次"(圖 265)。

此外，當開元二十年(732)梵僧金剛智卒葬龍門奉先寺及二十四年(736 年)大智禪師卒葬伊闕西崗後，洛中僧俗曾有追祔墓塔的動態。此中如前引東都安國寺故澄空闍梨，貞元九年(793)"八月癸酉就窆於龍門西南，所置之蘭若，居大智和尚塔之右、金剛三藏塔之左，若隱香山、乾元等寺，得清崗之勝界"(圖 292)。可以想見澄空生前於兩位大師必有嚮慕之情懷。至於澄空喪葬之際"其赴葬殮，皆知法同人、修行上德"之道白，則從信仰群體參與葬殮的行爲中揭示出時人對這種祔葬風習的認同。

前引龍門西山出土大歷十三年(778)李君夫人雲氏墓誌，載其晚年"淨除雜染，精進四依，心入佛乘，意開禪惠。蹔居塵世，五濁之嘆實超；不去俗衣，三界之緣已割。深於禪者，無不嘉焉。初，夫人之將終也，命其子珦曰：'吾聞合祔非古，不可從也。吾早履空門，懷歸淨土，身歿之後，俯精舍以塔吾。使旦暮得聞鐘梵之音，死有歸矣。'珦等恭承遺命，不敢顛越。乃建塔於龍門之原，東北去廣化寺五十步，西北去護法寺二百步，南去元憲寺二百步，西去寶應寺百步。遵遺志也"〔147〕。一代信女嚮慕龍門佛界之真摯，可於生前之遺音寄聲與身後之葬地參照卓然嘹亮於時林！

有關唐代清信群體以淨土崇拜接緣佛門的事例，洛陽出土文物中尚有進一步的資料可以援引。如洛陽邙山出土唐賈公夫人陳氏墓誌，對陳氏晚年行事亦有同類的記述：夫人"志超生死，修心入道，諦思歸禪，……豈期風燭俄傾，雲虹驟消……遍記弘□之墟，俾鄰化身之塔"〔148〕。唐人墓誌凡此種種之内容，每每透露了唐代信教婦女對佛家法門的眷依。

當人們唏嘘於這類文物資料頗堪玩味的時刻，無獨有偶的是，龍門地區的另外一些石刻文獻則爲我們提供了更具思辨衝擊色彩的人事案例。

如龍門石窟趙客師洞北壁有題記文云："大唐顯慶五年(660)歲次庚申七月二十日，洛州偃師縣鳳□鄉御侮副尉楊君植爲妻蕭五月十一日亡於龍門敬善寺，敬造阿彌陀像一龕。……"(圖 50)此中所見蕭氏大寢之際臥牀於佛教之寺院，已從人生終極意識層面上反映出唐代婦女對佛教法門的信從〔149〕。

同類的例子如天授二年(691)柳偘故夫人杜氏墓誌銘有云:“夫人……以永昌元年(689)秋九月遘疾於常州之廨宇,尋又移寓於天興寺之別院,二十一日終於其所,春秋七十有二”〔150〕。

次如開元四年(716)裴公故妻賀蘭氏墓誌銘又云:“女也不慝,天胡降災。綿聯沉痾,三浹其歲。洎大漸,移寢於法濟寺之方丈,蓋禳災也”〔151〕。

2005年秋龍門西山北麓出土崔蕙墓誌,記載崔氏“開元廿八年(740)十月廿八日遘疾於樂□私第,歿於龍興寺舍。翌月八日殯於園門之西南龍門原”(圖194)。

另如天寶七年(748)柳氏墓誌銘則云:“(韋璥)夫人河東柳氏……韋公喪亡,年未二十……撤去鮮華,歸依釋氏,長誦《金剛》、《般若》,兼持《維摩》、《法華》。與善無徵,降年不永,春秋卅七,以開元十八載(730)十一月二十日嬰疾終於陸渾縣勤戒寺之西院”〔152〕。

直至中唐時代,這種移寢寺院的女性史料亦有不斷地再現——洛陽出土韋公夫人孫氏墓誌有謂:“夫人姓孫氏,字婉,……以明年(元和四年/809)六月十二日遘疾終於臺州龍興佛寺,享齡五十七”〔153〕。

唐代女性群體疊疊大漸於佛寺的事例,反映了當時信教階層對佛教寺院抱有虔誠摯着的思想。這類考古資料充分表明,如此衆多的依附寺院行爲的發生,皆因葬主生前崇信佛法所引起。

唐人以佛教情感結緣龍門的歷史事例,近年當地的出土文物史料亦有相應的實例可資圈點。如2003年出土的程琛墓誌,已顯示其貞元十七年(801)“厝於龍門北原”與之生前“洗心齋戒,聲色都泯”(圖299)有着內在的關聯。

通過對諸如此類的石刻文獻的分析,人們不能不承認,佛教信仰作爲一種極具精神感染力的意識形態,已對中國社會的儒家傳統倫理觀念形成了巨大的衝擊。事實上,龍門地區內涵繁博、意緒深邃的古文化信息,已反復嚮人們展示出佛教信仰在重構東方倫理體系時具有無可低估的精神價值,這從我國思想界中享有絕唱品格的白居易龍門情結,可以得到再一地説明。

按我國中唐詩人白居易,乃古今布在人口、婦孺傳唱的文化名人。白氏晚年以詩文風華、茶酒閑適逸情於龍門山水形勝間。其酒朋詩侶、文友同好中不乏寺僧、清信之愛尚佛法的信徒。正是白氏心目嚮往於佛教,所以其生前、歿後於龍門寺院人際多有濡染之行爲:

大和四年(830)白氏分司東都,屢遊龍門。十二月,代韋弘景爲河南尹〔154〕。

大和六年(832)以撰元稹碑誌所受筆潤六七十萬錢施修香山寺〔155〕。

開成五年(840),自編《洛中集》十卷共格律八百首,藏於香山寺藏經堂〔156〕。

會昌四年(844),以憫舟人楫師大寒之月裸跣水中推挽束縛之苦累,散施家財,開龍門八節石灘,以利舟楫之過往〔157〕。

會昌五年(845)春三月,邀胡杲、吉皎等於履道里設“七老會”。及夏,又合僧如滿、李元爽寫爲“九老圖”。自此,於龍門香山嬋媛風月、遐享晚年〔158〕。

會昌六年(846)八月,卒於洛陽履道里。十一月,葬龍門香山寺如滿禪師塔側〔159〕。

白居易是中國歷史上享有“童子解吟‘長恨曲’,胡兒能唱‘琵琶篇’”〔160〕的聲譽風馳的文化名流。他在龍門文化史上遺留下來的人文踪跡,是中華民族一份值得垂示千古的精神財富。

千百年來，當龍門訴述不盡的古代遺跡隨着歲月的流逝蕩然無存的時候，人們卻將白居易龍門生涯中最爲值得紀念的“香山寺”與“白傅墓”移植保存到了今天。這一歷史事態的本身，實在鮮明不過地説明了文化名人在名勝古跡的永續傳承過程中享有永恒的魅力。

大約因魏、唐以來龍門石窟的開鑿在洛都郊下形成了一處稱譽中外的文化勝地，與上述名人行迹相與表裏的遂有一些嚮慕人士將人生歸宿選擇於此地。就以長安、洛陽兩地爲例，武周以來即有不少著姓人家將墓地從西京遷移於龍門。

2000 年龍門西山出土《有唐雍州咸陽縣丞杜君墓誌銘》有曰：“君諱榮觀，……今爲濮州濮陽人也。……唐儀鳳二年(677)正月一日卒於長安崇賢里第，其月八日權窆於萬年縣之韋曲北原。……粤以大周長安三年(703)八月二十四日遷窆於洛州龍門山之西麓”(圖 103)。

1981 年龍門東山出土《唐故陸胡州大首領安君墓誌》文云：“君諱菩，字薩，其先安國大首領。……粤以麟德元年(664)十一月七日卒於長安金城坊私第，春秋六十有四。以其年十二月十一日旋窆於龍首原南平郊。……夫人何氏，其先何大將軍之長女，封金山郡太夫人。以長安四年(704)正月二十日寢疾卒於惠和坊之私第，春秋八十有三，以其年二月一日殯於洛城南敬善寺東去伊水二里山麓”(圖 120)〔161〕。

1993 年伊闕南口出土《大唐故遼陽郡王李公墓誌銘》序曰：“王諱多祚，蓋州人也。……以神龍三年(707)七月五日薨於長安，春秋五十有四。……即以先天二年(713)歲次癸丑九月壬戌朔二十四日乙酉遷葬於洛州河南縣伊汭鄉之平原”(圖 124)〔162〕。

這些大姓士族墓葬的遷移，其時間下限與武周末年龍門造像蔚成風氣形成的佛教氛圍有着內在的聯繫。安菩薩雖爲東來粟特的首領，但其父子兩代以“菩薩”、“金藏”、“萬歲”這種含有佛教概念的詞語取名稱字，本身即透露出這一粟特家族宗崇佛教的痕跡。李多祚墓誌載明其孤女意滿本乃出家之女尼，可見這一家族亦有信教之傳統。如此看來，武周以來士族階層能將葬地由長安遷移於龍門，大抵爲伊闕佛教氛圍所吸引。

其次，龍門地區的文物史料，甚至能爲上述墓葬的播遷，提供一些頗具文化系鏈意義的微觀信息。此以龍門事涉李多祚的唐人遺跡爲一例，管窺其間之微妙。

如 2005 年春，龍門西山出土比丘尼悟因墓誌，稱其“俗姓李氏，趙國高邑人也。曾祖孝卿，皇宜、谷二州刺史。祖敬玄，皇中書令。父思冲，皇工部侍郎。……以(開元)廿七年(739)己卯四月壬戌朔廿六日丁亥，結夏在寺。……以其年五月壬辰朔五日丙申，安厝於河南縣龍門鄉北原……”(圖 189)。

檢之唐史，知李多祚、李思冲俱因神龍三年(707)七月五日從節愍太子發“玄武樓之變”而殉身。李多祚墓誌且已透露，其女兒意滿事後出家爲尼，扶櫬東歸。今以比丘尼悟因墓誌之記事，復見這一事難群體子女相繼出家的事實。中古時代勒令獲罪之家女子削髮出家的説法〔163〕，看來不爲向壁之虚談。

比丘尼悟因墓誌的出土，似乎暗示了當時一些政治階層在意識形態領域內，與龍門一帶特殊的地域文化生態保持着內在的聯繫，這由此間封抱、王琳等墓誌旨趣明確的記事，可以窺見其端倪。

前引龍門石窟唐代瘞窟內出土的封抱墓誌，云其“以天冊萬歲元年(695)十月廿八日窆于龍門山之懸巖。左連嵩嶽，睹周晉之僊臺；右帶華陰，睇平公之神室；南臨福地，兜率圖彌勒之容；北極隍城，紫微立金輪之帝；卜其兆域，奉安神靈”（圖89）。其與龍門形勝之鍾戴有加，卓然溢於言表矣。

2006年冬龍門西山出土武則天族人武子瑛墓誌，載其以“后戚興榮，遂得啓土封第，聯暉席寵……歷宗正寺丞，非其好也。乃投名法侶爲沙門，久處禪宇，備聞戒業。晚以上命見逼，遂邁歸初服，惜哉。無何，屬親累，播遷於康州。閩越遐荒，炎気是喧，爲瘴癘所侵。以開元九年（721）七月三日遘疾終於康州。十年（722）八月神柩至自康州，以十一月戊辰，權殯於東都龍門鄉之平原”（圖145）。此中透露出一位棲心禪門的失意士族，因嚮往龍門地宜氛圍而不遠千里歸葬舊邦的心跡。

另如2003年8月，唐潤州刺史徐嶠夫婦墓誌於龍門西山張溝村出土，夫人王琳誌文中有：其開元廿九年（741）“七月二旬有八日，薨於潤州之正寢。嗚呼哀哉！載惟平昔，禪寂爲行。曁屬纊之際，真性轉明泯苦，空絶恩愛，惠心普至。揮手謝時，猶托以祀絶葷血，斂唯縵素。卜宅龍門之上，幽憑淨境之緣。敢懷雅言，寧忍奪志，危旌旅櫬，泝江而回。男行女隨，哀哀不絶；萬里孤帆，爰屆洛都。即以其年十一月二日，安厝於龍門西崗清河王嶺，從遺語也。前瞻伊闕，旁對伊川。寶塔靈龕，盡爲極樂之界；鯨鍾魚梵，常送大悲之聲；即是楞伽之峰，自然解脱之岸。豈比夫北邙之壟、西陵之原，白楊蕭蕭，夜雜鬼哭；蒼煙漠漠，晝掩魂遊者乎！”（圖198）。

以王氏墓誌行文懇切備至之意緒，無疑傳達出中古信教階層對歸宿龍門這一佛教文化勝地的期盼。時人如此不遠千里、歷盡艱辛之遷神，豈止“望鄉”二字所能函蓋也！

又前引龍門西山出土江州刺史李君夫人崔氏墓誌，記叙夫人之葬“於洛陽之南，伊水之西，行先志也。踞龍門之爽塏，歸鷲嶺之田園。弘此法因，寧指梵氏之葬；從其理命，何假祔集之言”（圖201）。從中亦再次透露出唐人歸心龍門的遺願。

次前引龍門西山畢溝村出土杜鈒墓誌，載其天寶二年（743）“怛化於東都建春之私第。”此後夫人鄭氏遂“深入寂門。及巨寢之辰，顧有理命：變周公之禮，幽隧不同；道釋氏之教，靈塔斯起。……嗣子……有曾、閔之孝，周旋遺旨，建塔於龍門西原。以大歷四年（769）十月廿七日奉遷舊塋，鄰於塔次，庶神理之通也”（圖265）。

1997年龍門東山南麓出土尼法通（崔氏）墓誌，載其“染疾告終，歸化淨土，旅殯南國，綿歷歲時。唯弟與兄，提擕艱阻，自蜀之洛”。於大歷十年（775）十月十三日遷神“祔先塋葬于萬安山陽”（圖274）。這種不遠萬里遷葬遺骨的長途勞作，反映了唐人對龍門淨土聖地眷眷深情的人文時態。

唐人如此眷念於龍門，其宗教信仰意識的個人情緒化傾嚮之外，似乎在更爲廣闊的文化層面上，還透露出中古時代處於一種開放的社會風氣下，人們對域外異質文明富有選擇空間的現實。這由當地另一出土文獻之真切記事可以窺見其一斑。

近年龍門西山出土的崔迢墓誌，記其寶歷二年（826）與亡妻李氏合葬之際，“以舊域中梁（村），今擇合祔，龜筮卜吉，日月有時。卜其年冬十月三日也歸葬於龍門山先塋，從西禮也”（圖324）。世人以信從“西禮”爲時尚，看來正是龍門文化群落之宗教化色彩極盛一代的根本原因！

實際上，此前當地出土的文物遺跡，業已提醒我們對龍門文化生態情感寓意的思考。如清季龍門地區面世的《魏故曠野將軍石窟署丞□君墓誌銘》記事有謂：“君諱淵，字法智，高平金鄉人也。……宣武皇帝□□□□□□悟通眇□用曠野將軍、石窟署丞。□□□□□□□□君運深慮于危峰，抽□□□□□。□□□□□□□□□

□其奇形異狀□□君□□□□□□□□□□□□孤雙，何圖上天□善，□□□□□□□十四。大魏正光六年(525)歲次乙巳正月丙午□四日己酉終於營福署。則以其月廿七日葬於伊闕之右。排山構墓，穿壂起墳。□松列於埏側，□□滿於□□。偏納白日之暉，獨引明月之明。□見者莫不彷徨，□聞者爲之惻愴……”(圖23)。

這一石刻史料顯示出兩個值得注意的史學信息。其一，北魏時代參與龍門石窟管理、經營的朝廷命官，以“石窟署”僚員的資格終老於同格級别的“營福署”，反映出封建國家對佛教功德工程的管理，設置有專門的立項機構“營福署”以統財政和經營機構“石窟署”以統施工，這樣的兩個組織係統施政取嚮在於達成宗教“福佑”的目的。其二，石窟署丞□君以行政職守結緣於佛門，終老之日竟以信仰所繫安厝遺身於龍門石窟這一佛國清淨世界。由此看來，唐人後世在同一地域上演繹的充滿情感色彩的淨土崇拜，可以追溯到石窟創建時期這一信仰意識的曳引！

龍門地區佛教崇拜彌盛於中古，此已爲中外文化階層所熟知。然而此間容易爲人們所忽略的，是中古時期龍門地區亦有道教崇拜的存在。

田野考古已經表明，作爲佛教文化行事高度密集的龍門地區，其歷史遺存中尚且兼容了一些意趣雋永的道教人事行爲。

龍門早年出土的《唐故上都至德觀主女道士元尊師墓誌文》曾有如下的記事：“尊師法名淳一，河南人也。……齔歲而日誦萬言，笄年而遍覽三教。□馳出俗之慮，獨蘊登真之想。……於是深入道門，大弘法要。天寶(742–756)初，度爲女道士，補至德觀主。……大歷(766–779)中，竭來河洛，載抱沉痼。粤以十□年七月三日返真於東都開元觀，春秋六十□。……是月十八日，遷窆於龍門之北原……”(圖282)。

元淳一墓誌“齔歲而日誦萬言，笄年而遍覽三教”的記事，似乎透露出這位唐代道士之遷葬龍門，與其早年思想中兼有佛教信仰有所關聯。

其次，2006年9月，龍門西山出土一件盛唐時期的墓葬厭勝石刻，刊文有云：“其靈冥冥，以此爲極；陽覆陰施，大道不測；天覆地載，安神之德；五精變怍，諸殃永息；急急如律令”(圖253)。其中透露的墓主道家信仰意識，亦爲中唐時代龍門地區包融佛外信仰遺跡提供了例證。

龍門地區諸如此類的道家遺存，與龍門石窟中古時期若干造像遺跡所包含的信息態勢有着相當的一致性。

按龍門北魏時代的火燒洞，其窟楣造像中據説已有道家色彩的“東王公”、“西王母”題材的裝飾浮雕〔164〕。這或許是道教文化在龍門乳匯佛教崇拜的早期遺跡。

又在龍門西山武周前後的“雙窰”窟檐下，見有開元五年(717)造像三龕同爲一組。其中北側的一龕，内刻天尊並二脅持一鋪，龕北題記文云：“弟子張敬琮母王婆敬造天尊一鋪，開元五年(717)三月日”。南側的一龕，内刻阿彌陀一尊並二脅持菩薩，龕下題記文雲：“弟子張敬琮母王□(婆)□(敬)造阿彌陀佛一鋪”。該龕之上方，有一單身結跏式坐佛，龕下題記文曰：“弟子張敬琮爲母敬造地藏菩薩一區”。

張敬琮母子上述造像之行爲，至少反映出開元時代龍門地區推崇佛教崇拜的同時，道教崇拜在同一個信教群體中亦有一定的市場。這或許與玄宗王朝拔擢道家的政治行爲有着内在的關聯。

龍門石窟大盧舍那像龕東崖，亦有盛唐時代佛道造像兩龕同爲一組。其北側一龕雕立佛九身，立佛上方刻騎獅文殊、騎象菩賢相嚮而趨。與之相鄰的南龕。内刻蓄發長髯、雲履持笏的道像一尊並二脅持形象。這兩龕題材有别的同組造像，應該説與張敬琮母子上述造像一樣，透露了盛唐時期佛道兼糅的社會信仰情態。

此外，2005年春，龍門東山南麓有煉師錢又玄墓誌的面世。墓誌記載錢氏“廣明元年(880)六月十七日終於許州，以其年十一月十六日通便與長房同窆萬安山之南”(圖372)。是亦可見直至五代初葉，龍門地區仍有道家人文活動的存在。

總之，龍門道教文化遺跡的存在，爲人們領略這一遺産勝地人文事態的叢仍繽紛提供了一抹輝色全新的別樣題材。

不僅如此，由於龍門地區宗教藝術、寺院景觀爲中古文化階層所歆譽，所以這裹亦曾留下諸多文人名士形諸篇什的文化遺跡。據宋人朱長文《墨池篇》輯録，龍門地區至北宋中年尚且保存有衆多唐代文士的碑刻書法。如：

“《唐東京留守李愷碑》，沈傳師書，在西京伊闕。”

“《唐程文英碑》，張庭珪八分，在龍門。”

“唐奉先寺塔院碑，徐峴書，在西京。”

“唐天竺寺新鐘及樓記，釋戒成書。”

“唐《修香山寺記》(碑)，白居易撰並書。”

“唐香山寺李勳等題名。”

“唐修香山寺詩。白居易撰，賀馱甚書。”

“唐《陀羅尼經》，牛僧孺隸書，在香山寺殿上。”

“唐金字波羅碑，在香山寺”〔165〕。

毫無疑義，這些都是中國書法史上至爲珍貴的文化遺産。

正是由於龍門地區容納了形象百端的文化業績，從而形成了這一地區風情獨特的地域景觀。魏唐時代洛陽既以政治都會昌明於中古，則當地文化階層出於人生消費的精神追求自有心儀向慕於龍門。

詩人韋應物《龍門遊眺》寄興有謂：“鑿山導伊流，中斷若天闢；都門遙相望，佳氣生朝夕；素懷出塵意，適有攜手客；精舍繞層阿，千龕鄰峭壁；緣雲路猶緬，憩澗鍾已寂；花樹發煙華，淙流散石脈；長嘯招遠風，臨潭漱金碧；日落望都城，人間何役役”〔166〕。

香山居士白居易詩中唱到：“我年日已老，我身日已閑；閑出都門望，但見水與山；關塞碧巖巖，伊流清潺潺；中有古精舍，軒戶無扃關；岸草歇可藉，徑蘿行可攀；朝隨浮雲出，夕與飛鳥還；……吾亦從此去，終老伊嵩間”〔167〕。

而敦煌遺書S.2049v有關洛中士女尋芳伊闕的描述，則尤爲中古龍門地域氣象的絶佳狀摹：“國門門南二十里，雙闕峨峨夾伊水。不論形勝接皇居，遠擇靈僊亦飛擬。洛陽士女重清明，聞嚮龍門更着情。鐵關金鎖在開鑰，寶馬香車透出城。……谷谷山山遍勝游，紅紅緑緑採芳舟。車上綺羅遙水面，船中鼓笛應山頭。……南瞻草樹塞野春，北望樓臺半天起。赤縣英寮愛水嬉，清流鼓棹弄河湄。妙管繁弦聽舊曲，花箋彩筆賦新詩。……貪遊戀賞嫌舟疾，惜景憐春行酒遲。……石爲龕，金爲像，半隱半見遙相望。下有水，上有山，一登一弄不能還。莫恠河邊馬躞蹀，都由樹裹鳥關關。嚴城暗暗應相摧，車騎紛紛盡慾回。……歸騎遙排定鼎門，看人半在香山閣。香山閣上彩雲飛，採閣香山望轉微……”(圖385)〔168〕。耐人尋味的是，這一洛中記事韻文在敦煌石室的出現，無疑説明古人之諷咏龍門已引起邊塞文明社會的共鳴。中古龍門人文氣象之遠播中外、享譽遐邇，西陲遺文吉光可以概見矣。

這就是姹紫嫣紅、五彩繽紛的龍門！

龍門古跡遺産昭示給人們如此具有歷史韻味的精神啓迪，尤可從這一地區傳移千年的地理遺踪信息得到雋永地印證。前引龍門西山出土的武子瑛墓誌，明白紀實其爲則天女皇的本裔。這一文物出土之地點，至今猶有村莊曰“武家溝”者。村中聚居之同姓農民，曾世代口碑相傳俱爲武氏之後裔〔169〕。人文聚落如此繚繞綿長之史踪，當地則另有“龍門”、“畢圭(溝)”、“緱氏”、“韓村”、“諸葛”、“齊村”、“南王村”、“北王村”、“梁村溝”、“石橋”、“平泉”、“花園”、“土門”等等村落曾經見於本土唐人之墓記——古代文化遺産自強不息而風塵淪落之危殆傳延，已至今人亟待搶救、保護之邊緣！

三

以地理形勝名聞中州且以宗教文化稱著中古的龍門地區〔170〕，早在盛唐時代即獲封建聞達的酬唱與咏歎。開元二十四年(736)恒州刺史韋濟《白鹿泉神君祠碑》諷引時論有謂：“夫建國設邦，分土畫野，必有名山大浸、靈境勝跡。綏鎮□□，□暉□望。耆舊載其風，謡頌歌其事，若關西之昆池、灞岸，洛南之梓澤、龍門。□帝室之威神，嬉王城之風俗。既麗且康，不可得而議也”(圖 172)〔171〕。唐人既將龍門比類於布在人口的長安昆池與灞岸，可見龍門地區區系文化之鼎盛，早在中古當時已爲寄情“靈境勝跡”的上層社會所風吟。龍門地望環境承載古代文化内涵之豐厚，蓋足已震蕩中外來者之心穹。

龍門石窟造像藝術及其周圍地帶不期面世的石刻文物，原本爲佛教社會表達思想信仰和精神寄託的遺存，故其圖畫内外、字裏行間每每透露出生活行爲中沁之肺腑的宗教意識和世俗動機。因此，作爲一項人類既往生活的文化遺産，這些石刻資料爲今人瞭解龍門地區中古時代的人文形態——尤其是這些人文形態背後所潛藏着的思想取嚮及其意識流程——提供了彌足珍貴的歷史信息。

本書上述林林總總、形色陸離的文物資料，在内容上涉及了龍門地區中古一代舉凡政治、軍事、交通、水文、民族、鄉俗、居墅、林囿、館驛、宿止、鄉校、邑社、寺廟、幢塔、造像、施捨、墓葬、祭奠、祈神、觀遊、文學等等一系列搖曳紛繖的萬象世態。這種種斑斕多姿、遺韻各響的人間事象，揭示了中古時代這一地區以宗教信仰爲主體紐帶而發生的那些崢嶸一時的人文生態。

事實上，當我們窮窮累年沉浸於龍門地區這些博大精深、震人心寰的人文遺産之中時，我們已經感覺到，中古一代龍門地區如此豐沛的文化資源，其所提供給人們的認識價值，無論在形而上抑或形而下的哪一個層面上都是一筆無比珍貴的歷史財富。

透過這些紛繁不一的文物資料，人們可以看出龍門地區以石窟崇拜爲先導的人間事態，曾經推動了當地寺院崇拜的發生。而以寺院崇拜爲核心理念的民俗行逕，則引發了衆多緇素有情於龍門地區超度往生的祔葬行爲。幾十年來我們的田野調查已經證實，中古時期龍門地區在僧俗各界思想信仰的實踐積累下，曾經存在過一個“幢塔林立、寺廟曲回，法事繁衍若雷動，緇素逐流以風趨的時代”〔172〕。結集迄今的考古資料業已充分顯示，中古一代龍門地區展示給人們的生活形態，斷非今日我們瀏覽伊闕峽谷時映入視野的僅爲石窟造像這般的單一。披覽本書以時序羅列的圖文資料，在在可以彌補人們回溯這一歷史場態時視覺讀品和理性素材的不足。

筆者希冀通過本書考古資料的公佈與析釐，借以追尋當地日漸遠去的人間故事，復原這一充滿了人事互動形態的生活空間，重溫那歷史上久已失落的文化篇章，感受其充滿了精神寄託和理想訴求的往日信息。筆者認爲，只有人們從思維流程整體層面的學理深度爲這一文化遺産構建了一個立體而多維的生態體系，並且能夠讓這一生態體系的理性韻致深深融匯在我們的心田，我們才能夠真正領會到這一文化群落作爲一項世界遺産賦予給人類的永恒的認識價值。

衆所週知，還在二十世紀的三十年代，我國前輩學者賀昌群先生即以前沿學術眼眸注意到了敦煌石窟的文化生態系統。先生所制《敦煌佛教藝術的系統》〔173〕之宏論，以翔實可靠而極富義理的行文筆觸，將敦煌藝術的文化脈絡歸納得層次得當、條縷清晰，從而使人們對敦煌藝術的文化源流、來龍去脈及其類型體系有了一種整體的認識。先生在解析中國石窟寺文化系統中篳路藍縷的學術實踐，至今對於我們解讀古代歷史遺跡仍然葆有啓迪心智的重大意義。

二十世紀五十年代，當中國學術機構從西方購得英藏敦煌遺書微縮膠版之後，賀昌群先生遂又安排我國學者劉銘恕據此編纂了《斯坦因劫經録》〔174〕的遺書索引。劉銘恕先生以歷史學家卓越的職業修養，在編輯敦煌遺書目録的過程中敏鋭地選録了經卷題記這類最具社會學意義的文獻信息，從而爲中國學人研究敦煌文化提供了富有核心學術價值的史料素材。尤其難得的是，《經録》中公佈了有關的龍門寺院僧人參與譯經、注疏的文書題記，這就及時提醒了人們研究龍門佛教寺院既往歷史的學術實踐。

及至二十世紀七十年代，意大利東方學學者安東尼奧·富安敦（Antonino Forte）先生從敦煌遺書唐代寫卷和洛陽史地資料入手，探討了龍門奉先寺作爲國家“大寺”與武周皇權的政治關係。這位西方學者以來自於東都御用僧團内部的經疏遺卷爲依據，指出了奉先寺宗教系統在推動武則天“轉輪王”政治事業中發揮過巨大的輿論作用。富氏由此推出的《七世紀末葉中國的意識形態與政治宣傳》（Political propaganda and ideology in China at the end of the seventh century）一書，是國際學術階層較早涉及龍門地區區系文化生態的理論成果〔175〕。

中外學者們富於開拓意識的科研進展，應該説爲我們樹立了一些具有引領意義的學術示範。

在歷史已經跨入二十一世紀的今天，“生態博物館”建設的付諸實踐、“大遺址”文化概念的建立以及世界大遺址文化遺産貽惠子孫的永續利用，顯然已經作爲一項人類文明進步的嶄新課題擺在了我們的面前。當我們立足於這一學術領域希圖尋覓課題素材的時候，我們幸運地發現，龍門地區徜徉千祀的場態現實，給我們提供了一例值得引起思考且亟宜付諸科研行爲的典型個案。如果我們善於以文化生態的眼光去審視這一大遺址上中古時代所發生的一切，我們應該承認，當地紛繁如織的種種人文事象，從根本上反映了古人以“信仰本位”爲出發點，對這一地域資源的利用意識和支配能力〔176〕。這種帶有思維認知意義與權力價位色彩的歷史邏輯，質而言之，正是這一地域文化消長起伏的基本動力。

20世紀90年代，日本學者江上波夫先生在論及古代文化遺産的認識價值時説過“肉眼看不見的頭腦的精神文明勝過肉眼所能看見的資源文明”的話〔177〕，這應該對我們思考、把握任何一處文化遺存的内蘊分量有着啓發的價值。尤其是，當我們面對一座充滿了情感層累過程的龐大的文化遺産時，我們便更有必要以人類學全息史態的理性眼光來提出我們的研究對策。

作爲典型信仰意識産物的龍門文化遺産，這一文化單元實際上已經構成了一座内涵豐富的人類文化的基因庫。因此，其所包含着的無比珍貴的歷史信息，無疑從文化記憶、精神傳承的理性層面，爲人們瞭解中古時期的社會事象提出了一系列尤爲值得思索的科學命題。正是由於龍門地區以石窟造像和田野遺跡爲整體的文化系統蘊藏着豐富的歷史信息和巨大的學術開發價值，因而我們認爲當前已有必要以多學科研究技能爲方向，採用哲學、歷史、考古、宗教、藝術、環境、地理、地質、工程、計量、信息等學科手段，建立起一門以區系文化群落整合、研究爲目標而可稱爲“龍門學”（Longmenology）的學科體系。這一學科體系的建立，必將有助於從更高一級的學術層位上推動龍門遺產研究的規模化發展。這是世紀之交遺產時潮對近代龍門學術研究蹣跚步履的引吭與疾呼，更是一代學人發自肺腑的一種富有歷史責任感的淺唱與低吟——尤其是在現代城市規模急劇擴展、工業建設無情侵害這一地區地上、地下遺產資源而這一地區衆多地下文物在盜掘如此猖獗的世風浸蝕下急劇消失的時候——一代學人關於加強這一文化遺產保護與研究的引吭疾呼就應該引起我國文物主管部門的責任關注與行政重視！

作爲一名在龍門文物機構工作多年的學人，長期的田野考察已使我們感覺到，龍門文物資源的保護與管理，形勢嚴峻、任重道遠。而與此相輔相成的科學研究，則更加顯得尤爲必要和緊迫。舉例來講，就已經面世而見諸本書公佈的近四百種文物資料來説，也僅僅只有其中的張庭珪墓誌、安菩薩墓誌、神會塔銘、豆盧氏墓誌和文彥博題壁五件文物屬於正式考古發掘獲得的資料！由此可見，對於這樣一座遺跡含量極爲密集的重大文化遺產地來説，近代——尤其是近年——非正常流失的文物遺存及其相關資源信息，該是多麽的嚴重！從文物工作最低的研究目標上來説，如果這些文物遺跡屬於科學發掘而顯示有明確的出土地點及其埋葬層序，則人們起碼即有可能依據這些石刻文獻的内容品類及其空間分布機理，採用行爲地理學方法初步編制出一種反映當地文化生態斷面的意境地圖（mental maps）——如果這一工作成果尚能産生的話，它將爲今後從事龍門地區整體文化群落的針對性研究，提供帶有指導意義的學科提醒——如果聯繫到與石刻文獻同時出土的其他遺址文物的多重信息，無疑一個含量豐富的全息文化遺産就會儘早地凸顯在我們的面前！

然而這些，現在看來都只能給人們留下無可奈何的傷感與追悔不及的遺憾了——數以百計的文物單元，在近期短短的幾年里，已經流失得無影無踪了！時下增殖於遺産保護區内的人文信息，唯有與當地原始景觀並不協調的當代工業、服務建築那龐大的形體！

筆者以鄉土因緣與平素積好涉足於龍門，幾十年來以工作之便得有機會撫慮於伊闕峽谷的山前水後、窟内洞外。田野考古和地宜賦藴既以歲月濡沐積累了一定的資料，則機杼成尺、剪貽後人理當成爲筆者晚年人生旅途的一抔學人情懷。筆者認爲，期待來日龍門文物保護與研究的發揚與光大，吾輩同仁應該從個人自覺和身體力行做起——年届耳順行將退休的筆者，只能以此力所能及的行爲，爲期盼已久的龍門學術發祥作出些許的積累。

現今奉獻給讀者們的這本資料性讀物，以文獻結集的傳統方式，公佈了個人積累的這一地區和洛陽其他一些地方遺存至今的五百餘幅石刻的拓本。這些品色陸離、内容繁博的石刻文獻，在一定程度上反映了龍門地區中古時期人文行事的各個側面。考慮到此前學術階層對龍門田野文物尋覓非易的實際情况，筆者遂以平日設想權將這類文物資料給予時序次第的編排並予發表。筆者希冀用此帶有聚沙玩賞稚拙色彩的樸素行爲，能爲學界同人促成“龍門之學”的誕生，提供一些研究龍門遺産綜合內涵的資料素材——龍門文化遺産原本賦有“天下公器”的屬性，筆者自然未可以捷足自珍限囿於個人的私專。讓不期面世的文物材料儘可能地爲學界及時地利用，正是筆者多年龍門學術生涯一以貫之的夙願。

祇是，以筆者學力綿薄之藴際，收入本書的有關史料在體例安排和類型歸納方面肯定會有未盡合理的地方。因此，本書資料素材的條貫編輯及其有限文字之解説，誠懇希望學界有識提出高明的教益。

---

〔1〕關百益：《伊闕石刻圖表》(上、下卷)，中華民國二十四年河南博物館出版，開封。

〔2〕于希寧、羅尗子：《北魏石窟浮雕拓片選》，北京：中國文化藝術出版社，1958年。

〔3〕李文生：《龍門石窟裝飾雕刻》，上海人民美術出版社，1991年。

〔4〕龍門文物保管所、北京大學考古系編：《中國石窟·龍門石窟》(兩卷本)，北京：文物出版社，1991–1992年。

〔5〕張乃翥：《從出土文物看中古時期龍門地區的區系文化聚落》，《龍門石窟一千五百周年國際學術討論會論文集》，北京：文物出版社，1996年：94–109頁。

〔6〕《魏書》卷一一四《釋老志》，北京：中華書局，1974年：3043頁。

〔7〕《魏書》卷八《世宗紀》，北京：中華書局，1974年：198頁。

〔8〕《魏書》卷九《肅宗紀》，北京：中華書局，1974年：225頁。

〔9〕《魏書》卷九《肅宗紀》，北京：中華書局，1974年：244頁。

〔10〕《魏書》卷一〇《出帝紀》，北京：中華書局，1974年：286頁。

〔11〕《隋書》卷三《煬帝紀》，北京：中華書局，1973年：66頁。

〔12〕《舊唐書》卷三《太宗紀》，北京：中華書局，1975年：53頁。

〔13〕《舊唐書》卷四《高宗紀》，北京：中華書局，1975年：82頁。

〔14〕《舊唐書》卷六《則天紀》，北京：中華書局，1975年：131頁。

〔15〕《舊唐書》卷一九〇中《宋之問傳》，北京：中華書局，1975年：5025頁。

〔16〕《舊唐書》卷七《中宗紀》，北京：中華書局，1975年：141頁。

〔17〕《舊唐書》卷八《玄宗紀》，北京：中華書局，1975年：187頁。

〔18〕詳見張乃翥：《北魏石窟與軍鎮擁佛之關係》，待刊稿。

〔19〕事詳張乃翥：《龍門佛教藝術與中古交通的歷史聯繫》，《普門學報》(高雄)，2002年第10期：121–142頁。

〔20〕《水經注》卷一五《伊水》條，上海古籍出版社，1990年：313–314頁。

〔21〕《資治通鑒》唐紀二二聖歷元年條援《考異》引《狄梁公傳》。北京：中華書局，1956年：6529頁。

〔22〕《舊唐書》卷八九《狄仁傑傳》，北京：中華書局，1975年：2895頁。

〔23〕《白氏長慶集》卷三十四《春日題乾元寺上方最高峰亭》，北京：文學古籍刊行社，1955年：889頁。

〔24〕《舊唐書》卷八六《許王素節傳》，北京：中華書局，1975年：2827頁。

〔25〕張乃翥：《龍門“石道記”與宋釋贊寧》，《文物》(北京)，1988年第4期：27–30頁。

〔26〕《佛祖統紀》卷四四。《大正藏》，第四十九冊：405頁。

〔27〕詳見張乃翥：《龍門石窟與北方民族文化》，《東方文化》(香港)，1993年第1期：

69–86 頁。張乃翥:《龍門石窟唐代瘞窟的新發現及其文化意義的探討》,《考古》(北京),1991 年第 2 期:160–169+1 頁。温玉成:《龍門所見兩〈唐書〉中人物造像概説》,《龍門石窟一千五百周年國際學術討論會論文集》, 北京: 文物出版社,1996 年:123–139 頁。張乃翥:《龍門兩〈唐書〉人物造像補正》,《洛陽師範學院學報》(洛陽),2007 年第 1 期:14–19 頁。

〔28〕《全唐詩》卷八八—九二(第三册),北京:中華書局,1960 年:969–1000 頁。

〔29〕《全唐詩》卷九一(第三册),北京:中華書局,1960 年:987 頁。

〔30〕《全唐詩》卷八八(第三册),北京:中華書局,1960 年:969–970 頁。

〔31〕《舊五代史》卷六七《李愚傳》,北京:中華書局,1976 年:89 頁。

〔32〕《全唐詩》卷三八四(第十二册),北京:中華書局,1960 年 4328 頁。

〔33〕《白氏長慶集》卷六八《薦李晏、韋楚狀》,北京:文學古籍刊行社,1955 年:1698 頁。

〔34〕白居易:《李、盧二中丞各創山居俱誇勝絶然去城稍遠來往頗勞弊居新泉實在宇下偶題十五韻聊戲二君》,《全唐詩》卷四五九(第十四册),北京:中華書局,1960 年:5220–5221 頁。

〔35〕白居易:《閑游即事》,《全唐詩》卷四五六(第十四册),北京:中華書局,1960 年:5176 頁。

〔36〕《北京圖書館藏中國歷代石刻拓本彙編》·唐·026 册,鄭州:中州古籍出版社,1989 年:120 頁。

〔37〕《北京圖書館藏中國歷代石刻拓本彙編》·唐·029 册,鄭州:中州古籍出版社,1989 年:101 頁。

〔38〕《千唐誌齋》,北京:文物出版社,1989 年:1078 頁。

〔39〕《北京圖書館藏中國歷代石刻拓本彙編》·唐·021 册,鄭州:中州古籍出版社,1989 年:43 頁。

〔40〕《全唐文》卷七八三《新修漕河石斗門亭記》,北京:中華書局,1983 年:8183–8184 頁。

〔41〕劉肅:《大唐新語》卷一一《褒錫》,北京:中華書局,1984 年:165–166 頁。

〔42〕詳見張乃翥:《龍門石窟唐代瘞窟的新發現及其文化意義的探討》,《考古》(北京),1991 年第 2 期:160–169+1 頁。

〔43〕白居易:《亭西墻下伊渠水中置石激流潺湲成韻頗有幽趣以詩記之》,《全唐詩》卷四五九(第十四册),北京:中華書局,1960 年:5220 頁。

〔44〕事見《白氏長慶集》卷三七《開龍門八節石灘詩二首》,北京:文學古籍刊行社,1955 年:969–970 頁。

〔45〕《宋高僧傳》卷二《周西京廣福寺日照傳》,北京:中華書局,1987 年:32–33 頁。

〔46〕《宋高僧傳》卷三《唐洛京天竺寺寶思惟傳》,北京:中華書局,1987 年:42–43 頁。

〔47〕《舊唐書》卷三七《五行志》,北京:中華書局,1975 年:1357 頁。

〔48〕説詳張乃翥:《龍門藏幢讀跋兩題》,《敦煌研究》(敦煌),1989 年第 2 期:27–34 頁。

〔49〕《宋高僧傳》卷三《唐洛京長壽寺菩提流志傳》,北京:中華書局,1987 年:

43–44 頁。

〔50〕《宋高僧傳》卷一《唐洛陽廣福寺金剛智傳》,北京:中華書局,1987 年:6 頁。

〔51〕《全唐文》卷五〇六《唐大興善寺故大宏教大辨正三藏和尚影堂碣銘並序》,北京:中華書局,1983 年:5153–5154 頁。

〔52〕溫玉成:《龍門奉先寺遺址調查記》,《考古與文物》(西安),1986 年第 2 期:27–29 頁。

〔53〕張乃翥:《跋龍門地區新發現的三件唐代石刻》,《文獻》(北京),1991 年第 2 期:245–255 頁。

〔54〕《宋高僧傳》卷二《唐洛京聖善寺善無畏傳》,北京:中華書局,1987 年:20–22 頁。

〔55〕《冊府元龜》卷一四五,北京:中華書局影印本,1960 年:1760–1761 頁。

〔56〕《舊五代史》卷四八《末帝紀下》,北京:中華書局,1976 年:657 頁。《冊府元龜》卷一四五,北京:中華書局影印本:1762–1763 頁。《佛祖統紀》卷四二有"鳳翔沙門道賢……清泰初,隨末帝入洛而終,塔於龍門"的記事。見《大正藏》,第四十九冊,391 頁。

〔57〕《佛祖統紀》卷四三,《大正藏》第四十九冊,396 頁。同書卷四四,《大正藏》第四十九冊,404 頁。

〔58〕《中州今古》(鄭州),1983 年第 2 期:30–32 頁;第 3 期:50–53 頁。

〔59〕參見張乃翥、張成渝:《出土文物與"龍門十寺"研究》(待刊稿)。

〔60〕《魏書》卷一一四《釋老志》,北京:中華書局,1974 年:3049 頁。

〔61〕《魏書》卷一《序紀》,北京:中華書局,1974 年:4 頁。

〔62〕《宋高僧傳》卷一一《唐洛京伏牛山自在傳》,北京:中華書局,1987 年:245 頁。

〔63〕《魏書》卷一一四《釋老志》,北京:中華書局,1974 年:3043 頁。

〔64〕《魏書》卷九《肅宗紀》,北京:中華書局,1974 年:225 頁。

〔65〕《魏書》卷九《肅宗紀》,北京:中華書局,1974 年:244 頁。

〔66〕《魏書》卷一一《出帝紀》,北京:中華書局,1974 年:286 頁。

〔67〕《洛陽伽藍記》卷五,上海:上海古籍出版社,1978 年新一版,1982 年第 2 次印刷:350 頁。

〔68〕溫玉成:《唐代龍門十寺考察》,《中國石窟·龍門石窟(二)》,北京:文物出版社,1992 年:230 頁。

〔69〕參見李玉昆:《龍門雜考》,《文物》(北京),1980 年第 1 期:25–33 頁。

〔70〕《舊唐書》卷三七《五行志》,北京:中華書局,1975 年:1357 頁。

〔71〕《宋高僧傳》卷一《唐洛陽廣福寺金剛智傳》,北京:中華書局,1987 年:4–6 頁。

〔72〕參見張乃翥:《龍門藏幢續跋兩題》,《洛陽工學院學報》(洛陽),1999 年第 2 期:21–25 頁。

〔73〕《白氏長慶集》卷六八《如信大師功德幢記》,北京:文學古籍刊行社,1955 年:1677–1678 頁。

〔74〕引見溫玉成:《唐代龍門十寺考察》,《中國石窟·龍門石窟(二)》,北京:文物出版社,1992 年:222 頁。

〔75〕《白氏長慶集》卷六九《東都十律大德長聖善寺鉢塔院主智如和尚茶毗幢記》,北京:文學古籍刊行社,1955年:1721–1723頁。

〔76〕圓珍:《行歷抄》,參見(日本)冢本善隆:《支那佛教史·北魏篇》。

〔77〕《范太史集》卷三六《龍門山勝善寺藥寮記》,《四庫全書》集部三九·别集類,第1100冊,上海:上海古籍出版社,1987年:1100–394–395頁。

〔78〕《文苑英華》卷八五六《唐河南龍門天竺寺碑》,北京:中華書局,1966年:4518–4519頁。

〔79〕說詳張乃翥:《龍門梵僧遺存所反映的唐代中印文化交流》,《歷史》(臺北),1999年第9期:79–85頁。

〔80〕劉仁者墓誌圖版及全文,見張乃翥:《龍門天竺寺事輯》(待刊稿)。

〔81〕《宋高僧傳》卷二〇《唐洛陽香山寺鑒空傳》,北京:中華書局,1987年:522頁。

〔82〕《太平廣記》卷三八八,頁一–三《齊君房條》,北平文友堂書坊依談刻本影印,北京。

〔83〕《白氏長慶集》卷三一《宿天竺寺回》,北京:文學古籍刊行社,1955年:819頁。

〔84〕《全唐詩》卷一四六(第四冊),北京:中華書局,1960年:1475頁。

〔85〕《景德傳燈録》卷三《慧可傳》,《大正藏》,第五十一冊,臺北:新文豐出版公司,1983:220頁。

〔86〕《華嚴經傳記》卷一《中天竺國三藏法師地婆訶羅傳》,《大正藏》,第五十一冊,臺北:新文豐出版公司,1983:154–155頁。

〔87〕參見洛陽市龍門文物保管所:《洛陽龍門香山寺遺址的調查與試掘》,《考古》(北京),1986年第1期:40–43頁。

〔88〕《金石萃編》卷一四六《大周西明寺故大德圓測法師佛捨利塔銘並序》,西安:陝西人民美術出版社,1990年,第三冊:9頁。

〔89〕《全唐詩》卷三一七(第十冊),北京:中華書局,1960年:3562頁。

〔90〕《全唐詩》卷四四五(第十三冊),北京:中華書局,1960年:4998頁。

〔91〕參見洛陽市龍門文物保管所:《洛陽龍門香山寺遺址的調查與試掘》,《考古》(北京),1986年第1期:40–43頁。

〔92〕陸增祥:《八瓊室金石補正》卷五三,北京:文物出版社,1985年:362頁。

〔93〕録文參見宫大中:《龍門石窟藝術》增訂本,北京:人民美術出版社,2002年:657頁。

〔94〕鄭處誨:《明皇雜録·補遺》,北京:中華書局,1994年:41頁。

〔95〕《白氏長慶集》卷三〇《菩提寺上方晚望香山寺寄舒員外》,北京:文學古籍刊行社,1955年:780頁。

〔96〕《白氏長慶集》卷三一《菩提寺上方晚眺》,北京:文學古籍刊行社,1955年:820頁。

〔97〕《宋高僧傳》卷二八《宋西京天宫寺義莊傳》,北京:中華書局,1987年:709頁。

〔98〕引《河南府志》卷六。

〔99〕《歐陽文忠公集·居士集》卷一《游龍門分題十五首》,《四部備要》本,上海:中華書局據祠堂本校刊:27–28頁。

〔100〕《舊唐書》卷八九《王方慶傳》,北京:中華書局,1975年:2898頁。

〔101〕《千唐誌齋》,北京:文物出版社,1984年:940頁。

〔102〕《全唐詩》卷四七(第二冊),北京:中華書局,1960年:575頁。

〔103〕《全唐詩》卷三一六(第十冊),北京:中華書局,1960年:3556頁。

〔104〕《白氏長慶集》卷六《題玉泉寺》,北京:文學古籍刋行社,1955年:157頁。

〔105〕《白氏長慶集》卷二八《獨游玉泉寺》,北京:文學古籍刋行社,1955年:730頁。

〔106〕《白氏長慶集》卷三一《玉泉寺南三里澗下多深紅躑躅繁艷殊常感惜題詩以示游者》,北京:文學古籍刋行社,1955年:817–818頁。

〔107〕引見溫玉成:《唐代龍門十寺考察》,《中國石窟·龍門石窟(二)》,北京:文物出版社,1992年:230頁。

〔108〕《白氏長慶集》卷二五《題噴玉泉》,北京:文學古籍刋行社,1955年:653頁。

〔109〕參見《四庫全書》第1035冊,頁1035–532上欄,臺北:臺灣商務印書館,民國七十二年。

〔110〕樂史:《太平寰宇記》卷三《河南府》,北京:中華書局,2007年:50頁。

〔111〕引見溫玉成:《唐代龍門十寺考察》,《中國石窟·龍門石窟(二)》,北京:文物出版社,1992年:231頁。

〔112〕李華:《玄宗朝翻經三藏善無畏贈鴻臚卿行狀》,《大正藏》,第五十冊,209頁。

〔113〕李華:《大唐東都大聖善寺故中天竺國善無畏三藏和尚碑銘並序》,《大正藏》,第五十冊,290–291頁。

〔114〕李華:《大唐東都大聖善寺故中天竺國善無畏三藏和尚碑銘並序》,《大正藏》,第五十冊,291–292頁。

〔115〕圓珍:《行歷抄》,引冢本善隆:《支那佛教史·北魏篇》。

〔116〕《宋高僧傳》卷七《後唐洛京長壽寺可止傳》,北京:中華書局,1987年:148–150頁。

〔117〕《宋高僧傳》卷七《漢洛京法林院僧照傳》,北京:中華書局,1987年:153–154頁。

〔118〕《宋高僧傳》卷七《漢洛陽天宮寺從隱附夢江傳》,北京:中華書局,1987年:155頁。

〔119〕《宋高僧傳》卷一七《周洛京福先寺道丕傳》,北京:中華書局,1987年:432–434頁。

〔120〕《冊府元龜》卷一四五。北京:中華書局影印本,1960年:1760–1761頁。

〔121〕《舊五代史》卷四八《末帝紀下》,北京:中華書局,1976年:657頁。

〔122〕《佛祖統紀》卷四三,《大正藏》,第四十九冊,396頁。

〔123〕《佛祖統紀》卷四四,《大正藏》,第四十九冊,404–405頁。

〔124〕《宋元憲集》卷五《謁龍門無畏師塔祈雨作》,《四庫全書》·集部二六·別集類,第1087冊,上海:上海古籍出版社,1987年:438頁。

〔125〕文彥博:《潞公文集》卷五《和副樞吳諫議寄題廣化寺東軒》,《四庫全書》·集部三九·別集類,第1100冊,上海:上海古籍出版社,1987年617頁。

〔126〕有關荷澤神會與寶應寺在唐代佛教史中的相關問題,可參見張乃翥《禪

宗七祖荷澤大師神會塔銘引論》,《中原文物》(鄭州),1991 年第 1 期:61–67 頁。

〔127〕《文苑英華》卷七八五《唐故寶應寺上座內道場臨壇大律師多寶塔銘並序》,北京:中華書局,1966 年:4151–4152 頁。然由塔銘之敘事,或者此寺應爲長安之同名寺院也。

〔128〕《白氏長慶集》卷七一《唐東都奉國寺禪德大師照公塔銘並序》,北京:文學古籍刊行社,1955 年:1771–1772 頁。

〔129〕《宋高僧傳》卷六《唐彭州丹景山知玄傳》,北京:中華書局,1987 年:129–131 頁。

〔130〕《宋高僧傳》卷二八《宋西京廣愛寺普勝傳》,北京:中華書局,1987 年:709–710 頁。

〔131〕陸增祥:《八瓊室金石補正》卷八二,北京:文物出版社,1985 年:576–577 頁。

〔132〕劉用元墓幢,石存洛陽市孫旗屯鄉馬營村。資料來源見溫玉成《唐代龍門十寺考察》,《中國石窟·龍門石窟(二)》,北京:文物出版社,1992 年:225 頁。

〔133〕録文引自吳鋼主編:《全唐文補遺·千唐志齋新藏專輯》,西安:三秦出版社,2006 年:260 頁。

〔134〕録文引自吳鋼主編:《全唐文補遺·千唐志齋新藏專輯》,西安:三秦出版社,2006 年:264–265 頁。

〔135〕録文參見張乃翥《跋龍門地區新發現的三件唐代石刻》,《文獻》(北京),1991 年第 2 期:245–255 頁。

〔136〕録文參見張乃翥《跋龍門地區新發現的三件唐代石刻》,《文獻》(北京),1991 年第 2 期:245–255 頁。

〔137〕録文參見張乃翥《龍門藏幢讀跋兩題》,《敦煌研究》(敦煌),1989 年第 2 期:27–34 頁。

〔138〕録文參見張乃翥《龍門藏幢讀跋兩題》,《敦煌研究》(敦煌),1989 年第 2 期:27–34 頁。

〔139〕文彥博:《送乾元寺住持實大師》,《潞文公集》卷三,《四庫全書·別集類》,第 1100 冊,上海:上海古籍出版社,1987 年:592 頁。

〔140〕段成式:《酉陽雜俎·續集》卷二《支諾臯中》。北京:中華書局,1981 年:212 頁。

〔141〕贊寧:《宋高僧傳》卷一〇《唐潭州翠微院恆月附眞亮傳》,北京:中華書局,1987 年:237–238 頁。

〔142〕陸增祥:《八瓊室金石補正》卷七五《再建圓覺大□□塔誌》,北京:文物出版社,1985 年:519–520 頁。

〔143〕《佛祖統紀》卷四二,《大正藏》第四十九冊,391 頁。

〔144〕録文見李玉昆:《龍門石窟碑刻題記匯録》,北京:中國大百科全書出版社,1998 年:24 頁。

〔145〕 詳見張乃翥:《龍門石窟唐代瘞窟的新發現及其文化意義的探討》,《考古》(北京),1991 年第 2 期:160–169+1 頁。

〔146〕 詳見張乃翥:《龍門石窟唐代瘞窟的新發現及其文化意義的探討》,《考古》(北京),1991 年第 2 期:160–169+1 頁。

〔147〕吳鋼主編:《全唐文補遺·千唐誌齋新藏專輯》,西安:三秦出版社,2006

年:260 頁。

〔148〕 陳氏墓誌摹本，見洛陽市文物工作隊:《洛陽北郊唐穎川陳氏墓發掘簡報》,《文物》(北京),1999 年第 2 期:51 頁。

〔149〕 説見拙撰:《龍門碑刻題識所見中古寺院史料輯繹》,《敦煌學輯刊》(蘭州),1993 年第 1 期:84 –97 頁。

〔150〕圖見《北京圖書館藏中國歷代石刻拓本彙編》·唐·017 冊，鄭州:中州古籍出版社,1989 年:126 頁。

〔151〕《金石萃編》卷七一《大唐太常協律郎裴公故妻賀蘭氏墓誌銘並序》,西安:陝西人民美術出版社,1990 年，第二冊:2 頁。

〔152〕拓本見《洛陽出土歷代墓誌輯繩》圖版五五一，北京:中國社會科學出版社,1991 年。説詳張乃翥:《龍門石窟唐代瘞窟的新發現及其文化意義的探討》,《考古》(北京),1991 年第 2 期:160–169 頁。

〔153〕《千唐誌齋》,北京:文物出版社,1989 年:997 頁。

〔154〕事見《白氏長慶集》卷二八《同王十七庶子李六員外鄭二侍御同年四人游龍門有感而作》,北京:文學古籍刊行社,1955 年:731 頁。

〔155〕事見《白氏長慶集》卷六八《修香山寺記》,北京:文學古籍刊行社,1955 年:1695–1696 頁。

〔156〕事見《白氏長慶集》卷七一《香山寺新修經藏堂記》、《香山寺白氏洛中集記》,北京:文學古籍刊行社,1955 年:1769–1771 頁。

〔157〕事見《白氏長慶集》卷三七《開龍門八節石灘詩二首》。北京:文學古籍刊行社,1955 年:969–970 頁。

〔158〕事見《白氏長慶集》卷三七《胡吉鄭劉盧張等六賢皆多年壽予亦次焉偶於弊居合成尚齒之會七老相顧既醉甚歡靜而思之此會稀有因成七言六韻以紀之傳好事者》。北京:文學古籍刊行社,1955 年:975–976 頁。

〔159〕參見《舊唐書》卷一六六《白居易傳》,北京:中華書局,1975 年:4358 頁。

〔160〕《全唐詩》卷四·宣宗皇帝:《吊白居易》,北京:中華書局,1960 年，第一冊:49 頁。

〔161〕 安菩薩墓葬發掘簡報，見洛陽市文物工作隊:《洛陽龍門唐安菩夫婦墓》,《中原文物》(鄭州),1982 年第 3 期:21–26 頁。

〔162〕李多祚墓誌有關問題，詳見張乃翥、張成渝:《洛陽龍門山新出土的唐李多祚墓誌》,《考古》(北京),1999 年第 12 期:91–93 頁。

〔163〕詳李玉珍:《唐代的比丘尼》,臺北:學生書局,1989 年。

〔164〕 參見溫玉成:《龍門石窟造像的新發現》,《文物》(北京),1988 年第 4 期:21–26 頁。

〔165〕朱長文:《墨池篇》卷六，國立中央圖書館據明萬歷八年(1580 年)雕版影印本,865–922 頁。

〔166〕《全唐詩》卷一九二(第六冊),北京:中華書局,1960 年:1973 頁。

〔167〕白居易:《晚歸香山寺因咏所懷》,《全唐詩》卷四五二(第十四冊),北京:中華書局,1960 年:5117 頁。

〔168〕盧竧:《龍門賦》,敦煌遺書 S.2049v 。影印本見黃永武:《敦煌寶藏》第 15 冊，臺北:新文豐出版公司,1981 年:534–539 頁。

〔169〕 參見張乃翥:《武則天家族的龍門情結——以新近發現的文物資料為中

心》(待刊稿)。

〔170〕有關龍門古代文化遺迹與地理環境的關係,參見張成渝:《環境地理學視野下的龍門文化生態》,《2004年龍門石窟國際學術研討會論文集》,鄭州:河南人民出版社,2006年12月:279–289頁。

〔171〕録文依《八瓊室金石補正》卷五五《白鹿泉神君祠碑》,北京:文物出版社,1985年:378頁。

〔172〕説見張乃翥《從出土文物看中古時期龍門地區的區系文化聚落》,《龍門石窟一千五百周年國際學術討論會論文集》,北京:文物出版社,1996年:94–109頁。

〔173〕見《東方雜誌》第二十八卷第十七號,1931年:69–90頁。

〔174〕書目存商務印書館編:《敦煌遺書總目索引》,北京:中華書局,1983年。

〔175〕Antonino Forte, Political propaganda and ideology in China at the end of the seventh century, Napoli, 1976.

〔176〕张乃翥:《新出唐誌與中古龍門淨土崇拜的文化生態—以蕭元禮墓誌記事爲緣起》,《唐研究》第十六卷,北京:2010年:507–520頁。

〔177〕參見1993年7月1日江上波夫在北京《絲綢之路文物展》開幕式上的致辭,載此次展覽《圖録》,7頁。

目　録

北朝：

五代：

宋：

附錄一：近年洛陽等地新出土的石刻拓本

西晉：

東晉：

北朝：

附錄二:歷史文獻龍門記事輯零

龍門區系石刻文萃

北朝

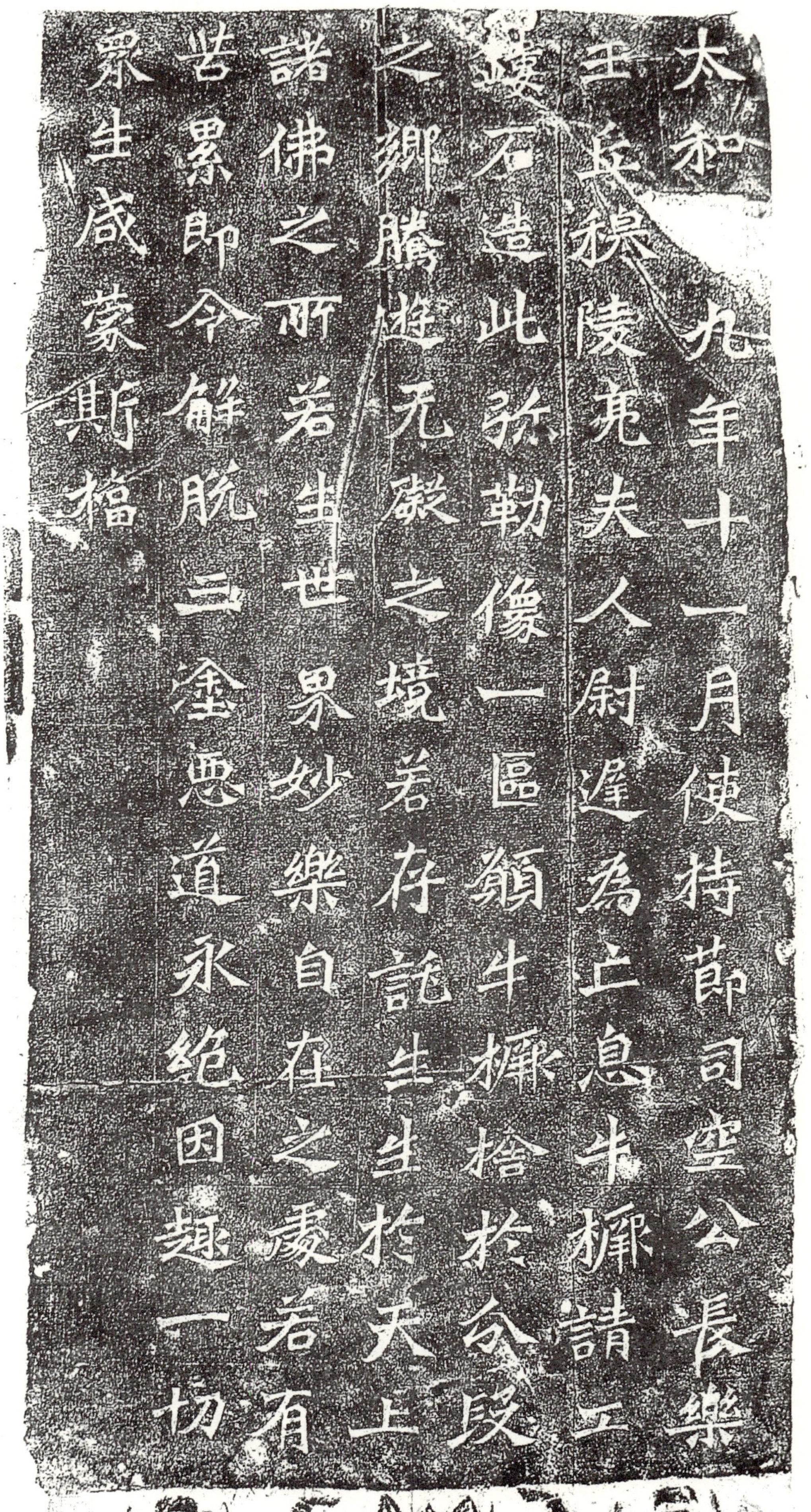

1.丘穆陵亮夫人尉遲氏造像記

（據碑刻內容擬題，下同）

73×33 釐米

太和十九年（495）十一月

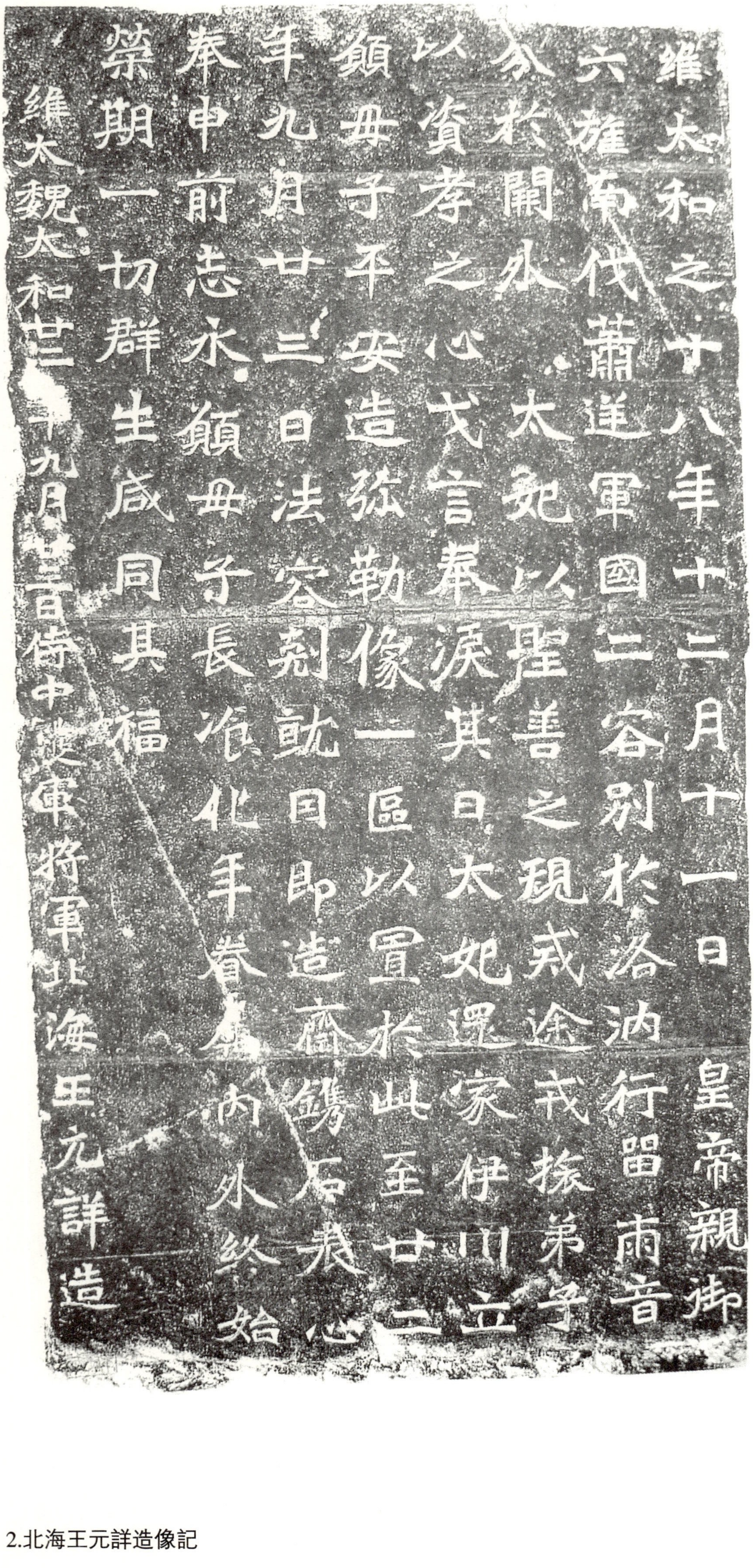

2.北海王元詳造像記

77×41 釐米
太和二十二年(498)九月二十三日

3.解伯達造像記

12×34 釐米
太和年(477–499)造

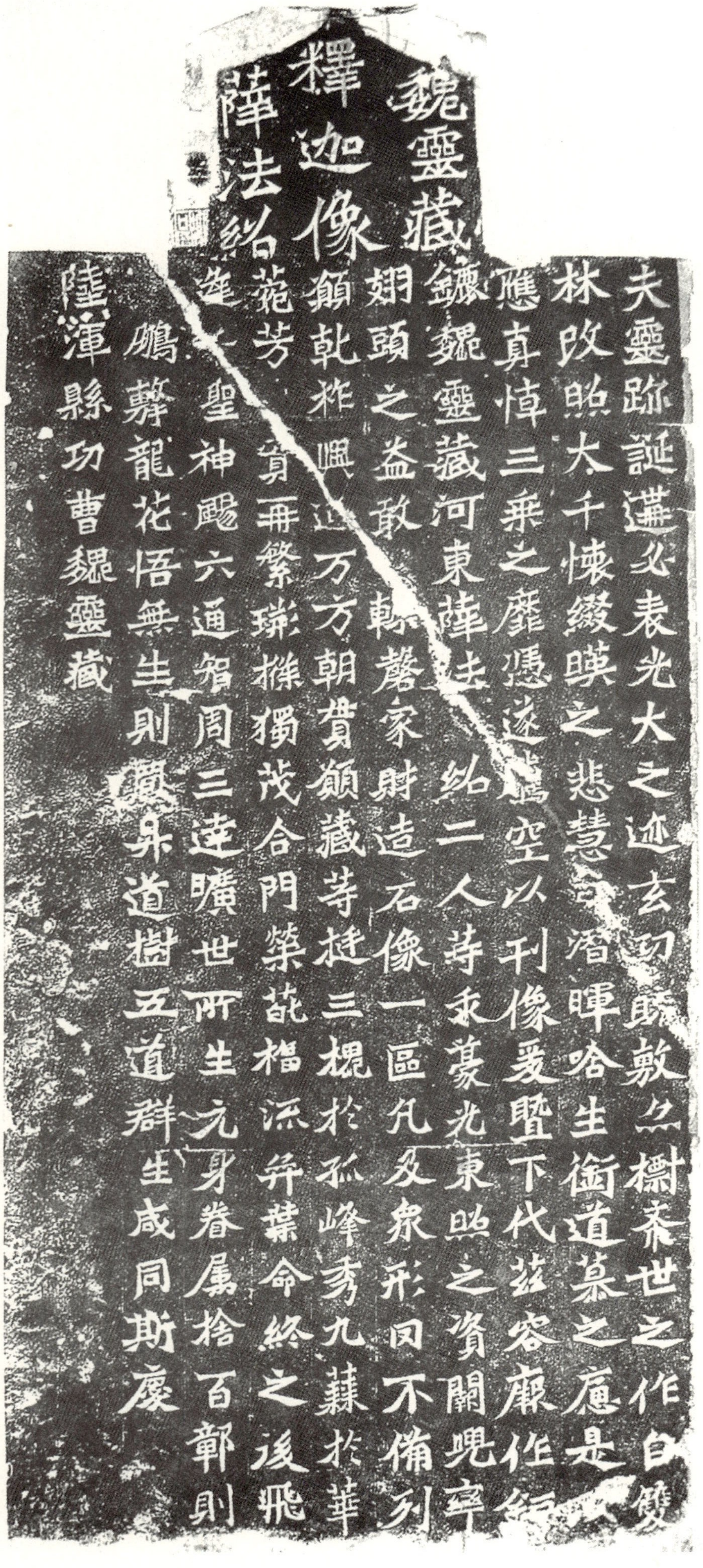

4.魏靈藏等造像記

殘石 48×38 釐米
約太和末年(499)

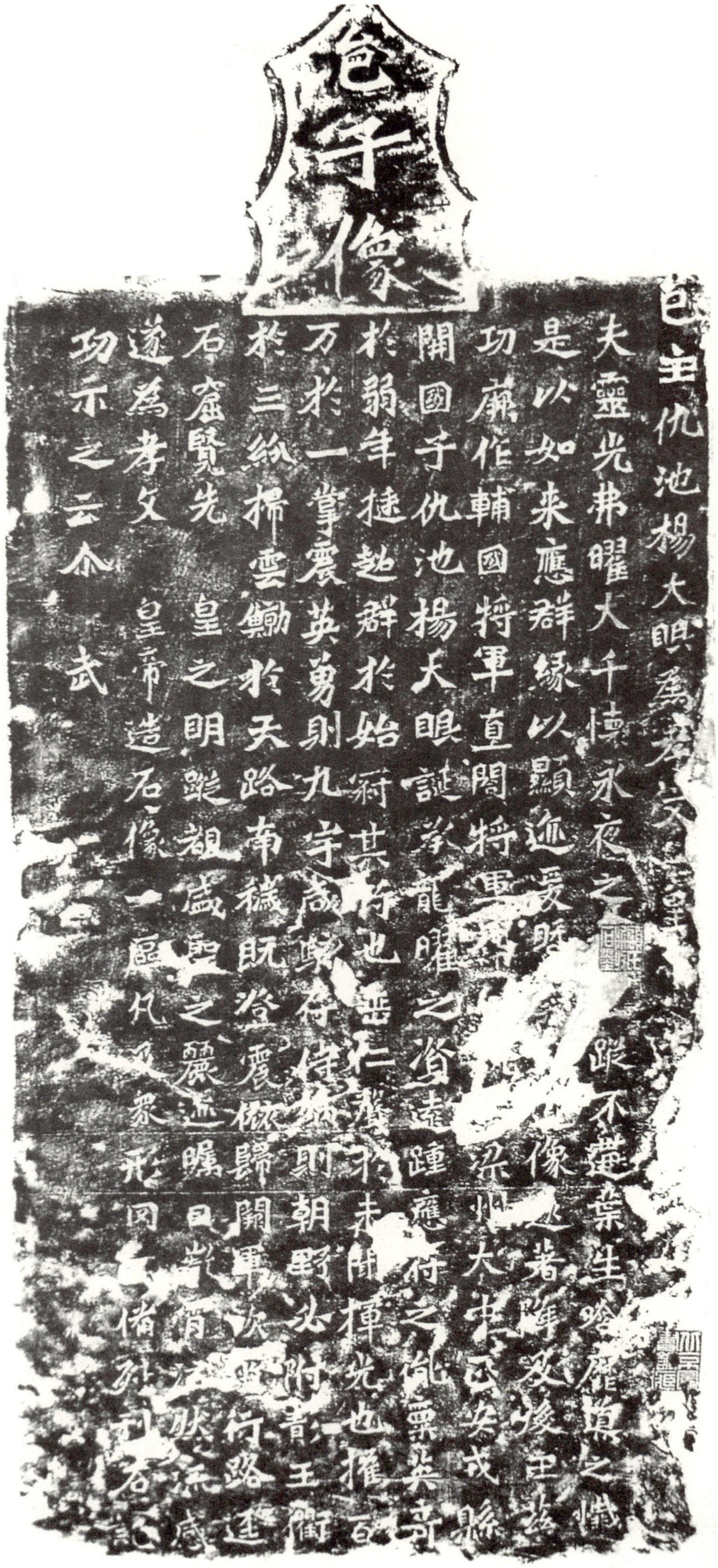

5.楊大眼造像記

93×41 釐米
約造於景明元年(500)六月壽春之役後

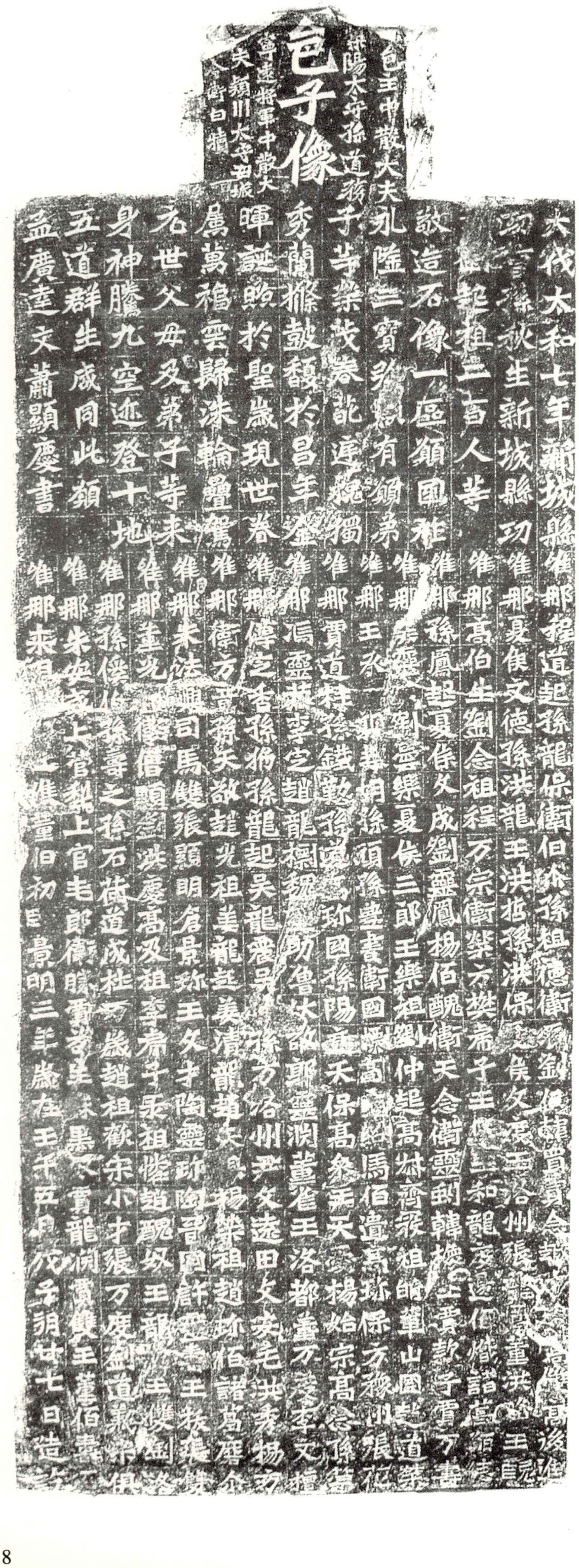

6.孫秋生等造像記

133×49.5 釐米
景明三年(502)五月二十七日

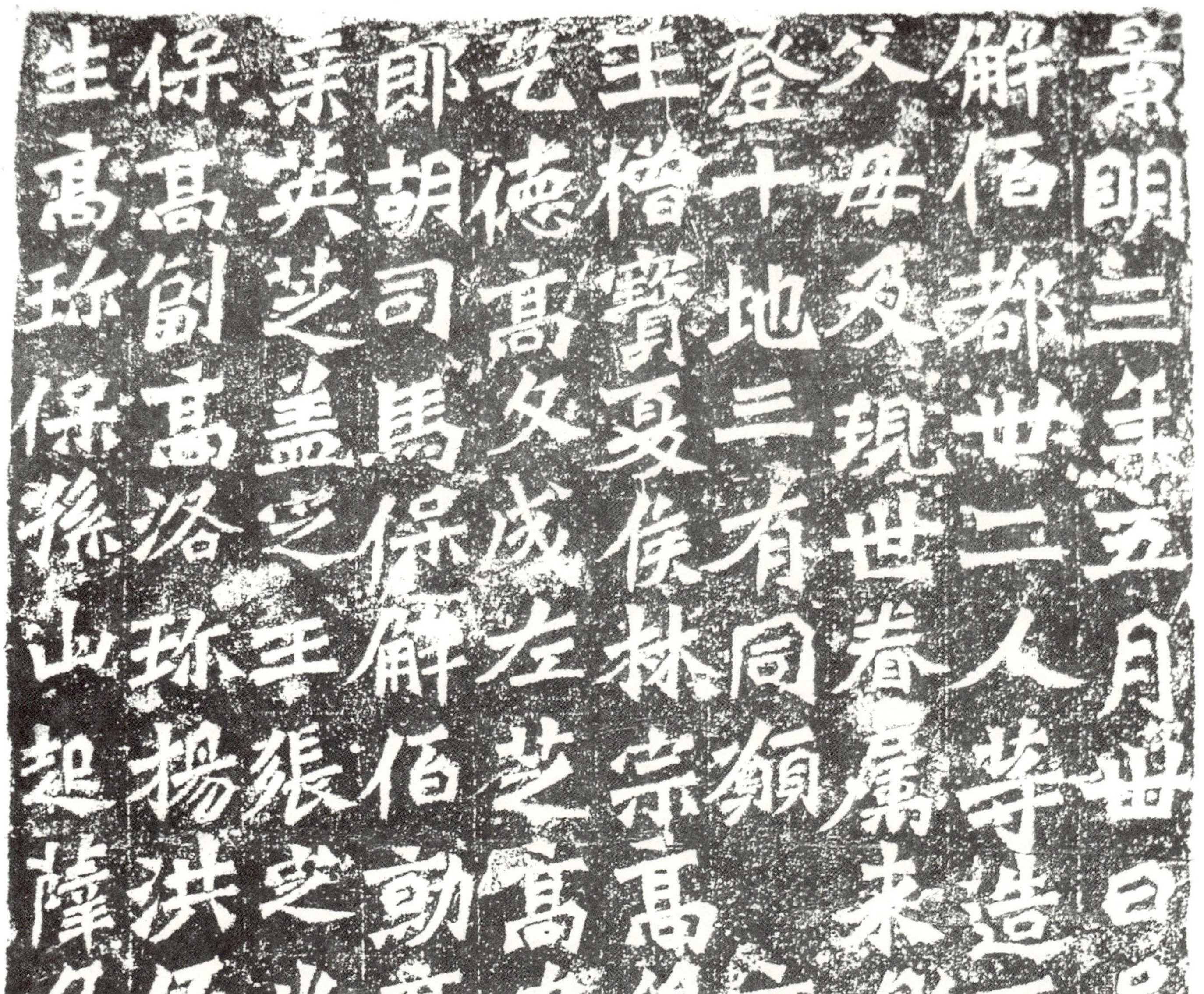

7.高樹等三十二人造像記

39×27 釐米

景明三年(502)五月三十日

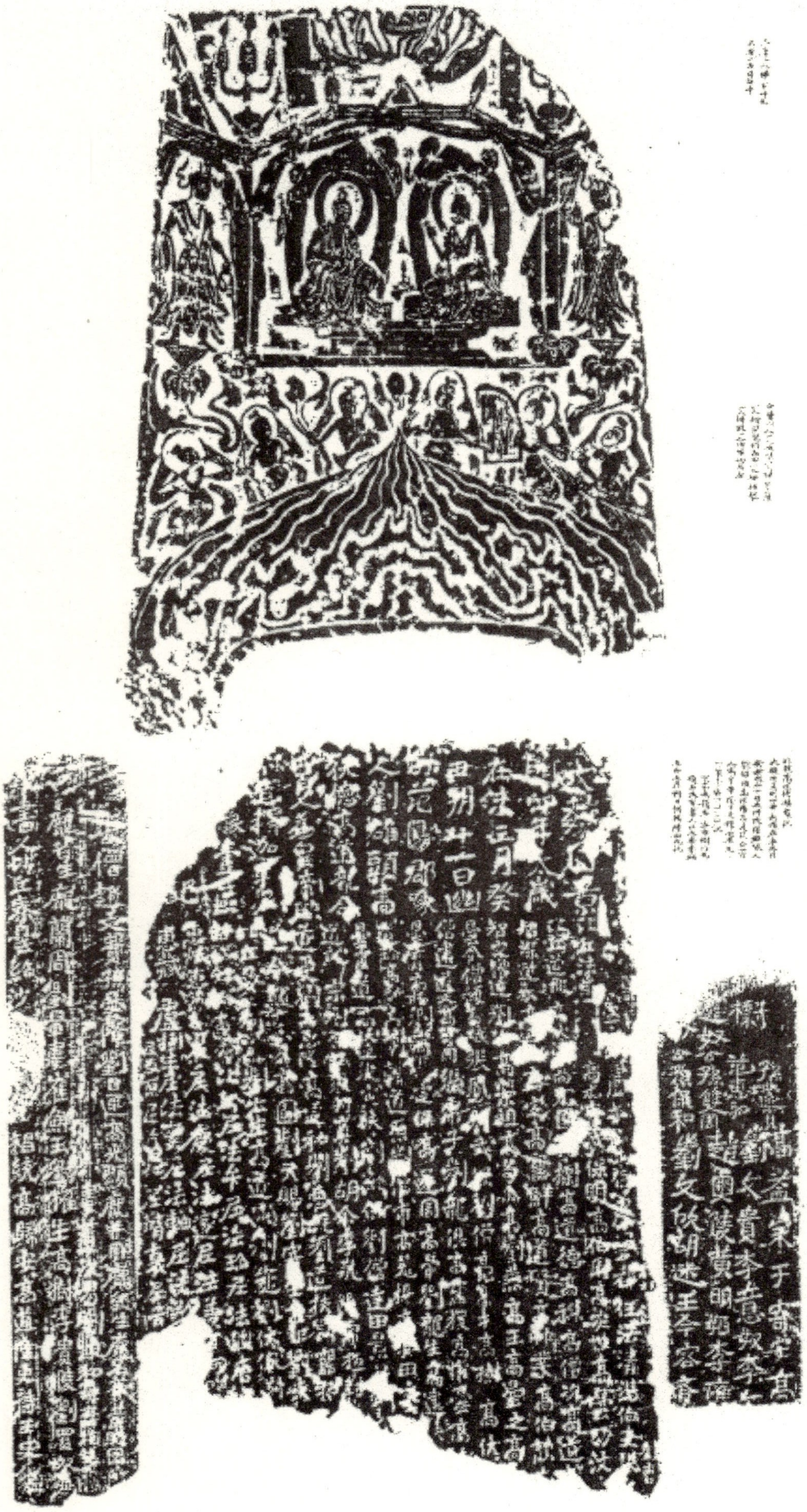

8.劉雄頭、高伏德、高樹等造像碑

拓本 133×71 釐米
景明四年(503)三月二十一日於伊闕旁寺院鐫刻造像碑一通。參與人
中有龍門古陽洞景明三年(502)五月三十日造像者高樹等人
《北圖》·北朝·第三冊，頁 61

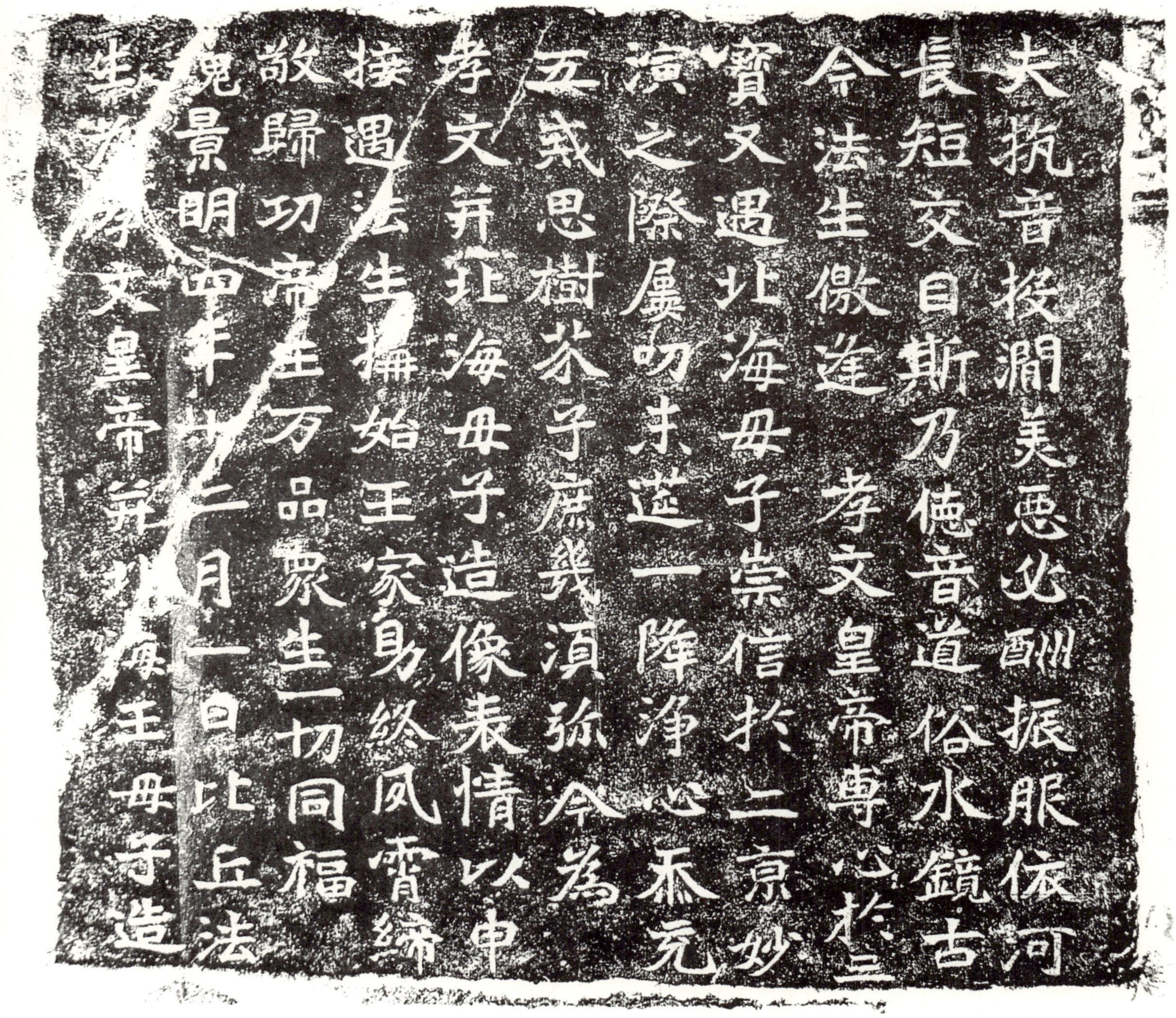

9.比丘法生造像記

33.5×36.5 釐米
景明四年(503)十二月一日

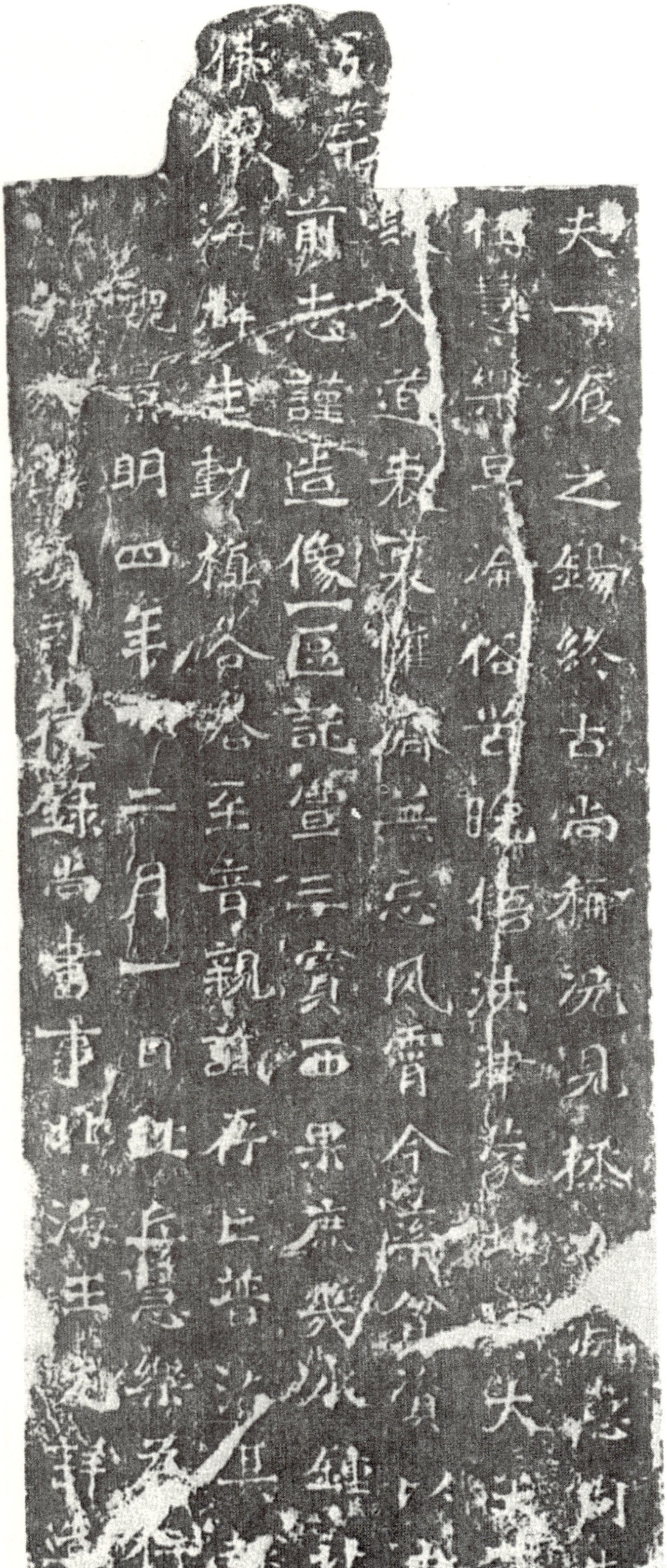

10.比丘慧樂造像記

58×24 釐米
景明四年(503)十二月一日

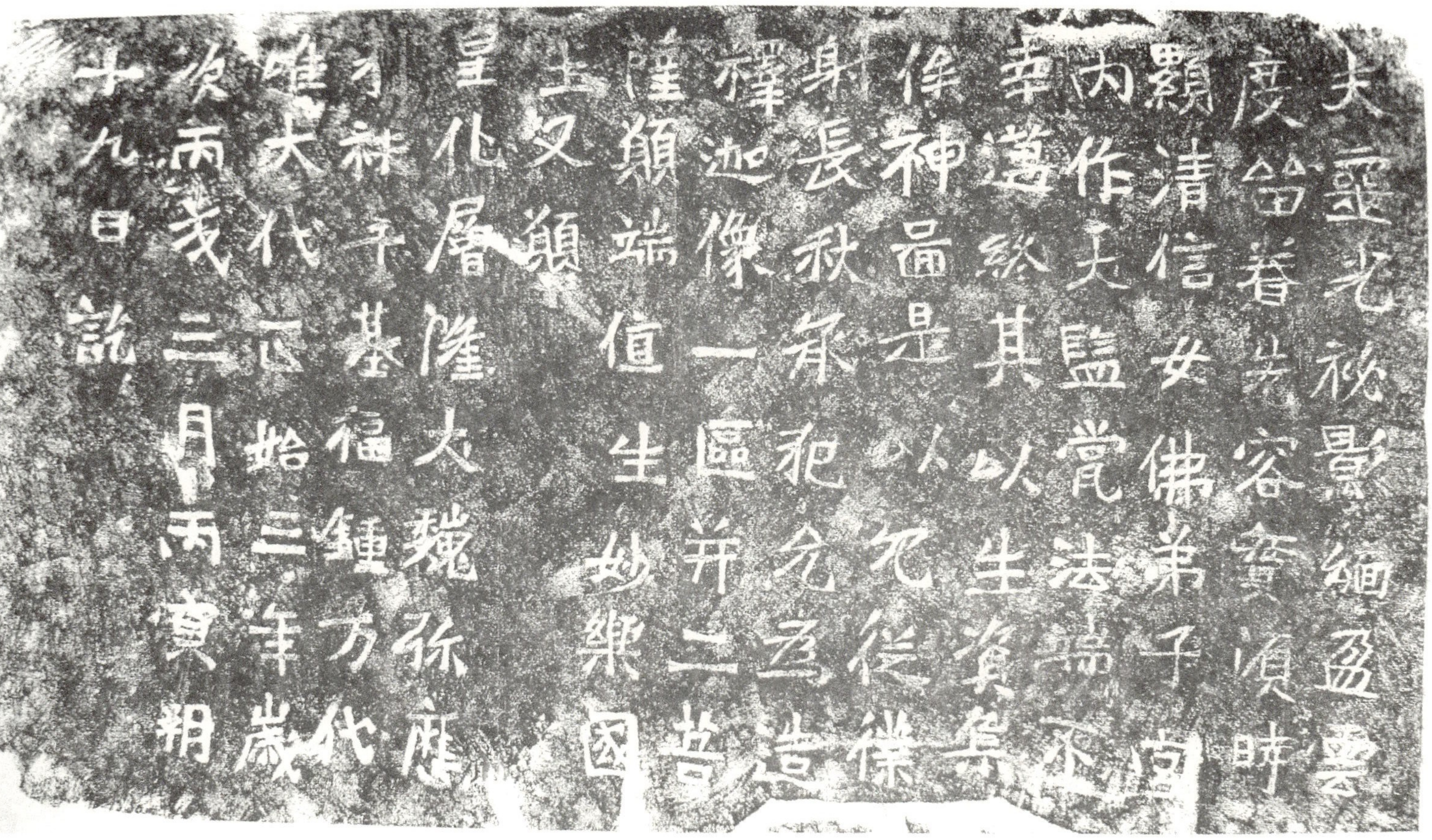

11.黨法端造像記

30×56.7 釐米
正始三年(506)三月十九日

12.安定王元燮造像記

27×40 釐米
正始四年(507)二月中訖

13.安定王元燮造像記(原石已毁)

27×70 釐米
永平四年(511)十月十六日
《全編》,第一册,頁 65

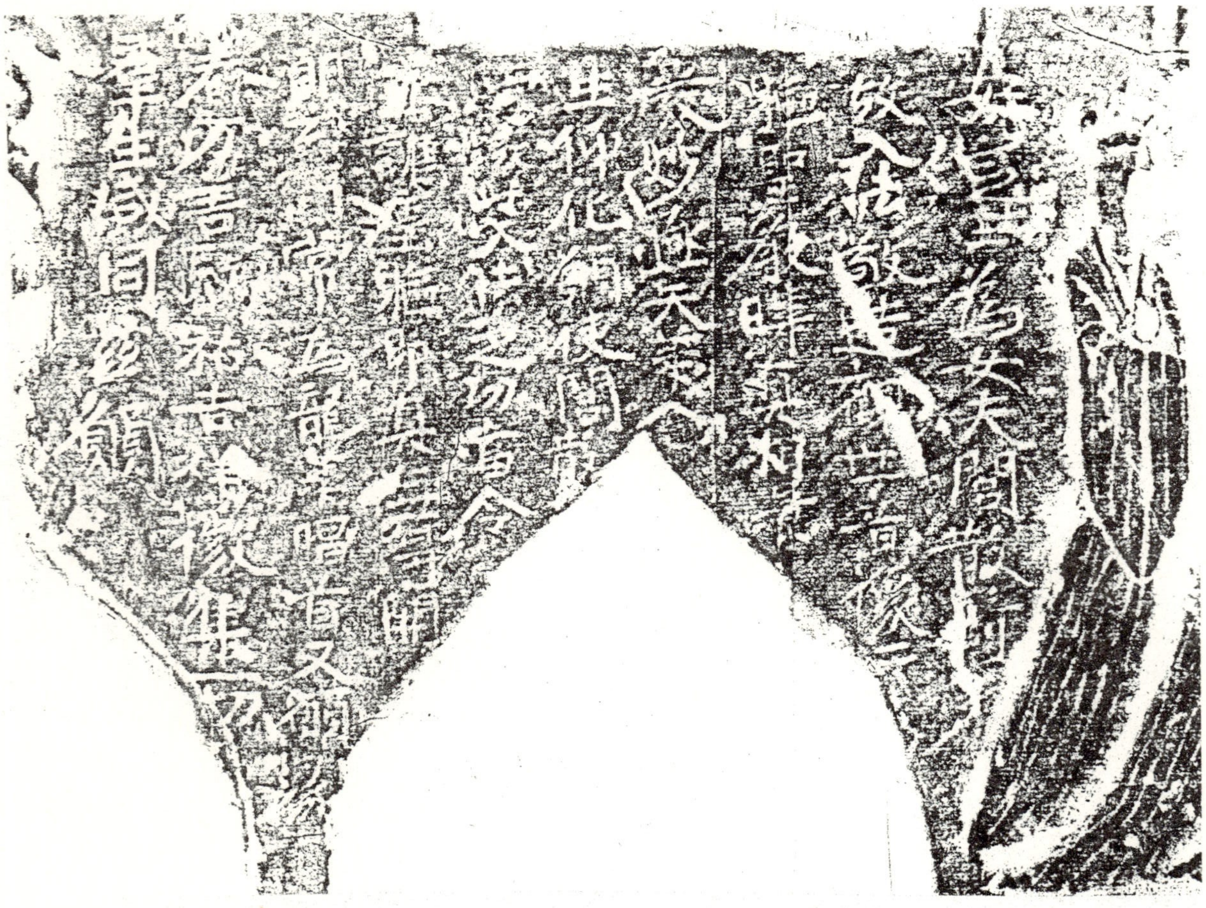

14.安定王爲女夫閭散騎造像記

16.5×20 釐米
約永平四年(511)十月十六日後

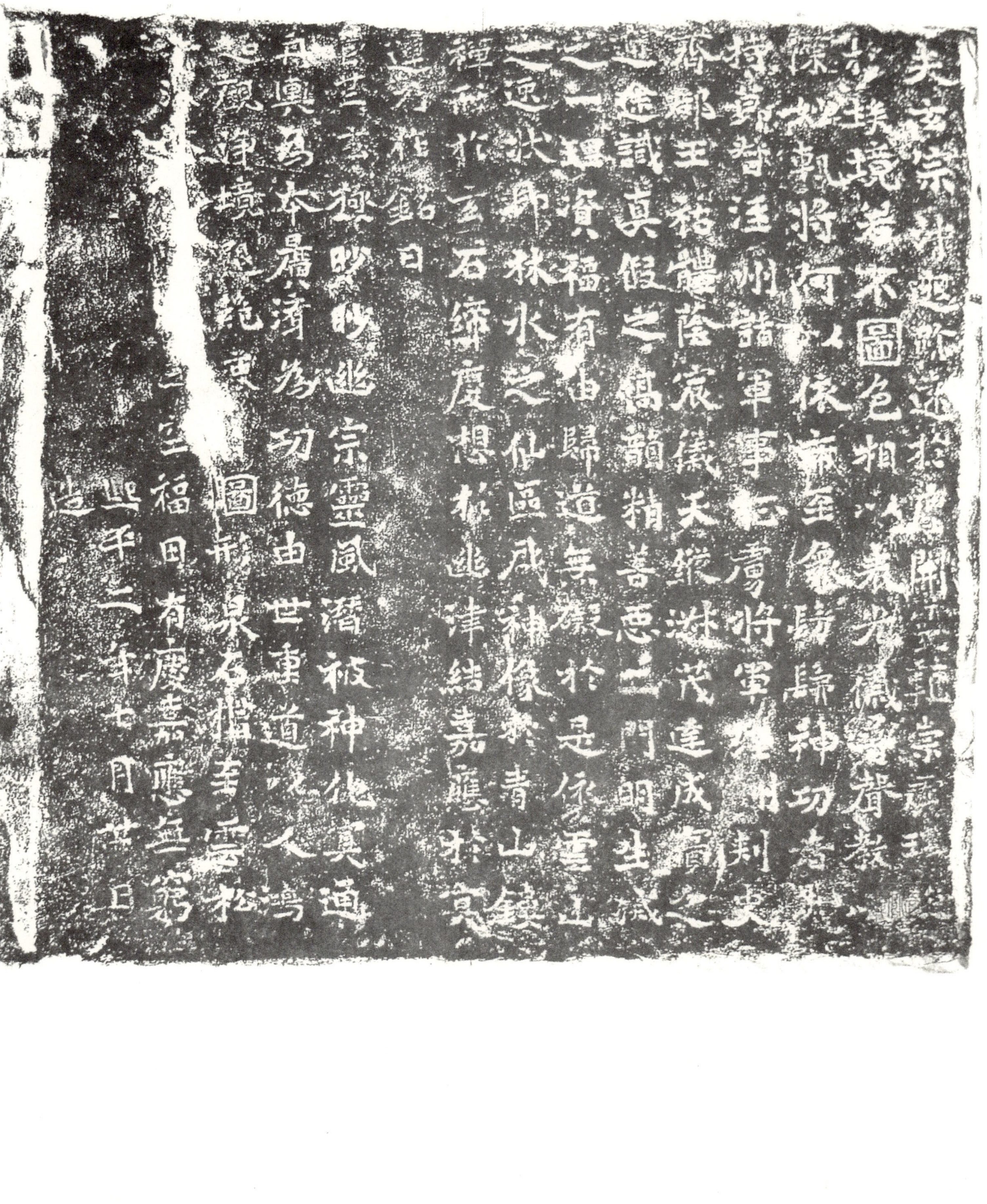

15.齊郡王元祐造像記

37×37 釐米

熙平二年(517)七月二十日

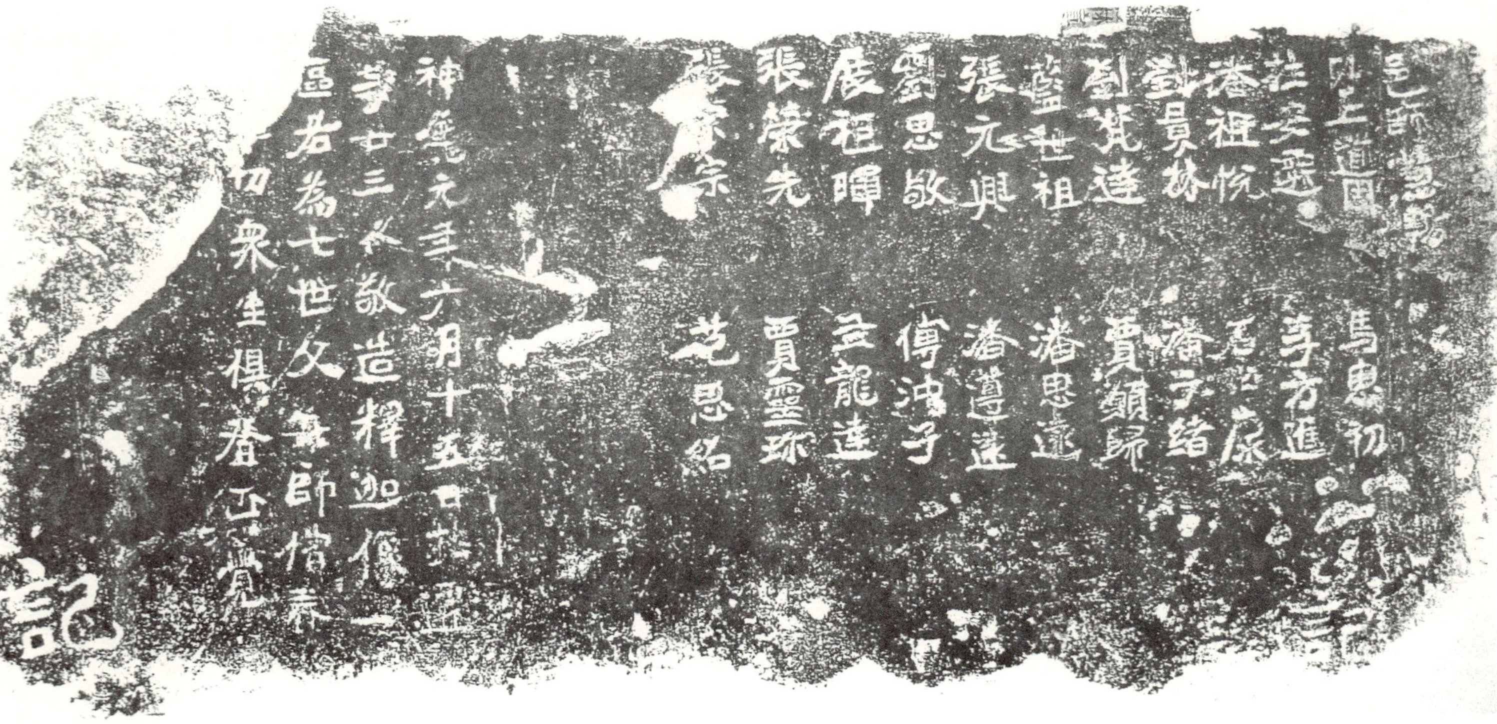

16.邑師惠暢、杜遷、展祖暉等造像記

25×55 釐米
神龜元年(518)六月十五日

17.杜遷、展祖暉等八人造像碑

拓本 47×116 釐米
神龜元年(518)六月十五日,係伊闕外野寺院造像碑一通
《北圖》·北朝·第四冊,頁 56

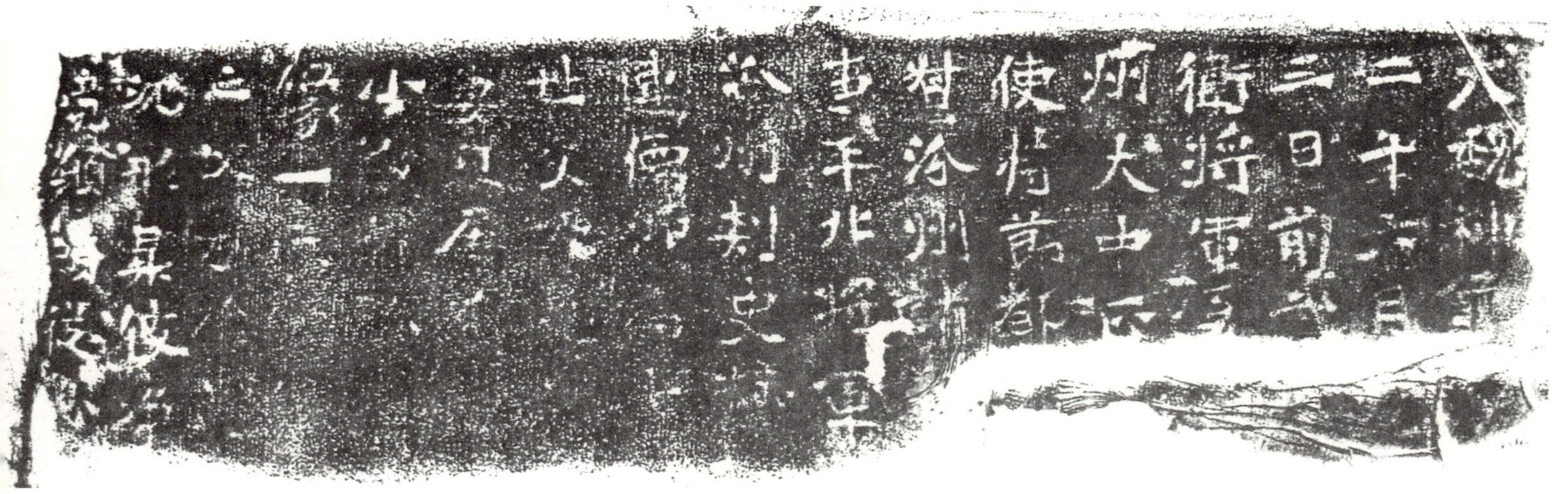

18.赫連儒造像記

4×35.8 釐米
神龜二年(519)六月三日

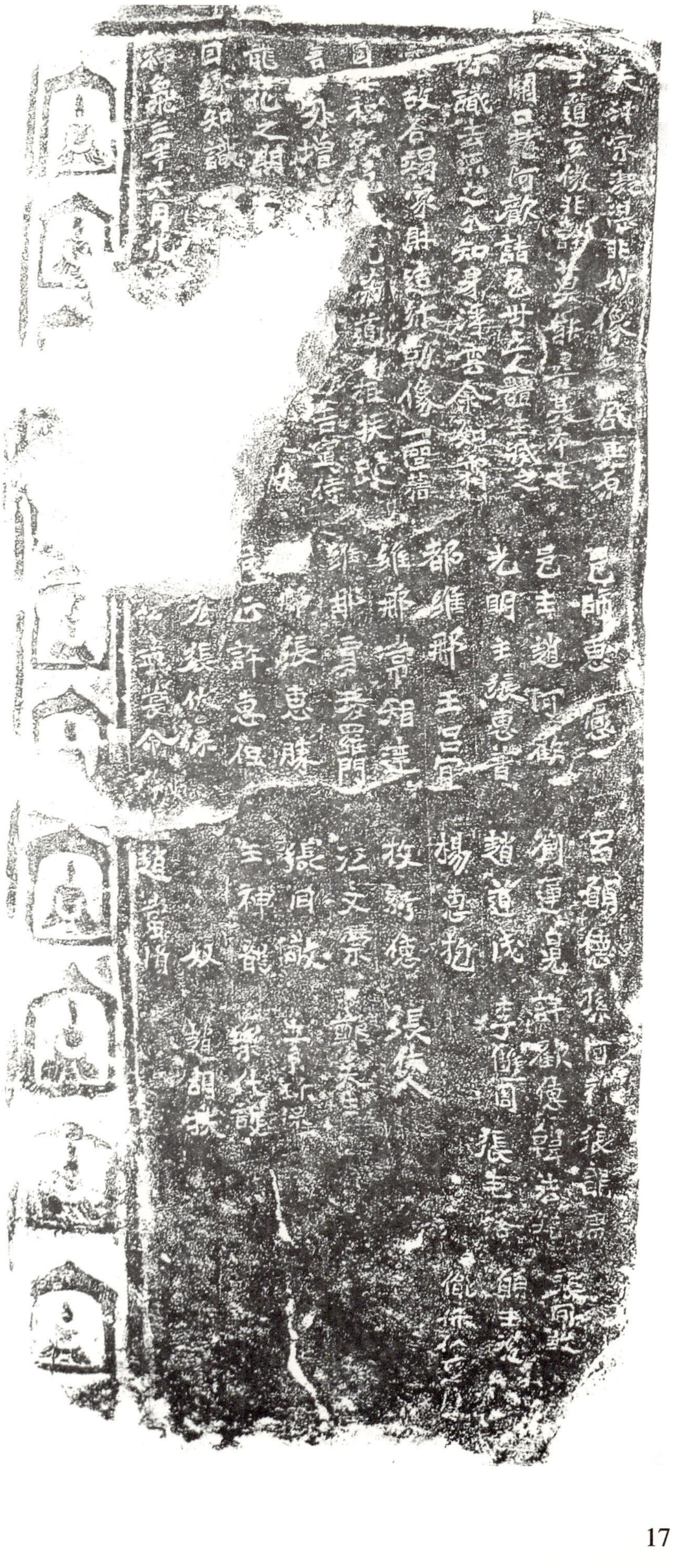

19.惠感、賈婆羅門等造像記

72×26 釐米
神龜三年(520)六月九日

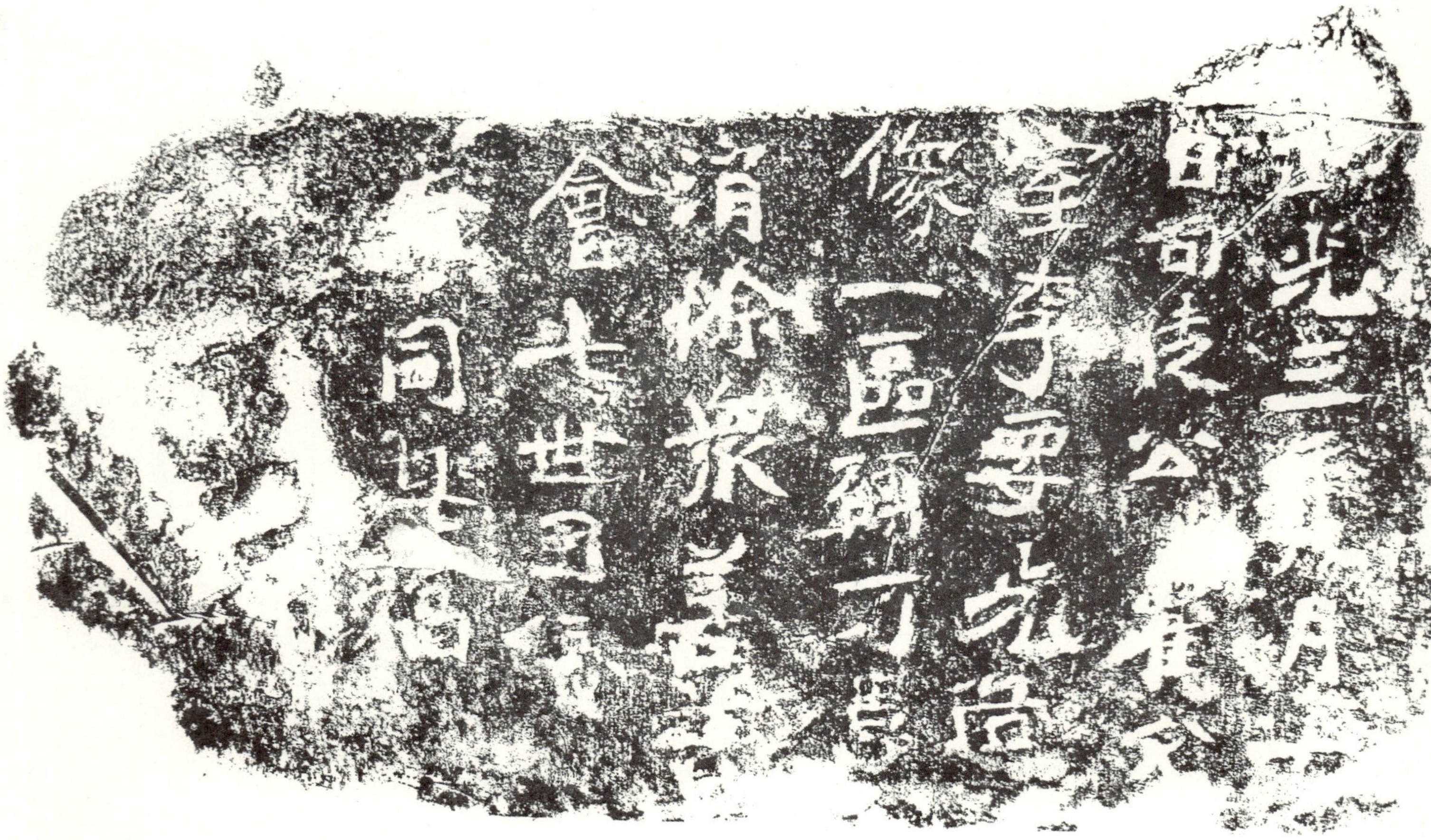

20.崔光夫人李要光造像記

12×22 釐米
正光三年(522)八月十日

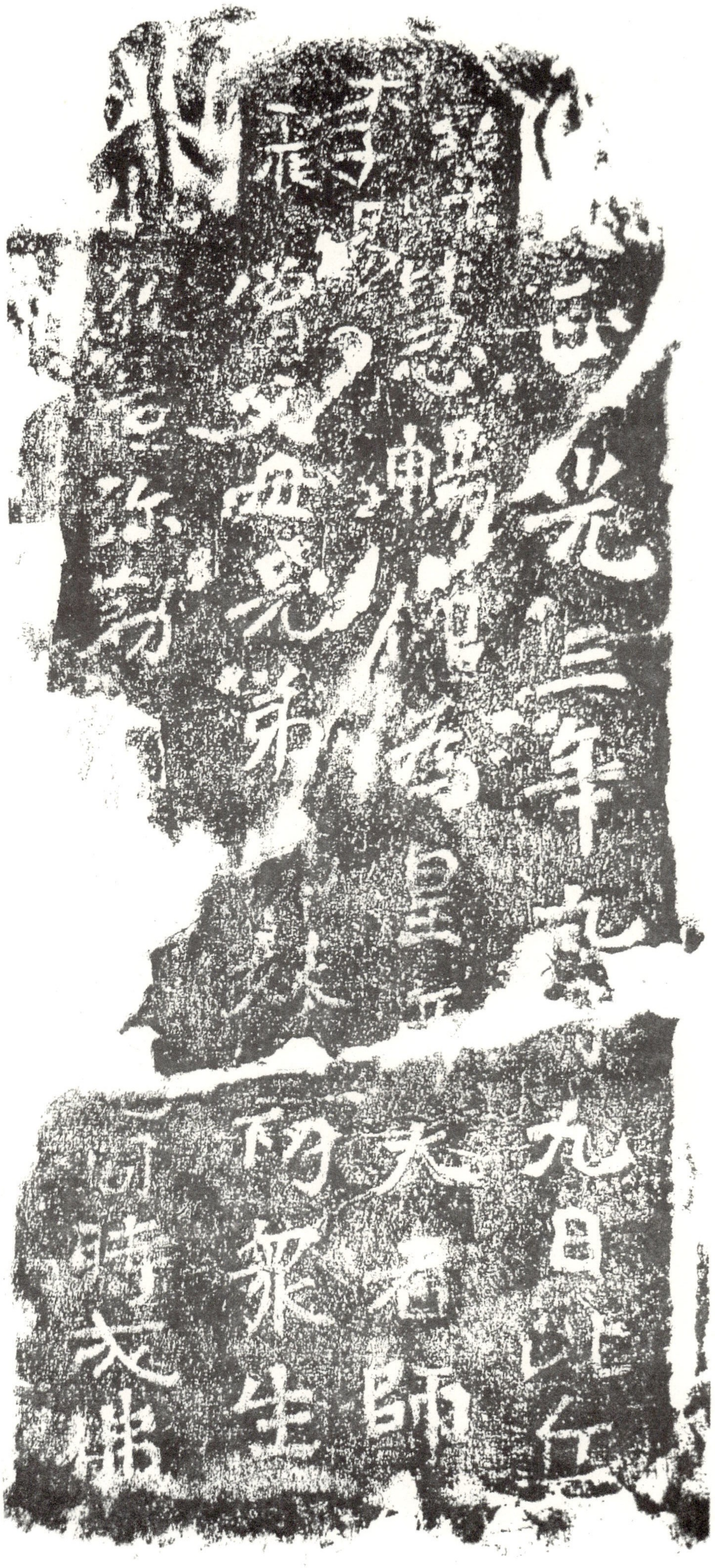

21.比丘慧暢造像記(原石已毀)

31.7×12.5 釐米
正光三年(522)九月九日
《全編》,第一册,頁 117

22.比丘尼法隆爲息女嫁耶奢難陀造像記(原石已毁)

11×31.4 釐米
正光四年(523)正月廿六日
《全編》,第一册,頁 119

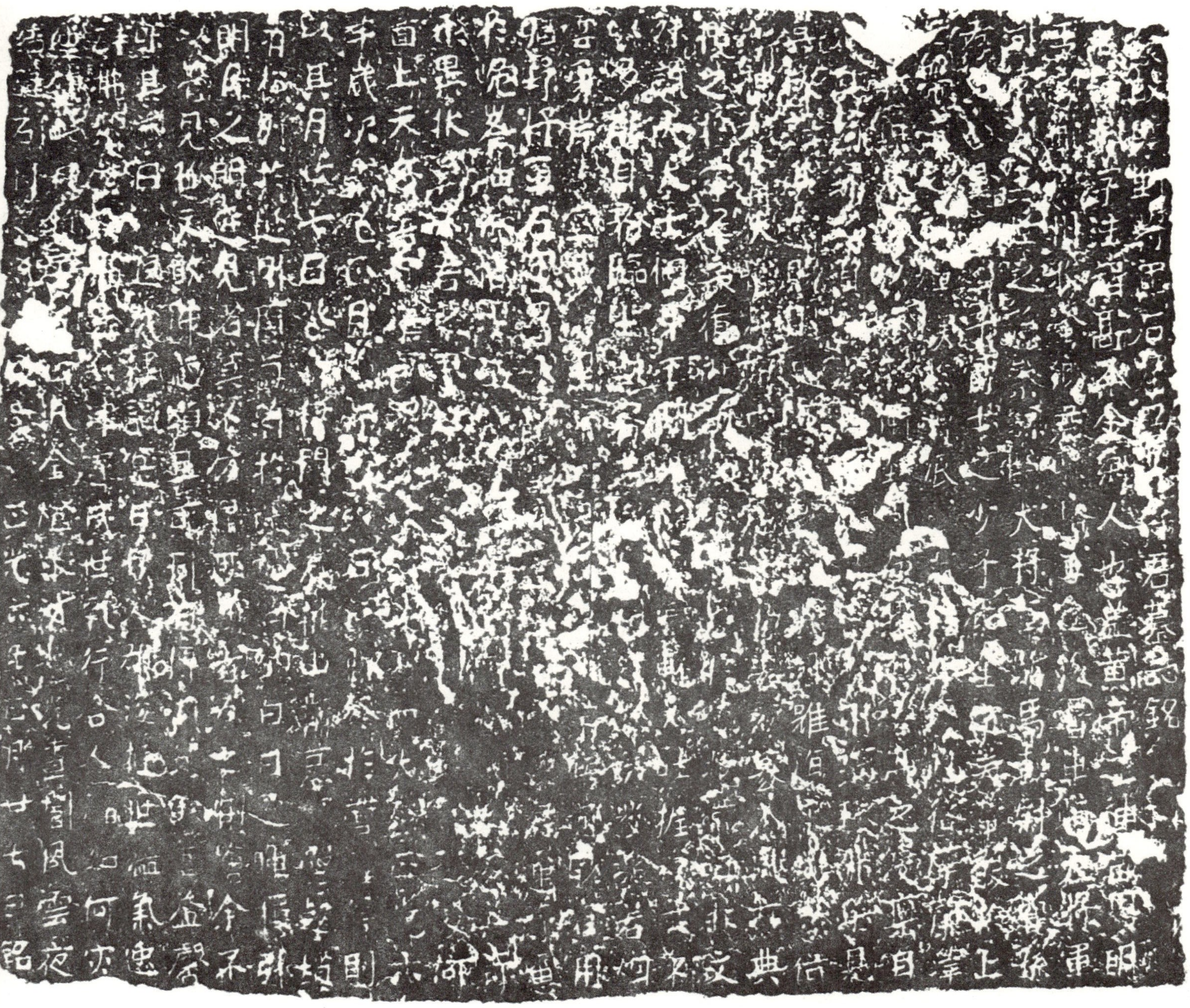

23.魏故曠野將軍石窟署丞□君(淵)墓誌銘

36.5×46.3 釐米
正光六年(525)正月廿七日
是日"排山構墓,穿壑起墳",瘞葬于伊闕石窟崖墓內。
《集釋》,第五冊,頁 147,圖版二四四。

24.隴西公姚尊造像記

54×34 釐米
正光年間(520–524)□月十五日

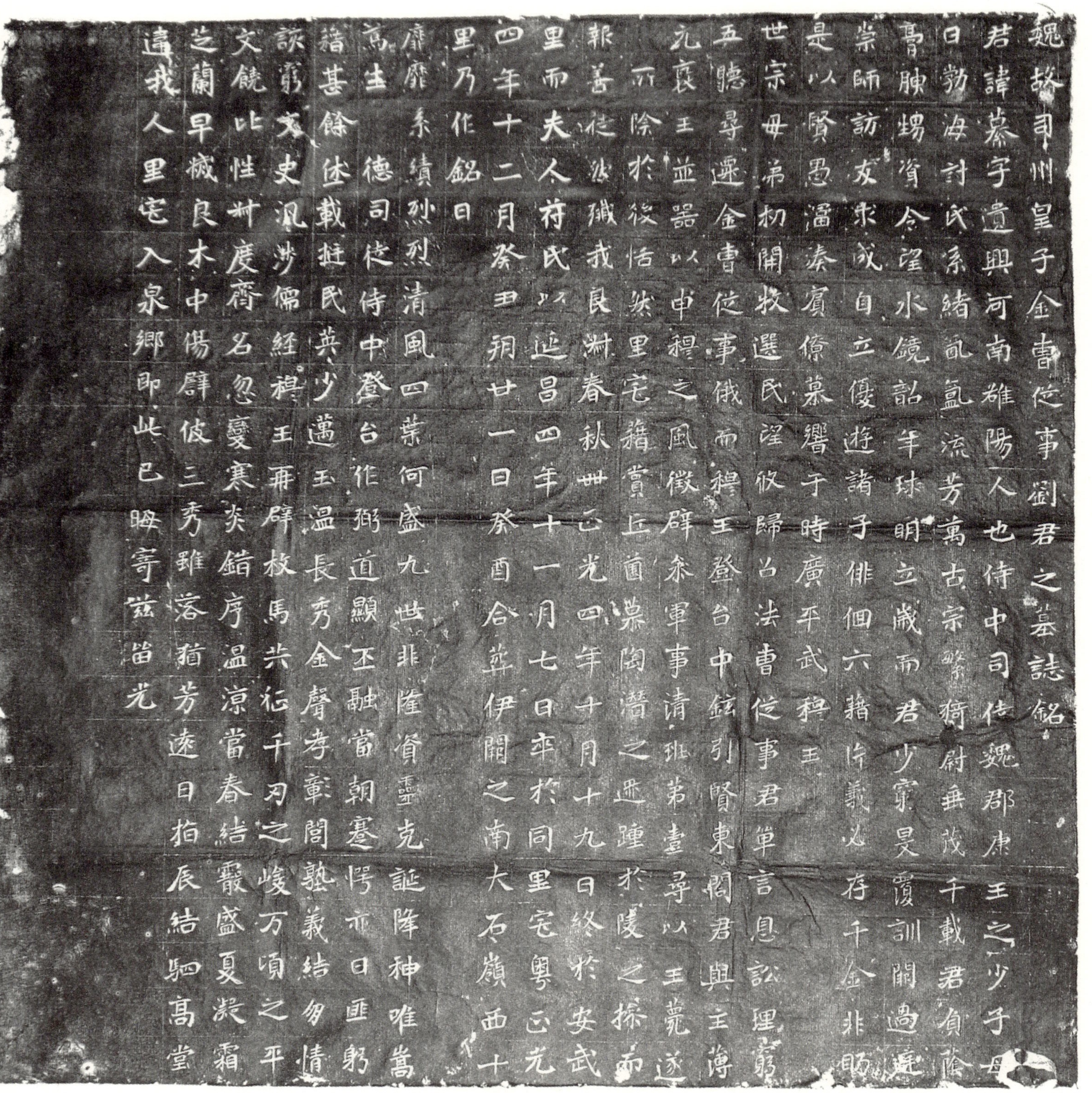

25.魏故司州皇子金曹從事劉君(纂)之墓誌銘

55.5×56 釐米　誌蓋拓本 49×49 釐米
蓋芯陽刻篆書"魏故司州/金曹從事/劉君墓誌"
正光四年(523)十二月二十一日
據云 2000 年秋龍門西山出土

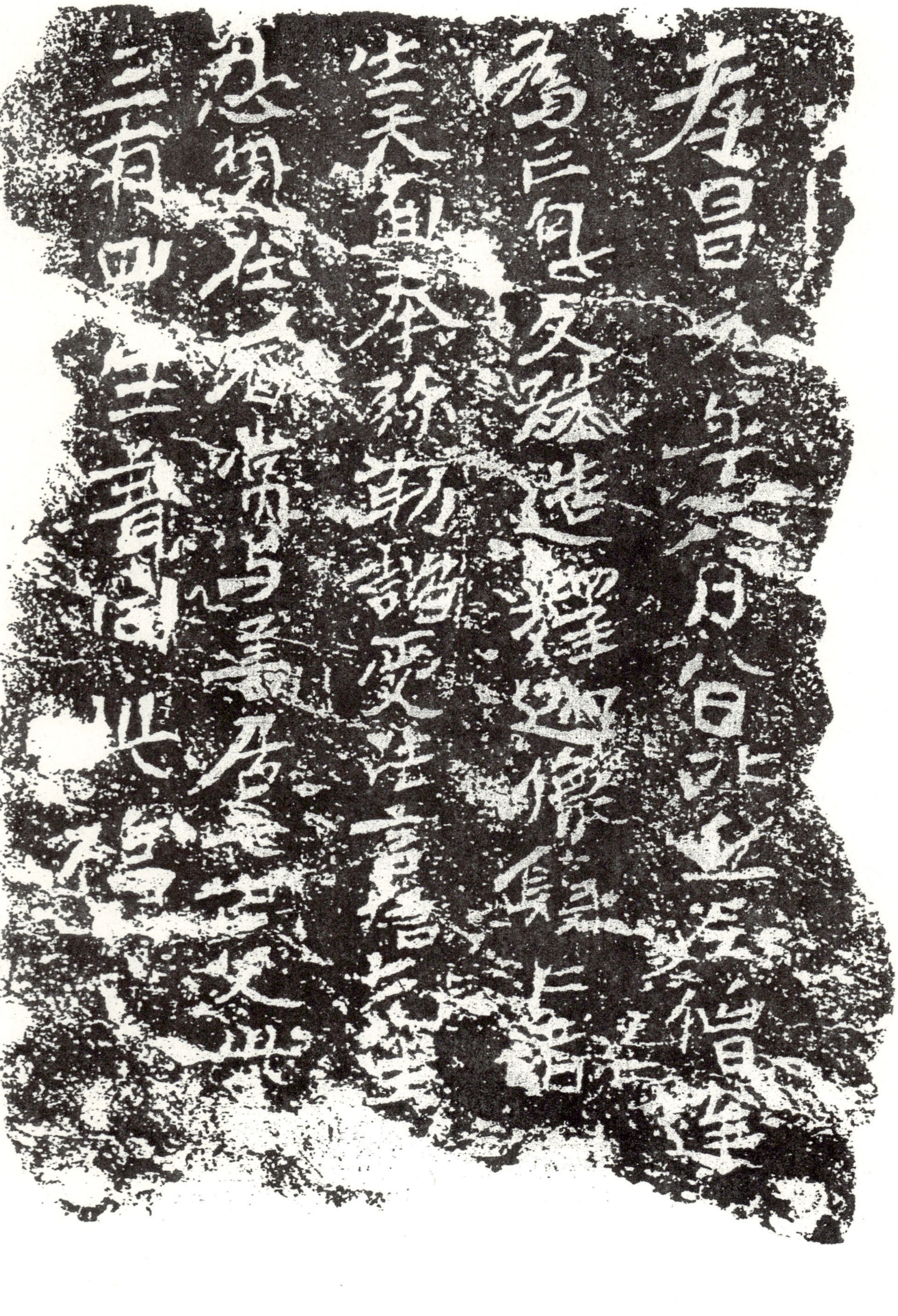

26.比丘尼僧達造像記

22×15 釐米
孝昌元年(525)八月八日

27.比丘道休、惠俊造彌勒石像記

55×167 釐米
孝昌三年(527)二月十五日
原石刻係龍門北魏時代田野寺院內的造像碑下段
《北圖》·北朝·第五冊，頁 57

28.李興造像記

24×65.7 釐米
建義元年(528)七月十五日

29.魏故使持節衛大將軍儀同三司冀州刺史博野縣開國公荀君(景)之墓誌銘

誌石 67.2×73 釐米　誌蓋 61×65 釐米　蓋芯篆書"魏故儀/同荀使/君墓銘"

永安二年(529)四月三日

誌文事涉"屬武泰在運,昏后亂政,魏道中微,社稷無主。丞相以世荷蕃屏,志存匡復,起兵晉陽,問罪伊闕"之政局。

《北圖》·北朝·第五冊,頁 121–122

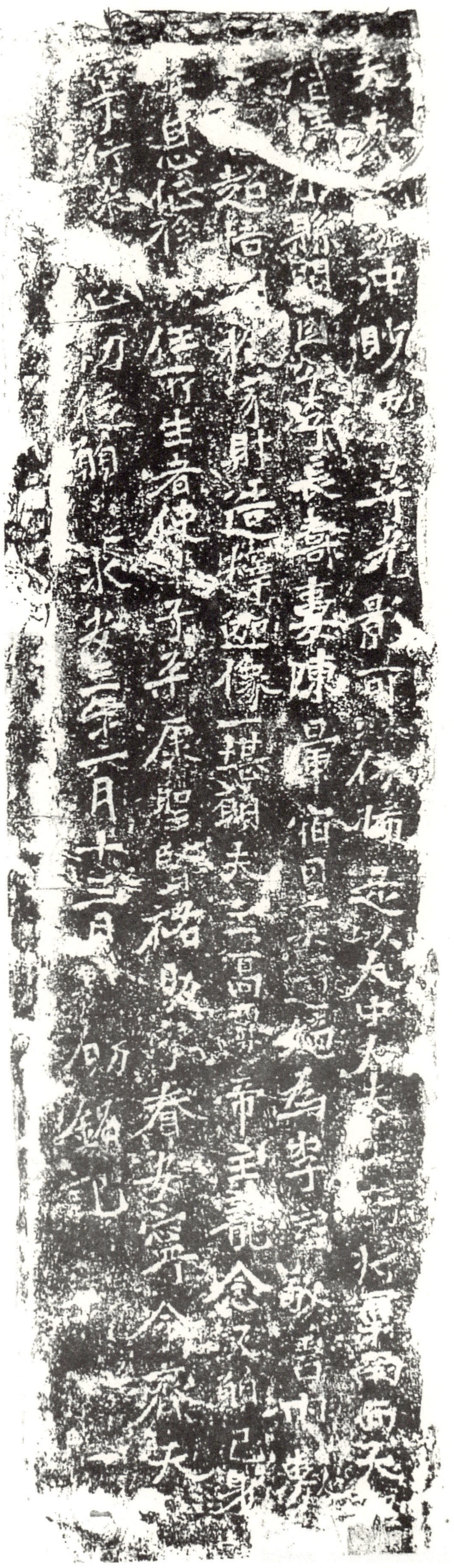

30.李長壽夫人陳暈造像記

60×19 釐米
永安三年(530)六月十三日

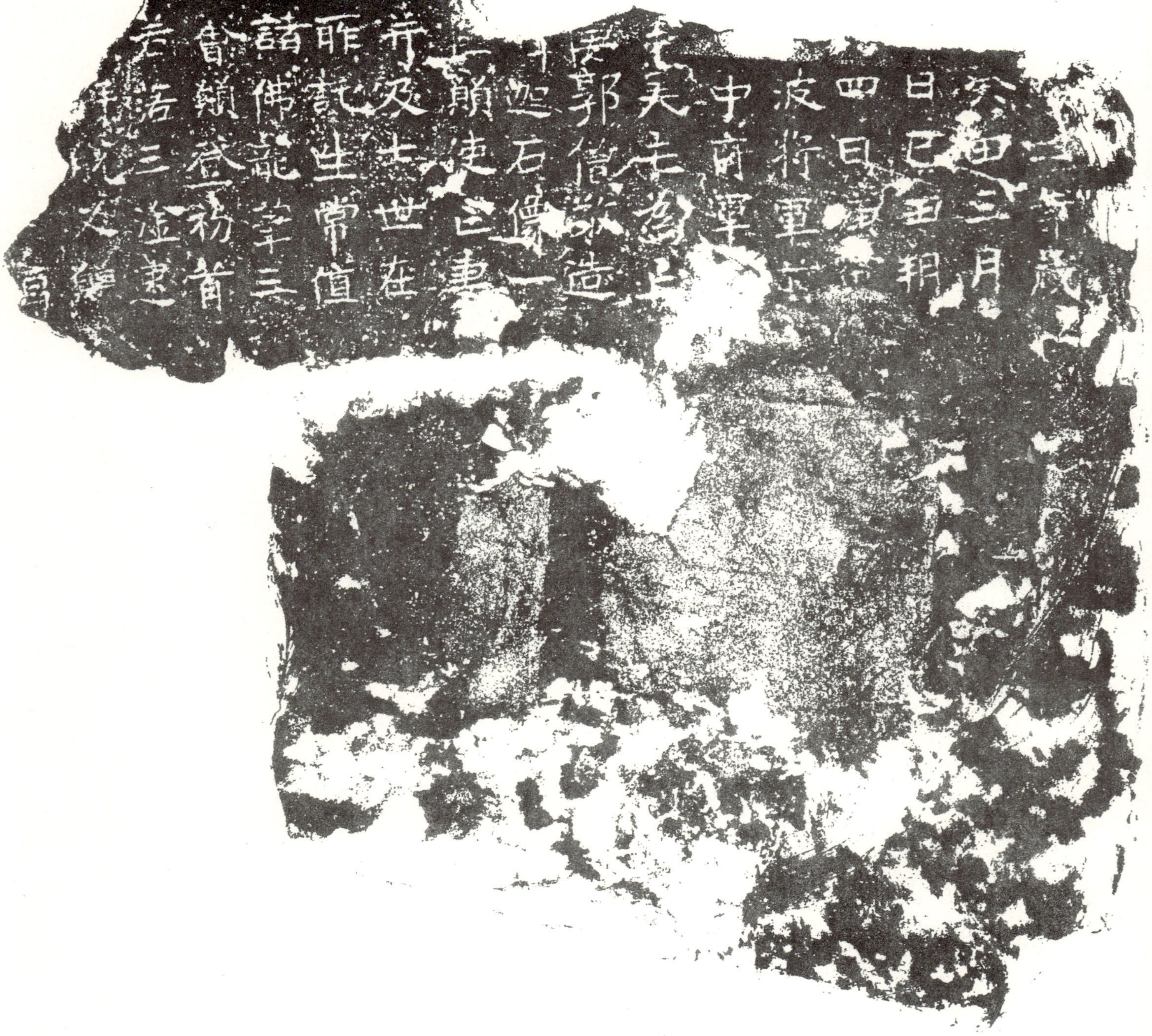

31.吳屯造像碑題記

殘石拓本 31×38 釐米
永熙二年(533)三月四日
殘石存河北博物館
《北圖》·北朝·第五冊，頁 184

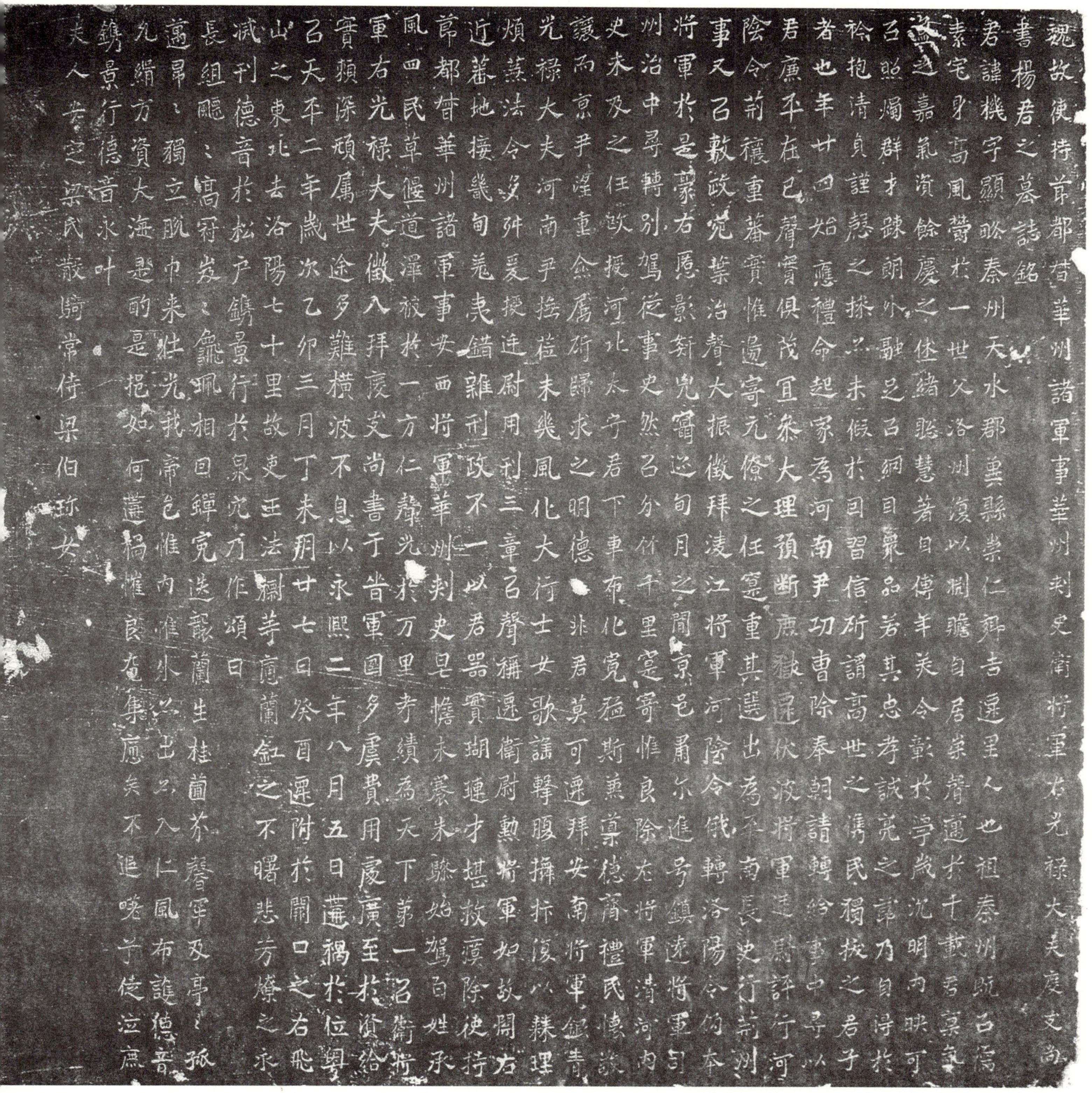

32.楊機墓誌

69.5/59.5/9.4 釐米

永熙二年(533 年)八月五日與辛雄、崔孝芬等遇難於洛陽永寧寺。

“天平二年(535 年)歲次乙卯三月丁未朔二十七日癸酉”與夫人梁氏合葬於“闕口之右，飛山之東北，去洛陽七十里”。

誌主楊機，《魏書》卷七七有傳，記事與本志頗合。

2005 年 9 月出土於伊闕西南宜陽縣豐李鄉馬窰村三道嶺東端南坡。

（報道見《中國文物報》2005 年 9 月 16 日第 2 版。《文物》2007 年第 11 期，頁 56–70，北京）

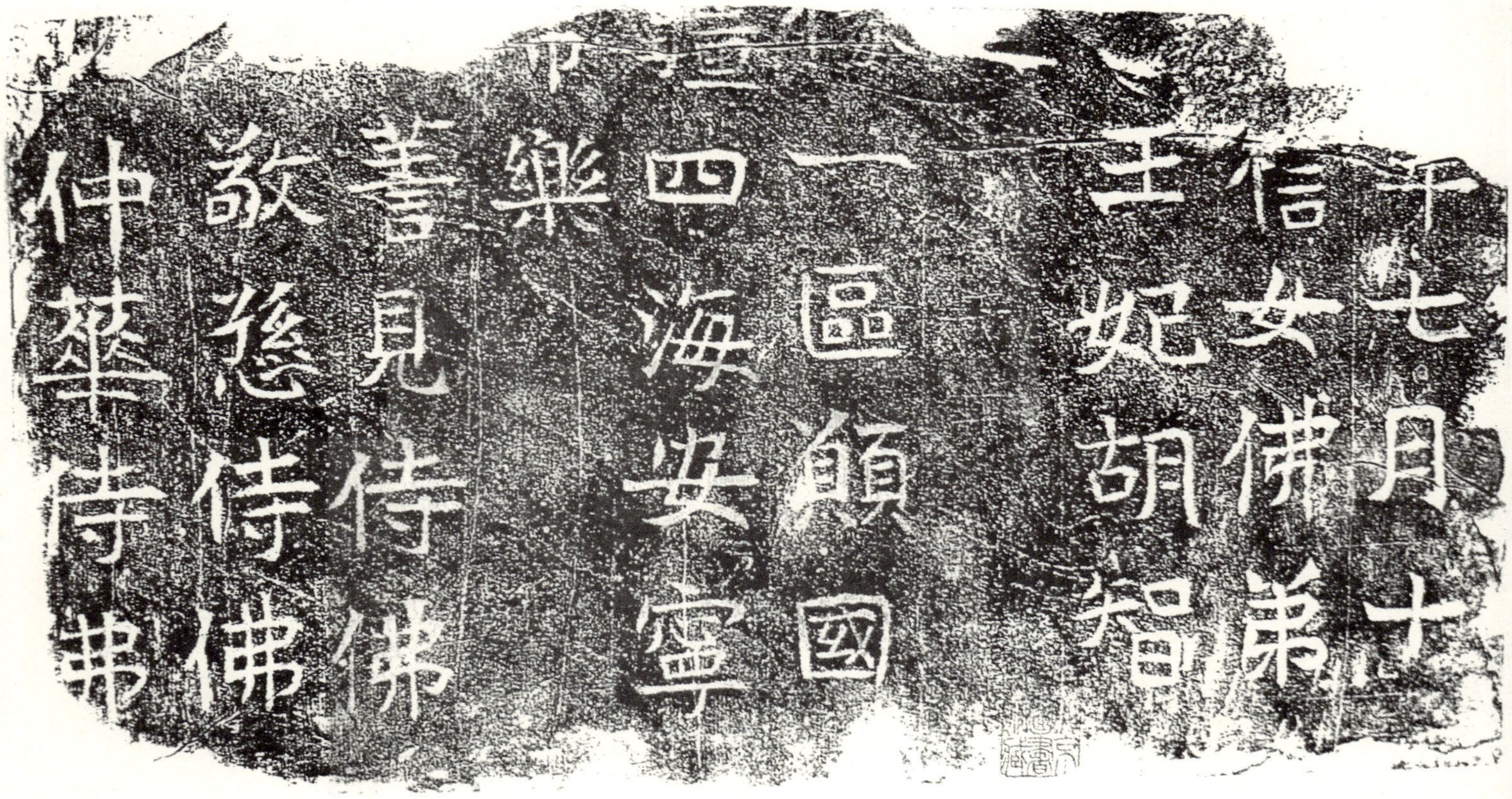

33.元善見造像記

20×32 釐米
北魏，紀年殘

34.樂法壽造像記

10×10 釐米
北魏，無紀年

35.常岳等人造像碑

拓本 100×82 釐米
北魏石刻造像碑，無紀年
石原存關林洛陽古代藝術館，今移河南博物院

36.龍門西山北魏寺院造像碑佛經故事浮雕

拓本 37×16 釐米
北魏晚期，石殘，無紀年
1980 年 6 月龍門西山張溝東地出土

37.比丘道興造像記

37×28 釐米
武平六年（575）六月朔日
參見《全編》，第四冊，頁 690

龍門區系石刻文萃

隋

38.李子贇造像記

14×28 釐米
大業十二年(616)四月二十五日
《全編》,第五冊,頁 697

39.梁佩仁造像記

37.4×23.3 釐米
大業十二年(616)七月十五日

龍門區系石刻文萃

唐

40.伊闕佛龕之碑

245×160 釐米
兼中書侍郎岑文本撰文,黃門侍郎褚遂良書丹
貞觀十五年(641)十一月□日

41.韓文雅造像記

29×23 釐米
貞觀二十年(646)五月五日

42.思順坊老幼造像記

145×64 釐米
貞觀二十二年(648)四月八日

43.清信女蕭氏造像記

19×21 釐米
貞觀二十二年(648)八月二十五日

44.程寶安墓誌

（據誌文擬題）

26×26 釐米

永徽四年（653）正月十五日

參見《北圖》·唐·第十二冊，頁 75

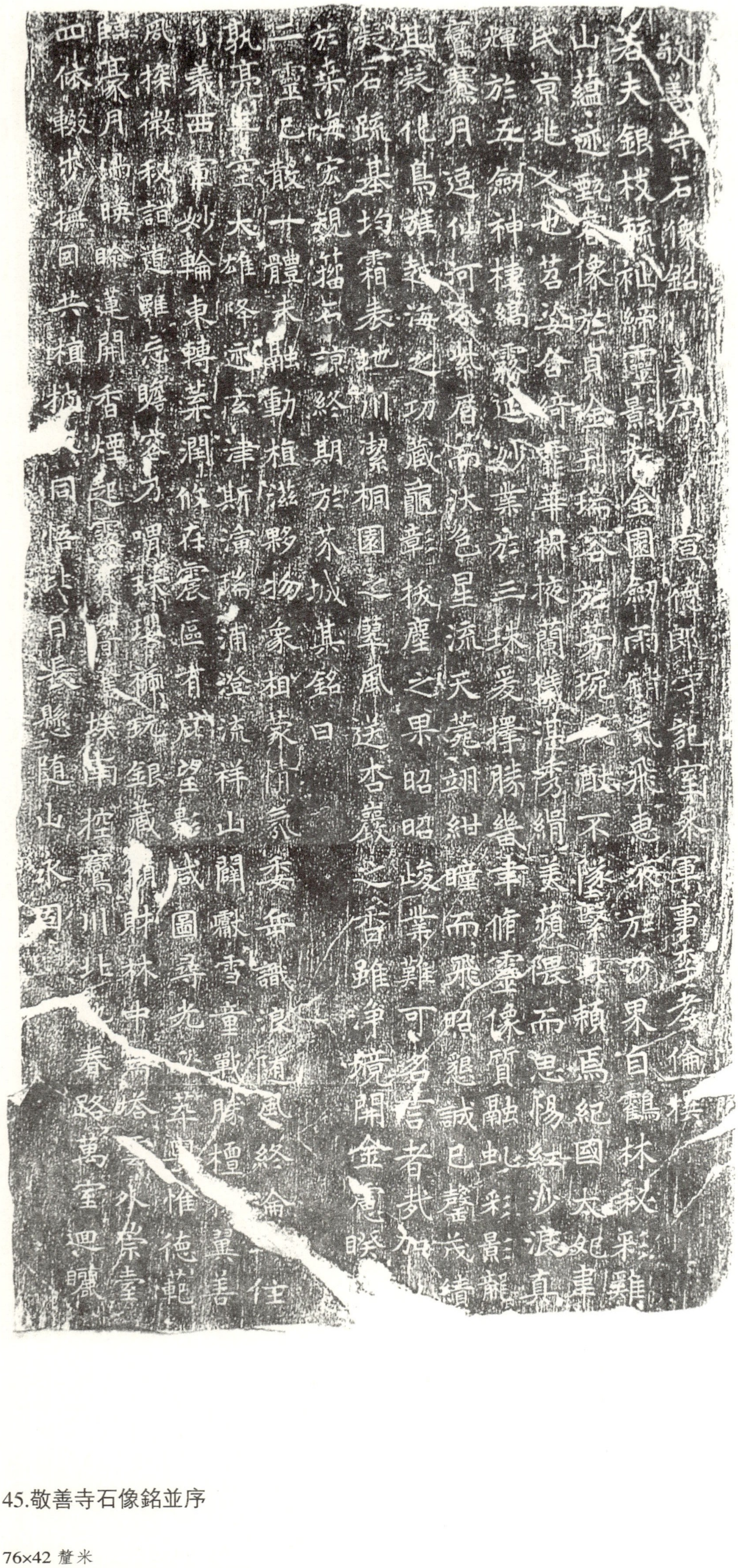

45.敬善寺石像銘並序

76×42 釐米
宣德郎守記室參軍事李孝倫撰
（考此造像約竣工於唐高宗初年）

（原大）

46.唐臨造像記

22×20 釐米
顯慶二年(657)七月三十日

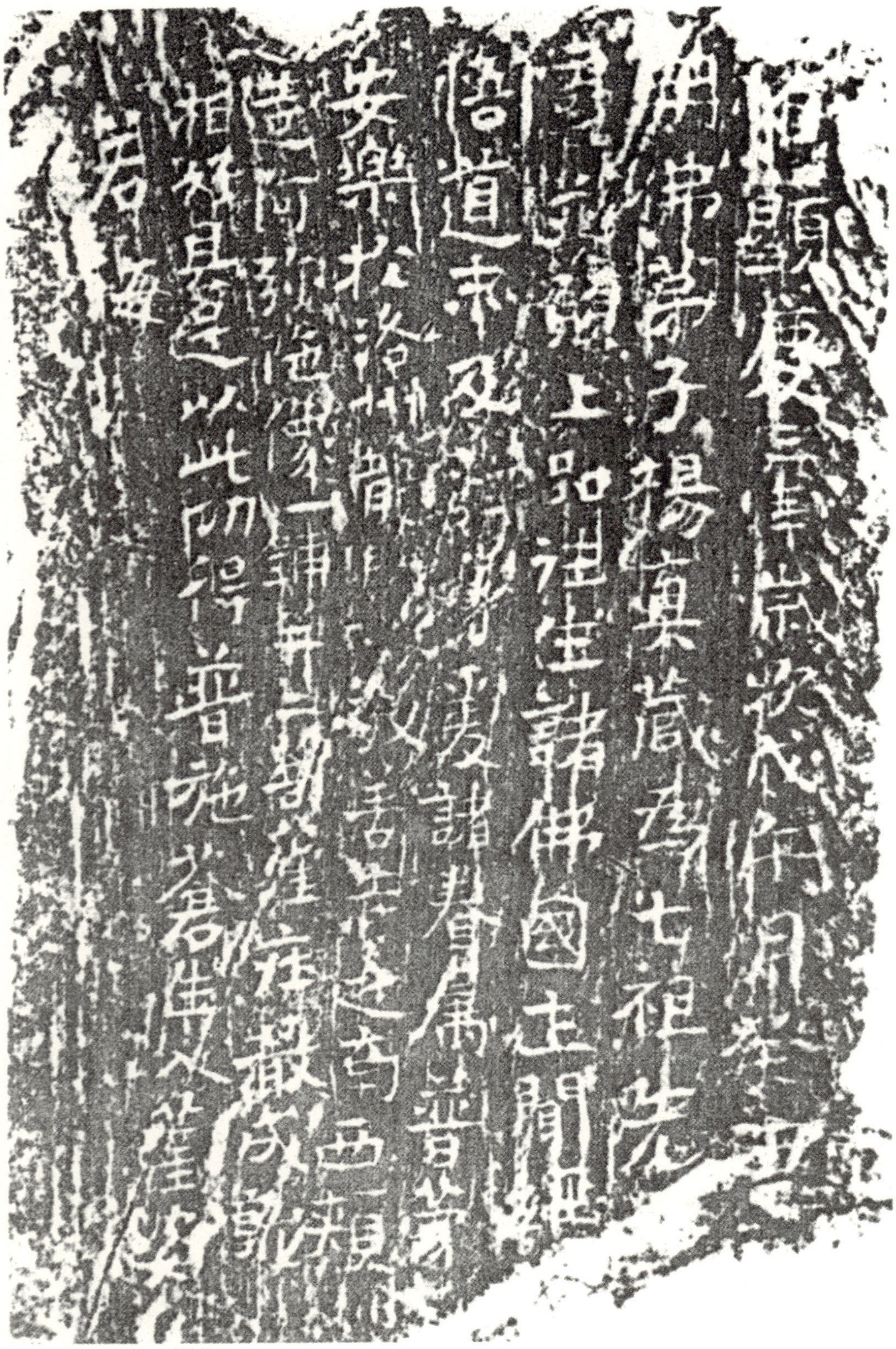

47.楊真藏造像記

27×19 釐米
顯慶三年(658)四月一日

48.管雅墓誌(據誌文擬題)

44.5×44.5 釐米　誌蓋 47×47 釐米
蓋芯篆書“大唐故/管君墓/誌之銘”
顯慶四年(659)四月廿七日

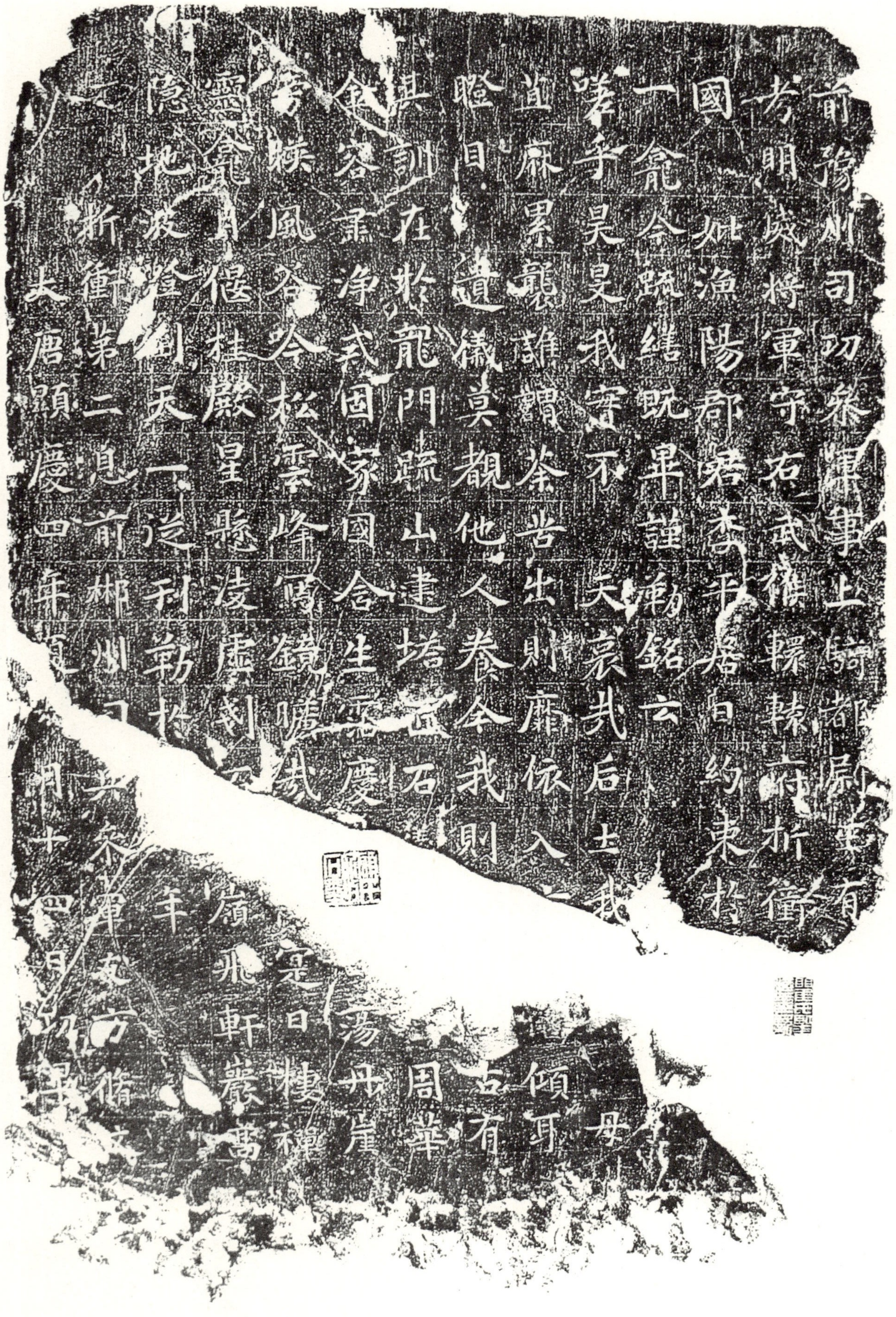

49.王有□造像記

116×56 釐米
顯慶四年(659)六月十四日
《全編》,第五冊,頁 820

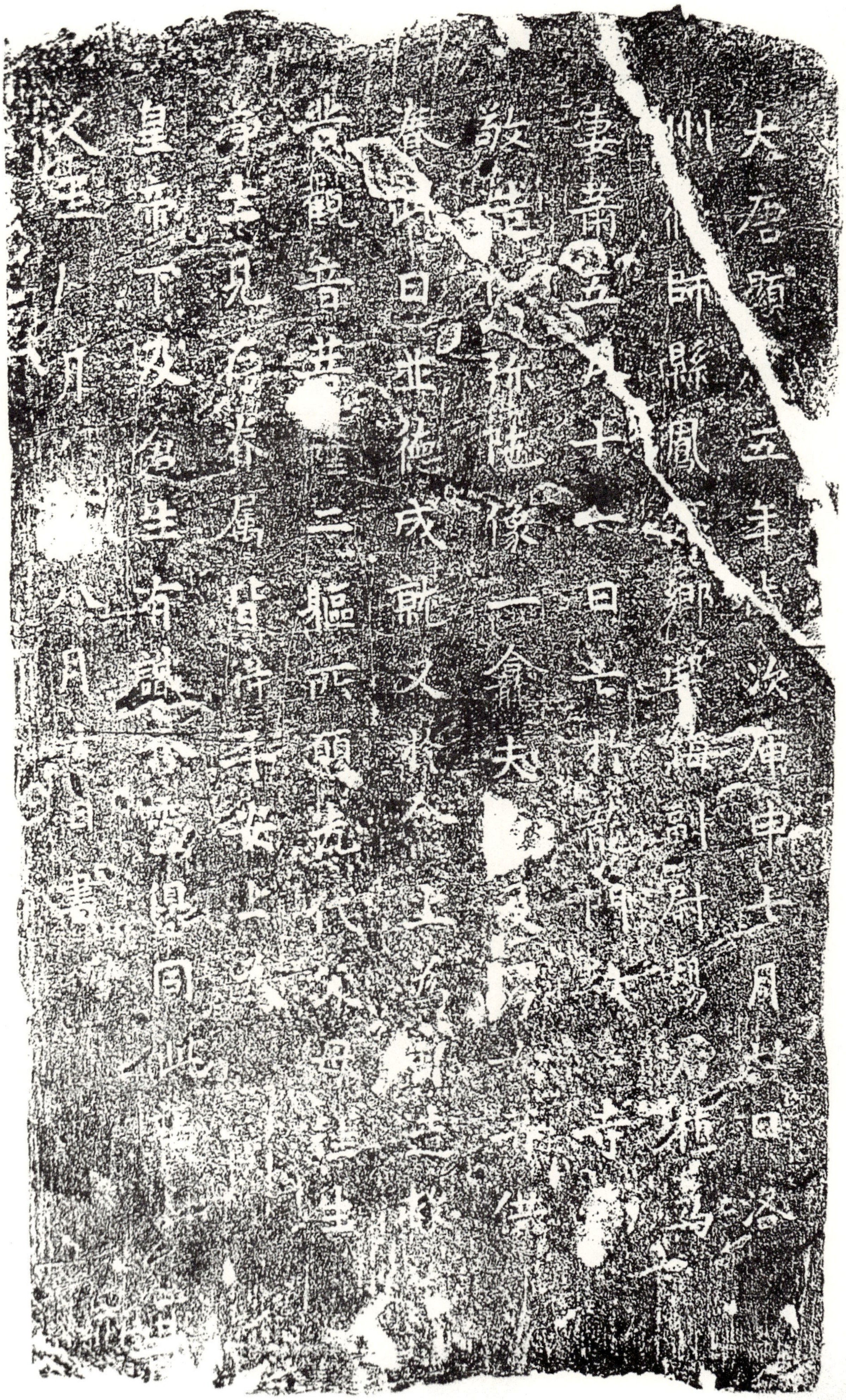

50.楊君植造像記

47×30 釐米
顯慶五年(660)八月十日

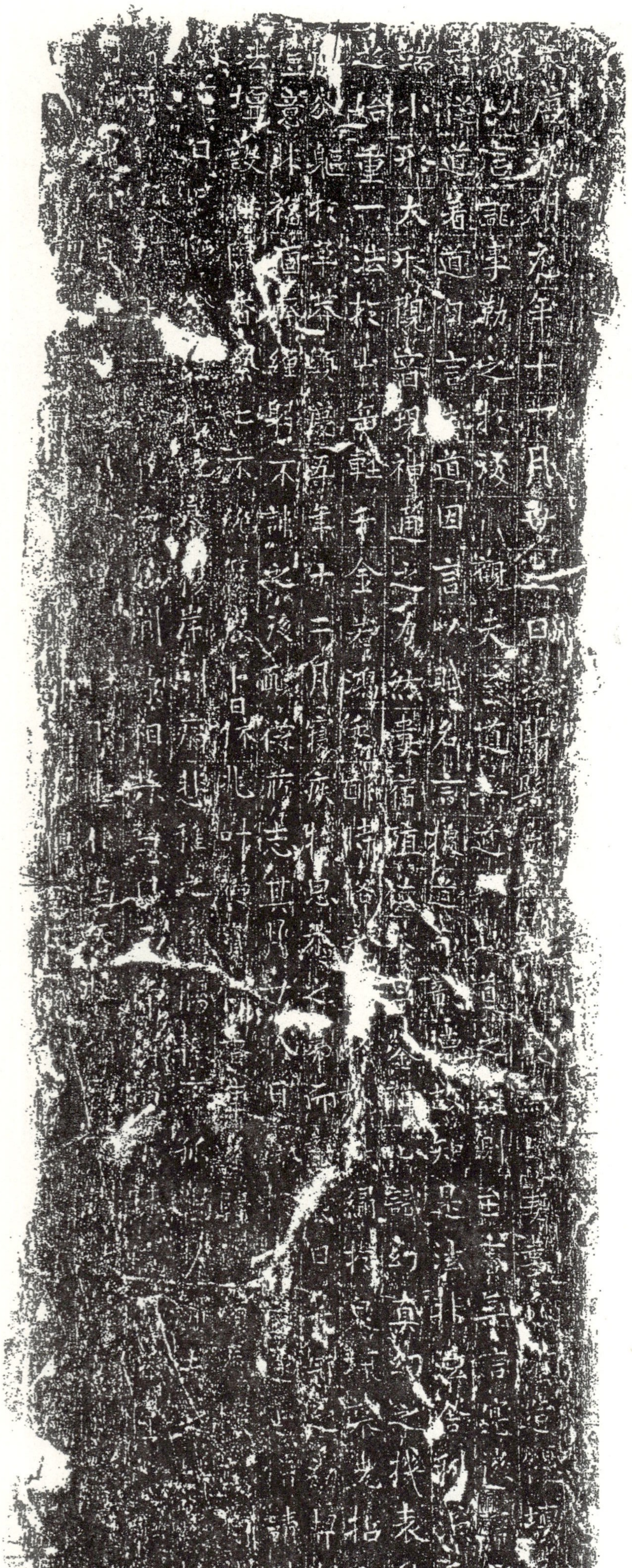

51.婁氏瘞窟銘記

61×21 釐米
龍朔元年(661)十一月二十三日

大唐故河東王夫人墓誌之銘并序
夫人諱師字化并州太原人也祖隋加邑号同昌公唐授朝
議大夫行慶州長史公仁德爲心人倫領袖父隋巴陵令唐
授朝散大夫志結廉貞清輝遂遠弟任遂州大寅尉高村縣
宰容雅安仁令則有方人稱五袴夫西河任唐授朝散大夫
職宰王府於公志列操感風雲信貿遠稱播傳四海博識通
雅内誠盡竭弃榮不仕歸真正覺夫人朝議大夫之孫朝散
大夫之長女大寅尉之姊西河任之婦也夫人有周七百之
遥緒炎漢五侯之貴通風承華胄言歸上指履鳴謙以居貿
宣陰德以宜家未盡偕老之期先致移天之禍粤以麟德二
年歲在乙丑五月壬申朔四日乙亥遘疾終於温柔之第春
秋六十有二嗚呼哀哉俄掩窆穸其月十三日甲申葬於龍
門敬善寺西元禪之山禮也惜乎蘭敗秋風芬芳遂絕珠沈
玄壤朗閨長辭雖淑德之可傳痛音姿之不再任君奄悴芳
蹊悽愴行路餘悲不忘哀傷何極嗣子□自等舉風樹以增
感履霜庭而禱慕陵谷之凋變憑金石以承鐫其詞曰
四德慎美温質宜家神情柔舉儀韻發華松心風月託志煙
霞千尋直幹萬仞高崖其一淑德斯順何遇非適下調猶悲高
春巳迫荊壁沈彩翔鸞墮翮月慘荒坰風驚寒陌其二能佃白
馬委髒丹旌悼深千古哀經九京松風虛韻隴月孤明他山
不紀溟漠誰名其三哀哀嗣子擧孫靡訴慟結風枝悲纏霜露
卜彼宅兆叶玆遷厝水鏡伊川山貞元祚□德音之無沫紀
金□若而長固其四

52.大唐故河東王夫人(師)墓誌之銘並序

46×47 釐米

麟德二年(665)五月十三日

參見《輯繩》,頁 278

53.唐故驎寶府左果毅都尉張君(峻)墓誌銘並序

58.5×58.5 釐米
乾封二年(667)十月二十二日
2006 年 8 月龍門西山出土

54.大唐故成君(養)墓誌銘並序

40×39.5 釐米
乾封二年(667)十月二十七日與夫人萬氏"合葬于闕巖西山"。
1998 年秋龍門西山出土。

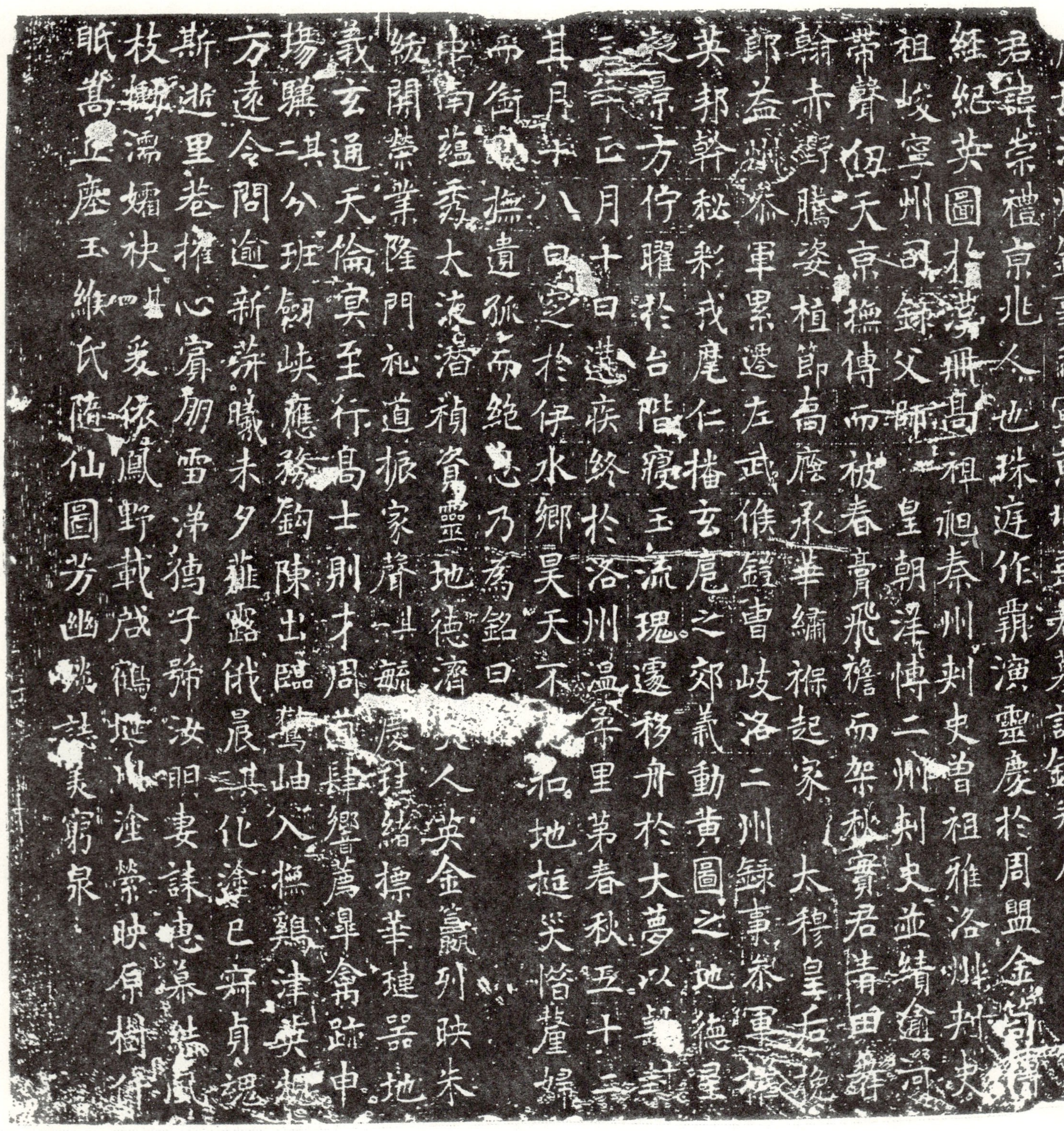

55.唐故洛州錄事參軍京兆韋君(崇禮)墓誌銘並序

47×46 釐米
乾封三年(668)正月十八日
參見《輯繩》,頁 301

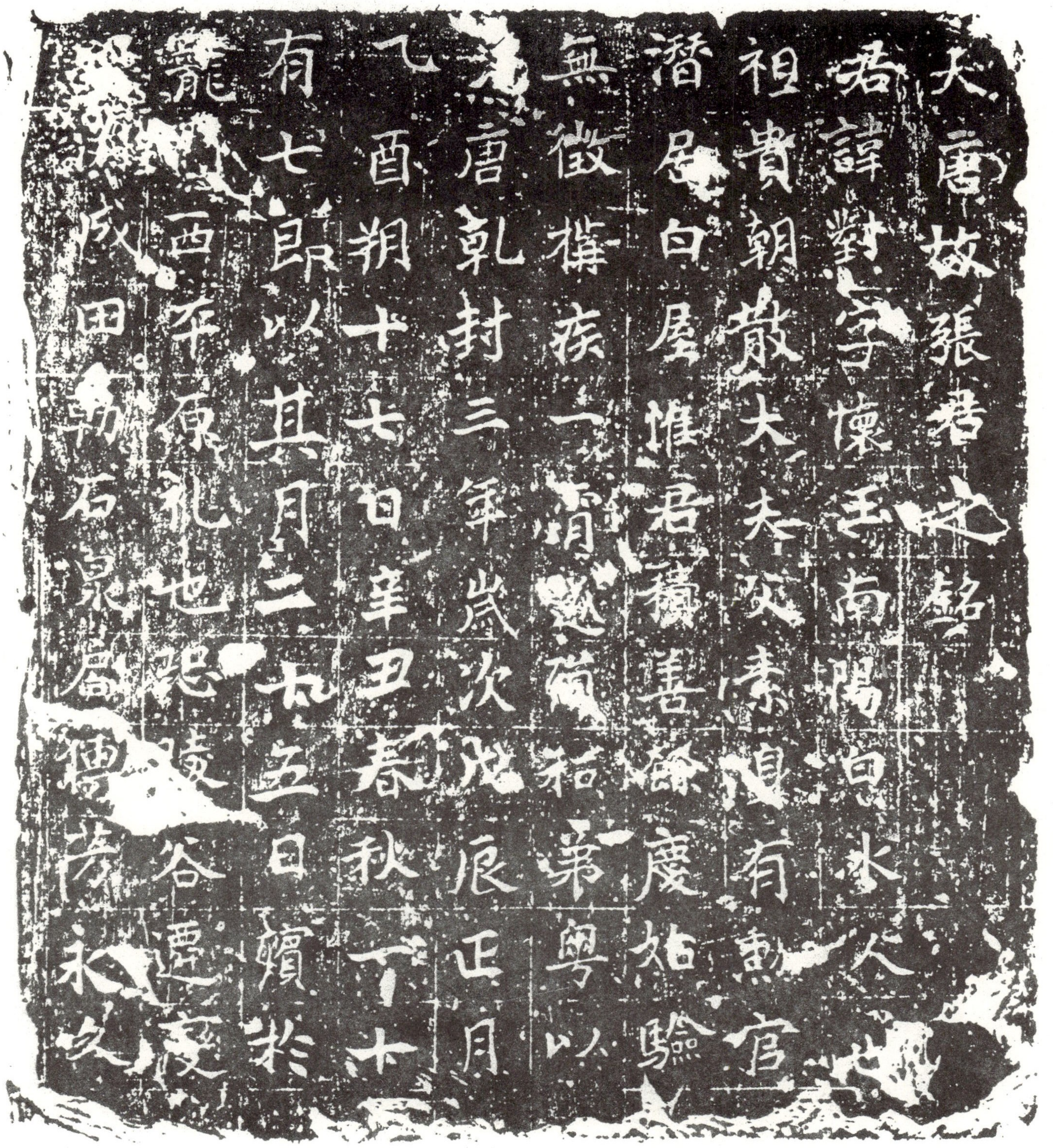

56.大唐故張君(對)之銘

35×32 釐米

乾封三年(668)正月二十五日

參見《輯繩》，頁 302

57.高昌張安造像記

13×14 釐米
總章二年(669)二月十日

58.高崇業造像記

57×42 釐米
總章二年(669)四月廿三日

59.龍門敬善寺石龕阿彌陀佛觀音大至二菩薩像銘並序

76×62 釐米 ……進士孟利貞文
總章二年(669)七月廿九日

60.大唐故朝散大夫陳府君(暉)墓誌銘並序

37.5×36.5 釐米
咸亨元年(670)十月朔日
1990年6月龍門北原出土

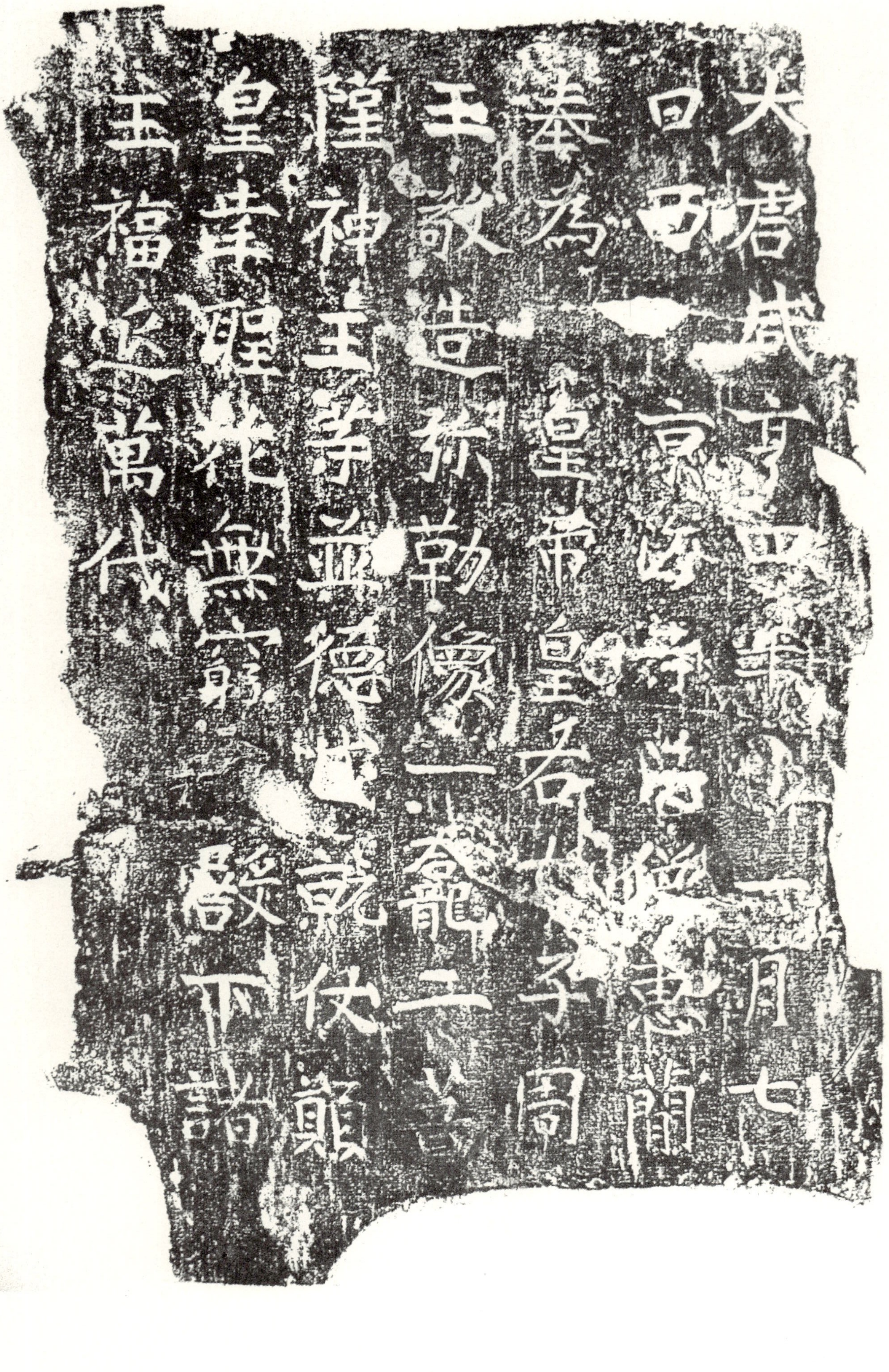

61.僧惠簡造像記

44×30 釐米
咸亨四年(673)十一月七日

62.唐故朝散大夫南陽張君夫人隴西李氏(三娘)誌銘並序

55×55.5 釐米
上元元年(674)十一月廿七日合葬於“踈勒之山左”
龍門山出土
參見《輯繩》,頁 341

63.唐故源(原)州平涼縣令嚴君(道)墓誌並序

49.5×50 釐米
上元三年(676)四月十二日
約 1990 年 8 月龍門西山出土

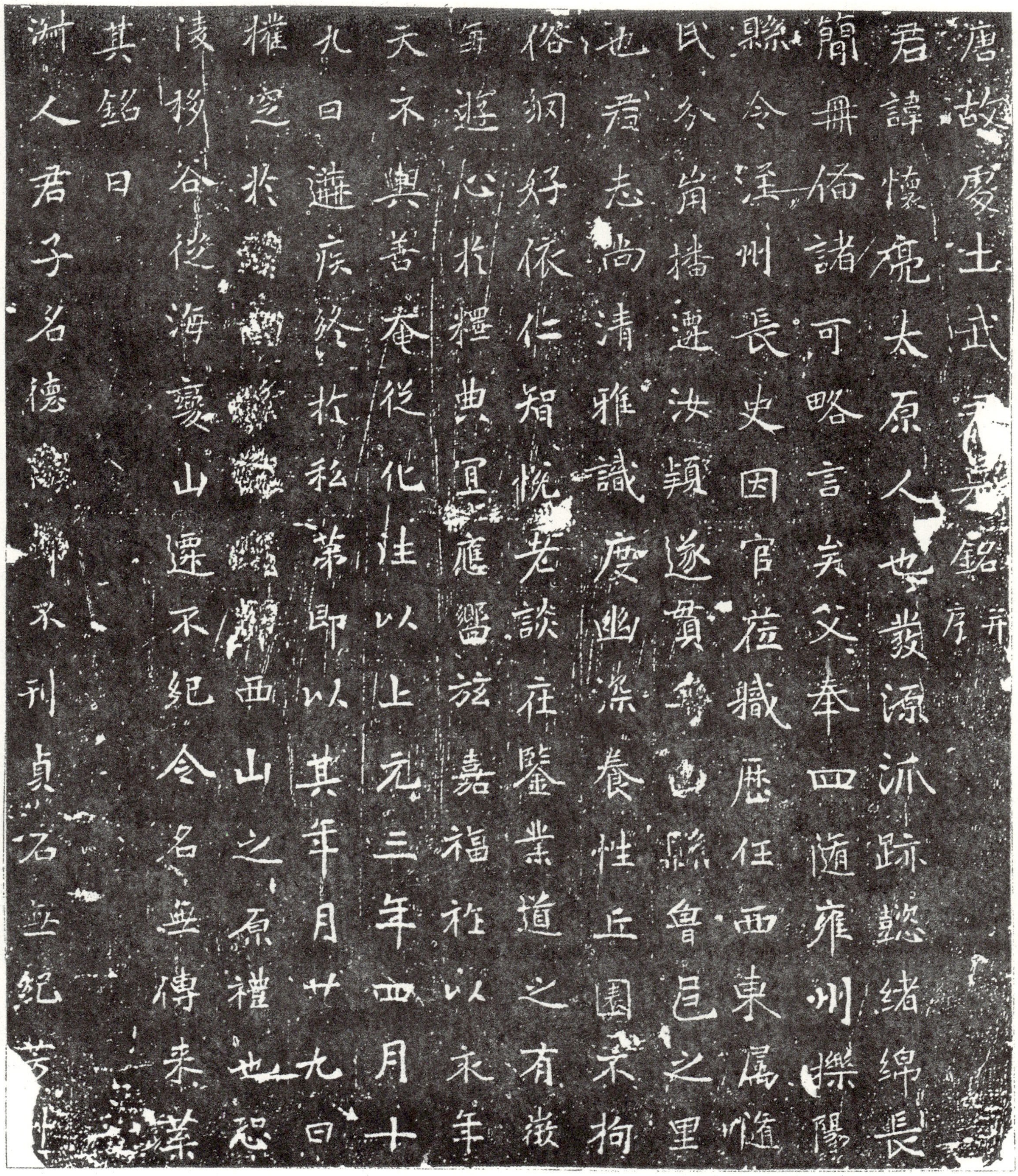

64.唐故處士武君(懷亮)墓銘並序

58×50 釐米
上元三年(676)四月二十九日
參見《輯繩》,頁 350

65.唐故上柱國長上校尉徐府君(迪)墓誌銘並序

44×44 釐米
上元三年(676)十一月八日
2005 年冬龍門西山北麓出土

66.大唐處士琅耶王府君故妻東海徐夫人(令輝)墓誌銘並序

51×51 釐米
調露元年(679)十月十三日
2002 年冬龍門西山北原出土

67.唐故朝散郎行洛州洛陽縣尉薛君(矩)墓誌銘並序

57×57 釐米
調露元年(679 年)十二月廿日
據云 1995 年秋洛陽市伊川縣白沙鄉上天院村出土，後石存洛陽市第二文物工作隊。圖版採自《新獲續編》，頁五一。

68.龍門山之陽大盧舍那像龕記

30×78 釐米
調露二年(680)正月十五日

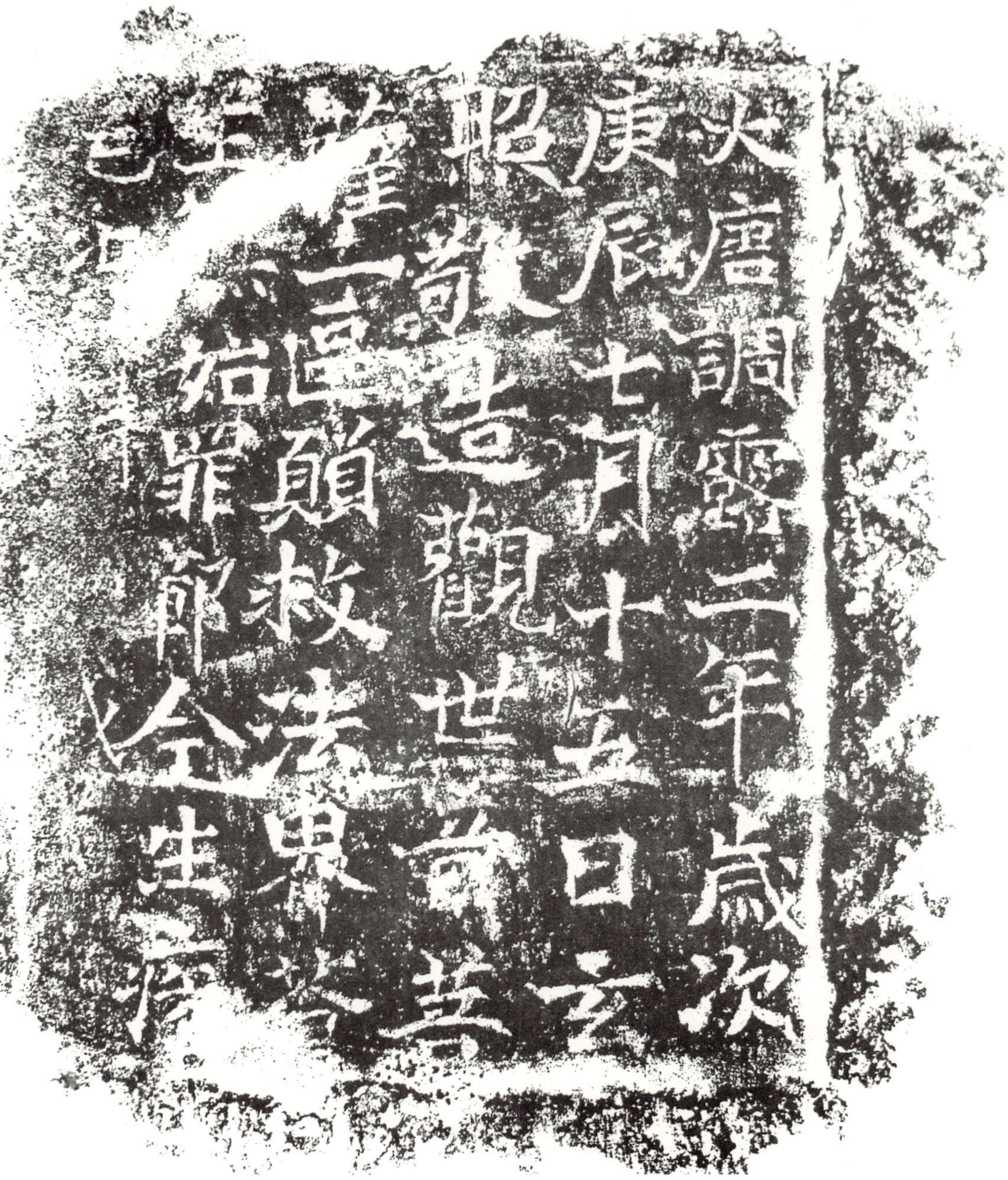

69.僧玄照造像記

13×10 釐米
調露二年(680)七月十五日

70.大唐朝散大夫陳君石龕像銘

52×54 釐米　陳順之爲文並書
永淳二年(683)四月十四日

71.盧公妻李氏造像記

38×140 釐米
永淳二年(683)四月三十日

72.蘇鋗造像記

38×24 釐米
永淳二年(683)九月八日

73.大唐故汀州錄事參軍事上騎都尉楊府君(德深)墓誌銘並序

誌石 50×50×11.5 釐米
嗣聖元年(684)正月廿三日
2005 年 12 月龍門東山南麓出土

74.崔禮元墓誌(據石刻擬題)

36.5×36 釐米
垂拱二年(686)七月一日
參見《輯繩》,頁 382

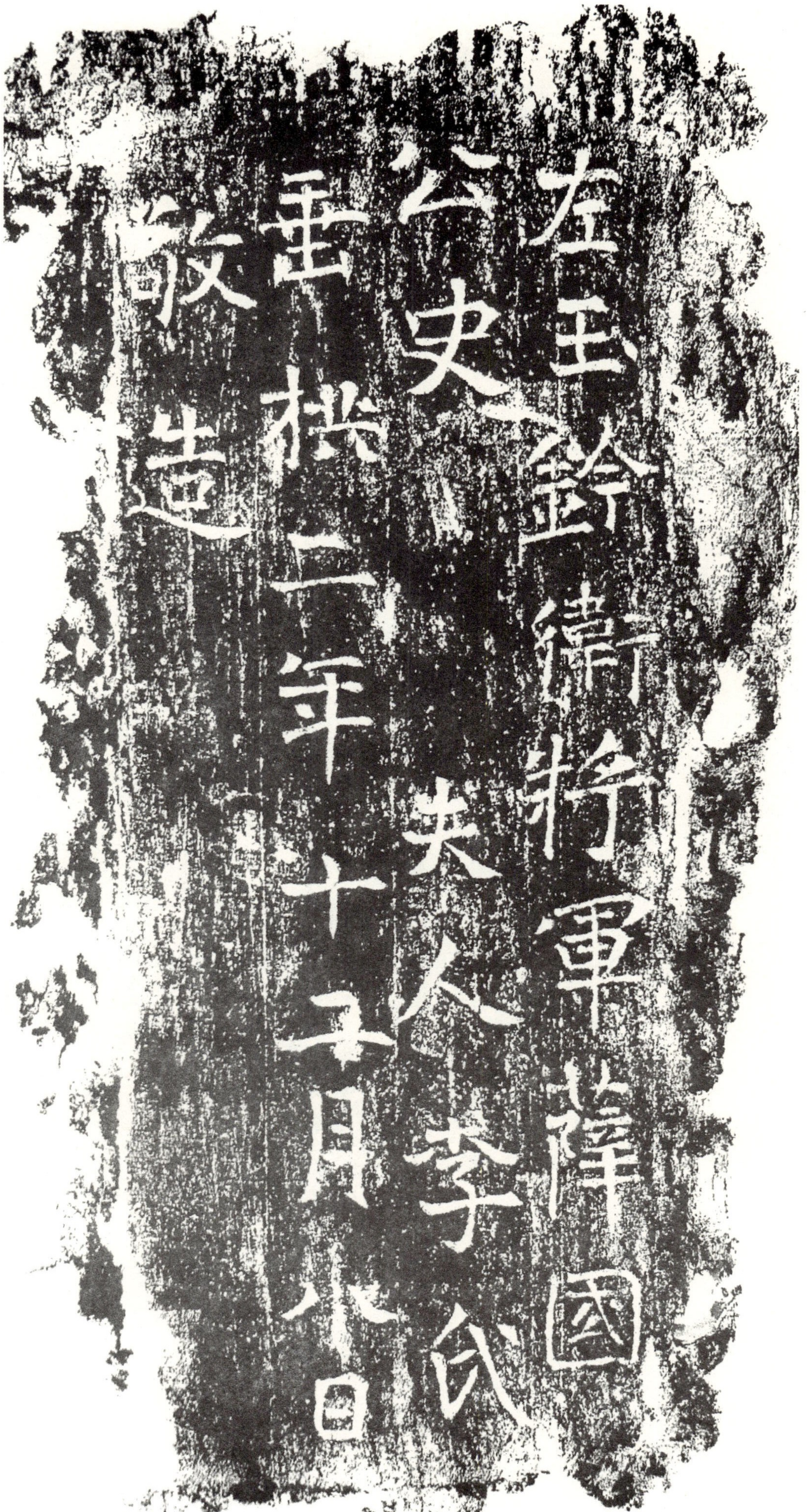

75.薛國公史暕夫人李氏造像記

21.7×10 釐米
垂拱二年(686)十二月八日

76.大唐故幽州漁陽縣令鄒君(大方)墓誌銘並序

48×47.5 釐米
垂拱三年(687)二月二日
1995 年秋龍門東山南麓出土。

77.大唐故博州刺史韋府君(師)墓誌銘並序

誌石 72.5×72.5×17 釐米　誌蓋 72.5×72.5×14 釐米
蓋芯篆書“大唐故博/州刺史京/兆韋府君/墓誌之銘”
垂拱四年(688)正月十三日
2004 年 8 月邙山出土

78.南市香行社造像記

55×34 釐米
永昌元年(689)三月八日

79.大唐故武夫人墓誌銘並序

65×65 釐米
武氏乃“聖母神皇之堂兄故淄州刺史之長女”。
載初元年(690)一月十八日遷窆于“城南龍門原”。
2000 年春龍門西山武家溝西北出土。

80.渾元慶造像記

24×42 釐米
載初元年(690)二月十日

81.唐故李君夫人王氏(媛)墓誌

43.5×43.5×6.2 釐米　誌蓋 44×45×9 釐米

蓋芯篆書“王氏/墓誌”

載初元年(690)五月廿一日

2003 年春龍門西山出土

82.唐故雍州櫟陽縣主簿盧府君(大道)墓誌銘並序

誌石 73×73×18.5 釐米　秘書郎陳郡李景雲文
天授二年(691)三月十一日
2004 年 9 月中旬龍門東山北麓出土

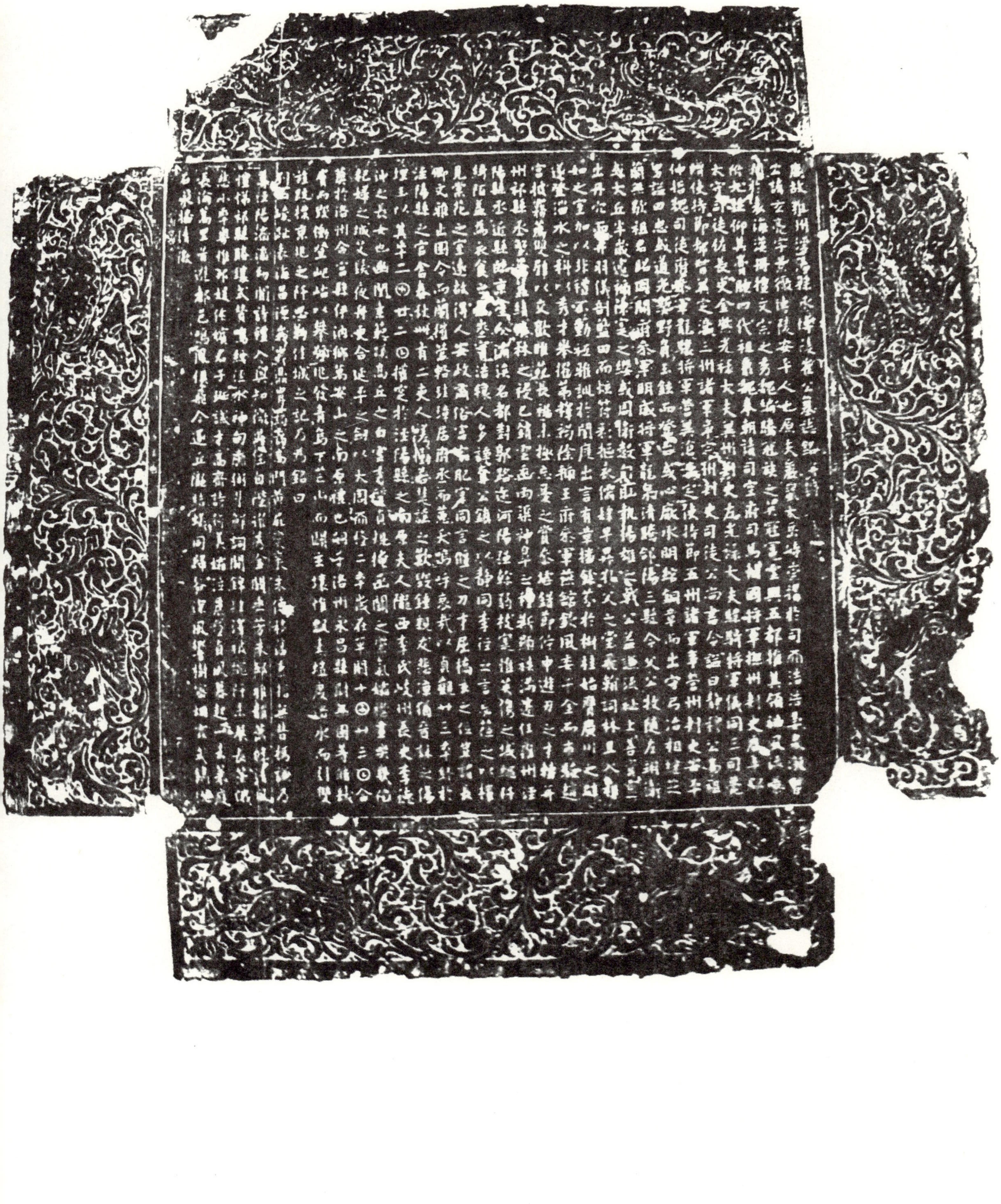

83.唐故雍州涇陽縣丞崔公(玄亮)墓誌銘並序

73×73.5×18 釐米
天授二年(691)十月廿三日
1994年秋龍門東山南麓出土,後石存洛陽市第二文物工作隊。
圖版採自《新獲續編》,頁六〇。

84.大周故冠軍大將軍行右鷹揚衛將軍歸義可汗阿史那府君(感德)墓誌銘並序

73.7×73.9×16.8 釐米　誌蓋 73.6×74×13 釐米
蓋芯篆書"大周故冠/軍大將軍/歸義可汗/阿史那志"
天授三年(692)一月三十日
2000 年 6 月隋唐東都城定鼎門遺址西南平原出土
圖版承學友趙振華先生以照片複印本相贈

85.大周故趙君(門)墓誌銘並序

34.5×35 釐米　成均進士外甥張唐□撰並書
延載二年(694)正月五日
2003年8月龍門西山北原出土

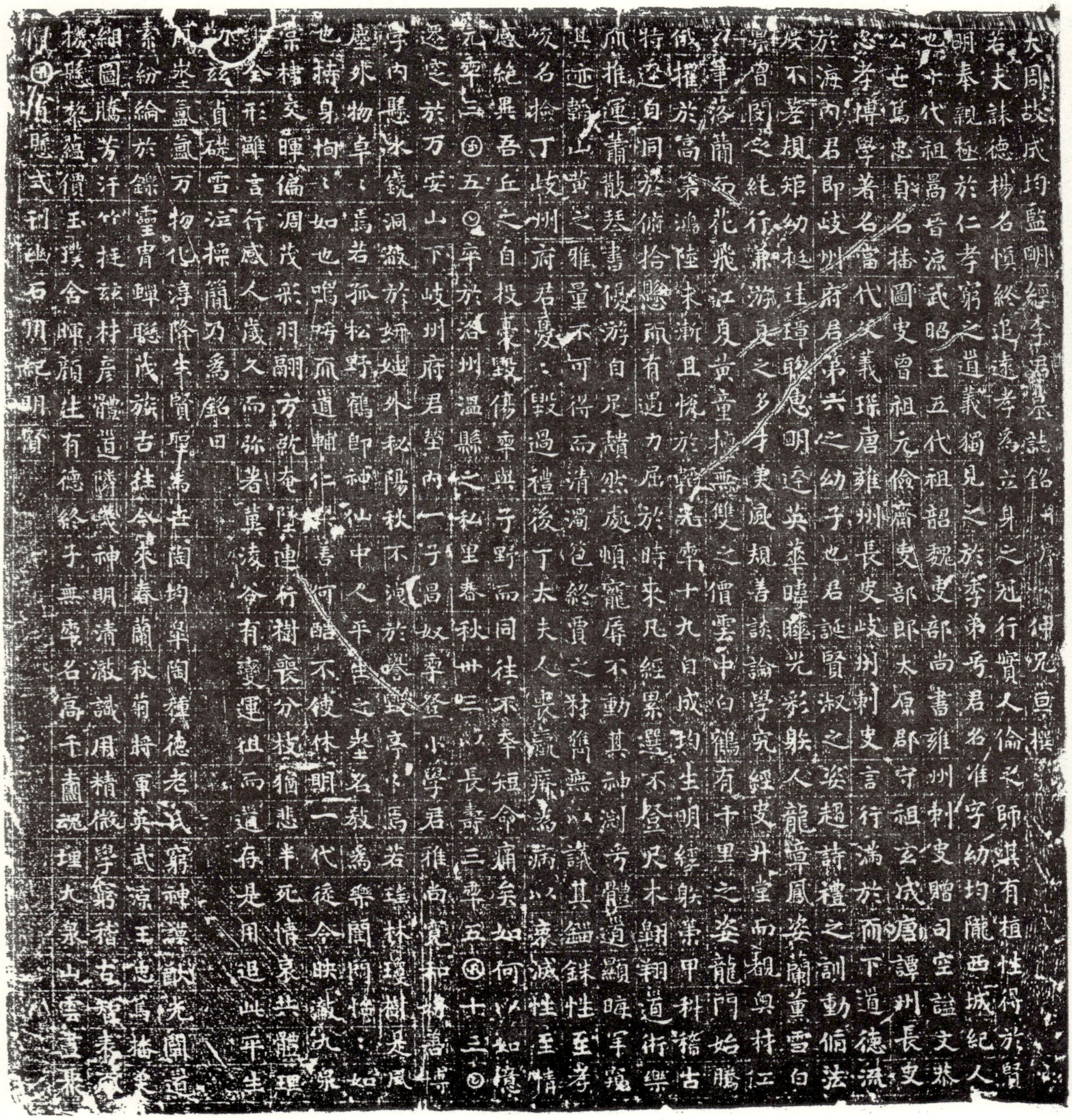

86.大周故成均監明經李君(準)墓誌銘並序

誌石 54×54×12 釐米
長壽三年(694)五月十三日
誌主十代祖嵩,《魏書》卷三九《李寶傳》附見
1988 年 2 月 4 日龍門東山南麓許營村出土
參見《新獲》,頁 33

87.大周處士故夏州長史梁公(玉)之誌銘並序

38×39×10.5 釐米　誌蓋拓本 52.5×52.5 釐米
蓋芯篆書"大周故/良君墓/誌之銘"
證聖元年(695)三月八日
2004 年 8 月龍門東山南麓出土

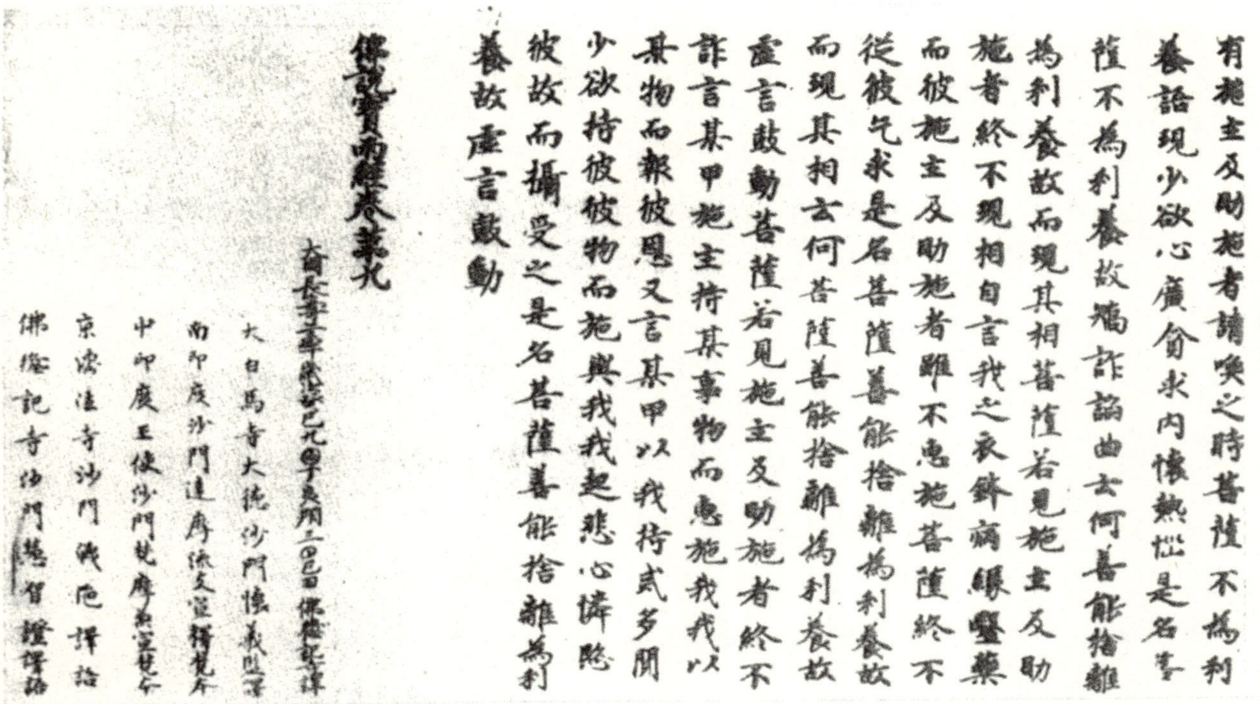
有施主及助施者請喚之時菩薩不爲利
養語現少欲心廣貪求內懷熱惱是名菩
薩不爲利養故矯詐諂曲云何菩薩能捨離
爲利養故而現其相菩薩若見施主及助
施者終不現相自言我之衣鉢瓶繖醫藥
而彼施主及助施者雖不惠施菩薩終不
從彼乞求是名菩薩善能捨離爲利養故
而現其相云何菩薩善能捨離爲利養故
虛言鼓動菩薩若見施主及助施者終不
詐言某甲施主持某事物而惠施我我以
某物而報彼恩又言某甲以我持戒多聞
少欲持彼彼物而施與我我起悲心憐愍
彼故而攝受之是名菩薩善能捨離爲利
養故虛言鼓動

佛說寶雨經卷第九

大周長壽二年歲次癸巳九月丁亥朔三日己丑佛授記寺譯
大白馬寺大德沙門懷義監譯
南印度沙門達摩流支宣釋梵本
中印度王使沙門梵摩兼宣梵本
京濟法寺沙門戰陀譯語
佛授記寺沙門慧智證譯語

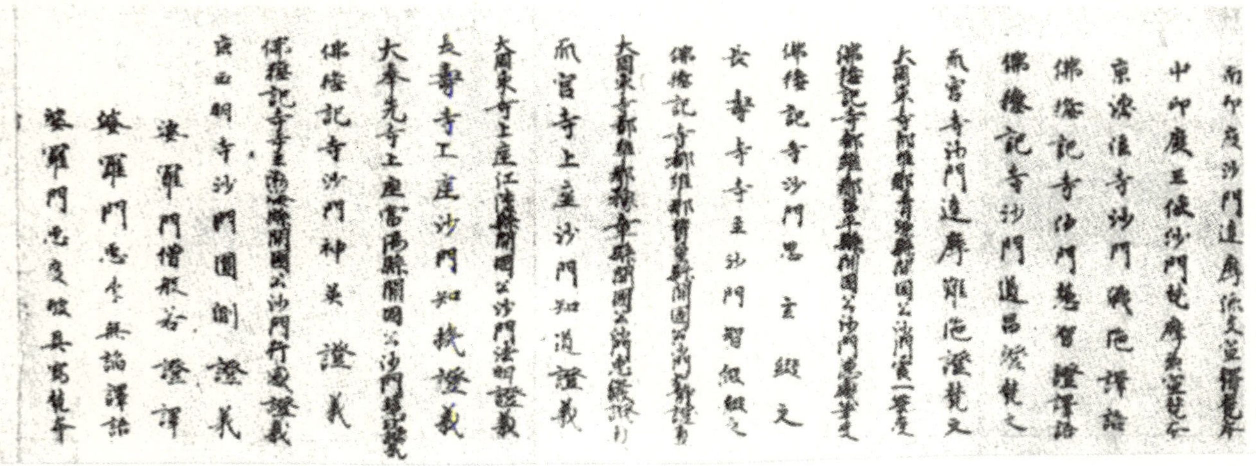
南印度沙門達摩流支宣釋梵本
中印度王使沙門梵摩兼宣梵本
京濟法寺沙門戰陀譯語
佛授記寺沙門慧智證譯語
佛授記寺沙門道昌證梵文
罽賓寺沙門達摩難陀證梵文
大周東寺[illegible]
佛授記寺[illegible]
佛授記寺沙門思玄綴文
長壽寺主沙門智叡綴文
佛授記寺[illegible]
大周東寺[illegible]
罽賓寺上座沙門知道證義
大周東寺上座江[illegible]沙門法明證義
長壽寺上座沙門知機證義
大奉先寺上座當陽縣開國公沙門慧稜證義
佛授記寺沙門神英證義
佛授記寺主[illegible]沙門行感證義
京西明寺沙門圓測證義
婆羅門僧般若證譯
婆羅門臣李無諂譯語
婆羅門臣度破具寫梵本

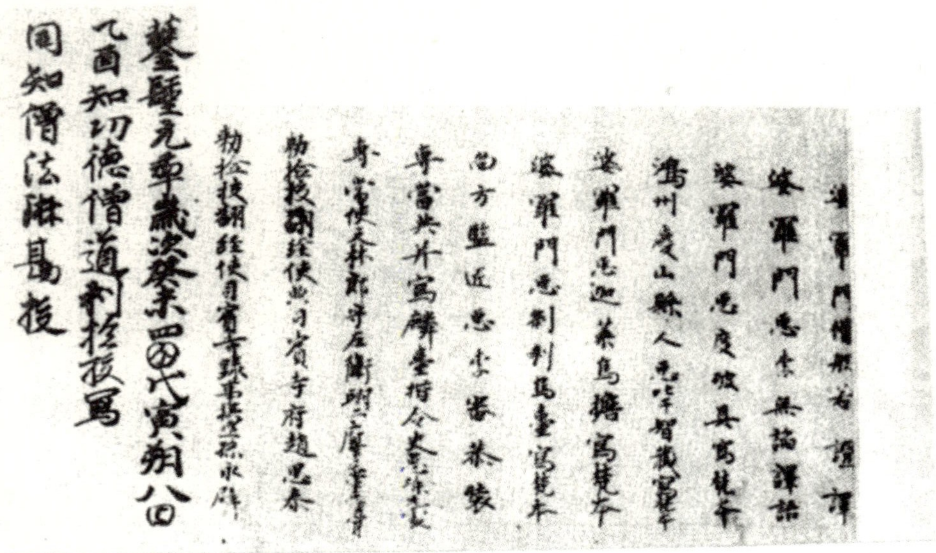
婆羅門僧般若證譯
婆羅門臣李無諂譯語
婆羅門臣度破具寫梵本
鴻州慶山縣人臣叱干智藏寫梵本
婆羅門臣迦葉烏擔寫梵本
婆羅門臣剌利烏臺寫梵本
尚方監匠臣李審恭裝
專當典并寫麟臺楷書令史臣徐元處
專當使文林郎守左衛翊二府兵曹參軍事臣
勅檢校翻經使司賓寺府趙思泰
勅檢校翻經使司賓寺丞孫承辟

證聖元年歲次乙未四月戊寅朔八日
乙酉知功德僧道利檢校寫
同知僧法琳勘授

88.《佛說寶雨經》卷九

敦煌遺書 S.2278

證聖元年(695)四月八日寫進

轉引自黃永武編《敦煌寶藏》，第 18 卷，頁 11、12、13。新文豐出版公司，臺北，1981 年 12 月版

89.大周故封府君(抱)墓誌銘並序

43×43 釐米
天冊萬歲元年(695)十月廿八日
參見《北圖》·唐·第十八册,頁70

90.大周故河州刺史冉府君長子(祖求)墓誌

58.5×58.5 釐米　弟祖雍文
天冊萬歲元年(695)正月廿八日
參見《輯繩》,頁 392

91.大周潁川許乾□修業夫人故東海徐氏龍門山石龕像碑銘並序

105.7×60 釐米　其文徐乾自作
萬歲通天元年(696)□月十一日
題記刊於龍門石窟西山老龍窩上崖

92.大周朝散大夫行梓州司戶盧公龍門山石像贊並序

50×40 釐米
萬歲通天□年(696–697)六月二十一日
題記刊於龍門石窟西山極南洞一帶

大周前承務郎行趙州贊皇縣主簿劉含章故李夫
人墓誌銘并序
夫人諱五娘字玉京仙隴西成紀人也家風茂實可
略而言焉曾祖纂隨蒲州虞鄉縣丞祖信隨并州清
源縣令贊洪雷狀讓邑荏聚宿於潛丘解褐唐雲遂
家于河南爲洛陽人也父承嗣唐施州清江縣主簿
畀秩自安及親而仕退官寧侍色養于家夫人即公
之第五女也令姿婉順淑德貞柔孝敬自而聰惠年
性至若紃組丹青之妙絲桐琴弈之伎娛賓投壺之
禮持坐擬雪之能莫不衆義畢歸獨妙斯舉年逾二
八作嬪君子禮終納采適于弘農劉氏敬盡如賓德
齊舉案奉先以孝執下以柔親族嘉其禮容賓爲閨
房之秀何圖降齡不永春秋廿有三誕女棣萃以萬
歲通天二年六月八日終於永昌縣伊水鄉私第嗚
呼親賓掩泣鄰春輟相良人抱恨哭鸞鏡之空懸芳
魂上月對鴛衾而歎息即以其年是月廿一日遷窆
於邙山禮也日改月化谷徙陵遷勉之翠琰乃爲銘
曰
窈窕淑女威儀不忒婦容母訓三從四德柔順斯在
貞孟安則攏秋無光松寒起色千年萬歲佳城何

93.大周前承務郎行趙州贊皇縣主簿劉含章故李夫人墓誌銘並序

35×35 釐米
萬歲通天二年(697)六月二十一日
參見《北圖》·唐·第十八冊，頁 108

94.周故承議郎行洛州永昌縣丞清河崔君(釋)墓誌銘並序

58×58 釐米
聖曆元年(698)二月十一日
2006 年夏龍門東山南麓出土

95.大周故海州懷仁縣丞董府君(弘)墓誌銘並序

44.8×44.5×8.2 釐米　誌蓋 44.5×43.5 釐米
蓋芯篆書"大唐故/董府君/墓誌銘"
聖曆二年(699)二月十七日
1990 年龍門東山北麓出土
參見《新獲》,頁 42;《彙編》·洛陽卷·第七冊,頁 143

96.大周故朝議大夫行汴州司馬上柱國崔府君(無固)墓誌銘並序

62×64.5×12 釐米
聖曆三年(700)三月五日
1996 年冬龍門東山南麓出土。

97.唐故資州司倉參軍李君(節)墓誌銘並序

55×56×9 釐米
久視元年(700)十一月八日
1997 年冬龍門西山張溝村出土。

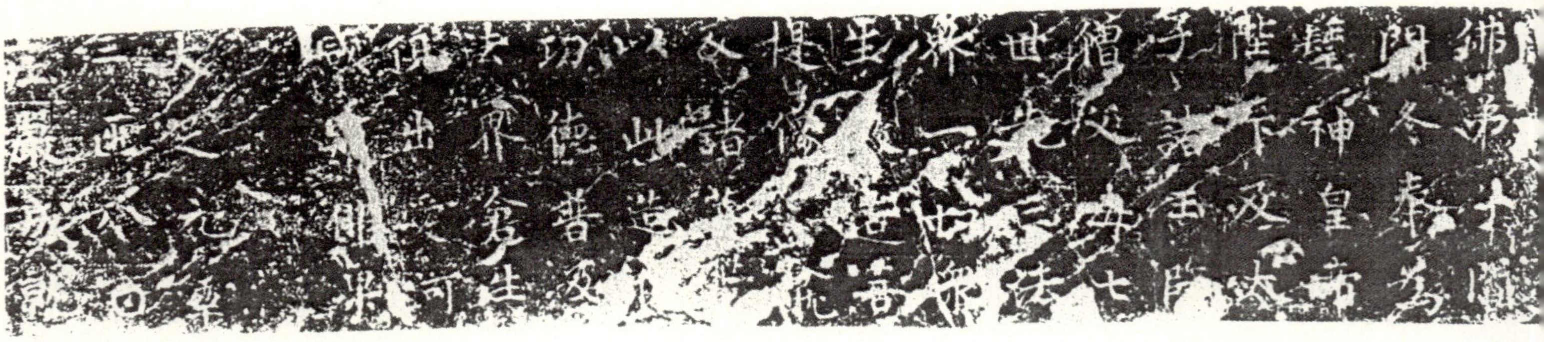

98.闇門冬造像記

11×50 釐米
大足元年(701)三月八日

99.大周故陪戎副尉隴西李府君(文楷)墓誌銘並序

46×46×11 釐米　誌蓋 48×48 釐米
蓋芯篆書"大唐故/李君墓/志之銘"
大足元年(701)五月二十四日
2007 年 1 月龍門西山北麓出土

100.康法藏祖墳記

拓本長 37.5 釐米，上寬 28.5 釐米，下寬 42 釐米
長安元年(701)十一月廿九日
此墳記刊於後見安思泰浮圖銘同石之背側，20 世紀 70 年代出土於龍門。

101.唐故□□□□□□李府君(義琳)神道銘並序

75×73.5×17 釐米　明經天官常選□孫瓊書,□□大夫上柱國守鳳閣舍人檢校天官侍郎博陵崔玄暐製文,鐫字人尚方監□司陳懷義
長安二年(702)五月六日
製文者崔玄暐,兩《唐書》有傳
1976 年 3 月龍門西山南麓平原柏樹溝村出土,石存伊川縣文管會
參見《新獲》,頁 46;《彙編》·洛陽卷·第七册,頁 205

102.大周故古州思原縣令孫公夫人衛氏(華)墓誌銘並序

誌石 41×41×10 釐米
長安三年(703)四月十日
誌額 41.5×41.5×7 釐米　額芯篆書“大周故/衛夫人/墓誌銘”
2005 年 2 月上旬出土於龍門西山

103.有唐雍州咸陽縣丞杜君(榮觀)墓誌銘並序

89×89 釐米
長安三年(703)八月廿四日
2002 年 9 月龍門西山出土

104.安思泰供養諸佛銘記

拓本長 37.5 釐米，上寬 28.5 釐米，下寬 40 釐米
與次頁浮圖銘同刊一石，此爲浮圖正面

105.大周浮圖銘並序

拓本長 37.5 釐米，上寬 28.5 釐米，下寬 37.5 釐米
長安三年（703）九月廿日
此爲浮圖右側面

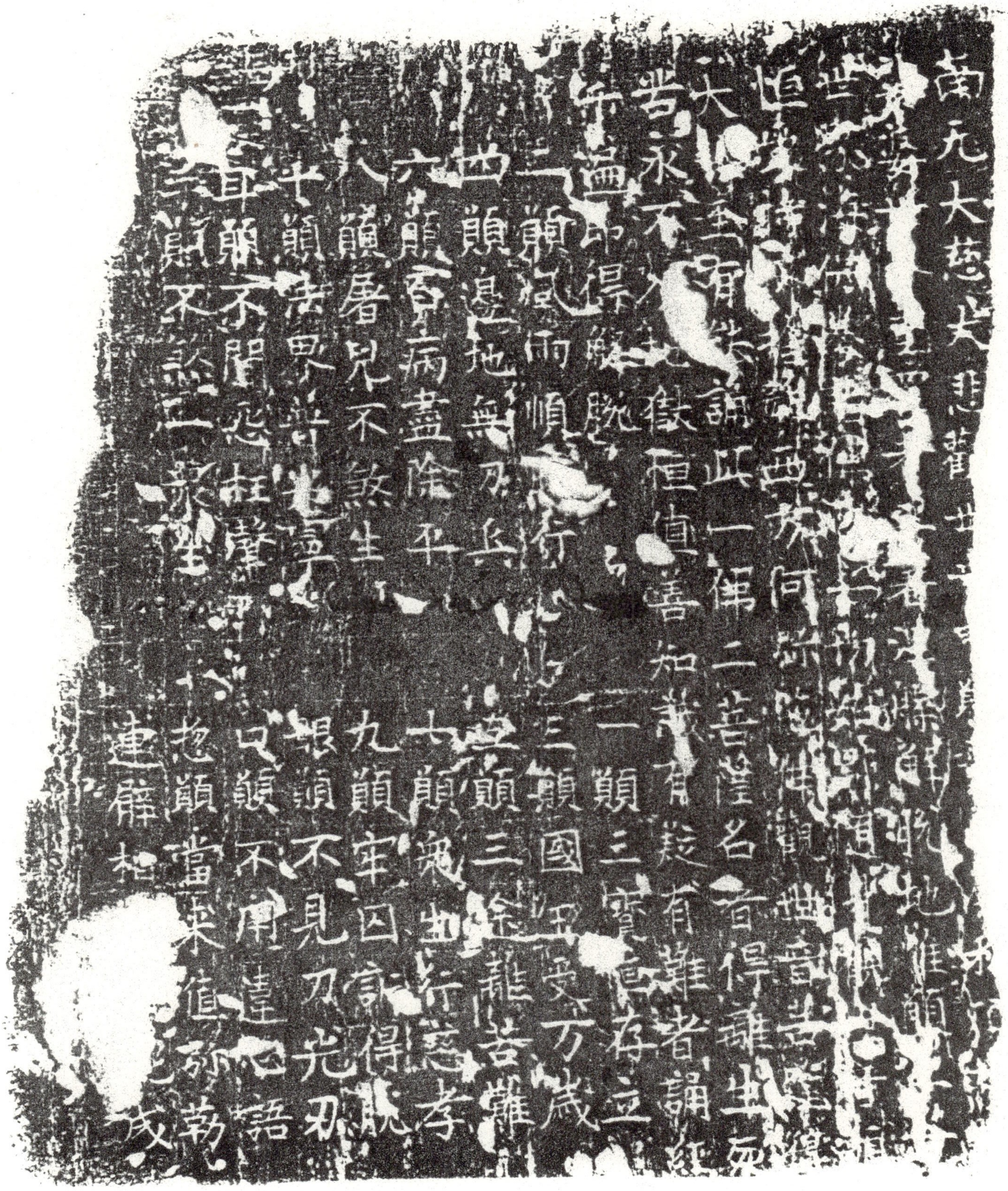

106.《南無大慈大悲觀世音菩薩□□□□頂經》

拓本長 37.5 釐米，上寬 29 釐米，下寬 37 釐米
與前頁圖同刊一石，此爲浮圖左側面
此方形石塔 20 世紀 70 年代出土於龍門，今石存龍門石窟研究院

107.大周故左羽林衛將軍上柱國定陽郡開國公右北平陽君(玄基)墓誌銘並序

76.5×77×16.5 釐米
長安三年(703)十月廿六日
1994 年秋龍門東山南麓出土。

108.大周潤州刺史王美暢夫人長孫氏墓誌銘並序

59×59 釐米　誌蓋蓋芯楷書"大周故潤州/刺史王美暢/夫人故長孫/氏墓誌"，拓本 38×38 釐米
長安三年(703)□月□日安厝於龍門巖窟
參見《北圖》·唐·第十九冊，頁 93

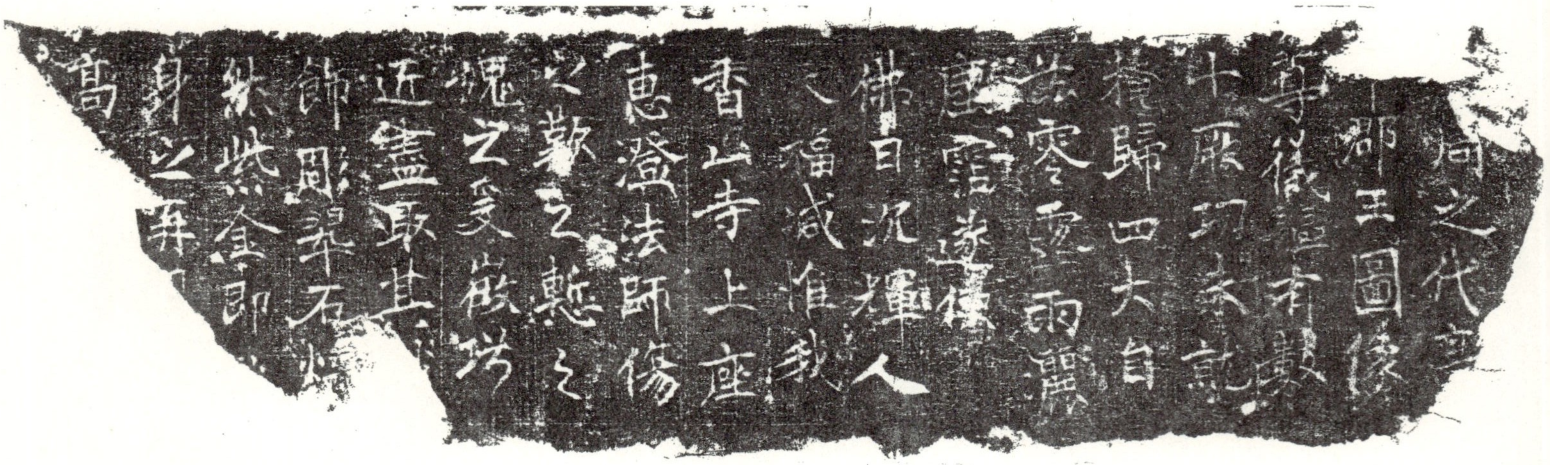

109.香山寺上座惠澄造像記

拓本 9.5×35 釐米
武周時代
此佛座石刻，存龍門石窟東山萬佛溝北崖高平郡王洞內

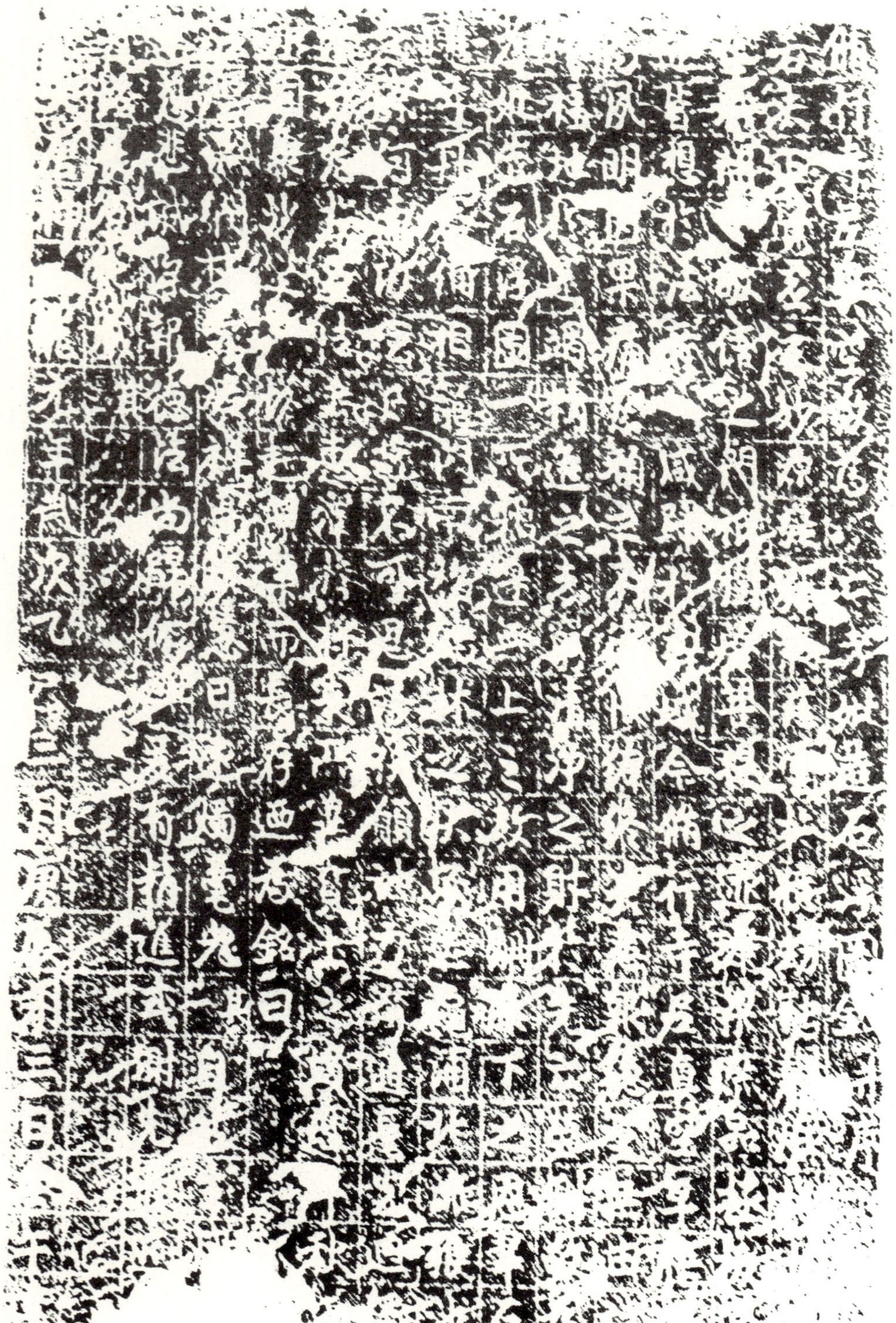

110.修行寺尼真空敬爲亡考妣造石浮圖銘並序

48×32 釐米
神龍元年(705)三月三日
參見《北圖》·唐·第二十冊，頁 4
錄文存《八瓊室金石補正》卷四九

111.隴西郡君獨孤夫人墓誌銘

42×43 釐米
神龍元年(705)十一月九日
龍門北原出土
參見《輯繩》,頁 431

112.大唐故房州刺史潘府君(翔)墓誌銘並序

46.5×47 釐米
神龍二年(706)七月二十日
2004 年 8 月龍門西山出土

113.大唐故洛陽縣令鄭君夫人成紀縣君李氏(尙)墓誌並序

39.5×39×8.5 釐米
神龍二年(706)十月三日
1997 年秋龍門西山北麓花園村出土。

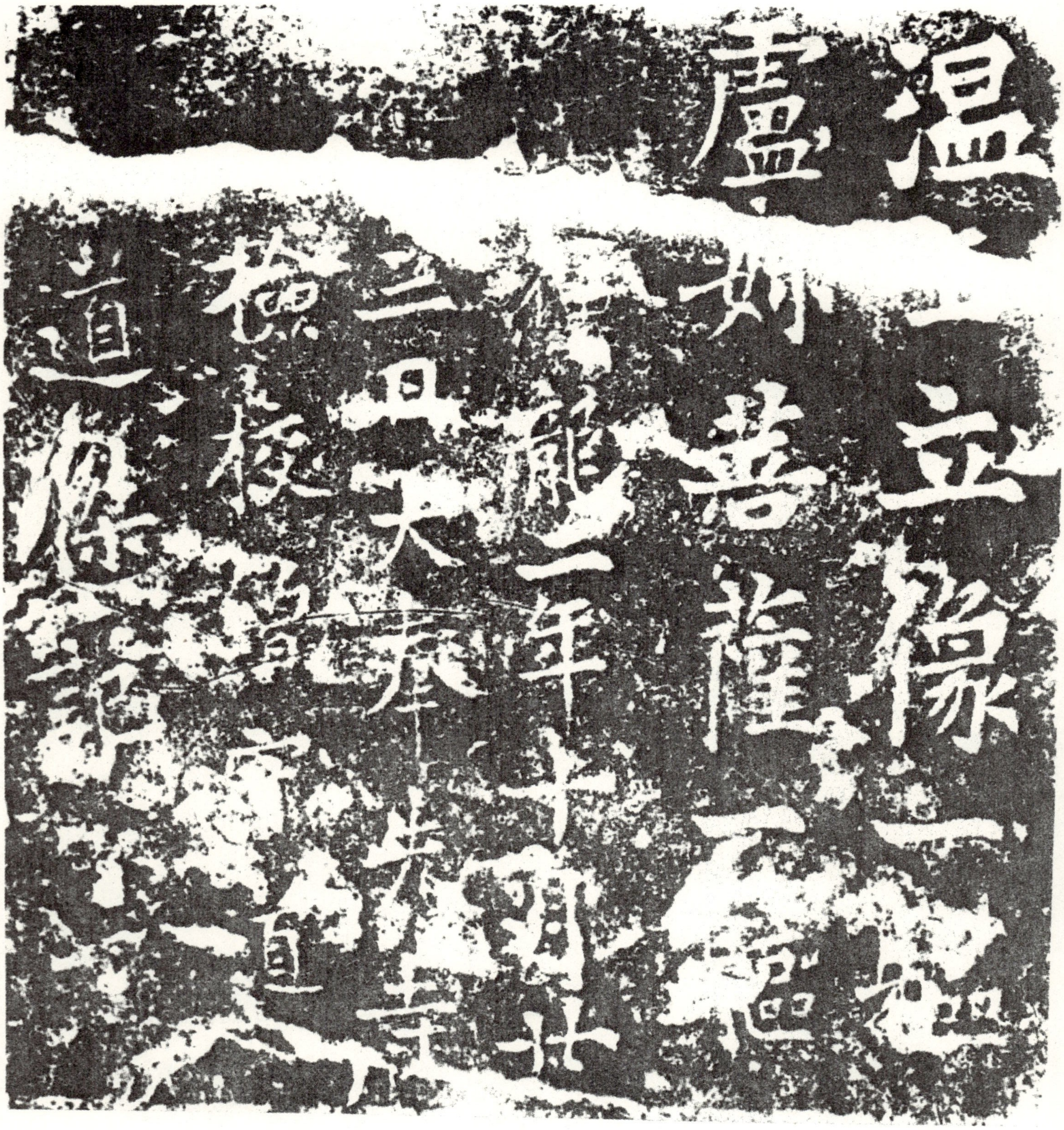

114.大奉先寺檢校僧宗道、道傑造像記

33×30 釐米

神龍二年(706)十月二十三日

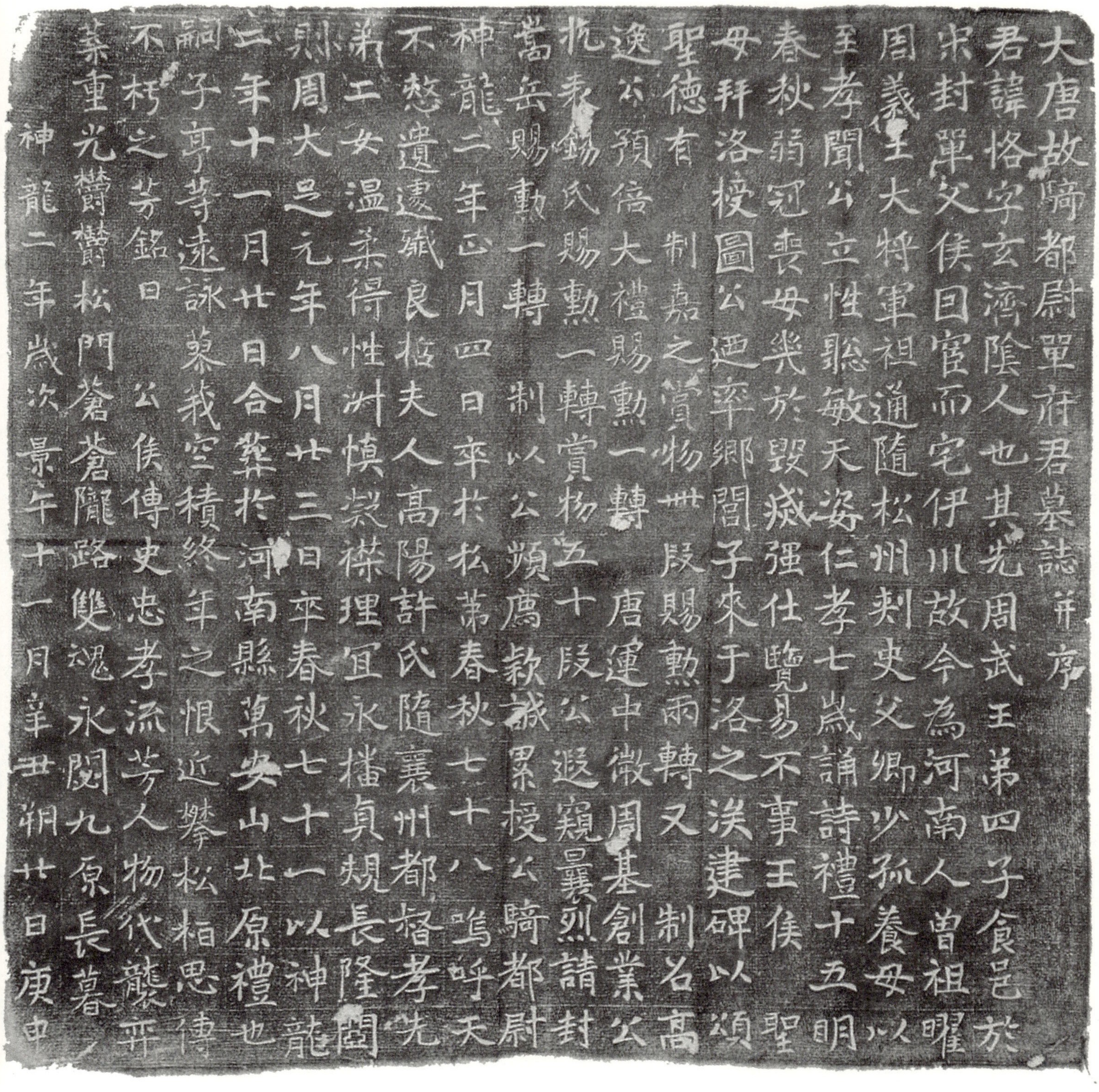
大唐故騎都尉單府君墓誌并序
君諱恪字玄濟陰人也其先周武王第四子食邑於
宋封單父侯因官而宅伊川故今為河南人曾祖曜
周義王大將軍祖通隨松州刺史父鄉少孤養母以
至孝聞公立性聰敏天姿仁孝七歲誦詩禮十五明
春秋弱冠喪母哭於毀滅强仕覽易不事王侯聖
母拜洛授圖公廼率鄉閭子來于洛之涘建碑以頌
聖德有制嘉之賞物卅段賜勲兩轉又制名高
逸公預倍大禮賜勲一轉唐運中徽周基創業公
抗表鍚氏賜勲一轉賞物五十段公遐窺曩烈請封
嵩岳賜勲一轉制以公頻薦款誠累授公騎都尉
神龍二年正月四日卒於私第春秋七十八嗚呼天
不慭遺遽殲良哲夫人高陽許氏隨襄州都督孝先
弟二女温柔得性淑慎凝襟理宜永播貞規長隆閫
則周大足元年八月廿三日卒春秋七十一以神龍
二年十一月廿日合葬於河南縣萬安山北原禮也
嗣子亭等遠詠蓼莪空積終年之恨近攀松栢思傳
不朽之芳銘曰 公侯傳史忠孝流芳人物代襲丹
素重光贊贊松門蒼蒼隴路雙魂永閟九原長暮
神龍二年歲次景午十一月辛丑朔廿日庚申

115.大唐故騎都尉單府君(恪)墓誌並序

38×37.3 釐米
神龍二年(706)十一月二十日
2006 年春龍門東山北麓出土

116.大唐故朝議郎行洺州邯鄲縣令上輕車都尉盧府君(正勤)墓誌並序

53.5×53.5×13 釐米
景龍二年(708)正月十二日
1997 年 2 月龍門東山南麓出土。

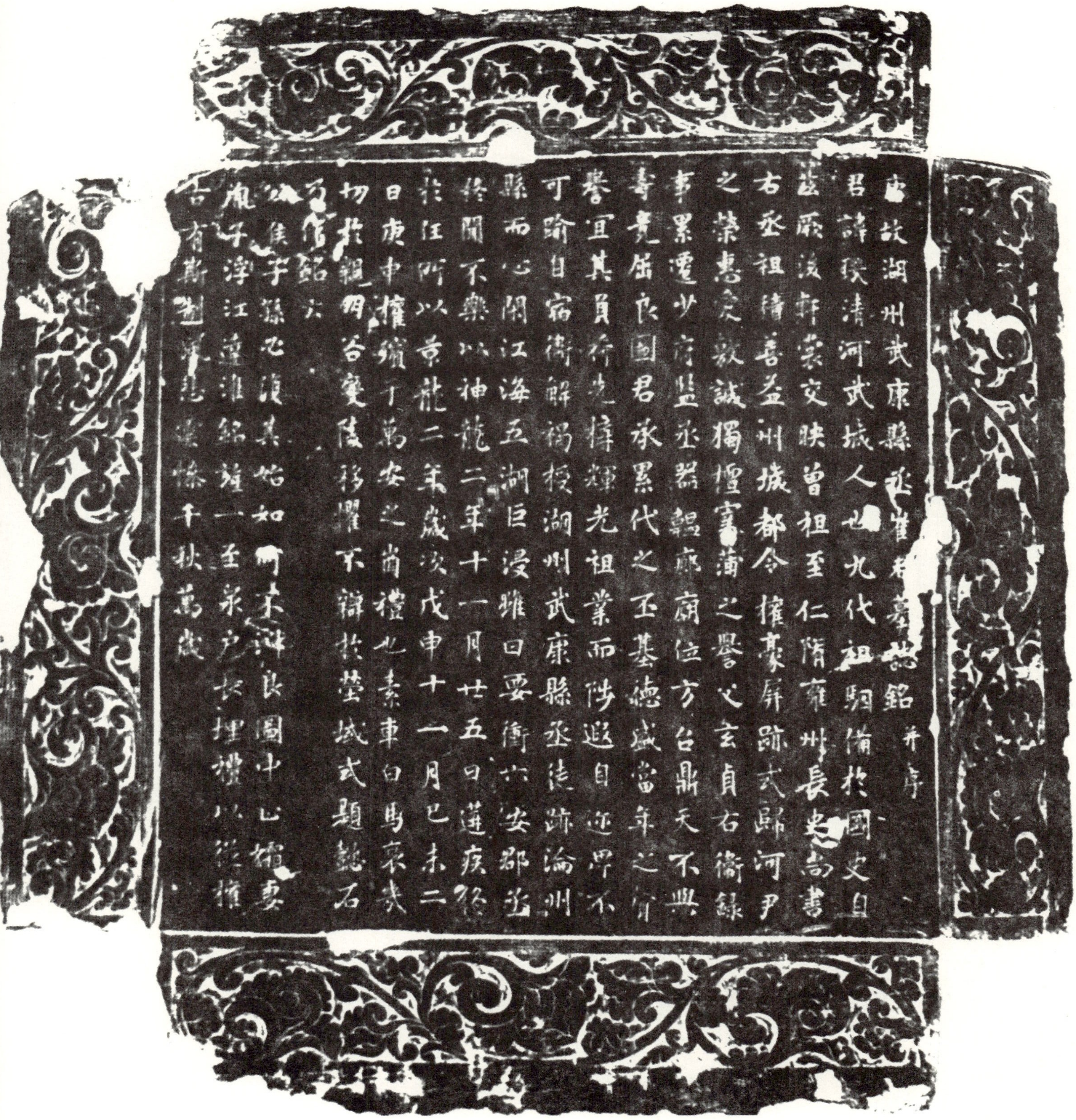
唐故湖州武康縣丞崔君墓誌銘并序
君諱璣清河武城人也九代祖駟備於國史自
茲厥後軒裳交映曾祖至仁隋雍州長史尚書
右丞祖積善益州城都令權豪屏跡式歸河尹
之榮惠愛敦誠獨擅富蒲之譽父玄貞右衛録
事累遷少府監丞器韞瑚璉位方台鼎天不與
壽竟屈良圖君承累代之丕基德盛當年之令
譽宜其負荷光揚輝光祖業而陟遐自邇畀不
可踰自宿衛解褐授湖州武康縣丞徒跡淪州
縣而心閑江海五湖巨浸雖曰要衝六安郡丞
終聞不樂以神龍二年十一月廿五日遘疾終
於任所以景龍二年歲次戊申十一月己未二
日庚申權殯于萬安之崗禮也素車白馬哀哉
切於親朋谷變陵移躍不辯於塋域式題懿石
可傳銘云
[illegible]集宇縣亡復其始如何未[illegible]良圖中止孀妻
孤子浮江達淮銘旌一至泉戶長埋禮以從權
古有斯制[illegible]悲[illegible]條千秋萬歲

117.唐故湖州武康縣丞崔君(璣)墓誌銘並序

36×36×8.5 釐米；
景龍二年(708)十一月二日
1994 年秋龍門東山南麓出土。

118.大唐故洺州邯鄲縣令范陽盧正勤夫人隴西李氏墓誌銘並序

40×39.5×9.5 釐米

景龍三年(709)三月廿八日

1997 年 2 月龍門東山南麓出土。

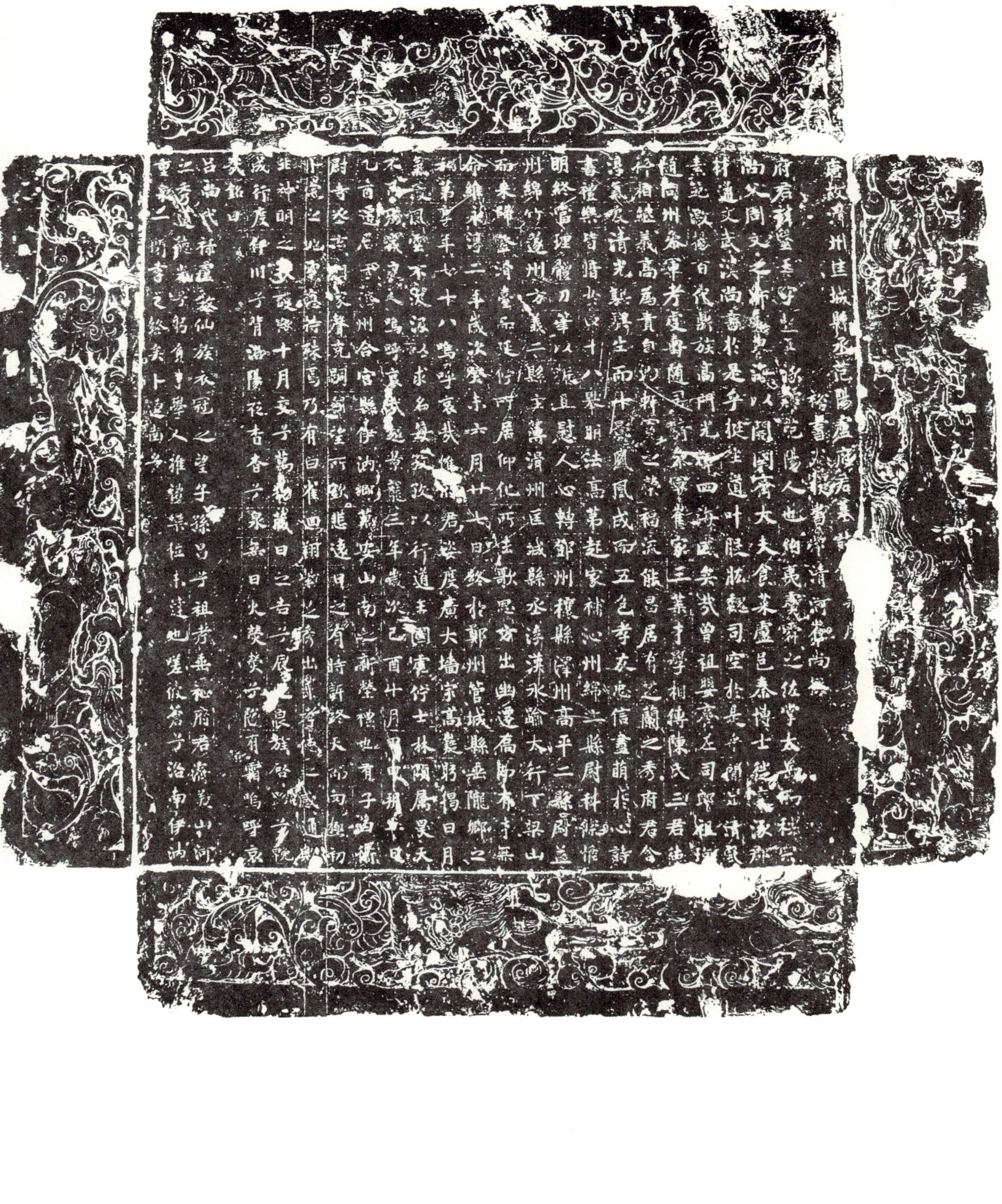

119.唐故滑州匡城縣丞范陽盧府君(𧯺王)墓誌銘並序

70×70×14.6 釐米
景龍三年(709)十月五日
1998 年 2 月龍門東山南麓出土。

120.唐故陸胡州大首領安君(菩薩)墓誌

43×43.5 釐米　誌蓋 43.5×43.5 釐米
蓋芯楷書“大唐定/遠將軍/安君誌”
景龍三年(709)十月二十六日
1981 年龍門東山北麓出土
參見《輯繩》，頁 444

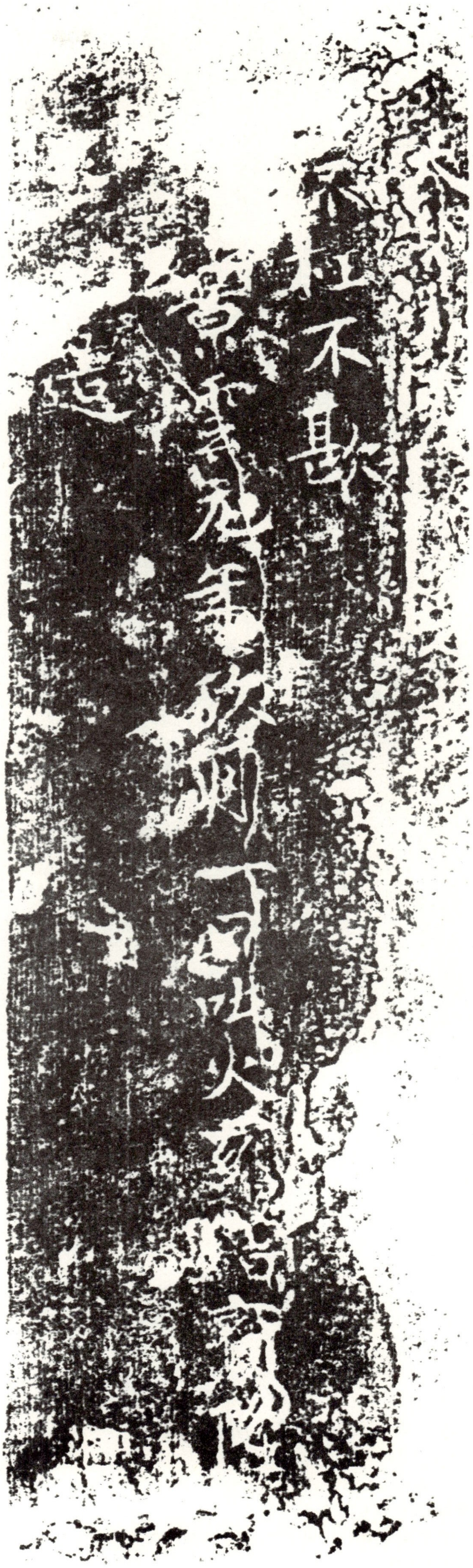

121.吐火羅僧寶隆造像記

28×11 釐米
景雲元年(710)九月一日
造像龕及題記位於龍門石窟東山看經寺上方。

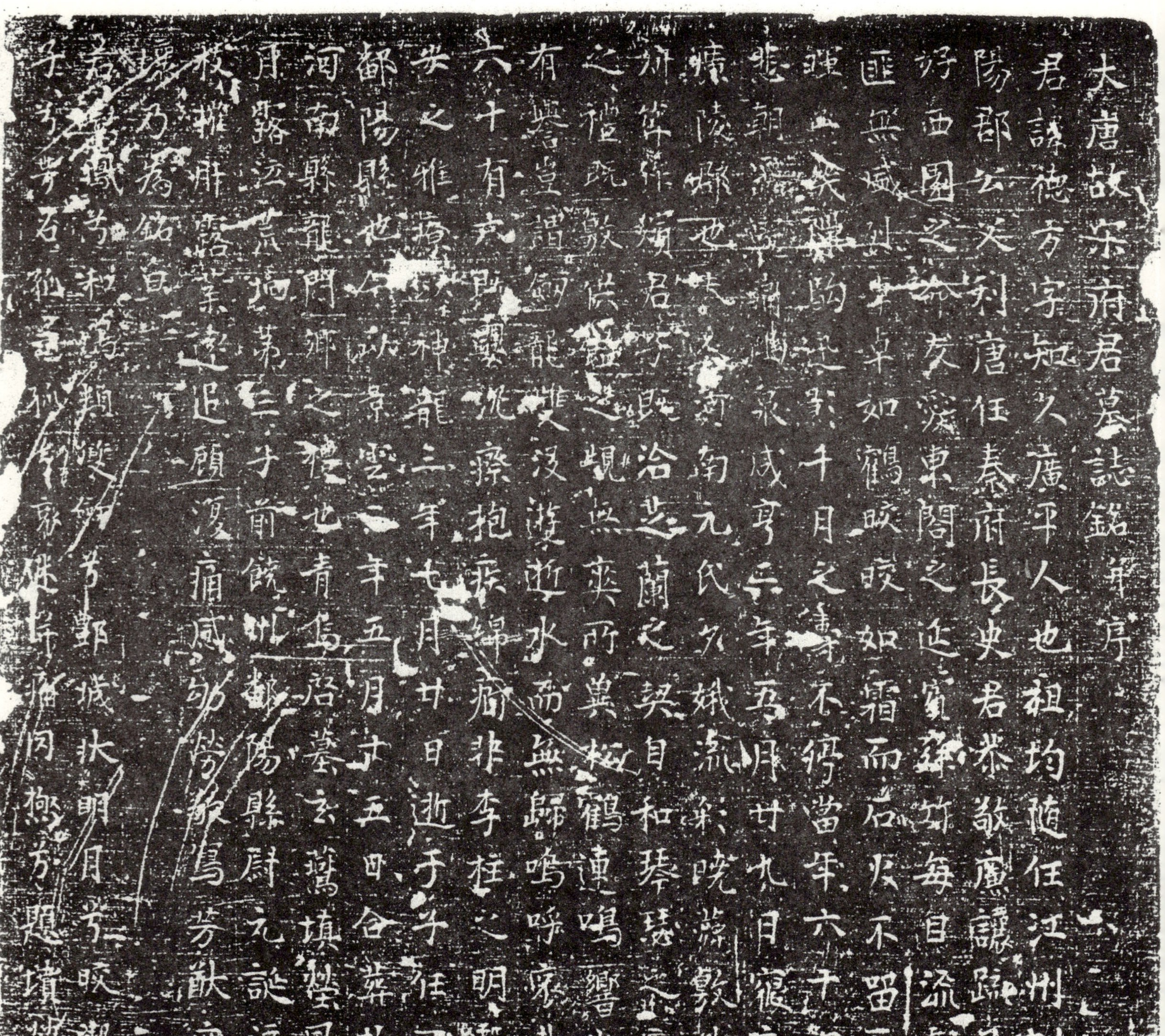

122.大唐故宋府君(德方)墓誌銘並序

誌石 45×45×12.5 釐米
景雲二年(711)五月十五日
1989 年前後龍門西山出土,石存洛陽文物商店
參見《新獲》,頁 50

123.大唐故懷州獲嘉縣令房府君李夫人(靜容)
墓誌銘並序

60.5×60.5×13 釐米
景雲二年(711)十月八日
據云 1994 年 5 月龍門東山南麓許營村北原出土。

124.大唐故鎮軍大將軍行右羽林軍大將軍上柱國遼陽郡王食恒州實封八百五十戶封王(李多祚)墓誌銘

誌石 75×75×15 釐米　誌蓋 75×75×16 釐米
蓋芯篆書"大唐故/遼陽郡/王李公/墓誌銘"
先天二年(713)九月二十四日
誌主李多祚,《舊唐書》卷一〇九、《新唐書》卷一一有傳
1991 年秋龍門西山南麓郭寨村東地出土,石存龍門石窟研究院。
參見張乃翥、張成渝撰《洛陽龍門山新出土的唐李多祚墓誌》,《考古》1999 年第 12 期,頁 91–93。

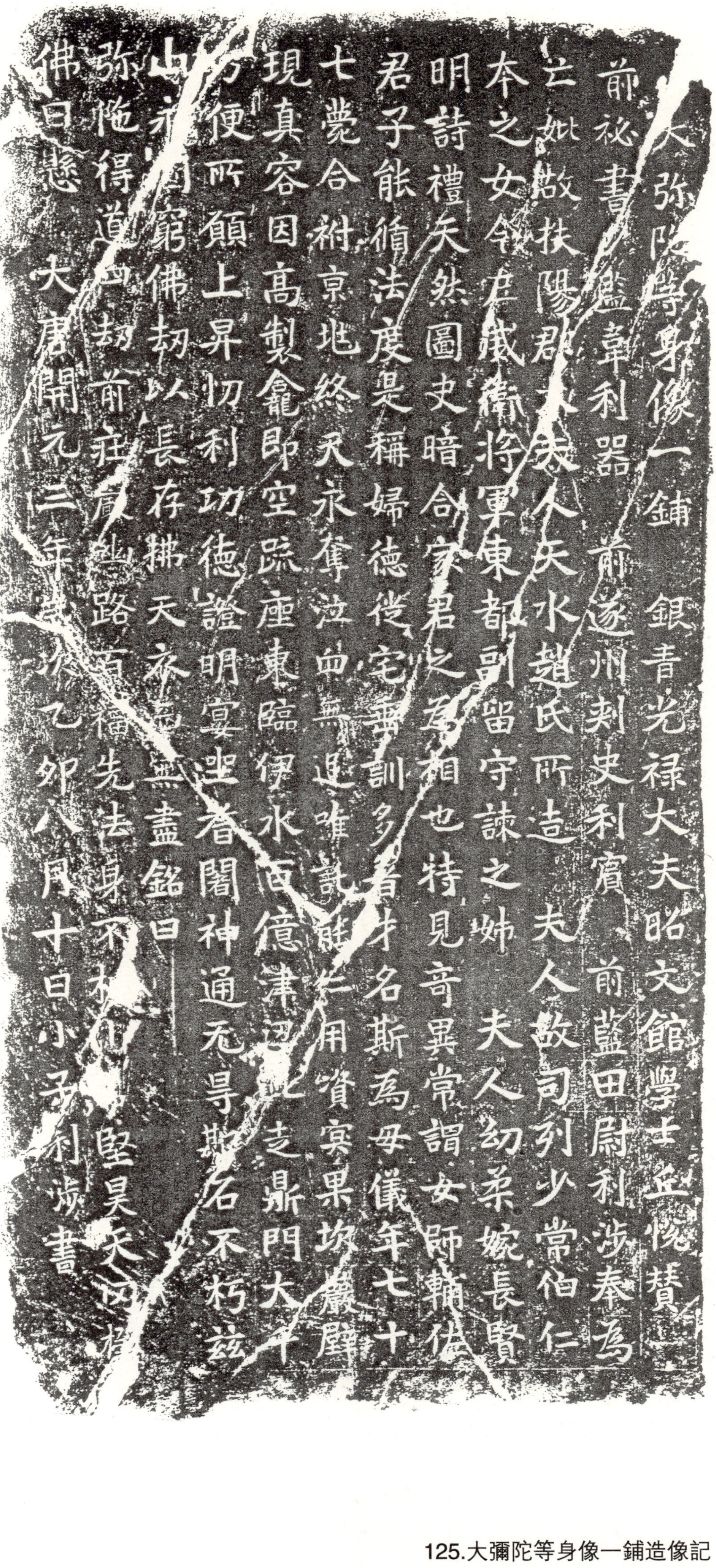

125.大彌陀等身像一鋪造像記

93×47 釐米　銀青光祿大夫昭文館學士丘悅贊，小子利涉書
開元三年(715)八月十日

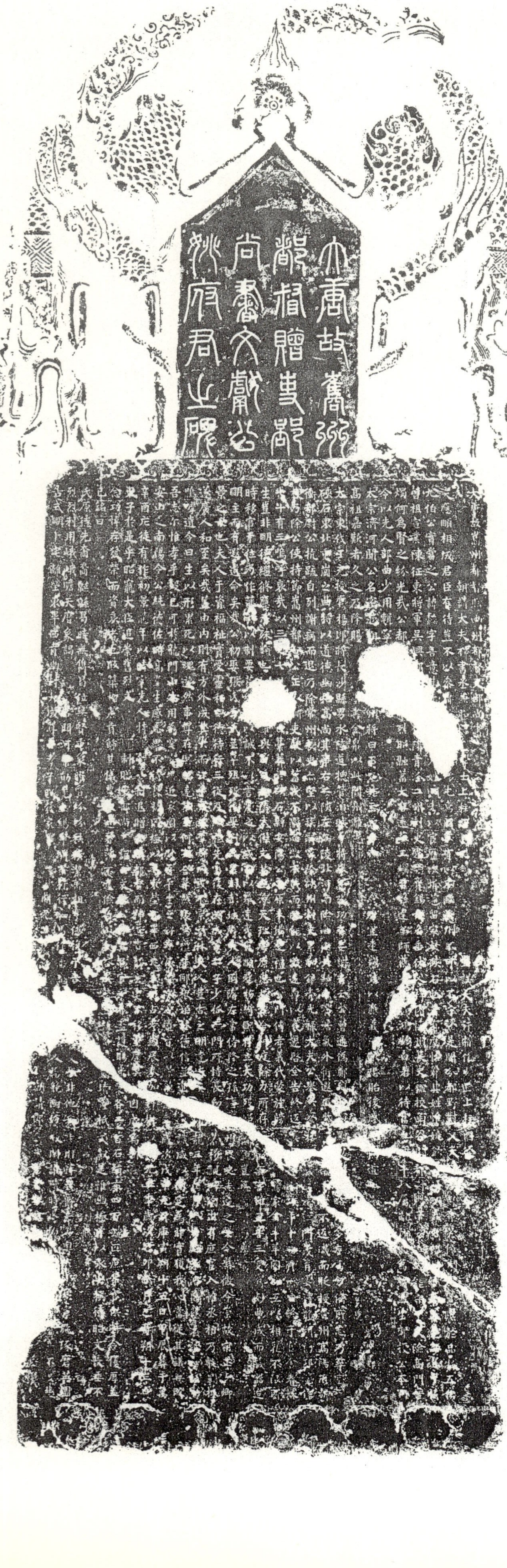

126.大唐故嶲州都督贈吏部尚書文獻公姚府君(懿)之碑

290×100×35 釐米　朝請大夫□書丞兼□□□□□士上柱國胡皓撰,□議大夫行製作少匠上柱國徐嶠之書

開元三年(715)十月十三日

參見《北圖》·唐·第二十一冊,頁 43

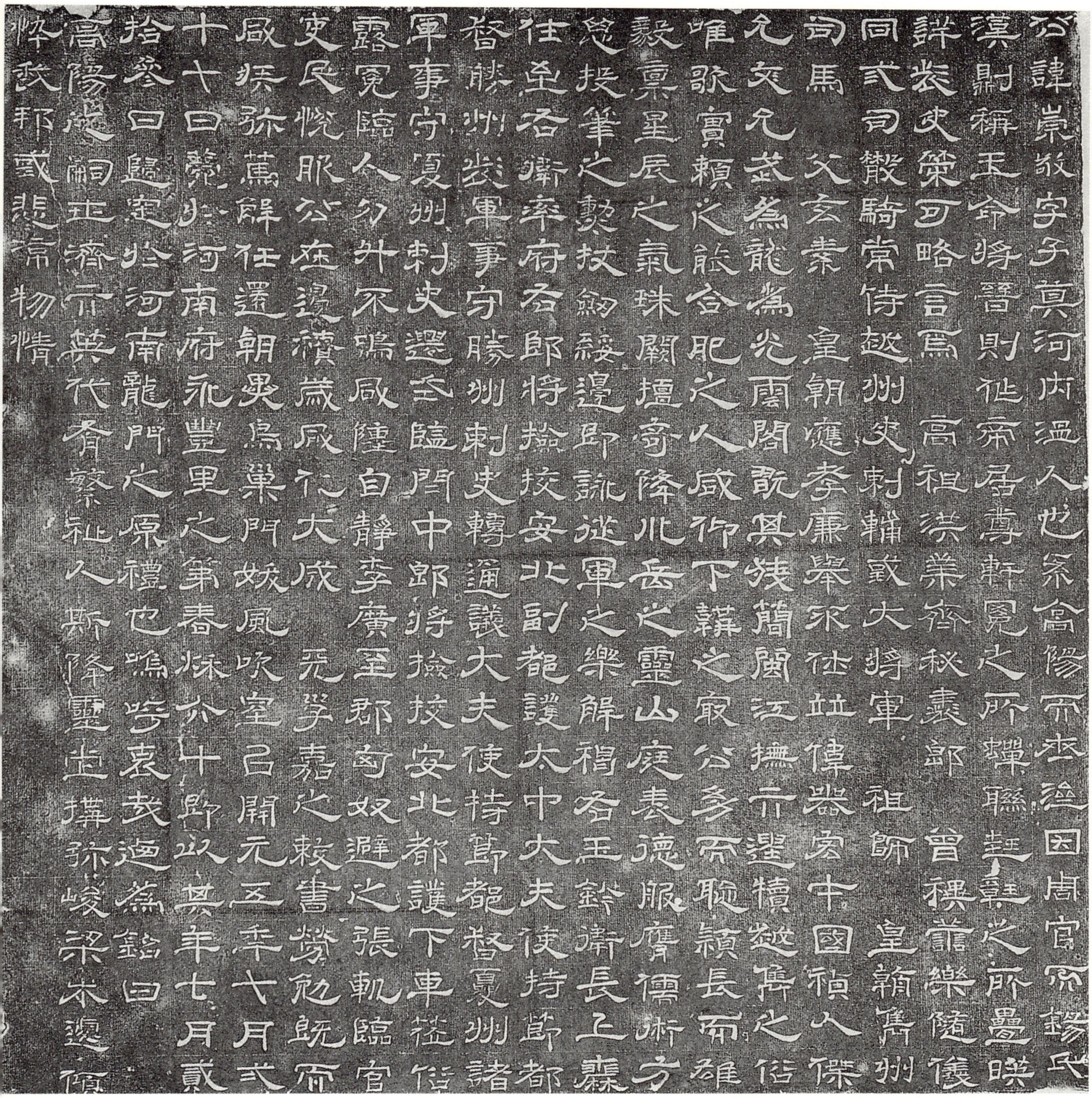

公諱崇敬字子莫河內溫人也系高陽帝[illegible]後因周官而錫氏
漢尉稱王命將晉則征帝居尊軒冕之所蟬聯軒之所疊暎
詳載史策可略言焉高祖洪業齊秘書郎曾祖龍樂隨儀
同式司散騎常侍越州史刺輔國大將軍祖師皇朝雋州
司馬 父玄素皇朝應孝廉舉不仕並偉器宏中國禎人傑
允文允茲為龍為光兩閣歎其殘簡闈江撫亦選續越雋之俗
唯歌實賴之能合肥之人咸御下轄之寂公多而馳績長而雄
毅稟星辰之氣珠闕壇奇降北岳之靈山庭表德服膺儒術方
思投筆之勢技綢綏邊郡詠從軍之樂解褐右王鈐衛長上轟
往逆右衛率府右郎將檢校安北副都護太中大夫使持節都
督勝州諸軍事守勝州刺史轉通議大夫使持節都督夏州諸
軍事守夏州刺史還除臨門中郎將檢校安北都護下車莅俗
露冕臨人勿外不鳴咸陸自靜李廣至郡匈奴避之張軌臨官
吏民悅服公在邊積歲風化大成 元學嘉之敕書勞勉既而
威振弥萬辭任還朝畏鳥巢門嫉風吹室已開元五季七月式
十七日薨於河南府永豐里之第春秋六十[illegible]以其年七月貳
拾叁日歸窆於河南龍門之原禮也嗚呼哀哉迺為銘曰
高陽後嗣王濟亦無代有繁祉人斯降靈生擇弥峻梁木遽頹
悴哉邦國悲涼物情

127.司馬崇敬墓誌

（據誌文擬題）

53×53 釐米
開元五年(717)一月二十一日
2003 年 2 月龍門西山南麓魏灣村北嶺出土

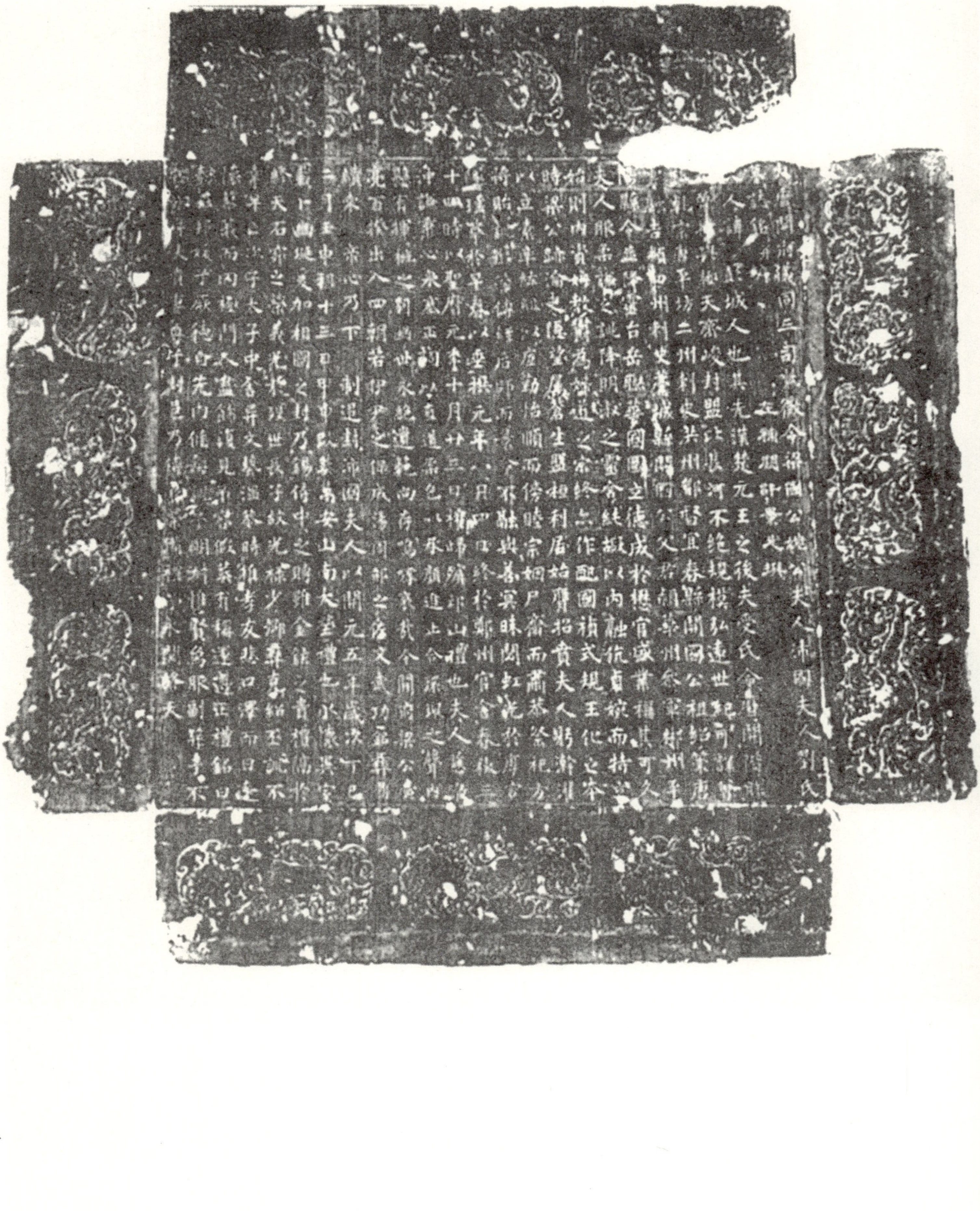

128.大唐開府儀同三司紫微令梁國公姚公夫人沛國夫人劉氏墓誌銘並序

誌石 74×73×17.5 釐米　左補闕許景先撰
開元五年(717)二月十三日改葬
1998 年 12 月出土於龍門東山南麓萬安山南原,石存洛陽市第二文物工作隊。
參見李獻奇等撰《唐姚崇夫人劉氏墓誌考述》,《河洛春秋》2003 年第 1 期,頁 47

129.大唐正議大夫光祿少卿虢縣開國子□□姚府君(彝)神道之碑並序

碑體拓本高 240 釐米,寬 105 釐米; 碑額拓本高 41 釐米,寬 42 釐米,篆書“大唐故光/祿少卿虢/縣開國子/姚公之碑”

朝議郎檢校秘書少監博陵崔沔撰,正議大夫……篆額,□□□□□夫行太子中舍人上柱國……徐嶠之書

開元五年(717)四月二十七日

參見《新獲》,頁 56;《北圖》·唐·第二十一冊,頁 72

碑石存龍門東山南麓萬安山南原

130.魏牧謙家像銘

110×62 釐米
開元五年(717)八月十五日

131.大唐故朝散大夫并州太原縣令裴府君(悌)墓誌銘並序

47×46×10.6 釐米
開元五年(717)十月十九日
1994 年 8 月龍門東山南麓出土。

132.大唐故燕府君(紹)墓誌銘

54×53 釐米
開元六年(718)五月三日
參見《北圖》·唐·第二十一冊，頁 86

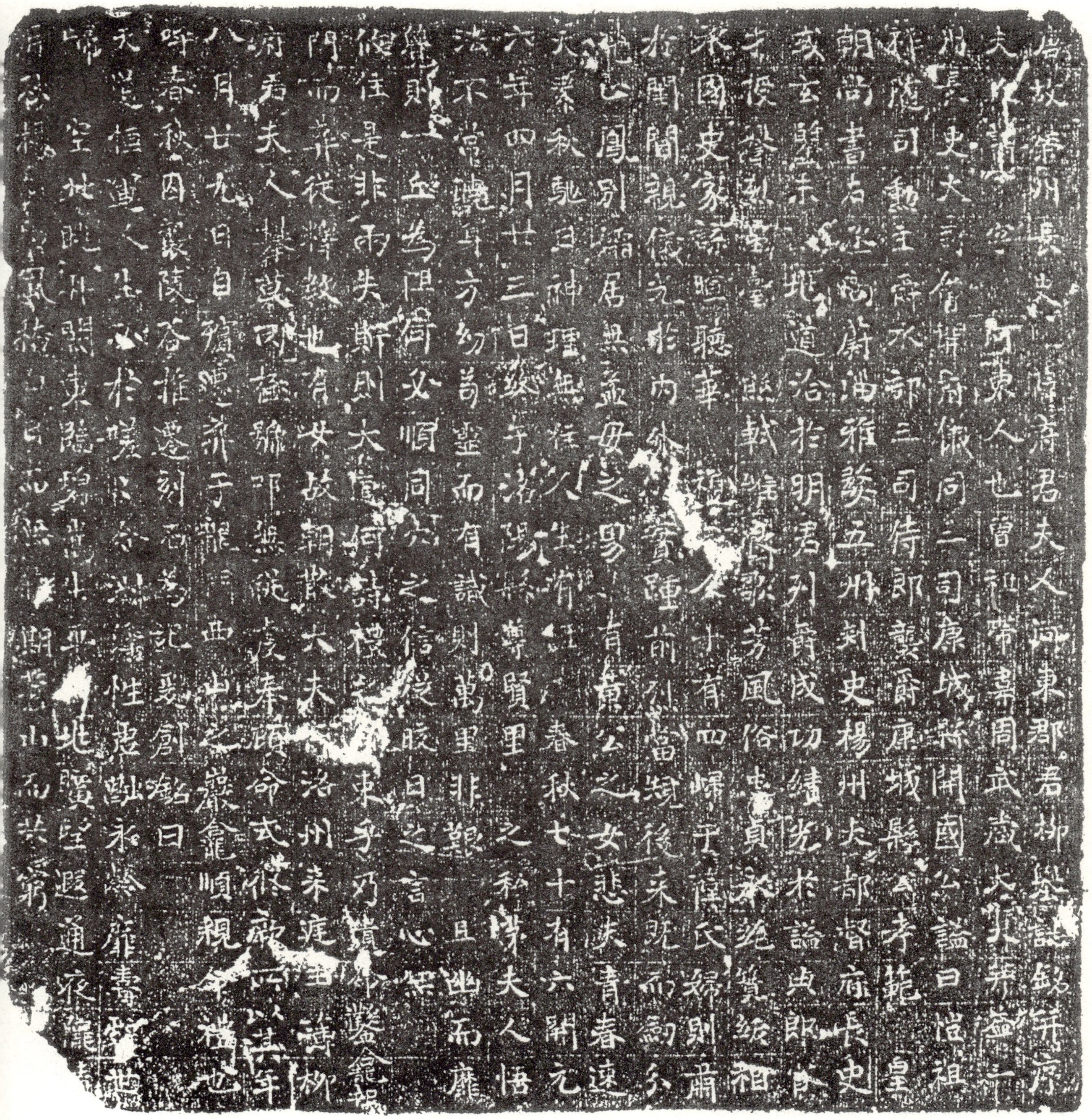

133.唐故滎州長史薛府君夫人河東郡君柳墓誌銘並序

41×41 釐米
開元六年(718)八月二十九日
參見《北圖》·唐·第二十一冊，頁 93

134.大唐故贈銀青光祿大夫使持節相州諸軍事相州刺史蘭陵蕭府君(元禮)墓誌銘並序

65.5×65.5×12 釐米 朝議郎行職方員外郎許景先撰並書。
書、撰者許景先,《舊唐書》卷一九〇、《新唐書》卷一二八有傳。
開元六年(718)十月二十二日
2002 年春龍門西山張溝村西原出土

135.大唐故朝請大夫齊州臨濟縣令吳興姚君(辯義)墓誌銘並序

75.5×74.5×13.8 釐米
開元六年(718)十月廿五日
1995 年秋龍門東山南麓出土。

136.大唐故簡州刺史贈常州刺史沈府君(嶷)墓誌銘並序

49.5×50 釐米　秘書郎康子元撰
誌蓋芯拓本 31×32 釐米，內篆書“大唐故/沈府君/墓誌銘”
開元六年(718)十一月十二日
2003 年 8 月龍門西山出土

137.大唐故左衛司戈袁君(欽望)墓誌銘並序

43.5×44 釐米　承議郎行德州司法……開國男楊名撰，滎陽主簿王灣書
開元六年(718)十二月一日葬於龍門西山

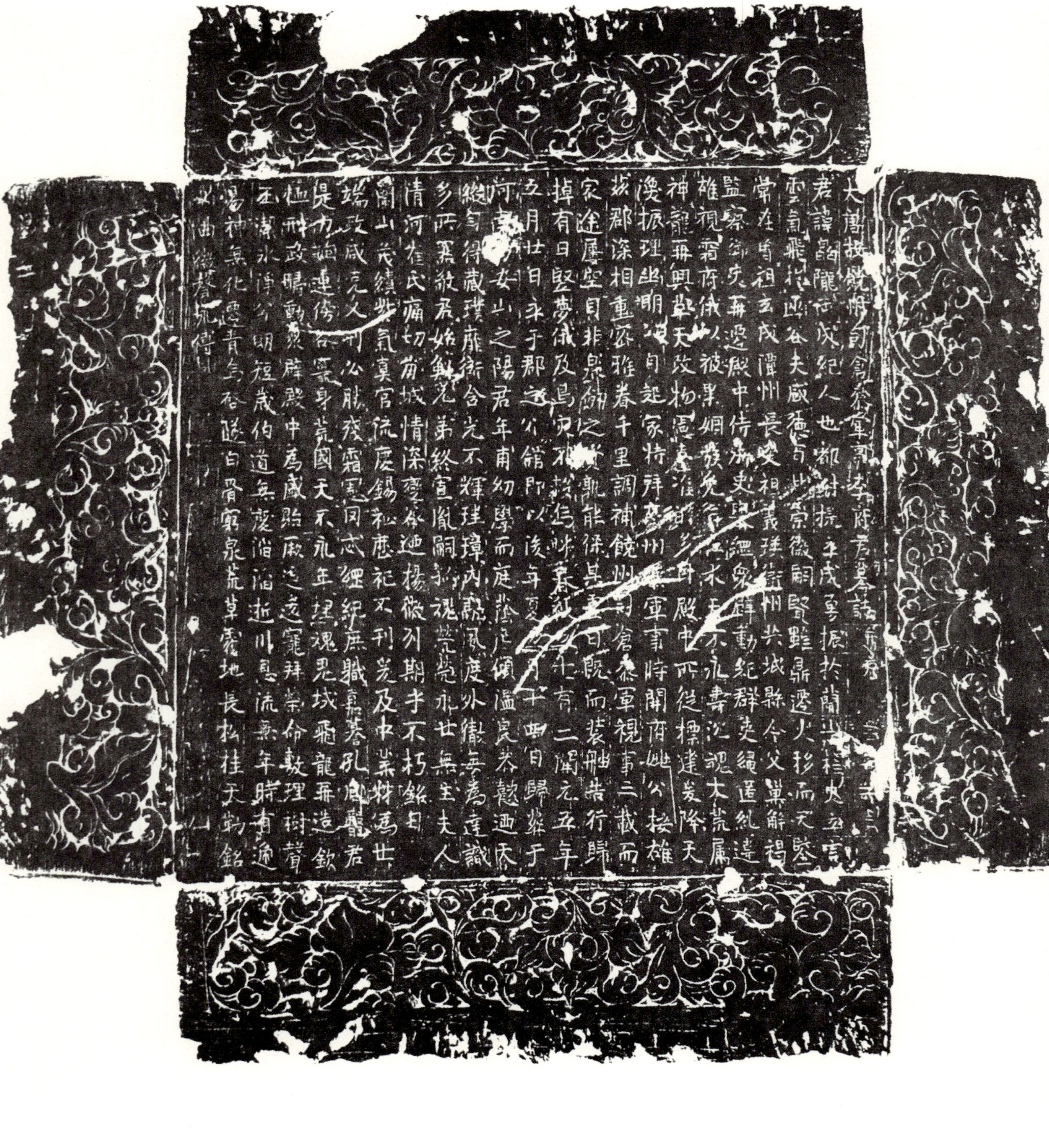

138.大唐故饒州司倉參軍事李府君(晶)墓誌並序

45.5×45.5×12 釐米
開元七年(719)五月十四日
1996 年 9 月龍門東山南麓出土。

139.大唐河南府伊闕縣上柱國胡君(勖)墓誌並序

45×45×10.5 釐米　誌蓋拓本 47×47 釐米
蓋芯楷書"大唐故/胡府君/墓誌銘"
開元八年(720)正月十九日
2004 年秋龍門東山南麓出土，石存麗景門張某店中

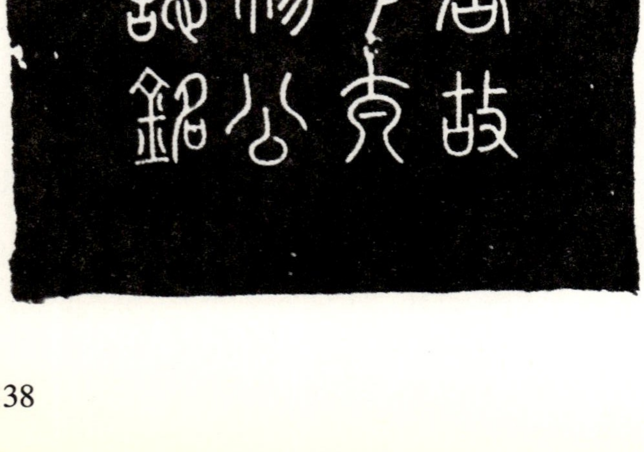

140.大唐故吏部常選前右虞候率府細引楊公(昚微)墓誌銘並序

44×44 釐米

開元八年(720)八月二十二日葬于“河南府伊闕縣西原”。

1999 年龍門西山南麓出土。

141.大唐故衛國夫人墓誌銘並序

60×60 釐米
開元九年(721)二月二十五日
參見《彙編》·洛陽卷·第九冊,頁 55

142.大唐故汾州隰城縣丞河東裴府君(元蘭)墓誌銘並序

43×42.5×8.6 釐米
開元九年(721)二月二十五日
1995 年秋龍門東山南麓出土。

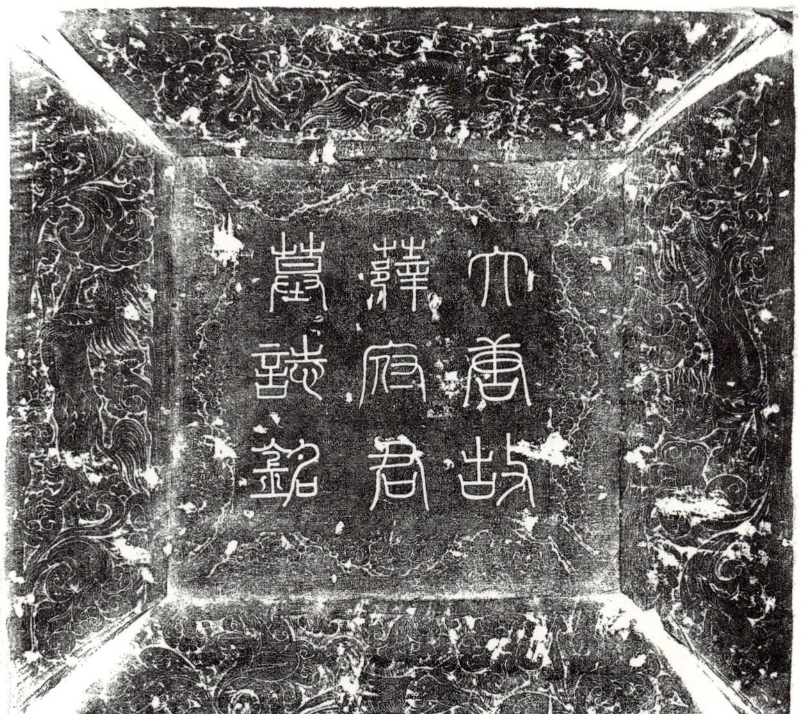

143.唐故兗州金鄉縣丞薛君(釗)墓誌銘並序

62.5×62.5 釐米　誌蓋拓本 69×69 釐米
蓋芯篆書"大唐故/薛府君/墓誌銘"
開元九年(721)六月十四日
2006 年春龍門西山北麓出土

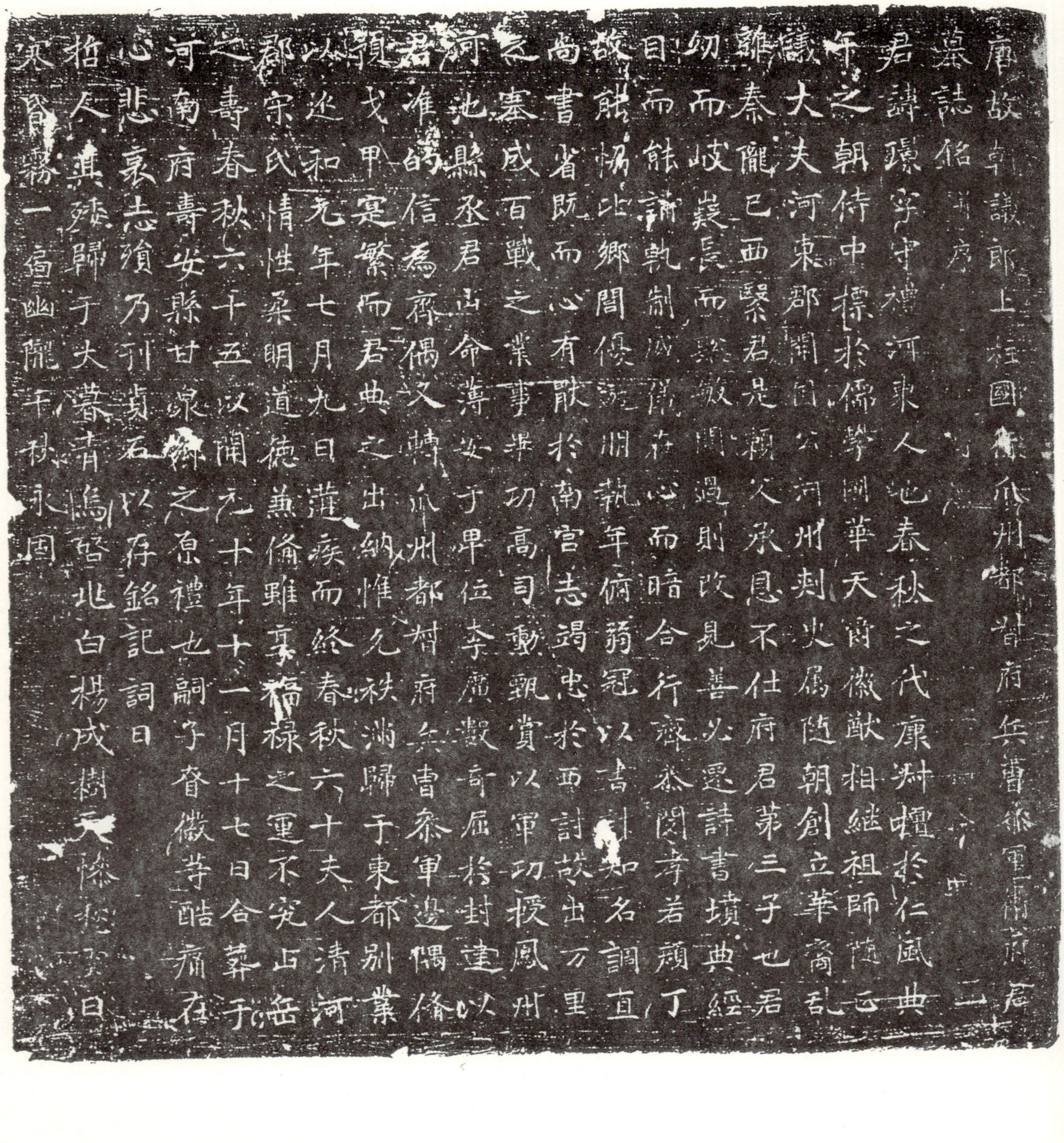

144.唐故朝議郎上柱國行瓜州都督府兵曹參軍衛府君(璟)墓誌銘並序

45×45×12 釐米
開元十年(722)十一月十七日
據云 2005 年冬龍門西山出土

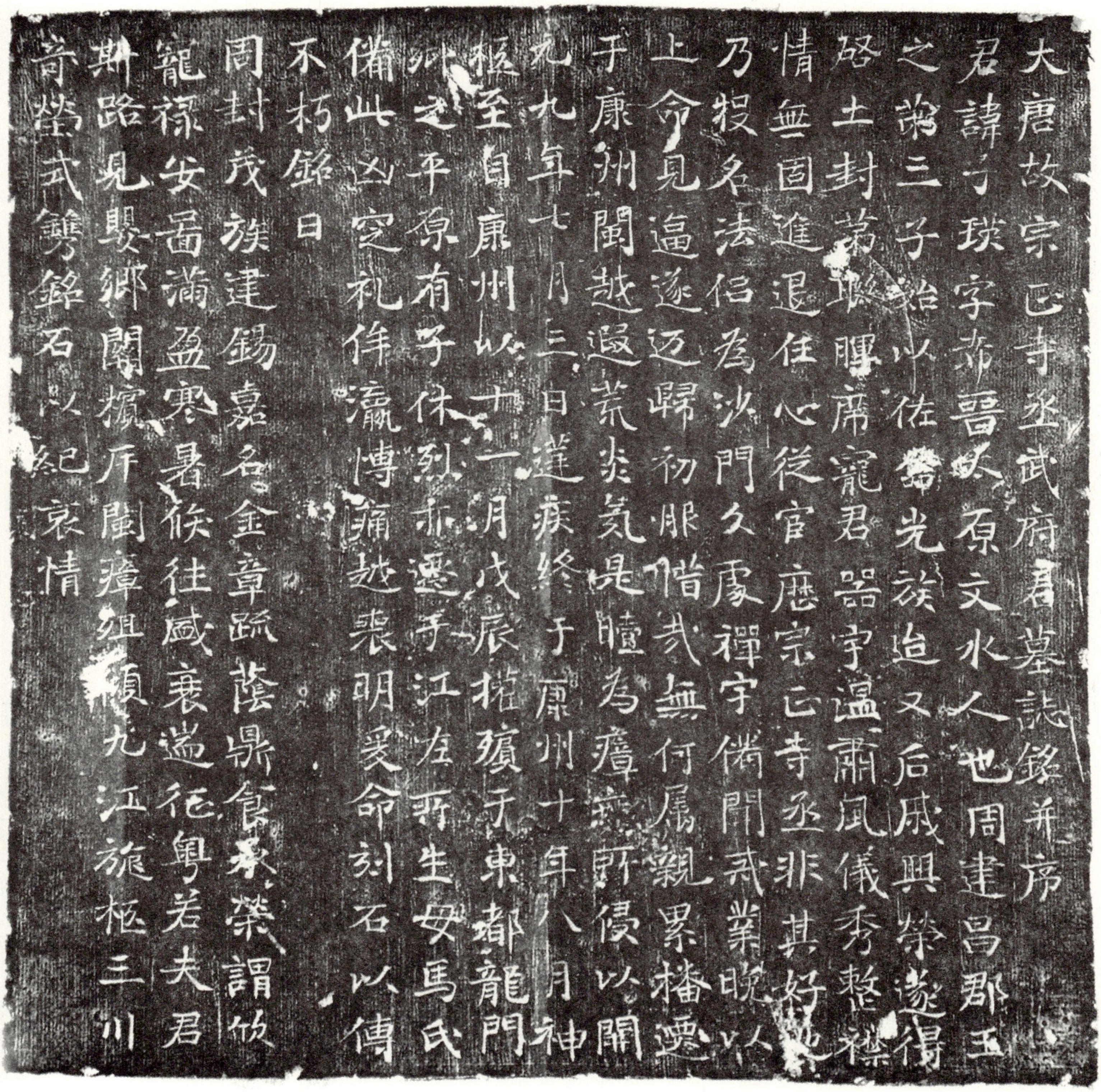

大唐故宗正寺丞武府君墓誌銘并序
君諱子瑛字希晉太原文水人也周建昌郡王
之第三子始以佐命光族迨又后戚興榮遂得
啓土封第聯輝席寵君器宇溫肅風儀秀整襟
情無固進退任心從官歷宗正寺丞非其好也
乃報名法侶爲沙門久處禪宇備聞武業晚以
上命見逼遂迈歸初服偕式無何屬親累播遷
于康州闔越遐荒炎氣是瞻爲瘴癘所侵以開
元九年七月三日遘疾終于康州十年八月神
柩至自康州以十一月戊辰權殯于東都龍門
州之平原有子休烈亦遷于江左所生母馬氏
備此凶窆礼侔瀛博痛越喪明爰命刻石以傳
不朽銘曰
同封茂族建錫嘉名金章踐蔭鼎食承榮謂攸
寵祿安畐滿盈寒暑倏往感襄遄征粵若夫君
斯路見嬰鄉闗攢斥閩瘴俎須九江旋柩三川
奇塋式鏤銘石以紀哀情

145.大唐故宗正寺丞武府君(子瑛)墓誌銘並序

33×33 釐米
開元十年(722)十一月三十日
2006年12月龍門西山武家溝北原出土

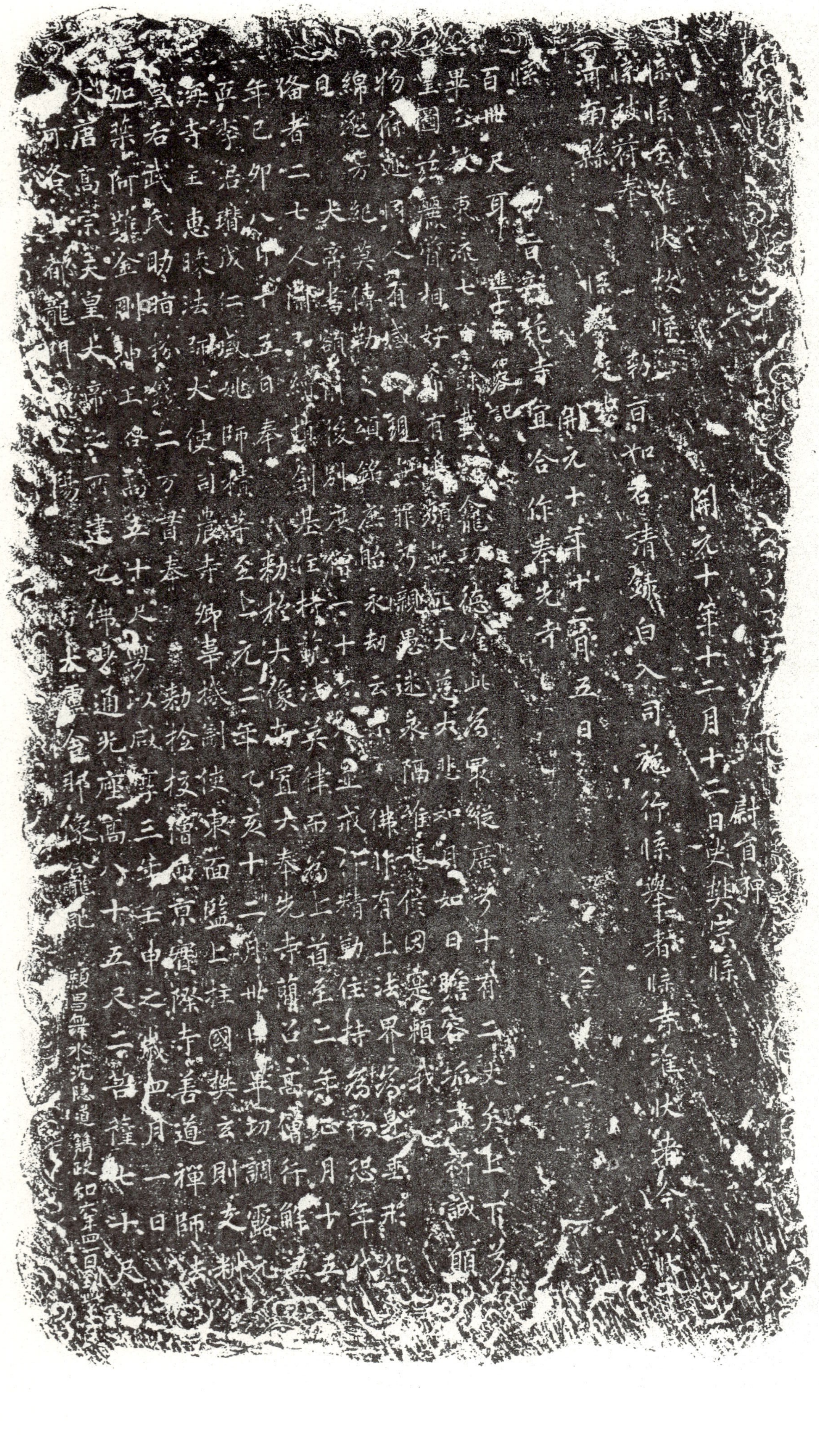

146.河洛上都龍門山之陽大盧舍那像龕記

110×70 釐米
開元十年(722)十二月十二日

大唐故濮恭王妃閻氏墓誌銘并序
妃諱婉字婉河南人也曾祖慶魏龍驤將軍
大安公祖毗隋殿內監右保公父立德工部
尚書大安公 妃即公之長女年十一齊選歸
王 王是 太宗第三子封于魏著貞觀中
王以事貶爲順陽王徙居均州鄖鄉縣至永
徽年王薨於還所追贈濮王垂拱之際有
命除其子嗣濮王欣爲潁州刺史無何令深
州安置未至遘禍薨於途中妃羈旅艱虞[illegible]
憂成疾以天授元年九月八日奄薨于鄖州
宜會春秋六十有九嗚呼哀哉有婦周氏即
欣之妻盡孝承姑靡喩來旭以證聖元年正
月六日遂權窆于洛川龍門之北原洎嫡孫
國子祭酒嗣濮王嶠孝感天倫情深罔極遷
[illegible]舊殯將赴鄖鄉粤以開元十二年歲次甲
子六月二日祔葬於恭王墓西北隅遵先志
禮也乃爲銘曰 生榮死哀子孫之門[illegible]
嗟今子頹指揆歸來歸來予無留魂

147.大唐故濮恭王妃閻氏(婉)墓誌銘並序

56×55×27 釐米
開元十二年(724)六月二日
1984 年 12 月與其子李徽墓誌一同出土於湖北鄖縣
參見湖北省博物館、鄖縣博物館編《湖北鄖縣唐李徽、閻婉墓發掘簡報》,《文物》1987 年第 8 期,頁 30–51

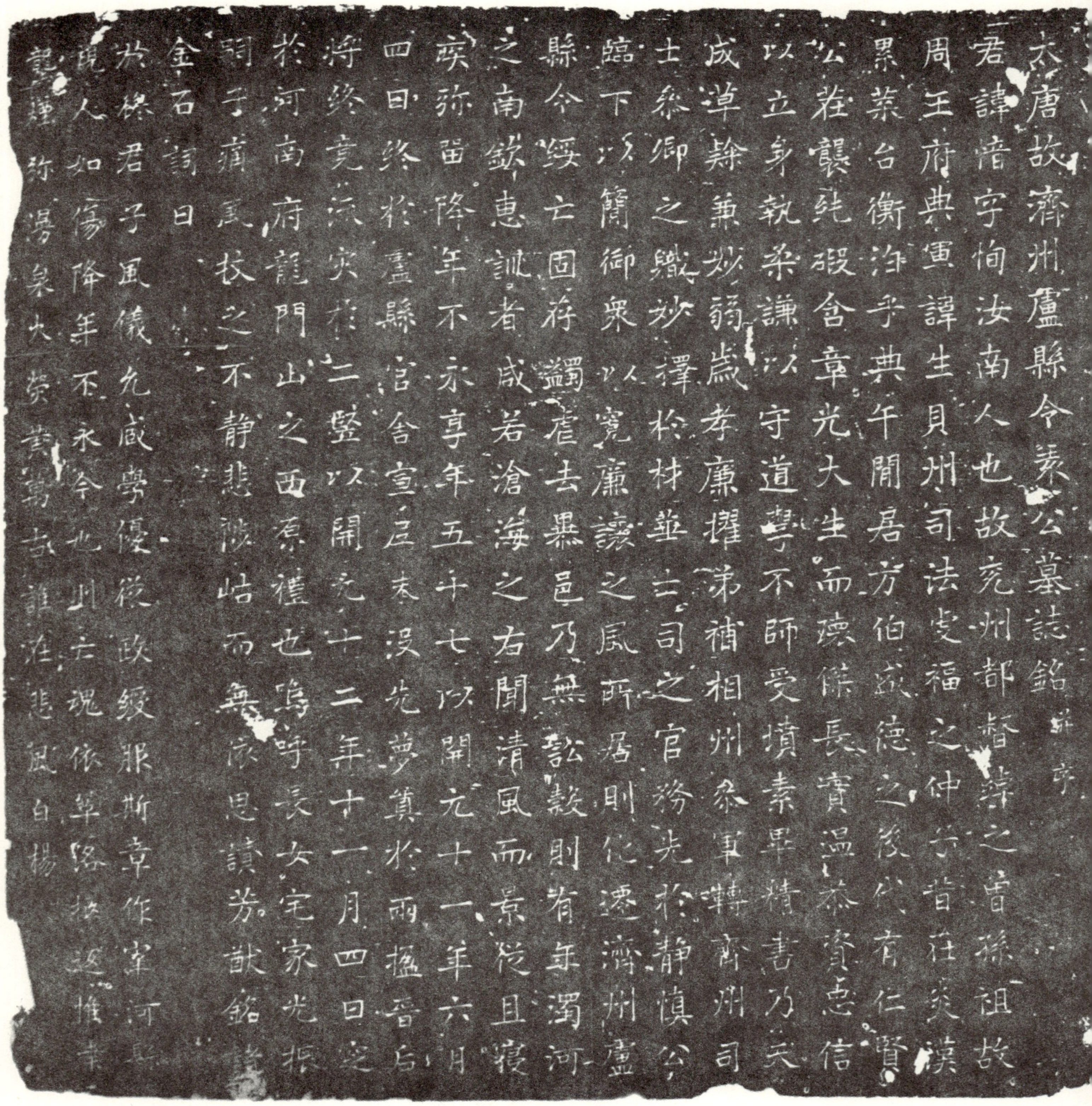

148.大唐故濟州盧縣令袁公(愔)墓誌銘並序

59.5×59.5 釐米
開元十二年(724)十一月四日
2003 年 9 月龍門西山張溝村北原出土。

149.大唐中嶽東閑居寺故大德珪和尚紀德幢

幢身高126釐米，八面棱柱水平截面外接圓直徑32釐米

弟子大敬愛寺沙門智嚴立廟敘文，左補闕集賢院直學士

陸去泰書

開元十三年(725)六月十五日

1973年龍門東山北麓出土，石存龍門石窟研究所

150.唐故尚舍直長薛府君夫人裴氏墓誌銘並序

46×46 釐米　族孫薛良撰
開元十四年(726)二月二十三日
參見《北圖》·唐·第二十二册，頁 95

151.大唐故北海處士孫府君(玢)墓誌銘並序

46×46 釐米　河内秀才孫訢撰並書
或爲開元十四年(726)五月十九日
2005 年春龍門西山出土，石存謝氏

152.大唐故朝請郎行許州長社縣丞祖君(好謙)墓誌銘並序

60×59.5×12 釐米
開元十五年(727)十月十七日
據云 1998 年秋龍門東山南麓許營村出土。

153.大唐故宣議郎行邵州司法參軍薛府君夫人周氏(嚴順)墓誌銘並序

41.5×42 釐米　前國子進士趙偉人撰
開元十六年(728)二月十五日
2005 年 2 月龍門西山出土

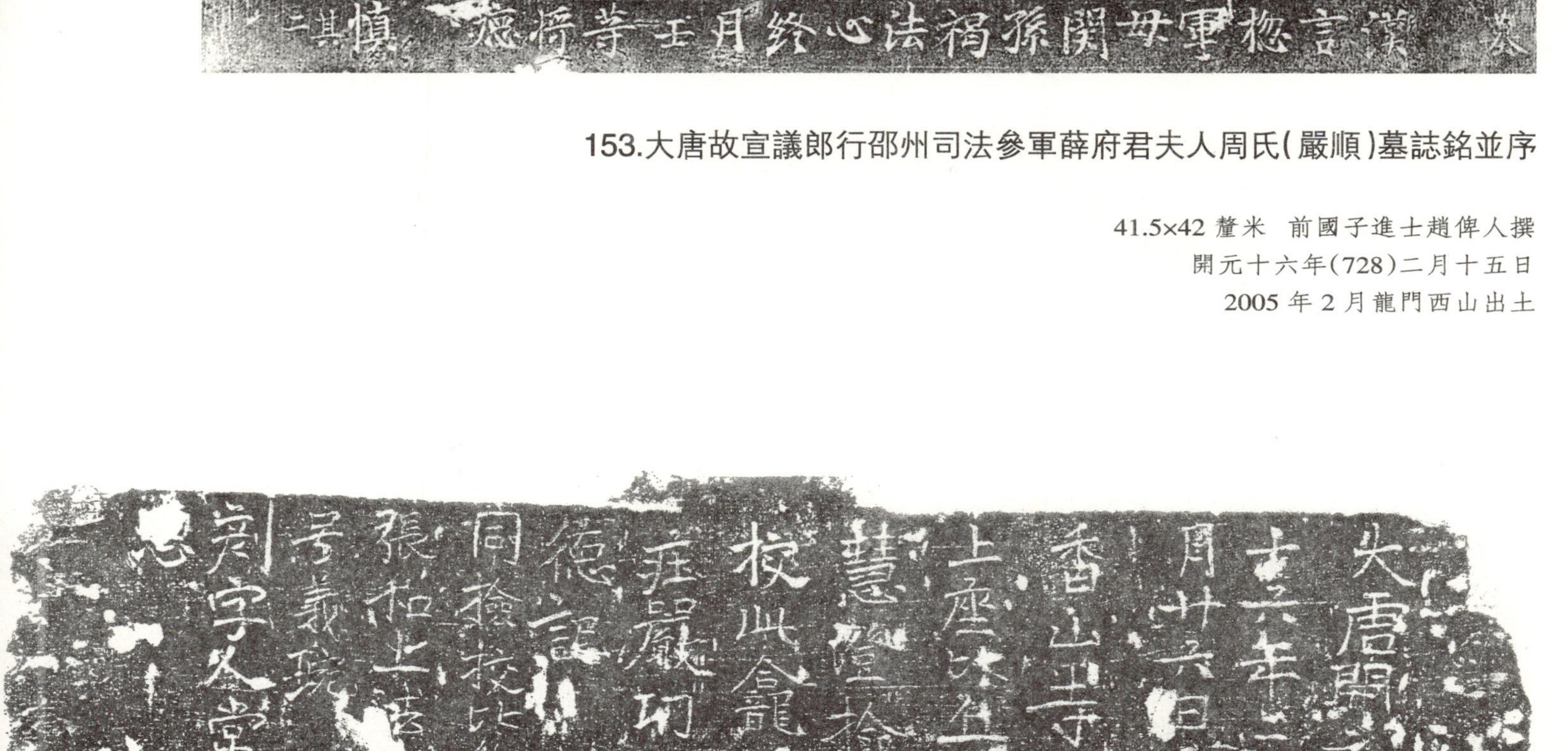

154.香山寺上座慧澄檢校佛龕功德記

拓本 9×48 釐米
開元十六年(728)三月二十六日
此佛座石刻,存龍門石窟東山萬佛溝北崖高平郡王洞內

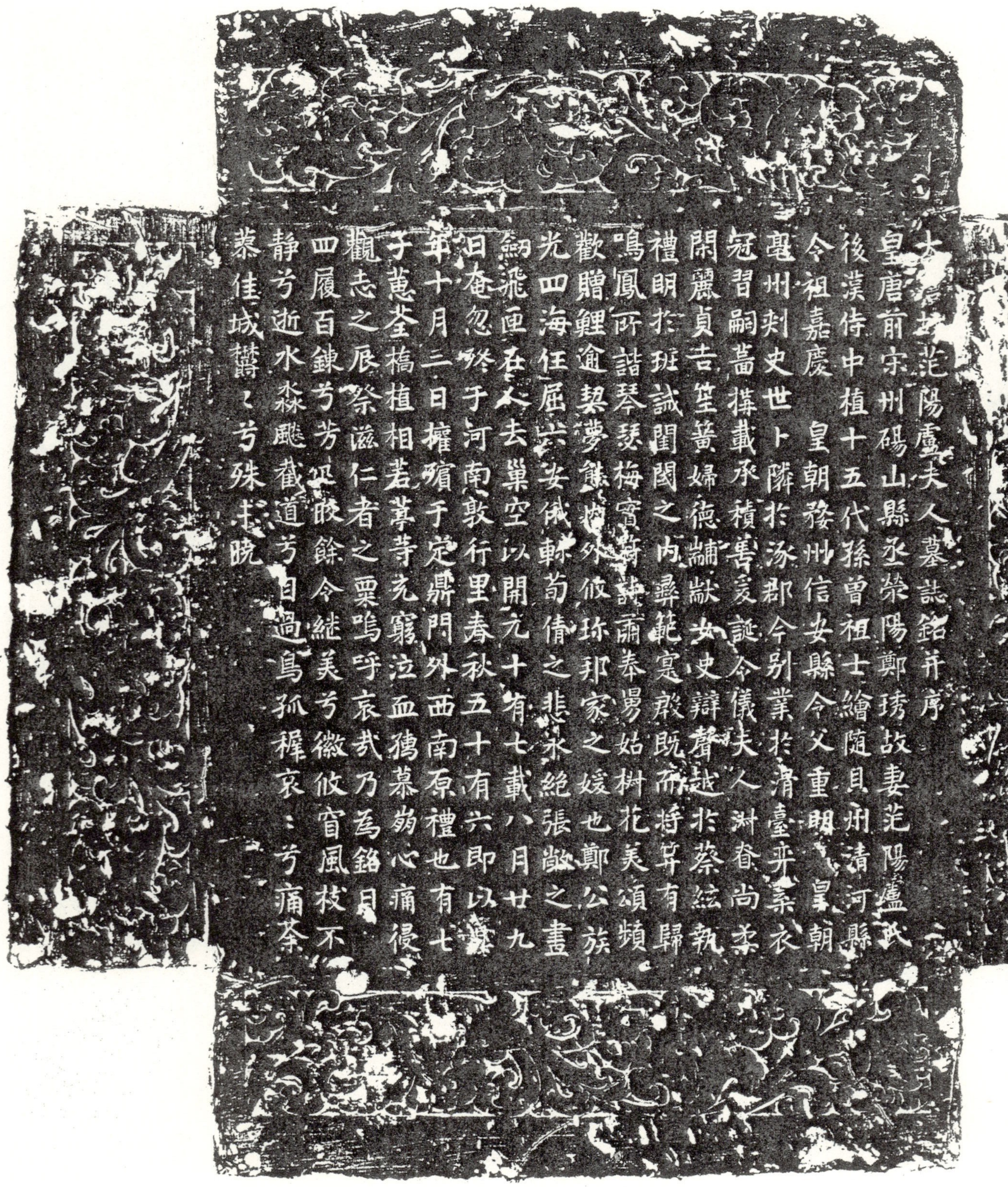

155.大唐故范陽盧夫人墓誌銘並序

45×44×12.5 釐米　誌蓋 46×45×9 釐米
蓋芯篆書"大唐故/盧夫人/墓誌銘"
開元十七年(729)十月三日
參見中國社會科學院考古研究所編《偃師杏園唐墓》,頁 283–284。科學出版社,2001 年,北京

156.大唐故寧州司馬隴西李府君(承先)墓誌銘並序

61.5×61.5 釐米　吏部選清河崔晏撰
開元十八年(730)七月十四日
2003 年 10 月龍門西山南麓魏灣村出土

157.唐少府監丞郭府君故夫人獨孤氏權殯墓誌銘並序

36.5×37 釐米

開元十八年(730)十二月五日

2004 年 11 月上旬龍門西山張溝村東北原出土,據云另有誌蓋存於壙中

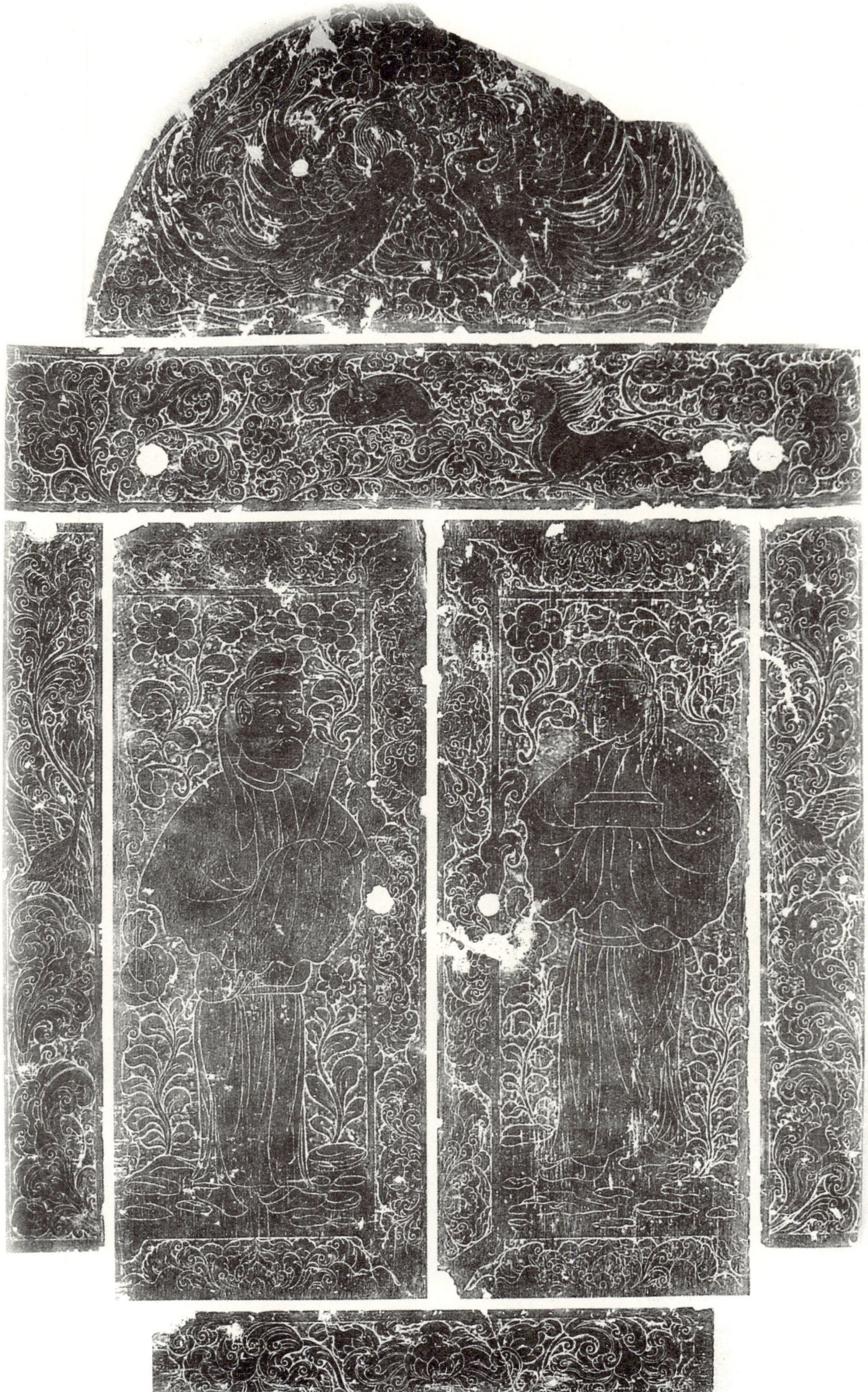

158.盧正容墓石線刻造型

180×116 釐米

開元十九年(731)十一月二十七日

近年龍門東山南麓出土,石刻後爲河南博物院收藏

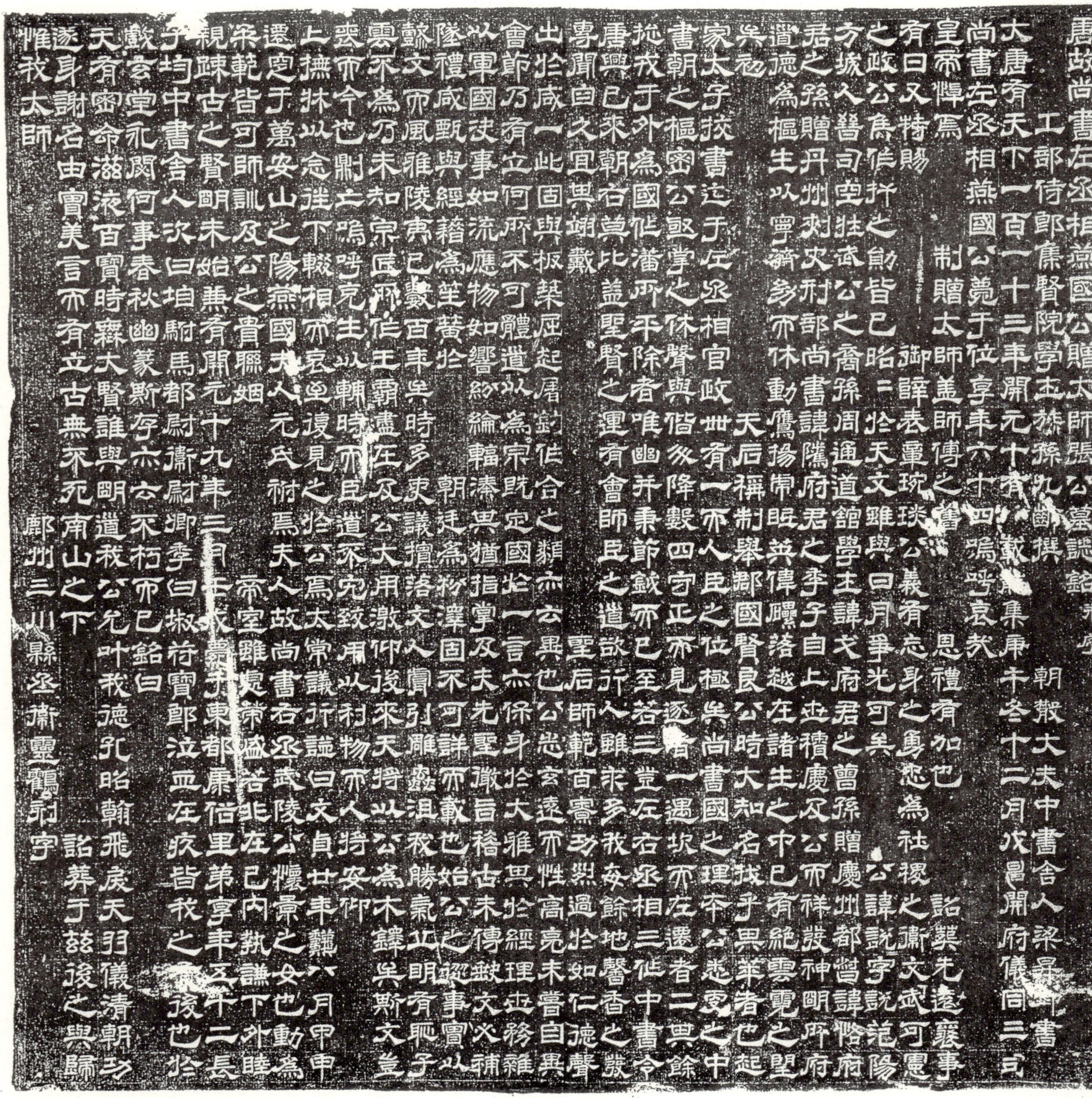

159.唐故尚書左丞相燕國公贈太師張公(說)墓誌銘並序

誌石 79×79×16 釐米　誌蓋 78.5×78.5×14 釐米　蓋芯篆書“唐贈太/師燕文/貞公張/公墓誌”。工部侍郎集賢院學士族孫(張)九齡撰，朝散大夫中書舍人梁升卿書，鄭州三川縣丞衛靈鶴刻字

開元二十年(732)八月甲申(十四日)

李獻奇:《唐張說墓誌考釋》,《文物》2000 年第 10 期，頁 91–96。

張說,《舊唐書》卷九七有傳；撰文者張九齡,《舊唐書》卷九九有傳。

梁升卿,《新唐書·韋安石傳》載其工書；趙明誠《金石錄》亦載梁氏書碑頻頻。

1998 年冬龍門東山南麓出土

160.大唐故南陽郡袁王妃張氏墓誌銘並序

70×70 釐米

開元二十年(732)十二月十五日葬於“河南縣伊汭鄉梁村之西原”。

2001 年 5 月龍門西山南麓出土。

161.大唐故中大夫使持節鄂州諸軍事鄂州刺史上柱國范陽盧府君(正道)墓誌銘並序

59×59×15 釐米
河南府洛陽縣尉京兆韋良嗣撰,孫女婿前寧王府參軍滎陽鄭琪書。
開元廿一年(733)二月十六日
1998 年 9 月龍門東山南麓許營村出土,石存關林洛陽古代藝術館。

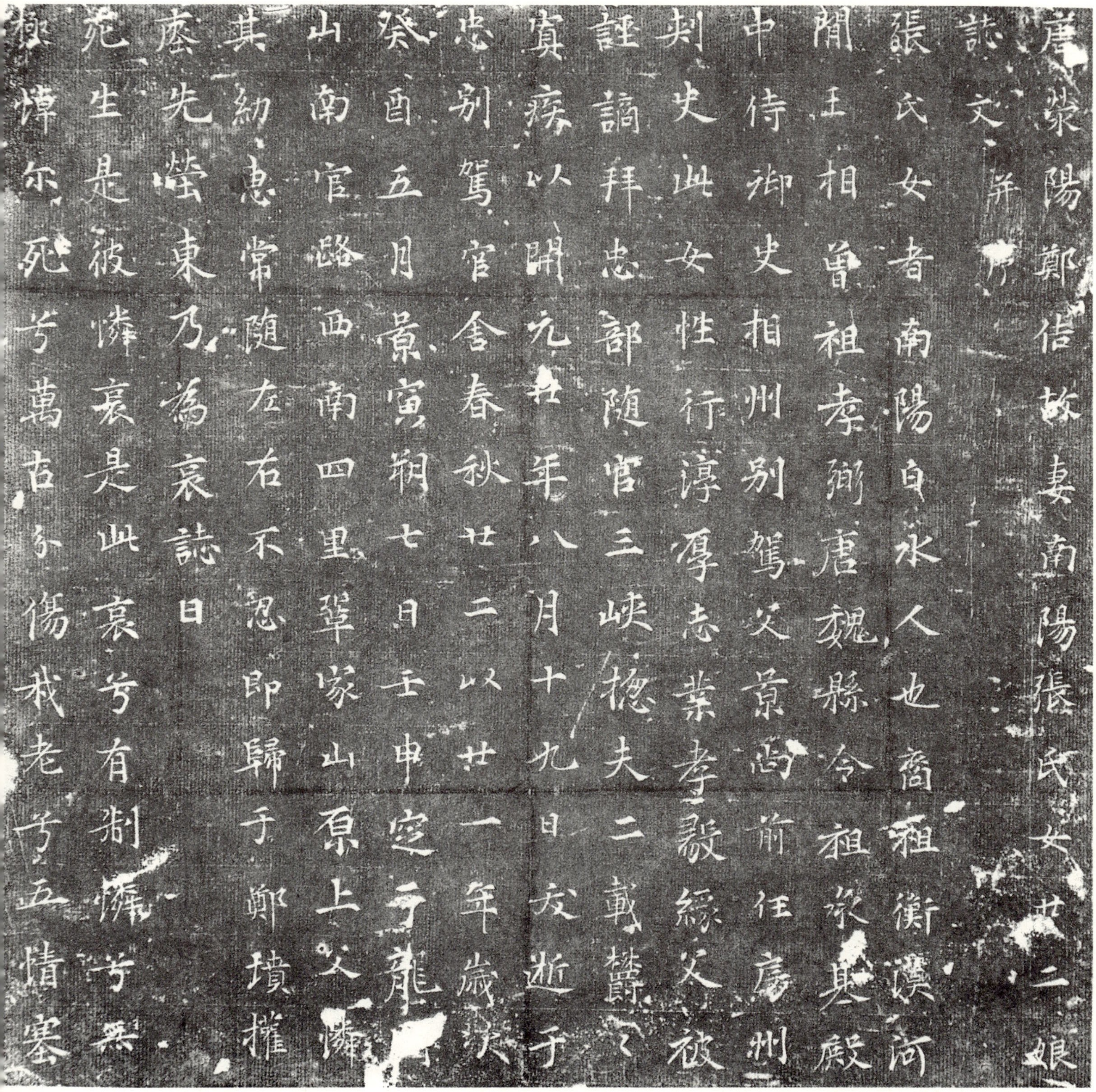
唐滎陽鄭佶故妻南陽張氏女廿二娘
誌文并序
張氏女者南陽白水人也裔祖衡漢尚
閒王相曾祖孝猷唐魏縣令祖敬真殿
中侍御史相州別駕父景尚前任虔州
刺史此女性行淳厚志業孝毅緣父被
譴謫拜忠部隨官三峽總夫二載贊之
寘疾以開元廿年八月十九日奄逝于
忠州別駕官舍春秋廿二以廿一年歲次
癸酉五月景寅朔七日壬申窆于龍[illegible]
山南官路西南四里犨家山原上父憐
其幼惠常隨左右不忍即歸于鄭墳攉
瘞先塋東乃爲哀誌曰
死生是彼憐哀是此哀兮有割憐兮無
極慱尔死兮萬古今傷哉老兮五情塞

162.唐滎陽鄭佶故妻南陽張氏女廿二娘誌文並序

35×35.5 釐米
開元二十一年(733)五月七日葬於龍門"官路"西南犨家山
2002 年 8 月龍門西山張溝村東南出土

163.唐故夫人秦氏墓誌銘

32×32 釐米
開元二十一年（733）五月二十一日
2005 年 8 月龍門西山北原出土

164.唐故正議大夫邢州長史贈相州別駕上柱國南陽張府君(承基)墓誌銘並序

58×57 釐米　誌蓋拓本 65×66 釐米
蓋芯篆書“大唐故/張府君/墓誌銘”
開元二十一年(733)十月二十七日
2006 年春龍門西山張溝村東南出土

165.大唐□□□尼和和□□□□□□□□□銘並序

36×98 釐米
開元二十三(735)正月十一日鐫書
崔瑤與妻永和縣主武氏瘞葬尼惠燈於龍門石窟大盧舍那像龕東崖

166.唐故商州刺史蕭府君(讓)墓誌銘並序

62×62.5 釐米
開元二十三年(735)二月二十八日
2002 年 6 月 10 日龍門西山張溝村東地出土

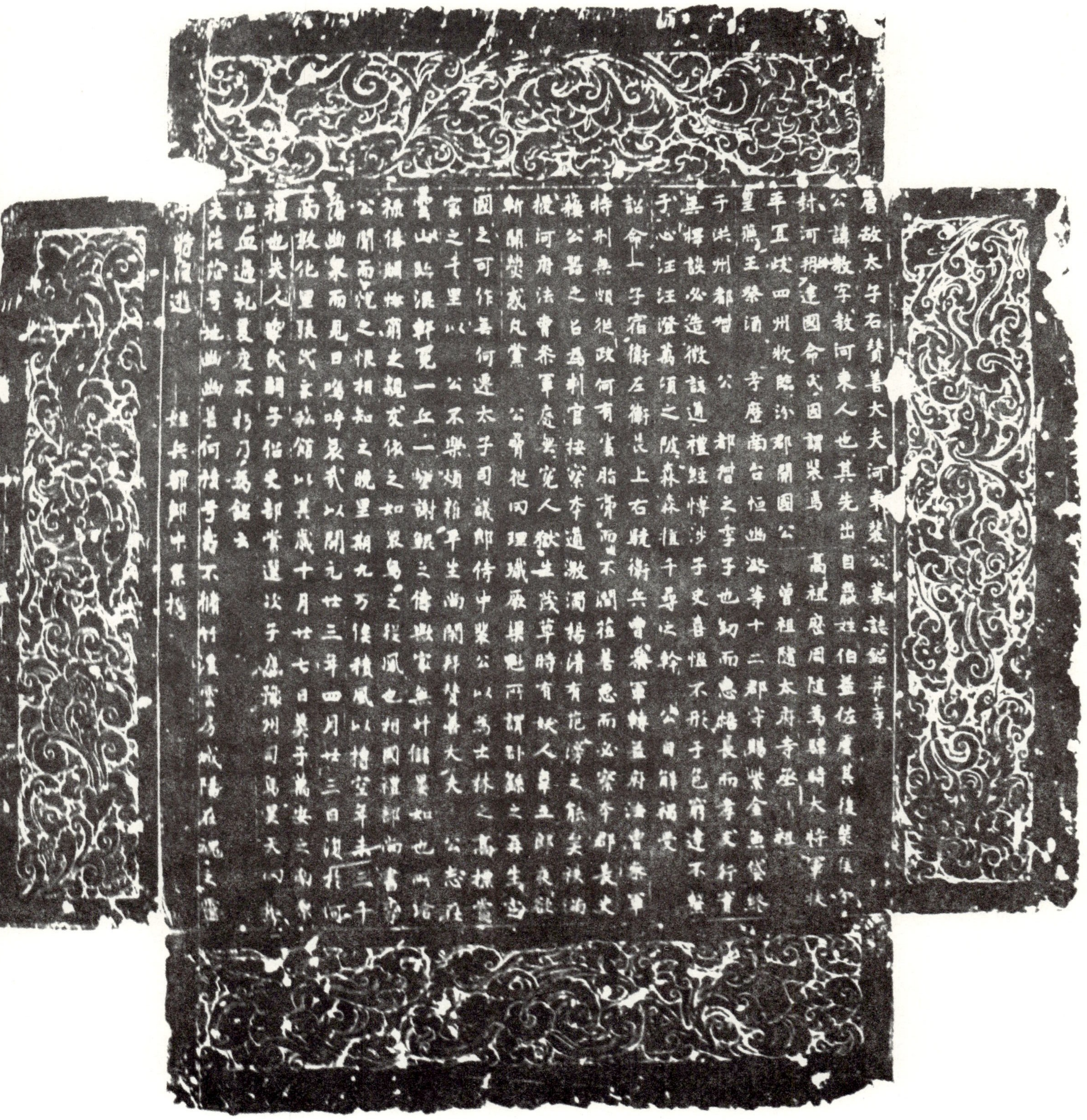

167.唐故太子右贊善大夫河東裴公(教)墓誌銘並序

59×59×15.6 釐米;姪兵部郎中系撰。
開元廿三年(735)十月廿七日
1997 年秋龍門東山南麓出土。

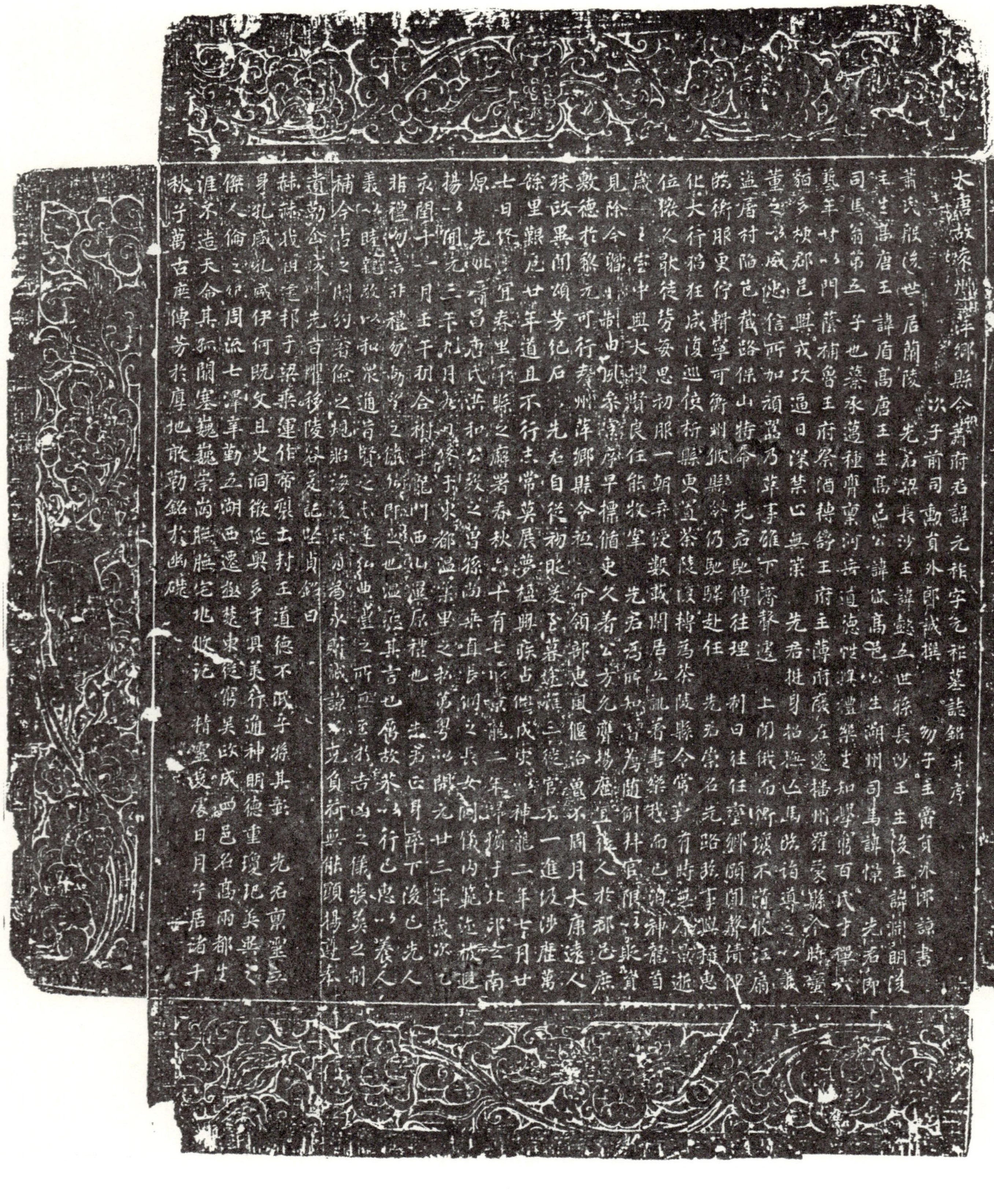

168.大唐故袁州萍鄉縣令蕭府君諱元祚字元祚墓誌銘並序

68.5×68.5×12.5 釐米；次子前司勳員外郎誠撰，幼子主爵員外郎諒書。
開元二十三(735 年)閏十一月一日與夫人唐氏“合祔於龍門西山畢原”。
2005 年秋龍門西山畢溝村東原出土。

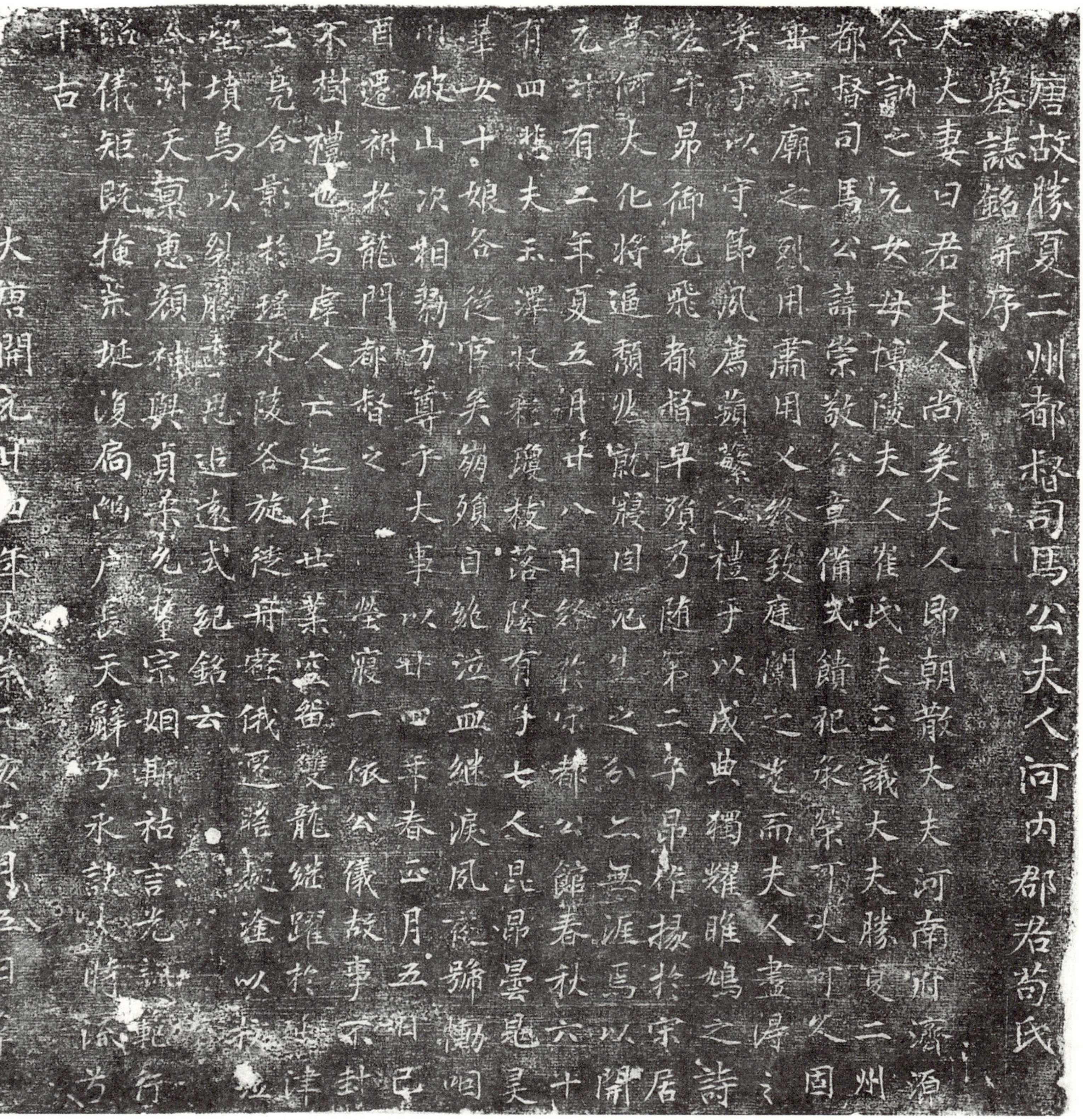
唐故勝夏二州都督司馬公夫人河內郡君荀氏
墓誌銘并序
大夫妻曰君夫人尚矣夫人即朝散大夫河南府濟源
令訓之元女母博陵夫人崔氏夫正議大夫勝夏二州
都督司馬公諱榮敬令章備式饋祀承榮可久丁父國
奉宗廟之烈用肅用又終致庭闈之光而夫人晝得之
矣予以守節夙薦蘋蘩之禮于以成典獨耀雎鳩之詩
虔奉昂御先飛都督早殞乃隨第二子昂作掾於宗居
無何大化將逼頹兆就寢困況生之分二無涯焉以開
元廿有二年夏五月廿八日終於宗都公館春秋六十
有四悲夫玉澤收輝瓊枝落陰有子七人昆昂曇昆是
華女十娘各從官矣崩殞自絕泣血繼淚風樹號慟咽
川破山次相勠力尊乎大事以廿四年春正月五日己
酉遷祔於龍門都督之塋寢一依公儀故事不封
不樹禮也烏虖人亡迹往世業空留雙龍繼躍於津
之崗合窆於瑤永陵各旋德冊壁俄還路起塗以表
塋墳鳥以裂勝茲思追遠式紀銘云
令淑天稟惠顏柔與貞柔允□宗姻斯祐言光誡範行
儀矩既掩荒埏復扃幽户長天辭兮永訣以時流芳
千古
大唐開元廿四年太歲[illegible]正月五日葬

169.唐故勝、夏二州都督司馬公夫人河內郡君荀氏墓誌銘並序

41×41 釐米　誌蓋拓本 46.5×46 釐米
蓋芯篆書“大唐故/荀夫人/墓誌銘”
開元廿四年(736)正月五日
2003 年 2 月龍門西山南麓魏灣村北嶺出土

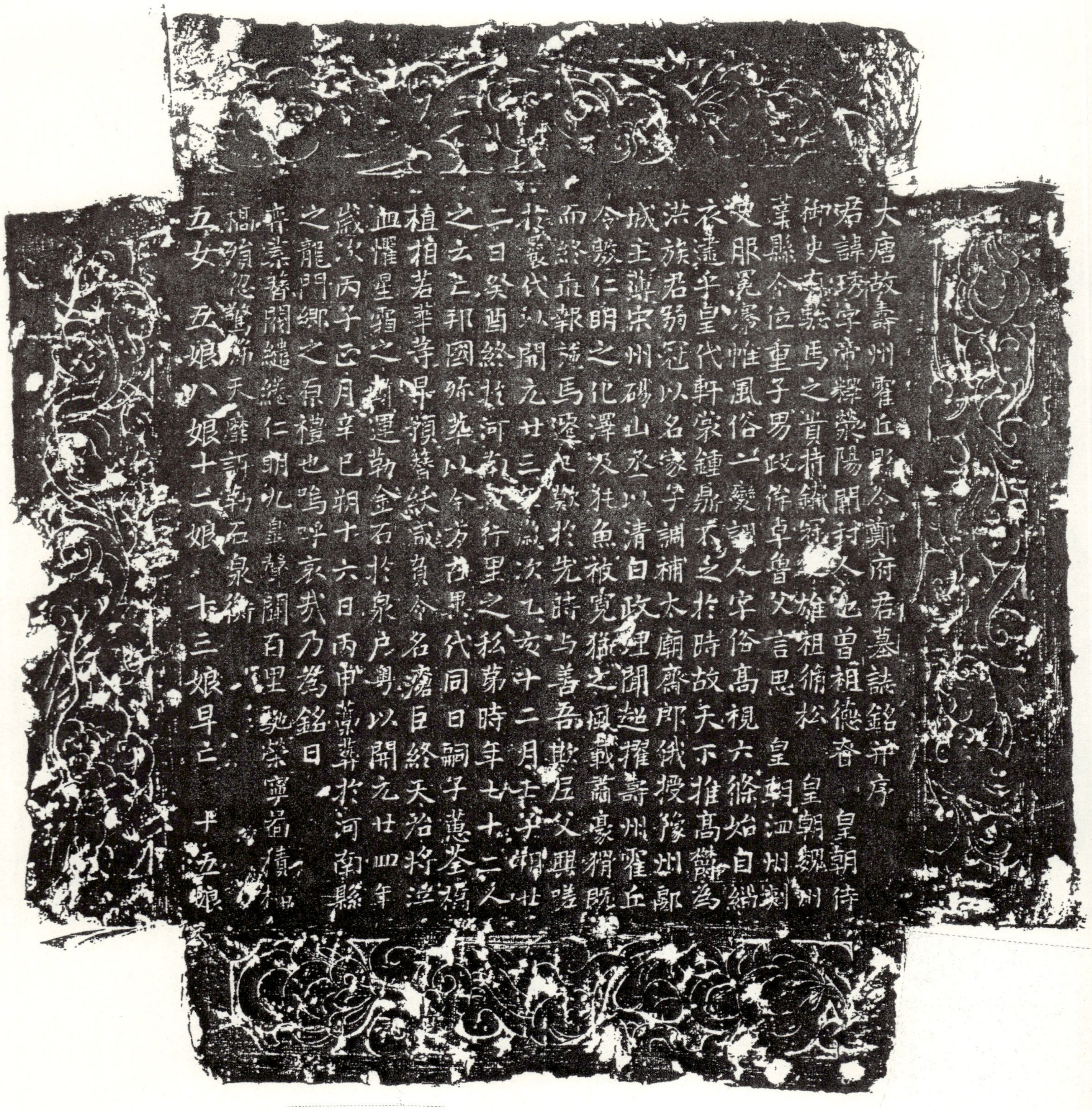

170.大唐故壽州霍丘縣令鄭府君(琇)墓誌銘並序

36×36×8 釐米　誌蓋 34×34×4.5 釐米　蓋芯篆書“大唐故/鄭府君/墓誌銘”

開元二十四年(736)正月十六日“葛葬於河南縣之龍門鄉之原”

參見中國社會科學院考古研究所編《偃師杏園唐墓》,頁 280–281。科學出版社,2001 年,北京

171.白鹿泉神君祠碑(碑陽)

215×102 釐米

恒州刺史韋濟撰文,恒岳山人裴抗書,恒州參軍元諒監勒

開元二十四(736)三月立於河北省獲鹿縣。

參見《北圖》·唐·第二十四册,頁5

172.白鹿泉神君祠碑（碑陰）

183×102 釐米
恒州刺史韋濟撰文，恒岳山人裴抗書，恒州參軍元諒監勒
開元二十四(736)三月立於河北省獲鹿縣
參見《北圖》·唐·第二十四冊，頁 6
《八瓊室金石補正》卷五五刊錄文

173.大唐故大智禪師塔銘並序

62×62 釐米
弟子太仆少卿杜昱撰
開元二十四年(736)七月六日
參見《北圖》·唐·第二十四冊,頁12

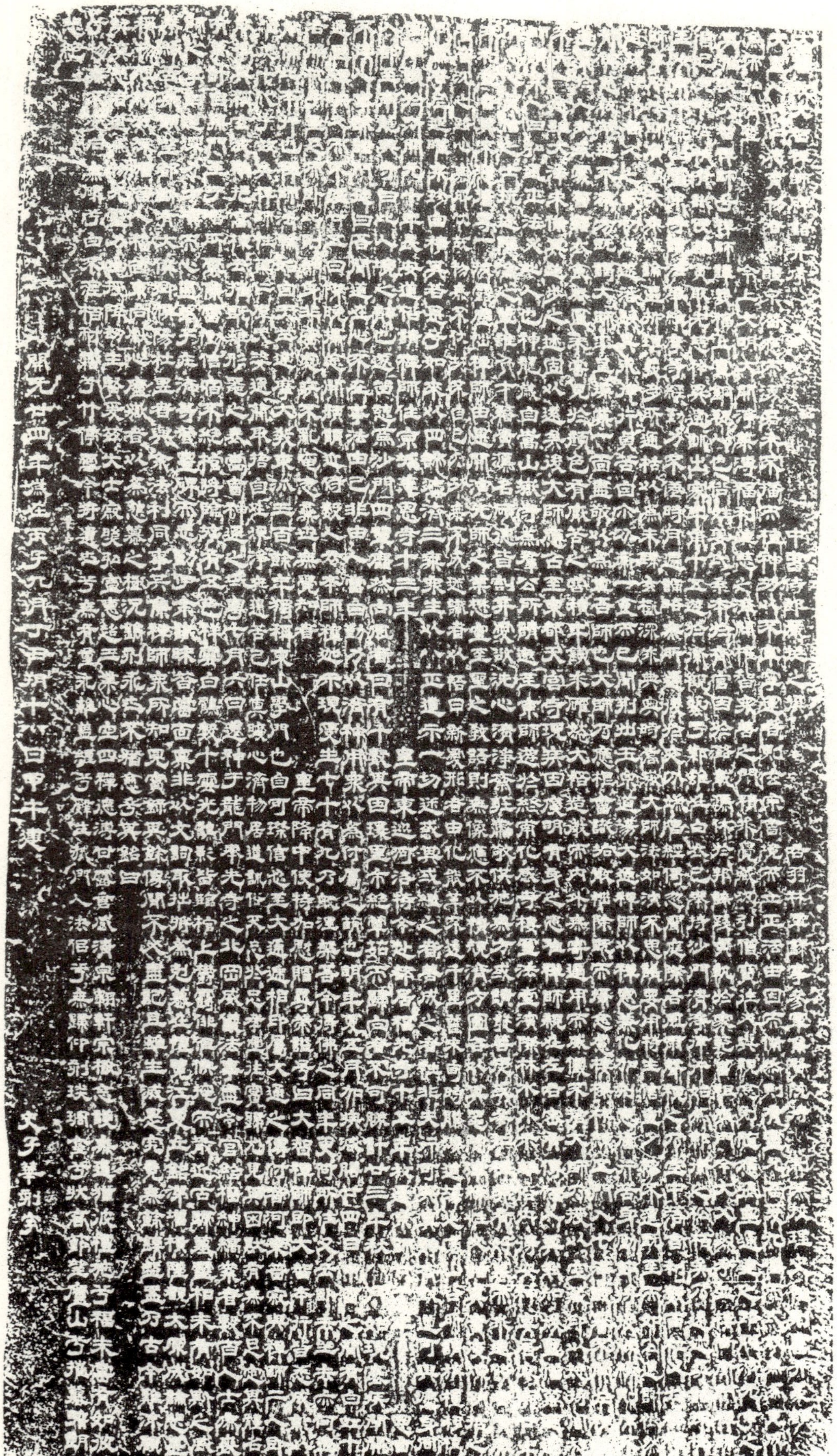

174.大唐故大智禪師碑銘並序

碑身拓本高 202 釐米，寬 112 釐米
中書侍郎嚴挺之撰，右羽林軍錄事參軍集賢院待
詔兼校理史惟則書並篆額，史子華刻字
開元二十四年(736)九月十八日
碑存西安碑林
參見《北圖》·唐·第二十四冊，頁 14

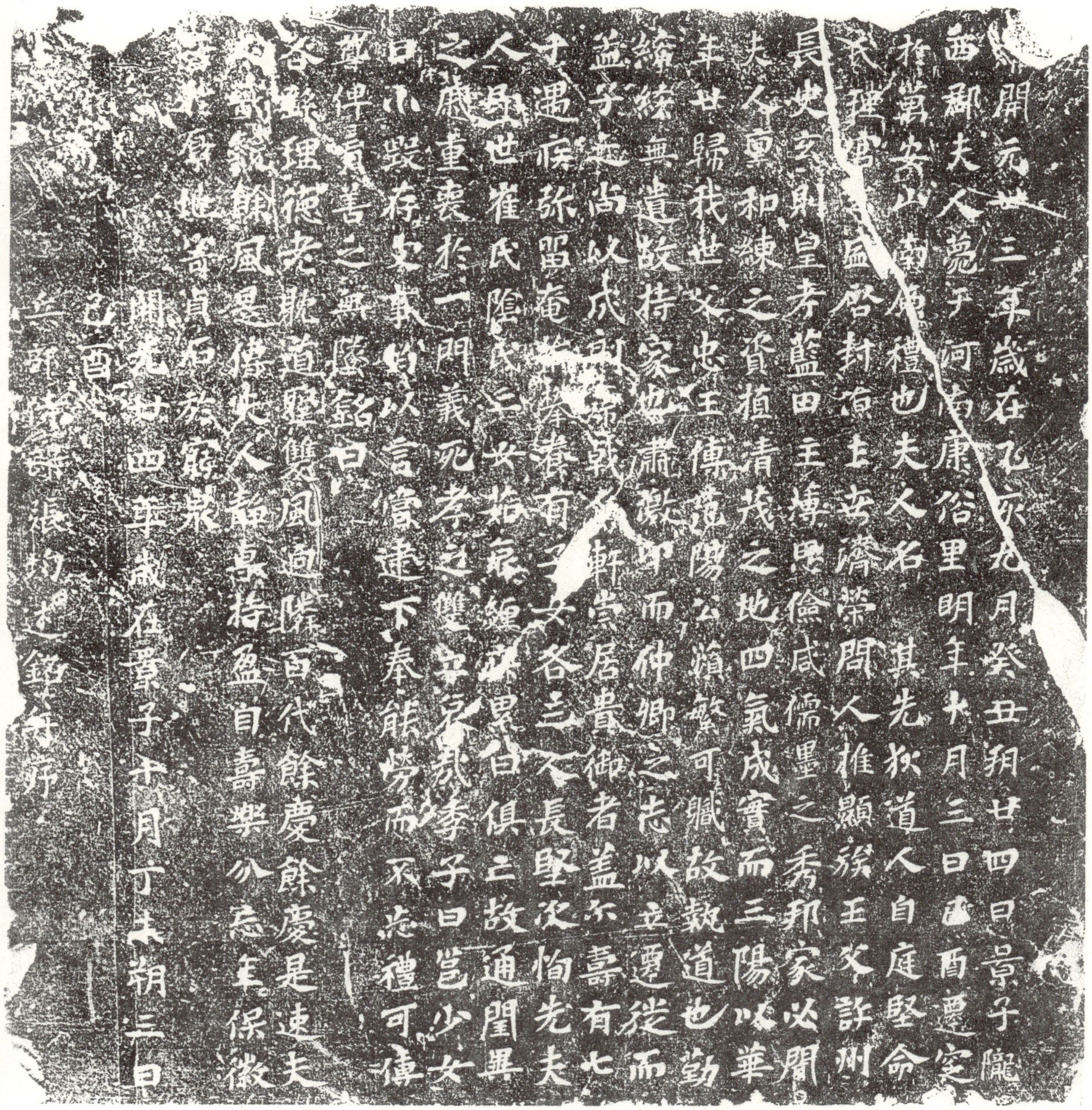

175.隴西郡李夫人墓誌

（據誌文擬題）

74×74×17 釐米　誌蓋蓋芯篆書“大唐故/李夫人/墓誌銘”
兵部侍郎張均述銘並序；夫人之夫，乃名相張說之兄張光
開元二十四年(736)十月三日
1980 年 3 月 2 日出土於龍門東山南麓許營村北原
參見《新獲》，頁 59

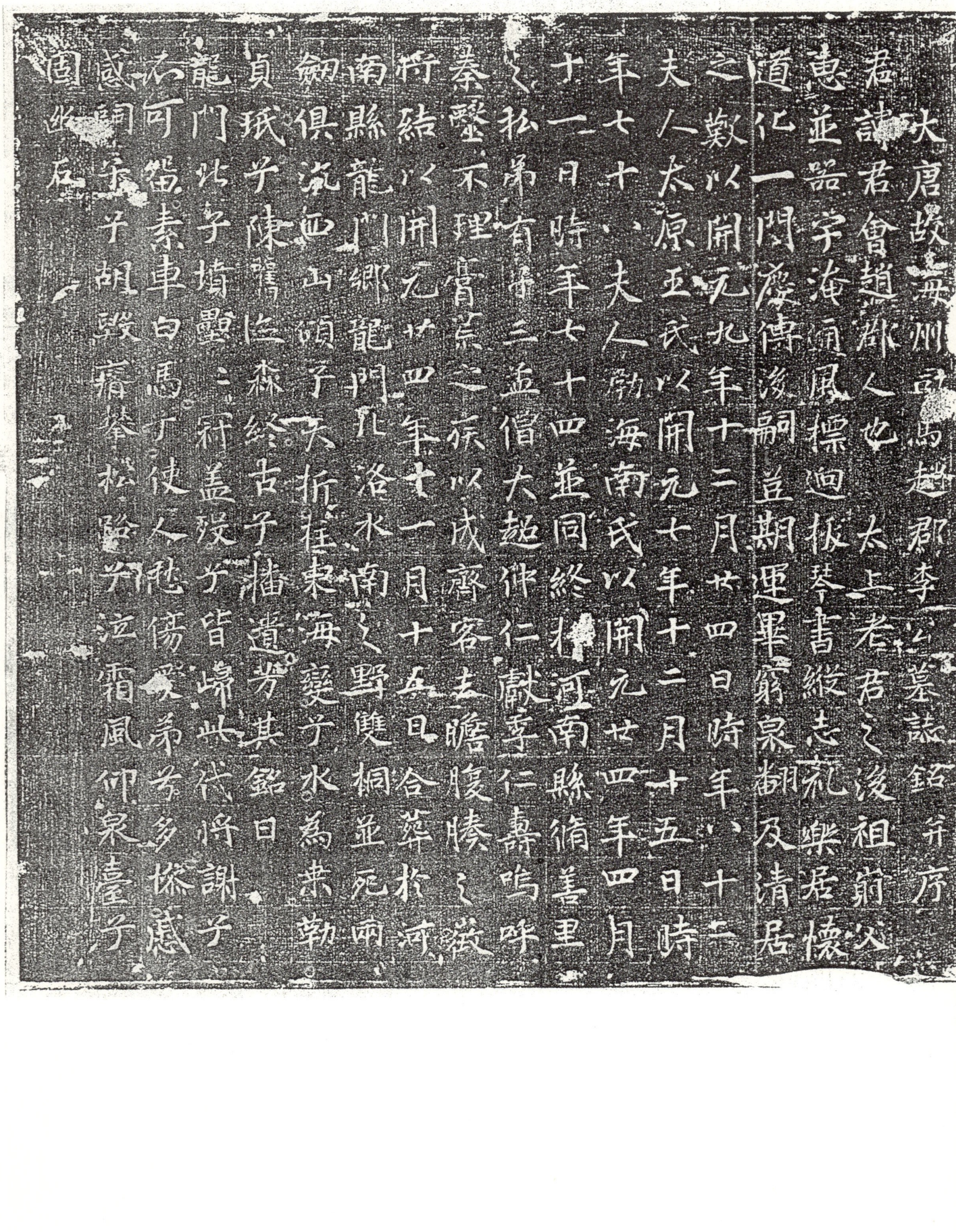

176.大唐故海州司馬趙郡李公(君會)墓誌銘並序

32×32 釐米

開元二十四年(736)十一月十五日

參見《輯繩》, 頁 520

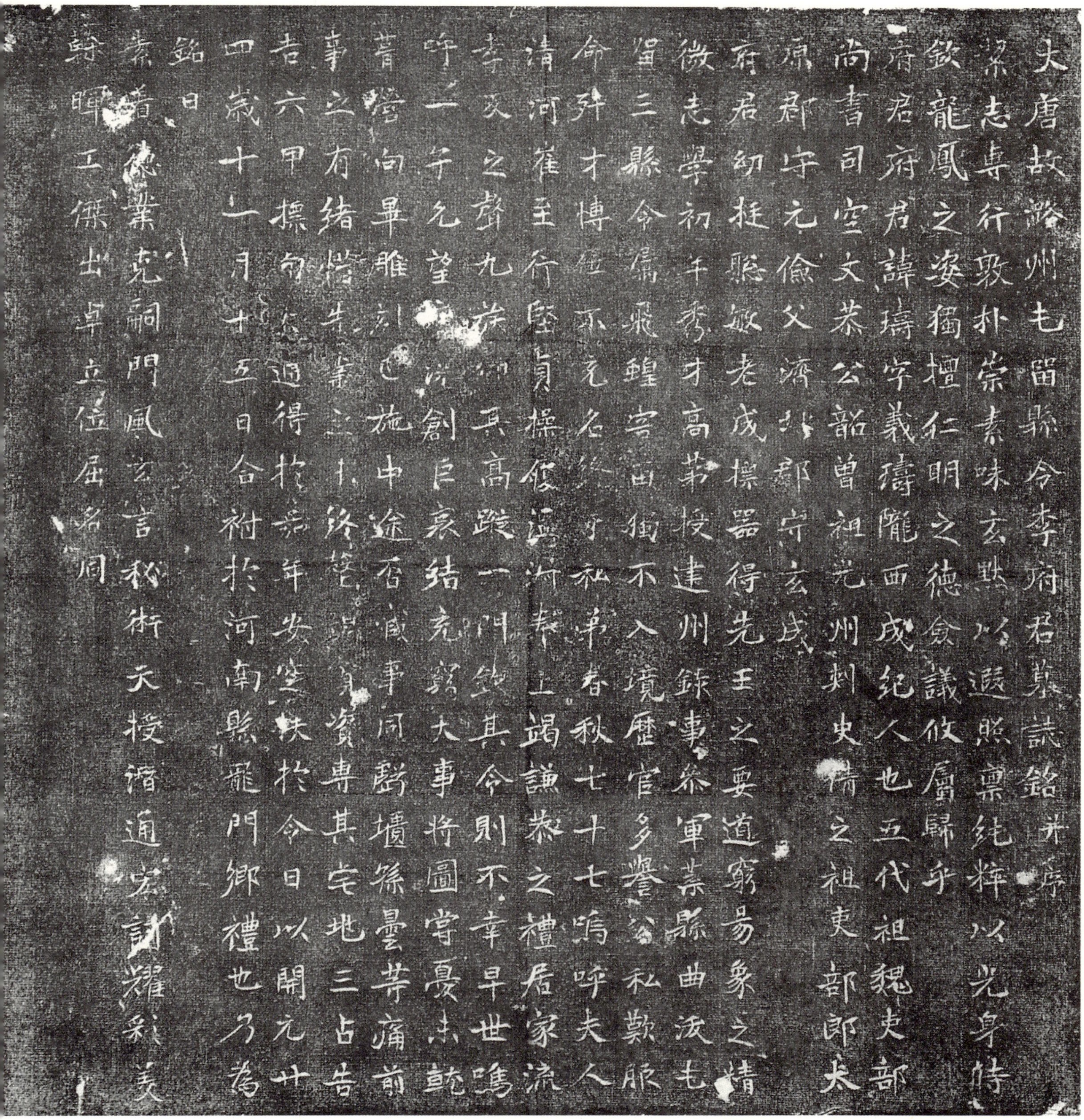

大唐故潞州屯留縣令李府君墓誌銘并序
深志專行敦朴崇素味玄默以遐照禀純粹以光身特
欽龍鳳之姿獨擅仁明之德僉議攸屬歸乎
府君府君諱璹字義璹隴西成紀人也五代祖魏吏部
尚書司空文恭公韶曾祖光州刺史備之祖吏部郎[illegible]
原郡守元儉父濟北郡守玄感
府君幼挺聰敏老成標器得先王之要道窮易象之精
微志學初年秀才高第授建州錄事參軍[illegible]縣曲沃屯
留三縣令備飛蝗害田獨不入境歷官多譽公私歎服
命舛才博位不充名終于私第春秋七十七嗚呼夫人
清河崔王行堅貞操履溫柔奉上竭謙恭之禮居家流
孝友之聲九族[illegible]其高蹤一門欽其令則不幸早世嗚
呼二子允望[illegible]創巨哀結充窮大事將圖嘗憂未就
菁營向畢雖刻已施中途否滅事同鬱壙絲臺昔痛前
事之有緒[illegible]生業[illegible][illegible]終[illegible][illegible][illegible]資專其宅兆三占告
吉六甲標旬[illegible]通得於[illegible]年安窆夫於今日以開元廿
四歲十一月十五日合祔於河南縣龍門鄉禮也乃為
銘曰
素著德業克嗣門風玄言秘術天授潛通宏詞耀彩美
翰暉工傑出卓立位屈名同

177.大唐故潞州屯留縣令李府君(璹)墓誌銘並序

46×46 釐米
開元二十四年(736)十一月十五日
2003 年 6 月龍門西山出土

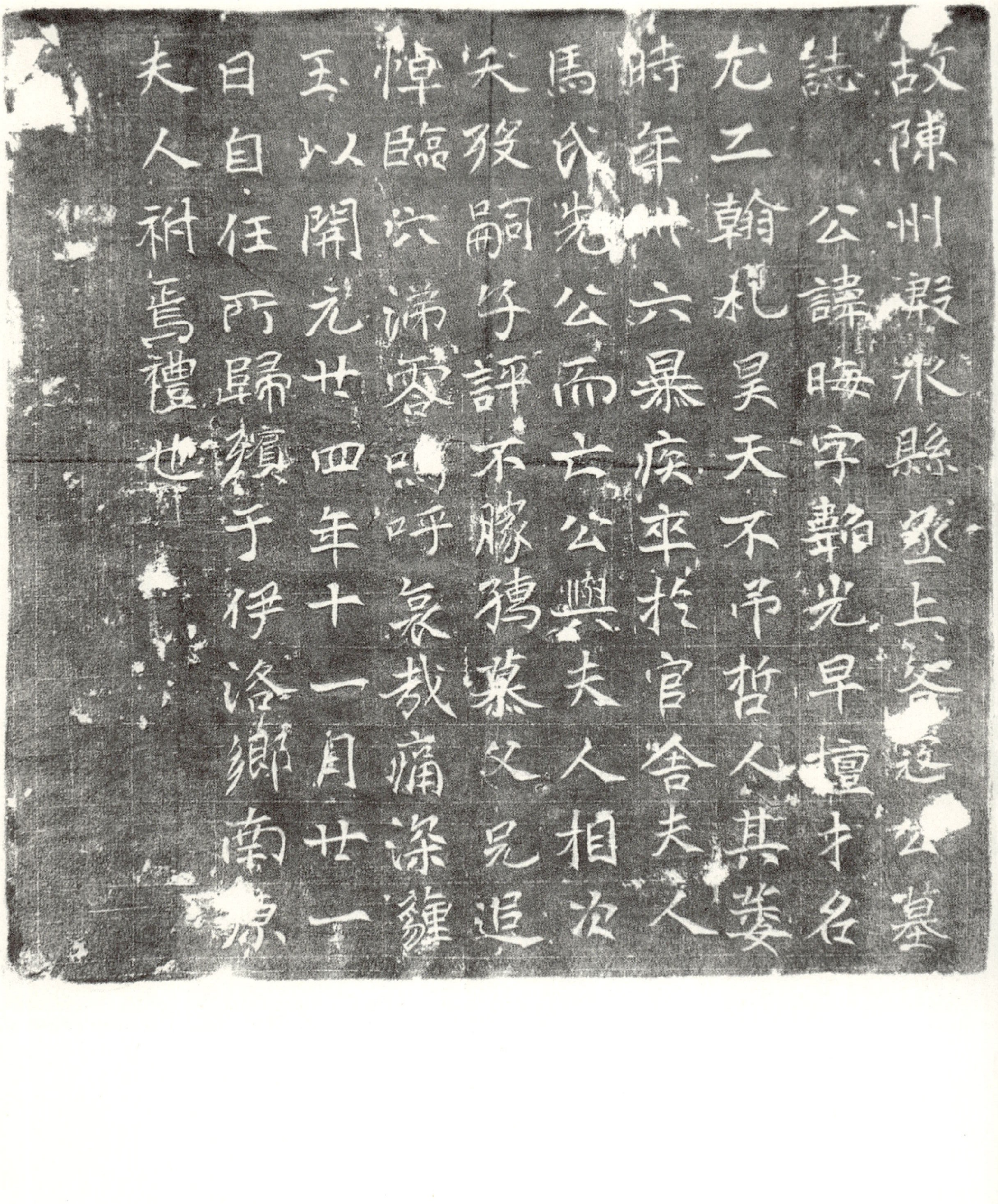

178.故陳州溵水縣丞上谷寇公(晦)墓誌

29×29 釐米
開元二十四年(736)十一月二十一日
約 2005 年秋龍門東山北麓出土

179.大唐故雍州明堂縣尉隴西李府君(惠)墓誌銘並序

50×50.8×9 釐米
朝請大夫行青州司馬上柱國吴興沈宇撰。
開元廿四年(736)十二月十五日
1997 年冬龍門東山南麓許營村出土

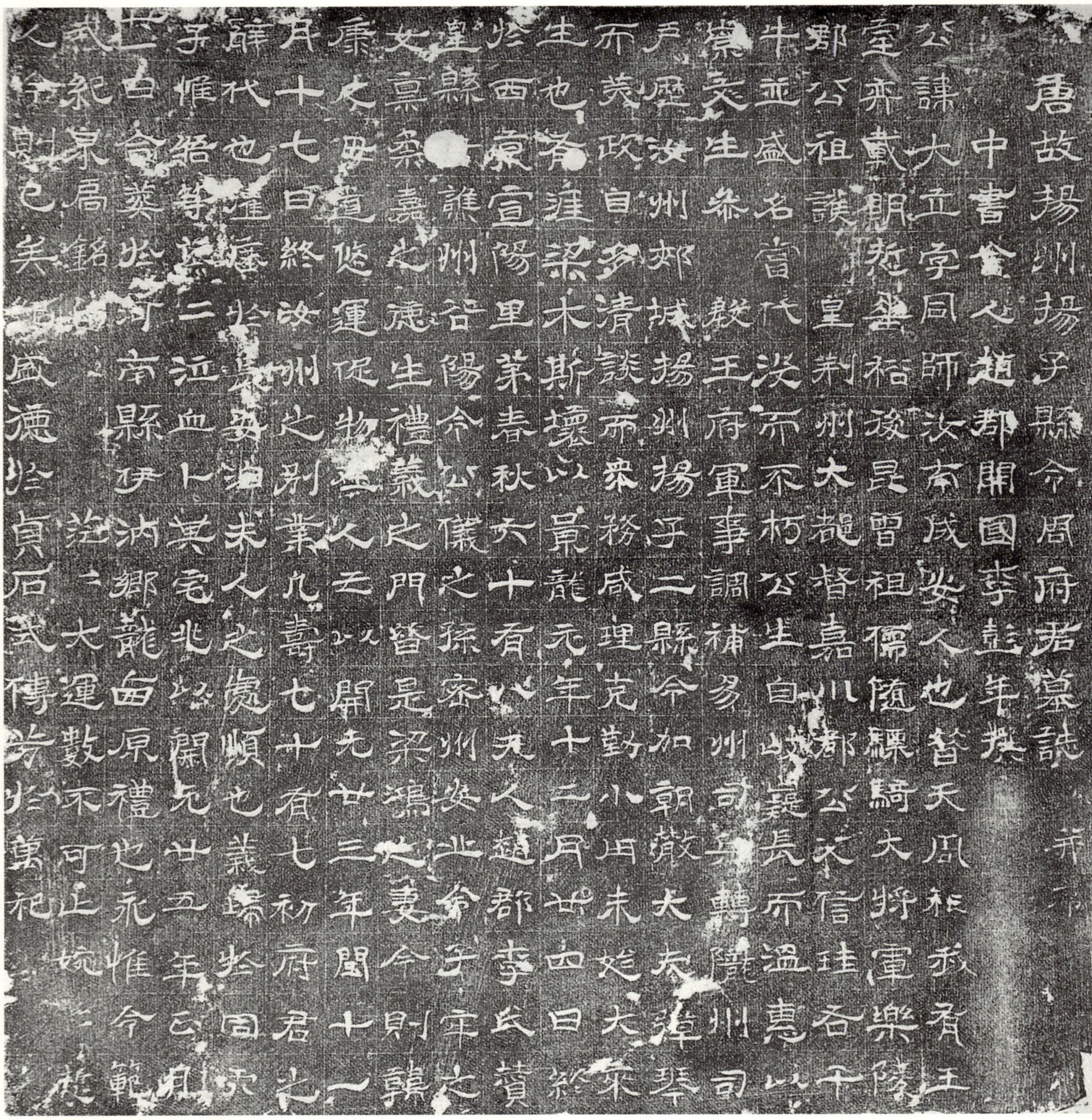

180.唐故揚州揚子縣令周府君(大立)墓誌並序

39×39.5 釐米
中書舍人趙郡開國李彭年撰
開元二十五年(737)正月二十一日
2002 年 8 月龍門西山南麓出土

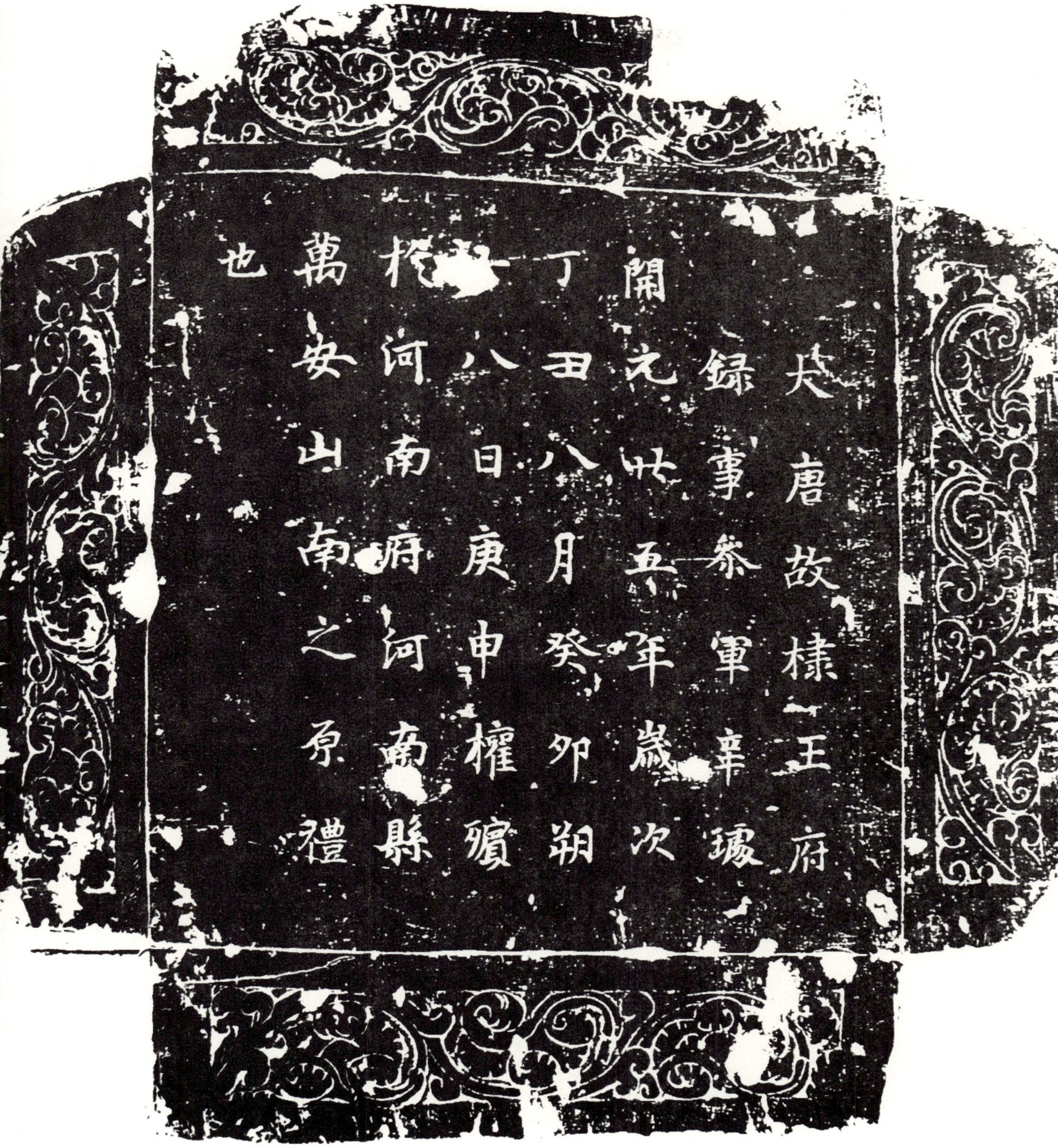

181.辛璩墓誌

35×34.5 釐米
開元二十五年(737)八月二十八日葬於“河南縣萬安山南之原”。
1999 年 6 月龍門東山南麓出土。

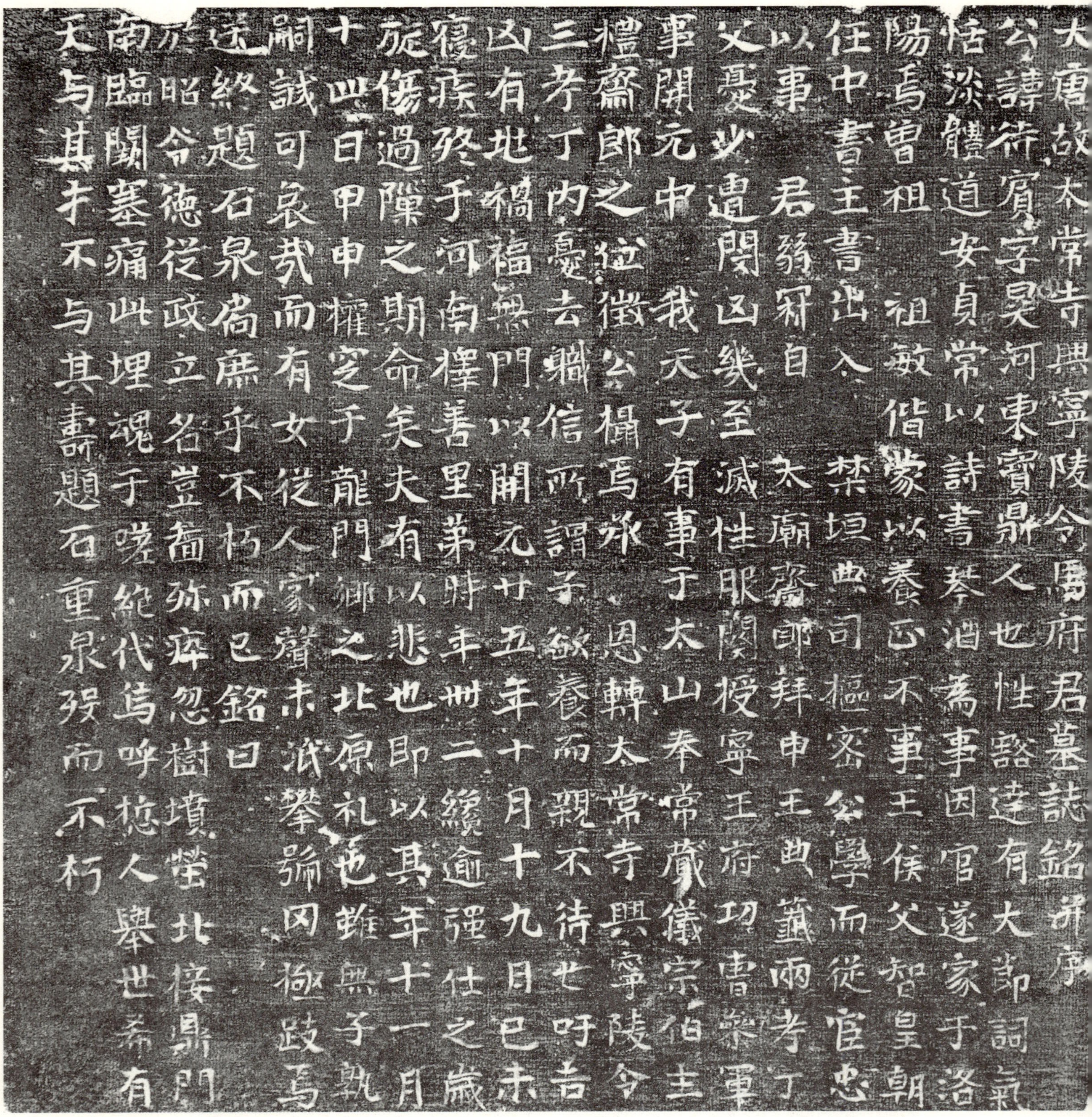
大唐故太常寺興寧陵令馬府君墓誌銘并序
公諱待賓字旻河東寶鼎人也性豁達有大節詞氣
恬淡體道安貞常以詩書琴酒爲事因官遂家于洛
陽焉曾祖　祖敏偕蒙以養正不事王侯父智皇朝
任中書主書出入禁垣典司樞密公學而從官忠
以事君貊穿自　太廟齋郎拜申王典籤兩考丁
父憂以遺閔凶幾至滅性服闋授寧王府功曹參軍
事開元中我天子有事于太山奉常蒇儀宗伯主
禮齋郎之從徵公稱焉旅　恩轉太常寺興寧陵令
三考丁内憂去職信所謂子欲養而親不待也吁吾
凶有地禍福無門以開元廿五年十月十九日巳未
寢疾歿于河南樸善里第時年卌二纔逾强仕之歲
旋傷過隙之期命矣夫有以悲也即以其年十一月
十四日甲申權窆于龍門鄉之北原礼也雖無子孰
嗣誠可哀哉而有女從人家聲未減攀號罔極致焉
述終題石泉扃庶乎不朽而已銘曰
於昭令德從政立名豈圖殊瘁忽樹墳塋北接鼎門
南臨闕塞痛此埋魂于嗟絶代烏呼惣人舉世希有
天與其才不與其壽題石重泉歿而不朽

182.大唐故太常寺興寧陵令馬府君(待賓)墓誌銘並序

37×37×8 釐米
開元二十五年(737)十一月十四日
2005 年 9 月龍門西山北麓出土

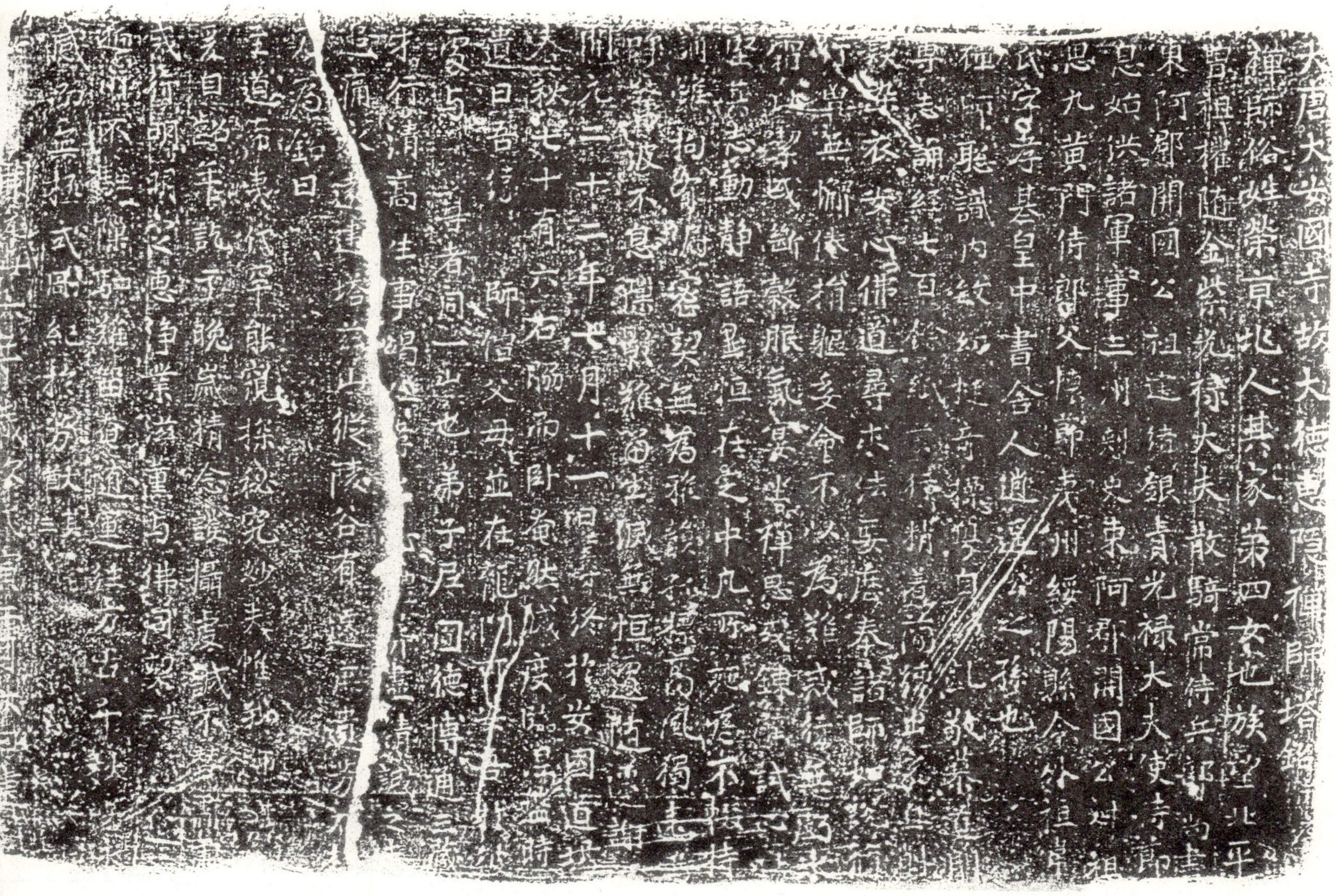

183.大唐大安國寺故大德惠隱禪師塔銘並序

36×56 釐米
開元二十六年(738)二月六日
參見《北圖》·唐·第二十四册,頁55

184.有唐薛氏故夫人實信優婆夷未曾有功德塔銘並序

70×76 釐米
朝議大夫守河南少尹東郡杜昱撰並書，張乾愛刻字
開元二十六年(738)五月十五日
參見《北圖》·唐·第二十四冊，頁 62

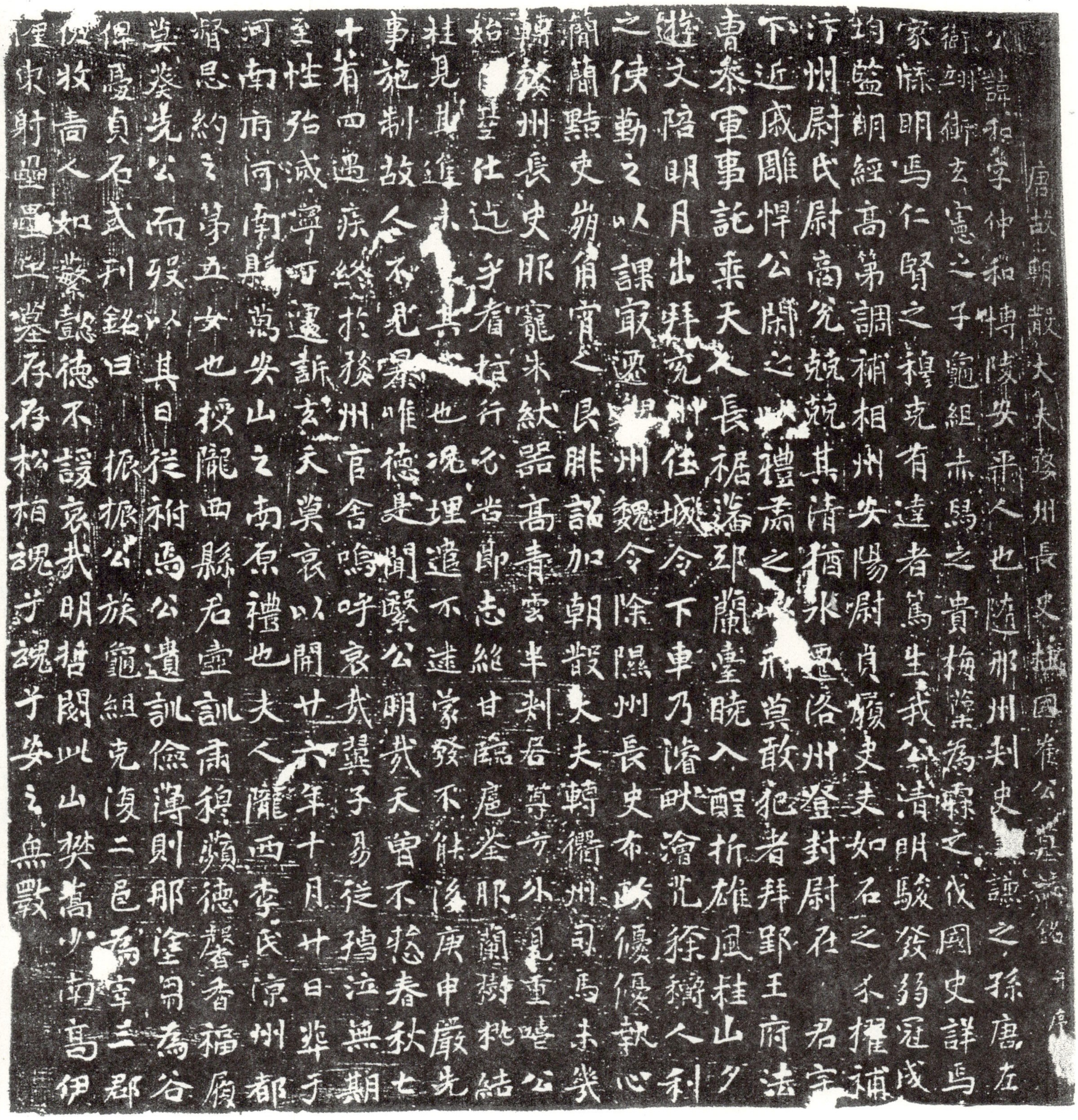

185.唐故朝散大夫婺州長史柱國崔公(和)墓誌銘並序

44×43×11 釐米
開元二十六年(738)十月二十日
參見《釋錄》,頁 252

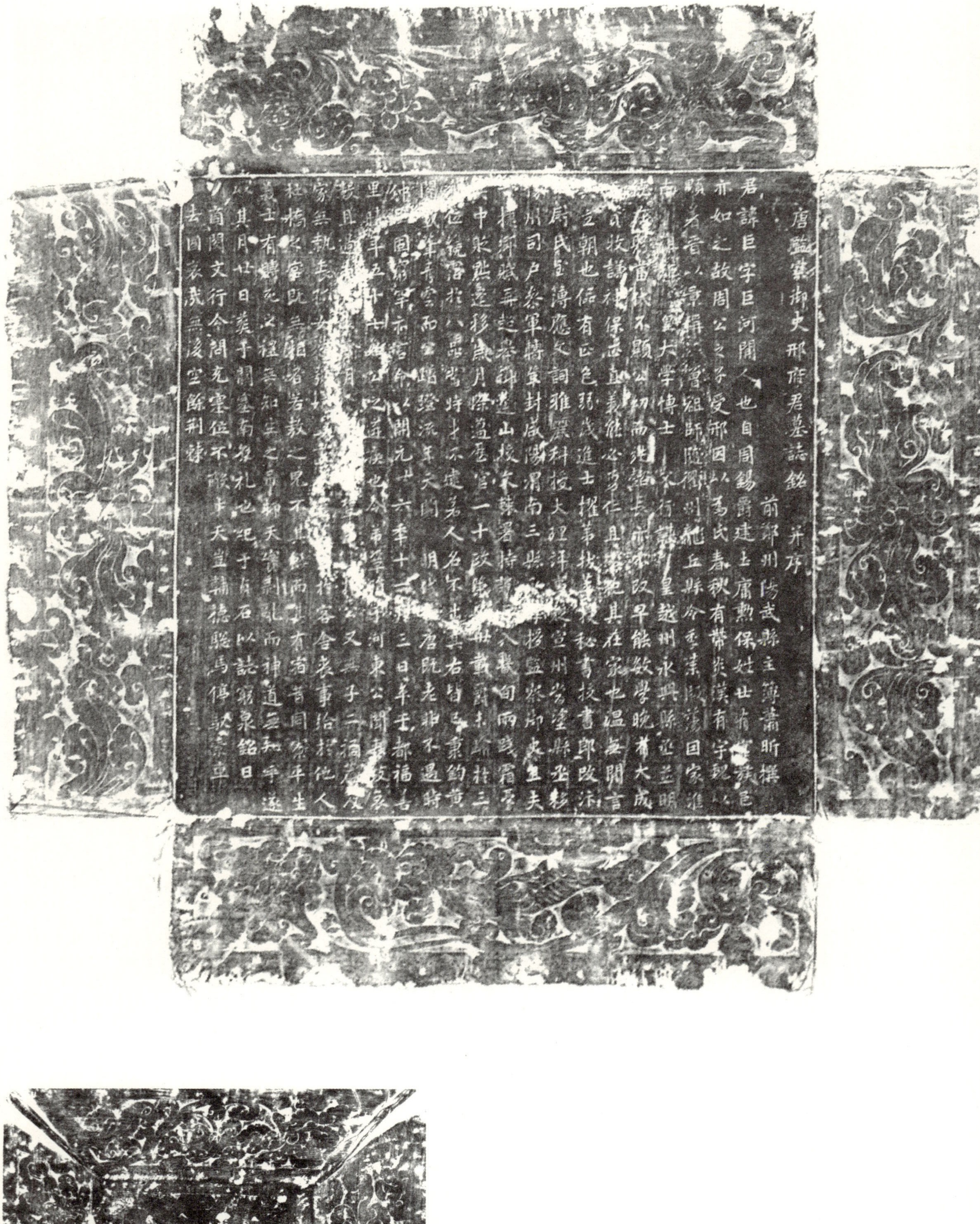

186.唐監察御史邢府君(巨)墓誌銘並序

48.5×48×13 釐米　誌蓋拓本 54×54 釐米
蓋芯篆書"大唐故/邢府君/墓誌銘"
前鄭州陽武縣主簿蕭昕撰。
開元二十六年(738)十一月二十日
2006 年春龍門西山南麓出土

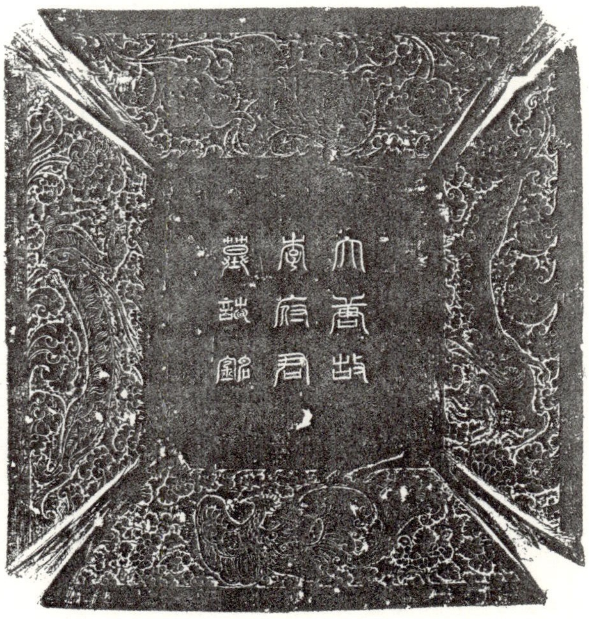

187.唐故蒲州猗氏縣令隴西李府君(景由)墓誌銘並序

64.5×65.5×11 釐米　誌蓋 63.5×63.5×15 釐米

蓋芯篆書"大唐故/李府君/墓誌銘"

開元二十六年(738)葬於偃師首陽山

參見中國社會科學院考古研究所編《偃師杏園唐墓》,頁 275–276。科學出版社,2001 年,北京

188.大唐故朝議郎守魏州司馬上柱國李府君(喬卿)墓誌文並序

57.8×57.8×10 釐米
開元二十七年(739)正月十六日
參見《釋錄》,頁 93

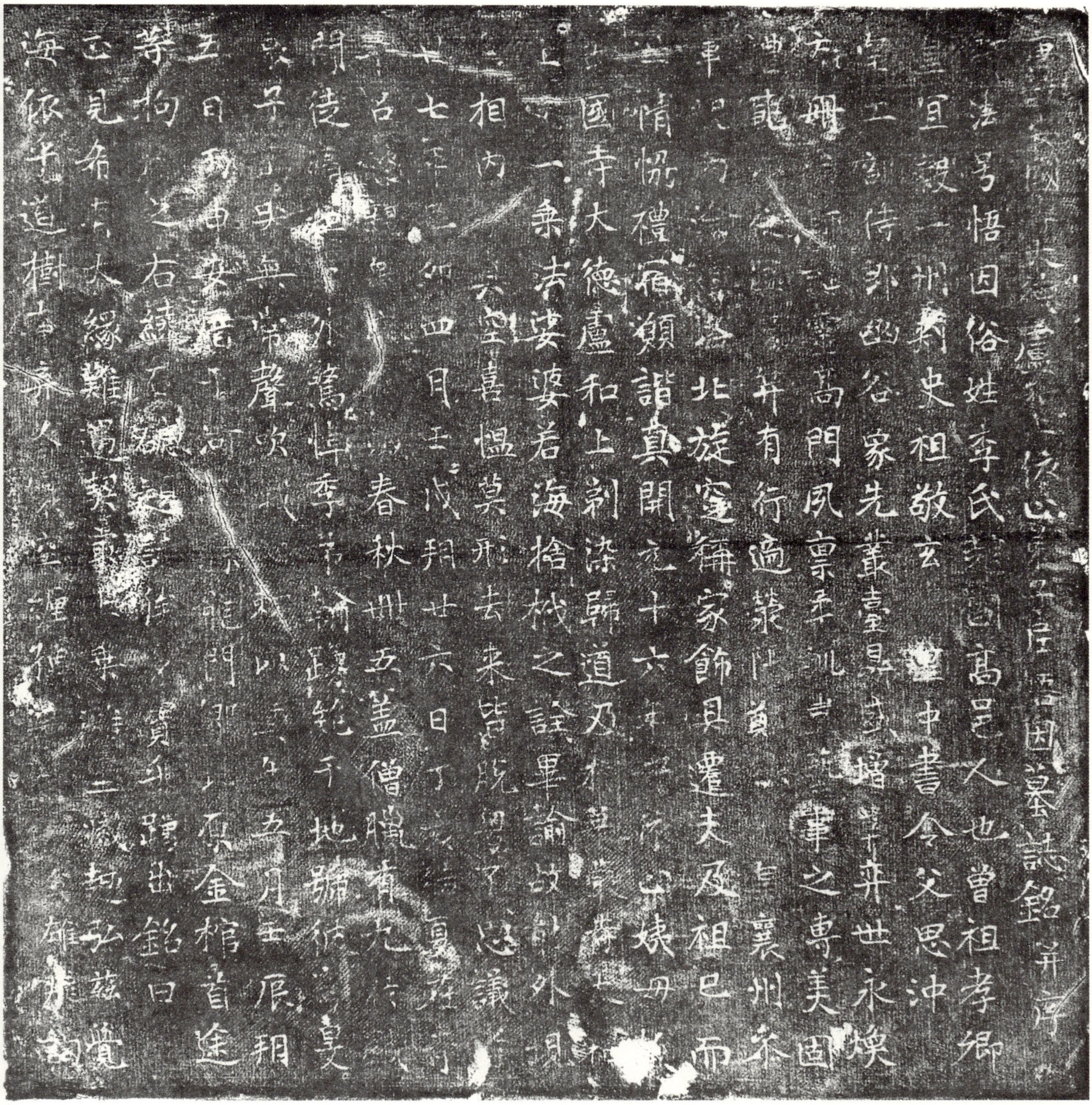

189.唐故安國寺大德盧和上依止弟子尼悟因墓誌銘並序

36×36 釐米　誌蓋拓本 39×39.5 釐米
蓋芯篆書“大唐故/李五師/墓誌銘”。墓門石刻一付，與墓誌同出
開元二十七年(739)五月五日
悟因祖李敬玄，高宗朝中書令，《舊唐書》卷八一有傳。
父思沖，神龍中與李多祚等死難於“玄武樓之變”
2005 年春龍門西山出土

尼悟因墓門石刻

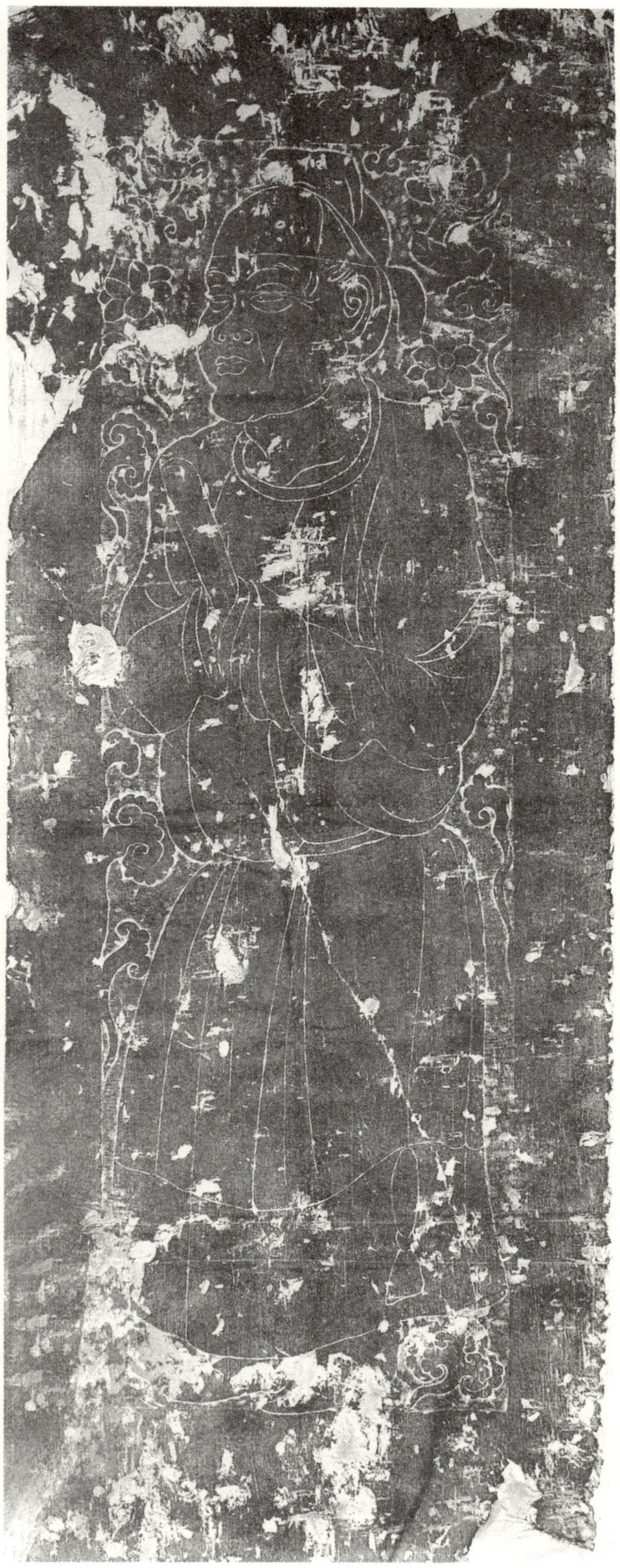

尼悟因墓門石刻

190.唐故通義縣令太原王府君夫人崔氏墓誌銘並序

38.6×37.6×6 釐米；嗣子炅撰。
開元廿七年(739)六月十二日"崩殁於都城龍門南韓村别業。"
開元廿八年(740)四月十七日
約 1997 年 8 月龍門東山南麓出土。

191.大唐故隨州司馬王府君(杲)墓誌銘並序

41×41 釐米　誌蓋拓本 44×45 釐米
蓋芯隸書“大唐故/王府君/墓誌銘”
開元二十七年(739)十月十一日
2006 年初秋龍門東山南麓出土

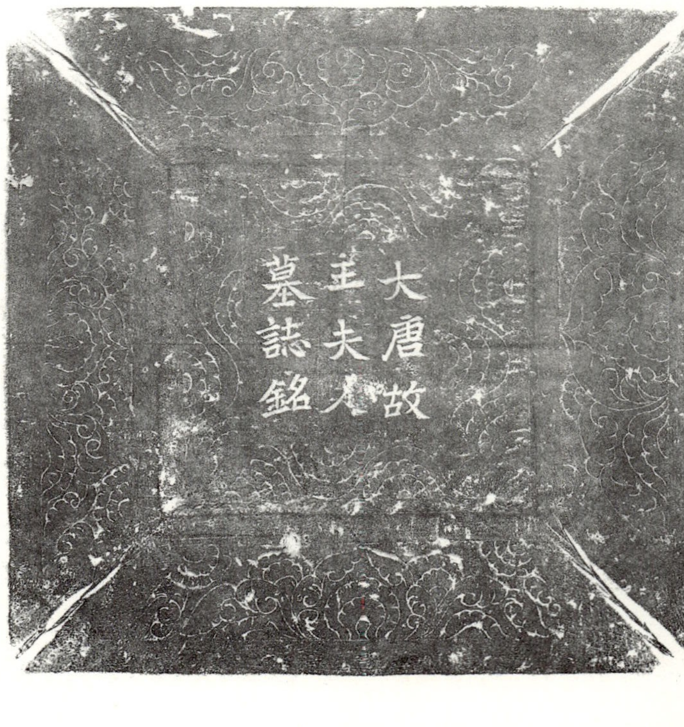

192.唐益府參軍高府君故夫人太原王氏墓誌銘並序

42×42×10 釐米　誌蓋拓本 45×45 釐米
蓋芯楷書“大唐故/王夫人/墓誌銘”。前鄉貢明經博陵崔晟纂文
開元二十七年(739)十二月八日
2006 年 8 月龍門西山出土

唐睿宗大聖真皇帝故貴妃豆盧氏墓誌銘并序
庫部郎中知制誥兼修國史吴鞏撰　東海徐濟書
貴妃姓豆盧氏稽諸本系受氏于燕因山爲号以冠易族故在燕爲慕容氏
在魏爲豆盧氏洎唐之崇降生宝公定公即妃之烈曾也　皇禮部尚書光
禄大夫贈特進并州大都督諱寛敬公大父也　皇右武衛大將軍贈太子
少保諱仁業汾州王考也　皇并州晉陽縣令贈汾州刺史諱欽肅惟忠公
挺忠肅之純粹惟敬公禀河岳之閒氣惟汾州蓄明哲之上智累仁積慶鍾
秀於貴妃焉妃幼而貞和宗黨稱異體仁以順族由孝以安親非禮勿言非
傅不出慈恵秀發敏鋭標舉　先帝　高宗之愛子也時妃歳十
五以良家子入爲孺人暨　先帝嗣位儲皇纂戎丕業乃冊爲貴妃增
殊號也　恩榮稠疊今古莫二由是位超内職器茂公宫疾浮華以厲咸
恒敦慤素而敬蘋藻副笄罕飾綿衣不曳翟紋有儀鵲巢成德先是
母后虐國諸吕擅衡嗷嗷讒口膚譖日熾妃顧下翔　上言遂身全重安劉
氏寳有力也神龍初伯父左僕射平章事兼相王府長史芮國元公欽望以
妃久處　禁闈特乞出内詞旨懇切有　詔見許　勅令妃養恵
莊太子爲己子恵莊猶稚始孩覃訏在抱幼撫長訓不忝　前人施自得於
約一思無忘於反哺早代無嗣悲夫　今上昔在幼年　太后弃代
妃在樹掖時遇　龍潛累載左右一心保輔及　大人貞觀日月麗天茅
土增湯沐之邑金帛盈服玩之用　優詔歳降　殊渥荐及昭其德也
當扈從進賀雩詩兼對　御談論言備規諍詞該風雅　天文宸
翰累有褒寵昭其才也開元廿八年夏四月寢疾弥留　上用憂軫
御璽中使相望不絶執燭加衣奄忽而逝甲申薨於親仁里第歳七十有九
上聞哀輟朝三日吊賵加等　詔官給喪事靈轝還都　勅京兆
少尹田賓庭監護焉以其年七月己酉葬於河南龍門鄉之原禮也與夫幽
婉自閑淑慎合度砥彼峻[illegible][illegible]兹靜心九嬪範其女儀六宮師其母訓宜當
能辭輦之譽可稱式宜其光輔　聖君儀刑内則如何不吊喪我閫式
議行與能備在彤管勒銘終古託兹玄石其詞曰
赫赫遠系来宅燕裔勳庸代襲賢哲相繼誕兹靈仙淑慎配　天容乃合禮
德必稱賢厚夜冥寞女宗奚託特降　恩詔遵于東洛闕塞南峙兮伊
水北流山川今古兮白楊新秋兮嗟貴妃兮不泯徽猷

193.唐睿宗大聖真皇帝故貴妃豆盧氏墓誌銘並序

誌石 77×77×20 釐米　誌蓋 75.5×75.5×18.5 釐米
蓋芯篆書"唐故貴/妃豆盧/氏誌銘"
庫部郎中知制誥兼修國史吴鞏撰，東海徐濟書
開元二十八年(740)七月二十五日
1992 年 5–9 月龍門西山北麓發掘出土
參見洛陽市文物工作隊編《唐睿宗貴妃豆盧氏墓發掘簡報》，
《文物》1995 年第 8 期，頁 45–46

194.唐右監門卒府兵曹李燔之妻清河崔夫人(蕙)墓誌

30×29.5 釐米
開元二十八年(740)十一月八日
2005 年秋龍門西山出土

195.唐故滎陽郡夫人鄭氏(德曜)墓誌銘並序

誌石 76×76×14.5 釐米　誌蓋 76×76×15 釐米
蓋芯篆書“唐故滎/陽郡夫/人鄭氏/墓誌銘”
固安文公三從弟朝散大夫行尚書吏部員外郎偰撰,漢陽沙門湛然書
開元二十八年(740)十一月十九日
其夫盧從願,《舊唐書》卷一〇〇有傳
參見《輯繩》,頁 522
1987 年 12 月龍門西山南麓出土

196.唐故趙府君(全璧)墓誌銘並序

34.5×35×9 釐米；
開元廿八年(740)十一月廿六日
1997 年 8 月龍門東山南麓出土,後據云誌石爲洛陽市第二文物工作隊徵集。

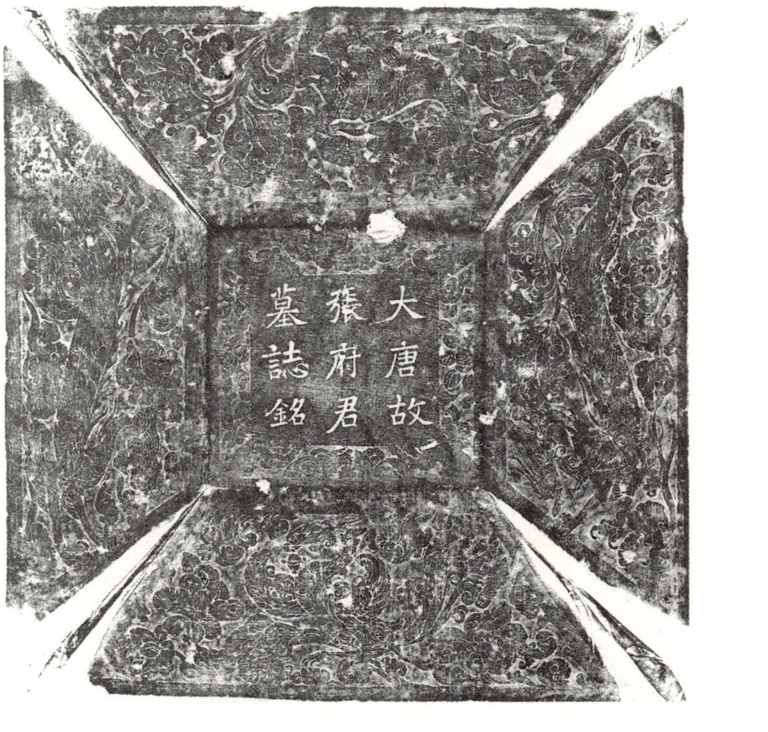

197.大唐故鳳州別駕張府君(景尚)墓誌銘並序

51.5×51 釐米　誌蓋拓本 57×57.5 釐米
蓋芯楷書“大唐故/張府君/墓誌銘”
曾侍親於“鼎城南別業”。
開元廿九年(741)八月六日
2005 年 3 月龍門西山張溝村東南出土

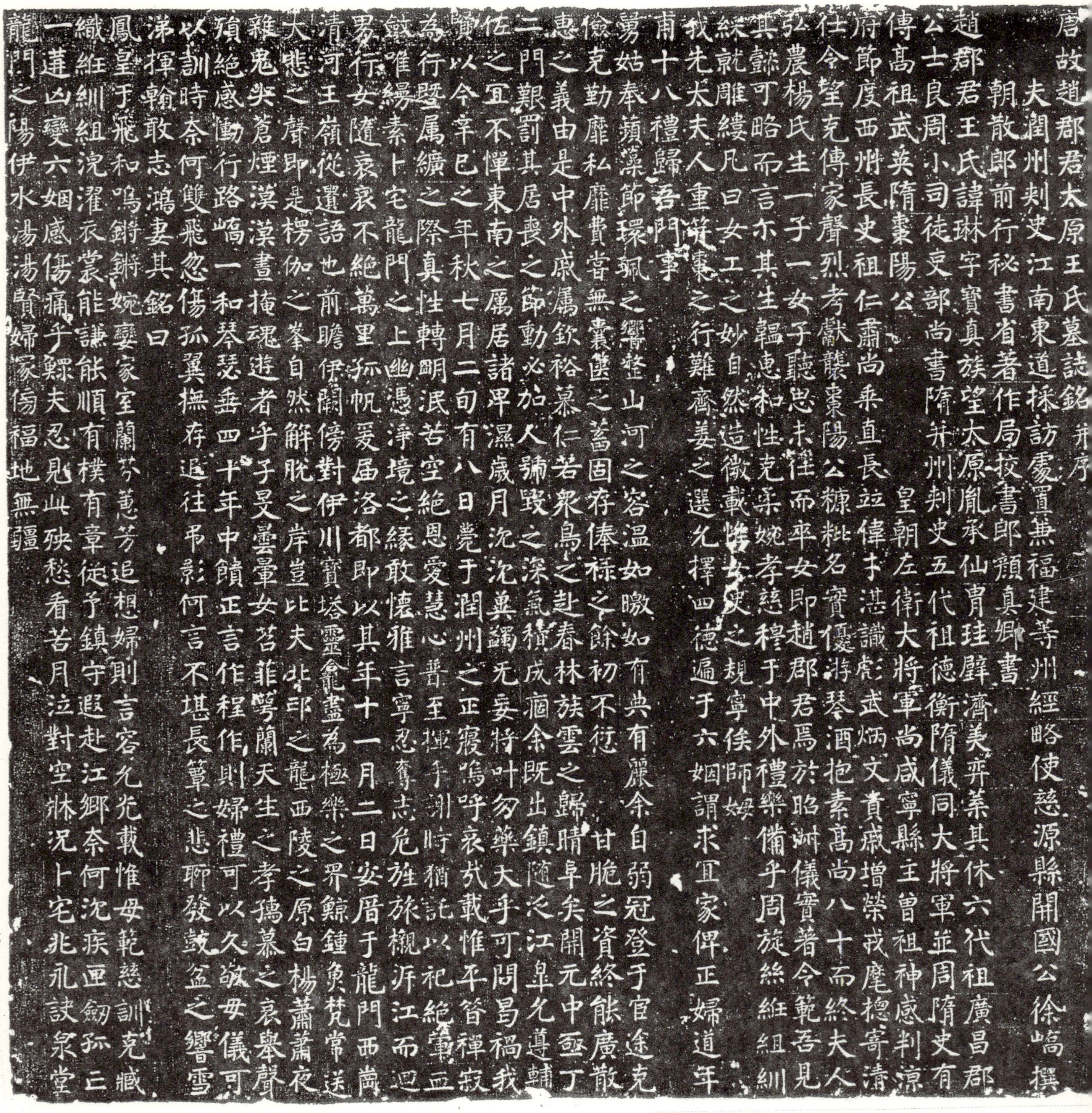

198.唐故趙郡君太原王氏(琳)墓誌銘並序

90×90.5×17 釐米

夫潤州刺史江南東道採訪處置兼福建等州經略使慈源縣開國公徐嶠撰，朝散郎前行秘書省著作局校書郎顏真卿書。

開元二十九年(741)十一月二日

2003 年 8 月龍門西山張溝村西原出土

199.唐中大夫行歙州長史尹公故夫人上邽郡君李氏墓誌銘並序

37.5×38×10.5 釐米
誌蓋盝芯楷書“唐歙州/長史夫/人墓誌”，拓本 41×41 釐米
開元廿九年(741)十一月十三日
2006 年 8 月龍門西山北麓平原出土

200.大唐內侍省功德之碑

213×92 釐米
專□□□□□□□□□□□□□□□□□都
檢校官正議大夫行內侍省內侍上柱國
□□□□□□□□□校僧大奉先寺沙門
道傑、文濟
開元□□□□□□□□□七月壬戌建

201.故江州刺史李君夫人博陵郡君崔氏墓誌銘並序

44.5×44.5 釐米
誌蓋當心篆書"大唐故/李府君/墓誌銘",拓本 26.5×27 釐米
考爲天寶元年(742)正月三日葬於龍門
據云 2004 年 9 月出土於龍門西山

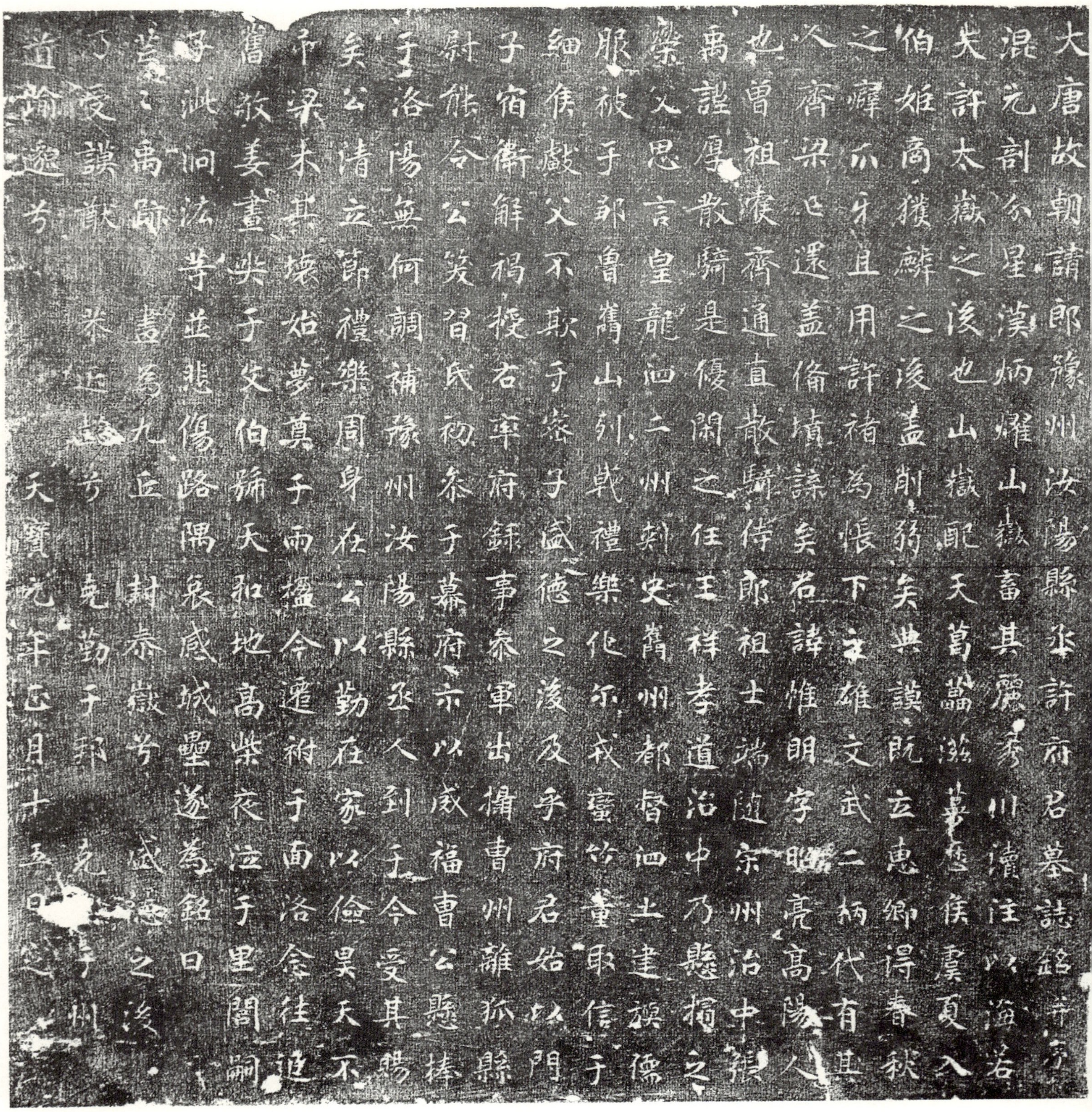

202.大唐故朝請郎豫州汝陽縣丞許府君(惟明)墓誌銘並序

38.5×39 釐米
天寶元年(742)正月十五日
2004 年 6 月出土於龍門西山

203.唐故京兆府武功縣令蔡府君（鄭客）墓誌銘並序

62.5×62.5×10.5 釐米
鄭州陽武縣主簿蕭昕撰　前汲郡新鄉尉李傾書
天寶元年（742）正月十五日
約 2003 年 9 月出土於龍門西山

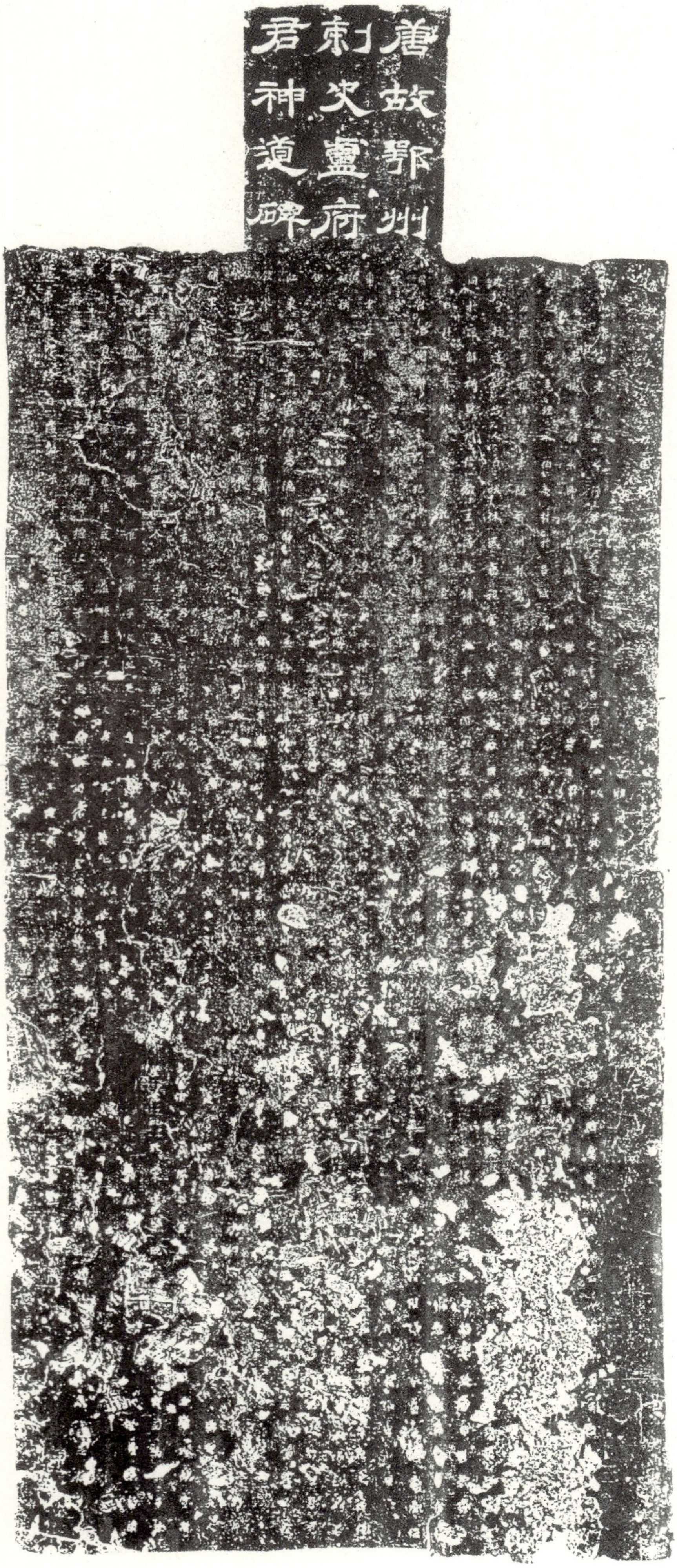

204.唐故鄂州刺史盧府君(正道)神道碑

227×97 釐米　北海□□李邕撰並書
天寶元年(742)二月八日
參見《北圖》·唐·第二十五册,頁 4

205.薛氏夫人樊氏墓誌

32×32×7.5 釐米
天寶元年(742)八月十八日
2006 年 9 月龍門西山出土

206.唐故梓州司戶參軍彭府君(紹)墓誌銘並序

59×59×12 釐米 監察御史孟匡撰
誌蓋 59×59×11.5 釐米,蓋芯篆書“大唐故/彭府君/墓誌銘”
天寶元年(742)十月十四日
1998 年 12 月中旬龍門西山張溝村東地出土

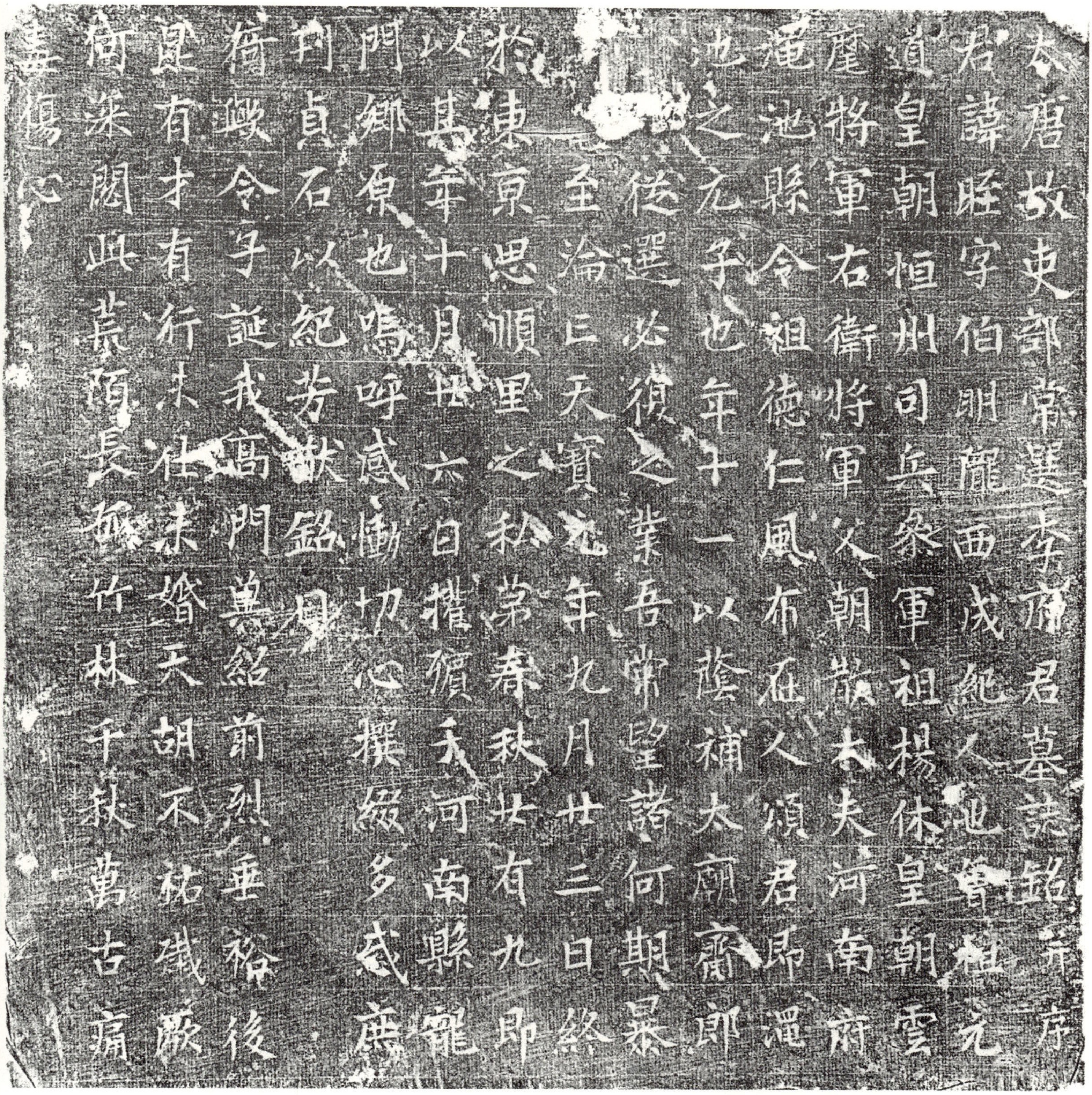

大唐故吏部常選李府君墓誌銘并序
君諱脛字伯朋隴西成紀人也曾祖元
道皇朝恒州司兵參軍祖楊休皇朝雲
麾將軍右衛將軍父朝散大夫河南府
澠池縣令祖德仁風布在人頌君昂澠
池之元子也年十一以蔭補太廟齋郎
[illegible]從選必復之業吾常望諸何期暴
[illegible]至淪已天寶元年九月廿三日終
於東京思順里之私第春秋廿有九即
以其年十月廿六日權殯于河南縣龍
門鄉原也嗚呼感慟切心撰綴多感庶
刊貞石以紀芳猷銘曰
猗歟令子誕我高門萬紹前烈垂裕後
昆有才有行未仕未婚天胡不祐殲厥
何深閣與蒿陌長懷竹林千秋萬古痛
盡傷心

207.大唐故吏部常選李府君(脛)墓誌銘並序

29.5×29.5 釐米　誌蓋蓋芯拓本 18.5×19.5 釐米
內篆書“大唐故/李府君/墓誌銘”
天寶元年(742)十月廿六日
2005 年秋龍門西山出土

208.徐嶠墓誌

（據誌文擬題）

90×89 釐米　太原府文水縣尉彭城劉迅文，大理寺主簿彭城劉繪書

天寶元年（742）十一月一日

誌主徐嶠，《新唐書》卷一九九有傳；考堅，《舊唐書》卷一〇二有傳

2003 年 8 月龍門西山張溝村西原出土

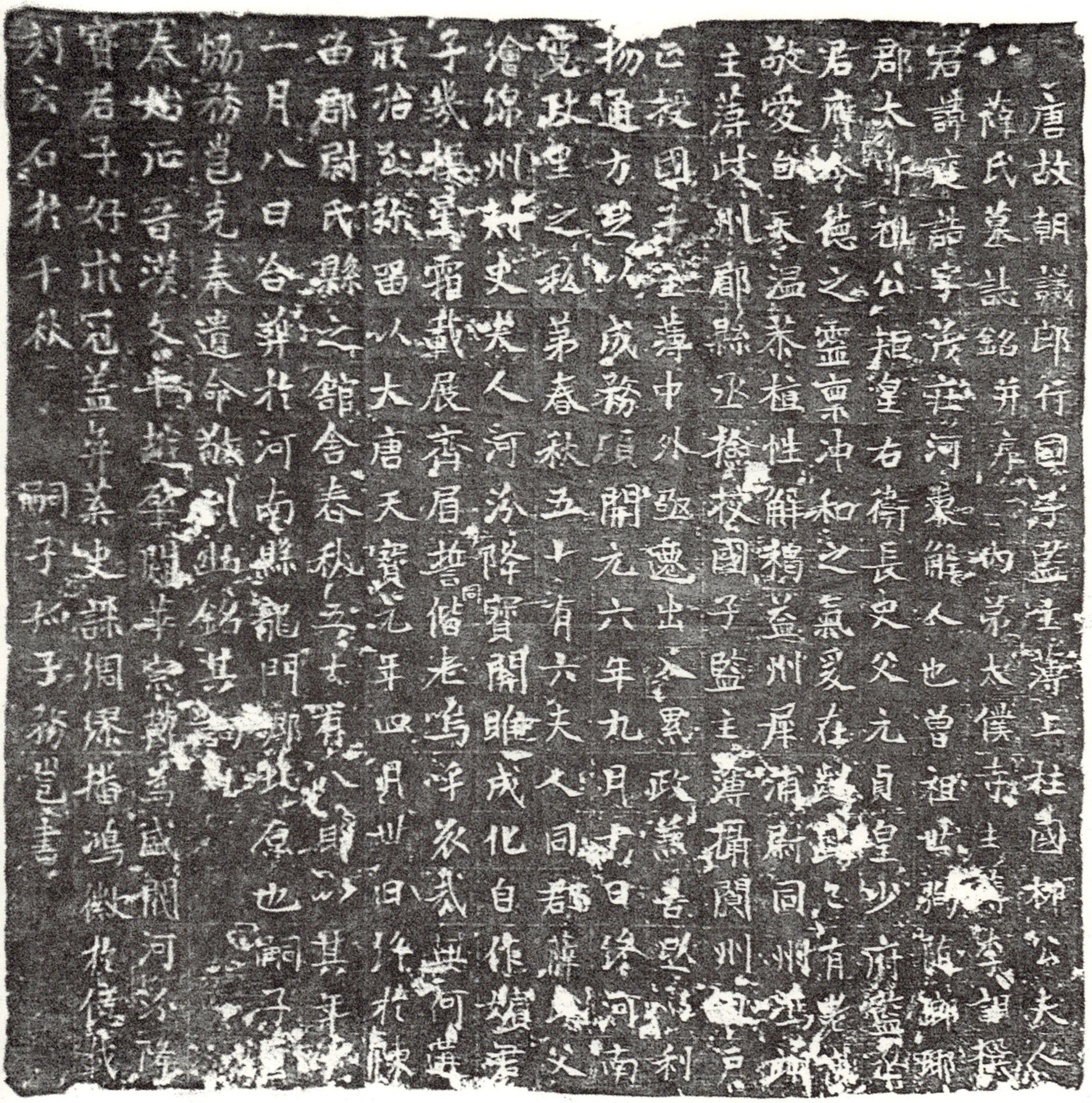

209.唐故朝議郎行國子監主簿上柱國柳公(庭誥)夫人薛氏墓誌銘並序

30.5×31 釐米　誌蓋蓋芯拓本 20×19.5 釐米
內篆書“大唐故/柳府君/薛夫人”
內弟太仆寺主簿李詡撰
天寶元年(742)十一月八日
2006 年 3 月龍門西山北原出土

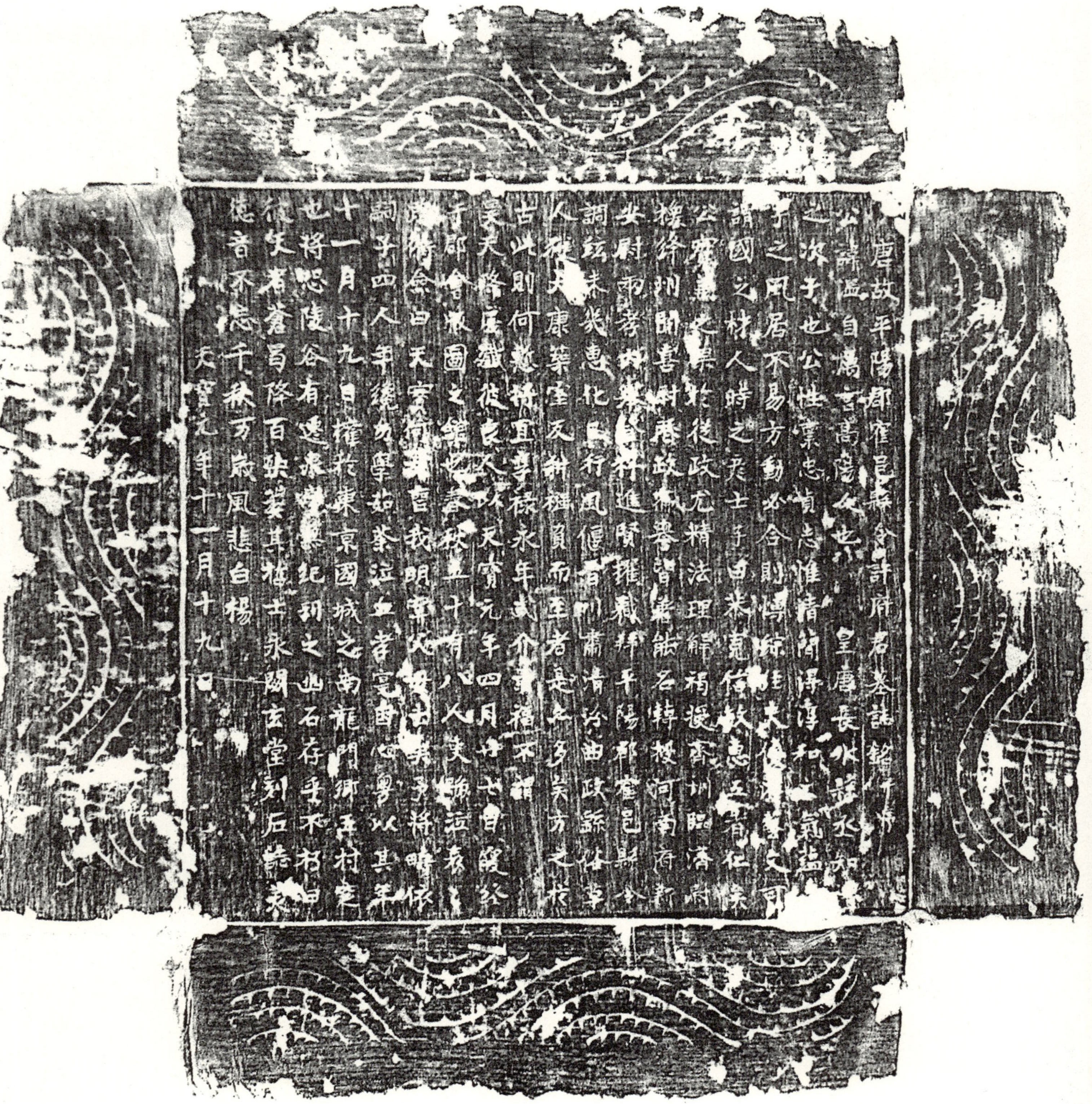

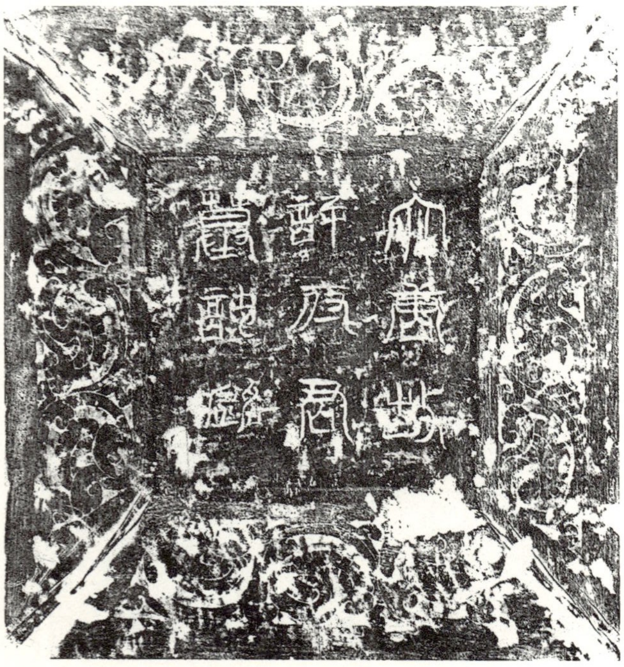

210.唐故平陽郡霍邑縣令許府君(溫)墓誌銘並序

37×37×9.5 釐米　誌蓋拓本 40×39.5 釐米
蓋芯篆書"大唐故/許府君/墓誌銘"
天寶元年(742)十一月十九日
2006 年春龍門西山出土

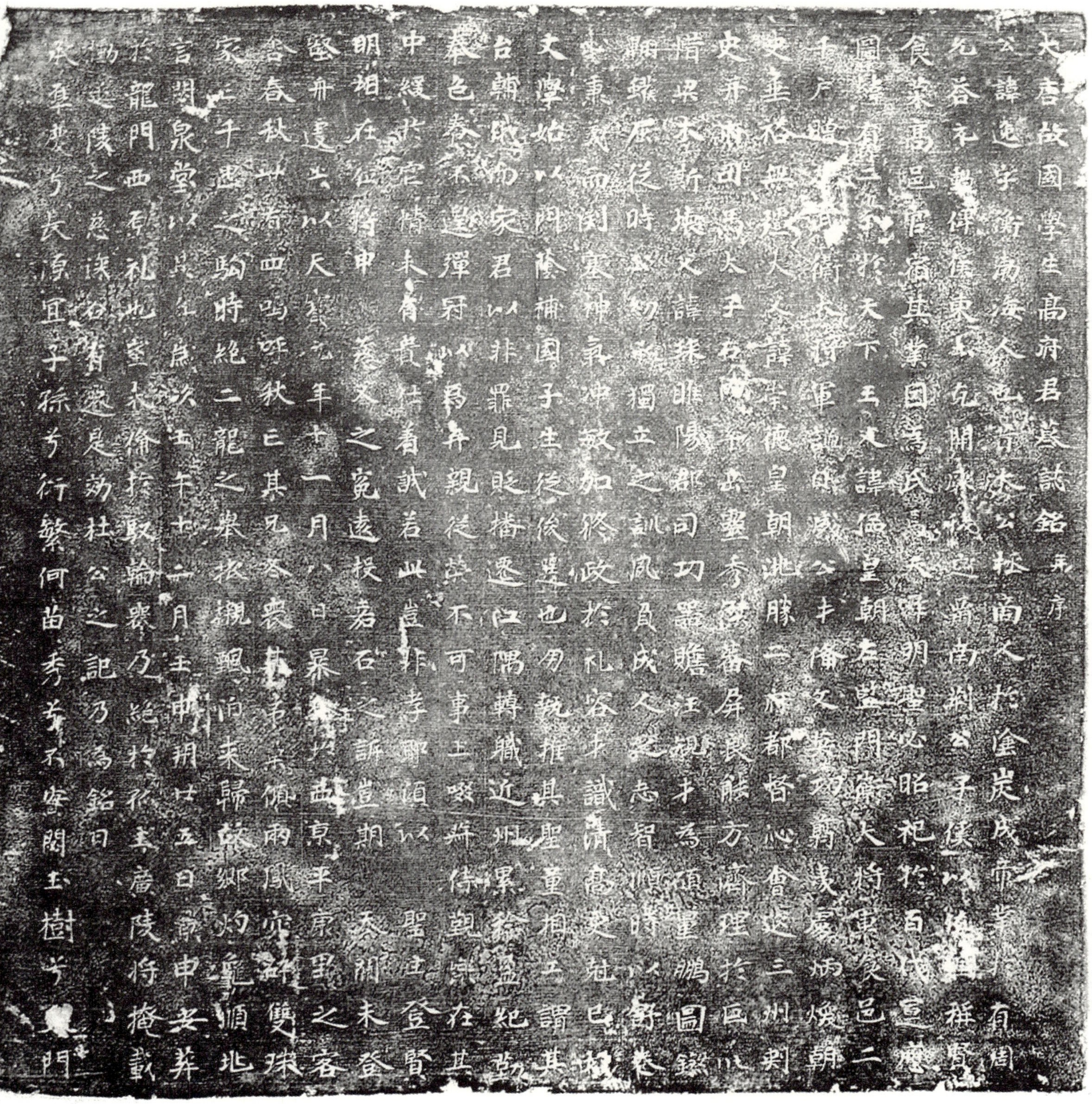

211.大唐故國學生高府君(逸)墓誌銘並序

50×50 釐米
天寶元年(742)十二月二十五日
2005 年秋龍門西山出土

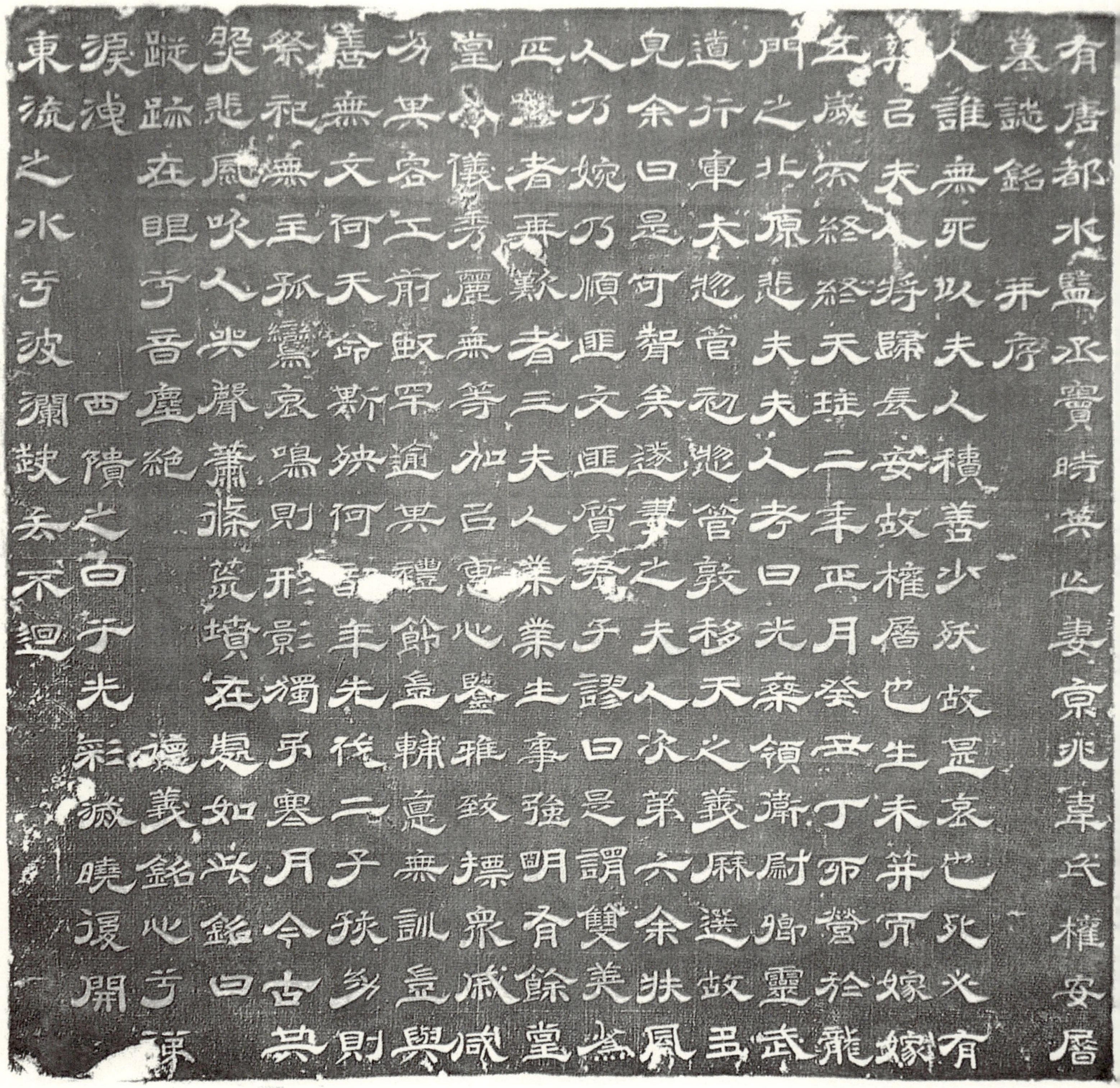

212.有唐都水監丞竇時英亡妻京兆韋氏權安厝墓誌銘並序

36×36 釐米
天寶二年(743)正月十三日
2006 年夏龍門西山張溝村北地出土

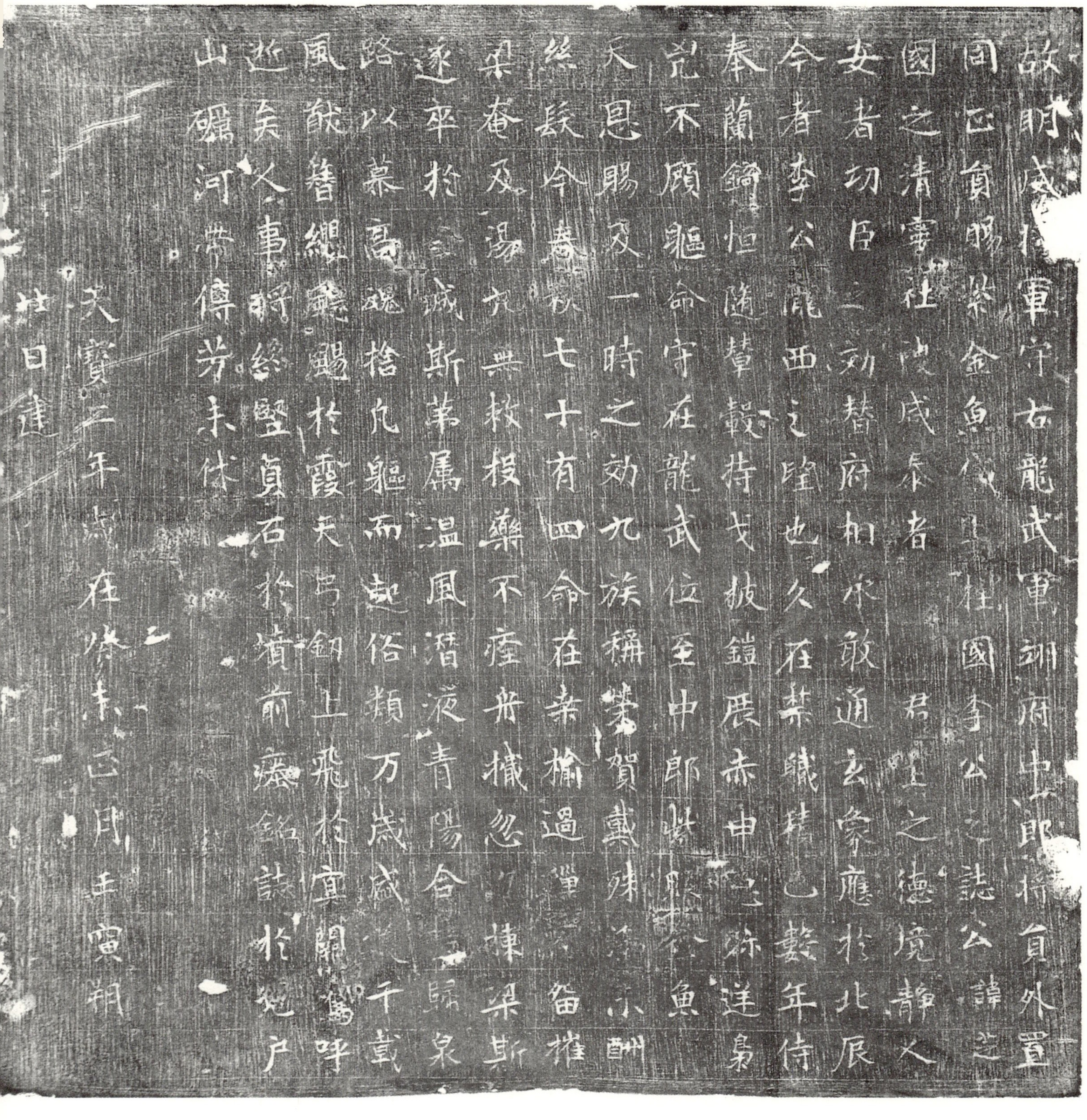
故明威將軍守右龍武軍翊府中郎將員外置
同正員賜紫金魚袋上柱國李公之誌公諱芝
國之清寧社稷咸泰者　君上之德境靜人
安者功臣之効替府相承敢通玄象應於北辰
今者李公隴西之望也久在禁職積已數年侍
奉蘭錡恒隨輦轂持戈披鎧晨夜申之稱進身
罔不顧軀命守在龍武位至中郎將紫金魚
天恩賜及一時之効九族稱榮賀戴殊深不酬
絲髮今春秋七十有四命在桑榆過[illegible][illegible]畚推
梁奄及湯丸無救投藥不痊冊擁忽[illegible]棟梁斯
逐卒於[illegible]城斯第屬溫風潛淚青陽合[illegible]歸泉
路以慕高魂捨凡軀而赴俗類万歲咸[illegible]千載
風飲[illegible][illegible]颸於霞天[illegible]釗上飛於宣闕嗚呼
逝矣人事將終豎貞石於墳前爰銘誌於墓户
山礪河帶傳芳未休
天寶二年歲在癸未正月壬寅朔
廿日建

213.故明威將軍守右龍武軍翊府中郎將員外置同正員賜紫金魚袋上柱國李公(芝)之誌

38.5×38.5×7 釐米
天寶二年(743)正月二十日
2000 年 2 月龍門東山北麓出土

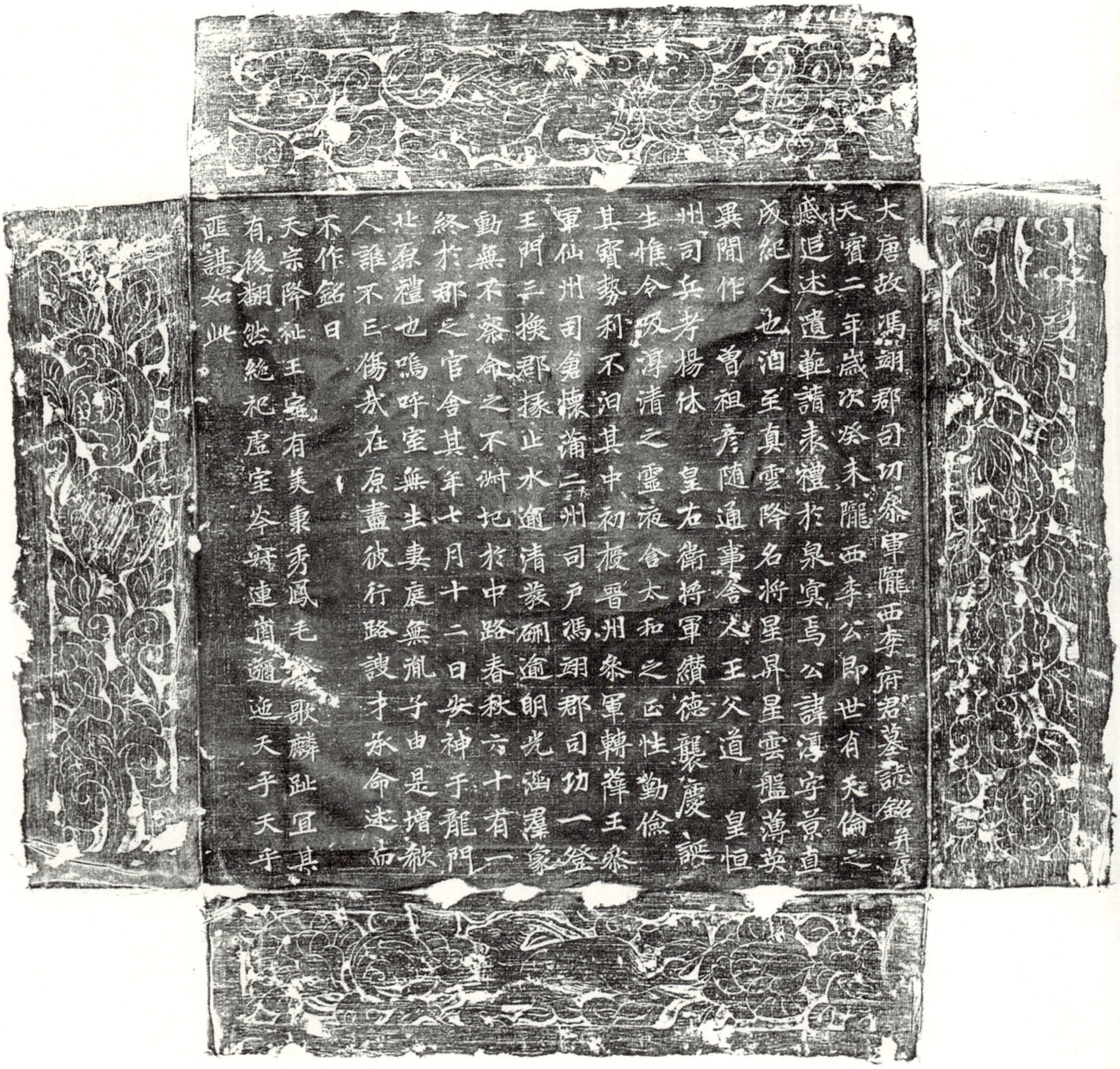

214.大唐故馮翊郡司功參軍隴西李府君(淳)墓誌銘並序

35×36×9 釐米　誌蓋拓本 41×41 釐米
蓋芯篆書“大唐故/李府君/墓誌銘”
天寶二年(743)七月十二日
2006 年夏末龍門西山北麓出土

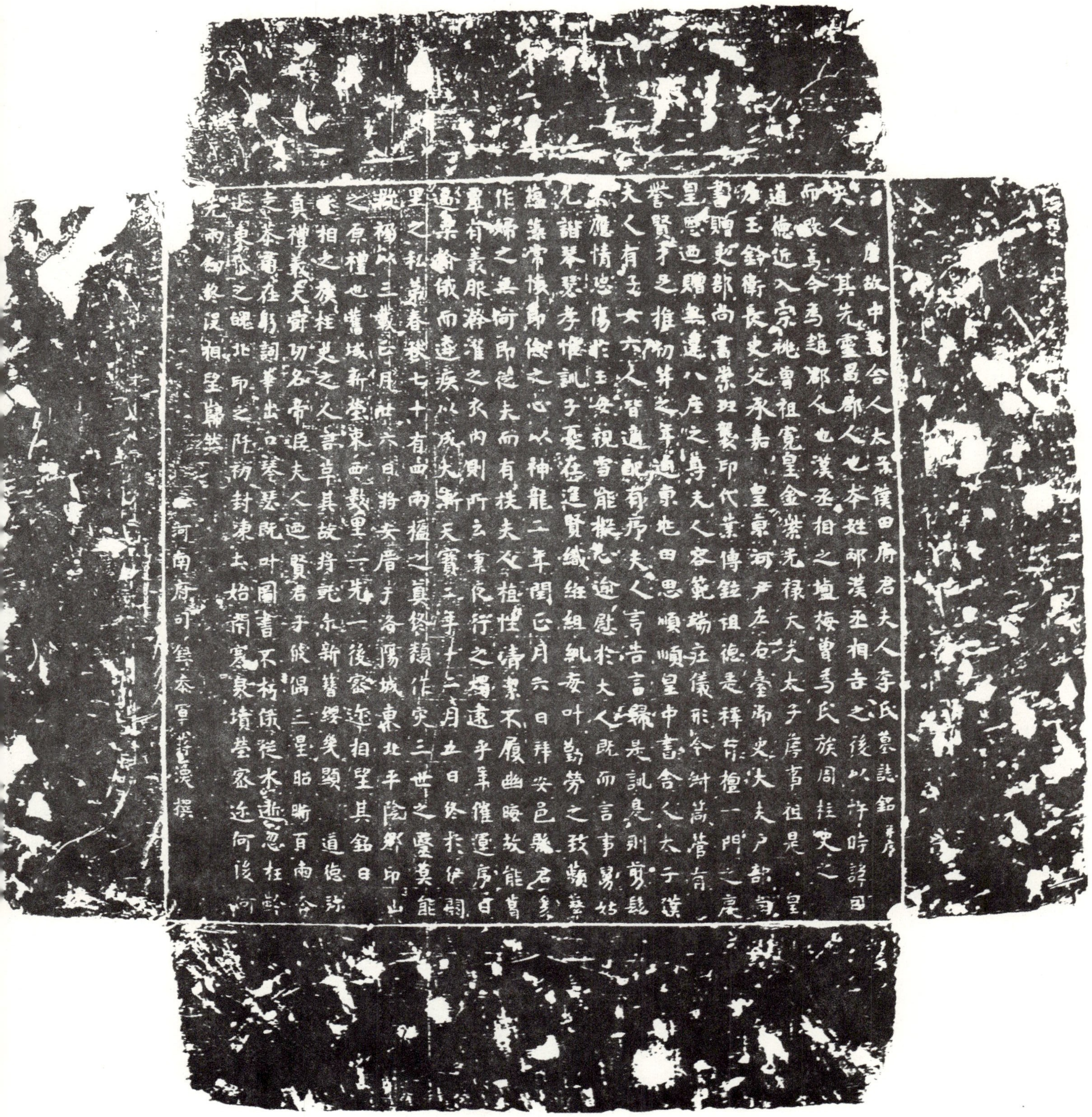

215.唐故中書舍人太子僕田府君(思順)夫人李氏墓誌銘並序

48.5×48×12 釐米
河南府司録參軍蔣涣撰。
天寶二年(743)十二月五日“終于伊闕里之私第”
天寶三年(744)正月廿六日
約 1995 年洛陽邙山出土。

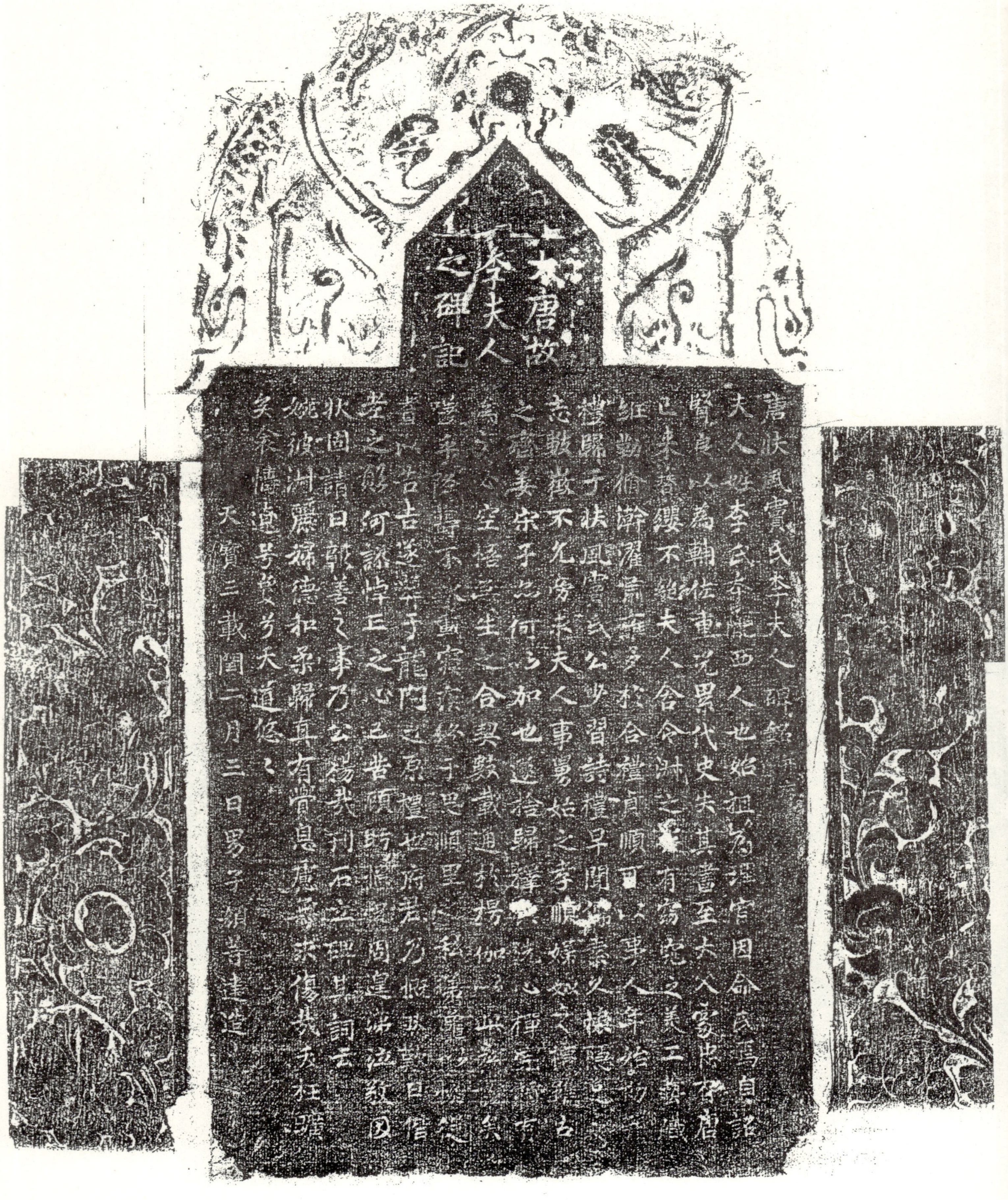

216.唐扶風竇氏李夫人碑銘並序

51×26×7.8 釐米
天寶三載(744)閏二月三日
20世紀70年代出土於龍門西山,現石存龍門石窟研究院

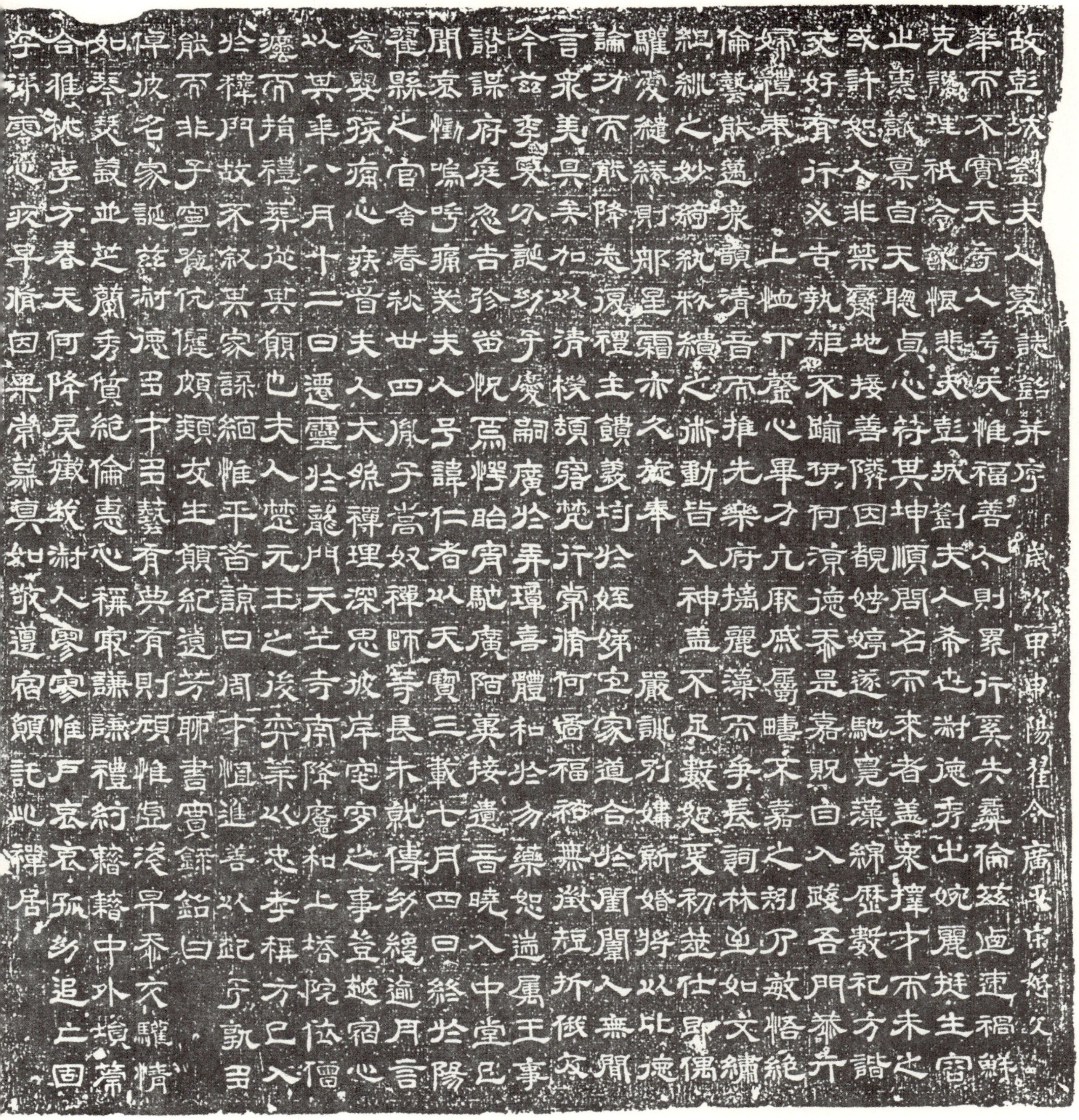

217.故彭城劉夫人墓誌銘並序

57.5×57.5 釐米
陽翟令廣平宋恕文。
天寶三年(744)八月十二日"遷靈于龍門天竺寺南降魔和上塔院,依僧法而捐禮,葬從其願也。""胤子嵩如禪師等,長未就傳,幼纔逾月。"
1999 年春龍門西山出土。

218.唐故吴興沈氏張從師妻之墓

31×31×8.5 釐米
天寶四載(745)五月十五日
1992 年出土於龍門西山
參見《新獲》,頁 64,石存洛陽市文物商店

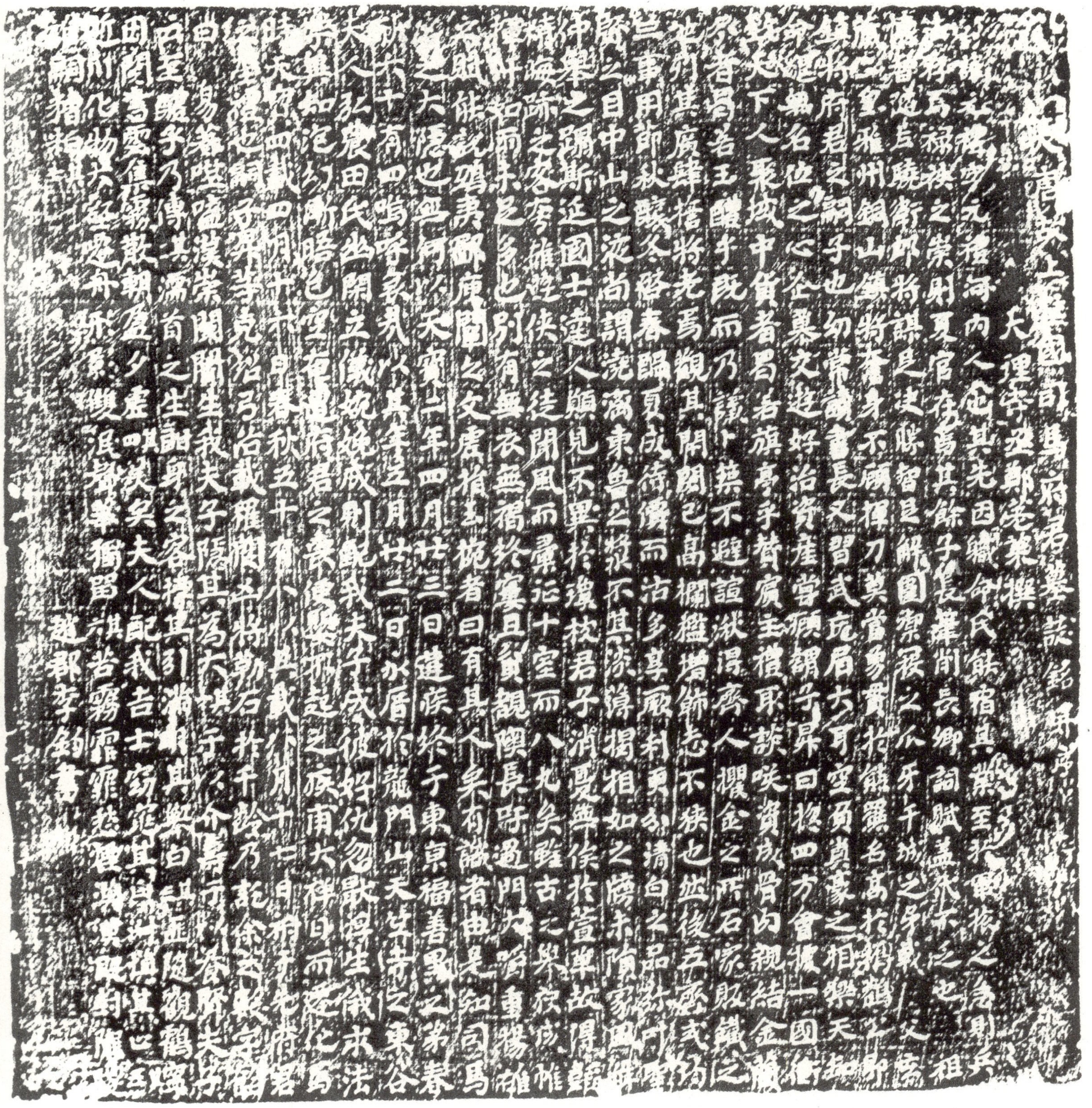

219.大唐故上柱國司馬府君(元禮)墓誌銘並序

44×44 釐米　大理寺丞鄭茬萊撰，趙郡李鈞書
天寶四年(745)八月十七日
參見《北圖》·唐·第二十五冊，頁81

220.□□東京大奉國寺故上座(高守忠)龕塋記

34×48 釐米　河南府鄉貢進士石鎮立，前陳王府法曹參軍崔英書
天寶四載(745)九月二十五日
參見《北圖》·唐·第二十五冊，頁 82

221.唐故陳王府長史崔君(尚)誌文

53×53×12 釐米　從父弟尚書左丞上柱國清河男翹撰

天寶四載(745)十月十三日

222.大唐故金部員外郎唐府君(不台)墓誌銘並序

42×42 釐米
天寶四載(745)十月二十五日
2005 年 8 月龍門西山出土

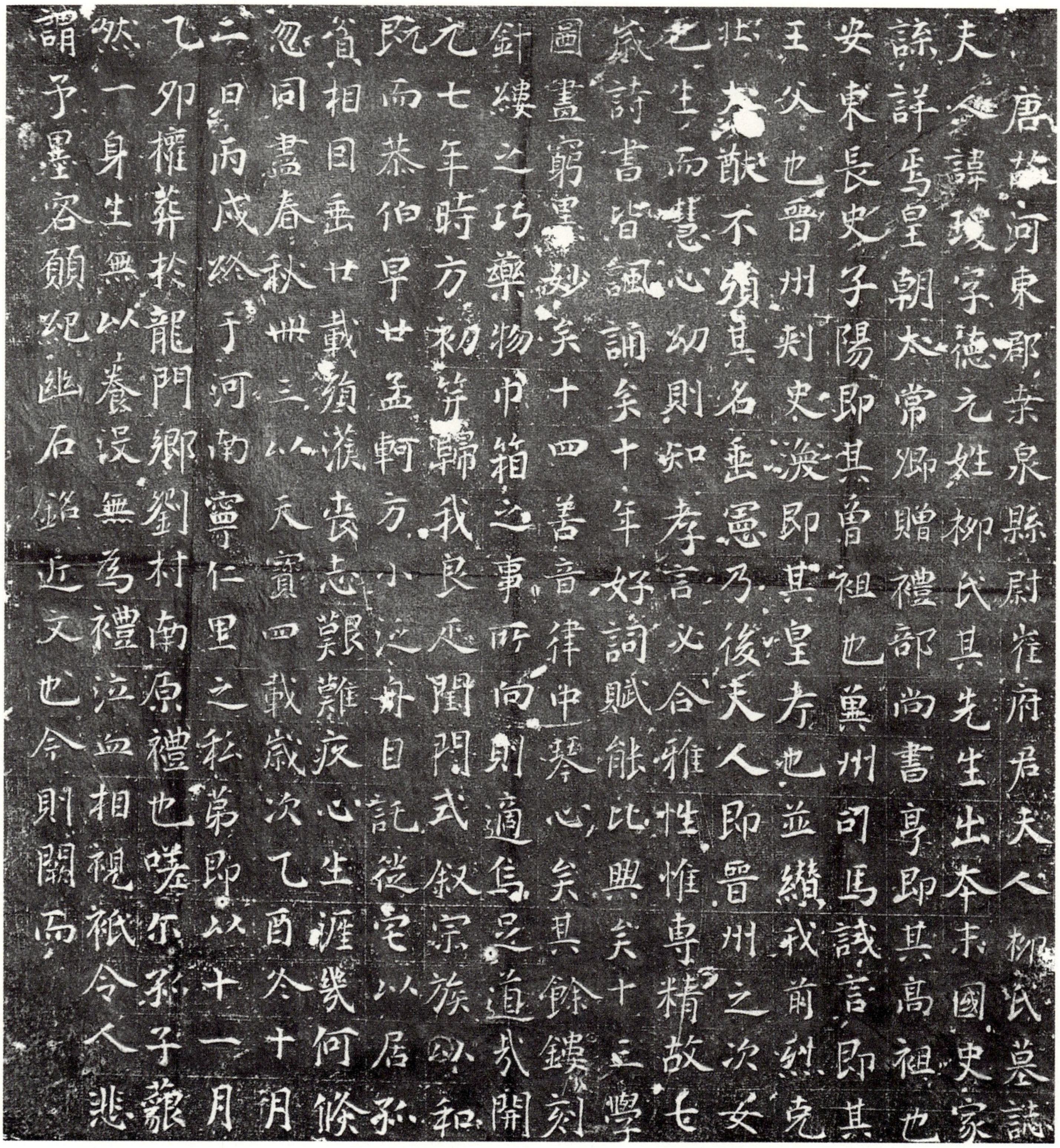

223.唐故河東郡桑泉縣尉崔府君夫人柳氏(瑗)墓誌

44.5×42.5 釐米
天寶四載(745)十一月二日
2004 年 8 月龍門出土

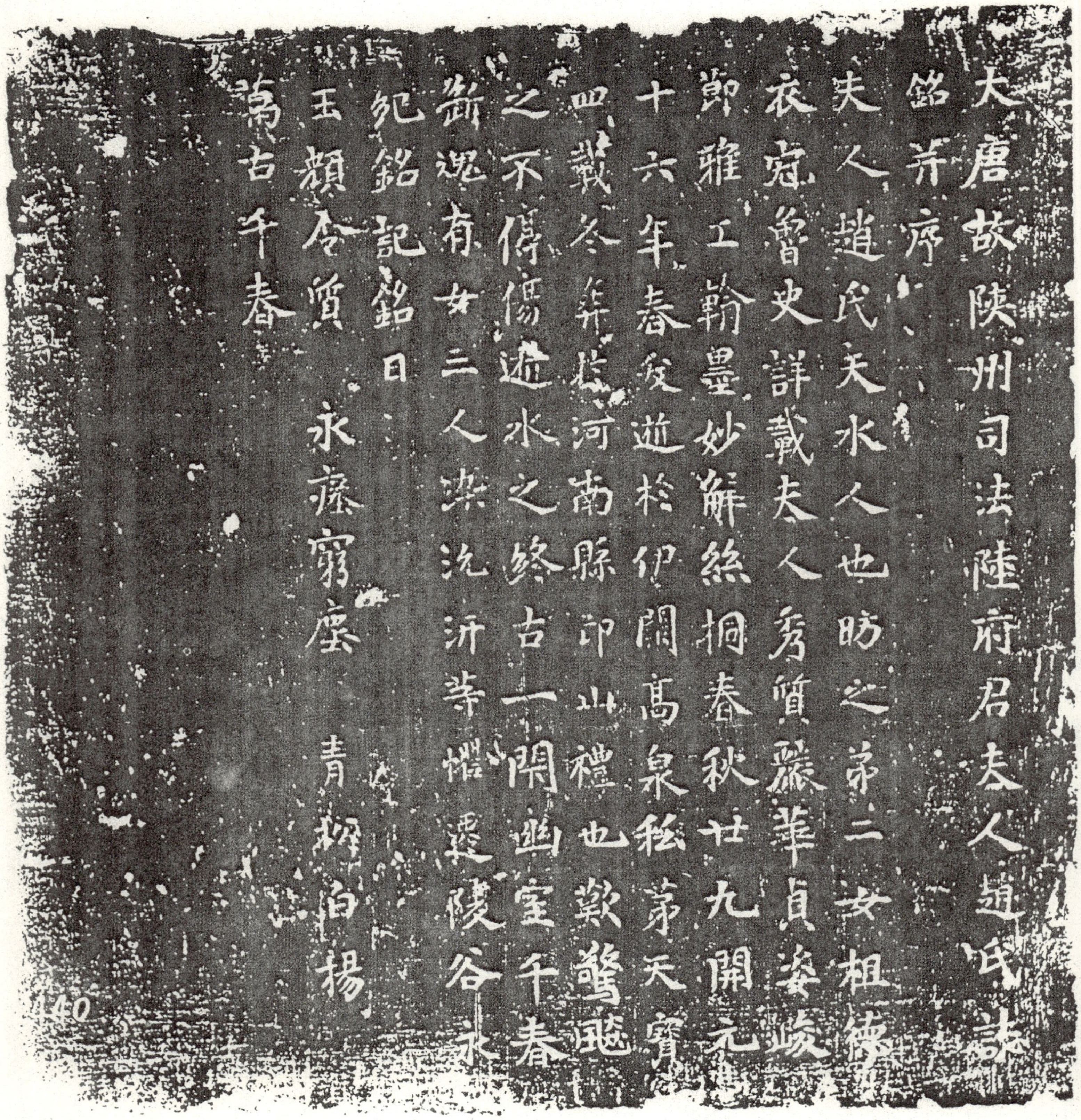
大唐故陝州司法陸府君夫人趙氏誌
銘并序
夫人趙氏天水人也昉之第二女祖德
衣冠魯史詳載夫人秀質蘭華貞姿峻
節雅工翰墨妙解絲桐春秋廿九開元
十六年春發遊於伊闕高泉私第天寶
四載冬葬於河南縣邙山禮也歎驚飇
之不停傷逝水之終古一閉幽室千春
斯魂有女二人染泣沂號擗遷陵谷永
紀銘記銘曰
玉類令質 永痊窮塵 青松白楊
萬古千春

224.大唐故陝州司法陸府君夫人趙氏誌銘並序

39×39 釐米
天寶四載(745)冬
參見《輯繩》,頁 537;《彙編》·洛陽卷·第十一冊,頁 70

225.唐通議大夫使持節陳留郡諸軍事守陳留郡太守河南採訪處置使上柱國徐公(惲)墓誌銘並序

75.8×75.5×17.2 釐米　誌蓋尺寸未詳
蓋芯篆書"大唐故/徐府君/墓誌銘"
天寶五載(746)正月三十日
1998 年 8 月龍門東山南麓許營村北原出土
參見李獻奇、周錚著《唐徐惲及夫人姚氏墓誌考述》,《中原文物》2000 年第 6 期,頁 47

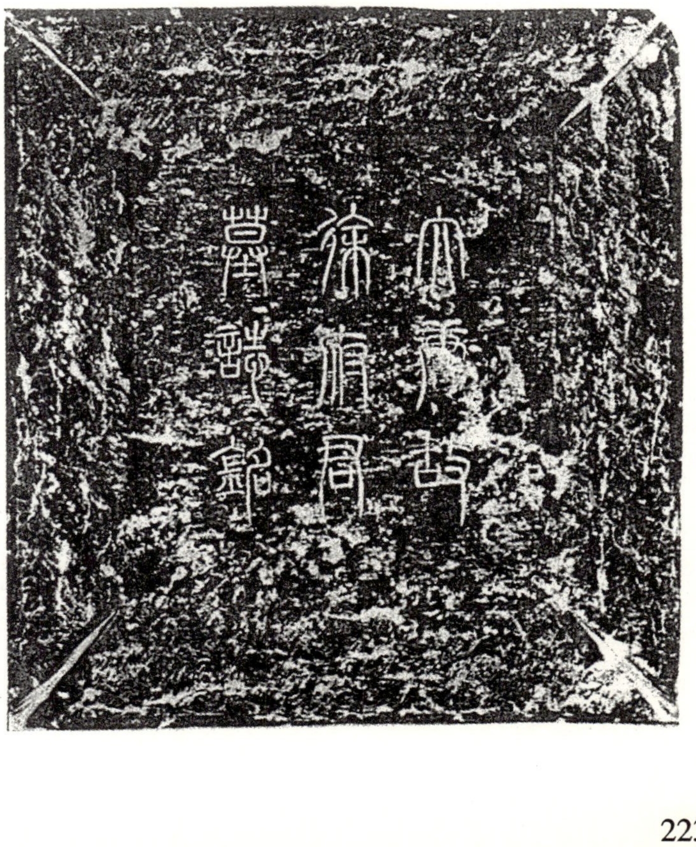

226.大唐故□□□夫上柱國劍州刺史晉陽縣開國男郭府君夫人新鄭郡君河南元氏(婉)權殯墓誌

35×35 釐米　左武衛倉曹畢宏撰
天寶五載(746)二月三日
1981 年 4 月河南省孟縣西窯村出土
參見《彙編》·河南卷·第一冊，頁 74

227.大唐高道不仕府君郭公(山松)墓誌銘並序

45.5×45.5 釐米　餘姚郡參軍弘農楊朝輔撰
天寶五載(746)十一月廿五日
約 2006 年 2 月出土於洛陽邙山

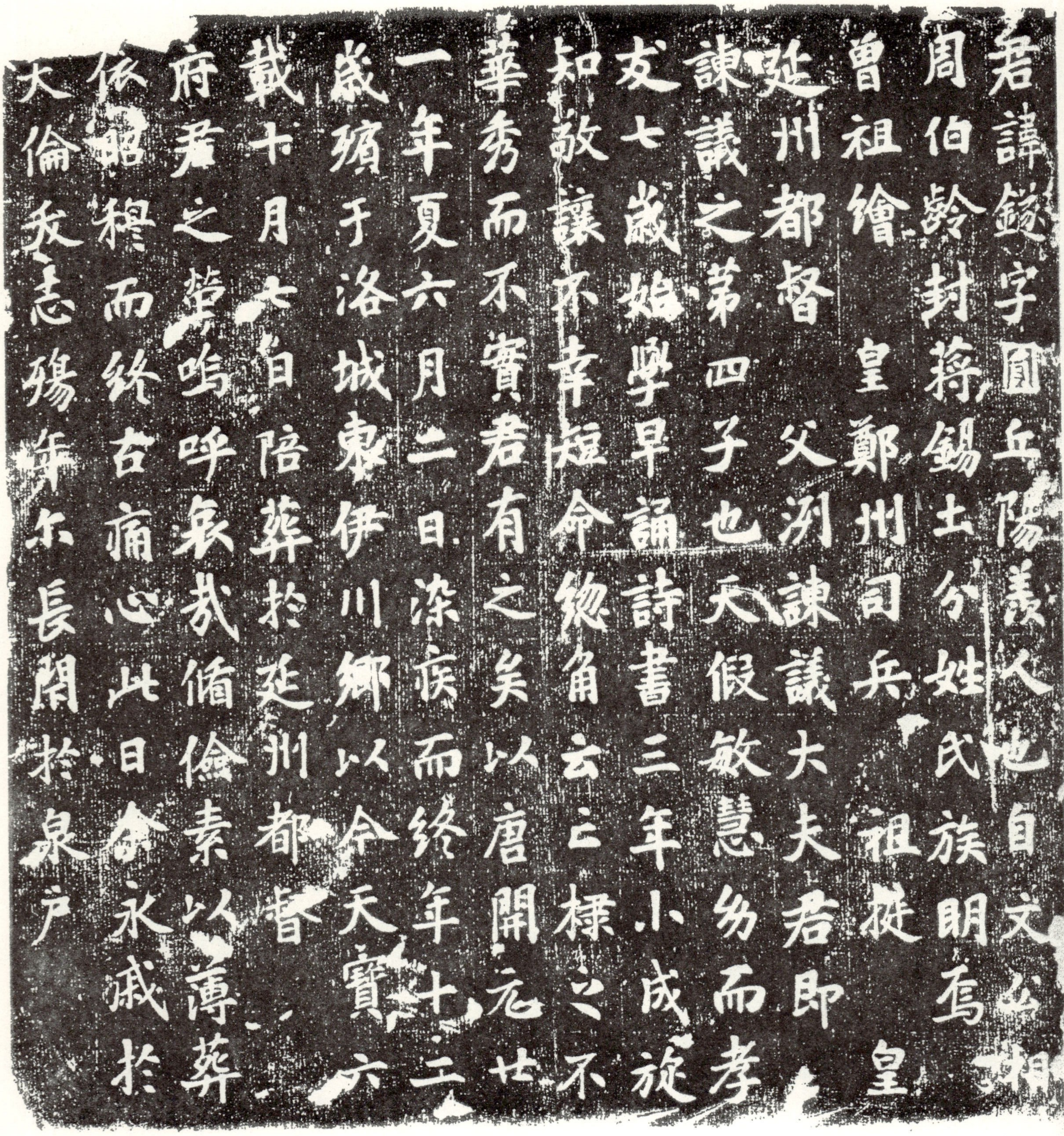

228.蔣鐩墓誌

（據誌文擬題）

35.5×35×9.5 釐米
天寶六年（747）十月七日
約 20 世紀 80 年代前後出土於龍門東山北原
參見《新獲》，頁 65

229.唐故忠武將軍守右龍武軍將軍賜紫金魚袋上柱國楊府君(意德)墓誌銘並序

59×60 釐米
天寶七載(748)四月二十二日
2004 年春龍門西山張溝村出土

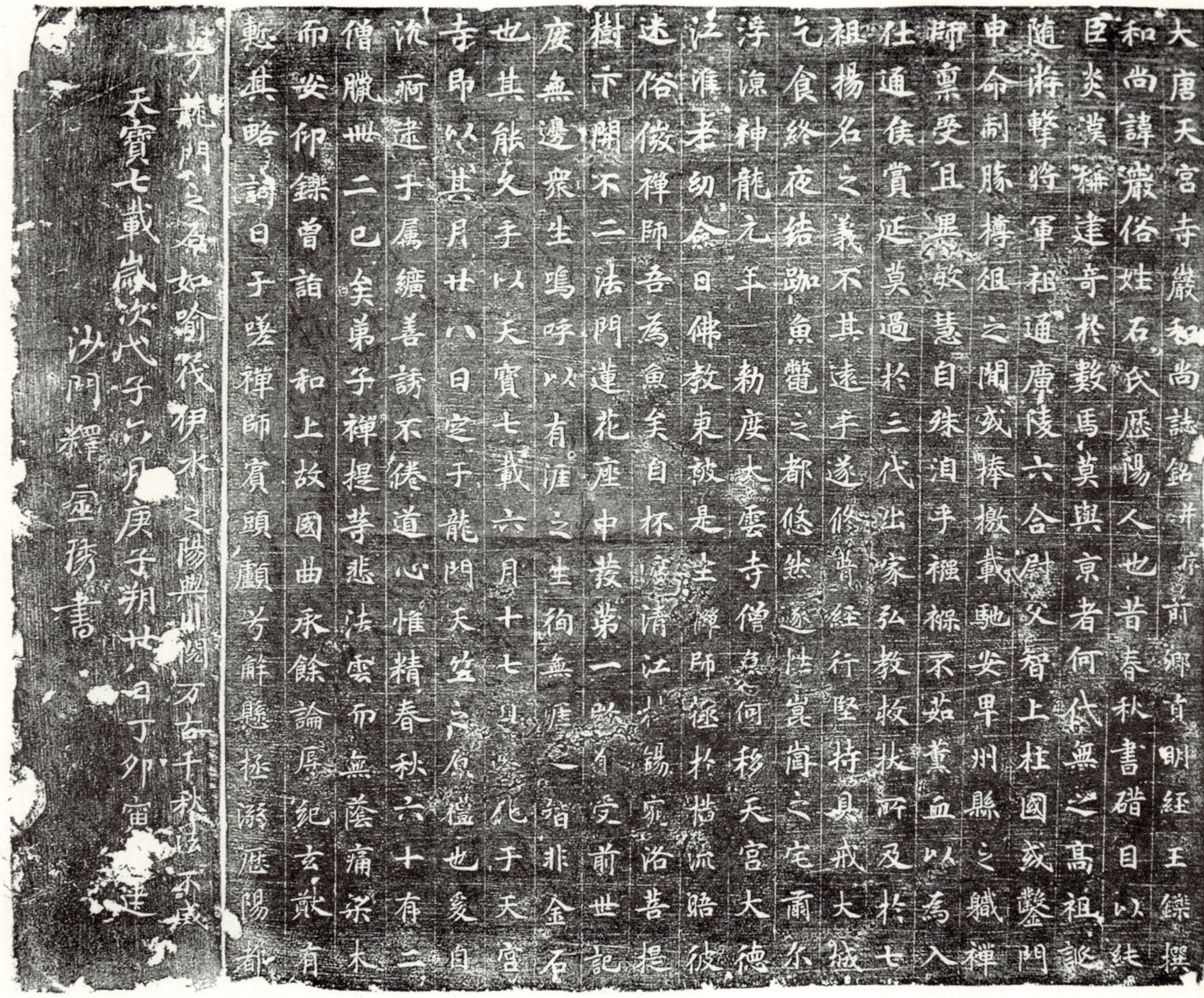

230.大唐天宮寺巖和尚誌銘並序

46.5×47.5×10 釐米　前鄉貢明經王鑠撰，沙門釋靈琇書
天寶七載(748)六月二十八日
2006 年 8 月龍門西山出土

231.唐故太原府交城縣令盧府君(竦)墓誌銘並序

56×55×12.5 釐米
前中散大夫行尚輦奉御薛鏐述
天寶七載(748)十一月十八日
1997 年 8 月龍門東山南麓許營村出土。

232.唐故濮陽郡臨濮縣令杜府君(暄)墓誌銘並序

55×55×13 釐米　右監門衛兵曹薛希昌述
天寶七載(748)十一月廿四日
1996 年 8 龍門東山南麓出土。

233.東京聖善寺比丘虛心尊勝陀羅尼幢贊文並序

幢身高 132.5 釐米，八面棱柱水平截面外接圓直徑 47 釐米，每面寬 18.5 釐米。齊王府參軍渤海高熊書

天寶八載(749)正月十五日

石存龍門石窟研究所

234.大唐故左翊衛吏部常選博陵崔公(瑒)墓誌銘並序

36×35.5 釐米
天寶八載(749)正月十七日
2006 年 8 月龍門西山南麓出土

235.唐故光祿卿崔公(瑤)墓誌銘並序

64.5×65 釐米　太中大夫行臨汝長史上柱國盧僎撰
天寶八載(749)十月廿三日
約20世紀60年代於龍門北原出土
參見《彙編》·洛陽卷·第十一冊,頁127
石今存關林洛陽古代石刻藝術館東廊

236.李峰神道碑

150×99 釐米
天寶八載(749)十一月二十九日
《北圖》·唐·第二十六册，頁 15

237.唐故處士叔孫(萬頃)墓誌並序

33×33 釐米　孤子弟觀撰
天寶九年(750)七月二十二日
2003 年秋龍門西山張溝村出土

238.唐故夫人弘農楊氏(慈力)墓銘並序

32×32 釐米　安定胡沛然撰兼書,清河張分刻字
天寶九年(750)十二月六日
1996 年 2 月龍門西山北麓出土

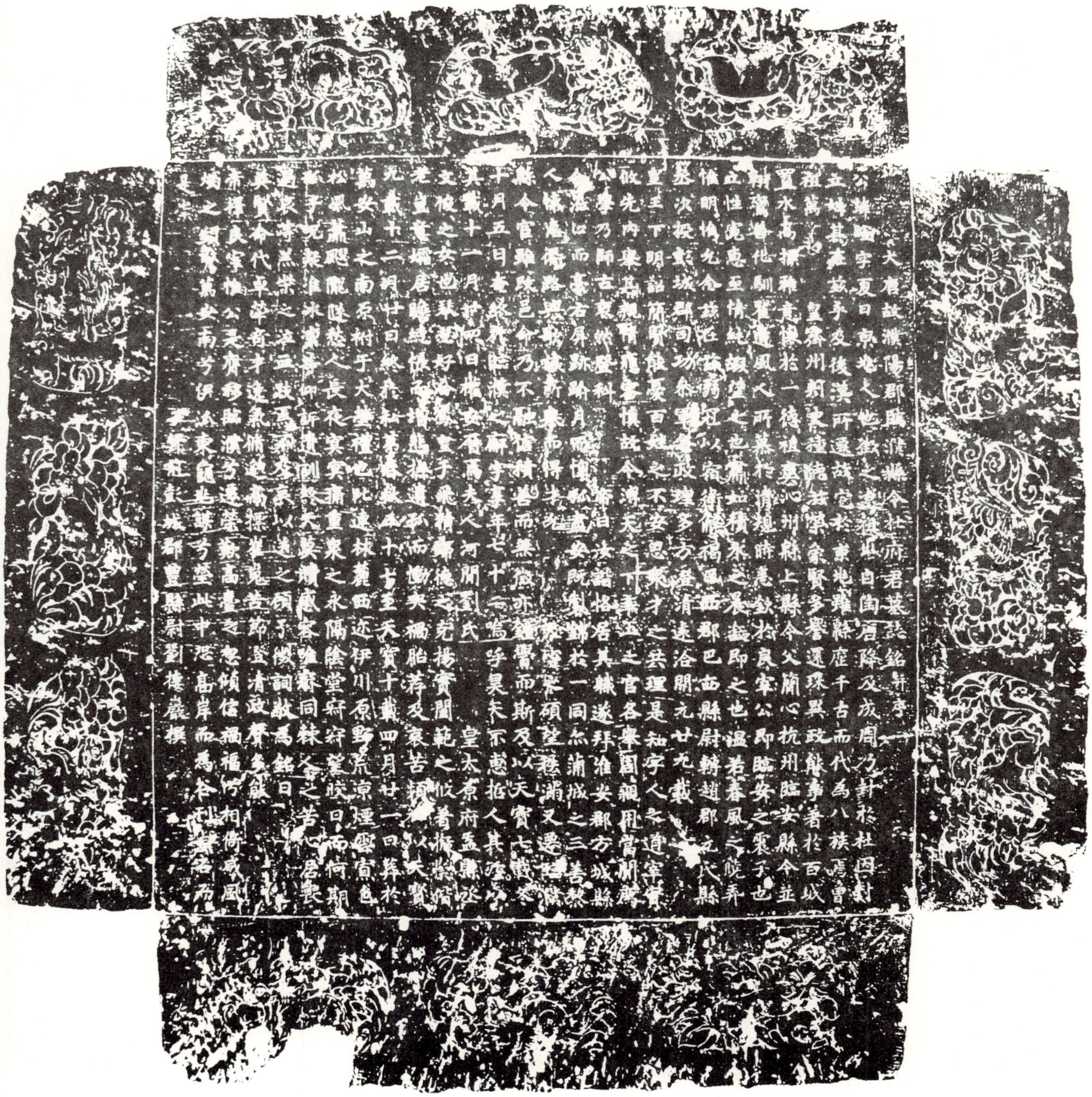

239.大唐故濮陽郡臨濮縣令杜府君(暄)墓誌銘並序

62.5×63×14.5 釐米
子婿前彭城郡豐縣尉劉棲巖撰
天寶十載(751)四月廿一日
1996年8月龍門東山南麓出土。

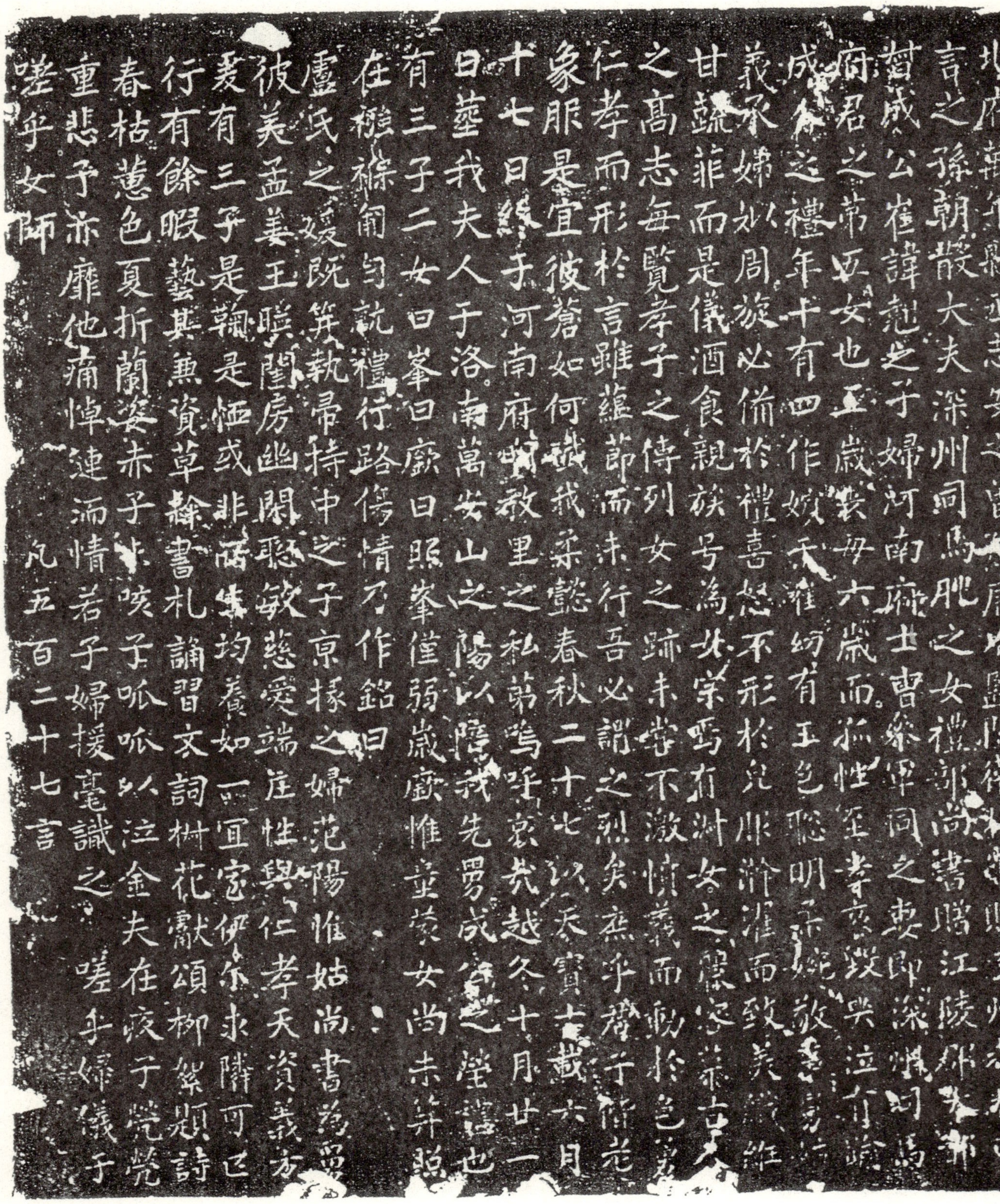

240.唐故盧夫人(談)墓誌銘並序

58.5×56.5 釐米
夫之叔父朝議郎行右拾遺至撰 夫之弟異書
天寶十載(751)十月二十一日
2001 年秋龍門東山南麓出土

241.唐故贈工部尚書張公(庭珪)墓誌銘並序

80×80×16 釐米
朝散大夫檢校尚書金部員外郎上柱國徐浩纂並書
天寶十年(751)十月二十四日
誌主張庭珪,《舊唐書》卷一〇一有傳;書纂者徐浩,
《舊唐書》卷一三七、《新唐書》卷一六〇有傳
1977年7月伊川縣坡頭寨村東地出土
參見《新獲》,頁72

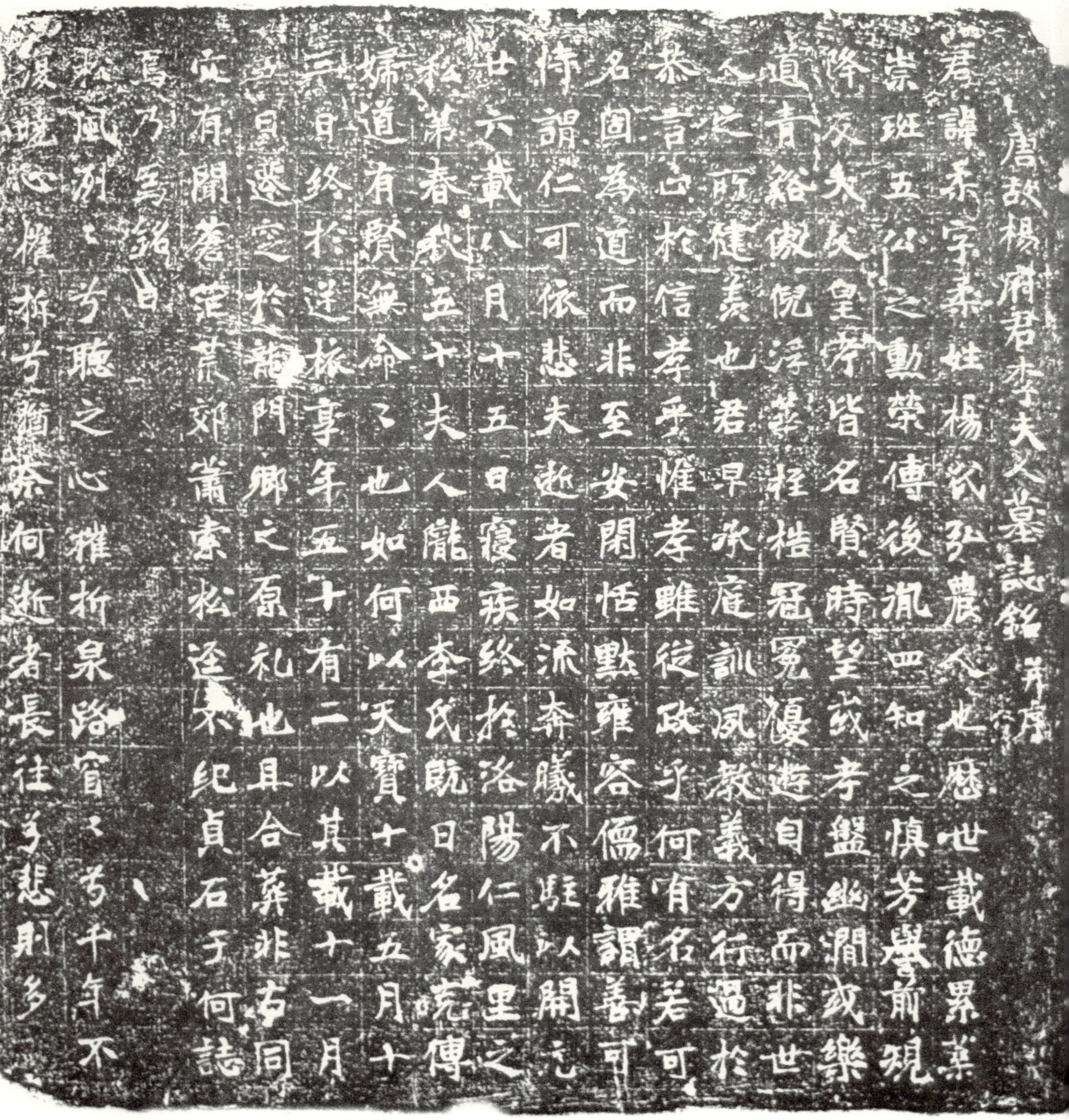

242.唐故楊府君(柔)李夫人墓誌銘並序

36×36 釐米

天寶十載(751)十一月五日

據云 1986 年 8 月龍門西山北麓杜村出土，後誌石流入洛陽老城趙氏。

243.魏郡頓丘縣尉隴西李日就故夫人河南竇氏墓誌銘並序

44×44 釐米　志蓋拓本 46×46 釐米
蓋篆書"大唐故/竇夫人/墓誌銘"
天寶十一載(752)閏三月十二日
2005 年冬龍門西山出土

244.唐故使持節衛州諸軍事衛州刺史李府君夫人盧氏墓誌銘並序

35×35 釐米
天寶十一年(752)八月二十二日
據云 2001 年秋龍門西山北原出土

唐魏郡昌樂縣尉李無諱故夫人河南宇文氏假葬墓誌文并序
君子曰關睢之化行則婦道備矣禮節之名顯則殁不朽矣
逝川之逐波空注過隙之白駒易惑豈夫人獨留太陰之長
夜而上天不慵悲夫夫人姓宇文氏其先近周之裔曹也
曾祖父皇銀青光祿大夫侍中開國公諱蓋天下道高
寰龍大父皇東萊郡太守嶠才標百城義感千古烈考
皇黃門侍郎同中書門下平章事藝山川降靈申甫命代運
丹青之略開造化之功忠貞与日月俱懸衛亮与雲龍合悳
夫人父則賢相第十九女也生而柔婉長寔端麗包大雅之淑
德禮閨門之母儀載十八遠父母兄弟適隴西李無諱泊移
天府官中外何常而夫人長自膏粱性唯儉約不汲汲於下
仕無讓謙以愛家恭姜之門譽能善範萬載之室敬亦如賓
宜其夫榮于仁永錫難老豈謂禍淫福善報施無徵奔桃夭
之年春返舊里之巫壤載廿陰以天寶龍集壬辰六月七日
疾化於東京恭安里之私第春秋若干夫秉謙德而神不享
冒懷靈而時不昭將使斯文昌邺逝者何追以其載十
月六日假葬於河南縣龍門鄉之南原禮也夫人之二子曰
劉三孝鑣韻翦劍遠切荼苦殞慕之痛悲纏路人莊生悲之
黃閣擊正撫氏終徒瞻德惟其詞曰
陰山峨峨括地潛地提生周武材雄氣和披齊禪家劃野長
河百戰無敵萬里橫戈水德靈長其後必大惟祖惟孝殷云
是賴衛門之子有行于李美過秦嬴德逾姜氏若葬芳年
天神与其秀不假其年奄冥冥兮青闕字舜考
懷懸馬纜何在之前

245.唐魏郡昌樂縣尉李無諱故夫人河南宇文氏假葬墓誌文並序

43.6×43.6 釐米
天寶壬辰歲(十一載/752)十月六日
1989 年 8 月龍門西山北麓花園村出土。

246.姚氏故王夫人(清淨觀)墓誌銘並序

35.5×35 釐米　進士張肅述。
天寶十二載(753)正月七日
據云 1986 年 8 龍門西山北麓杜村出土，後誌石流入洛陽老城趙氏。

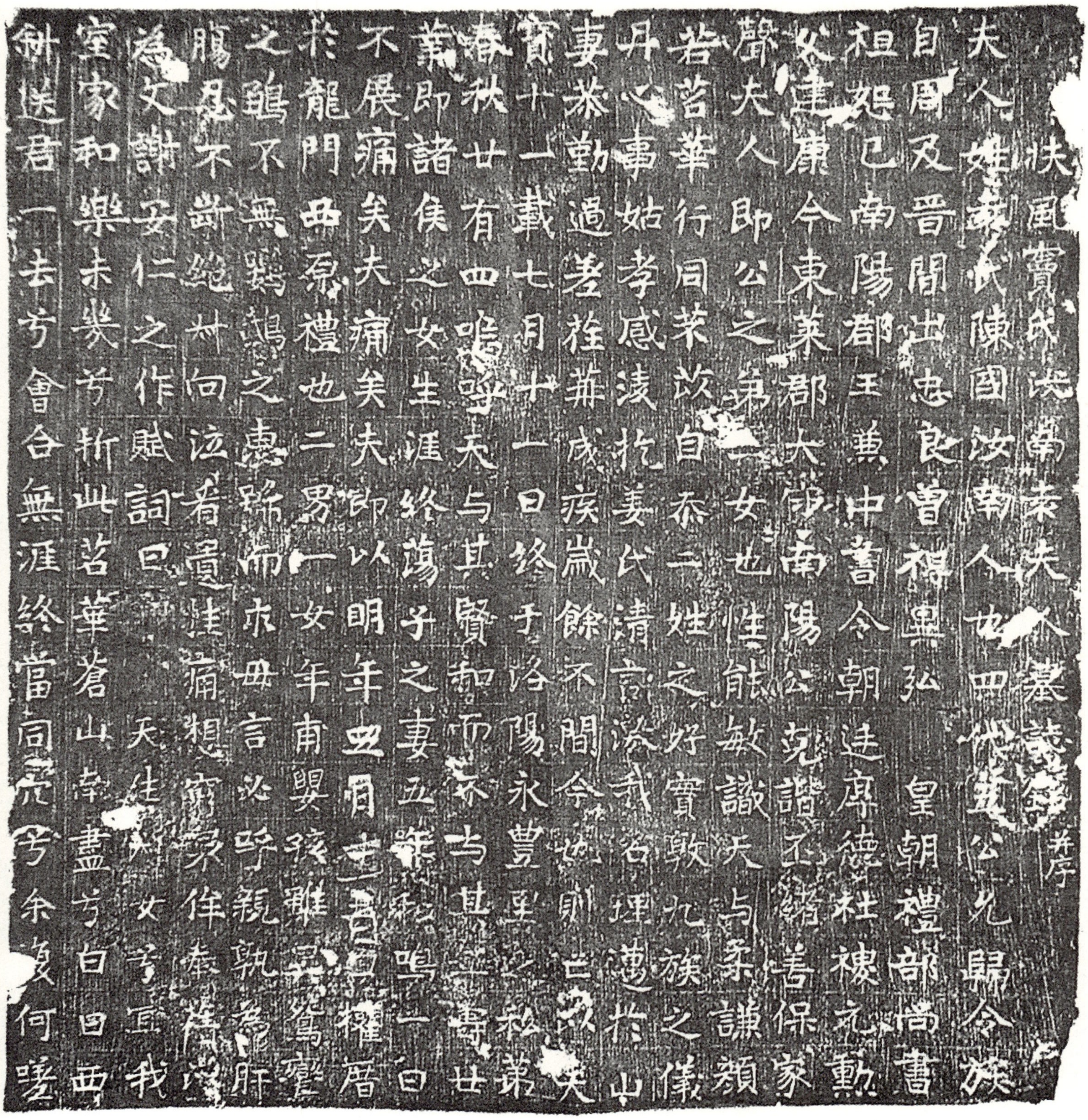

247.扶鳳竇氏汝南袁夫人墓誌銘並序

29×29 釐米

天寶十二年(753)五月十一日

2005 年冬龍門西山出土

248.唐故朝議大夫泉州刺史上柱國鄱陽縣開國男雲府君(遂)墓誌銘並序

63.5×63.5 釐米 洛陽縣主簿程浩文
天寶十二年(753)八月四日
2006 年秋龍門東山南麓出土

249.唐故左龍武軍大將軍譙國曹公(仁)墓誌銘並序

59.5×59.5 釐米
河南府進士李漸撰,又銘河府進士張視,安定胡霈然書
天寶十三載(754)正月十三日
約 2003 年 8 月龍門東山南麓出土

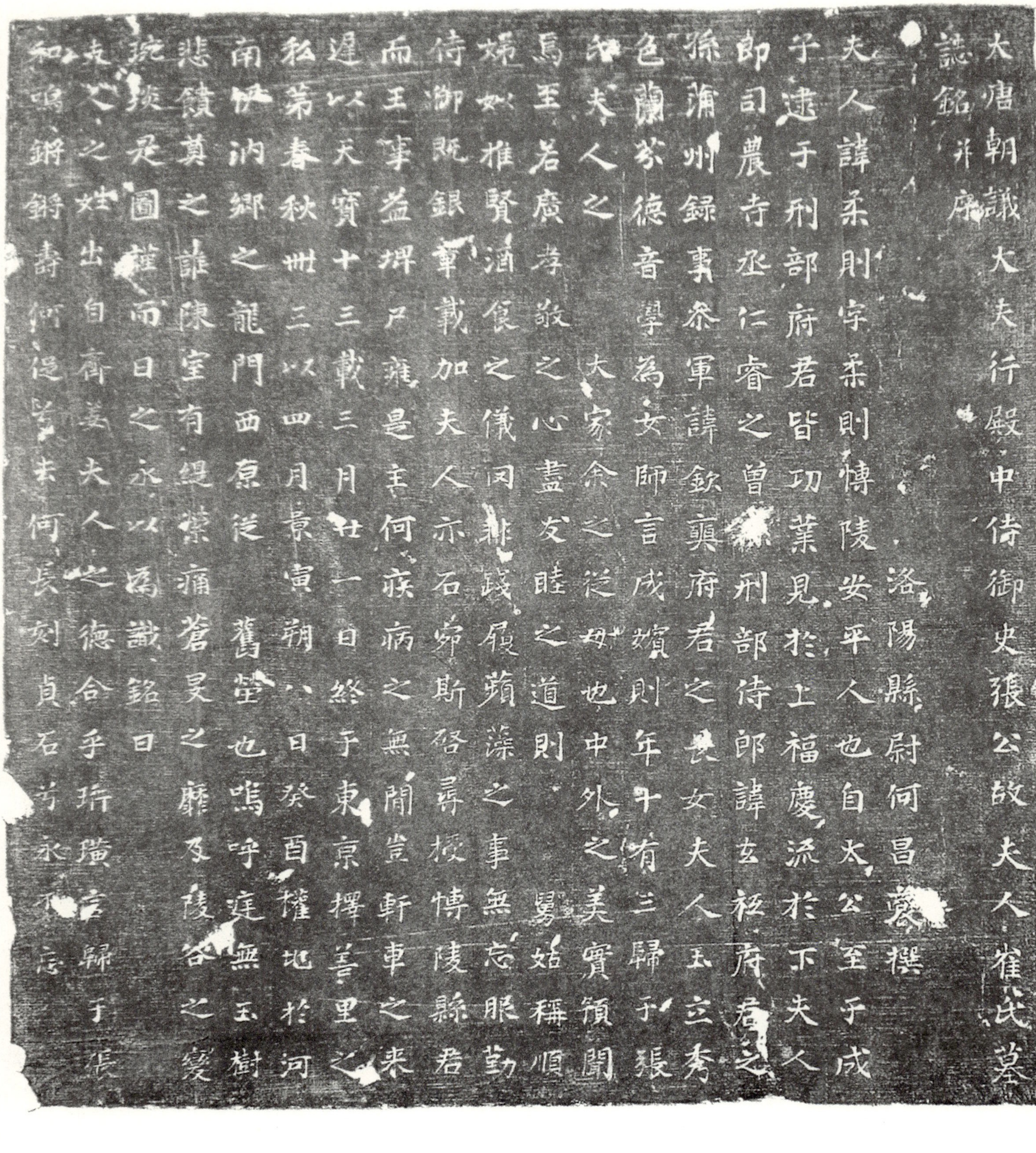

250.大唐朝議大夫行殿中侍御史張公故夫人崔氏(柔則)墓誌銘並序

48×45.5 釐米　洛陽縣尉何昌裔撰
天寶十三載(754)四月八日
2006 年 8 月龍門西山南麓出土

251.大唐故安鄉郡長史黃府君(撝)夫人彭城劉氏龕銘並序

36×65 釐米　少弟宣義郎前行濟陰郡成武縣尉庭玲述
天寶十三載(754)八月十日
參見《北圖》·唐·第二十六冊，頁 120

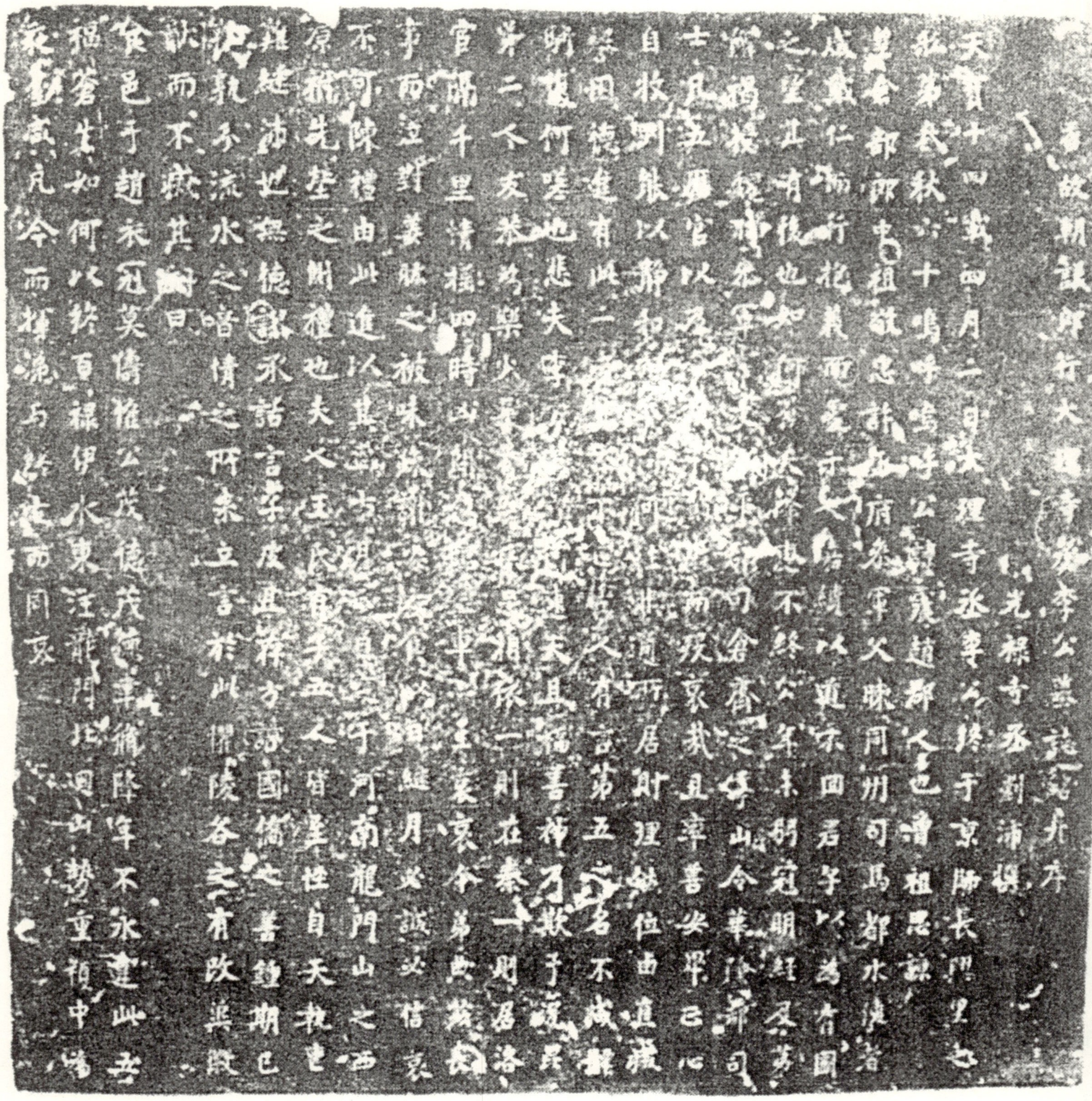

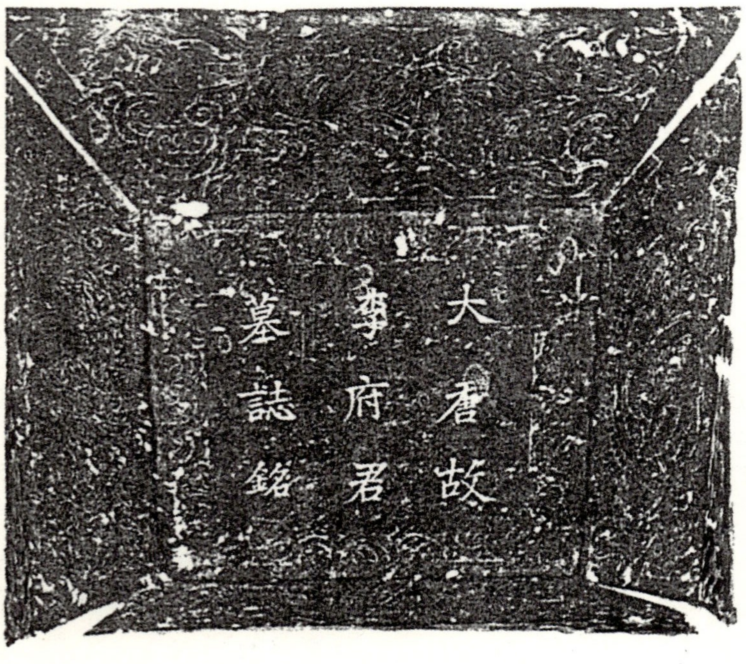

252.唐故朝議郎行大理寺丞李公(震)墓誌銘並序

58.5×59×115 釐米　志蓋 59×59.5 釐米　蓋芯楷書“大唐故/李府君/墓誌銘”。光祿寺丞劉沛撰

天寶十四載(754)七月三日

圖引劉小磊著《河南博物院新藏唐代墓誌》,《中原文物》2000 年第 6 期,頁 65、66

253.道門某氏墓內厭勝刻石

17×17 釐米
失紀年，似在開元、天寶之間
據云 2006 年 9 月龍門西山出土

254.燕曹州成武縣尉范陽盧公(式虛)夫人博陵崔氏墓誌銘

33×33×8 釐米，給事中王端撰。
聖武二年(757)秋九月
1997 年 8 月龍門東山南麓出土。

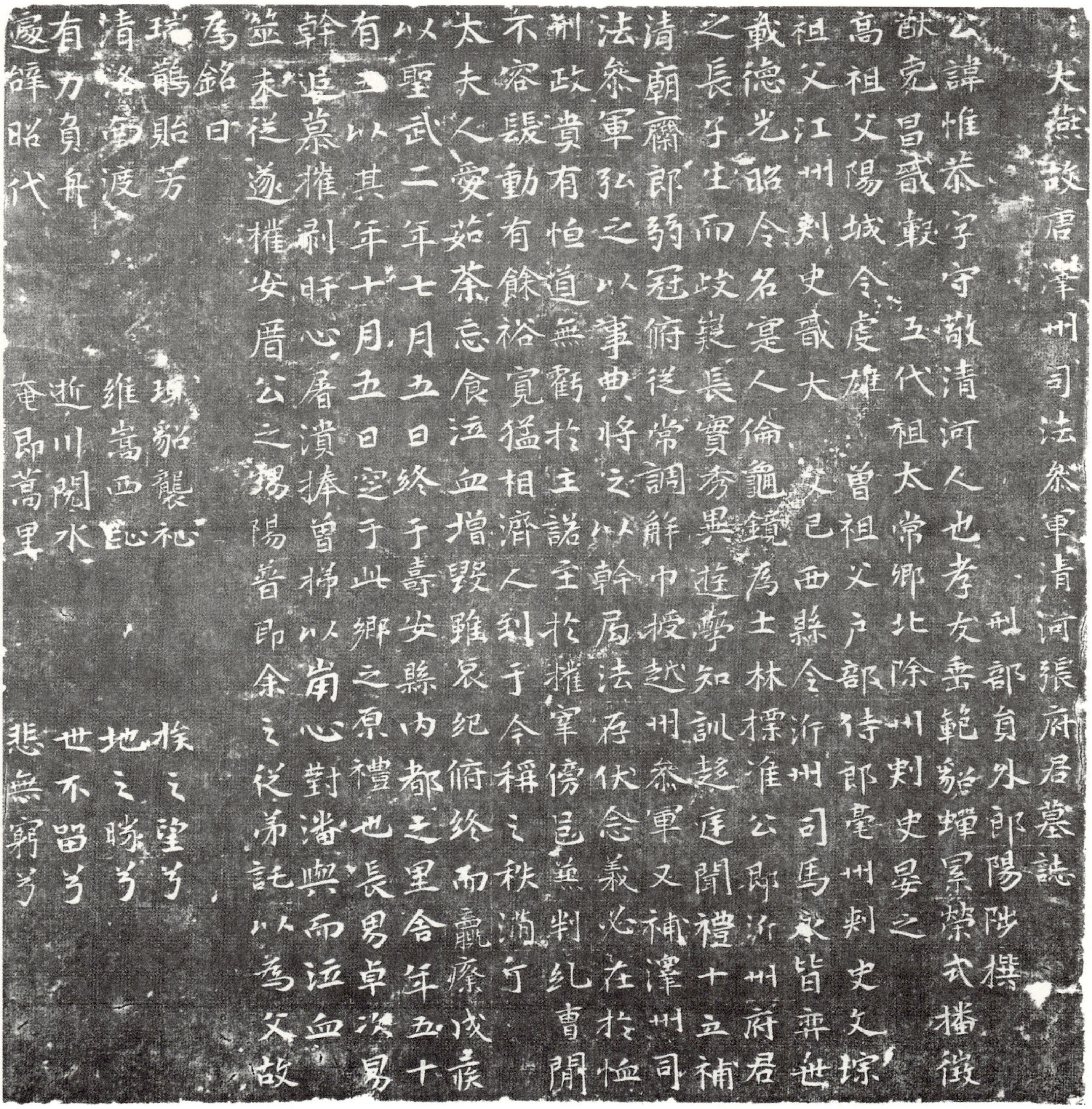
大燕故唐澤州司法參軍清河張府君墓誌
刑部員外郎陽陟撰
公諱惟恭，字守敬，清河人也。孝友垂範，貂蟬累榮，式播徽猷，克昌載穀。五代祖太常卿、北除州判史晏之；高祖父陽城令虔雄；曾祖父戶部侍郎、亳州判史文琮；祖父江州判史載大；父已西縣令、沂州司馬咸，皆弈世載德，光昭令名，寔人倫龜鏡，爲士林標准。公即沂州府君之長子，生而岐嶷，長實秀異，遊學知訓，趍庭聞禮。十五補清廟齋郎，弱冠俯從常調，解巾授越州參軍，又補澤州司法參軍。弘之以事典，將之以幹局，法存伏念，義必在於恤刑，政貴有恒道，無虧於主諾。至於權寧傍邑，無判紀曹，閑不容髮，動有餘裕，寬猛相濟，人到于今稱之。秩滿，丁太夫人憂，茹荼忘食，泣血增毀，雖泉紀俯終，而龜瘵成疾，以聖武二年七月五日終于壽安縣內都之里舍，年五十有三。以其年十月五日窆于此鄉之原，禮也。長男卓、次男幹，追慕攀剝，肝心屠潰，捧曾擗以崩心，對淄與而泣血。故筮奉從遂，權安厝。公之陽陽晉，即余之從弟，託以爲文，爲銘曰：
瑞鶚貽芳，珠貂襲祉，矦之望兮。清洛南渡，維嵩西峙，地之勝兮。有力負舟，逝川閱水，世不留兮。遽辞昭代，奄即蒿里，悲無窮兮。

255.大燕故唐澤州司法參軍清河張府君(惟恭)墓誌

38×37.5 釐米　志蓋拓本 40×40 釐米　蓋芯楷書“大燕故/張府君/墓誌銘”。刑部員外郎陽陟撰
志主曾祖張文琮,《舊唐書》卷八五有傳
安燕聖武二年(757)十月五日
2001 年春龍門西山畢溝村西原出土

256.大唐故吉州刺史隴西李府君(昊)墓誌銘並序

52×51 釐米
乾元元年(758)八月二十一日
參見《北圖》·唐·第二十七冊,頁 6

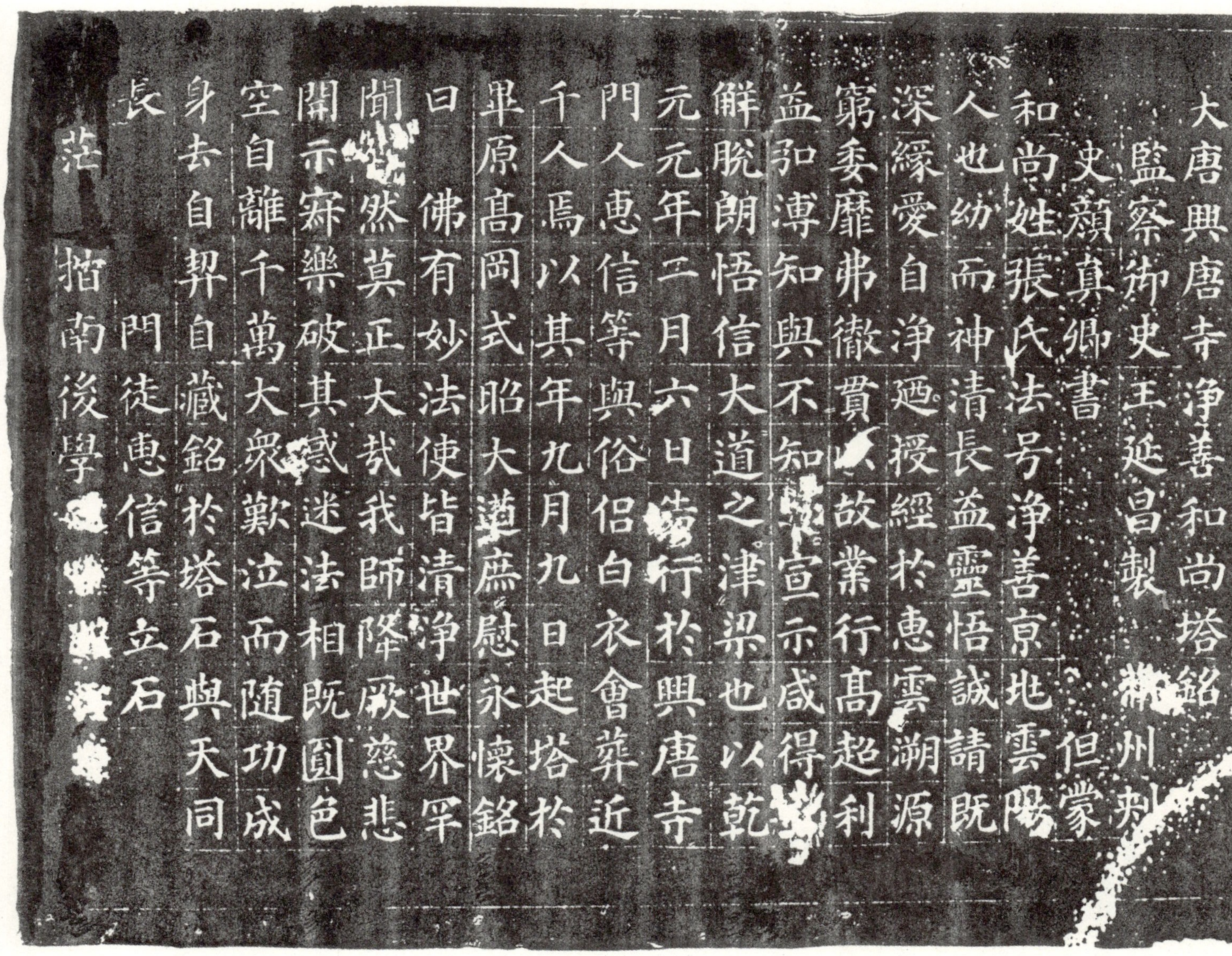

大唐興唐寺淨善和尚塔銘
監察御史王延昌製　蒲州刺
史顏真卿書　但嘗
和尚姓張氏法号淨善京兆雲陽
人也幼而神清長益靈悟誠請既
深緣愛自淨廼授經於惠雲溯源
窮委靡弗徹貫以故業行高超利
益弘溥知與不知[illegible]宣示咸得[illegible]
解脫朗悟信大道之津梁也以乾
元元年二月六日[illegible]行於興唐寺
門人惠信等與俗侶白衣會葬近
千人焉以其年九月九日起塔於
畢原高岡式昭大蓮廡慰永懷銘
曰佛有妙法使皆清淨世界罕
聞[illegible]然莫正大哉我師降厥慈悲
開示寂樂破其惑迷法相既圓色
空自離千萬大衆歎泣而隨功成
身去自昇自藏銘於塔石與天同
長　門徒惠信等立石
茫　揩南後學[illegible]

257.大唐興唐寺淨善和尚塔銘

32×42 釐米　監察御史王延昌製，蒲州刺史顏真卿書
乾元元年(758年)九月九日
參見《北圖》·唐·第二十七冊，頁7

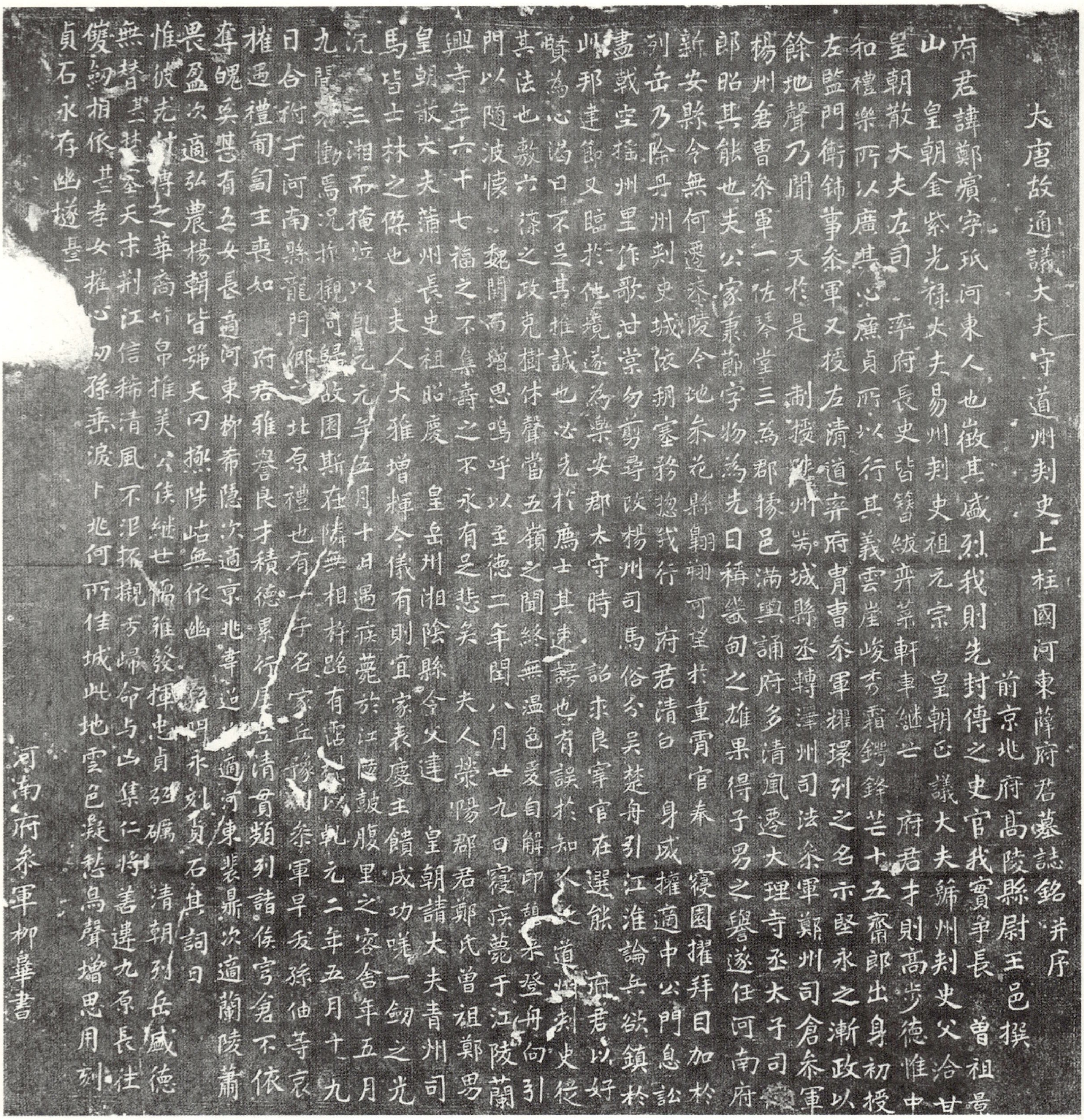

258.大唐故通議大夫守道州刺史上柱國河東薛府君(鄭賓)墓誌銘並序

73.5×72 釐米　前京兆府高陵縣尉王邑撰，河南府參軍柳曄書
乾元二年(759)五月十九日
約 2000 年夏出土於龍門西山北麓花園村一帶

259.大唐東都荷澤寺歿故第七祖國師大德於龍門寶應寺龍崗腹建身塔銘並序

47×46.5 釐米　門人比丘慧空撰
永泰元年(765)十一月十五日
1983 年龍門西山唐寶應寺遺址出土
石存洛陽市文物工作隊，參見《輯繩》，圖 576

260.唐寧刹寺故大德惠空和尚墓誌銘並序

39×39 釐米
大曆二年(767)十月二十日
參見《輯繩》,頁 577

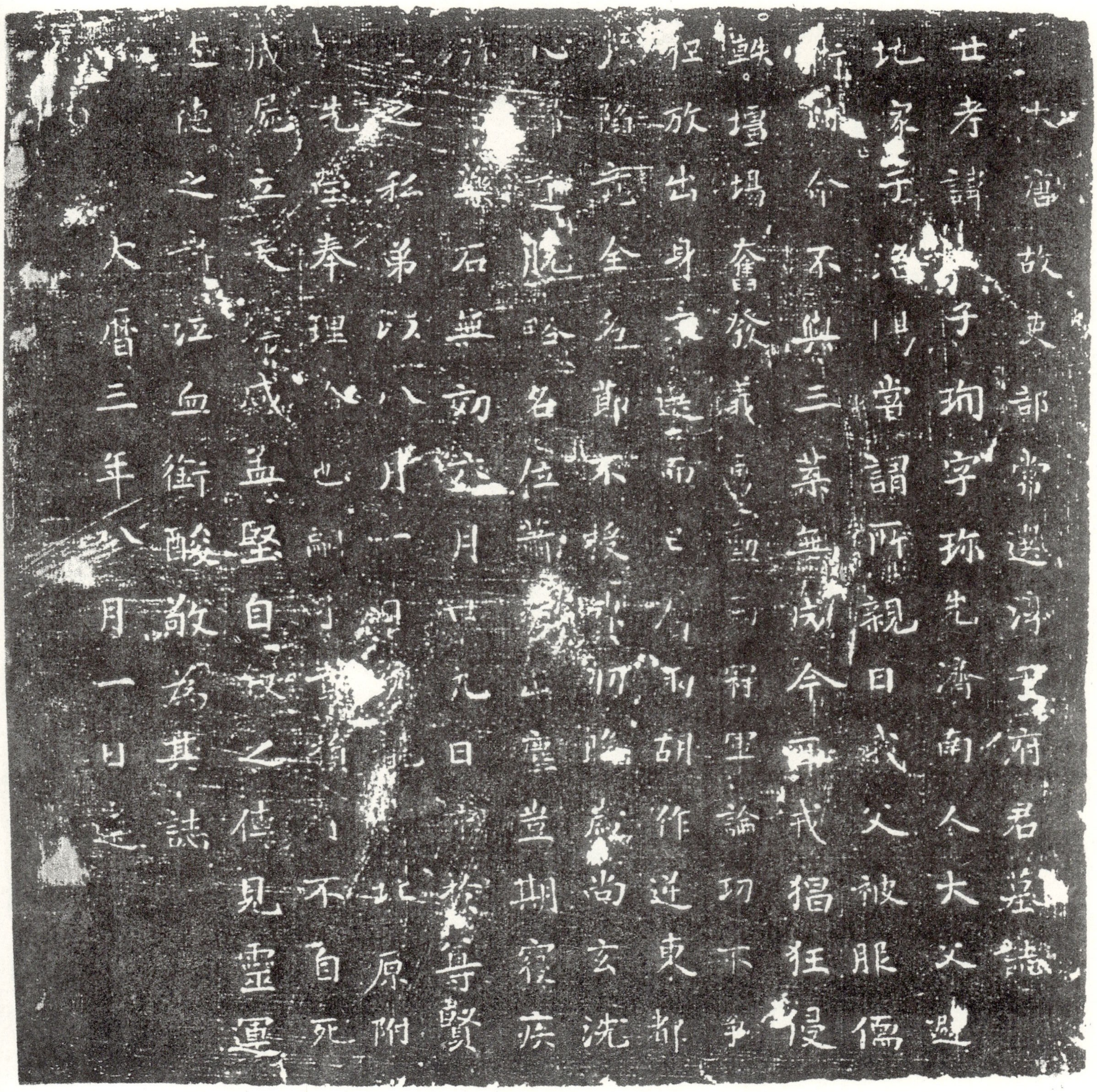

261.大唐故吏部常選淳于府君(子珣)墓誌

33×33×7.5 釐米
大曆三年(768)八月一日

262.唐故張禪師(義琬)墓誌銘並序

43×43 釐米
大曆三年(768)八月十九日
參見《輯繩》,頁 578;《北圖》·唐·第二十七冊,頁 70

263.唐故南平郡司馬贈秘書少監虞公(從道)墓誌銘並序

59.2×60 釐米　朝散大夫守河中少尹兼御史中丞知府事仍充朔方節度行軍司馬賜紫金魚袋嚴郢撰，太中大夫前行國子司業上柱國趙惎書，河南府戶曹參軍李陽冰篆額

大曆四年(769)八月

2003 年 6 月洛陽北邙出土

264.唐故汝州司倉參軍豆盧公(願)墓誌銘並序

39.5×38×8 釐米
大理評事張翩撰,姪前大理寺主簿巽書。
大歷四年(769)十月廿六日
據云 1994 年 8 月龍門東山南麓出土。

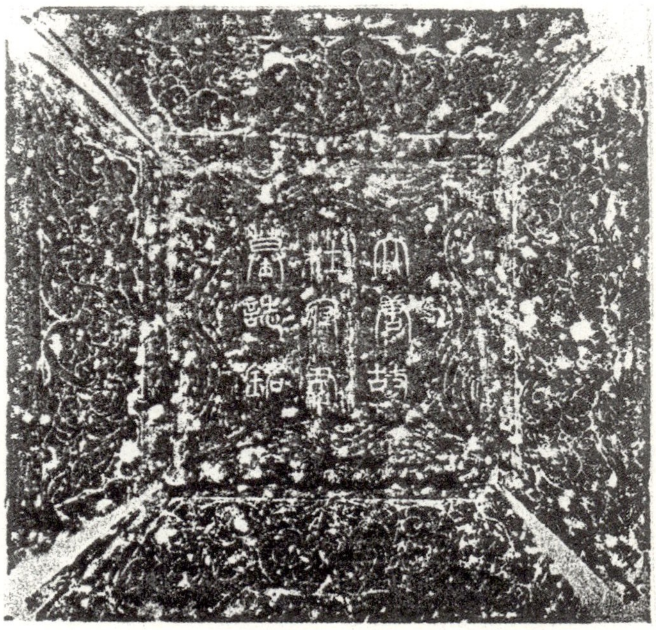

265.大唐故右領軍衛倉曹參軍杜府君(鈒)墓誌銘並序

志石 55×54×16 釐米 吏部郎中兼侍御史宗乘撰
大曆四年(769)十月二十七日
1988 年 4 月龍門西山畢溝村出土
參見《新獲》, 頁 79

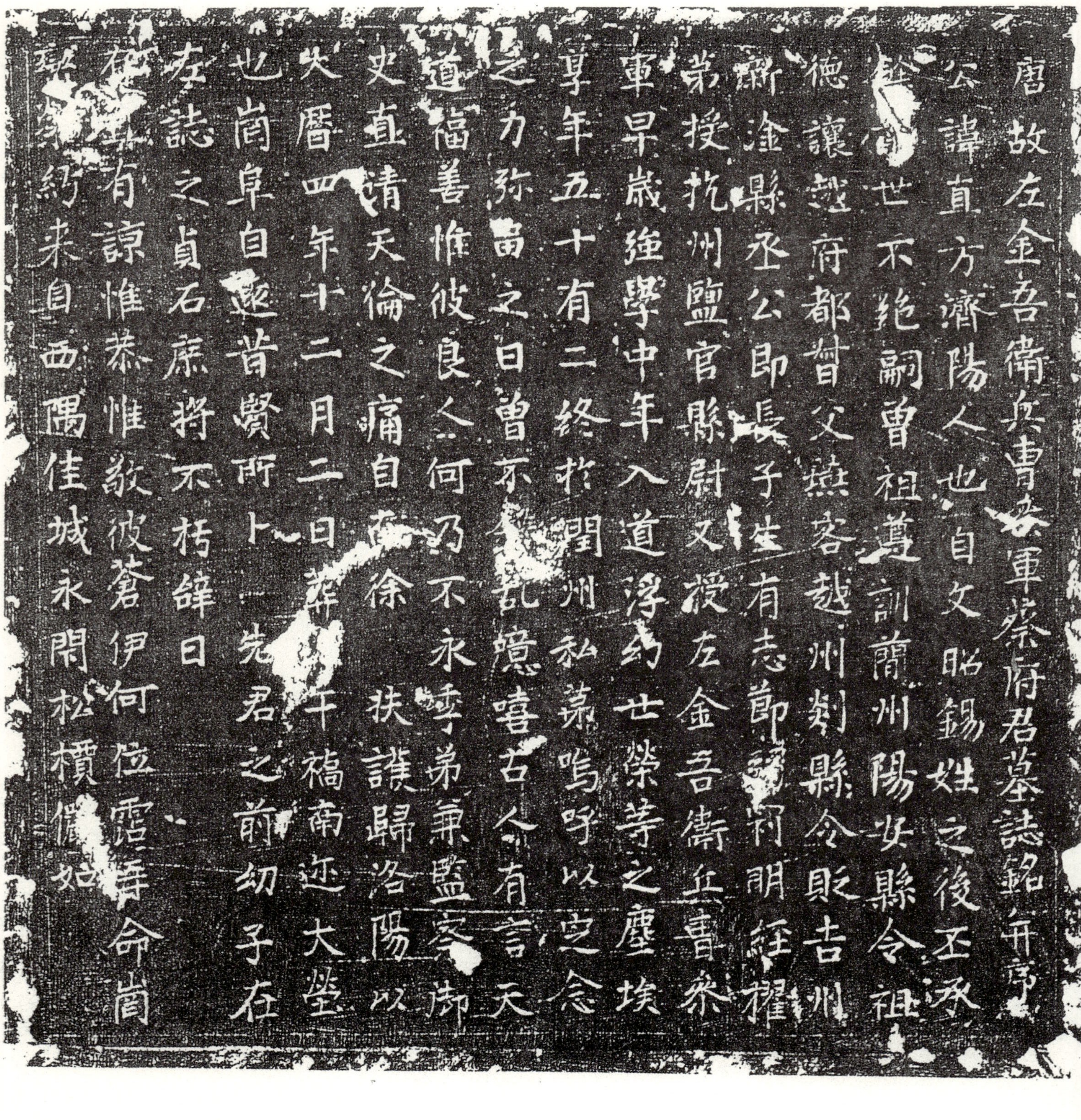

266.唐故左金吾衛兵曹參軍蔡府君(直方)墓誌銘並序

32.2×32.3 釐米
大曆四年(769)十二月二日
參見《輯繩》,頁 581

267.唐故河南府參軍漁陽縣開國男張府君（密）墓誌銘並序

38.5×39×9 釐米
大曆六年（771）二月壬寅（十五日）
1997 年 6 月龍門東山南麓出土。

268.党曄、趙驊、崔縱等龍門山寺寄宿題記

41×70 釐米
大曆七年(772)二月十二日

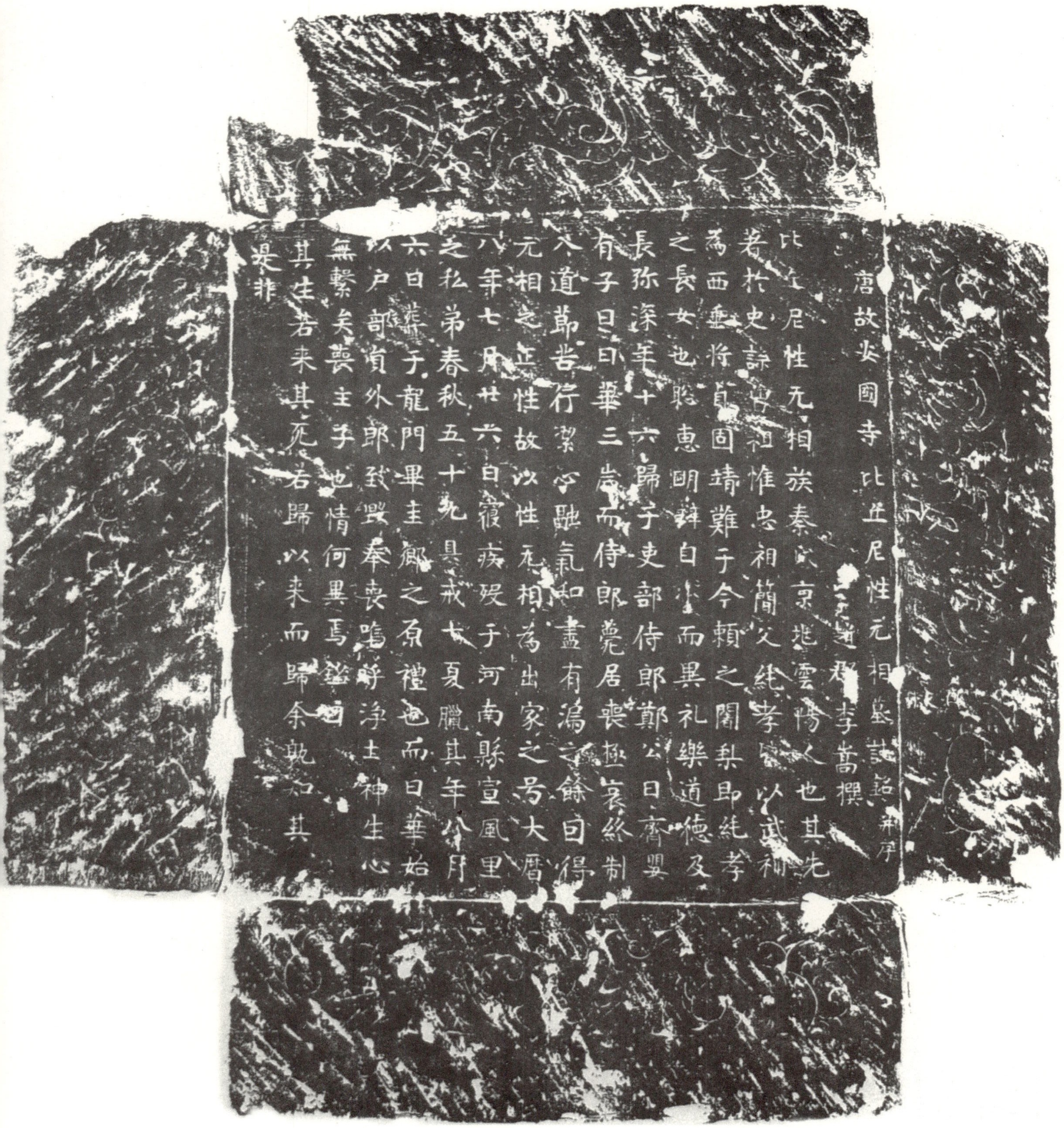

唐故安國寺比丘尼性无相墓誌銘并序
趙郡李嵩撰
比丘尼性无相族秦氏京兆雲陽人也其先
著於史諜曾祖惟忠祖簡父純孝皆以武神
爲西垂將員固靖難于今賴之闍梨即純孝
之長女也聰惠明辯自然而異礼樂道德及
長孫深年十六歸于吏部侍郎鄭公日齊嬰
有子曰日華三歲而侍郎薨居喪極哀終制
入道節苦行潔心融氣知盡有漏之餘回得
元相之正性故以性无相爲出家之号大曆
八年七月廿六日寢疾歿于河南縣宣風里
之私弟春秋五十九是歲七夏臘其年八月
六日葬于龍門畢圭鄉之原禮也而日華始
以戶部員外郎致毀奉喪嗚呼淨土神生心
無繫矣莫主乎也情何異焉銘曰
其生若來其死若歸以來而歸余孰知其
是非

269.唐故安國寺比丘尼性無相(秦氏)墓誌銘並序

34×33.5×11 釐米　趙郡李嵩撰。
大歷八年(773)八月六日"葬于龍門畢圭鄉之原。"
1998 年 6 月龍門西山畢溝村東原出土。
秦氏子鄭日華亦崇信佛教,鄭日華墓誌載其貞元元年(785)十月四日"終于洛陽同德寺"可謂之顯示。
圖引劉小磊:《河南博物院新藏唐代墓誌》,《中原文物》2000 年第 6 期,頁 67、68

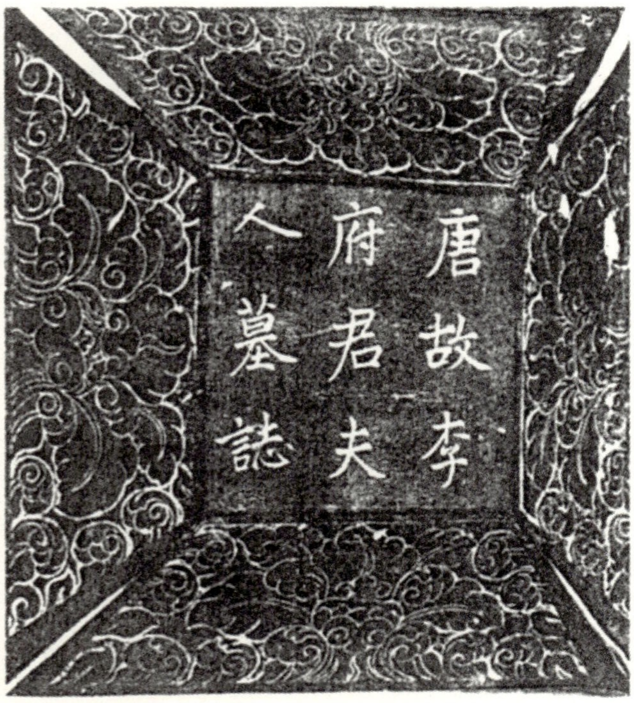

270.唐故大理丞趙郡府君夫人太原王氏合葬銘並序

46×46×11.3 釐米　志蓋 45.7×45.7 釐米　蓋芯楷書“唐故李/府君夫/人墓誌”。檢校倉部員外郎李昂撰

大曆八年(773)十二月二十七日

圖引劉小磊著《河南博物院新藏唐代墓誌》,《中原文物》2000 年第 6 期,頁 67、68

唐故瀛州長史袁府君墓誌銘并序
前河南府司録參軍郭雄撰
君諱倕字春妃陳郡人也曾祖康皇嶧州長史祖
仁敬 皇尚書左丞大理卿父復 皇濮陽郡太守君
郎濮之第二子少而敏慧長而通明天寶乾元中因渠
渠乱常继陷洛邑竊名器以不等列遍才能以論紀經
時當劫脅之中苟體屈申之分歷魏縣河南縣丞傳魏
州司户參軍事不獲已也洎 王師爰發河朔効順宜
別湖或用賢良回授魏州司户參軍累遷録事參
朝城平舒東城博野四縣令瀛州長史大曆八年四月
廿七日終於瀛州官舍春秋卌四嗚呼親族稱睦僚友
推信處世通理涖官有方年未及衰位未充量命也九
年五月四日歸葬於河南縣伊汭鄉西原從先塋禮也
夫人趙郡李氏。皇燕州刺史李[illegible]之女不幸早喪數
年後娶河南長孫氏 皇冀州南宫縣主簿長孫邈之
女祔焉一子宿成藥爲襄經參太祝何實紀喪事君堂
祖兄兵部侍郎以雄與君世舊俾銘泉户銘曰
業承世德身懋家聲才通事變位叙時乎天年中夭神
理難明惠傷厲邑仁祔先塋猗歟今對前後隨迎興歸
壇壞同塋佳城

271.唐故瀛州長史袁府君(倕)墓誌銘並序

42.5×42.5 釐米　前河南府司錄參軍郭雄撰
大曆九年(774)五月四日
2006 年 7 月龍門西山南麓出土

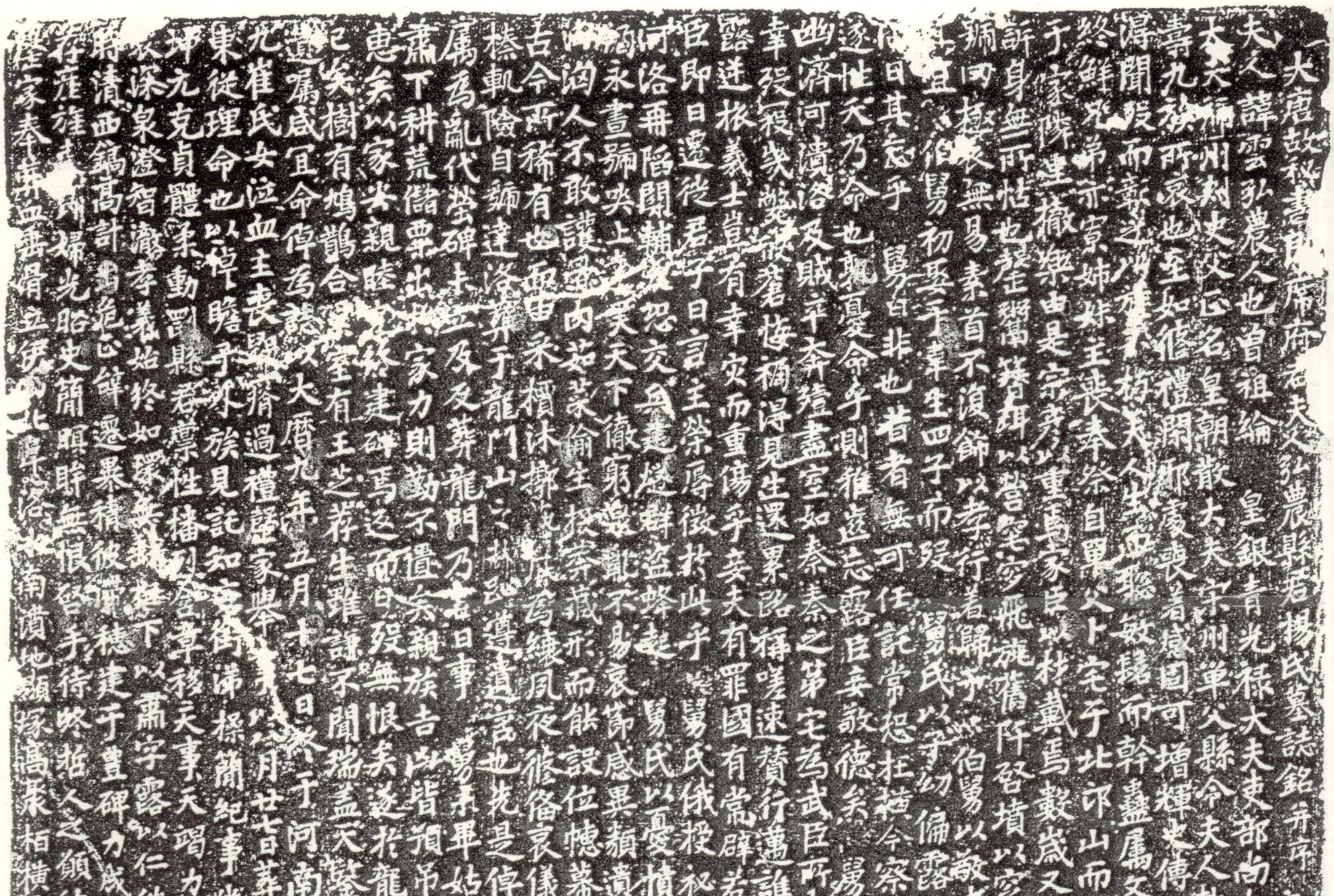

272.大唐故秘書郎席府君夫人弘農縣君楊氏(雲)墓誌銘並序

58.5×57×15.5 釐米　席氏外甥清河崔倬撰
大曆九年(774)八月二十七日
1987 年 6 月龍門西山北原西楊屯村出土
參見《新獲》，頁 82

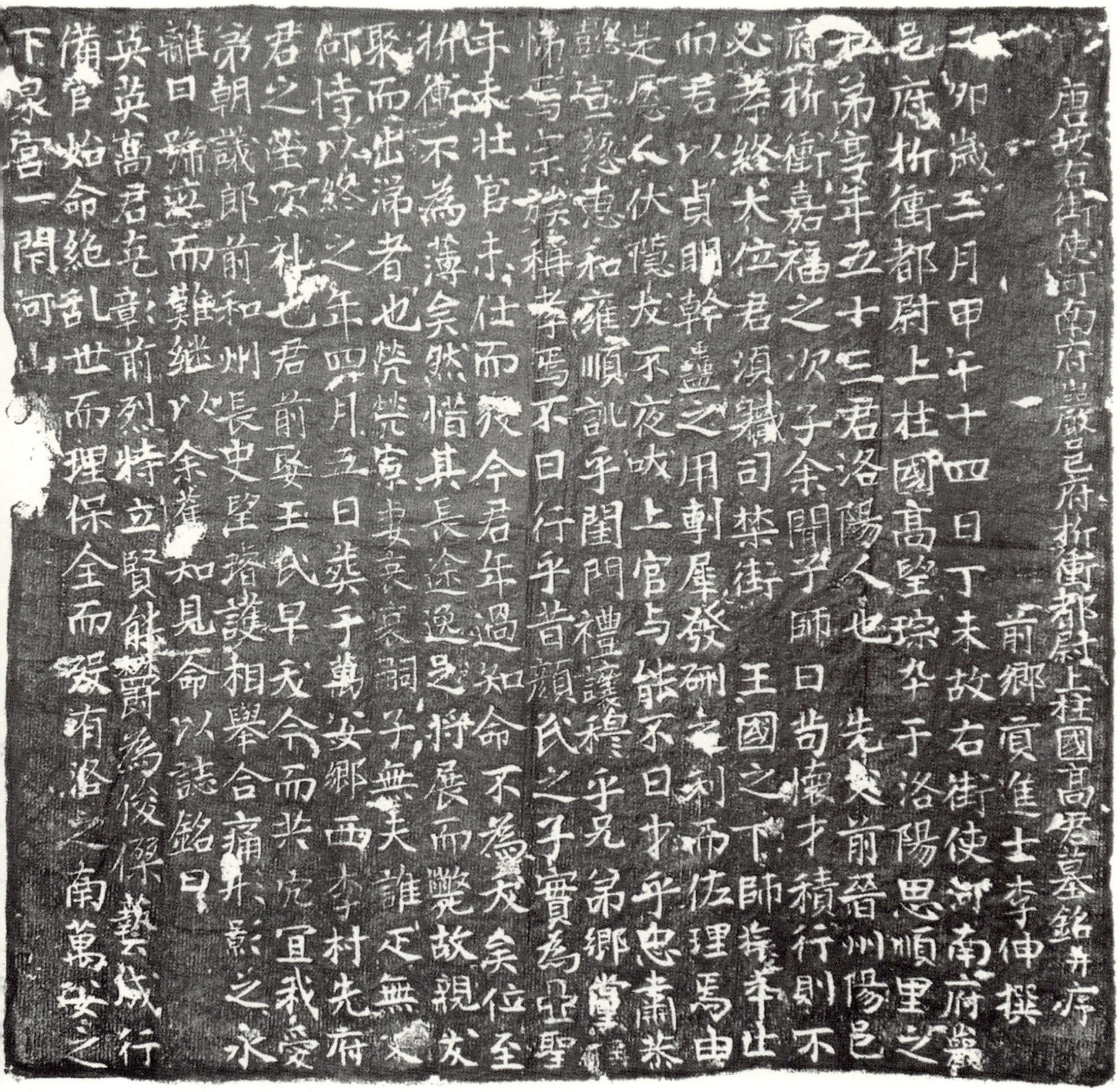

273.唐故右街使河南府巖邑府折衝都尉上柱國高君(望琮)墓銘並序

31×31 釐米
大曆十年(775)四月五日
2005 年 6 月龍門東山南麓出土

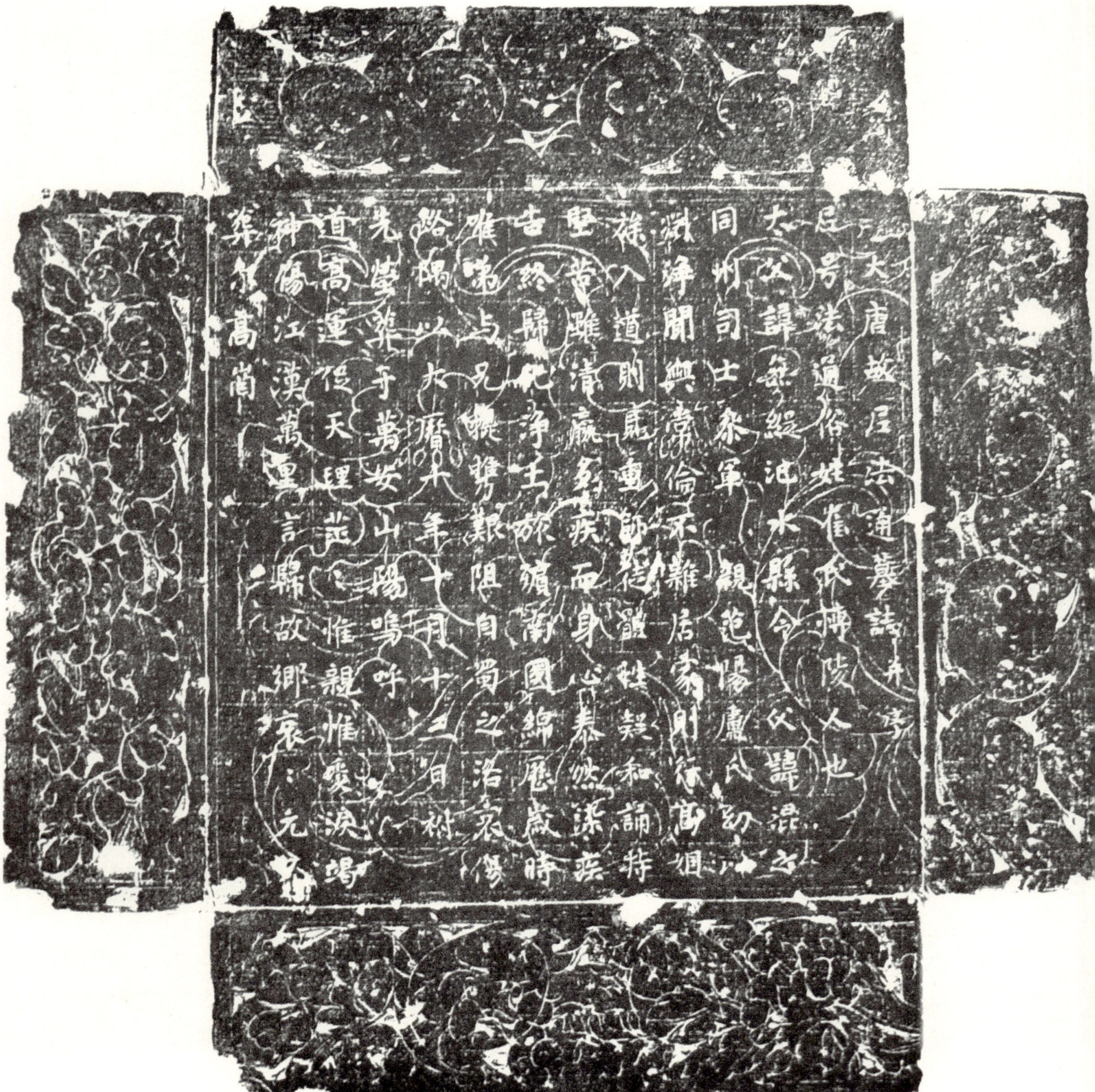

274.大唐故尼法通(崔氏)墓誌並序

28.5×29×8 釐米
墓誌載其"染疾告終,歸化淨土,旅殯南國,綿歷歲時。唯弟與兄,提攜艱阻,自蜀之洛"遷神"祔先塋葬于萬安山陽"。
大歷十年(775)十月十三日
1997 年 9 月龍門東山南麓出土。

275.唐銀青光禄大夫行尚書工部侍郎崔公夫人隴西郡君李氏墓誌銘並序

43×44×9 釐米　誌蓋拓本 47×45 釐米
蓋芯篆書“大唐故/夫人李/氏墓誌”。尚書屯田郎中張齊明撰，前進士崔恒書
大曆十一年(776)二月廿六日
2006 年 8 月龍門西山出土

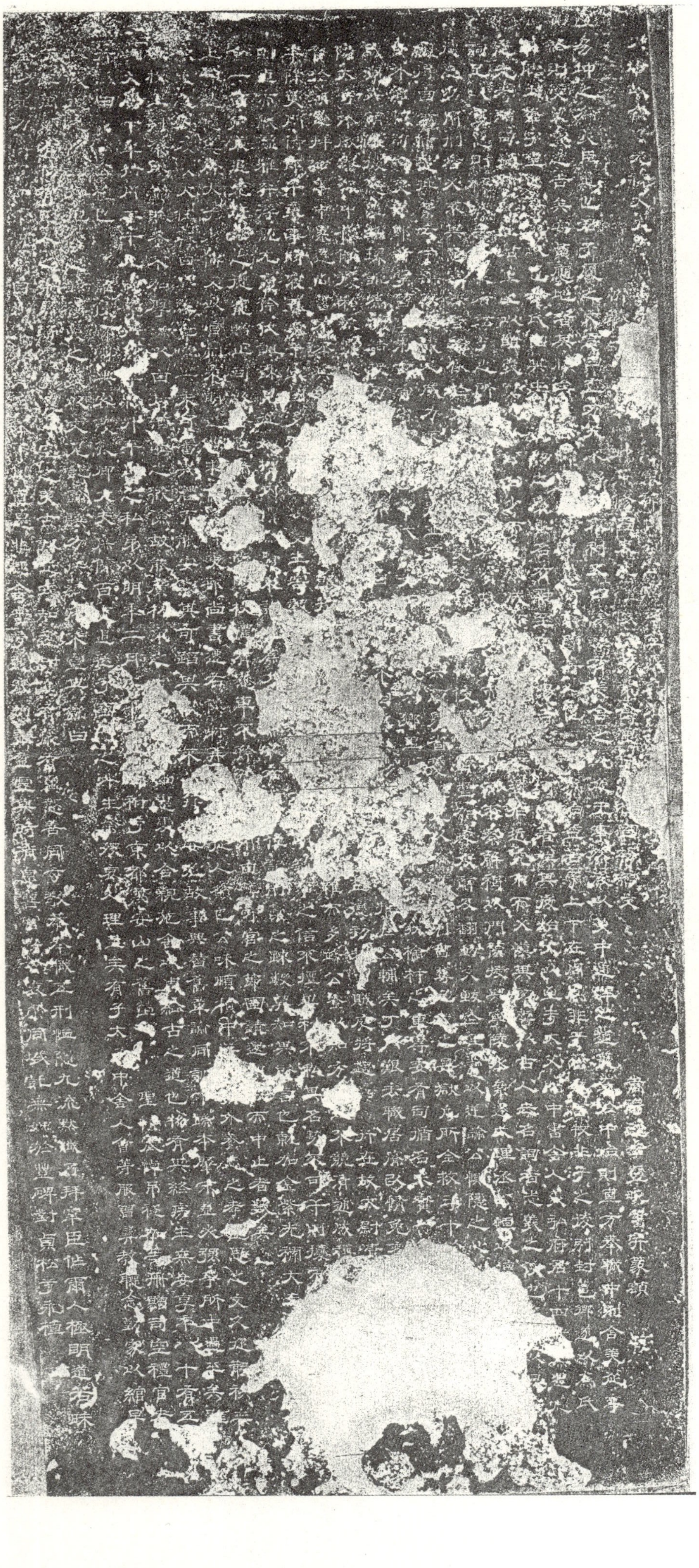

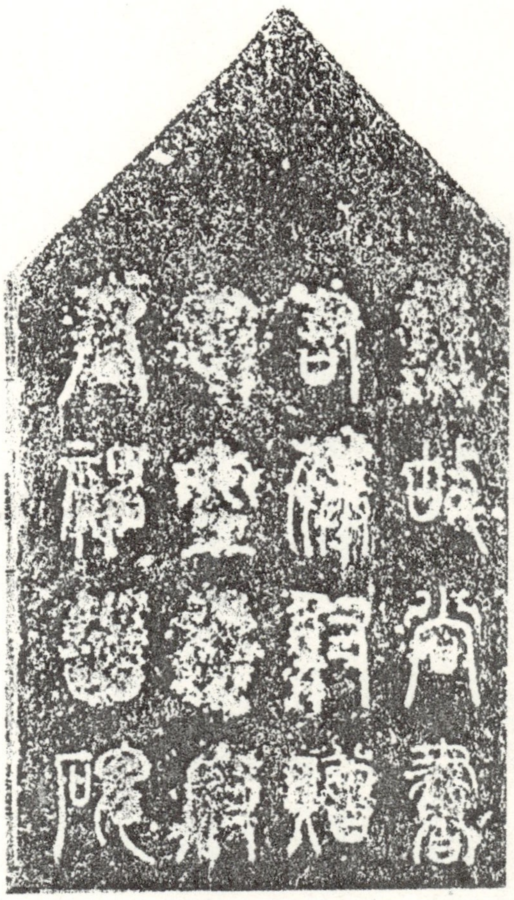

276.唐故尚書右僕射贈司空裴府君(遵慶)神道碑

碑通高 321 釐米　碑身拓本 195×100 釐米
嵩陽□李□琬書並篆額
大曆十一年(776)二月廿□日
碑立於龍門東山南麓許營村北原
參見《新獲》，頁 83;《北圖》·唐·第二十七冊，頁 145;錄文存《八瓊室金石補正》卷六四

277.唐故朝散大夫汴州長史劉府君(昌)墓誌銘並序

44.5×44.5×8.5 釐米　志蓋拓本 45.5×45.5 釐米
蓋芯篆書"大唐故/劉府君/墓誌銘"
大曆十三年(778)正月二日
2006 年 9 月龍門西山南麓出土

278.有唐盧夫人(梵兒)墓誌

71×71 釐米　叔太子賓客崔孝公(沔)爲誌
大曆十三年(778)四月九日
參見《千唐》,頁 934,1984 年版;《北圖》·唐·第二十七册,頁 166

唐故秘書監崔公墓誌銘
公諱望之博陵人也其所由來備諸史諜 曾祖恪隋
安州長史 祖孝基 皇朝散大夫寧州司馬 父大鈞
皇岐州雍縣主簿德行嗣續文學相傳道不行於大賢慶
將垂於後裔素履清風人倫師範姓氏之首婚姻所貴近
世以來莫之與京也公在抱而孤太夫人潁川陳氏侍
中辨達之孫汾州刺史賢德之女守志鞠育詩禮亦
既成人事親盡孝性閑略不藝德術自適淳名正未嘗
憂貧 中宗時拜尚輦奉御非所好也竟以疾解家本
山東遂居汴中年河上或觀耦耕或自垂釣或凝經史或
縱詠歌超人之急受答不倦風流談笑野逸篇什日往月
來不知老之已至大曆 聖朝尚齒與德拜諫議大夫
致仕旋加銀青光祿大夫遷秘書監致仕 恩遣中使
就第錫以章服獨膺尊事榮耀當時十餘年間與親戚相
樂嗚呼樂極哀至大曆十二年十月二日薨於東京歸義
里享年九十有一夫人京兆王氏先公而卒以明年四月
十四日合祔於龍門之西原陪先塋禮也侍御史程懷惪
公之子壻公無兒視之如子惪亦以孝報德送往恤存士
之義也嗚呼哀哉銘曰
猗美君子在汴之陽不曬不昧達於行藏晚遇 天眷
予欲乞言錫以命服榮名振垣登于秘閣久已懸車寵光
猶在壽考無餘闕塞之側松柏蒼然祔於先君從此終天

279.唐故秘書監崔公(望之)墓誌銘

誌石 59.5×59.5×13 釐米　盝形志蓋 60×60×13 釐米
大曆十三年(778)四月十四日
1992 年 3 月龍門西山弘聖寺遺址西側出土

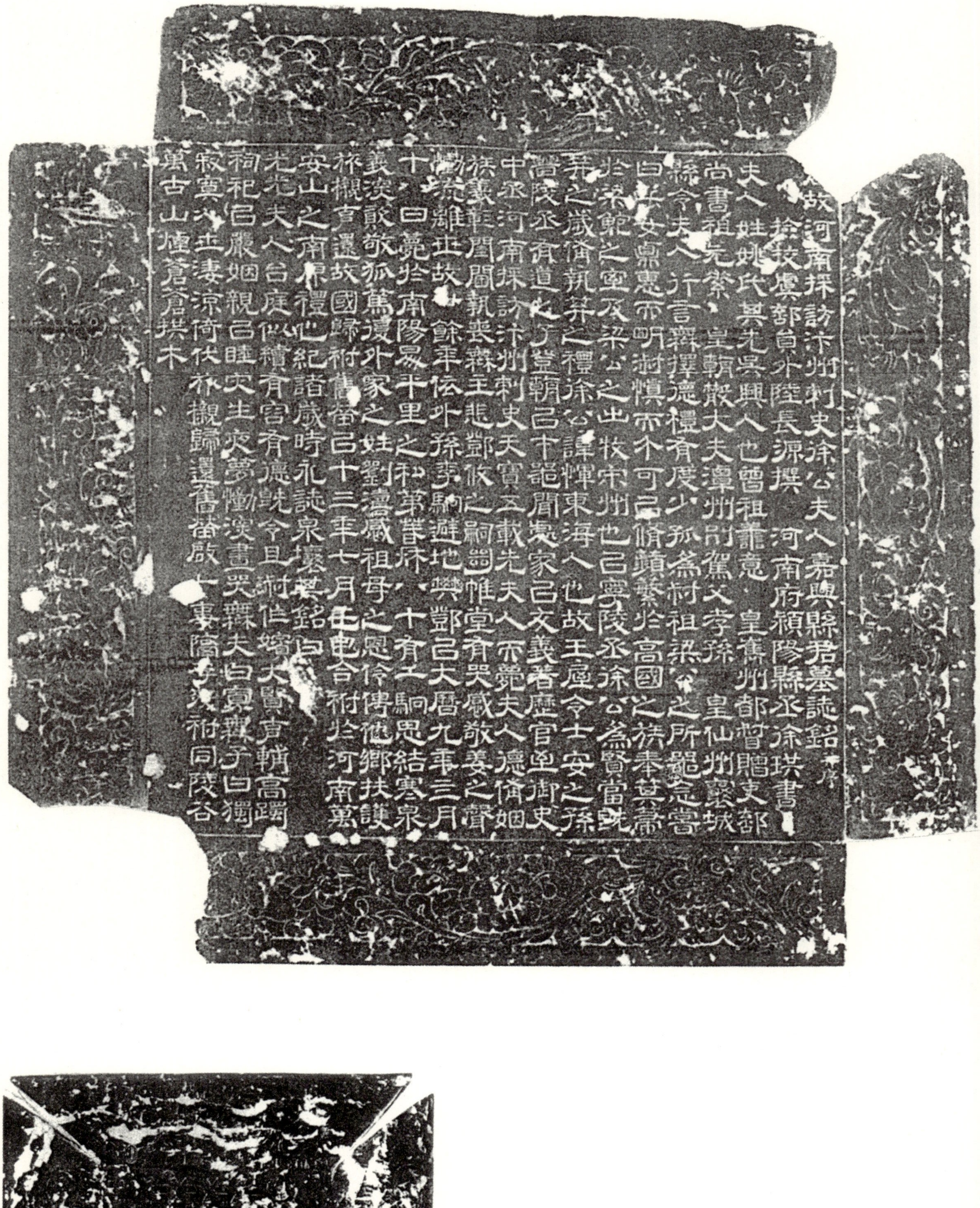

280.唐故河南採訪汴州刺史徐公夫人嘉興縣君(姚氏)墓誌銘並序

611×614×12 釐米　志蓋尺寸未詳　蓋芯篆書"唐故夫/人姚氏/墓誌銘"
檢校虞部員外陸長源撰，河南府潁陽縣丞徐珙書
大曆十三年(778)七月壬申(二十八日)
1998 年 8 月龍門東山南麓許營村北原出土
參見李獻奇、周錚著《唐徐惲及夫人姚氏墓誌考述》，《中原文物》2000 年第 6 期，頁 48

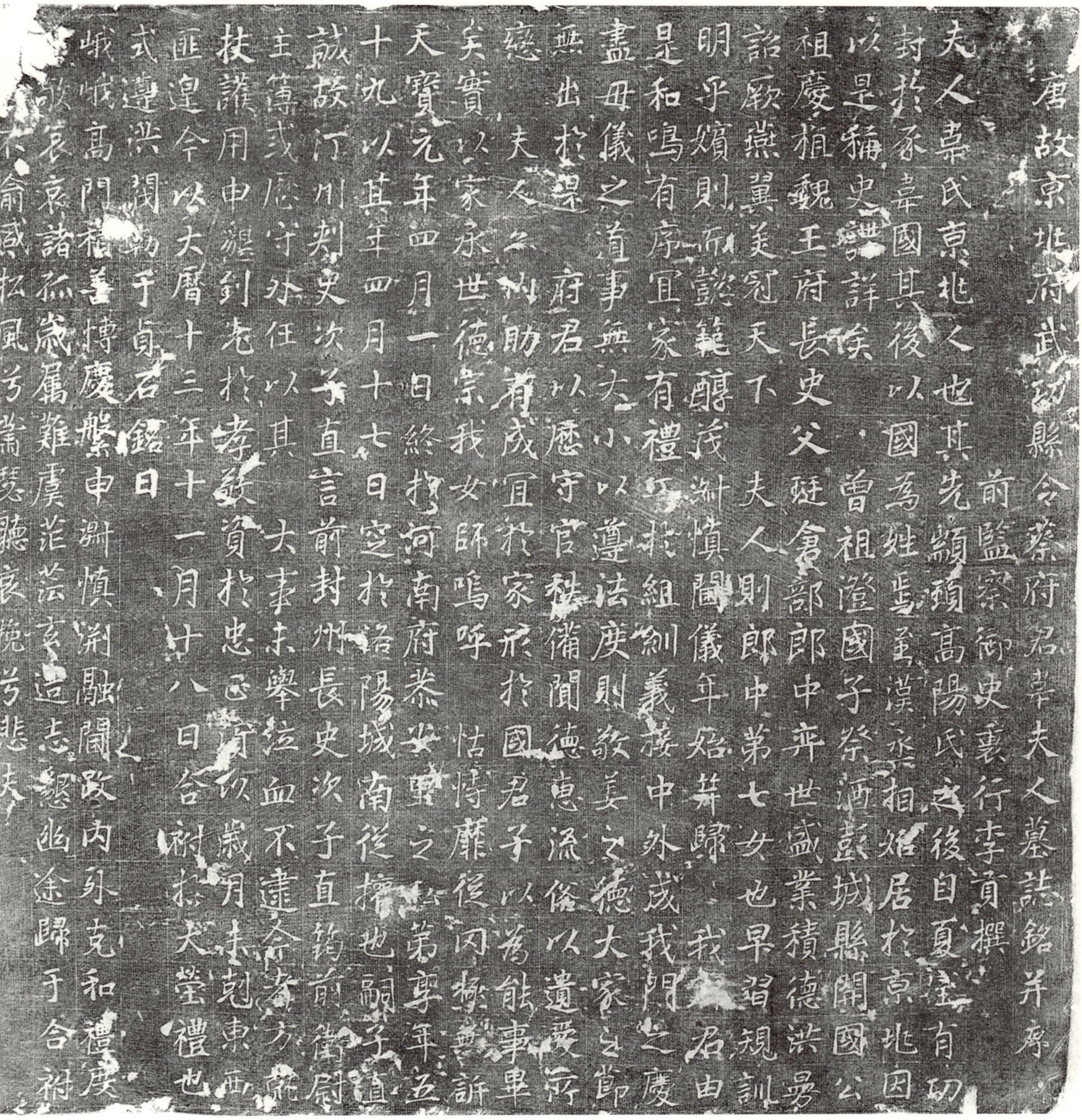
唐故京兆府武功縣令蔡府君韋夫人墓誌銘并序
前監察御史裏行李貢撰
夫人韋氏京兆人也其先顓頊高陽氏之後自夏至有功
封於豕韋國其後以國爲姓至漢丞相始居於京兆因
以是稱史諜詳矣 曾祖澄國子祭酒彭城縣開國公
祖慶植魏王府長史父珽倉部郎中弈世盛業積德洪易
詒厥燕翼美冠天下夫人則郎中第七女也早習規訓
明乎嬪則而懿範醇茂淑慎閨儀年始笄歸我 君由
是和鳴有序宜家有禮[illegible]於組紃義接中外成我門之慶
盡母儀之道事無大小以遵法度則敬姜之德大家之節
無出於是 府君以歷守官秩備聞德惠流俗以遺愛府
戀 夫人之内助有成宜於家而於國君子以爲能事畢
矣實以家承世德宗我女師嗚呼 怙恃靡從罔極無訴
天寶元年四月一日終於河南府恭安里之私第享年五
十九以其年四月十七日窆於洛陽城南從權也嗣子道
誠故汀州刺史次子直言前封州長史次子直鈞前衛尉
主簿或歷守外任以其大事未舉泣血不遠含哀方就
扶護用申繼到老於孝敬資於忠正以歲月未剋東西
匪遑今以大曆十三年十一月廿八日合祔於大塋禮也
式遵洪閥勒于貞石銘曰
峨峨高門積善博慶磐申淑慎淵融閫政内外克和禮度
欽哀哀諸孫歲屬難虞茫茫玄遠志戀幽途歸于合祔
不渝感松風兮蕭瑟聽哀挽兮悲夫

281.唐故京兆府武功縣令蔡府君韋夫人墓誌銘並序

45.5×45 釐米 前監察御史裏行李貢撰
大曆十三年(778)十一月十八日
2003年8月龍門西山北麓平原出土

282.□故上都至德觀主女道士元尊師(淳一)墓誌文

36.5×36.5 釐米
大曆十□年(776–779)七月十八日
參見《輯繩》,頁 593

283.唐故郴州刺史贈持節都督洪州諸軍事洪州刺史張府君(翃)墓誌銘並序

51.8×51.8 釐米　嗣子給事郎前行汝州葉縣尉士源奉述

建中元年(780)二月十四日

參見《千唐》,1984年版,頁940

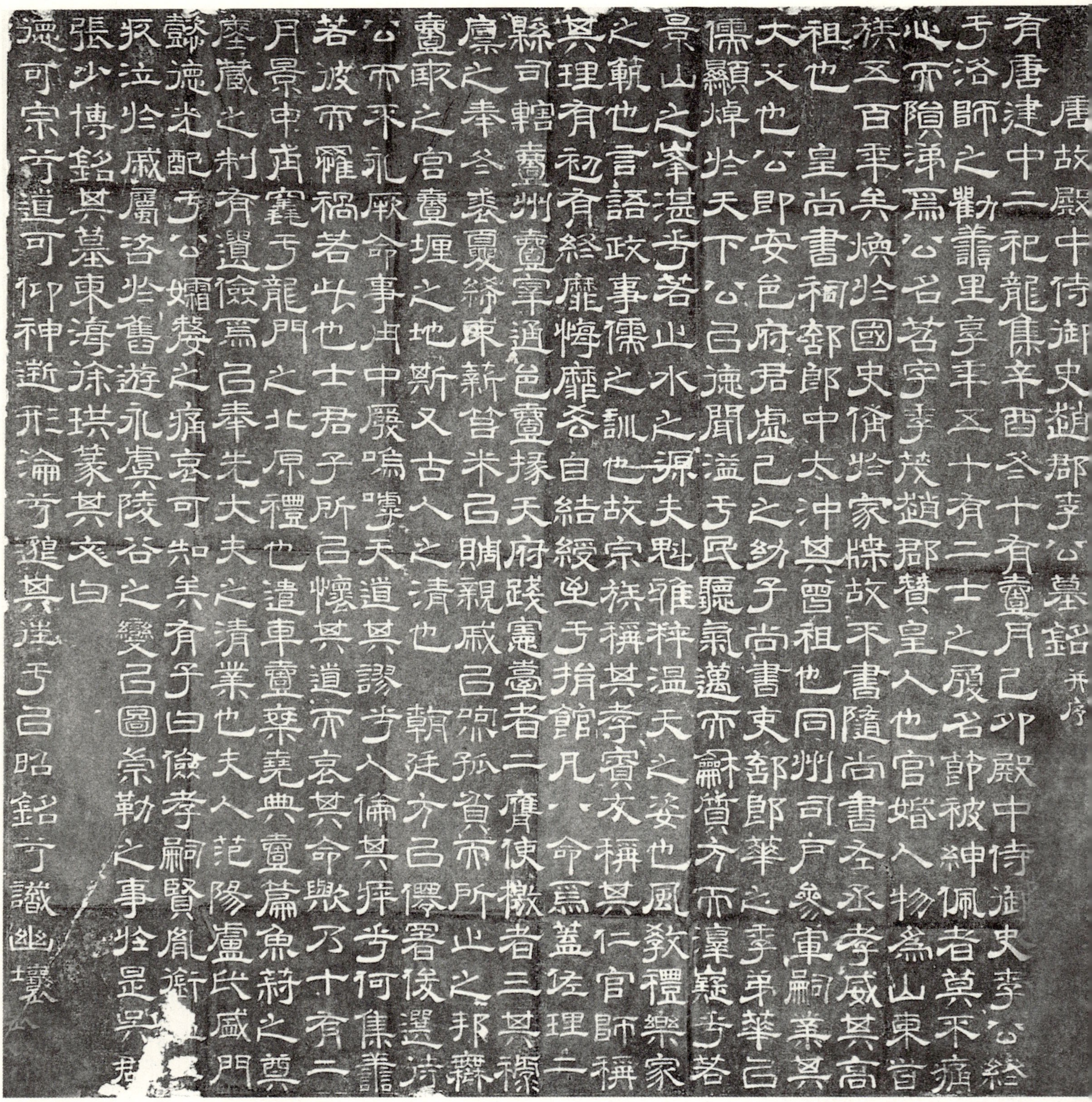

284.唐故殿中侍御士趙郡李公(若)墓銘並序

64.5×65 釐米
吳郡張少博銘墓，東海徐珙篆文
建中二年(781)十二月十二日
2004年6月龍門西山北麓出土

285.大唐皇再從祖姑故寧剎寺比丘尼志弘墓誌銘並序

72×72 釐米

銀青光祿大夫前光祿卿上柱國襲琅邪郡開國公王諒撰，哀子

朝請郎前行河中府解縣尉驍騎尉晉陽縣開國男鄂書

建中三年(782)十一月廿四日

2004年8月龍門西山畢溝村東地出土

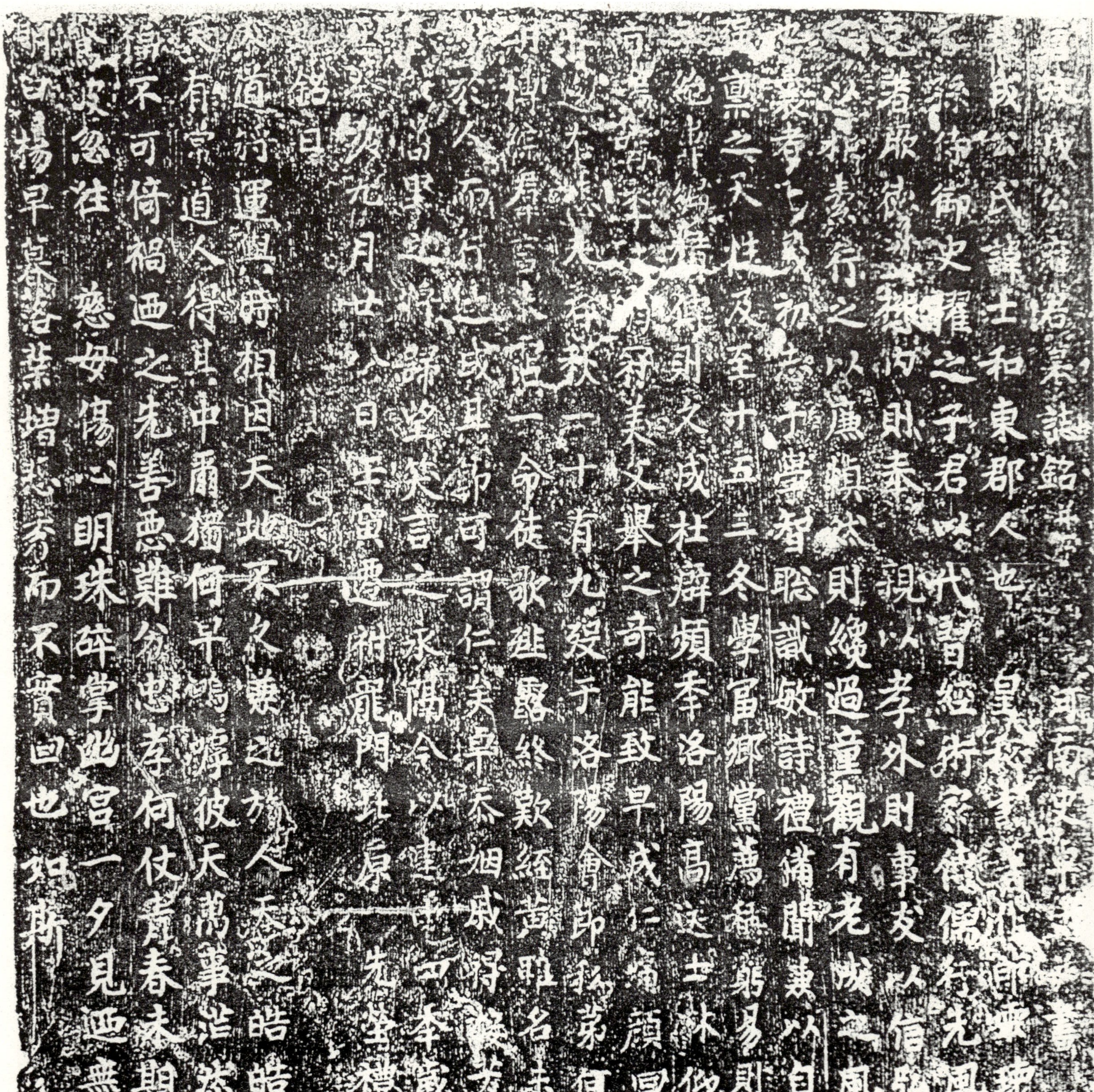

286.唐故成公府君(士和)墓誌銘並序

37×37 釐米　河南史卓撰兼書
建中四年(783)九月廿八日
參見《輯繩》,頁 595

288.救苦觀世音菩薩石像銘並序

60×46 釐米　戶部侍郎盧徵撰
貞元七年(791 年)二月八日

287.大唐東都弘聖寺故臨壇大德真堅幢銘並序

幢體爲八面棱柱，幢面 128×14 釐米
興元元年(784)五月十五日
石存龍門石窟研究所
20 世紀 70 年代龍門西山寺溝村西原弘聖寺遺址出土

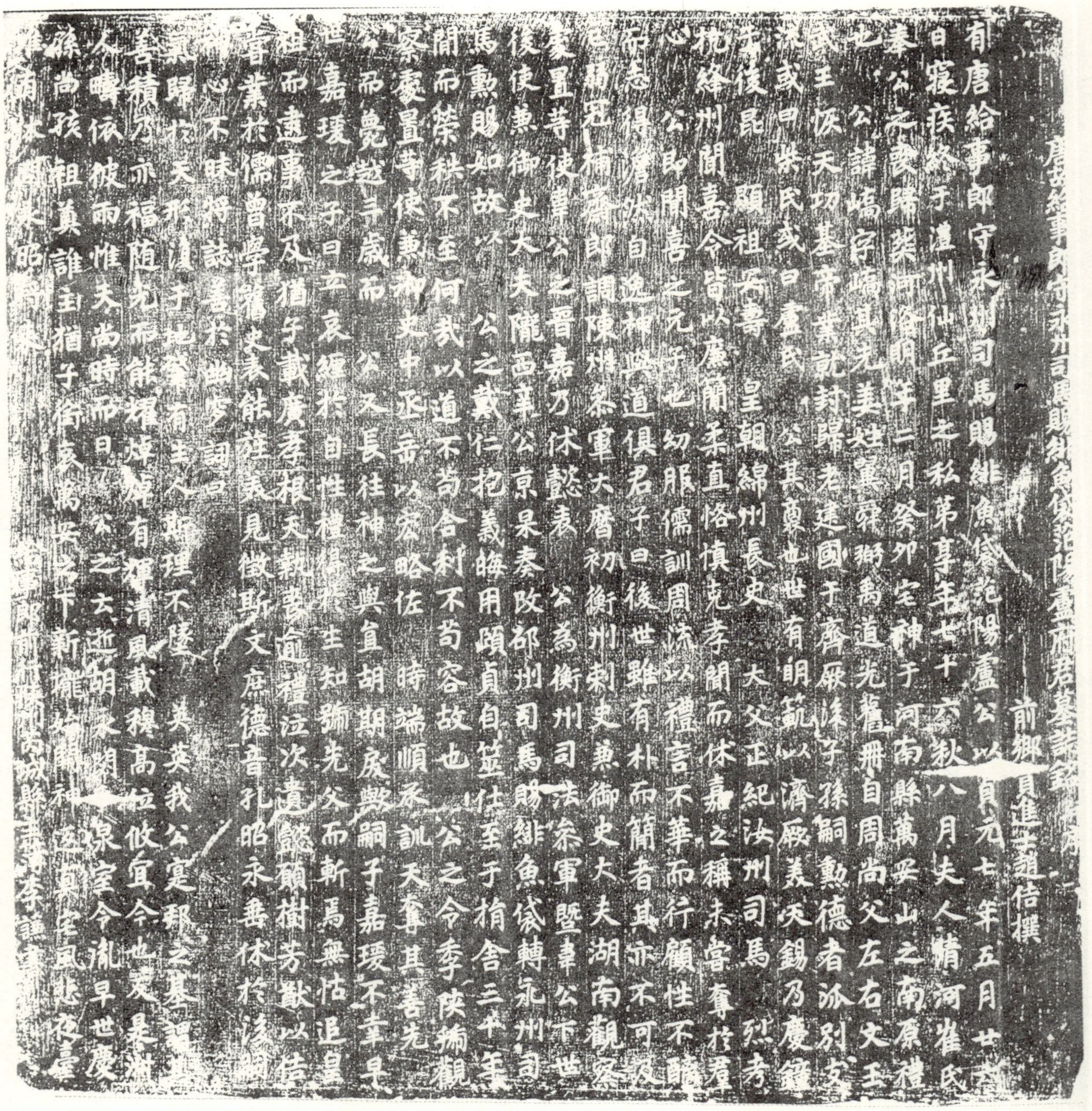

289.唐故給事郎守永州司馬賜緋魚袋范陽盧府君(嶠)墓誌銘並序

55×55 釐米； 志蓋 61×56 釐米，
蓋芯篆書“大唐故/范陽盧/府君銘”
前鄉貢進士趙佶撰，給事郎前行陝州芮城縣主簿李謙書
貞元八年(792)二月十八日
參見《北圖》·唐·028 冊，頁 87

290.安二娘爲亡夫董瞻造《佛頂尊勝陀羅尼咒》題記

幢高 101 釐米，水平截面外接圓直徑 23 釐米，題記 90×9.6 釐米
貞元九年(793)二月十五日
1994 年 7 月龍門西山南麓出土，石存龍門石窟研究所
參見張乃翥：《跋龍門石窟近藏長安三年、大中六年之幢塔刻石》，《敦煌研究》1998 年第 1 期，頁 24–29

唐故脩行寺主大德律和上體微墓記
前河南縣主簿鄭位撰
律和上俗姓李氏其先隴西姑臧人也　曾祖玄挺
皇朝銀青光祿大夫潞州刺史祖尚餘上洛郡太守
父踐曾益州大都督府錄事參軍律和上即益府府
君之長女[illegible]夫人京兆王氏並輝聯官婚榮耀邦國
王大父之拜潞州也除書所載一門獨甲於當
朝十代連芳於刺史故廿為高門律和上含二德之
和稟五常之秀孝乃天至道實生知爰自幼沖心尚
真諦善悟俱遣榮辱兩忘三聚淨誡嚴持軌範四禪
妙音深照根塵由是行冠道門德宣京邑遐迩瞻仰
豈不盛歟嗚呼哀哉律和上云亡緇徒殄瘁都城道
俗莫不雷慟貞元七年正月十九日怛化于河陰縣
春秋七十二僧臘卌二臨壇廿四粵以貞元九年二
月十七日景寅返葬於龍門天竺寺西原高頂延望
先師塋塔及[illegible]葬事務從省儉蓋遵遺志也弟子智
廣詮克成等吞恨茹荼昊天罔極懼陵谷遷變迺
貞石以紀徽烈

291.唐故修行寺主大德律和上體微墓記

36×36 釐米
前河南縣主簿鄭位撰
貞元九年(793)二月十七日“返葬於龍門天竺寺西原高頂,延望先師塋塔”。
1998 年冬龍門西山出土。

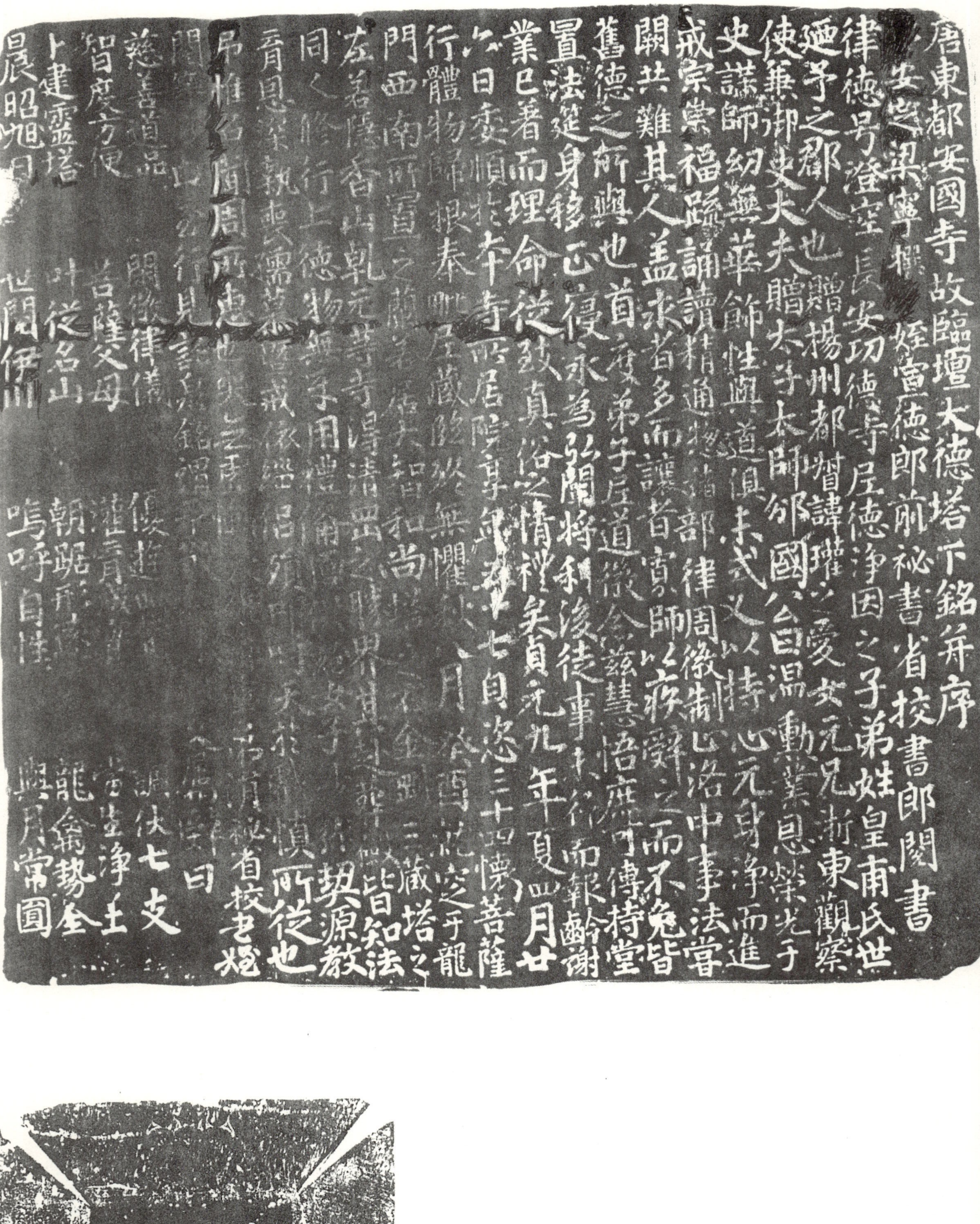

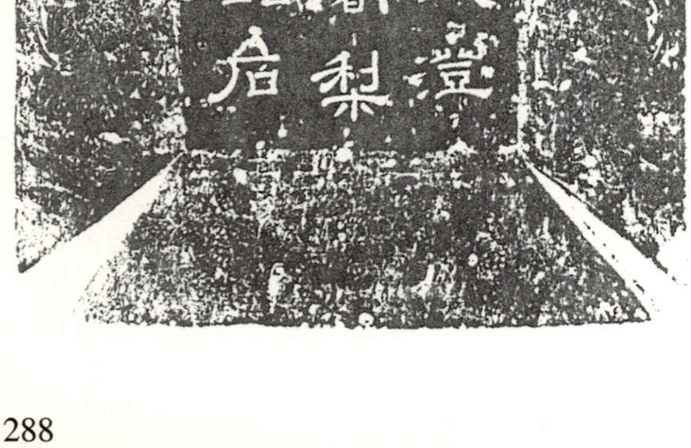

292.唐東都安國寺故臨壇大德(澄空)塔下銘並序

50×50 釐米;誌蓋 56×56 釐米,蓋芯隸書"唐故澄/空闍梨/墓銘石"。安定梁寧撰,侄宣德郎前秘書省校書郎閱書
貞元九年(793)八月二十七日
參見《北圖》·唐·第二十八冊,頁 101

293.唐故永州盧司馬(嶠)夫人崔氏墓誌銘並序

41×41 釐米；誌蓋拓本 22×22 釐米，蓋芯篆書“唐故盧/君夫人/崔氏銘”
貞元九年(793)十月三日
參見《北圖》·唐·第二十八冊，頁 103

294.唐故宗府君妻太原王氏夫□(人)□(墓)□(誌)□(銘)並序

31.3×32 釐米
貞元十年(794)十一月十三日
2000 年秋龍門西山南麓郭寨村出土

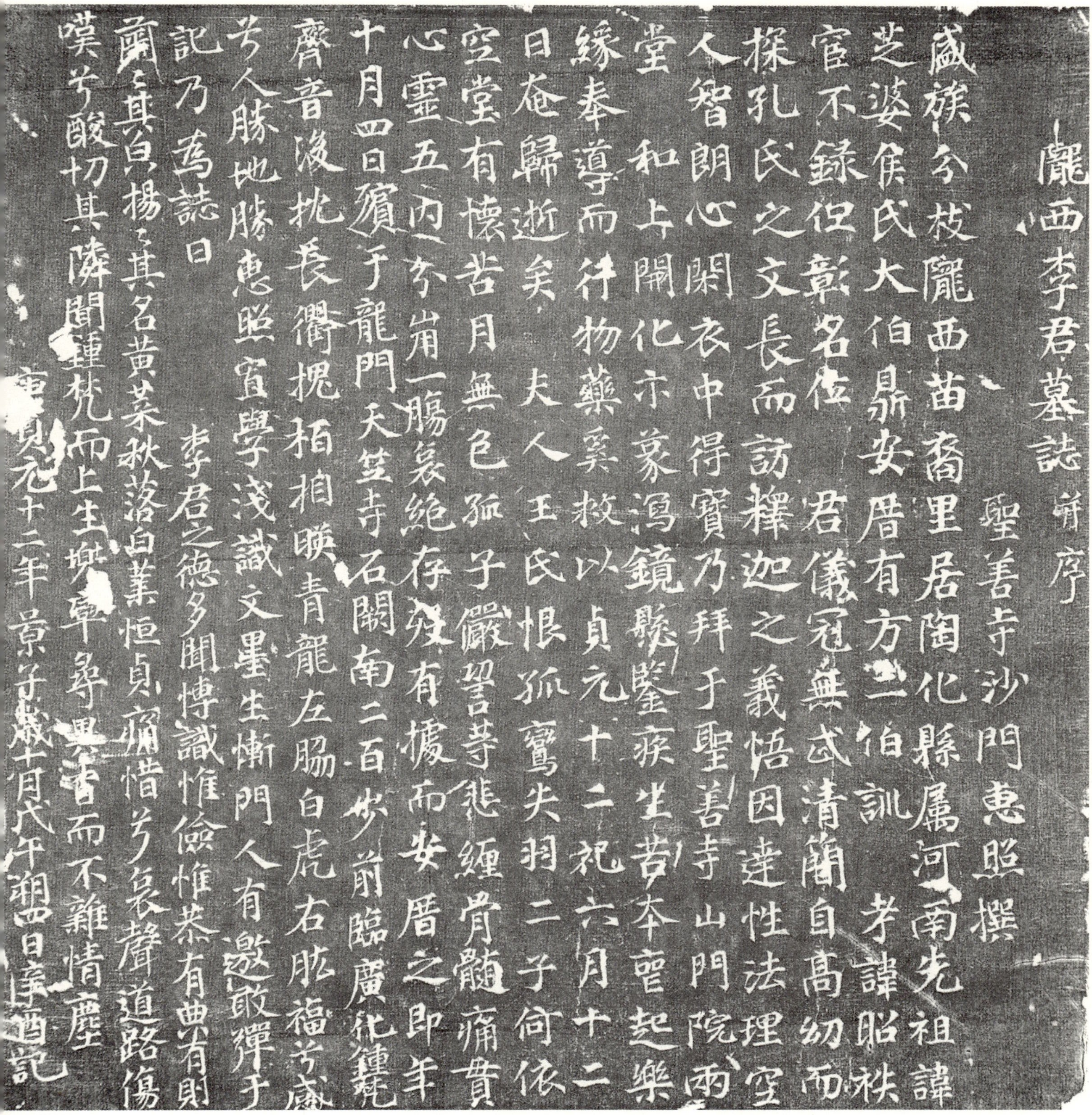
隴西李君墓誌并序
聖善寺沙門惠照撰
盛族分枝隴西苗裔里居陶化縣屬河南先祖諱
芝婆侯氏大伯鼎安厝有方二伯訓孝諱昭袂
宦不錄但彰名位君儀冠無忒清簡自高幼而
探孔氏之文長而訪釋迦之義悟因達性法理空
人智朗心開衣中得寶乃拜于聖善寺山門院兩
堂和上開化亦蒙瀉鏡鑿疾生苦奉曾起樂
緣奉導而袺物藥奚救以貞元十二祀六月十二
日奄歸逝矣夫人王氏恨孤鸞失羽二子何依
空堂有懷苦月無色孤子嚴望哀悲纏骨髓痛貫
心靈五内分崩一腸哀絕存殁有據而安厝之即年
十月四日殯于龍門天竺寺石闕南二百步前臨廣化鍾梵
齊音後枕長衢槐栢相映青龍左脇白虎右肱福兮盛
兮人勝地勝惠照宜學淺識文墨生慚門人有邀敢辭于
記乃為誌曰　李君之德多聞博識惟儉惟恭有曲有則
蘭之其貞揚之其名黃葉秋落白葉恒貞痛惜兮哀聲道路傷
嘆兮酸切其隣聞鍾梵而上生與卑尋異香而不離情塵
唐貞元十二年景子歲十月戊午朔四日辛酉記

295.隴西李君墓誌並序

35.5×35×7 釐米　聖善寺沙門惠照撰
貞元十二年(796)十月四日
2004 年 2 月龍門西山寺溝村西嶺出土

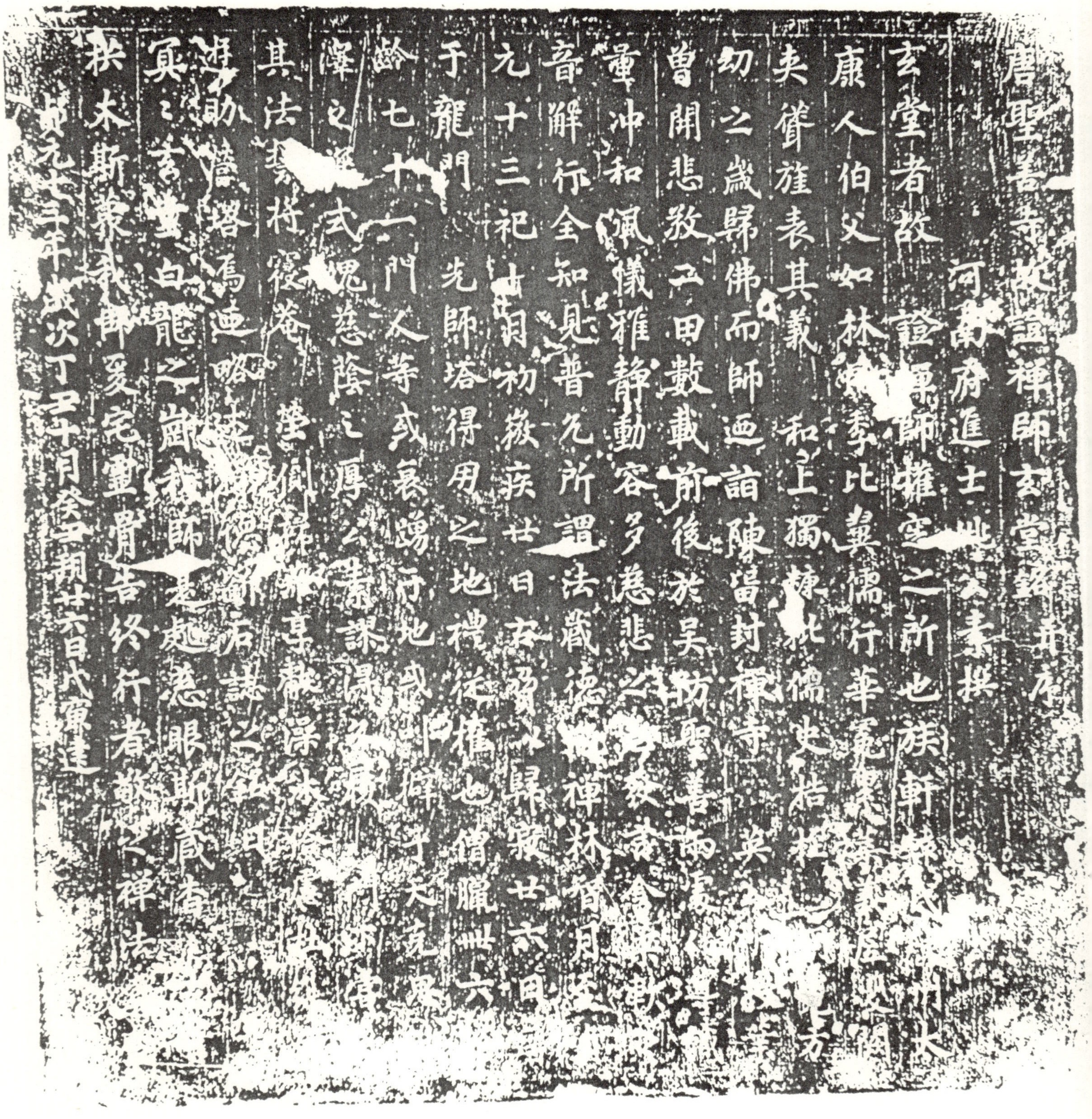

296.唐聖善寺故證禪師玄堂銘並序

60×60 釐米　河南府進士姚公素撰
貞元十三年(797)十月廿六日
參見《彙編》·北大卷·第 2 冊，頁 30

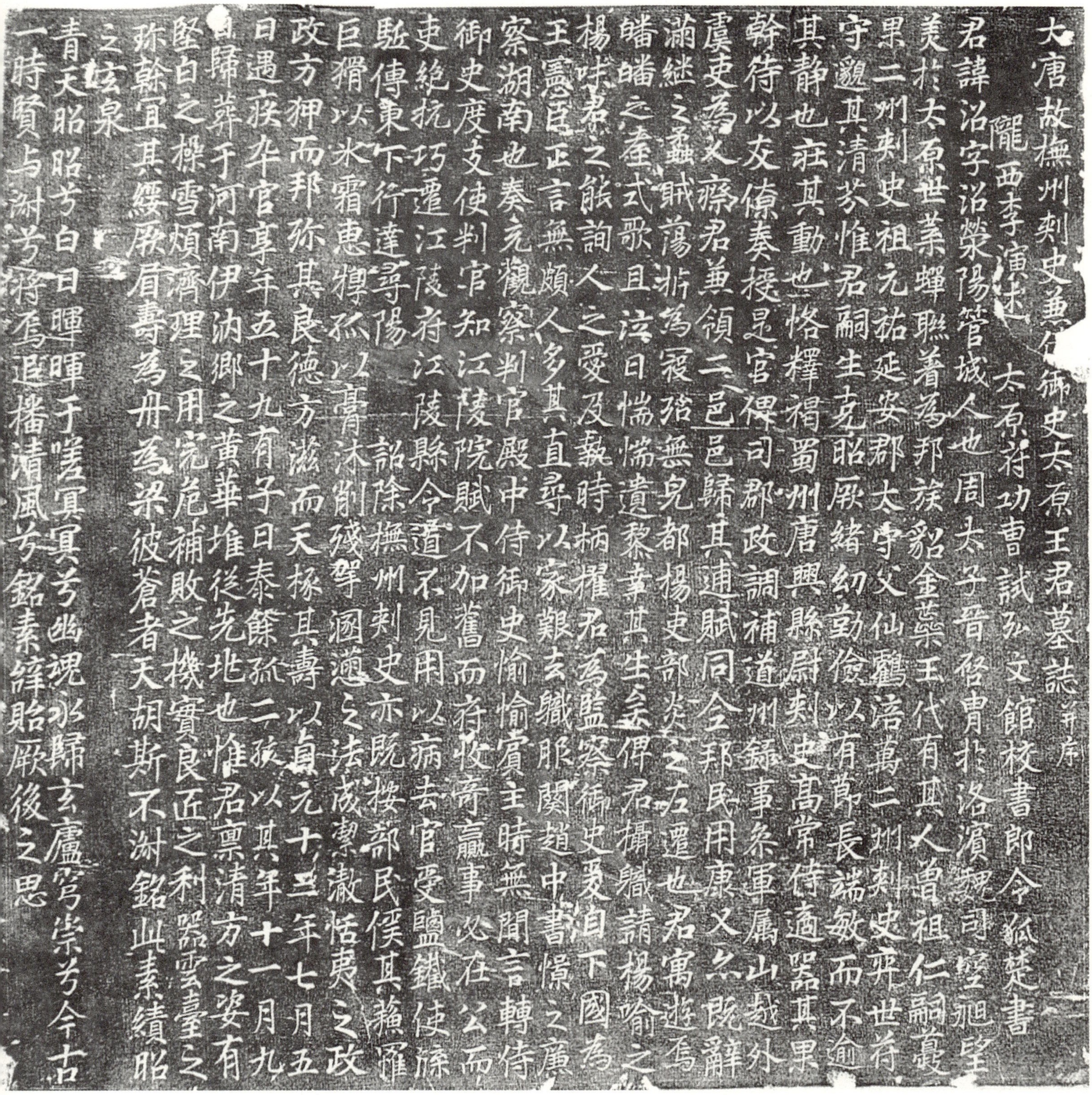

297.大唐故撫州刺史兼侍御史太原王君(沼)墓誌並序

56×55 釐米;誌蓋 59×59 釐米,蓋芯篆書“大唐故/王使君/墓誌銘”。隴西李演述,太原府功曹試弘文館校書郎令狐楚書
貞元十三年(797)十一月九日
2003 年春龍門東山南麓出土

298.大唐故朝議郎行大理評事上柱國西河宋府君(順)墓誌銘並序

55.5×55.7 釐米　徵事郎前守左驍衛兵曹參軍程沈撰
貞元十七年(801)二月四日
參見《輯繩》，頁 612

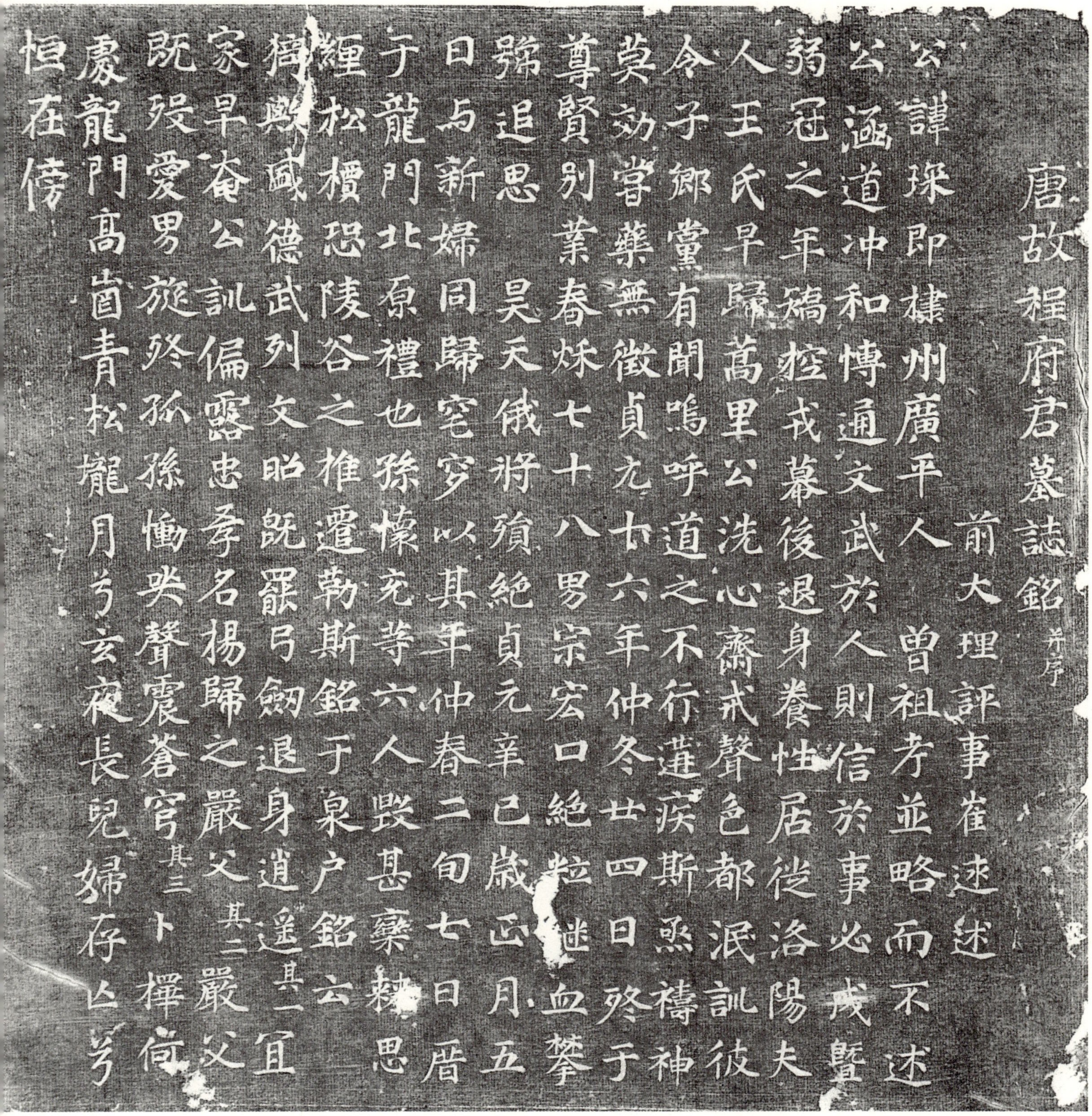

唐故程府君墓誌銘并序
前大理評事崔逑述
公諱琛即棣州廣平人曾祖考並略而不述
公涵道冲和博通文武於人則信於事必成暨
弱冠之年擒控戎幕後退身養性居從洛陽夫
人王氏早歸萬里公洗心齋戒聲色都泯訓彼
令子鄉黨有聞嗚呼道之不行遘疾斯烝禱神
莫効嘗藥無徵貞元十六年仲冬廿四日歿于
尊賢別業春秋七十八男宗宏口絕粒泣血攀
號追思昊天俄將殞絕貞元辛巳歲正月五
日與新婦同歸窀穸以其年仲春二旬七日厝
于龍門北原禮也孫懷充等六人毀甚欒棘思
纏松檟恐陵谷之推遷勒斯銘于泉戶銘云
猗歟盛德武列文昭既罷弓劒退身道遙其一宜
家早奪公訓偏露忠孝名揚歸之嚴父其二嚴父
既歿愛男旋歿孤孫慟哭聲震蒼穹其三卜擇何
處龍門高岡青松朧月兮玄夜長兒婦存亡兮
恒在傍

299.唐故程府君(琛)墓誌銘並序

35.5×35.5 釐米　前大理評事崔逑述
貞元十七年(801)二月十七日
2003 年 9 月龍門西山北麓出土

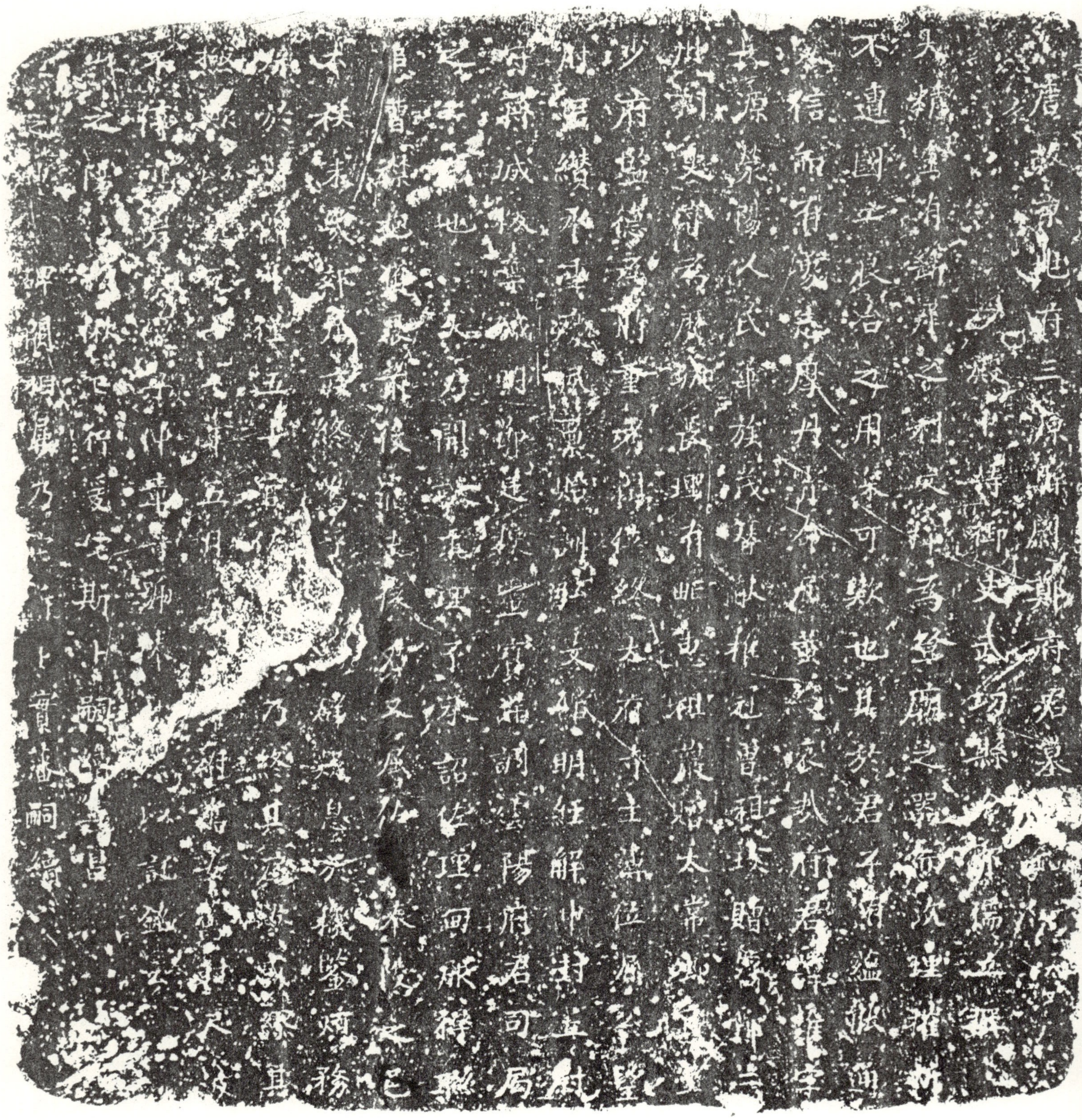

300.唐故京兆府三原縣尉鄭府君(淮)墓誌銘並序

44×44 釐米　殿中侍御史武功縣令鄒儒立撰
貞元十七年(801)五月五日
參見《北圖》·唐·第二十八冊,頁 154

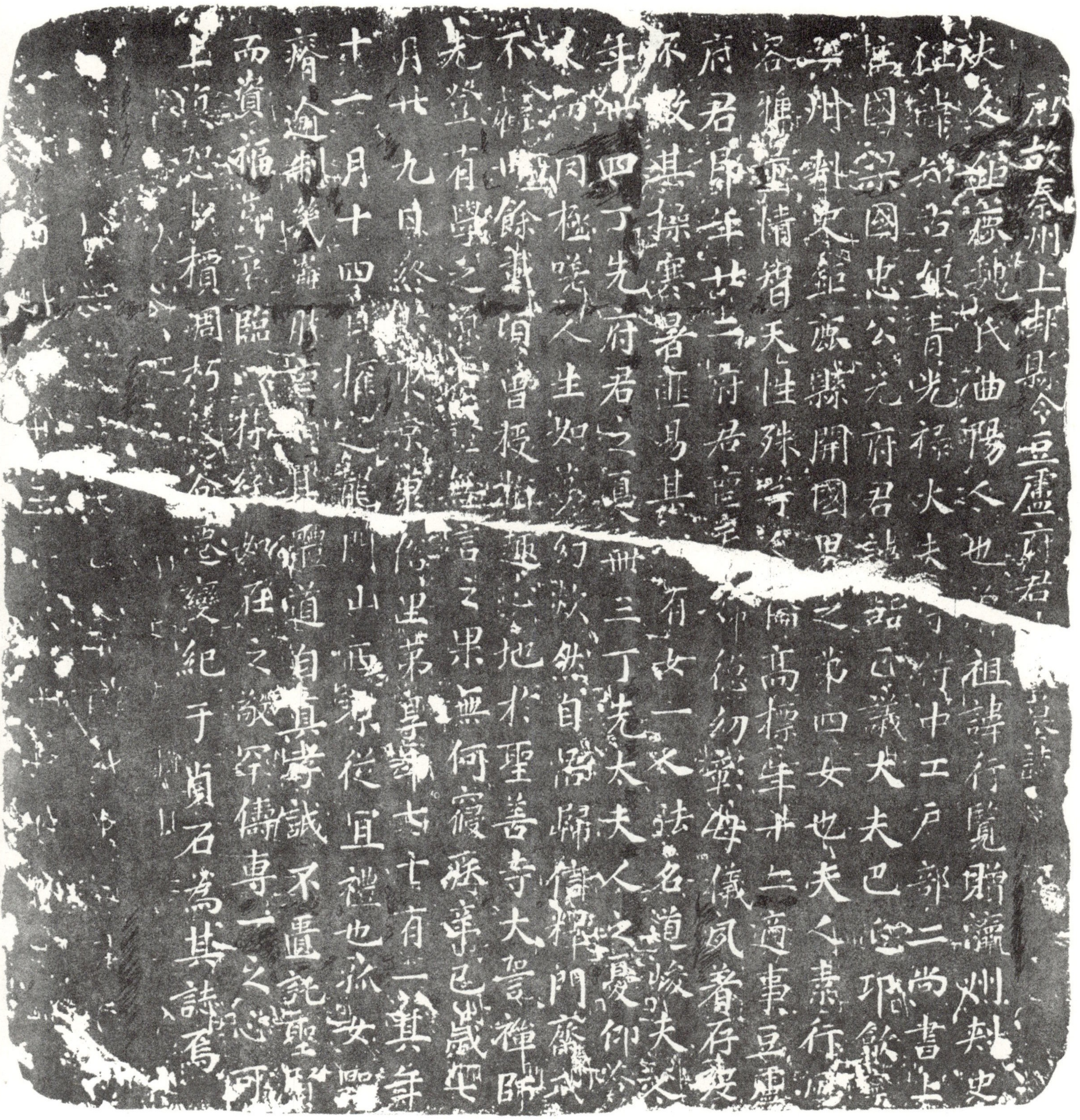

301.唐故秦州上邽縣令豆盧府君夫人(魏氏)墓誌

40×40 釐米
貞元十七年(801)十一月十四日
誌主生前"曾受指趣心地於聖善寺大辯禪師",並"有女一人,法名道峻"。
參見《北圖》·唐·第二十八冊,頁 157

302.唐故清河張氏女殤(容成)墓誌銘並序

47×47 釐米
貞元十八年(802)正月廿七日
參見《北圖》·唐·第二十八册,頁 163

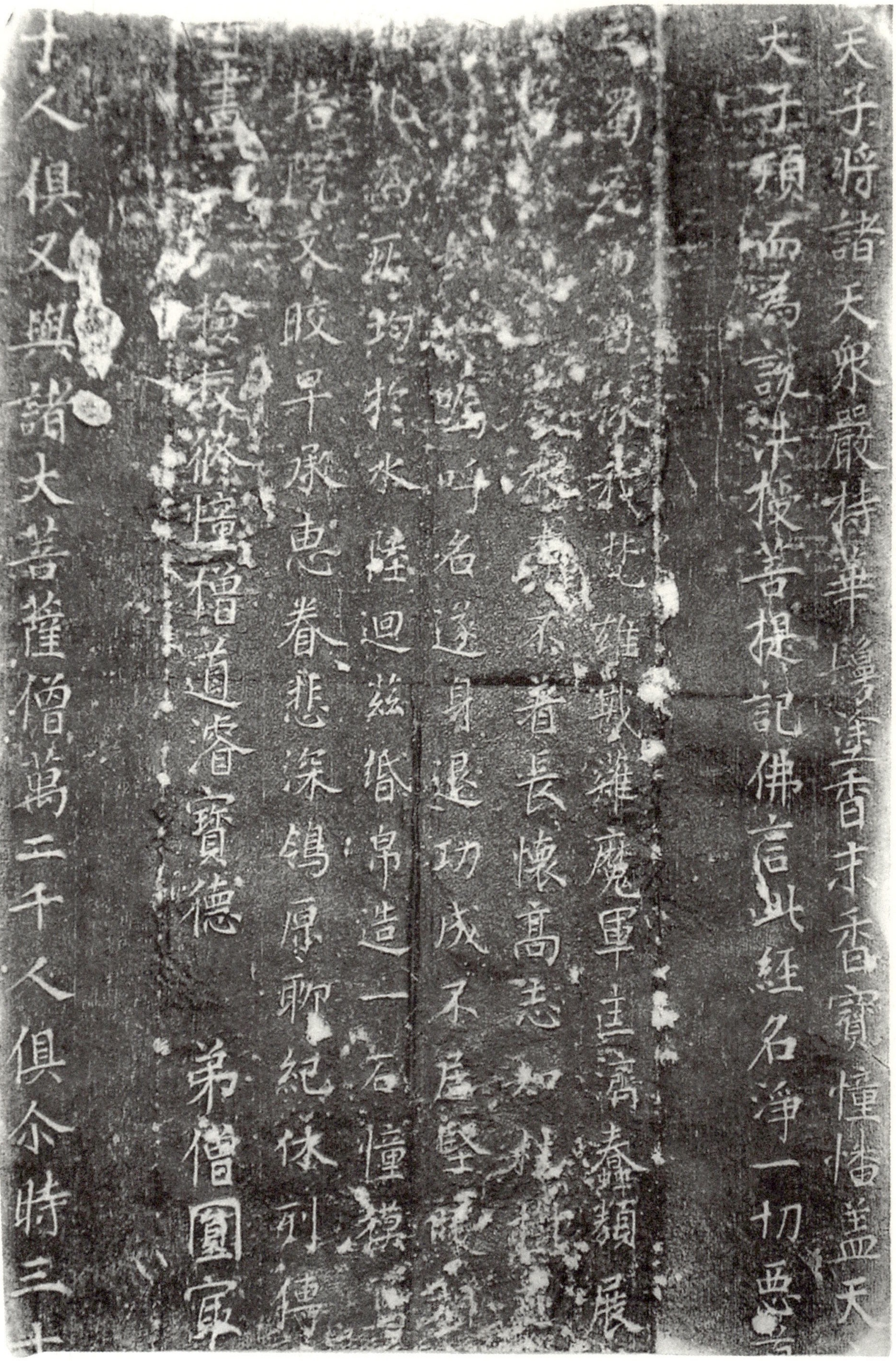

303.佛頂尊勝陀羅尼幢記

（局部）

幢身高 141 釐米，八面棱柱水平截面外接圓直徑 38 釐米。同學受□沙門文皎述並書

貞元十八年(802)十□月廿□日

幢石原立于龍門西山南麓唐奉先寺遺址，今石存龍門石窟研究所

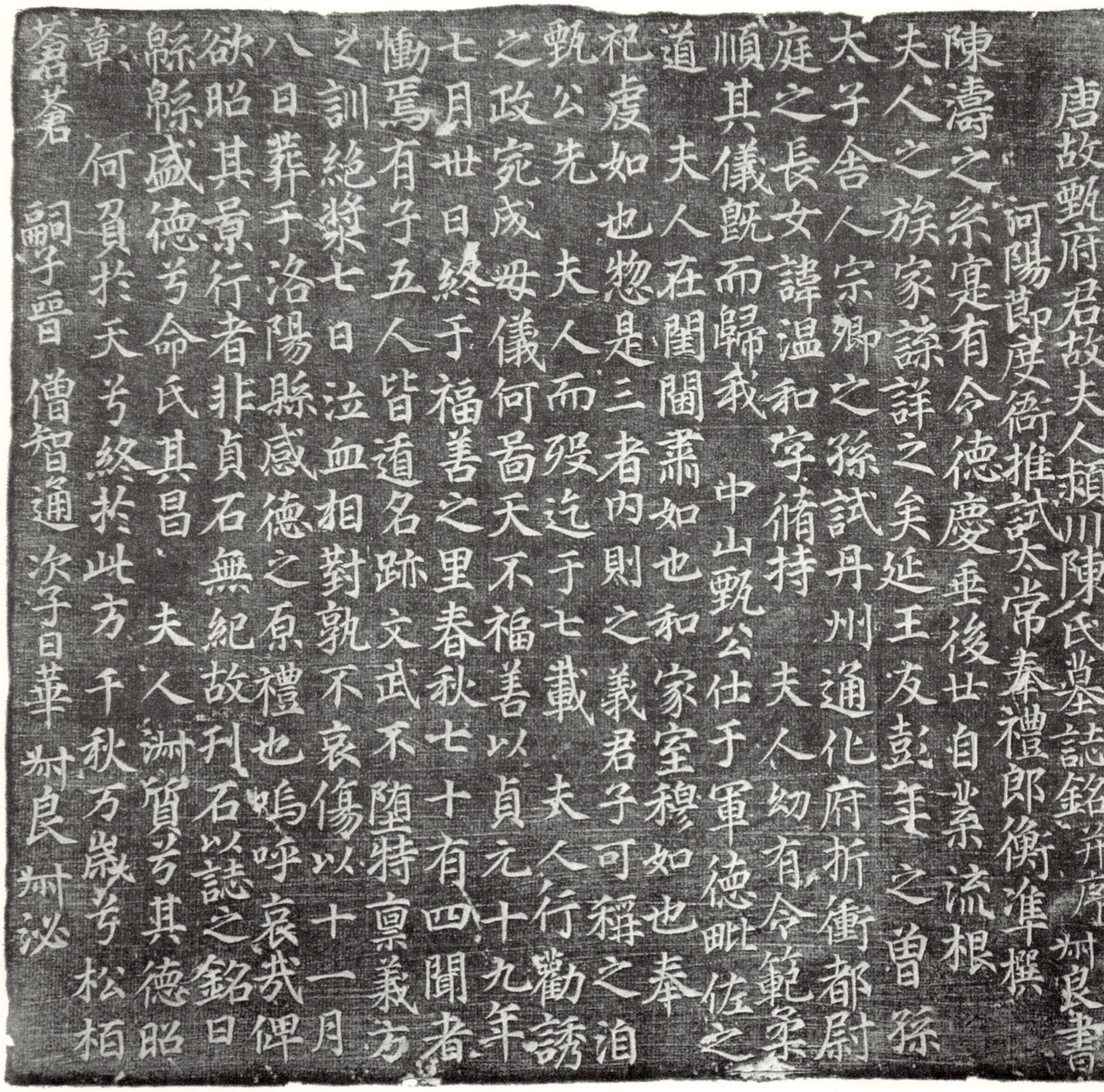

304.唐故甄府君故夫人潁川陳氏(溫和)墓誌銘並序

36×36 釐米;嗣子叔良書,河陽節度衙推試太常奉禮郎衡準撰
貞元十九年(803)十一月八日
2006 年 12 月龍門東山北麓伊水北地出土

305.唐故朝散大夫監察御史裏行上柱國賜魚袋盧公(湘)墓誌銘並叙

誌石 45.5×45.2×9 釐米　外甥中散大夫行尚書祠部郎中雲騎尉鄭膺甫撰
誌蓋 48.5×47.5 釐米，蓋芯篆書"唐故/盧府/君銘"
元和二年(807)八月十七日
2000 年 8 月龍門東山出土

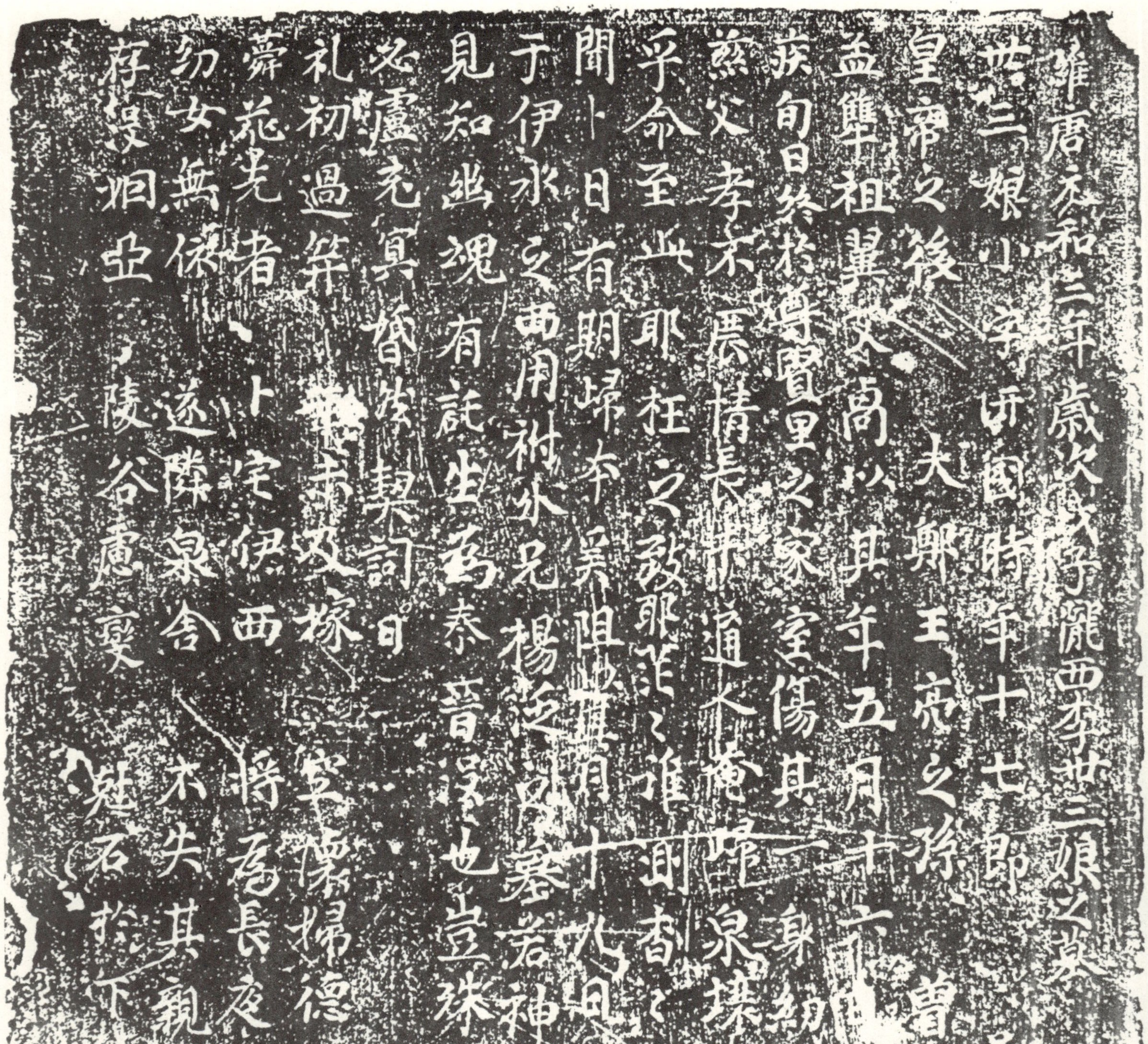

306.維唐元和三年歲次戊子隴西李卅三娘(汧國)之墓

34×35 釐米;誌蓋芯拓本 17×18 釐米,內篆書"唐故/隴西/李氏/女墓"
元和三年(808)五月十九日
參見《輯繩》,頁 626;《北圖》·唐·第二十九冊,頁 34

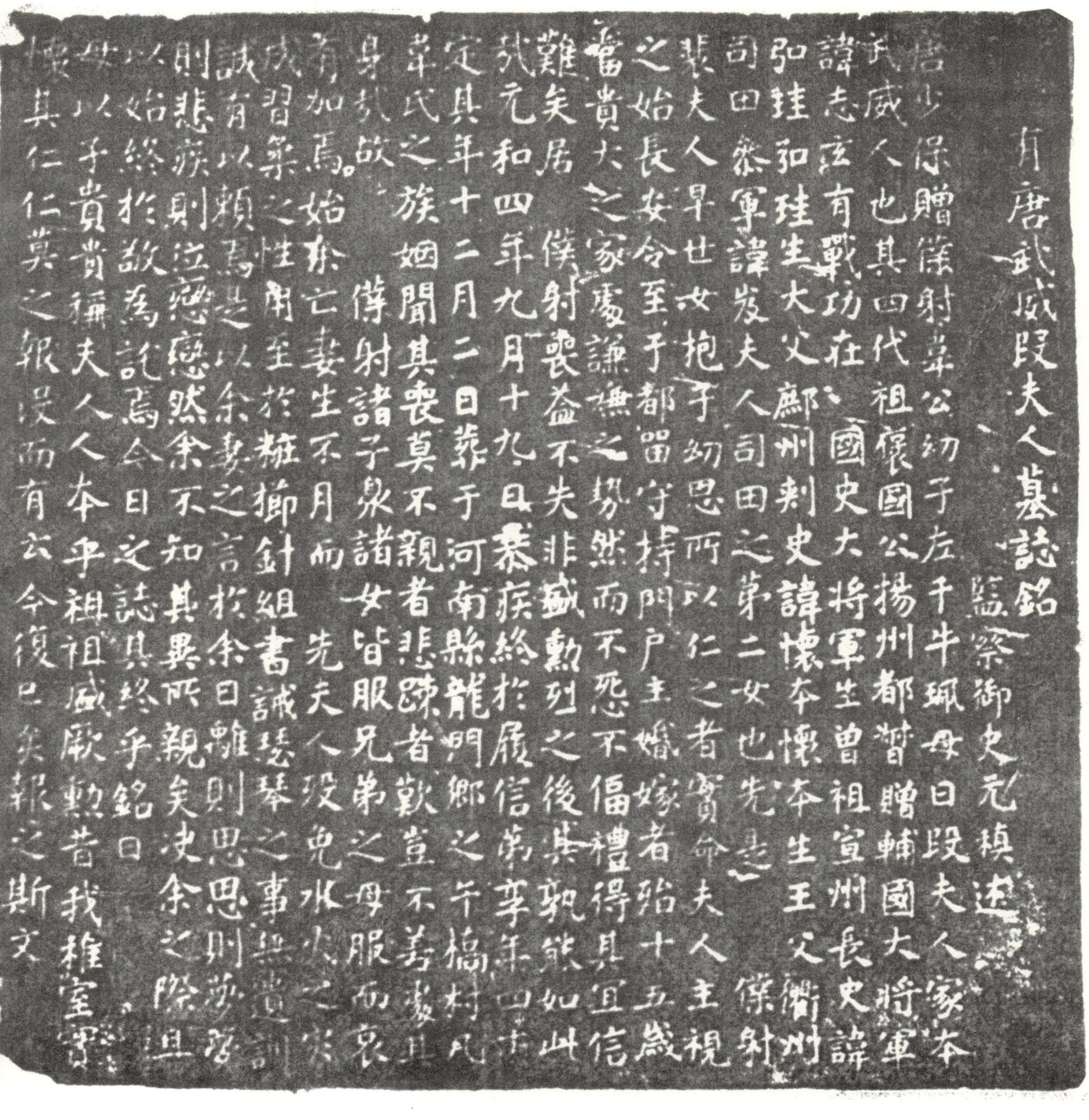

有唐武威段夫人墓誌銘
監察御史元稹述
唐少保贈僕射韋公幼子左千牛珮母曰段夫人家本
武威人也其四代祖褒國公揚州都督贈輔國大將軍
諱志玄有戰功在 國史大將軍生曾祖宣州長史諱
弘珪弘珪生大父鄜州刺史諱懷本懷本生王父衛州
司田參軍諱岌夫人司田之第二女也先是 僕射
裴夫人早世女抱子幼思所以仁之者實命夫人主視
之始長安令至于都留守持門戶主婚嫁者殆十五歲
當貴大之家處謙撫之勢然而不惡不偪禮得其宜信
難矣居 僕射喪益不失非盛勲烈之後其孰能如此
哉元和四年九月十九日寢疾終於履信第享年四十
定其年十二月二日葬于河南縣龍門鄉之午橋村凡
韋氏之族姻聞其喪莫不親者悲疏者歎豈不善處其
身哉故 僕射諸子泉諸女皆服兄弟之母服而哀
有加焉始於亡妻生不月而 先夫人歿免水火之害
成習稟之性用至於粧御針組書誡瑟琴之事無遺訓
誡有以賴焉是以余妻之言於余曰離則思思則夢夢
則悲疾則泣戀戀然余不知其異所親矣決余之際但
以始終於敬為託焉今日之誌其終乎銘曰
母以子貴貴稱夫人人本乎祖祖威厥勲昔我稚室實
懷其仁仁莫之報歿而有云今復已矣報之斯文

307.有唐武威段夫人墓誌銘

39×39 釐米 監察御史元稹述(《元氏長慶集》載之)
元和四年(809)十二月二日
據云 1997 年冬伊闕北原關林村北地出土

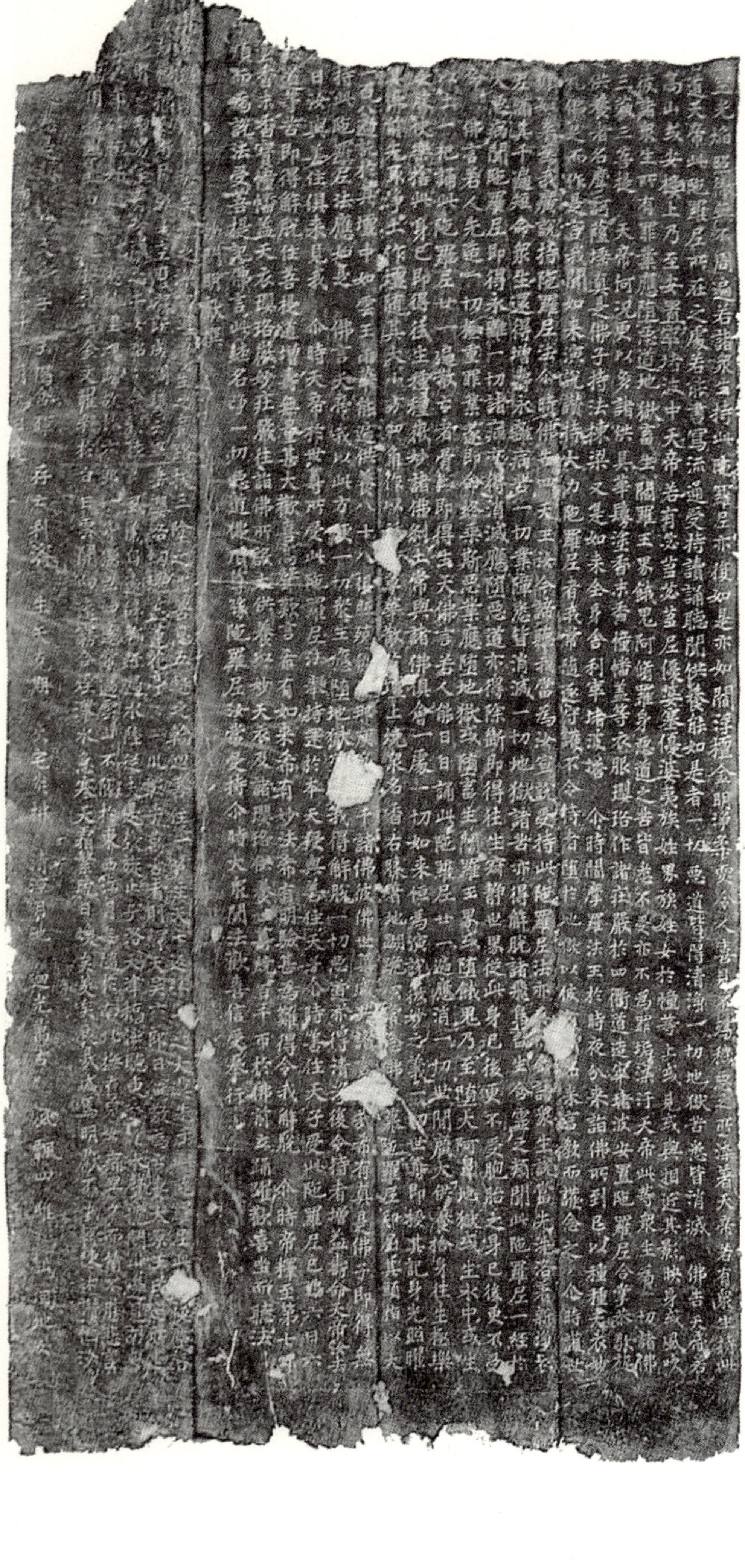

308.吳六郎刊尊勝陀羅尼幢記

殘高 130 釐米，面寬 16 釐米，水平截面外接圓直徑 41 釐米。沙門明獻撰。
元和五年(810)十一月九日
2006 年 6 月龍門北原出土

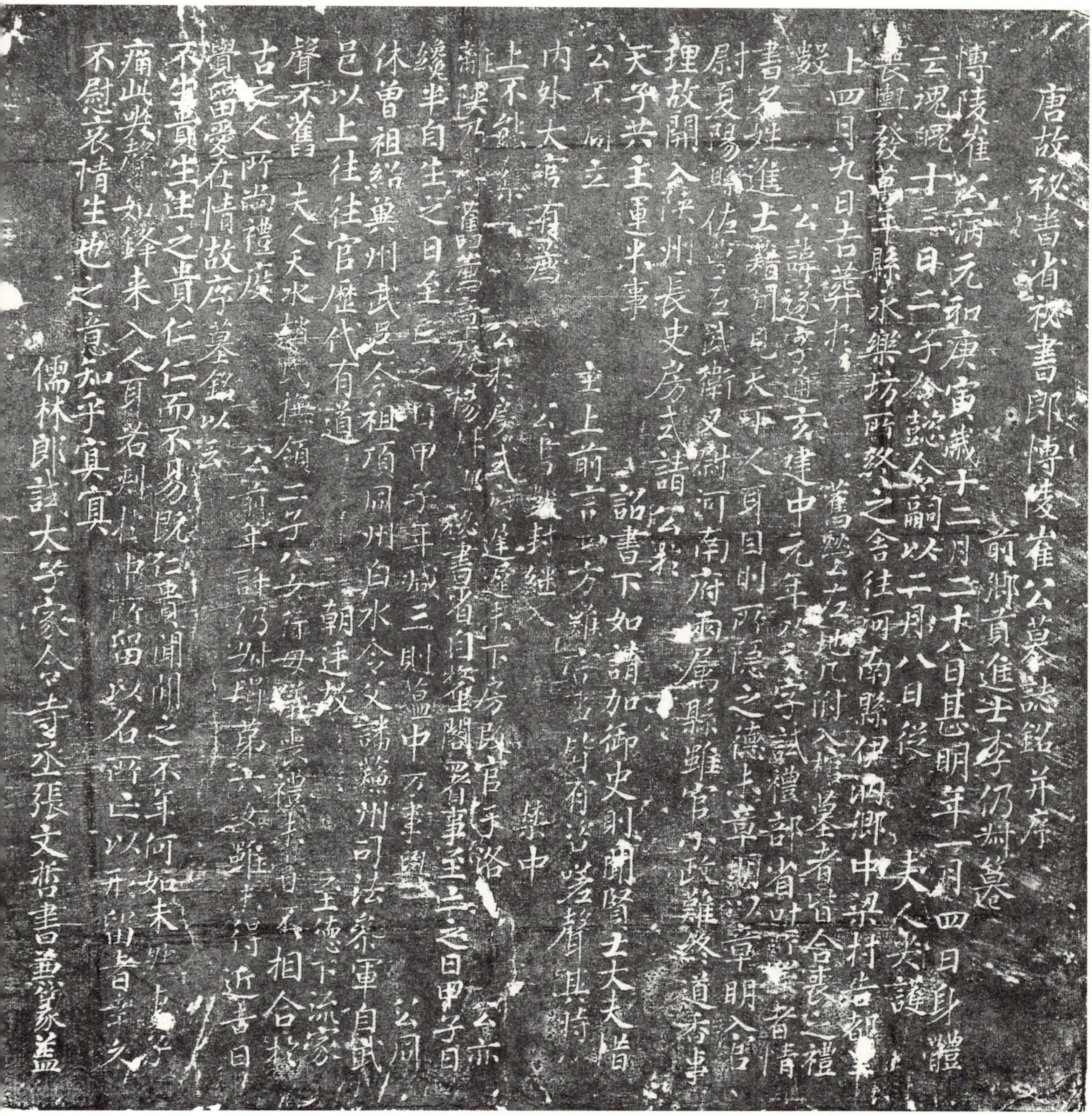

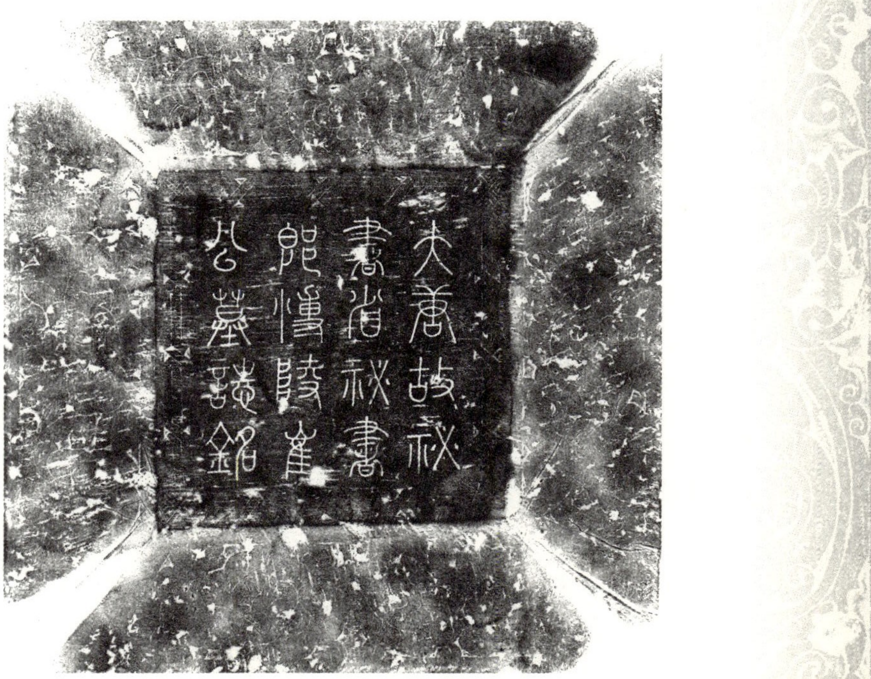

309.唐故秘書省秘書郎博陵崔公(遂)墓誌銘並序

48.5×48.5 釐米　前鄉貢進士李仍叔纂
誌蓋拓本 62×56 釐米，蓋芯篆書"大唐故秘/書省秘書/郎博陵崔/公墓誌銘"。儒林郎試太子家令寺丞張文哲書兼篆蓋
元和六年(811)四月九日
約 2003 年 9 月出土于龍門山南麓

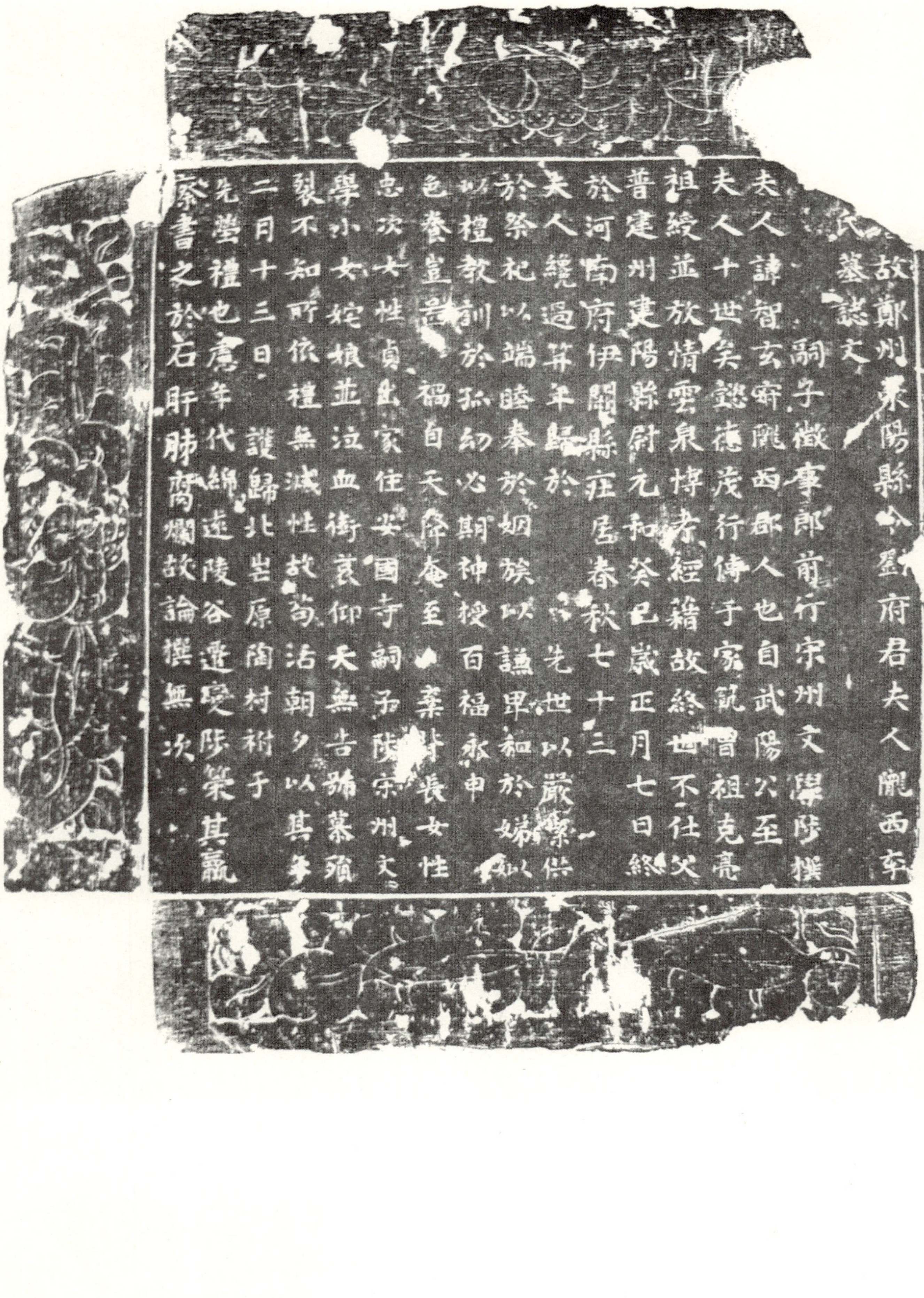

310.唐故鄭州滎陽縣令劉府君夫人隴西李氏(智玄寂)墓誌文

30.5×30.5×7 釐米　嗣子徵事郎前行宋州文學陟撰。

元和癸巳(八年/813)二月十三日

智玄寂墓誌記載,其年正月七日終於“河南府伊闕縣莊居”。而“長女性忠、次女性貞,出家住安國寺”。

據云 1992 年 9 月洛陽邙山宋莊村出土。

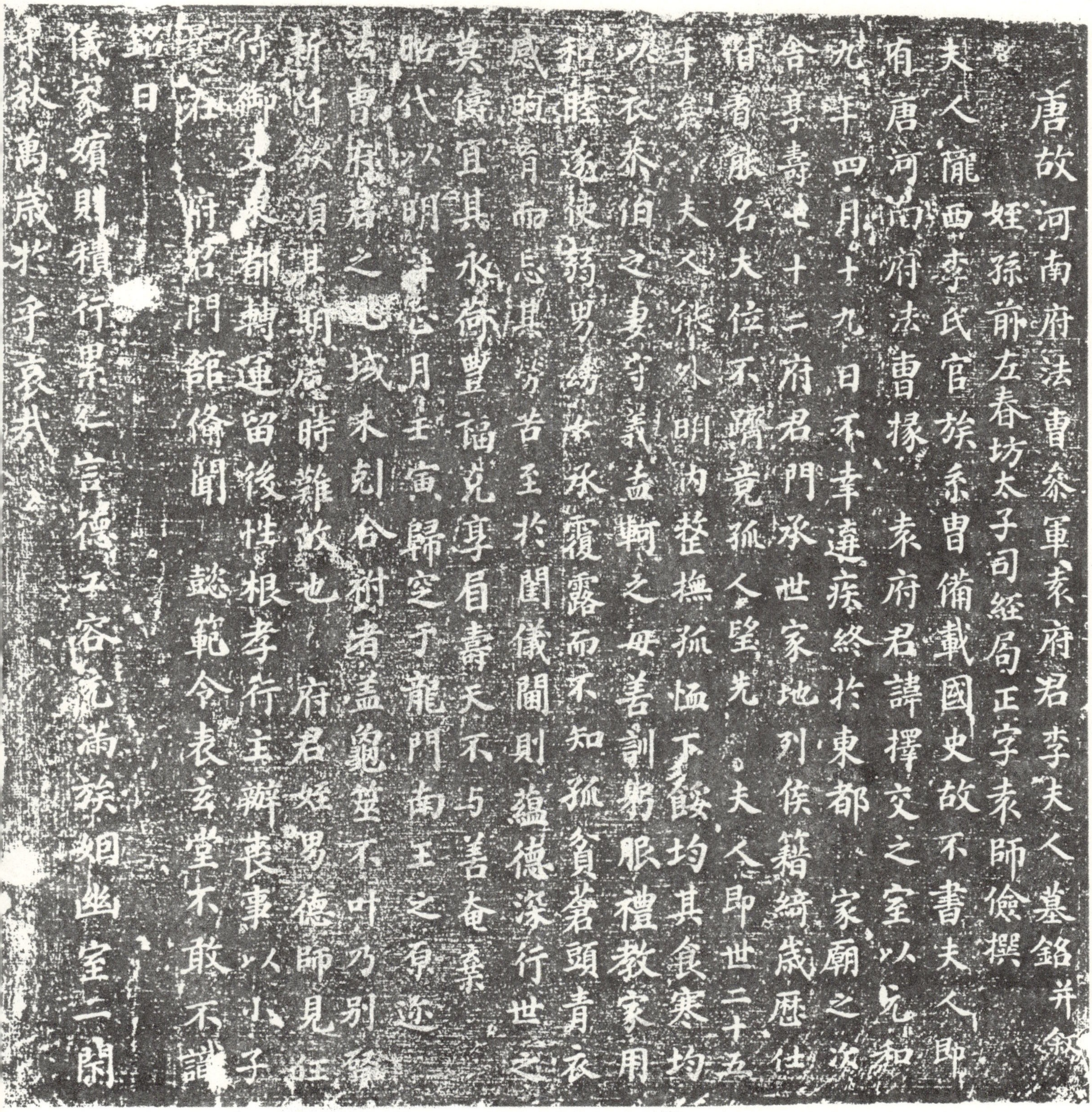

唐故河南府法曹參軍袁府君李夫人墓銘并叙
姪孫前左春坊太子司經局正字袁師儉撰
夫人隴西李氏官族系曾備載國史故不書夫人即
有唐河南府法曹掾袁府君諱擇交之室以元和
九年四月十九日不幸遘疾終於東都家廟之次
舍享壽七十二府君門承世家地列侯籍綺歲歷仕
皆著能名大位不躋竟孤人望先夫人即世二十五
年矣夫人之能外明內整撫孤恤下餕均其食寒均
以衣恭伯之妻守義孟軻之母善訓躬服禮教家用
和睦遂使弱男稚女承霞露而不知孤負蒼頭青衣
感昫育而忘其劳苦至於閨儀閫則蘊德深行世之
莫儔宜其永蔭豐福克享眉壽天不与善奄棄
昭代以明年正月壬寅歸窆于龍門南王之原迩
法曹府君之塋域未剋合祔者盖龜筮不叶乃别營
新阡欽順其明處時難故也府君姪男德師見任
侍御史東都轉運留後性根孝行主辦喪事以小子
曩在府君門館備聞懿範令表玄堂不敢不讓
銘曰
儀家嬪則積行累仁言德工容彩滿族姻幽室一閟
千秋萬歲於乎哀哉

311.唐故河南府法曹參軍袁府君(擇交)李夫人墓銘並叙

誌石 43.5×43.5×9 釐米 侄孫前左春坊太子司經局正字袁師儉撰
元和十年(815)正月三十日
1993 年龍門西山南麓出土,石存洛陽文物商店
參見《新獲》,頁 96

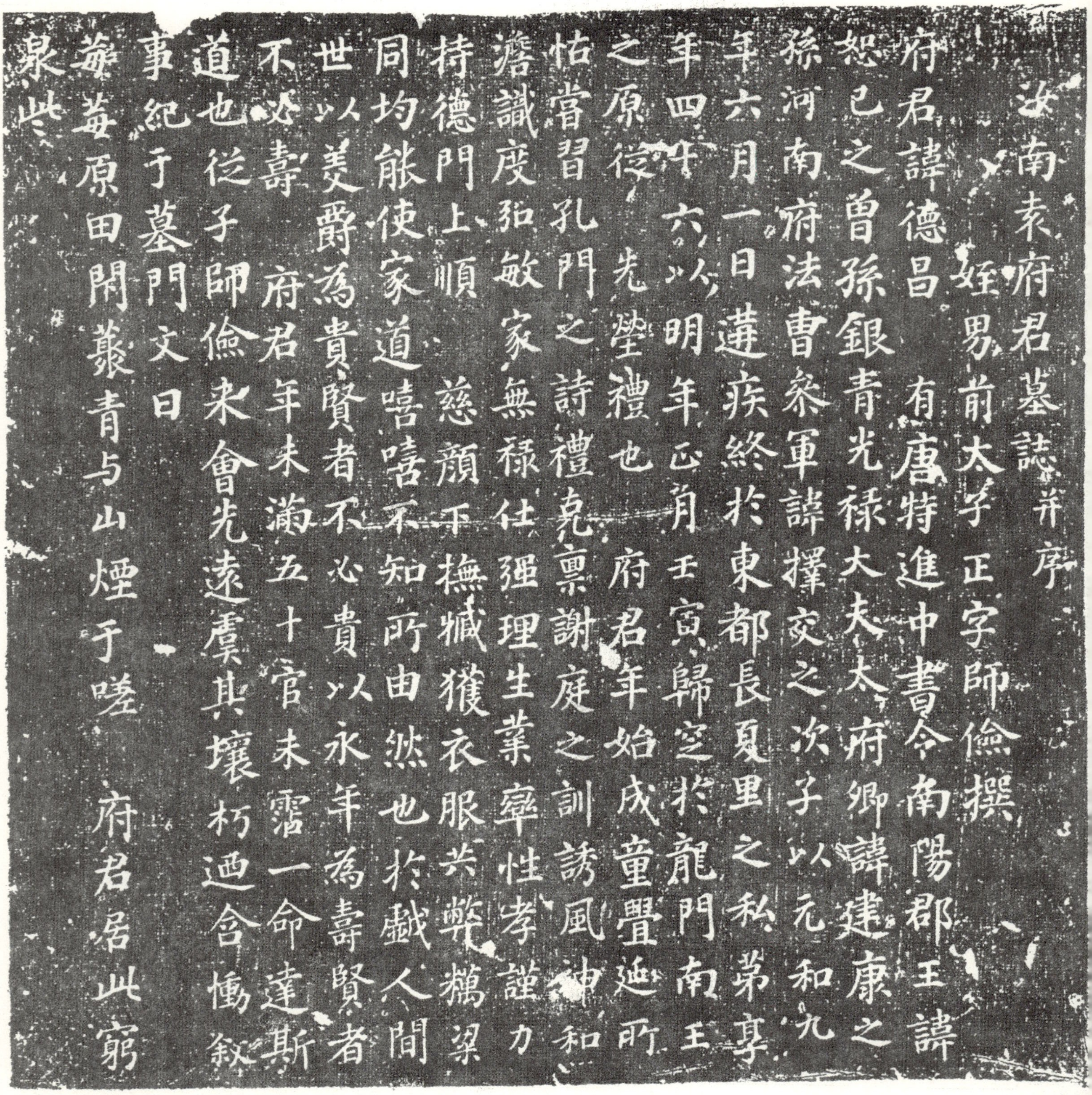

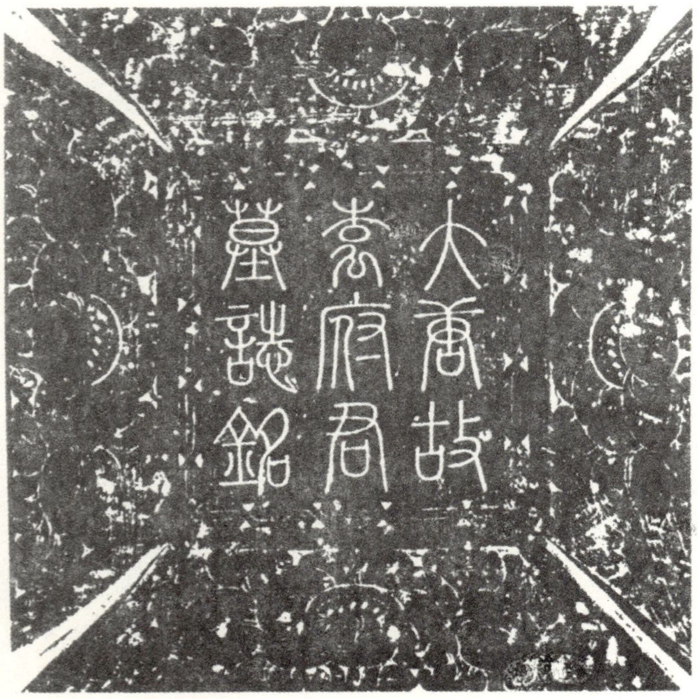

312.汝南袁府君(德昌)墓誌並序

37×37×7.4 釐米 侄男前太子正字師儉撰
元和十年(815)正月三十日
1993 年龍門西山南麓出土,石存洛陽文物商店
參見《新獲》,頁 97

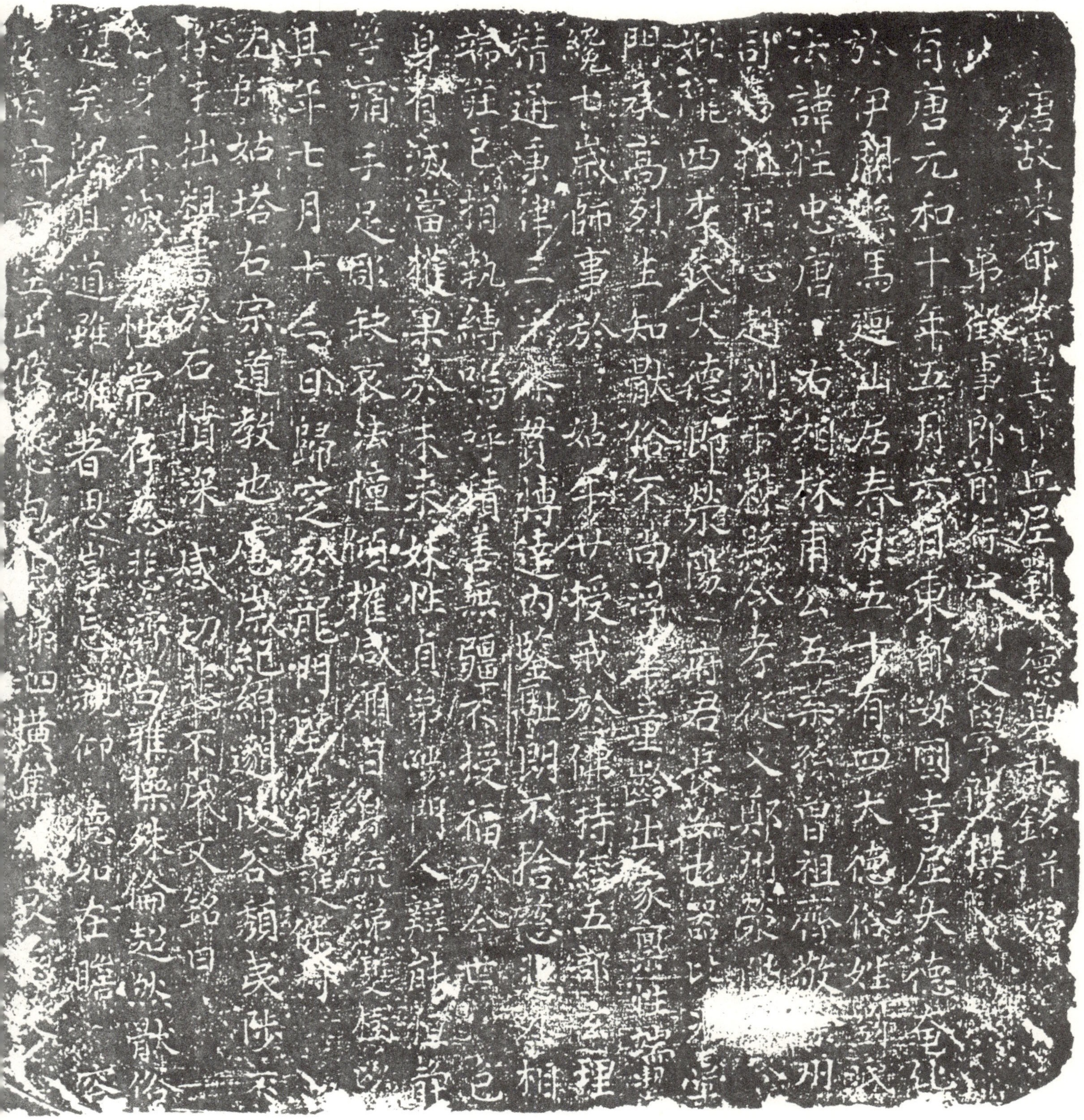

313.唐故東都安國寺比丘尼劉大德(性忠)墓誌銘並序

31×30 釐米　弟徵事郎前行宋州文學陟撰
元和十年(815)七月十三日
參見《北圖》·唐·第二十九冊,頁 101

314.唐朝散大夫檢校太子賓客上護軍臧協亡妻淮陽向氏夫人墓誌銘並序

40×40 釐米　朝議郎前太子中允張季平述
元和十年(815)十月十二日
參見《北圖》·唐·第二十九册，頁 103

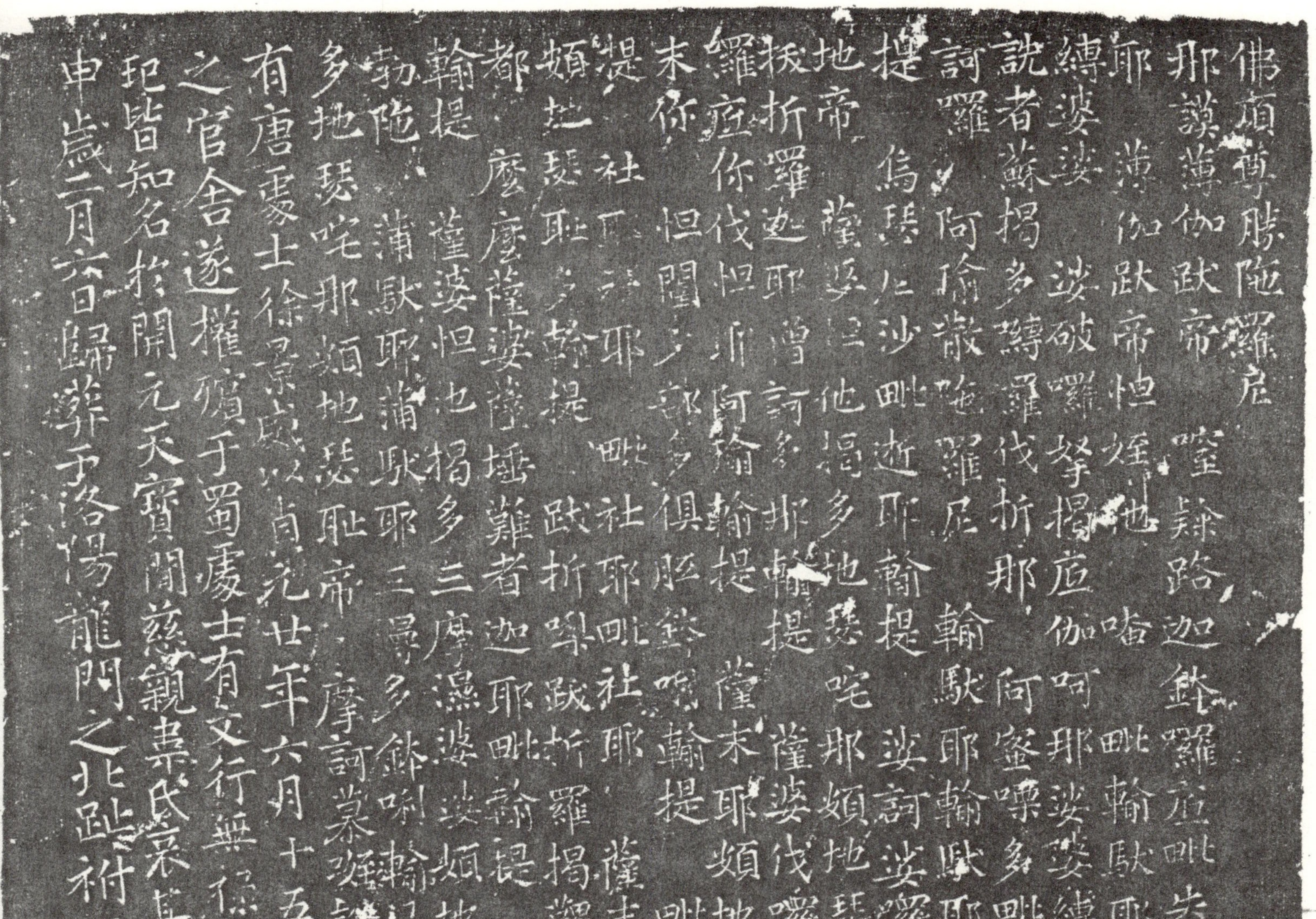

315.徐景威墓誌

（據誌文內容擬題）

34×34.2 釐米

元和□申歲（丙申，十一年/816）二月六日

墓誌起首刊漢字音譯《佛頂尊勝陀羅尼》經一部

2005 年春龍門西山北麓出土

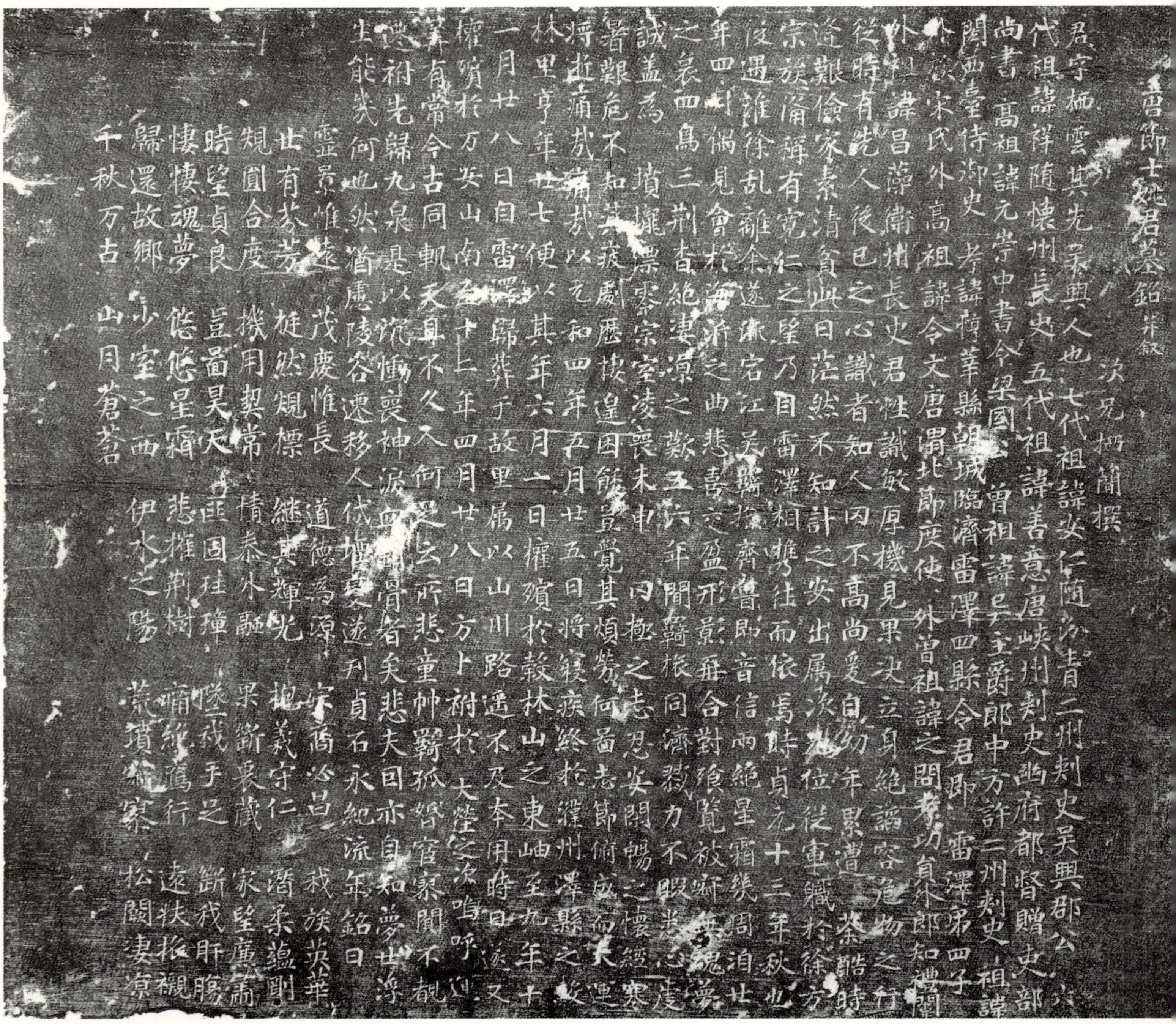

316.唐節士姚君(棲雲)墓銘並叙

47×54 釐米　次兄棲簡撰
元和十二年(817)四月二十八日
2003 年夏龍門東山南麓出土

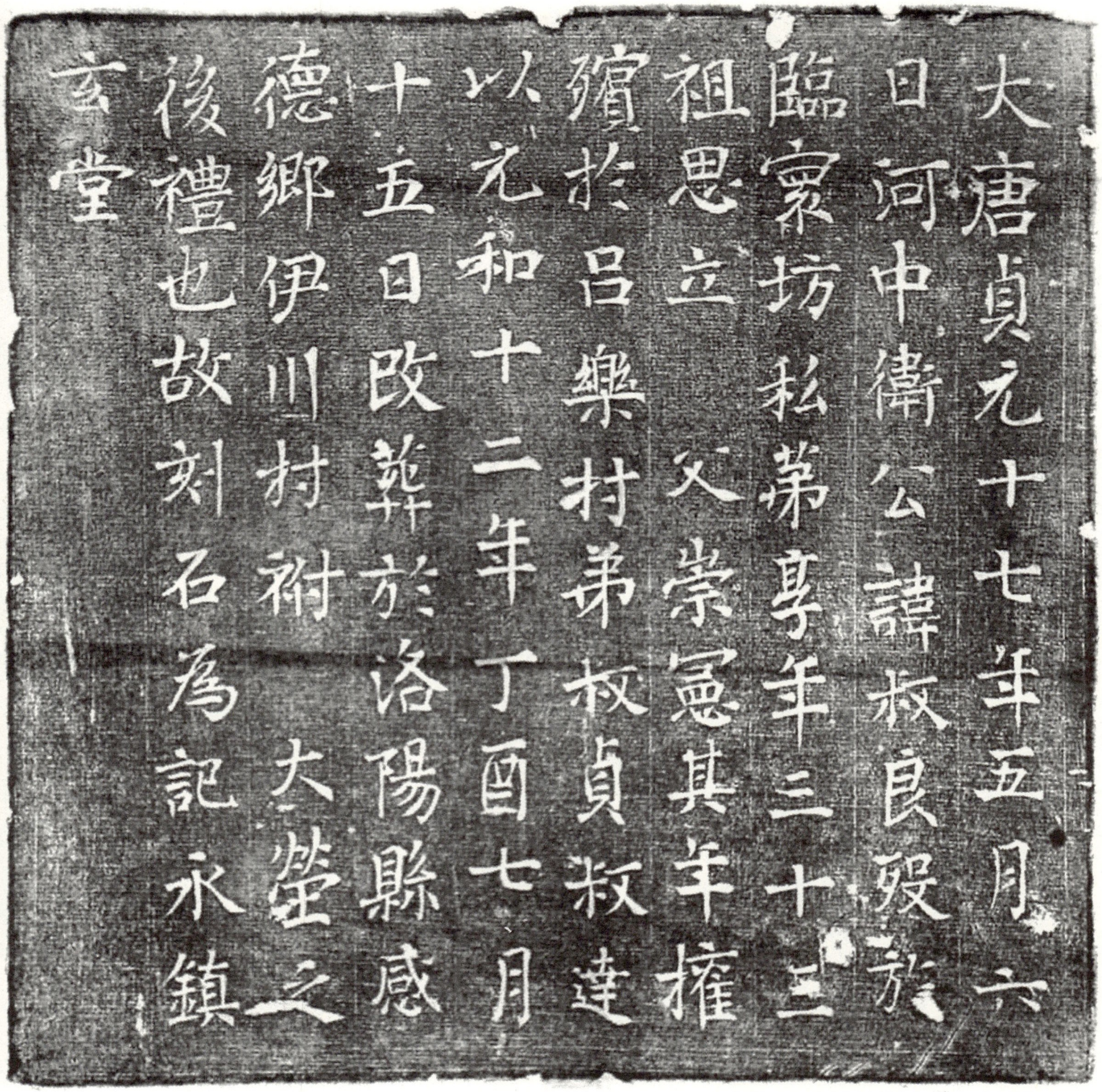
大唐貞元十七年五月六
日河中衛公諱叔良殁於
臨寰坊私第享年三十三
祖思立 父崇憲其年權
殯於呂樂村弟叔貞叔達
以元和十二年丁酉七月
十五日改葬於洛陽縣感
德鄉伊川村祔大塋之
後禮也故刻石為記永鎮
玄堂

317.衛叔良墓誌

29×29 釐米
元和十二年(817)七月十五日
2006 年夏龍門東山北麓出土

318.唐故吳縣君侯氏(紃)墓誌銘並序

55×55×12 釐米
長慶二年(822)九月三日
參見《釋録》,頁 197

319.唐寧刹寺故臨壇大德尼澄璨尊勝陀羅幢記

幢身高 136 釐米，八面棱柱水平截面外接圓直徑 26.5 釐米
長慶四年(824)沽洗月(三月)廿六日
幢石 1986 年 3 月出土于伊闕北口龍門村東地，石存該村王氏
錄文見拙撰：《跋龍門地區新發現的三件唐代石刻》，《文獻》1991 年第 2 期，頁 252

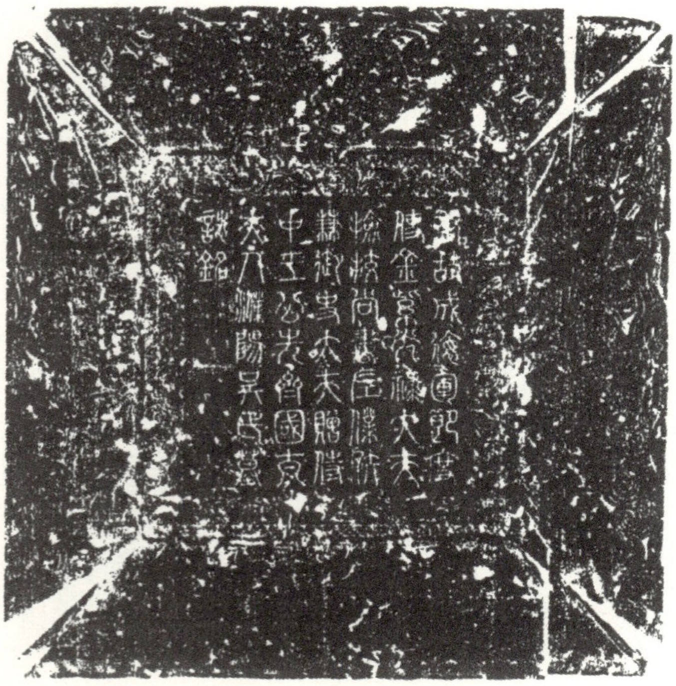

320.唐故成德軍節度使金紫光祿大夫檢校尚書左僕射兼御史大夫贈侍中王公先齊國太夫人濮陽吳氏墓誌銘並序

誌石 75×74×13 釐米；誌蓋 75×74×13 釐米，蓋芯篆書“唐故成德軍節度/使金紫光祿大夫/檢校尚書左仆射/兼御史大夫贈侍/中王公先齊國太/夫人濮陽吳氏墓/志銘”
長慶四年(824)五月一日
1991 年 5 月龍門西山杜溝村出土
參見《新獲》，頁 102

321.大唐故河南府洛陽縣丞蘭陵蕭府君(徵)墓誌銘並序

52.5×52.5×7 釐米
朝議郎前行太府寺丞李直撰。
長慶四年(824)十一月廿一日
1993 年 2 月龍門東山南麓出土。

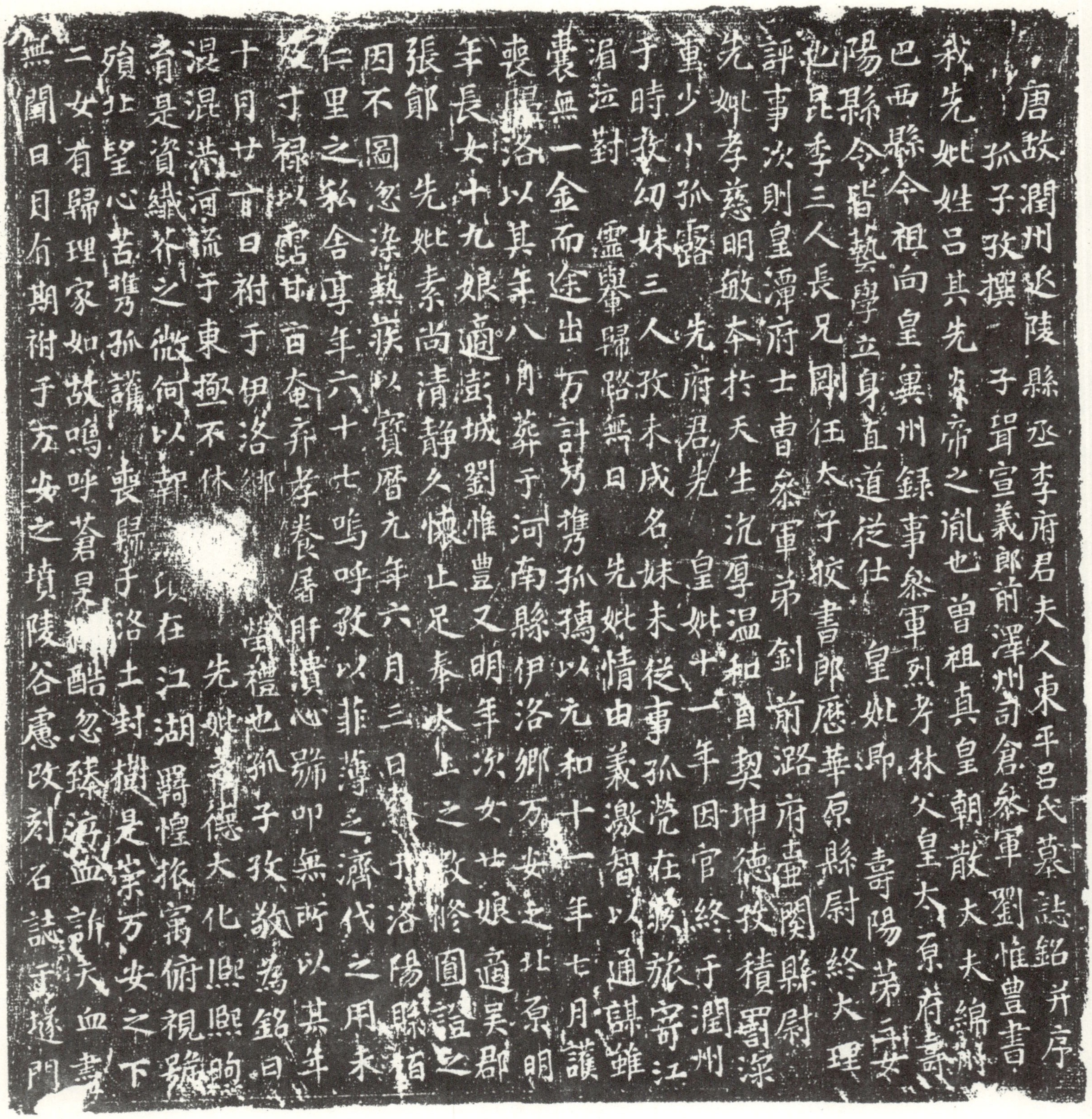

322.唐故潤州延陵縣丞李府君夫人東平呂氏墓誌銘並序

41.5×41 釐米　孤子孜撰，子婿宣義郎前澤州司倉參軍劉惟豊書
寶曆元年(825)十月二十一日
參見《新獲》，頁 104；《彙編》·洛陽卷·第 13 冊，頁 75

323.唐故亳州司兵參軍趙郡李府君(羣)墓誌銘

33×33 釐米　姪女婿河東裴縝撰,前河南府河陰縣尉裴緯書
寶曆二年(826)七月一日

324.大唐故朝議郎試和州司馬飛騎尉崔府君(迢)墓誌銘並序

53×52.5 釐米 前鄉貢進士楚州刺史郭行餘撰，和州刺史劉禹錫書
寶曆二年(826)十月三日

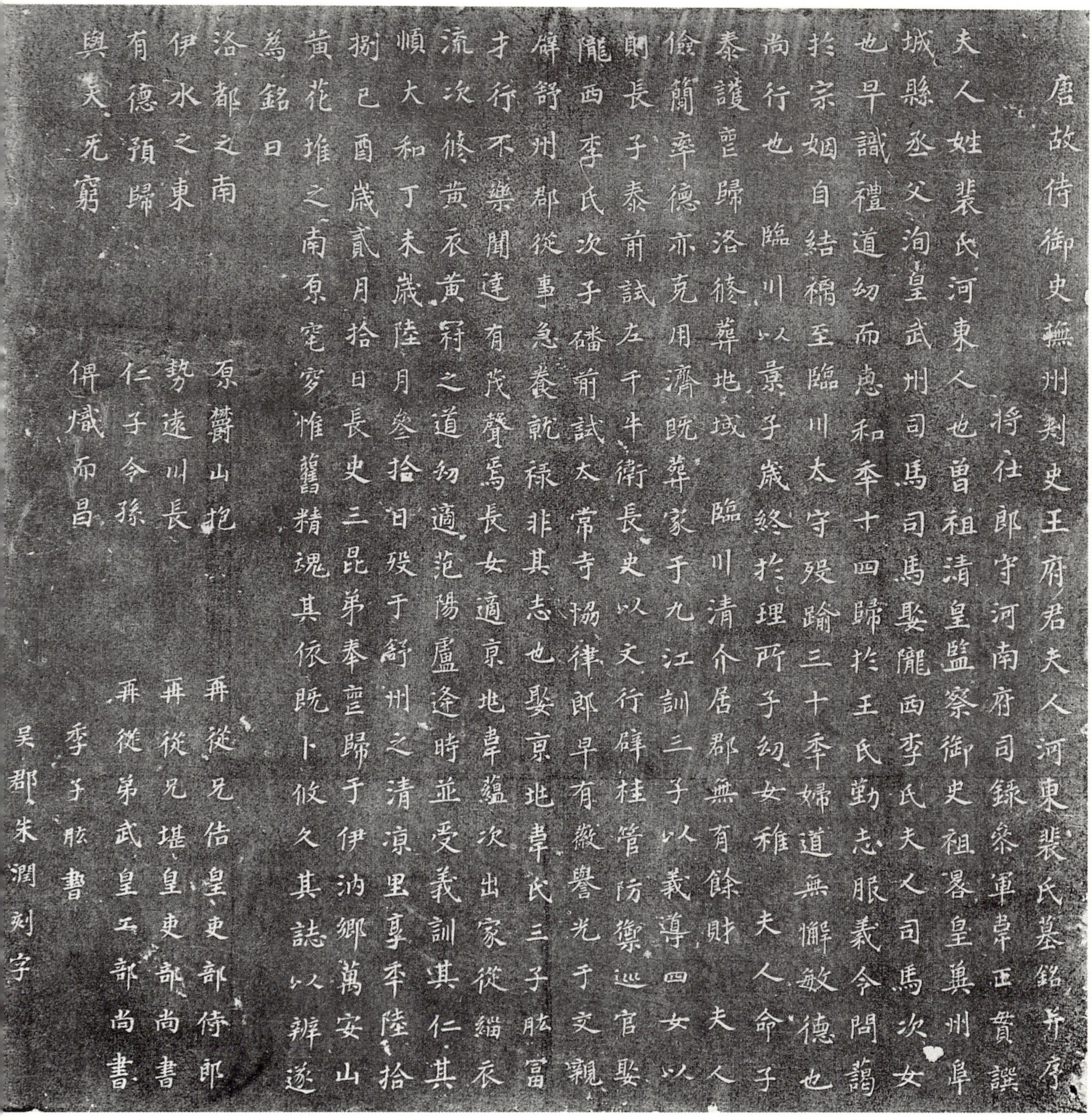

唐故侍御史撫州刺史王府君夫人河東裴氏墓銘并序
將仕郎守河南府司錄參軍韋正貫撰
夫人姓裴氏河東人也曾祖清皇監察御史祖暑皇冀州阜
城縣丞父洵皇武州司馬司馬娶隴西李氏夫人司馬次女
也早識禮道幼而惠和秊十四歸於王氏勤志服義令問藹
於宗姻自結褵至臨川太守歿踰三十秊婦道無懈敏德也
尚行也 臨川以景子歲終於理所子幼女稚夫人命子
泰護喪歸洛脩葬地域 臨川清介居郡無有餘財夫人
儉簡率德亦克用濟既葬家于九江訓三子以義導四女以
則長子泰前試左千牛衛長史以文行辟桂管防禦巡官娶
隴西李氏次子磻前試太常寺協律郎早有徽譽光于文親
辟舒州郡從事急養就祿非其志也娶京兆韋氏三子肱富
才行不樂聞達有茂聲焉長女適京兆韋蘊次出家從緇衣
流次脩黃衣黃冠之道幼適范陽盧逢時並受義訓其仁其
順大和丁未歲陸月參拾日歿于舒州之清涼里享秊陸拾
捌己酉歲貳月拾日長史三昆弟奉喪歸于伊汭鄉萬安山
黃花堆之南原窀穸惟舊精魂其依既卜攸久其誌以辨遂
為銘曰
洛都之南 原欝山抱
伊水之東 勢遠川長
有德預歸 仁子令孫
與天无窮 俾熾而昌
再從兄佶皇吏部侍郎
再從兄堪皇吏部尚書
再從弟武皇工部尚書
季子肱書
吳郡朱潤刻字

325.唐故侍御史撫州刺史王府君(沼)夫人河東裴氏墓銘並序

61.5×61.5 釐米；誌蓋 62×63 釐米，蓋芯篆書“唐故王/君裴夫/人墓誌”。將仕郎守河南府司錄參軍韋正貫撰
大和三年(829)二月十日
2003 年春龍門東山南麓出土

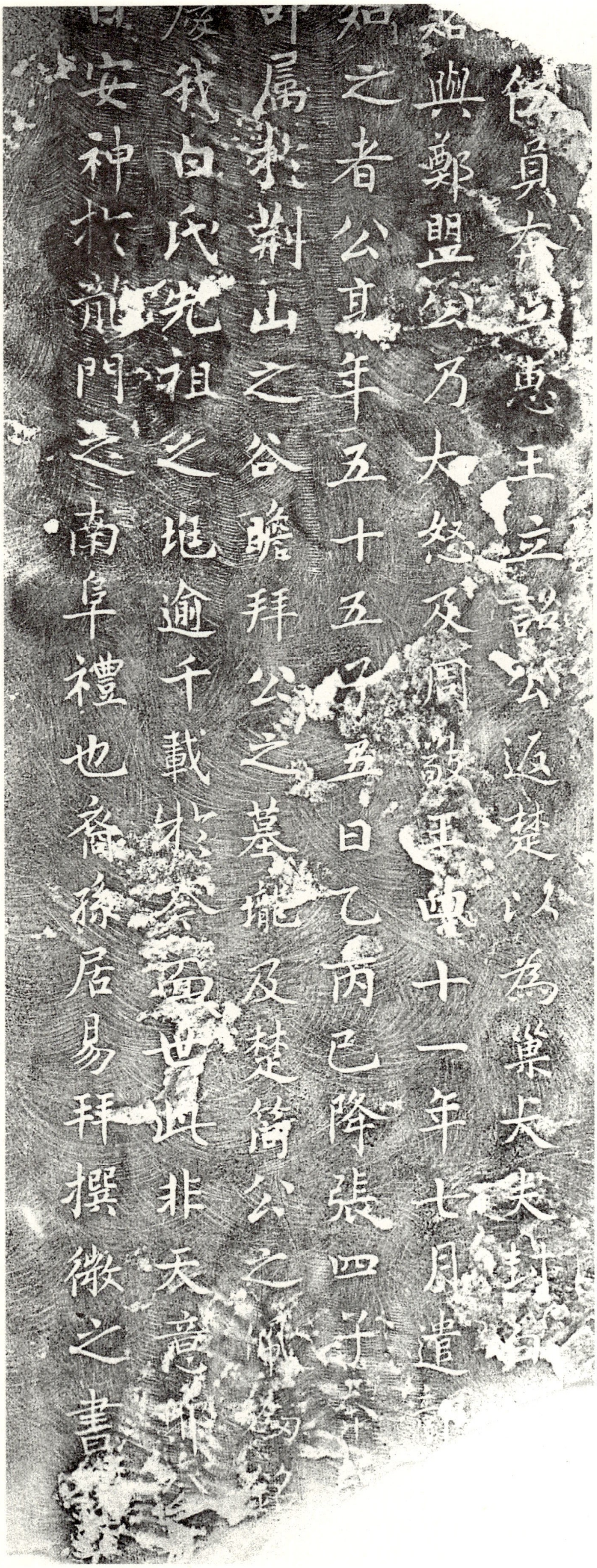

326.白氏始祖楚王白公勝遷神之碑

(局部)

碑通座高 582 釐米，寬 165 釐米，厚 50 釐米，裔孫白
居易撰文，元稹書丹

大和五年(831)五月五日遷神立于龍門西山南麓

撰文者白居易，《舊唐書》卷一六六、《新唐書》卷一一
九有傳；書丹者元稹，《舊唐書》卷一六六、《新唐書》卷
一七四有傳。

2001 年 5 月中旬龍門西山魏灣村北嶺出土

參見張乃翥：《記洛陽新出土的兩件珍貴的唐代石
刻》，《河南科技大學學報》2005 年第 1 期，頁 20-22

洛陽

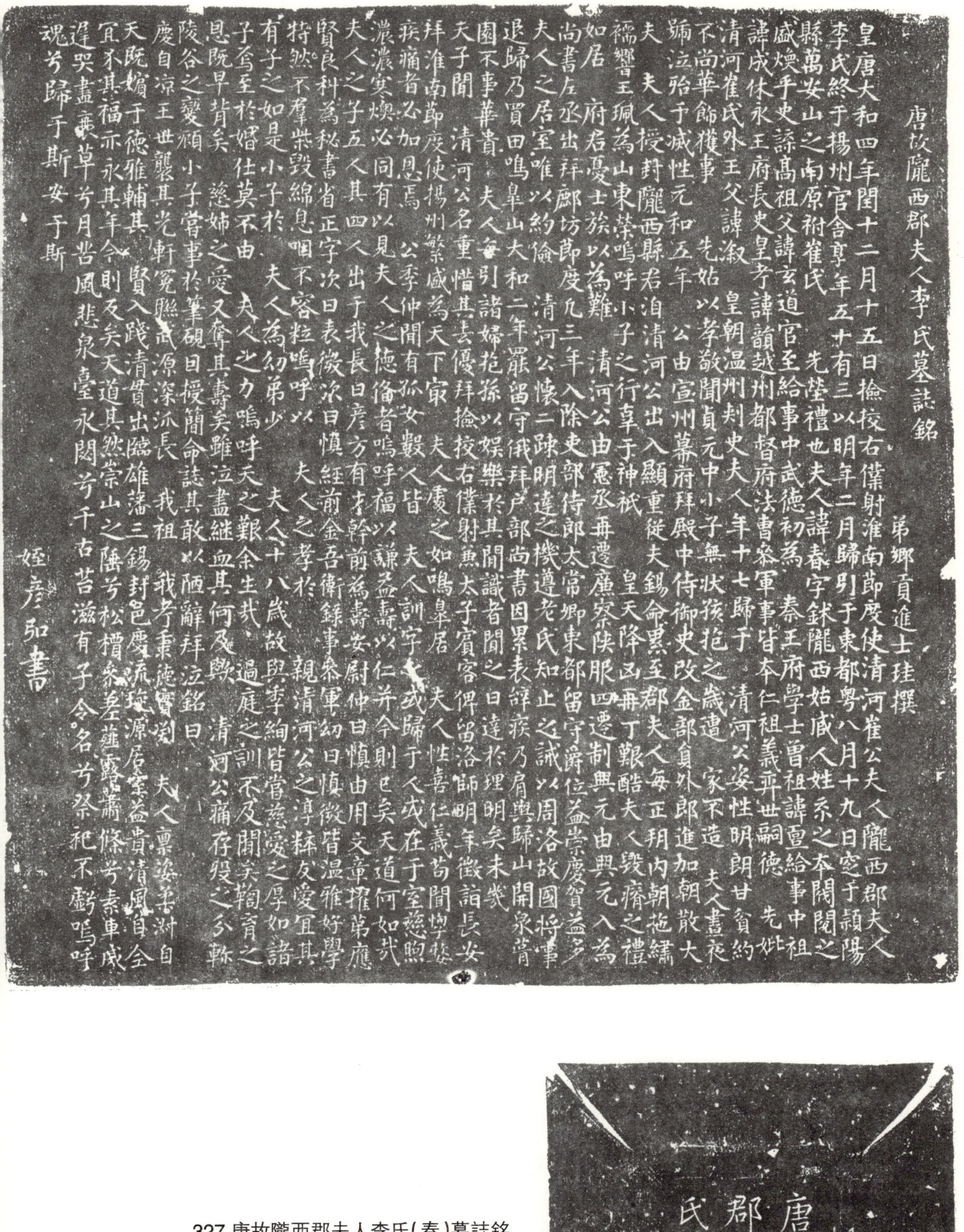

唐故隴西郡夫人李氏墓誌銘
弟鄉貢進士珪撰
皇唐大和四年閏十二月十五日捻按右僕射淮南節度使清河崔公夫人隴西郡夫人
李氏終于揚州官舍享年五十有三以明年二月歸引于東都粤八月十九日窆于潁陽
縣萬安山之南原祔崔氏 先塋禮也夫人諱春字鉢隴西姑臧人姓系之本閥閱之
盛煥乎史諜高祖父諱玄道官至給事中武德初為 秦王府學士曾祖諱亶給事中祖
諱成休永王府長史皇考諱韻越州都督府法曹參軍事皆本仁祖義弈世嗣德 先妣
清河崔氏外王父諱溆 皇朝温州刺史夫人年十七歸于 清河公姿性明朗甘貧約
不尚華飾獲事 先姑以孝敬聞貞元中小子無狀孩抱之歲遭家不造 夫人晝夜
號泣殆于滅性元和五年 公由宣州幕府拜殿中侍御史改金部員外郎進加朝散大
夫 夫人授封隴西縣君洎清河公出入顯重從夫錫命累至郡夫人每正朔內朝拖繡
襦響王珮為山東榮嗚呼小子之行草于神祇 皇天降凶再丁艱酷夫人毀瘠之禮
如居 府君憂士族以為難 清河公由憲丞再遷廉察陝服四遷制興元由興元入為
尚書左丞出拜鄜坊節度凡三年入除吏部侍郎太常卿東都留守爵位益崇慶賀益多
夫人之居室唯以約儉 清河公懷二跡明達之機遵老氏知止之誡以周洛故國將事
退歸乃買田鳴皋山大和二年罷留守俄拜戶部尚書因累表辭疾乃肩輿歸山開泉背
園不事華貴 夫人每引諸婦抱孫以娛樂於其間識者聞之曰達於理明矣未幾
天子聞 清河公名重惜其去優拜捻按右僕射兼太子賓客俾留洛師明年徵詣長安
拜淮南節度使揚州繁盛為天下冣 夫人處之如鳴皋居 夫人性喜仁義苟聞擧婺
疾痛者必加恩焉 公季仲間有孤女數人皆 夫人訓字或歸于人或在于室慈煦
濃濃寒燠必同有以見夫人之德備者嗚呼福以謙益壽以仁并今則已矣天道何如哉
夫人之子五人其四人出于我長曰彥方有才幹前為壽安尉仲曰慎由用文章擢第應
賢良科為秘書省正字次曰袤微次曰慎經前金吾衛錄事參軍幼曰慎微皆温雅好學
特然不羣柴毀綿息咽不容粒嗚呼以 夫人之孝於 親清河公之淳粹友愛宜其
有子之如是小子於 夫人為幼弟少 夫人十八歲故與李絢皆嘗慈愛之厚如諸
子焉至於婚仕莫不由 夫人之力嗚呼天之艱余生哉過庭之訓不及聞矣鞠育之
恩既早背矣慈姊之愛又奪其壽矣雖泣盡繼血其何及歟 清河公痛存歿之分歎
陵谷之變顧小子嘗事於筆硯因授簡命誌其敢以陋辭拜泣銘曰
慶自涼王世襲其光軒冕聯武源深派長 我祖 我考秉德齊劉 夫人稟姿善淑自
天既嬪于德雅輔其 賢入踐清貫出臨雄藩三錫封邑慶流璇源居室益貴清風自全
宜不其福示永其年今則反矣天道其然崇山之陽兮松檟參差蓬露蕭條兮素車咸
遅哭盡兼草兮月皆風悲泉臺永閟兮千古苦滋有子令名兮祭祀不虧嗚呼
魂兮歸于斯安于斯
姪彥弘書

327.唐故隴西郡夫人李氏(春)墓誌銘

(前權唐志)

56×55.5×13.5 釐米;誌蓋蓋芯楷書“唐故隴西/郡夫人李/氏墓誌銘”。弟鄉貢進士珪撰,姪彥弘書

大和五年(831)八月十九日

誌主夫公乃崔從,《舊唐書》卷一七七《崔慎由傳》、《新唐書》卷一七四《崔慎由傳》附見

1995年6月龍門西山胡坡村出土

參見《新獲》,頁106

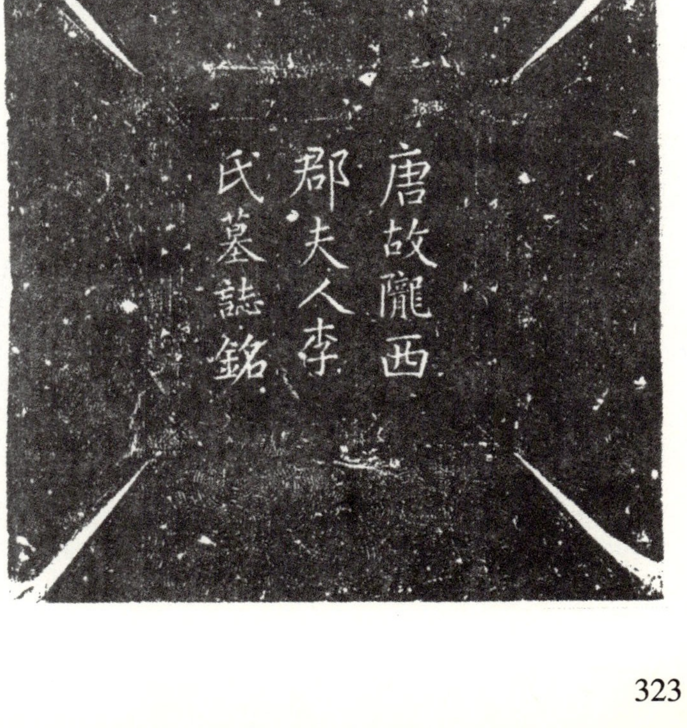

唐故隴西
郡夫人李
氏墓誌銘

328.唐故光祿大夫太子太保贈司徒弘農楊公(元卿)墓誌銘

94×94×21.5 釐米，誌蓋拓本 96×96 釐米，蓋芯篆書“大唐故/太子太保楊公/墓誌銘”。山南東道節度觀察處置等使司徒兼侍中晉國公裴度撰，朝散大夫守中書舍人上柱國扶風縣開國男食邑三百戶權璩書，尚書庫部員外郎舒元輿撰額。
大和八年(834)二月三日
參見《釋錄》，頁 177

329.唐故宣歙池等州都團練觀察處置等使通議大夫宣州刺史兼御史大夫上柱國賜紫金魚袋贈禮部尚書陸府君(亘)墓誌銘並序

76.2×77.2×16 釐米　內弟朝請大夫守中書舍人上柱國歸融撰
大和八年(834)十二月二十七日
參見《釋錄》,頁 185

330.唐故譙郡夏侯府君(顏)墓誌銘並序

36×37 釐米　王屋山處士路玄撰
大和九年(835)正月二十七日
2005 年冬龍門西山出土

331.唐故東都留守北衙右屯營軍押衙宣節副尉守右威衛沁州儁府折衝都尉員外置同正員上柱國賜紫金魚袋鉅鹿魏府君(叔元)墓誌銘

41×41 釐米　妹夫東都留守衙前判官將仕郎試左千牛衛長史李逕書並修文篆蓋
大和九年(835)七月三十日
參見《千唐》,頁 1062;《北圖》·唐·第三十冊,頁 175

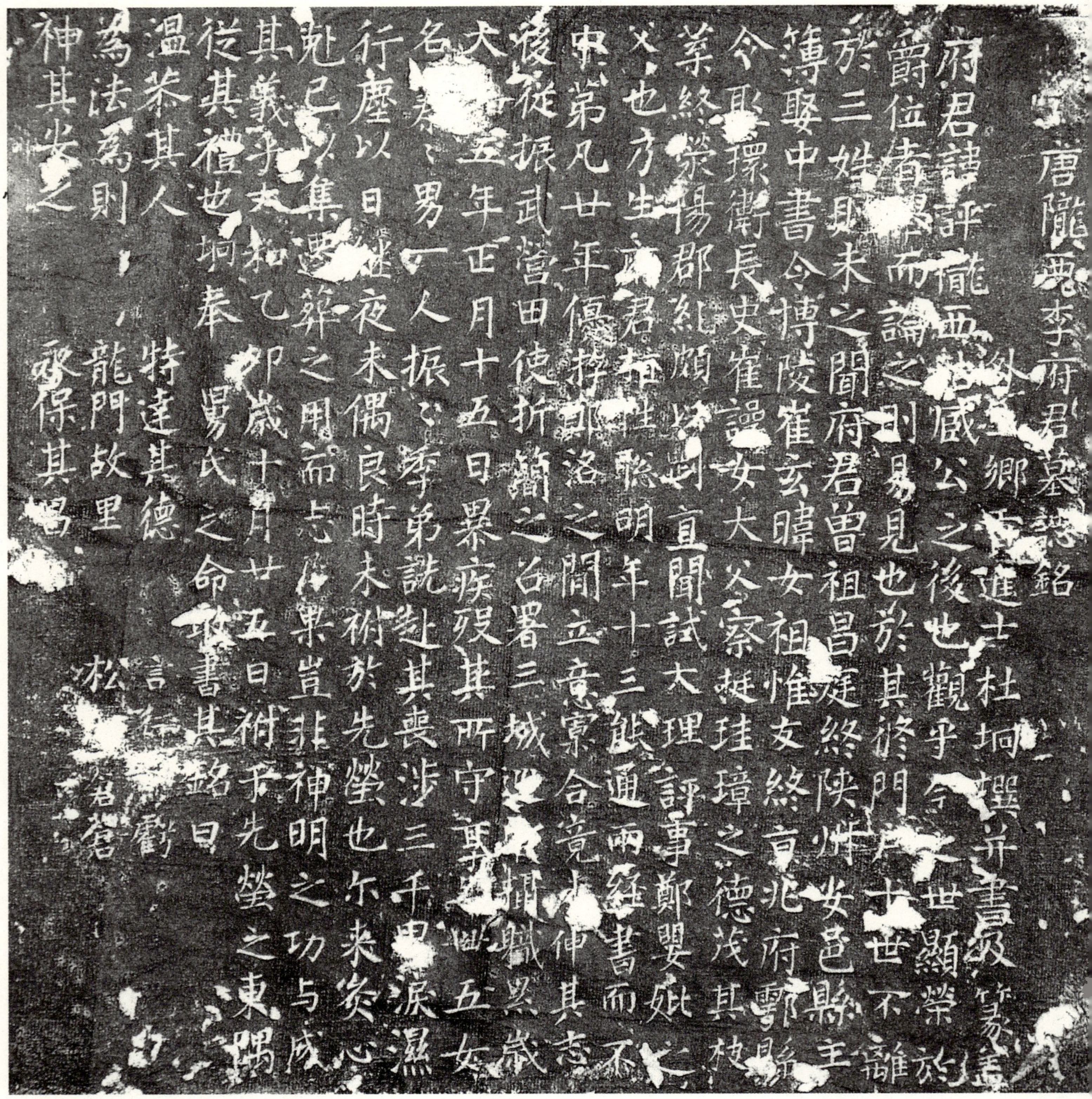

332.唐隴西李府君(評)墓誌銘

34.5×35 釐米；誌蓋拓本 35×35 釐米，
蓋芯篆書"唐隴西/李府君/墓誌銘"
大和九年(835)十月廿五日

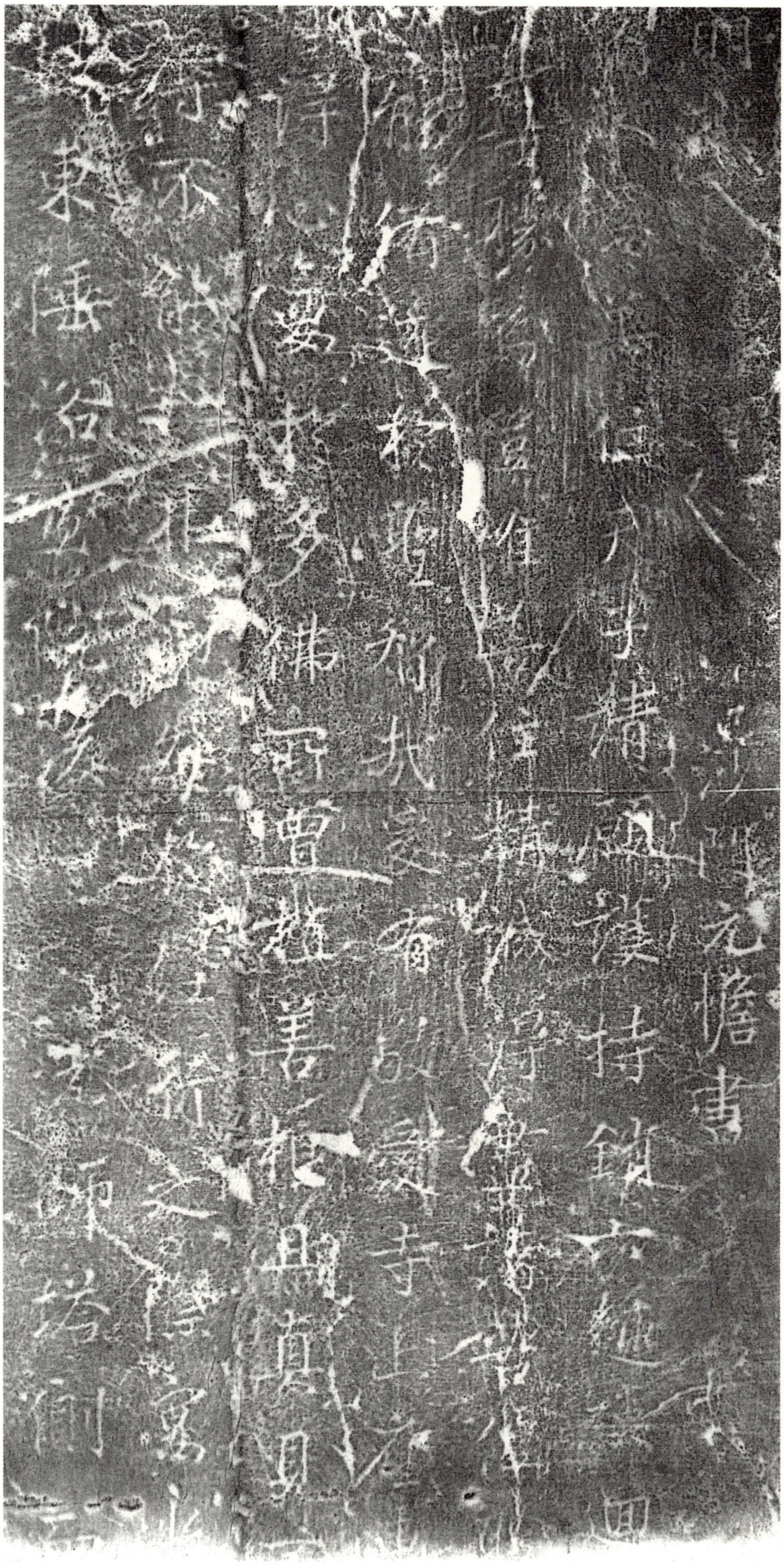

333.佛頂尊勝陀羅尼幢贊文

（局部）

八棱幢體通高158釐米，水平截面外接圓直徑約50釐米。敬愛寺前都維智明撰，沙門元憺書

開成元年(836)八月八日建幢。

石存龍門石窟研究院

錄文見拙撰：《跋龍門地區新發現的三件唐代石刻》，《文獻》1991年第2期，頁252

佛頂尊勝陀羅尼幢贊文

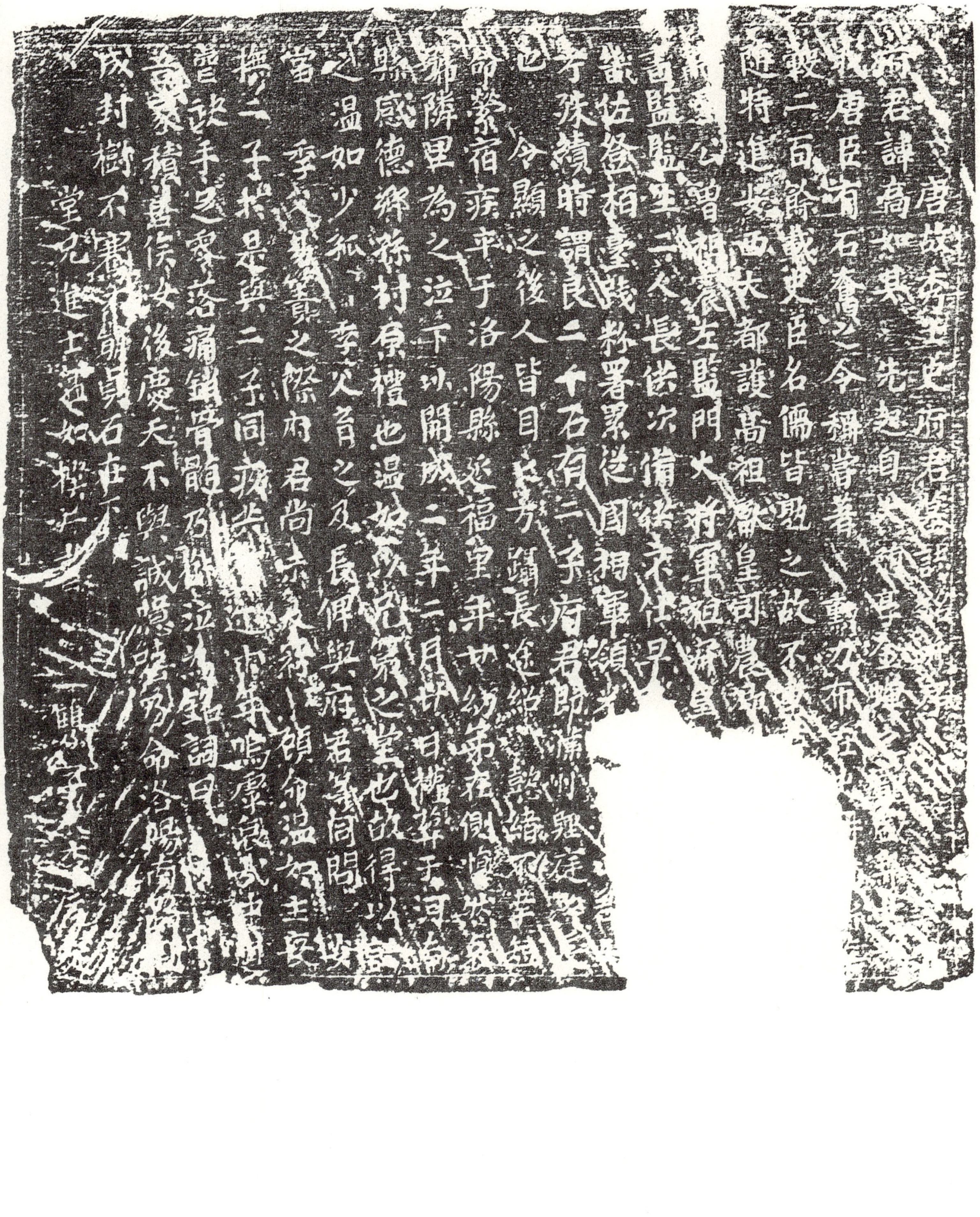

334.唐故秀士史府君(喬如)墓誌銘並序

36×36 釐米
開成二年(837)二月二十日
參見《輯繩》,頁 658

335.唐故鄉貢進士杜君(輦)墓誌銘並序

42×42×8 釐米　四從叔前試□衛倉曹參軍顒撰
開成二年(837)十一月廿四日
2003 年 8 月龍門西山出土

大唐故興元府叅軍弘農楊府君墓誌銘并序
鄉貢進士田舜夫撰
公諱行立字知道其先弘農人也越國茂族關西儒學咸
默而識蕢緒之旨或赦而對楊梅之詣亦業軒冕世有其
賢曾祖子華皇德州安陵縣丞贈禮部員外郎同州刺史
祖寓皇中州鍾山縣令贈秘書少監左散騎常侍户部尚
書右僕射河嶽降粹嗣生元臣扶持 理庶底之區宇累
授涇原河陽汴州節度使贈司徒髙 華轂勲烈焜燿公
則 司徒之幼子也靈鳳出丹山之穴驪龍生渥洼之池
天資恵和神假聡秀七歳通孝經論語十歳明詩禮暨日
事父母能竭其力事君能致其身可以終身之矣年十五
勑授興元府叅軍 司徒公以幼稚之愛奏請隨從優
詔許焉大和六年 司徒公罷節淺郊尋壓洛下公乃絲
衣一弄鳥奉養無違及 司徒公薨廿則居喪毀瘠水漿不
入一門望其成器九族保其承家厥亦弥留奄忽玄夜開
成元年五月三日終于東都恭安里之私第春秋廿一嗚
呼生於慶門何福也死於弱齡何咎也實天道之難問也
開成三年七月廿七日祔葬于伊闕縣尚賢鄉先塋之原
禮也丹旐楚挽哀榮備焉恐虞陵谷請誌泉石其銘曰
關西慶門 祔蓋輝暎 嗟嗟叅軍 降年不永
咸時叶吉 祔先塋 刻石泉扃 其彰令名
鄉貢進士唐縝書

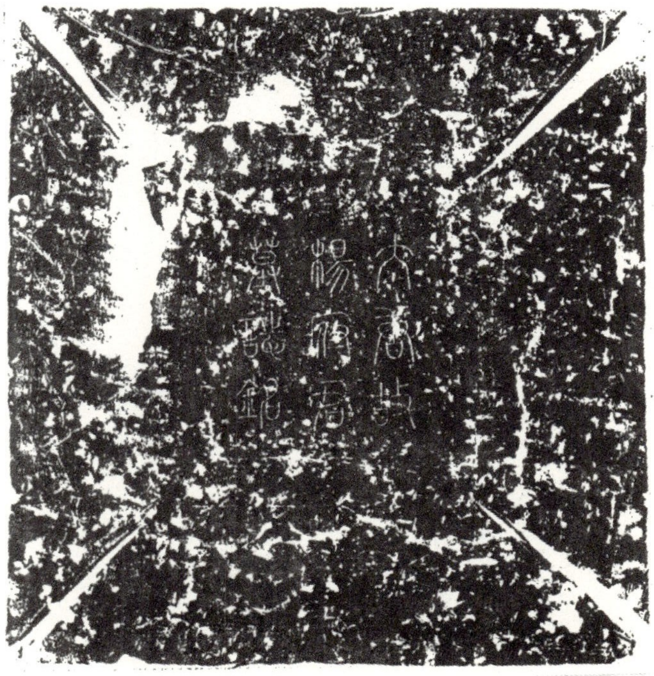

336.大唐故興元府參軍弘農楊府君(行立)墓誌銘並序

誌石 44×44×8.5 釐米;誌蓋蓋芯篆書"大唐故/楊府君/墓誌銘"。鄉貢進士田舜夫撰,鄉貢進士唐縝書
開成三年(838)七月廿七日
參見《新獲》,頁 110

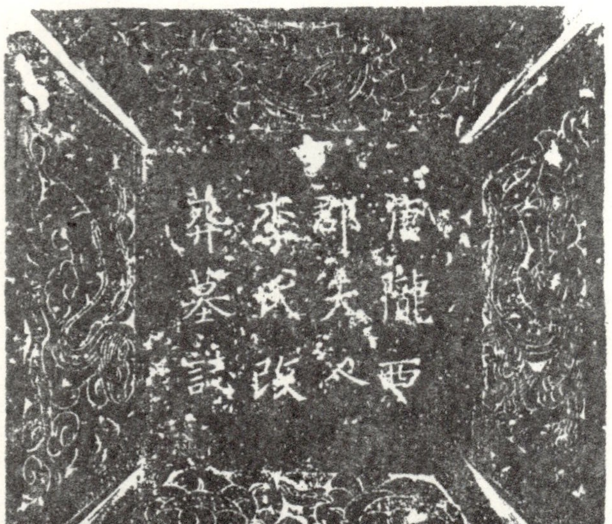

337.先妣隴西郡夫人改祔誌

誌石 41×40×7.5 釐米；誌蓋蓋芯楷書“唐隴西/郡夫人/李氏改/葬墓誌”。次子前嶺南觀察判官試太常寺協律郎崔慎由撰

開成三年(838 年)十月十三日

撰文者崔慎由，《舊唐書》卷一七七、《新唐書》卷一七四有傳

1996 年 5 月出土于龍門西山胡坡村西原

參見《新獲》，頁 111

338.唐蘇州海鹽縣令盧君(繪)亡夫人隴西李氏墓表

誌文刊于志蓋之內面，原石 65×65×12.5 釐米，蓋芯篆書“唐盧氏/故李夫/人墓誌”。福建等州都團練觀察處置等使朝散大夫檢校左散騎常侍兼御史中丞賜紫金魚袋黎埴撰，繪書並篆額

誌蓋四刹之一刊《般若波羅蜜多心經》一部。

會昌元年(841)九月十五日

2005 年春龍門東山南麓出土

339.唐盧氏故夫人隴西李氏墓誌銘並序

65.5×66×11 釐米　夫宣德郎守蘇州海鹽縣令范陽盧繪撰並書
會昌元年(841)九月十五日
2005 年春龍門東山南麓出土

340.唐故宣威將軍守左金吾衛大將軍員外置同正員兼試殿中監上柱國賜紫金魚袋蘇府君夫人范陽盧氏墓誌銘並序

35×35 釐米　外老舅天水趙博齊撰
會昌元年(841)十月七日
參見《千唐》，頁 1078

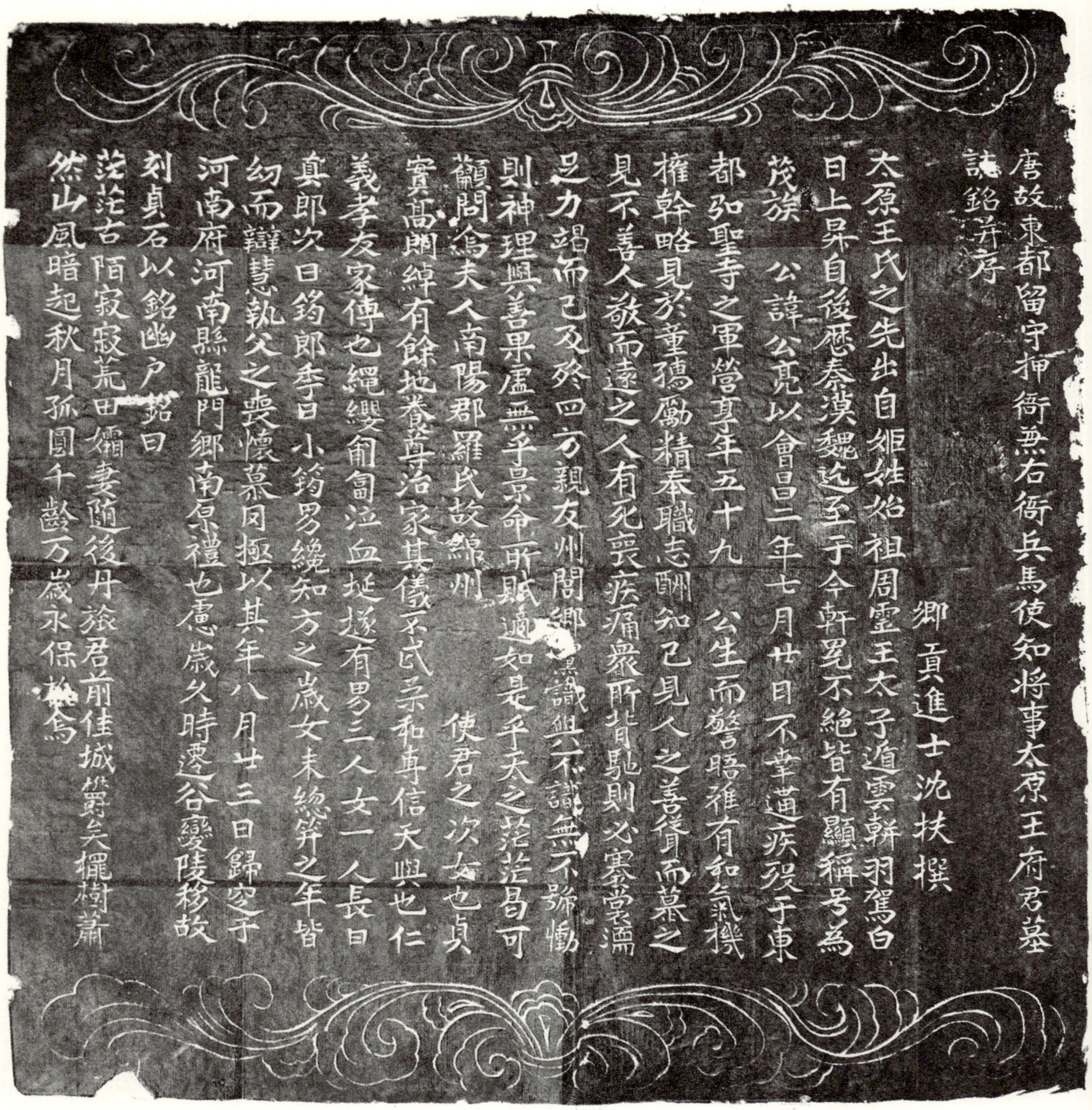

341.唐故東都留守押衙兼右衙兵馬使知將事太原王府君(公亮)墓誌銘並序

49×48.5 釐米　鄉貢進士沈扶撰
會昌二年(842)八月二十三日
2002 年秋龍門西山南麓出土

342.能禪師石室銘

63×50 釐米　居士樂天詞，前進士李梲書
會昌三年(843)三月二十三日
參見《北圖》·唐·第三十一冊，頁 101

343.唐鄉貢進士盧府君(厚德)墓誌文並序

40×40×8.5 釐米,誌蓋 41×41.7 釐米;從祖兄膺撰
會昌四年(844)二月二十日
圖引劉小磊:《河南博物院新藏唐代墓誌》,《中原文物》2000 年第 6 期,頁 66

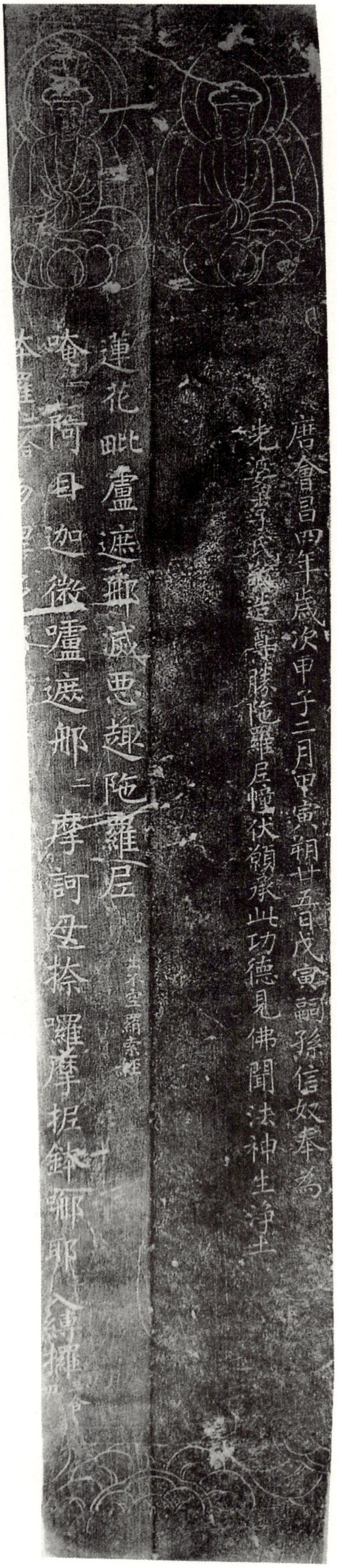

344.信奴爲先婆李氏造尊勝經幢題記

幢身高 100 釐米，八面棱柱水平截面外接圓直
徑 26 釐米；每面 84.5×10 釐米
會昌四年(844)三月二十五日
石存龍門石窟研究所

345.唐故河南元府君夫人陳國陳氏(恭和)墓之誌銘並序

45.5×46.5 釐米　鄉貢進士元繪撰
會昌四年(844)九月二十三日
2003 年 8 月龍門出土

346.唐故登仕郎守許州錄事參軍安平李公(玄祿)墓誌銘

39×40 釐米　攝許州文學前邠寧節度隨軍朱康撰
會昌四年(844)十月二十一日
2005 年春龍門西山南麓魏灣村出土

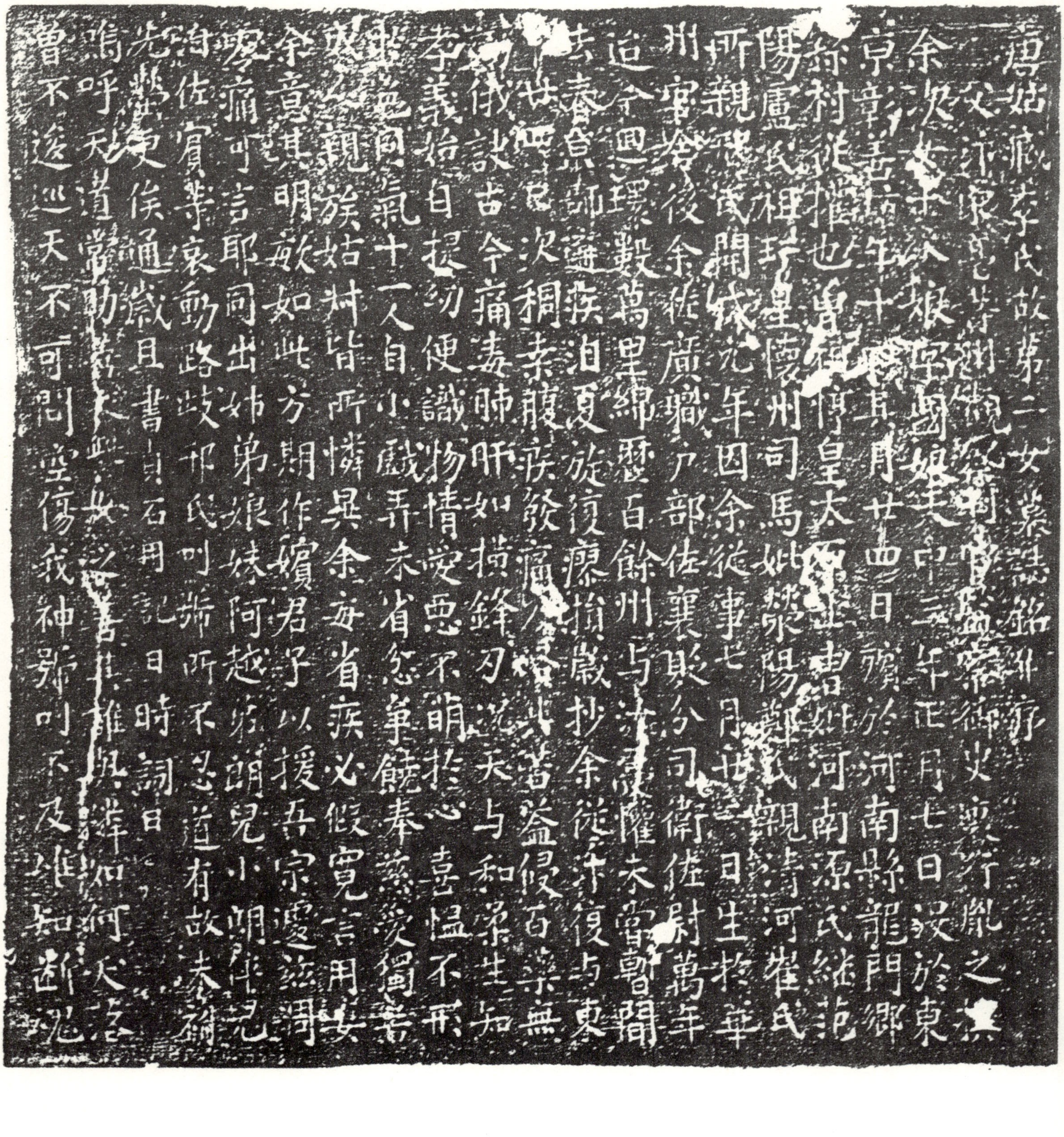

347.唐姑臧李氏故第二女(國娘)墓誌銘並序

33×33 釐米　父汴、宋、亳等州觀察判官監察御史裹行胤之撰
大中三年(849)正月二十四日
參見《輯繩》,頁 681

348.唐東都聖善寺志行僧懷則於龍門廢天竺寺東北原創先修塋一所，敬造尊勝幢塔並記

22×56 釐米　當寺比丘義川撰
大中四年(850)五月十一日
參見張乃翥:《龍門藏幢讀跋兩題》，《敦煌研究》1989 年第 2 期，頁 27–34
石存龍門石窟研究所

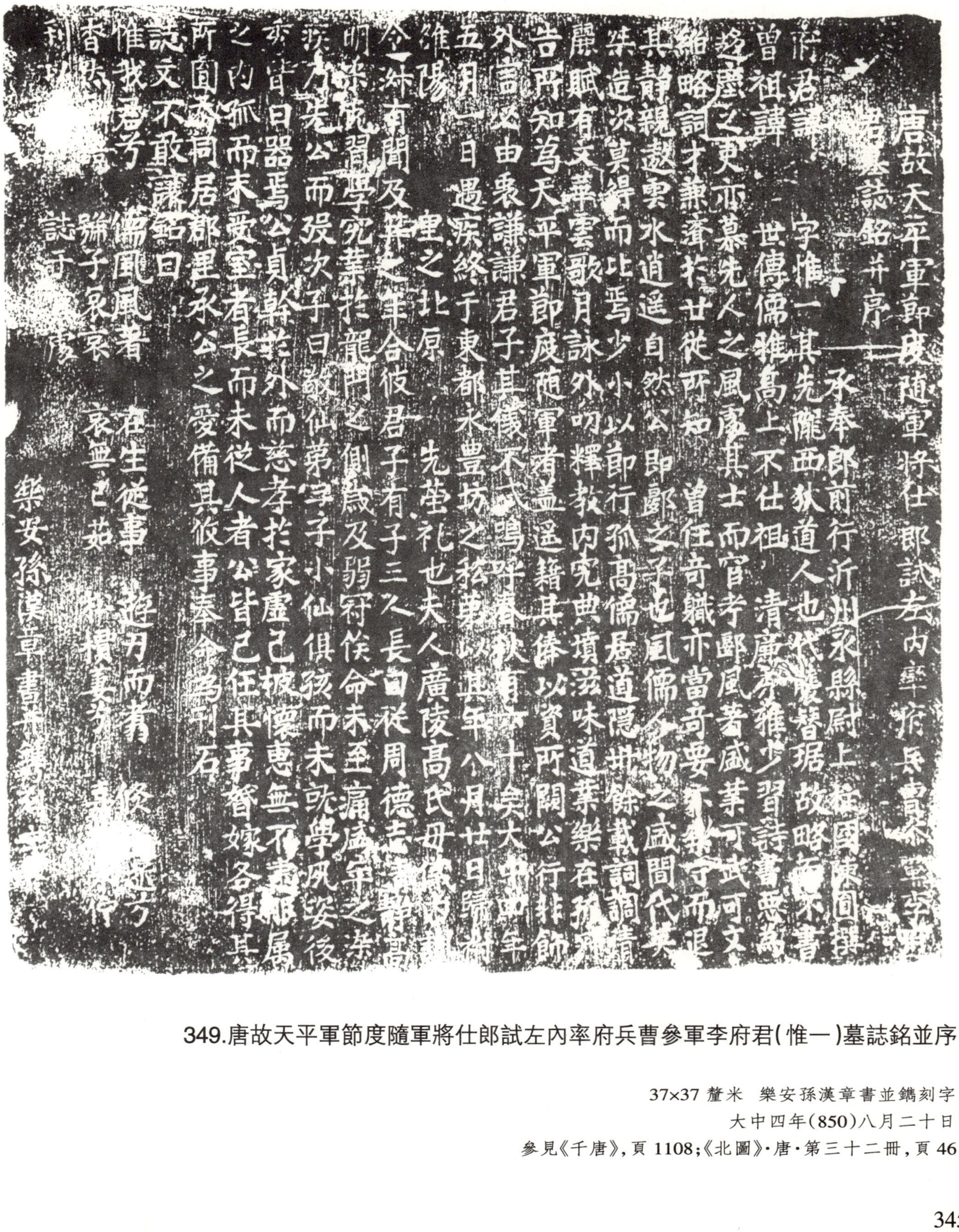

349.唐故天平軍節度隨軍將仕郎試左內率府兵曹參軍李府君(惟一)墓誌銘並序

37×37 釐米　樂安孫漢章書並鐫刻字
大中四年(850)八月二十日
參見《千唐》，頁 1108;《北圖》·唐·第三十二冊，頁 46

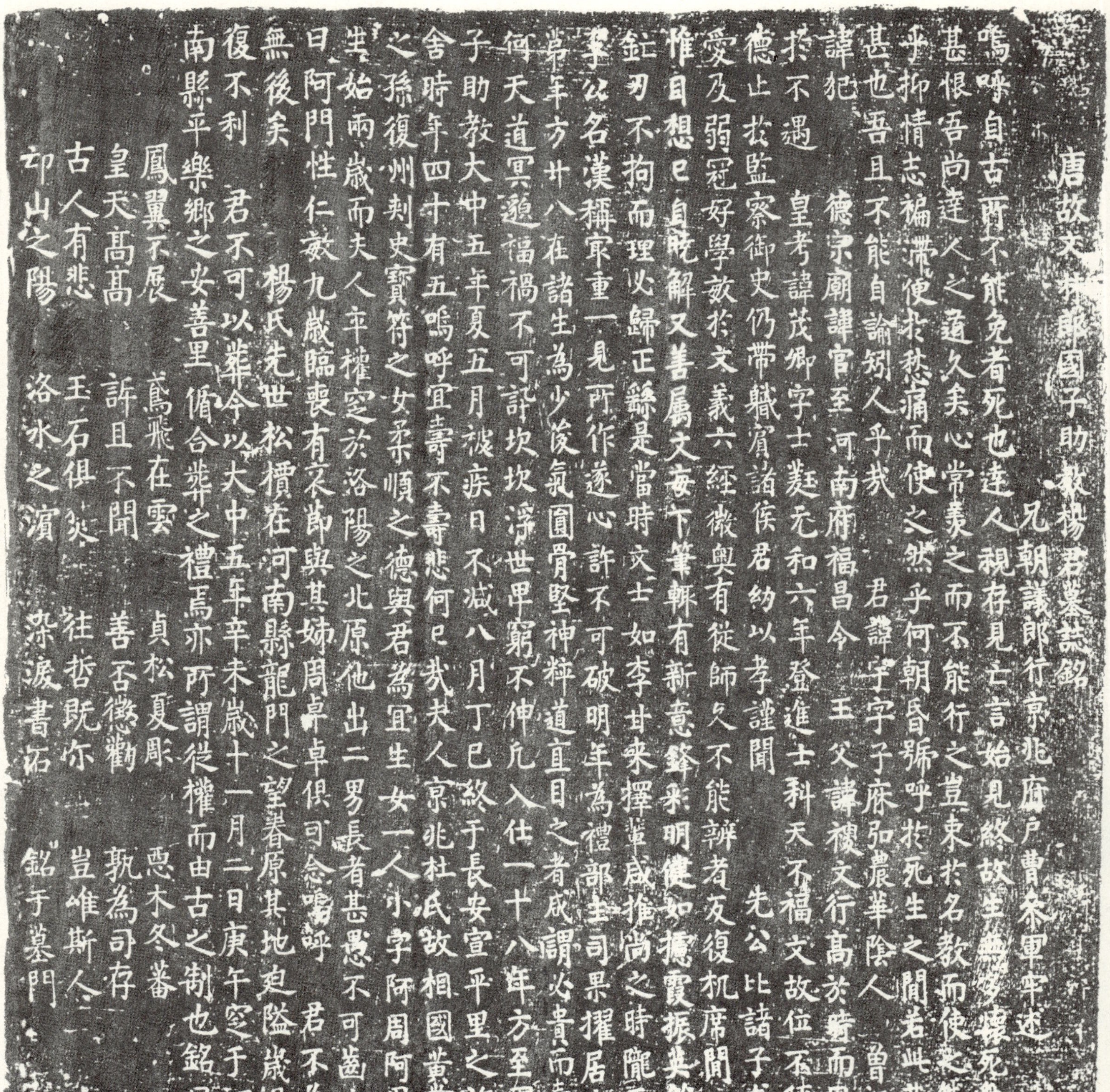

350.唐故文林郎國子助教楊君(宇)墓誌銘

51×51 釐米　兄朝議郎行京兆府戶曹參軍牢述
大中五年(851)十一月二日
參見《千唐》,頁 1115;《北圖》·唐·第三十二冊,頁 69

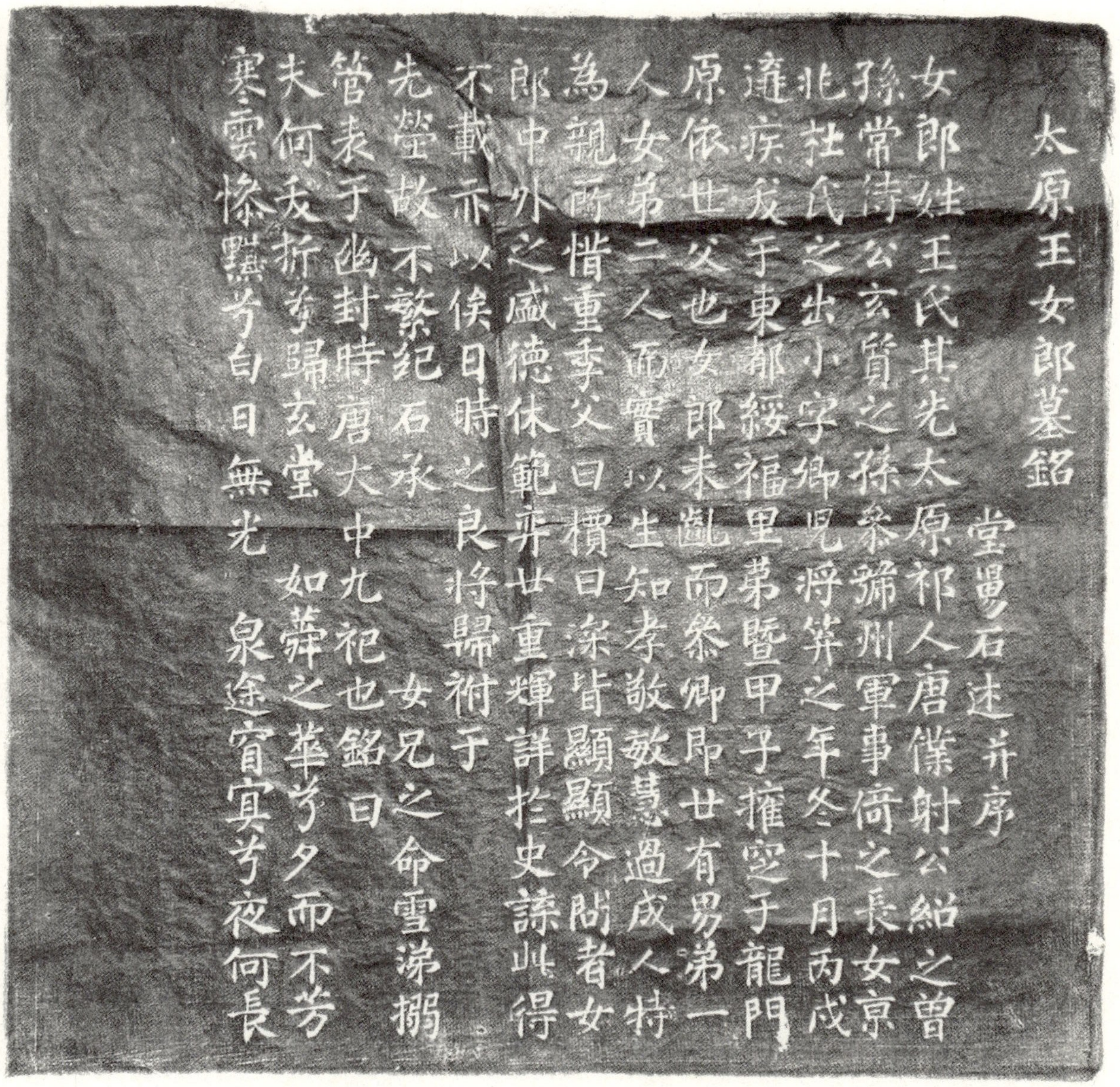

352.太原王女郎(卿兒)墓銘

31×31 釐米　堂舅石述並序
大中九年(855)十一月十九日
2005 年秋龍門西山出土

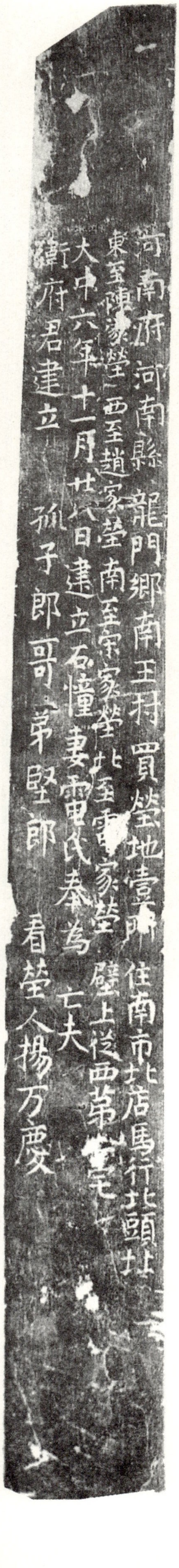

351.雷氏爲亡夫衛府君買塋地刊幢記

幢面 90×9 釐米　大中六年(852)十一月二十八日
1994 年 7 月龍門西山南麓出土,石存龍門石窟研究所
參見張乃翥:《跋龍門石窟近藏長安三年、大中六年之幢塔刻石》,《敦煌研究》1998 年第 1 期,頁 24–29

353.唐故陝州大都督府右司馬李公(範)墓誌銘並序

49.5×48×7 釐米　前宣武軍節度判官殿中侍御史內供奉李胤之撰並書
大中十年(856)正月十七日
2001 年 9 月龍門西山出土

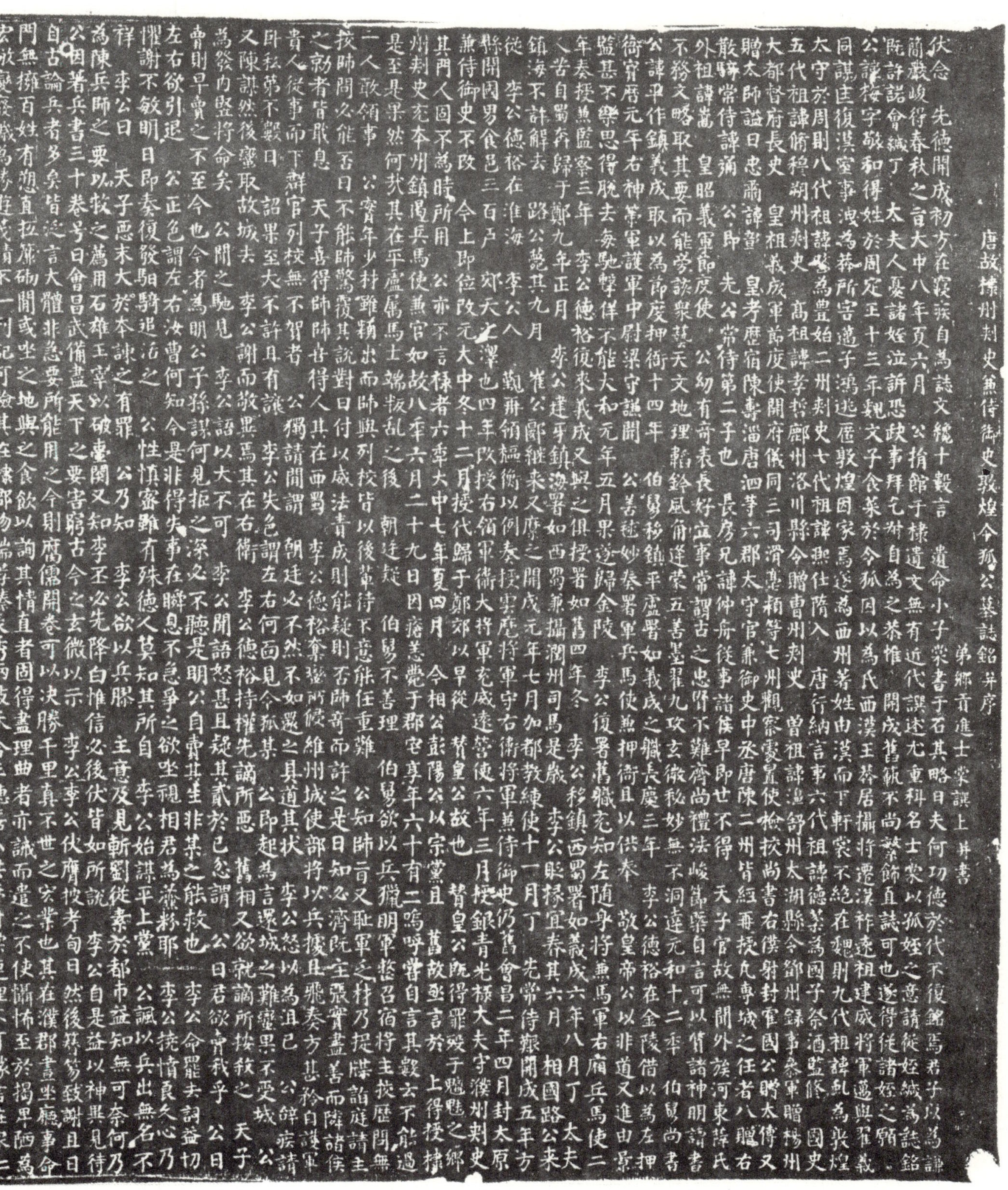

354.唐故棣州刺史兼侍御史敦煌令狐公(梅)墓誌銘並序

誌石 65×65×11.5 釐米;弟鄉貢進士棠撰上並書
大中十年(856)四月廿二日
1991 年 3 月龍門東山南麓許營村北原出土
參見《新獲》,頁 116

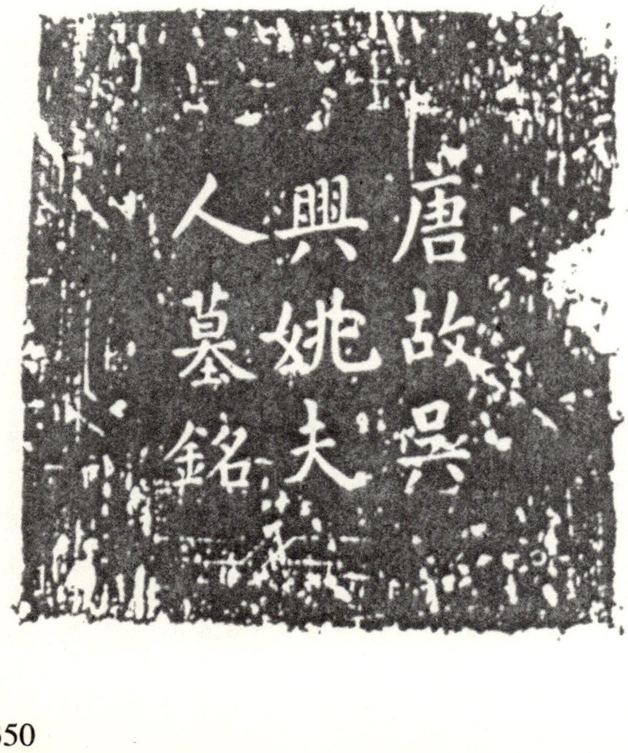

355.唐故濮州臨濮縣令趙郡李公夫人吳興姚氏(品)墓銘並序

37×36 釐米；誌蓋芯拓本 24×24 釐米，
內楷書“唐故吳/興姚夫/人墓銘”
大中十年(856)四月廿三日
參見《彙編》·北大卷·第 2 冊，頁 133

唐故秘書郎兼河中府寶鼎縣令趙郡李府君夫人滎陽鄭氏
墓誌銘并序
親外生朝議郎守京兆府好畤縣丞上柱國裴瓉謹纂
夫人滎陽鄭氏諱秀實比祖之洪胤門高閥閱百氏難倫自周封鄭
桓因而為氏緇衣之什見美武公緜歷漢魏迄于隋唐蟬聯
其間軌冕不絶昌熾彌盛光耀搢紳曾王父諱孝菜皇進士及第
累官至遂寧郡守烈祖諱瓘則河南尹户部侍郎東都留守贈孝諱
絢河南府洛陽縣主簿德高位卑實韋人望娶范陽盧氏生夫人夫
人誕于德門幼稟義訓年十九歸于趙郡府君婉娩柔惠作範閨閫
四德備全六姻歸美佐理家肥克昌令嗣有四男四女長曰暠任前
鄭州原武縣丞次曰郁終涪州録事參軍三曰崇前懷州獲嘉縣尉
次曰敬思前楚州文學咸孝敬愷悌居喪有聞長女適博陵崔倚次
女適河東裴稹次適太原王竑小適今沂州刺史韋譔奉慈嚴之明
訓皆克配君子　秘書府君懷明略出盛時位不充量先于
夫人而殁　夫人稱未亡人凡四十三年孀獨潔立訓導諸孤訖有
成立男有官女有歸婦道母儀之事光輝倫矣　夫人聰識明敏
尤精魯夏文之經諳著衛夫人之華翰明左氏之傳貫遷固之書亦
及諸史無不該覽今古倫比罕其朋儔享年七十三以大中十年八
月十二日寢疾終于河陰縣里第以其年十一月廿七日歸祔于河
南縣伊汭鄉中梁村　秘書寶鼎府君之塋禮也瓉忝渭陽之恩詳
其徽猷然其懿美遺孤哀之哀訢俾瓉書其事辭不獲免故銜涕執
管終始紀述遂為銘曰
滎陽之馨　良玉之貞　門風禮樂　源濬流清　藹藹盛族
受姓于鄭　爰有百氏　莫之與京　婦道已光　母儀克明
四男嗣子　哀哀孝誠　傾絶其德　終天無傾　千秋萬歲
永播令名

356.唐故秘書郎兼河中府寶鼎縣令趙郡李府君夫人滎陽鄭氏(秀實)墓誌銘並序

40×40 釐米　親外生朝議郎守京兆府好畤縣丞上柱國裴瓚謹纂
大中十年(856)十一月廿七日
參見《北圖》·唐·第三十二冊,頁138

357.唐故河中府永樂縣尉博陵崔府君(亮)隴西李夫人、范陽盧夫人合祔墓誌銘並叙

61.5×61 釐米　第三男孤子震撰
大中十一年(857)五月六日
2004 年夏龍門山北麓出土

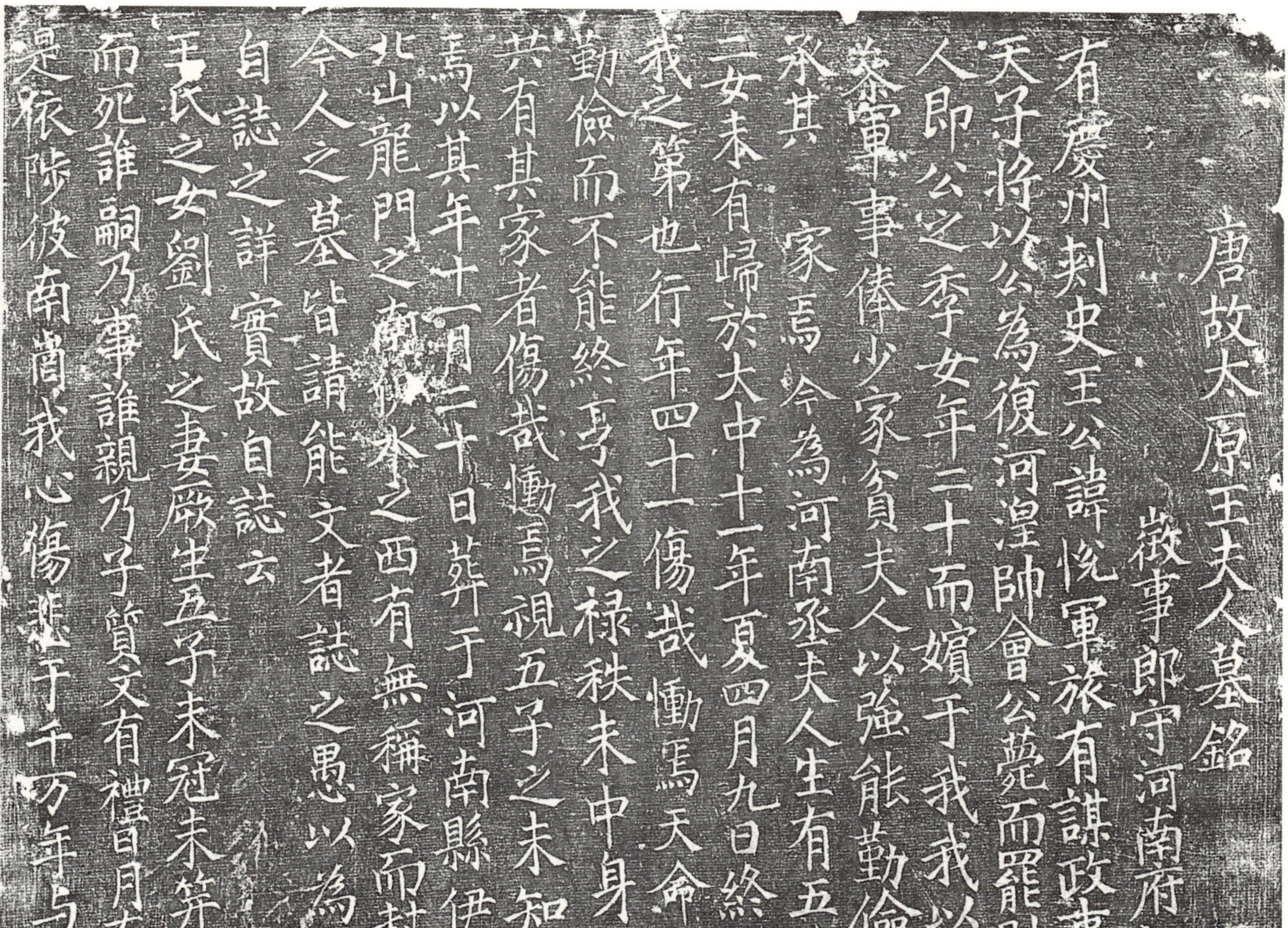
唐故太原王夫人墓銘
徵事郎守河南府河南縣丞劉干撰
有慶州刺史王公諱悦軍旅有謀政事能治元和中
天子將以公為復河湟帥會公薨而罷則其人可知也夫
人即公之季女年二十而嬪于我我以五經第為華州
參軍事俸少家貧夫人以強能勤儉助于余治故干克
承其　家焉今為河南丞夫人生有五子焉三男未有名
二女未有歸於大中十一年夏四月九日終于河南之崇政坊
我之第也行年四十一傷哉慟焉天命之不長与我同其
勤儉而不能終享我之禄秩未中身而殁俾余無与
共有其家者傷哉慟焉視五子之未知臧否也傷哉慟
焉以其年十一月二十日葬于河南縣伊汭鄉中梁村之
北山龍門之南伊水之西有無稱家而封樹焉今人之禮也
今人之墓皆請能文者誌之愚以為人雖善誌不如
自誌之詳實故自誌云
王氏之女劉氏之妻厥生五子未冠未笄年未中身弃我
而死誰嗣乃事誰親乃子質文有禮晉月有期闕口之西佳城
是依陟彼南崗我心傷悲千万年与子同歸

358.唐故太原王夫人墓銘

45×44.5 釐米　徵事郎守河南府河南縣丞劉干撰
大中十一年(857)十一月二十日
2004 年 10 月龍門西山張溝村東南出土

359.唐隴西李氏女十七娘(第娘)墓誌銘並序

42×42 釐米　父守河南府陸渾縣令胤之撰，兄鄉貢進士滌書
大中十一年(857)十二月二十七日
參見《輯繩》，頁 694

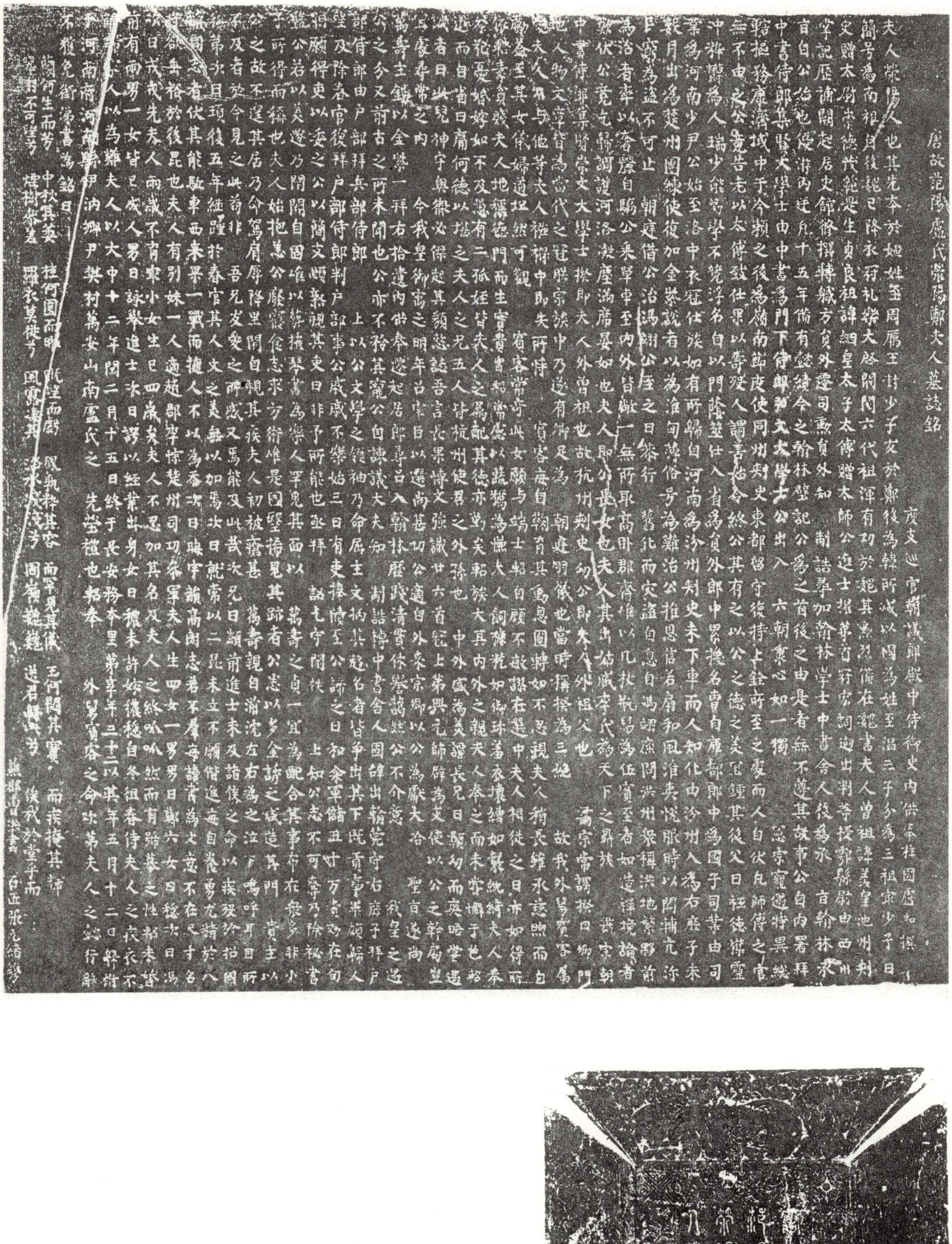

360.唐故范陽盧氏滎陽鄭夫人墓誌銘

誌石 62×62×11.5 釐米；誌蓋蓋芯篆書“唐大史□/范陽盧氏/滎陽鄭夫/人墓誌銘”。度支巡官朝議郎殿中侍御史內供奉柱國盧軺撰

大中十二年(858)五月十二日

1985 年 3 月龍門東山南麓許營村北原出土

參見《新獲》，頁 117

361.唐北平田君故夫人隴西李氏(鵠)墓誌銘並序

52×50釐米；誌蓋蓋芯篆書“唐田君/故夫人/隴西李/氏墓誌”。武寧軍節度掌書記試文館校書郎姚潛撰，田宿書，屈瑗篆額並鐫

大中十三年(859)七月二十日

參見《輯繩》，頁696

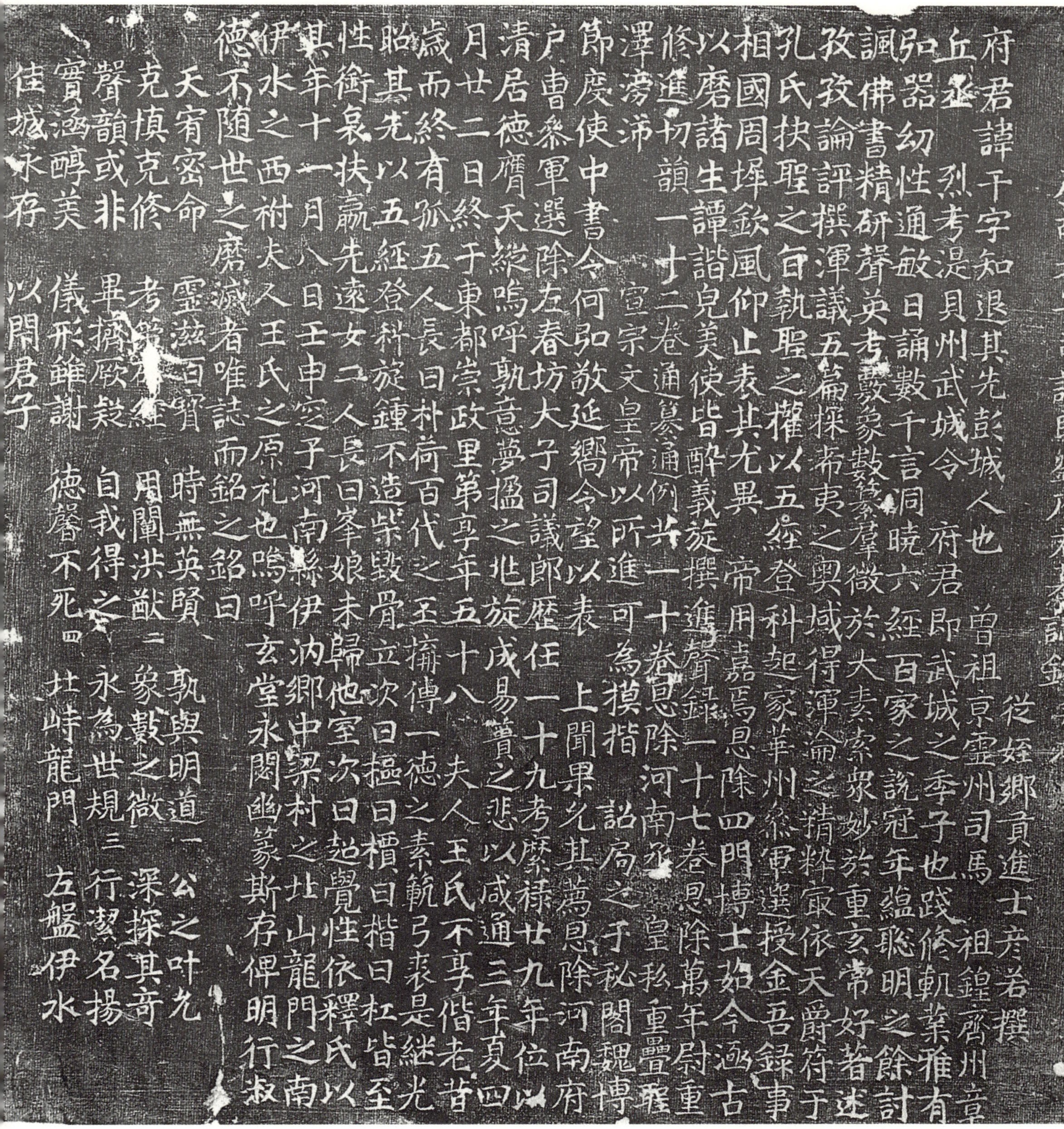
唐故太子司議郎劉府君墓誌銘并序
從姪鄉貢進士彥若撰
府君諱干字知退其先彭城人也　曾祖京靈州司馬祖鍠啓州章
丘丞　烈考湜貝州武城令　府君即武城之季子也踐修軌葉雅有
弘器幼性通敏日誦數千言洞曉六經百家之說冠年蘊聰明之餘討
諷佛書精研聲英考覈象數纂覃微於大素索衆妙於重玄常好著述
孜孜論評撰渾議五篇採希夷之奧域得渾淪之精粹寂依天爵符于
孔氏扶聖之旨執聖之權以五經登科起家華州參軍選授金吾錄事
相國周墀欽風仰止表其尤異　帝用嘉焉息除四門博士始今涵古
以磨諸生譚諧皃美使皆醉義旋撰進聲錄一十七卷息除萬年尉重
修進切韻一十二卷通纂通例共一十卷息除河南丞　皇私重疊雅
澤滂沛　宣宗文皇帝以所進可為模指詔局之子秘閣魏博
節度使中書令何弘敬延嚮令望以表　上聞果允其薦息除河南府
戶曹參軍選除左春坊太子司議郎歷任一十九考縻祿廿九年位以
清居德齎天縱嗚呼孰意夢楹之兆旋成易簀之悲以咸通三年夏四
月廿二日終于東都崇政里第享年五十八　夫人王氏不享偕老昔
歲而終有孤五人長曰朴荷百代之至擒傳一德之素軌弓裘是繼光
貽其先以五經登科旋鍾不造柴毀骨立次曰摳曰槽曰楷曰杠皆至
性銜哀扶羸先遠女二人長曰峯娘未歸他室次曰超覺性依釋氏以
其年十一月八日壬申窆子河南縣伊汭鄉中梁村之北山龍門之南
伊水之西祔夫人王氏之原礼也嗚呼玄堂永閟幽篆斯存俾明行叔
德不隨世之磨滅者唯誌而銘之銘曰
天宥密命　靈滋百寶　時無英賢　孰與明道一　公之叶允
克慎克修　考篤在經　用闡洪猷二　象數之微　深探其奇
聲韻或非　畢擠厥疑　自我得之　永為世規三　行潔名揚
實涵醇美　儀形雖謝　德馨不死四　北峙龍門　左盤伊水
佳城永存　以閒君子

362.唐故太子司議郎劉府君(干)墓誌銘並序

47×47 釐米　從侄鄉貢進士彥若撰
咸通三年(862)十一月八日
2004 年 10 月龍門西山張溝村東南出土

363.盧逢時夫人李氏墓誌

（據誌文擬題）

61×60 釐米 □朝議郎前□河南少尹賜緋魚袋崔碣撰並書

咸通四年(863)五月廿九日

參見《北圖》·唐·第三十三冊，頁 30

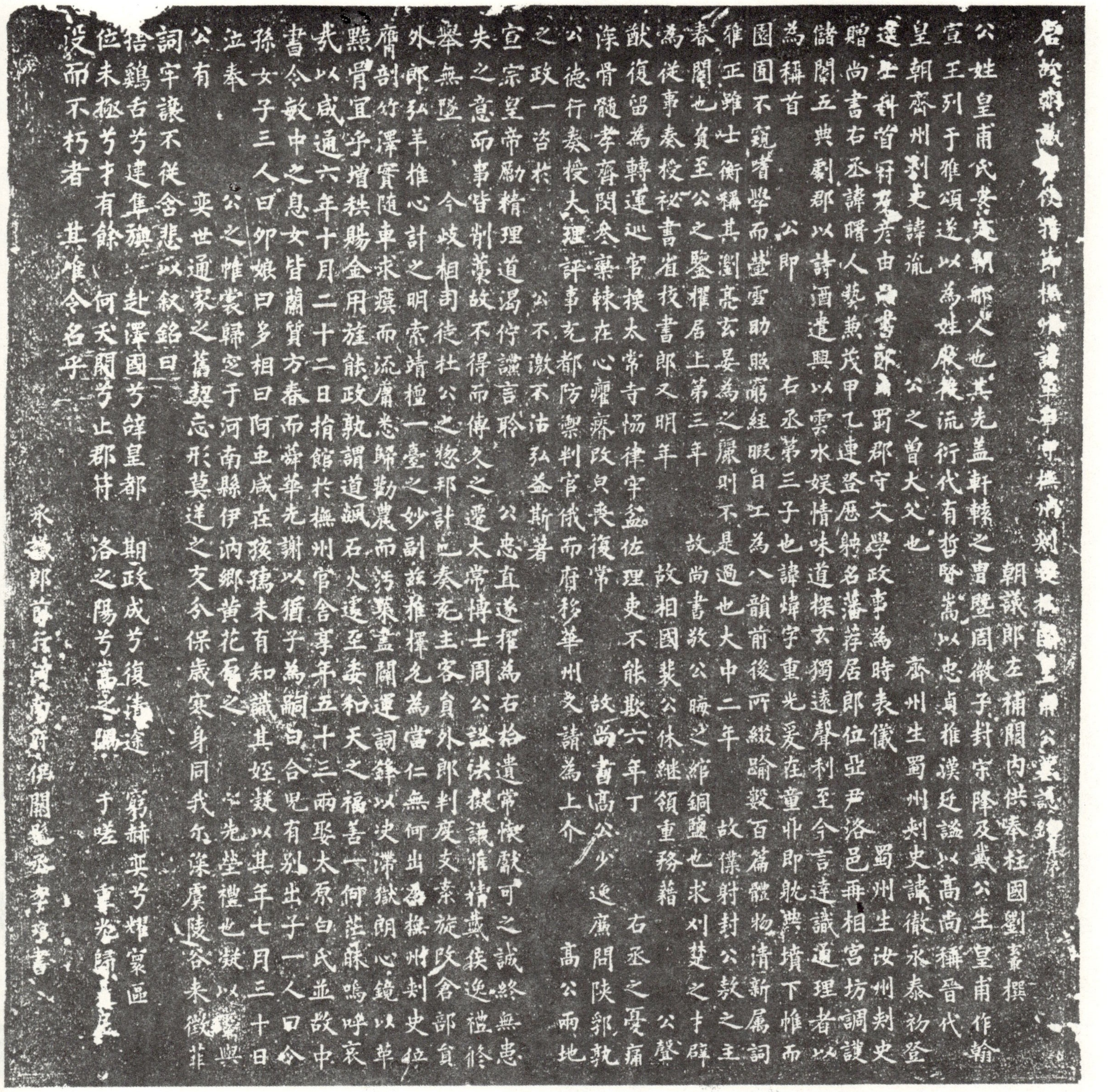

364.唐故朝議郎使持節撫州諸軍事守撫州刺史柱國皇甫公(煒)墓誌銘並序

誌石 70×70×15 釐米　朝議郎左補闕内供奉柱國劉玄章撰,承議郎前行河南府伊闕縣丞李瑄書
咸通六年(865)七月三十日
1993 年 8 月龍門東山南麓許營村北原出土
參見《新獲》,頁 118

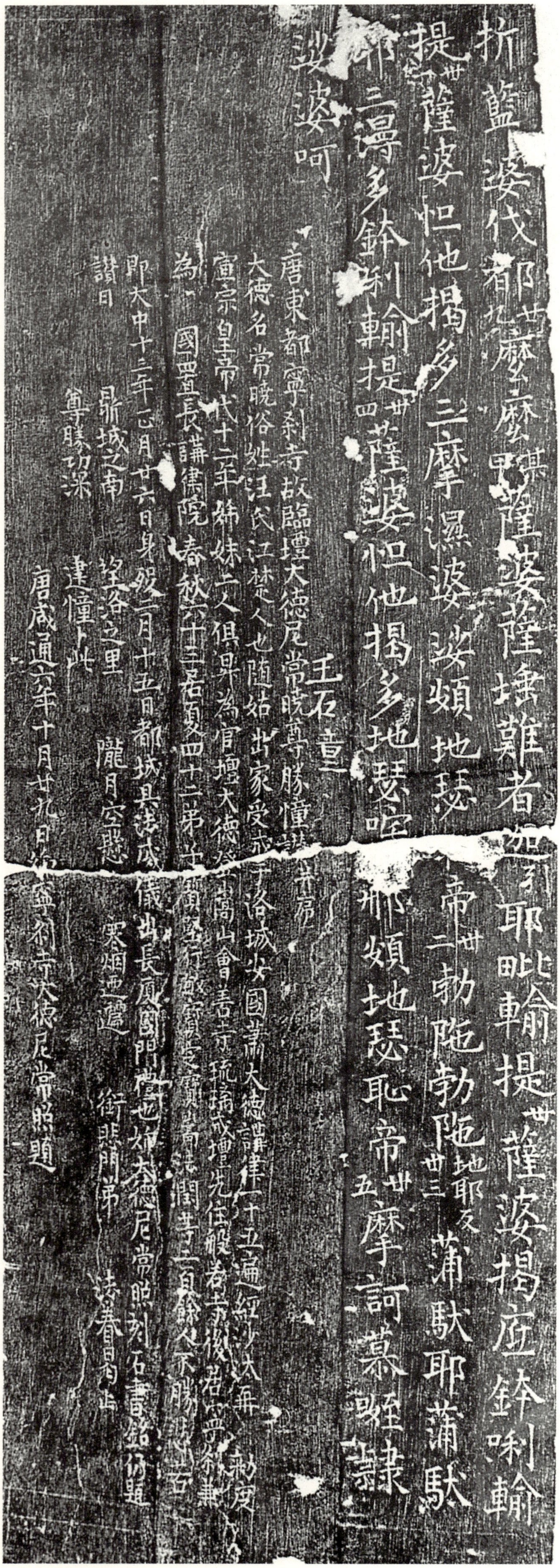

365.唐東都寧刹寺故臨壇大德尼常曉尊勝幢贊並序

幢體系八面棱柱，每面高 89.5 釐米，寬 9–10 釐米不等，七面刊經文及幢記，一面無文字
大中十三年(859)二月十五日具幢，咸通六年(865)尼常照題
2005 年春龍門西山魏灣村一帶出土

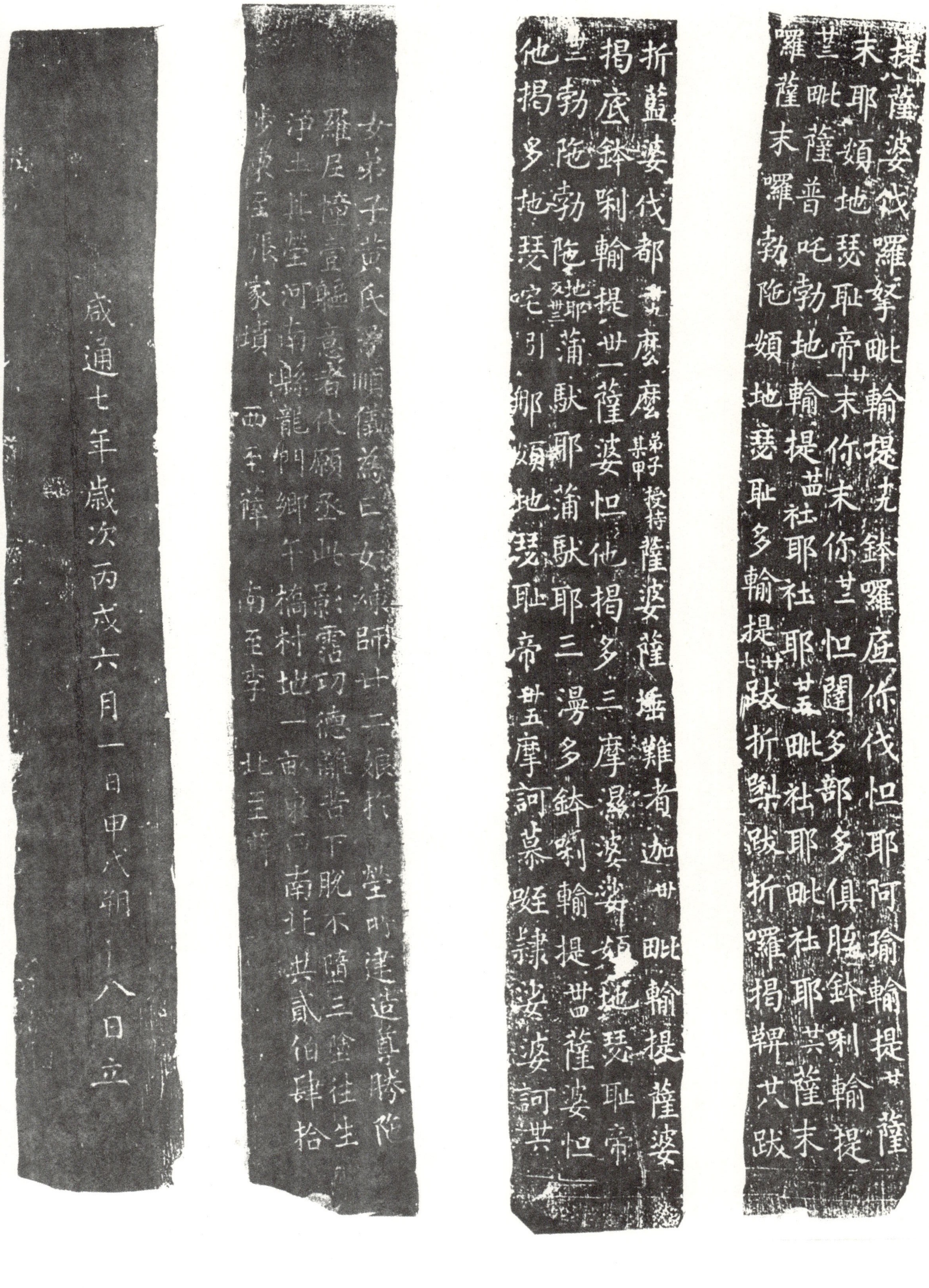

366.女弟子黃順儀造尊勝陀羅尼幢記

四面刊文，每面高 74 釐米，寬 10 釐米
咸通七年（866）六月十八日
參見《北圖》·唐·第三十三冊，頁 63–64

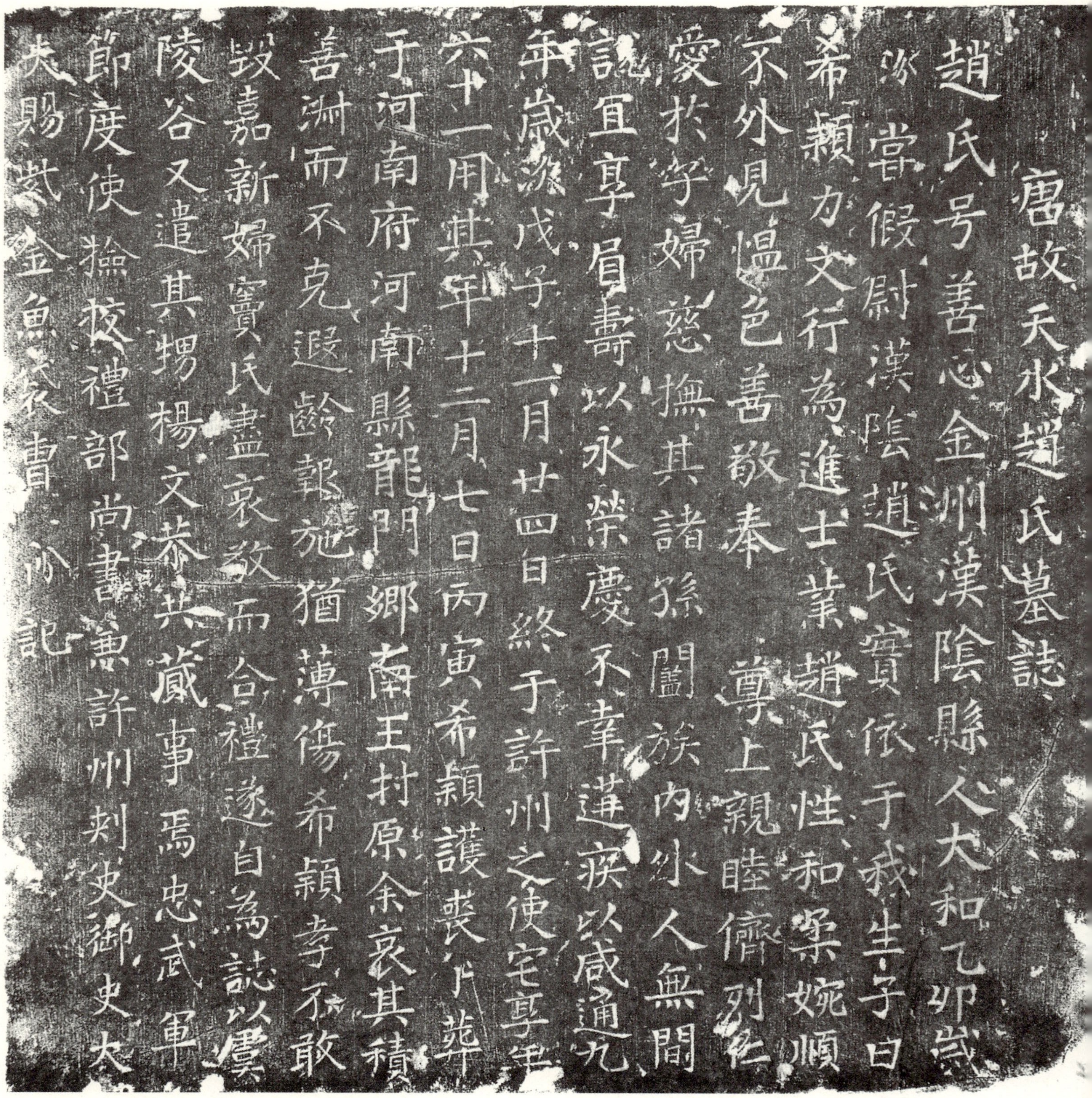

唐故天水趙氏墓誌
趙氏号善心金洲漢陰縣人大和乙卯歲
洸嘗假尉漢陰趙氏實依于我生子曰
希穎力文行為進士業趙氏性和柔婉順
不外見愠色善敬奉 尊上親睦儕列仁
愛於孚婦慈撫其諸孫闔族內外人無間
詞宜享眉壽以永榮慶不幸遘疾以咸通九
年歲次戊子十一月廿四日終于許州之使宅享年
六十一用其年十二月七日丙寅希穎護喪歸葬
于河南府河南縣龍門鄉南王村原余哀其積
善淑而不克遐齡郭施猶薄傷希穎孝不敢
毀嘉新婦竇氏盡哀敬而合禮遂自為誌以虞
陵谷又遺其甥楊文恭共藏事焉忠武軍
節度使檢校禮部尚書兼許州刺史御史大
夫賜紫金魚袋曹 記

367.唐故天水趙氏(善心)墓誌

30×31 釐米;誌蓋蓋芯拓本 31×32 釐米,內篆書“唐天水/趙氏墓”
咸通九年(868)十二月七日
2005 年 10 月龍門西山出土

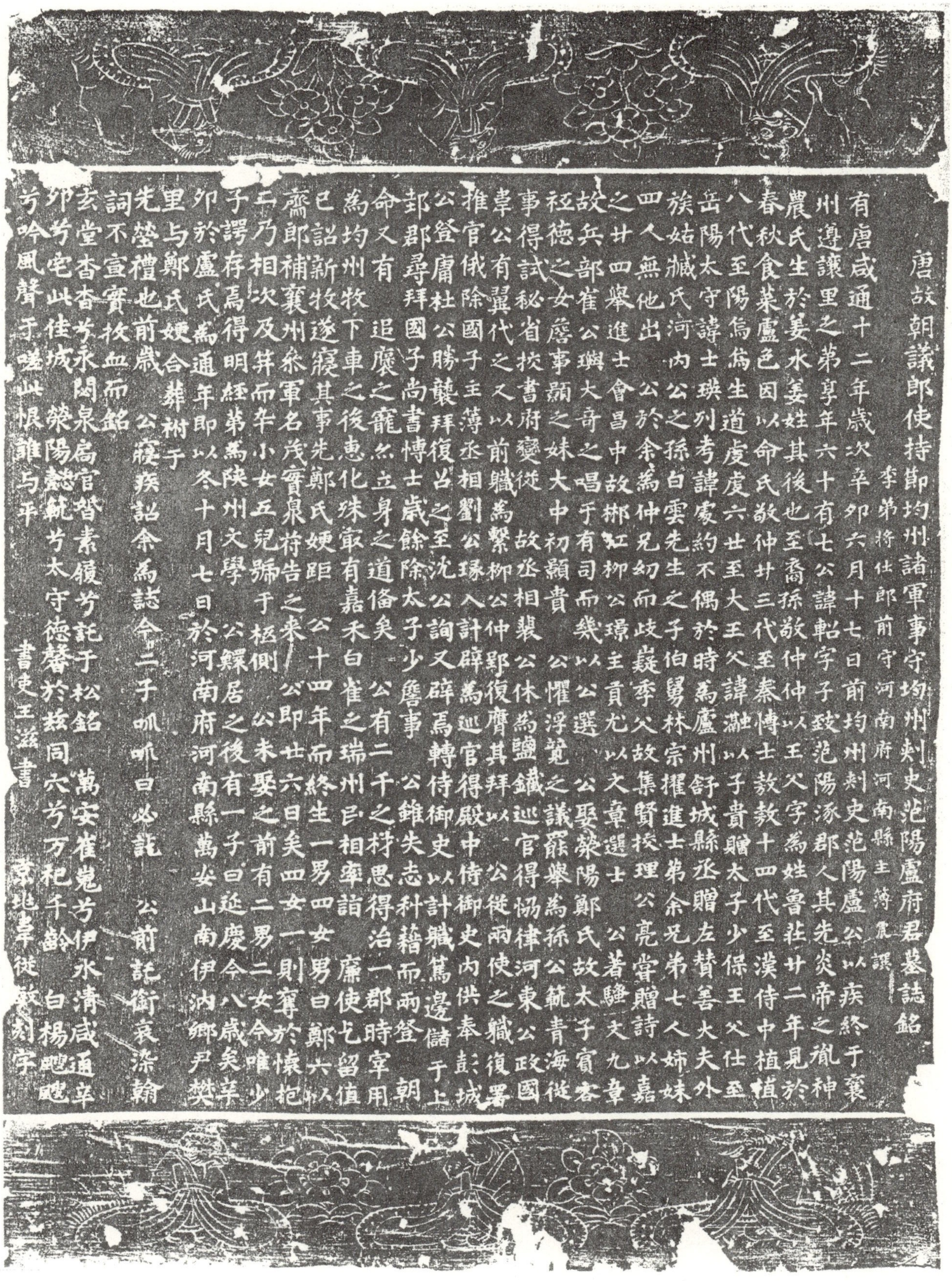

368.唐故朝議郎使持節均州諸軍事守均州刺史范陽盧府君（軺）墓誌銘

誌石 63×64×10 釐米；誌蓋盝芯篆書“唐故均/州刺史/盧府君/墓誌銘”。季弟將仕郎前守河南府河南縣主簿震撰

咸通十二年（871）十月七日

1980 年 4 月龍門東山南麓許營村北原出土

參見《新獲》，頁 124

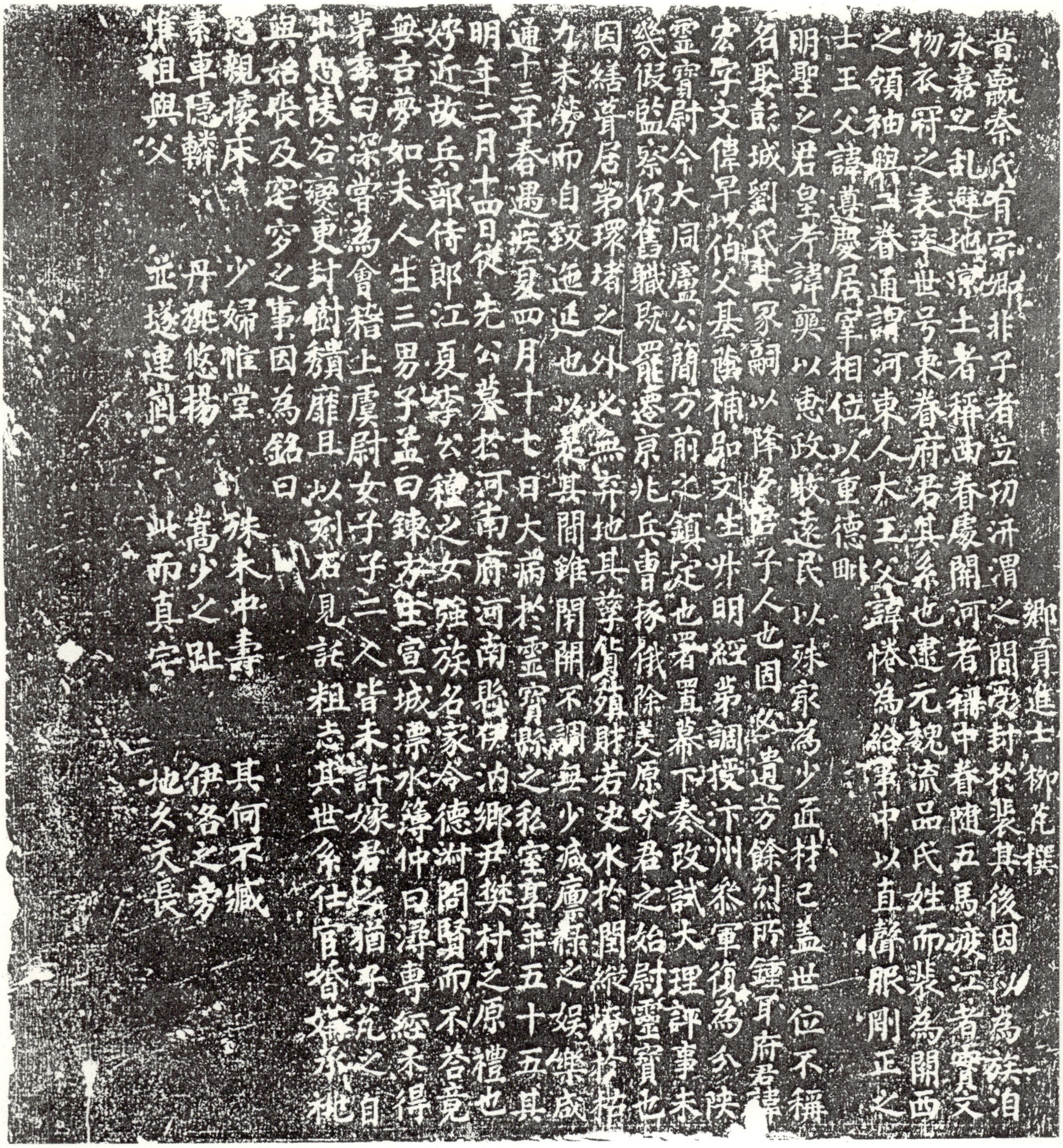

369.唐故京兆府美(美)原縣令河東裴府君(宏)墓誌銘並序

誌石 46.5×46×9.5 釐米　鄉貢進士柳芃撰
咸通十四年(873)二月十四日
1978 年龍門東山南麓許營村北原出土
參見《新獲》,頁 125

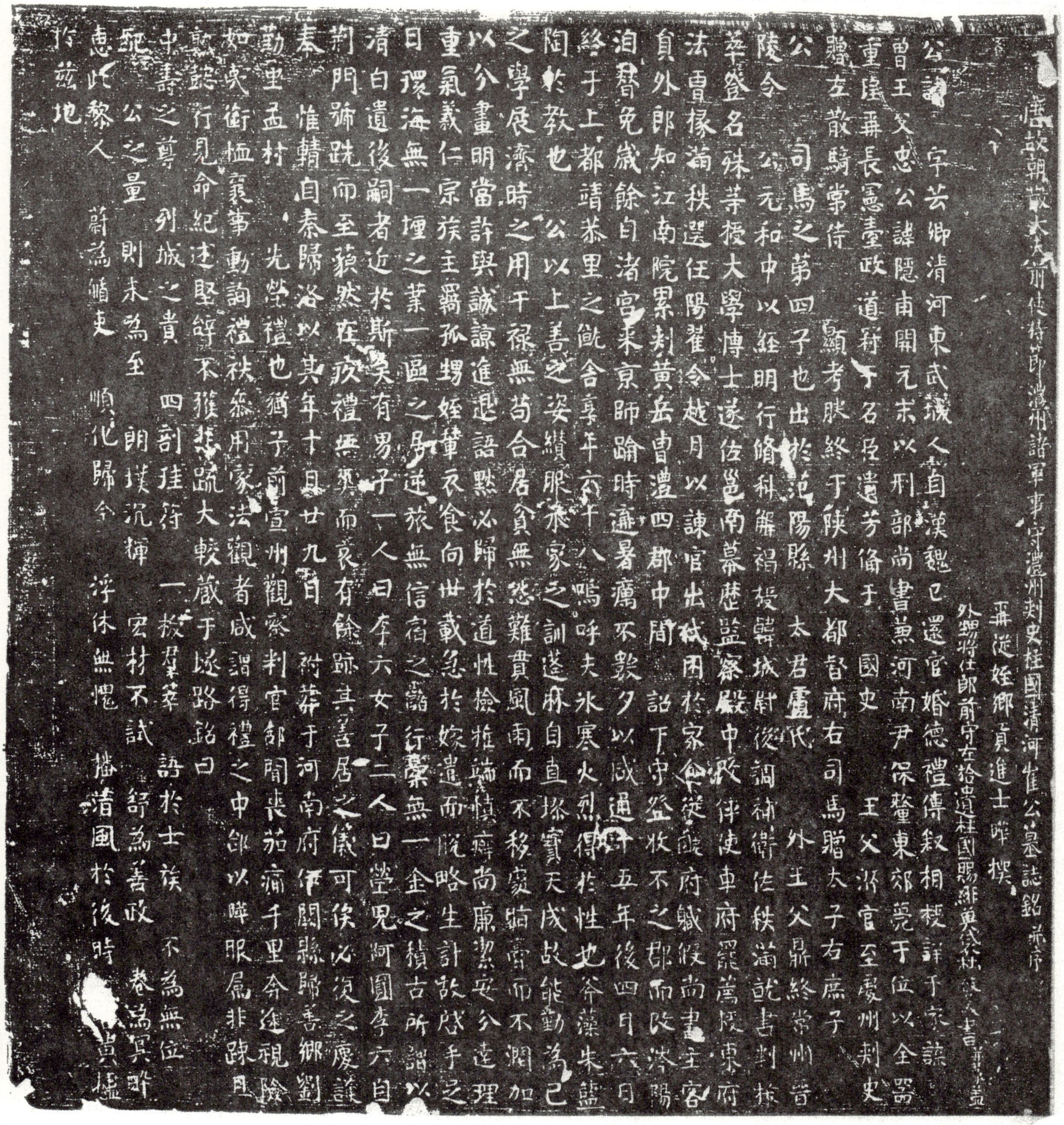

唐故朝散大夫前使持節灃州諸軍事守灃州刺史柱國清河崔公墓誌銘并序
再從姪鄉貢進士曄撰
外甥將仕郎前守左拾遺柱國賜緋魚袋杜致美書并篆蓋
公諱　字芸卿清河東武城人自漢魏已還官婚德禮傳叙相授詳于家諜
曾王父忠公諱隱甫開元末以刑部尚書兼河南尹保釐東郊薨于位以全器
重望再長憲臺政道稱于名臣遺芳備于國史　王父沔官至慶州刺史
贈左散騎常侍　顯考朕終于陝州大都督府右司馬贈太子右庶子
公司馬之第四子也出於范陽縣　太君盧氏　外王父鼎終常州晉
陵令　公元和中以經明行脩科解褐授韓城尉從調補衛佐秩滿就書判拔
萃登名殊等授大學博士遂佐邕南幕歷監察殿中殿侍使車府罷薦授東府
法曹掾滿秩選任陽翟令越月以諫官出為因於家金從□府職假尚書主客
員外郎知江南院累刺黃岳曹灃四郡中間詔下守登牧不之郡而從洛陽
洎督免歲餘自渚宮來京師踰時遘暑癘不數夕以咸通十五年後四月六日
終于上都靖恭里之館舍享年六十八嗚呼夫冰寒火烈得於性也斧藻朱藍
陶於教也　公以上善之姿纘服承家之訓遂麻自直拯寶天成故能勤為己
之學展濟時之用干祿無苟合居貧無怨難貫風雨而不移竅蹈□而不潤加
以公畫明當許與誠諒進退語默必歸於道性儉推端慎務尚廉潔安公達理
重氣義仁宗族主羇孤甥姪輩衣食向世載急於嫁遣而脫略生計故啓手之
日環海無一壥之業一區之居逆旅無信宿之儲行橐無一金之積古所謂以
清白遺後嗣者近於斯矣有男子一人曰李六女子二人曰瑩兒阿團李六自
荊門號跣而至藐然在疚禮無違而哀有餘跡其善居之儀可俟必復之慶謹
奉　帷轄自秦歸洛以其年十月廿九日　祔葬于河南府伊闕縣歸善鄉劉
勤里孟村　先塋禮也猶子前宣州觀察判官郤閒喪茹痛千里奔迸視險
如夷銜恤襄事動詢禮秩繇用家法觀者咸謂得禮之中郤以曄服屬非疏且
熟諗行見命紀述堅辭不獲悲號大較蔵于隧路銘曰
中壽之尊　列城之貴　四剖珪符　一投羣萃　語於士族　不為無位
肥□公之量　則未為至　朗撲沉輝　宏材不試　紓為善政　眷為冥酧
惠此黎人　蔚為循吏　順化歸全　浮休無愧　播清風於後時　貫□墟
於茲地

370.唐故朝散大夫前使持節灃州諸軍事守灃州刺史柱國清河崔公(芸卿)墓誌銘並序

53×53×17 釐米；誌蓋 53×53 釐米，蓋芯篆書“唐故清/河崔府/君墓銘”。再從侄鄉貢進士曄撰，外甥將仕郎前守左拾遺柱國賜緋魚袋杜致美書並篆蓋

咸通十五年(874)十月廿九日

誌主曾王父崔隱甫，兩《唐書》有傳

1985 年龍門南原伊川白沙鄉出土

參見《新獲》，頁 127；《彙編》·洛陽卷·第 14 冊，頁 170

唐故清
河崔府
君墓銘

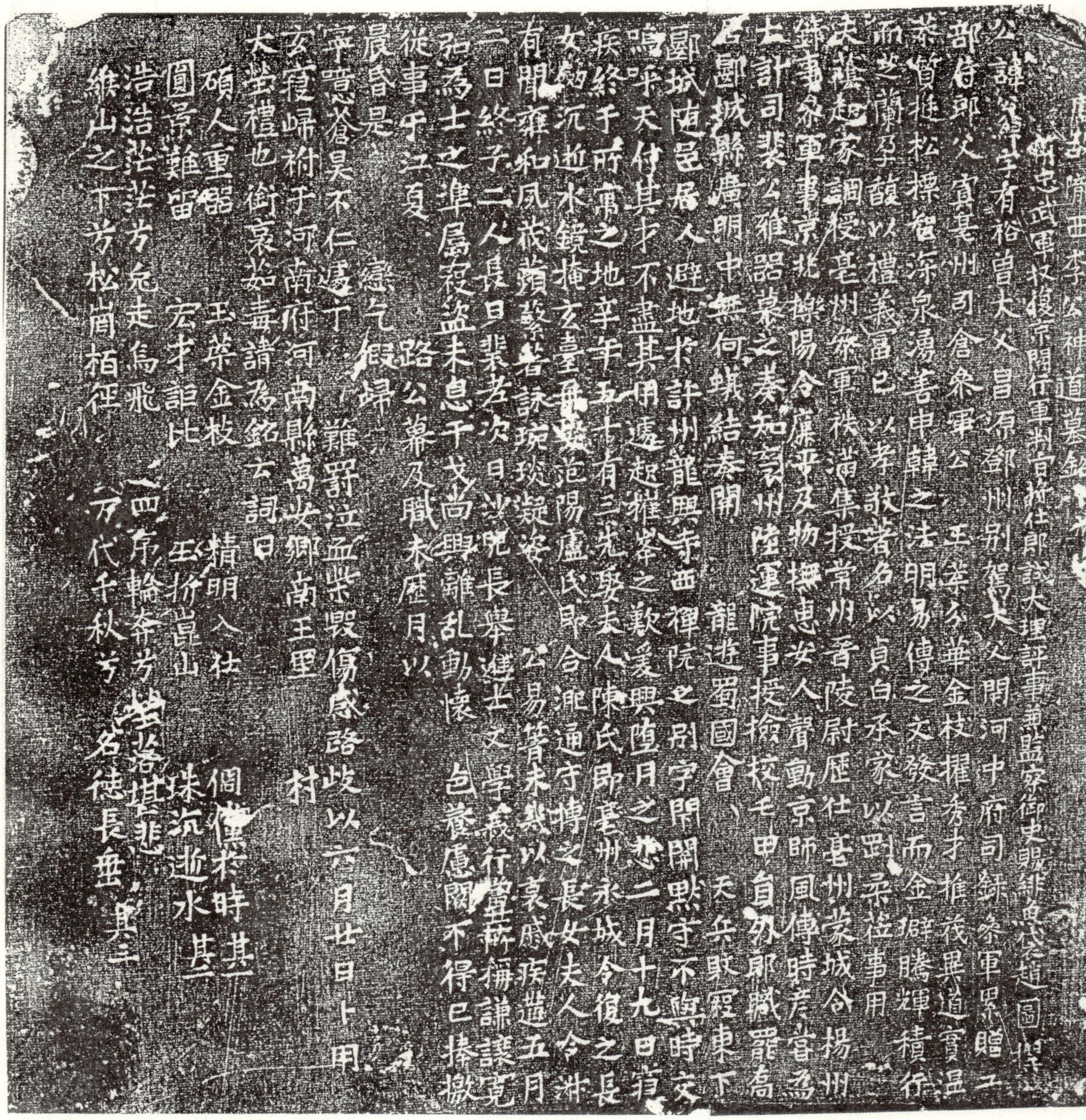

371.唐故隴西李公(公綽)神道墓銘並序

45×41.5 釐米　前忠武軍收復京闕行軍判官將仕郎試大理評事兼監察御史賜緋魚袋趙圖撰
廣明元年(880)六月二十日
2004 年 8 月龍門東山南麓出土

372.唐故煉師錢氏(又玄)墓誌銘並序

40×39 釐米　鄉貢進士李茂升撰
廣明元年(880)十一月十六日
2005 年春龍門東山南麓出土

373.唐故朝請大夫前守太子詹事柱國清河崔公(敬嗣)墓誌銘並序

誌石 39×39×6 釐米　堂弟將仕郎守京兆府渭南縣尉直弘文館梍撰
中和三年(883)四月十六日
1990 年出土于龍門西山胡坡村東原,石存該村
參見《新獲》,頁 128

374.唐故右拾遺清河崔府君(𧹞)與滎陽鄭氏夫人合祔墓銘並序

50×50 釐米;誌蓋蓋芯拓本 27×27 釐米,内楷書"唐故右拾/遺崔君與/鄭氏夫人/合祔墓銘"。親舅朝散大夫行尚書司勳員外郎柱國李冉撰,再房兄朝散大夫國子周易博士柱國德雍書

乾寧五年(898)八月六日

參見《彙編》·洛陽卷·第 14 冊,頁 193

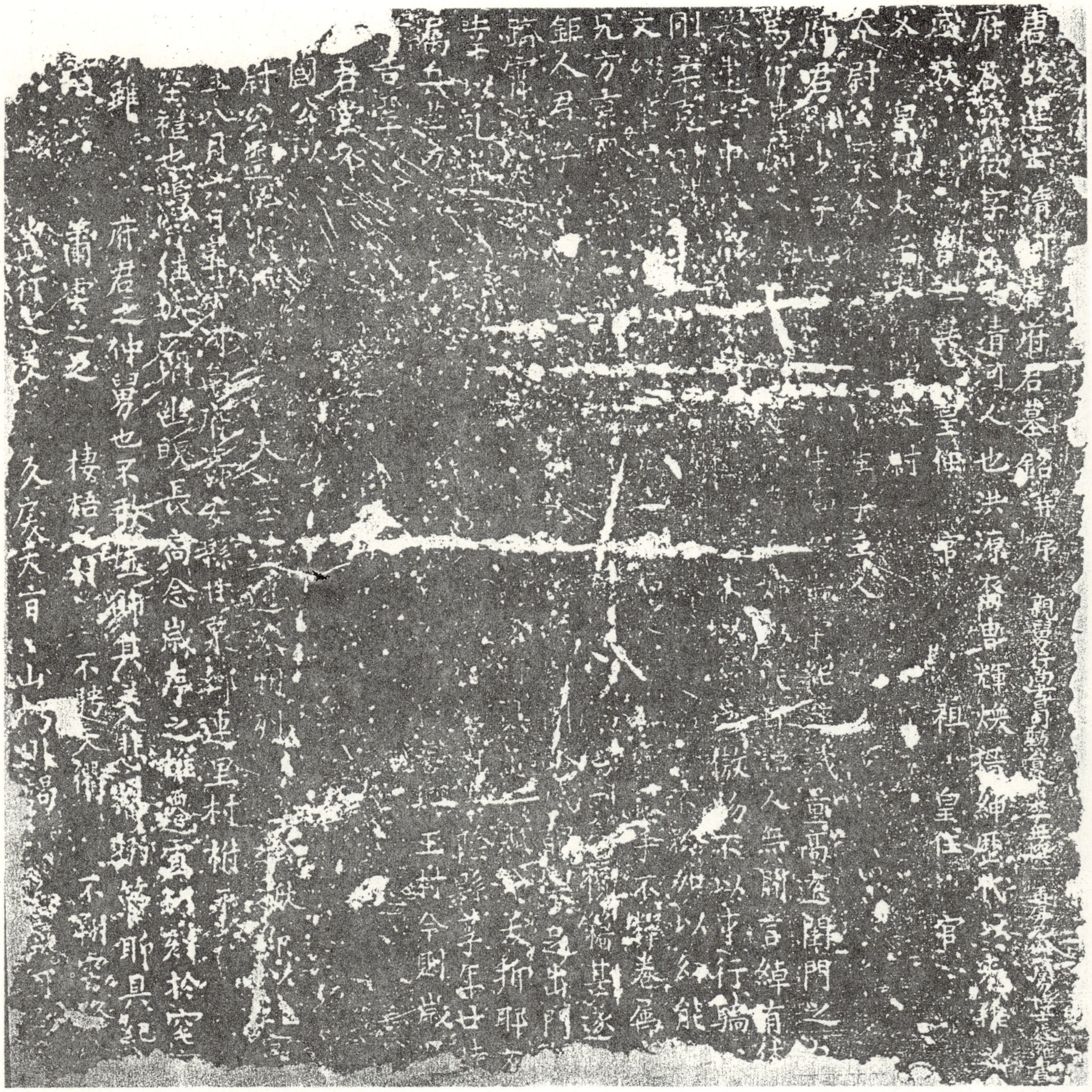

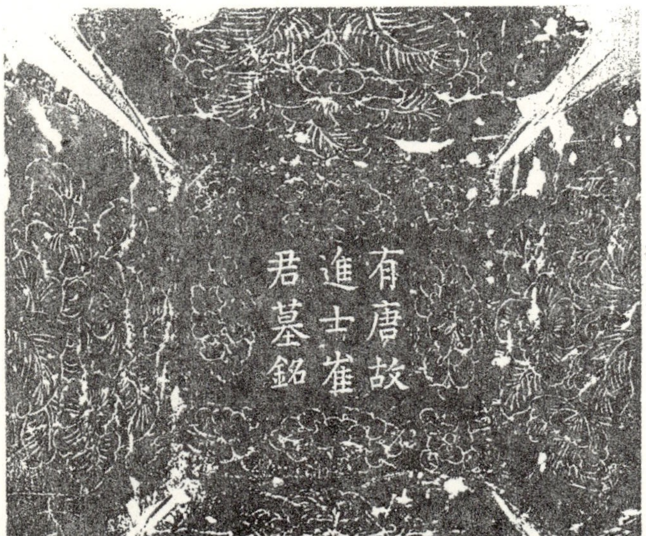

375.唐故進士清河崔府君(徵)墓銘並序

誌石 48×47.5×12 釐米;誌蓋蓋芯楷書“有唐故/進士崔/君墓銘”
乾寧□(五)年(898)八月六日
1995 年龍門西山胡坡村徵集,洛陽市第二文物工作隊存石
參見《新獲》,頁 130

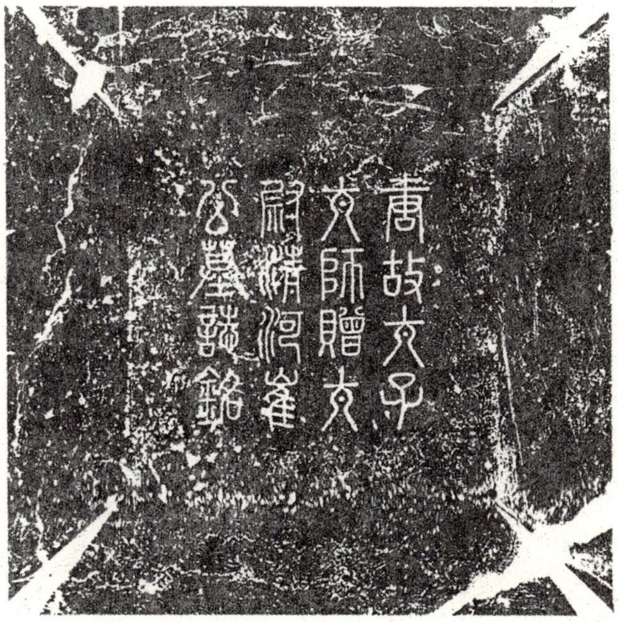

376.唐故□□□□□□太子太師上柱國清河郡開國公食邑二千戶贈開府儀同三司太尉清河崔公(安潛)墓誌銘並序

誌石 87×87×14.5 釐米；誌蓋蓋芯篆書“唐故太子/太師贈太/尉清河崔/公墓誌銘”。親姪男朝散大夫守太子詹事上柱國賜紫金魚袋就撰，子婿將仕郎前守監察御史鄭騫書並篆蓋

光化元年(898)八月六日

誌主崔安潛，《舊唐書》卷一七七有傳

1913 年前後出土于龍門西山胡坡村，洛陽市第二文物工作隊藏石

參見《新獲》，頁 131

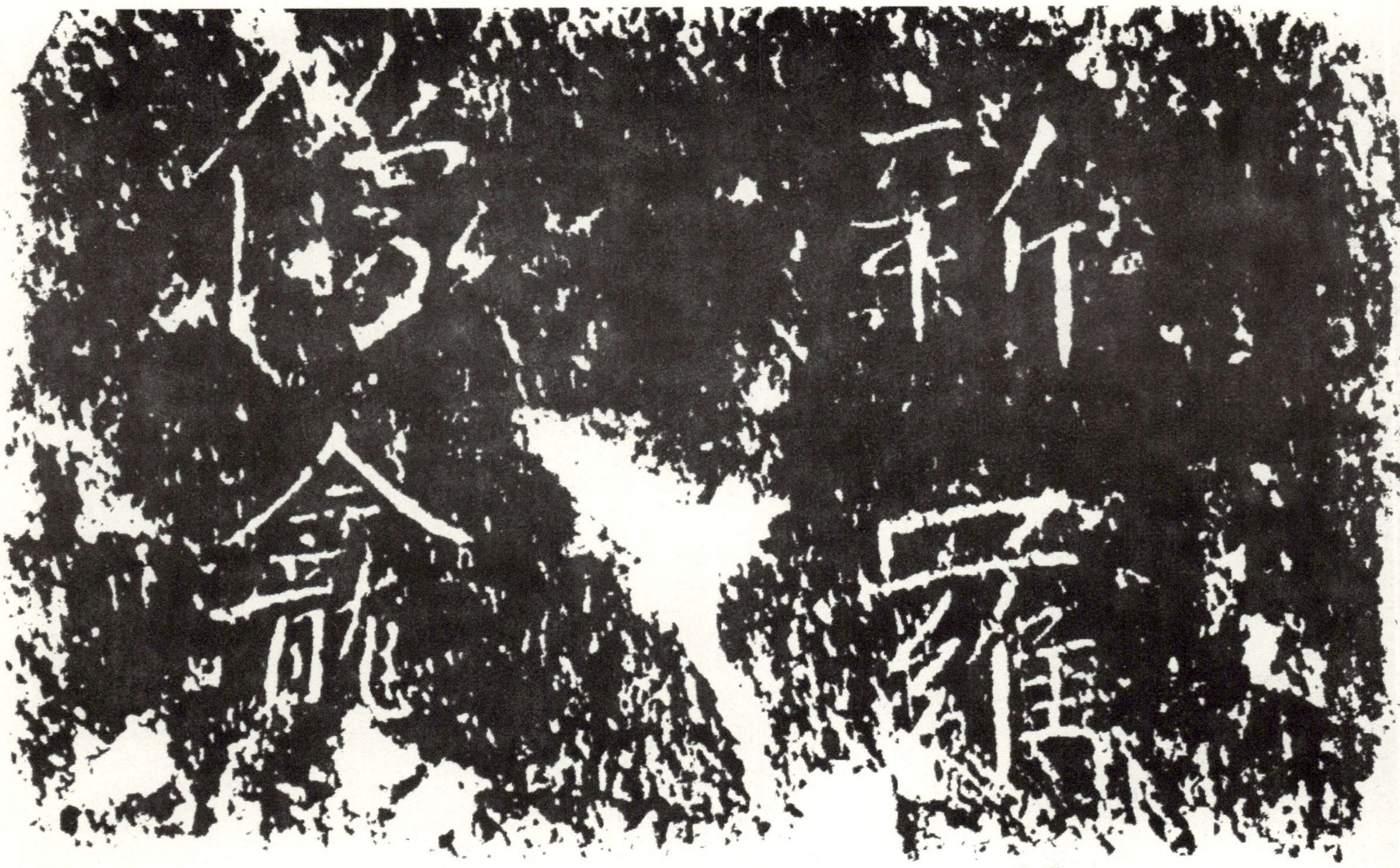

377.新羅像龕題記

48×72 釐米
無紀年，約當唐高宗時代，造像龕及題記刊于龍門石窟西山珍珠泉南崖。

378.喬氏《佛頂尊勝陀羅尼》幢銘並序
（局部）

幢體爲八面棱柱，通高 128.5 釐米，每面寬
6 釐米；布衣張英撰
考其形制，當爲天寶元年(742)以降盛唐遺物
2002 年 11 月 8 日收集于龍門西山北麓寺
溝村

379.伊闕縣相公莊曹文施石記

石殘高 83 釐米、寬 28 釐米、厚 23.5 釐米
盛唐，無紀年
2002 年 8 月龍門西山南麓唐奉先寺遺址
出土，石存龍門石窟研究院

380.石刻墓門邊框雕刻

124×14 釐米
盛唐,無紀年
1994 年 8 月龍門西山南麓魏灣村一帶出土,石存龍門石窟研究院

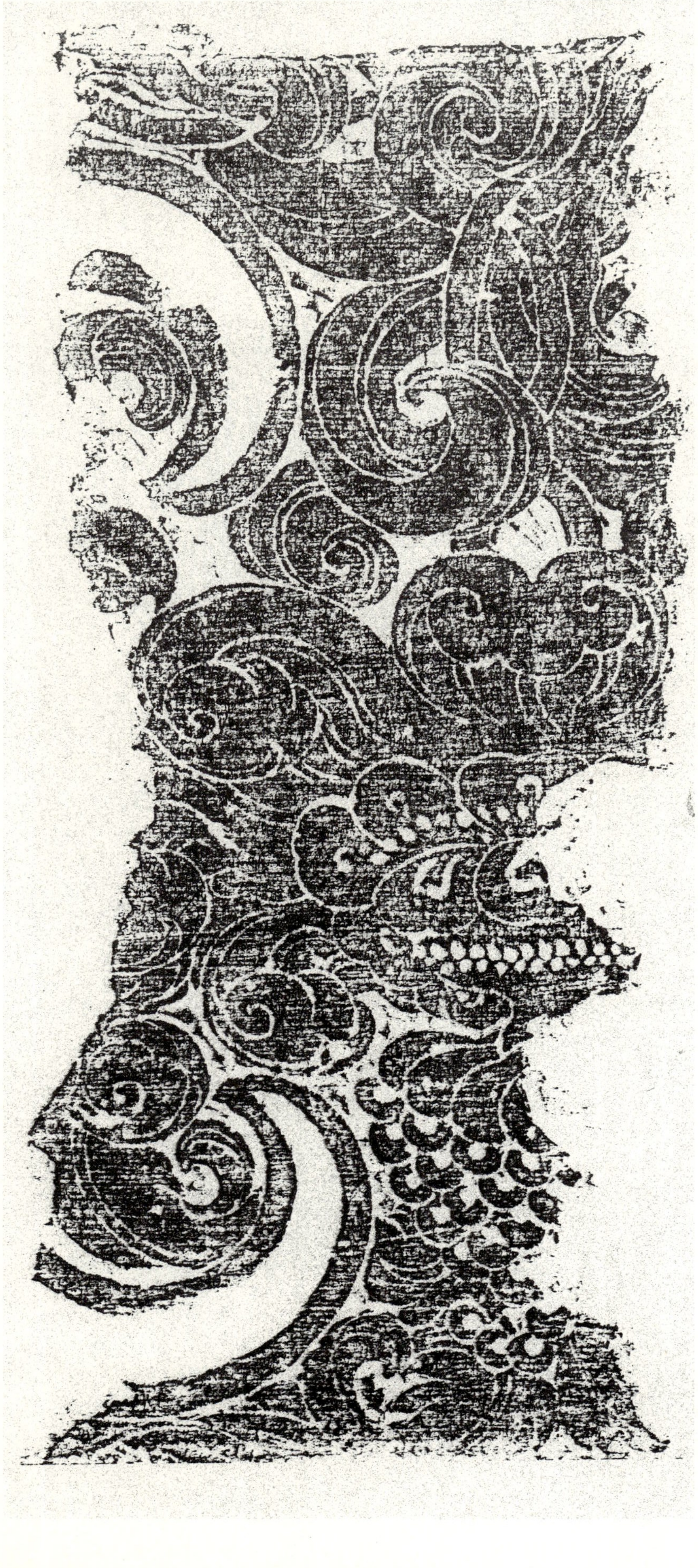

381.奉先寺遺址出土唐建築石刻紋樣

38×14 釐米
盛唐,無紀年
2002 年 8 月龍門西山南麓唐奉先寺遺址出土,石存龍門石窟研究院

382.唐僧道儼、光德供養像墓門石刻

每一裝飾條帶長130，寬11釐米
盛唐，無紀年
20世紀70年代龍門西山出土，石存龍門石窟研究院

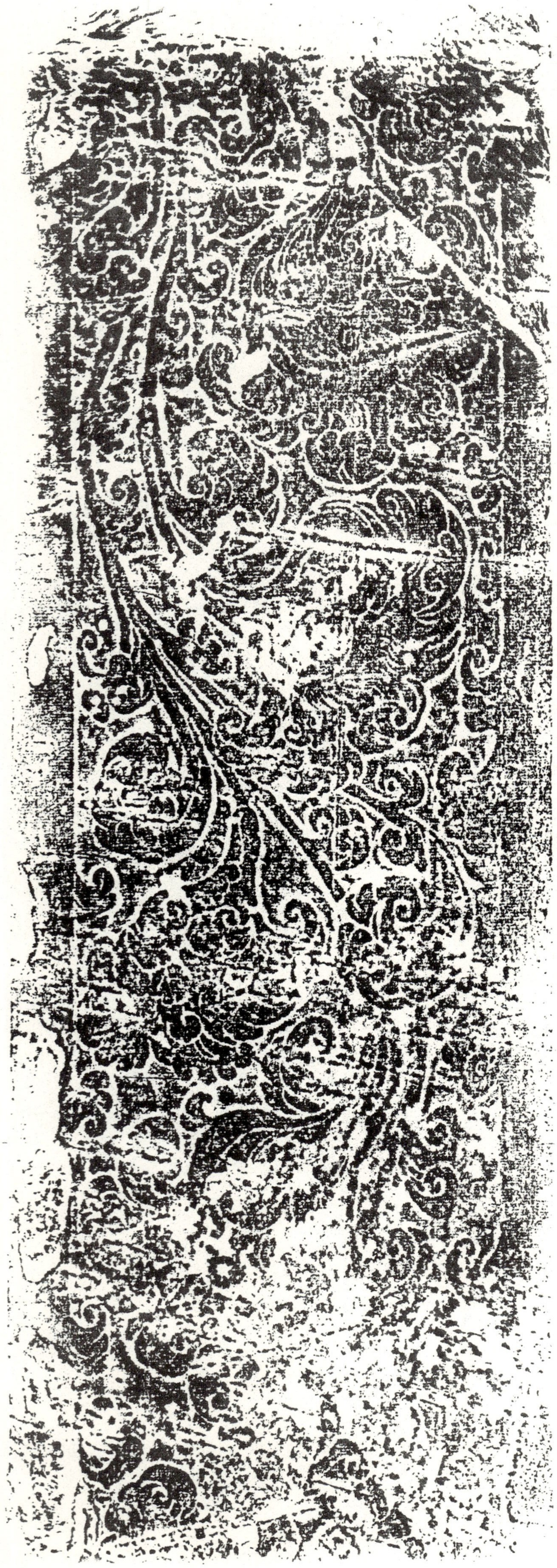

383.龍門寺院遺址出土石刻浮雕

18.5×52 釐米
盛唐，無紀年
早年出土，近代鑲嵌于龍門東山擂鼓台南洞門拱南壁

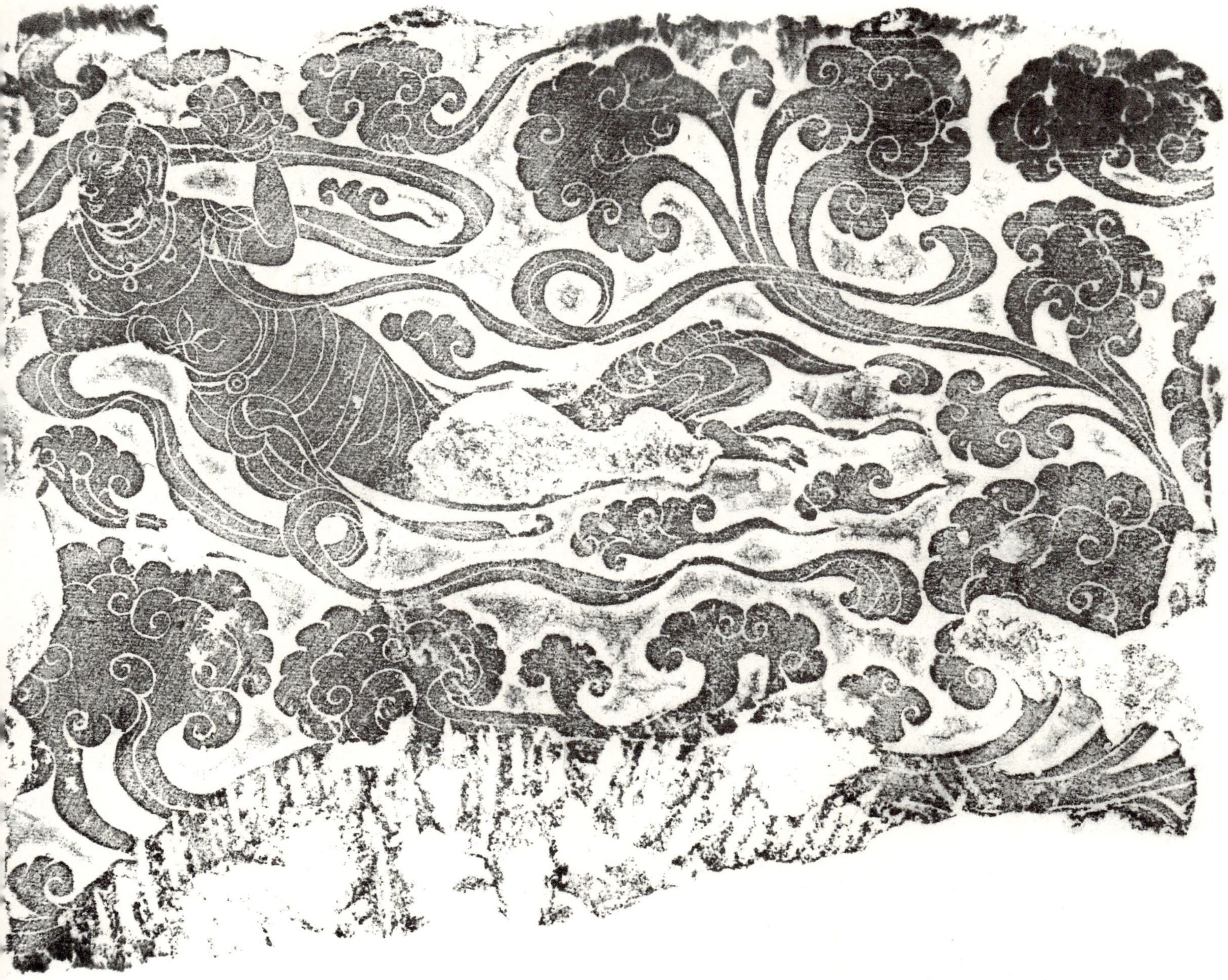

384.唐某和尚墓塔門楣石刻飛天

28×35 釐米
盛唐，無紀年
約 2000 年龍門某地出土

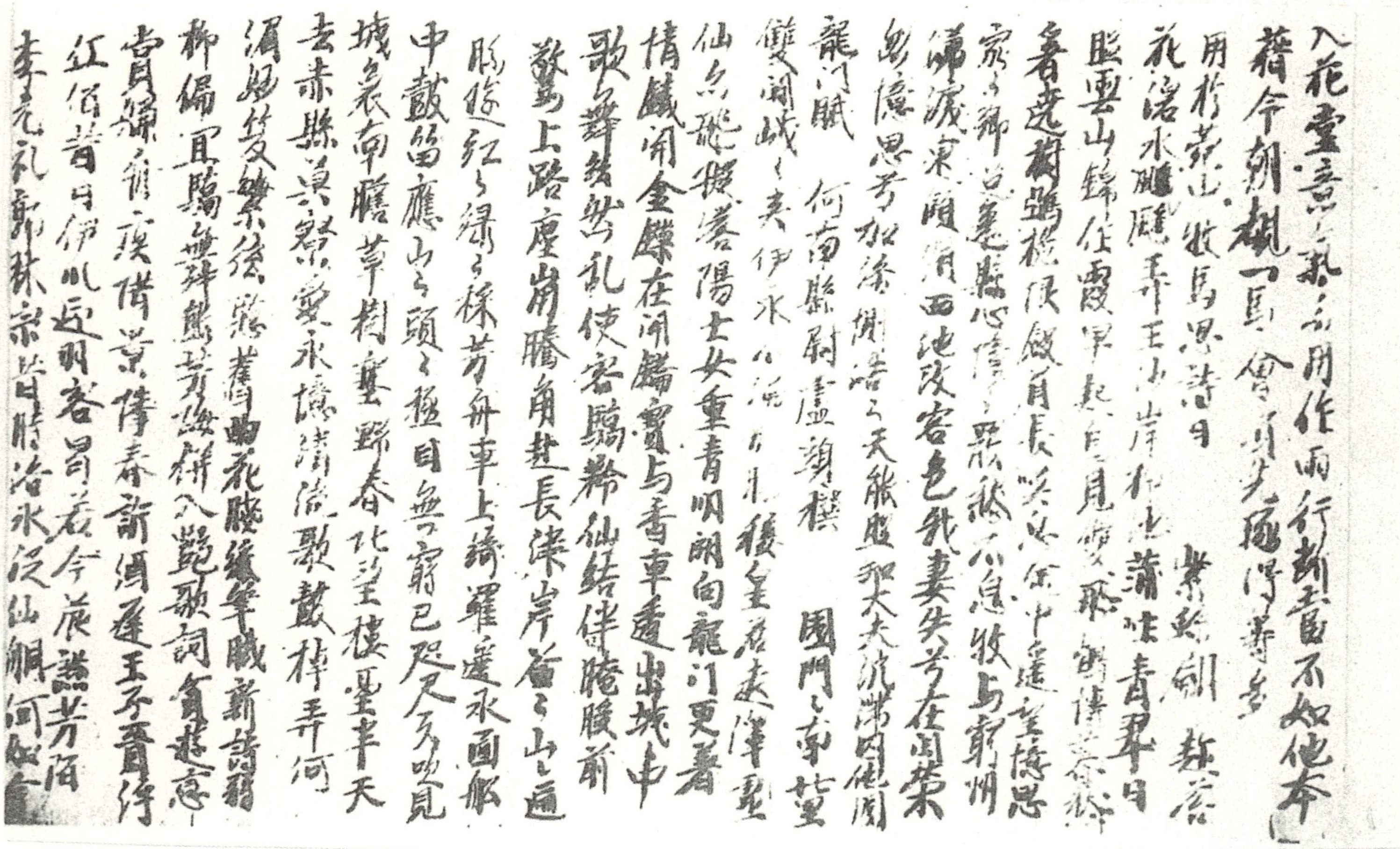

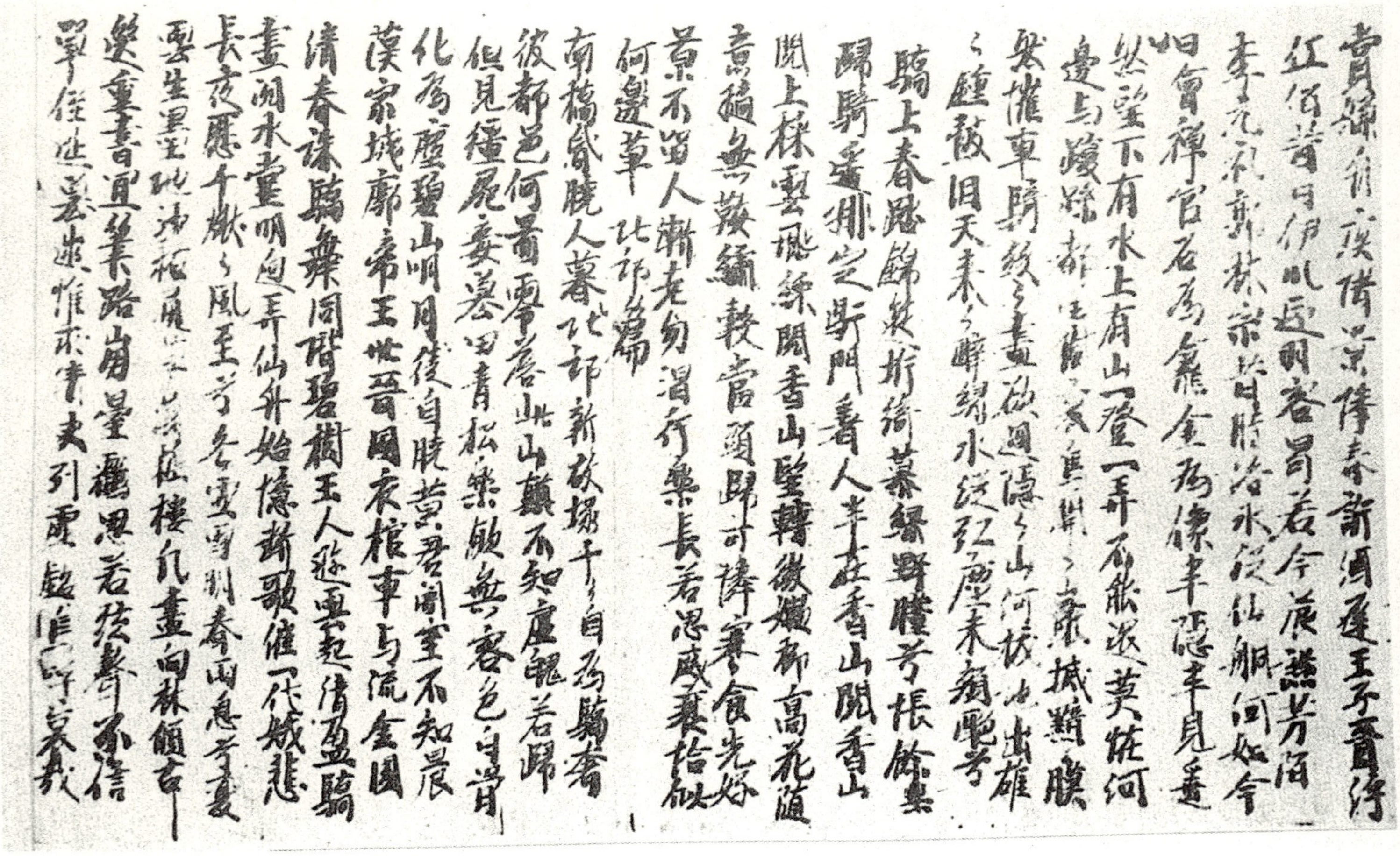

385.敦煌遺書 S.2049 號背面寫卷《古賢集·龍門賦》

參見黃永武:《敦煌寶藏》·第 15 冊,頁 534–539。新文豐出版公司,1981 年,臺北

龍門區系石刻文萃

五代

386.梁故隴西郡君姑臧李氏(珩)夫人墓誌銘並序

58×58 釐米　四房弟將仕郎前守秘書省校書郎充集賢殿校理慎儀撰
龍德二年(922)十一月二十日
參見《彙編》·洛陽卷·第十五冊,頁 124
近代龍門西山出土。

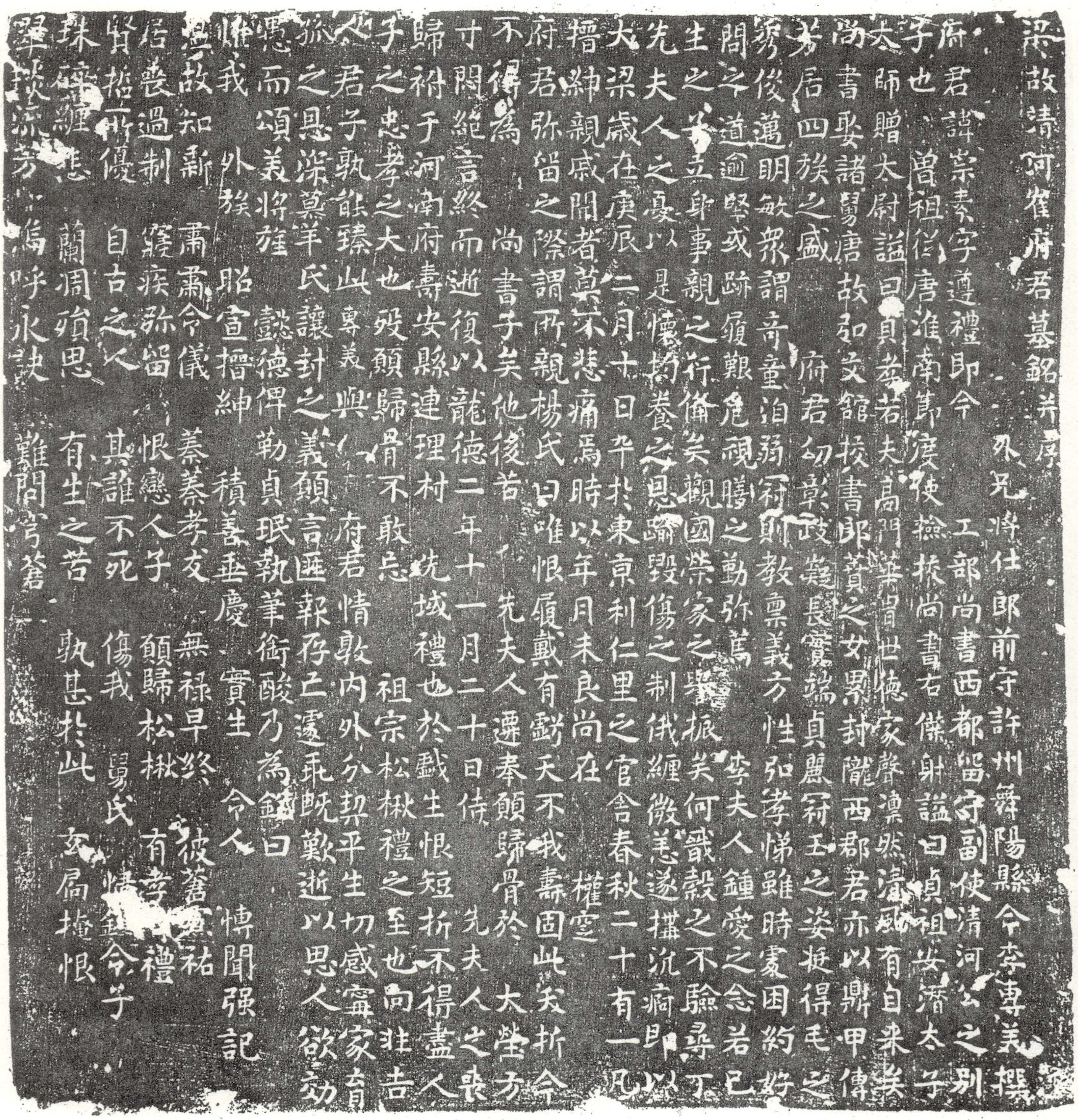

387.梁故清河崔府君(崇素)墓銘並序

42×42 釐米　外兄將仕郎前守許州舞陽縣令李専美撰
龍德二年(922)十一月二十日
參見《彙編》·洛陽卷·第十五冊，頁 125
近代龍門西山出土。

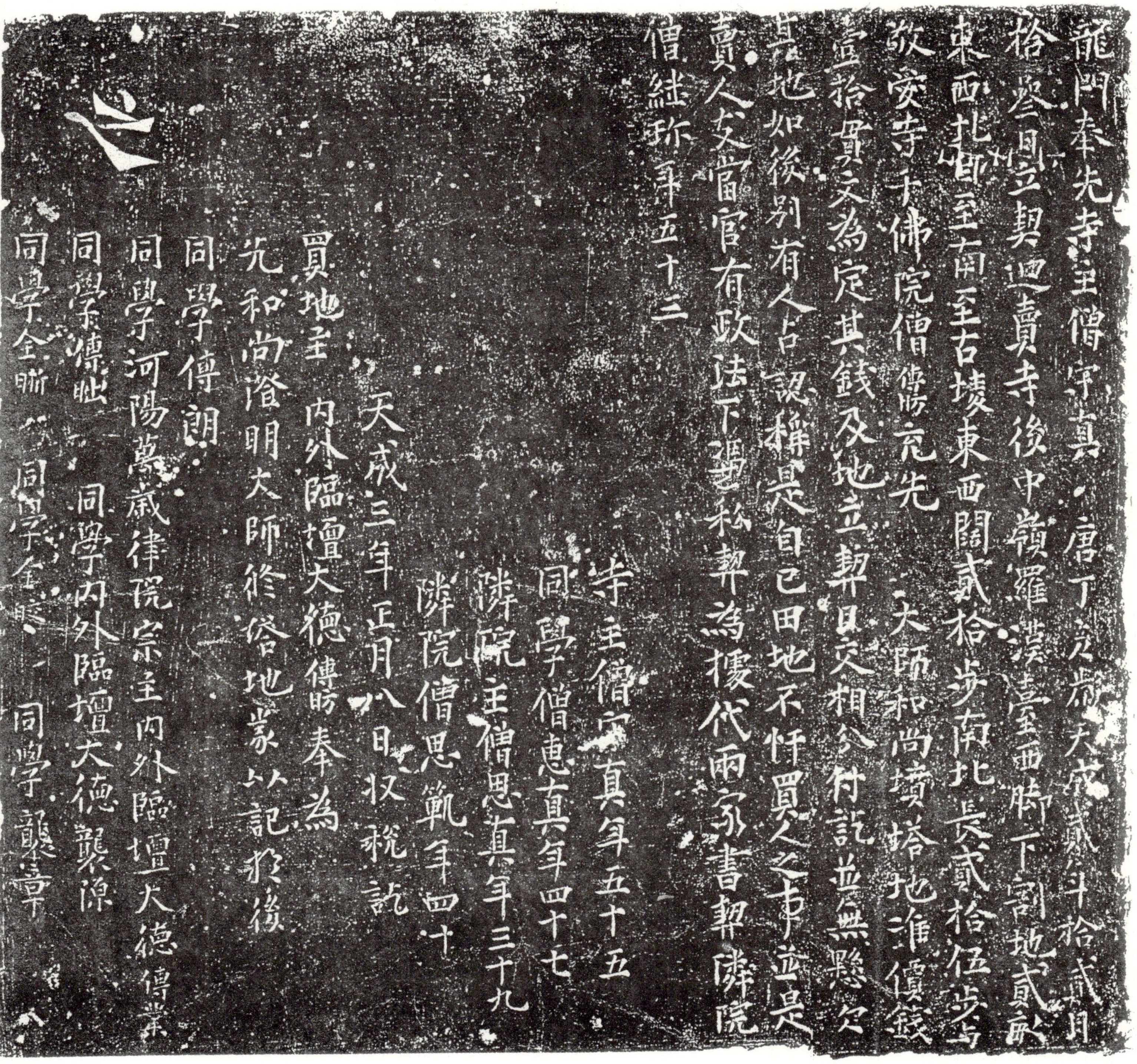
龍門奉先寺主僧守真　唐丁亥歲天成貳年拾貳月
拾叁日並契迴賣寺後中嶺羅漢臺西脚下割地貳畝
東西北　至南至古墳東西闊貳拾步南北長貳拾伍步與
敬愛寺十佛院僧傳昉充先　大師和尚墳塔地准價錢
壹拾貫文為定其錢及地並契日交相分付訖並無懸欠
其地如後別有人占認稱是自己田地不忏買人之事並是
賣人支當官有政法下憑私契為援代兩家書契隣院
僧紹珎年五十三
寺主僧守真年五十五
同學僧惠真年四十七
隣院主僧思真年三十九
隣院僧思範年四十
天成三年正月八日收稅訖
買地主　內外臨壇大德傳昉奉為
先和尚澄明大師修俗地冢以記於後
同學傳朗
同學河陽萬歲律院宗主內外臨壇大德傳業
同學傳[illegible]　同學內外臨壇大德襲[illegible]
同學金[illegible]　同學金[illegible]　同學襲章

388.奉先寺寺主守真賣地付稅地券

38.5×41.5×5.5–5.8 釐米
天成三年(928)正月八日
1986 年秋雨後出土於奉先寺遺址沖溝中,2000 年奉先寺遺址重新發掘出土
石存龍門石窟研究院

389.大唐故光禄大夫檢校司徒前房州刺史兼御史大夫上柱國廣平郡宋公(廷浩)墓誌並序

63×63 釐米 門吏前房州軍事判官將仕郎試大理評事兼監察御史王文秀撰

趙振華:《五代宋廷浩墓誌考》,《華夏考古》2003 年第 4 期,頁 72

2001 年秋龍門西山畢溝村西南出土

390.唐故特進太子少保致仕贈少傅戴公(思遠)墓誌銘並序

誌石 78.5×78.5×17.5 釐米；誌蓋 78×78×18 釐米，蓋芯篆書“唐故譙/郡戴公/墓誌銘”。門吏翰林學士朝議大夫守尚書工部侍郎知制誥賜紫金魚袋和凝撰，門吏將仕郎前守安州應山縣令楊弘正書

清泰三年(936)二月七日

1990 年 12 月龍門西山高溝村西原出土

參見《新獲》，頁 134

391.晉故隴西李公(俊)墓誌銘並序

68×68 釐米 □……觀察判官將仕郎守弘文館校書郎楊敬昆撰
開運三年(946)十二月四日
參見《彙編》·洛陽卷·第15冊,頁158

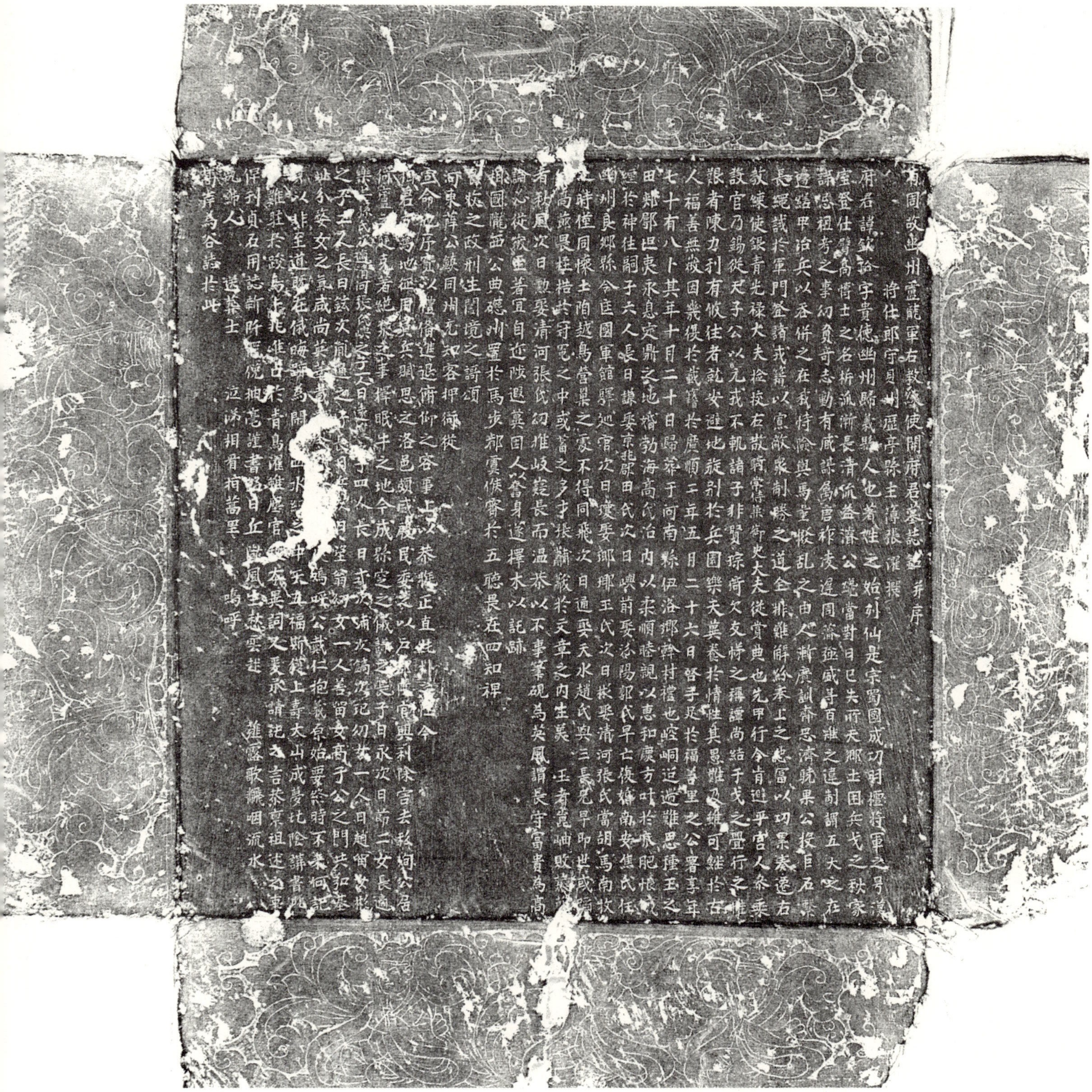

392.有周故幽州盧龍軍右教練使開府君(欽俗)墓誌銘並序

51.5×51.5×13 釐米　將仕郎守貝州歷亭縣主簿張濯撰
廣順二年(952)十月二十日
2004 年 8 月龍門西山出土

龍門區系石刻文萃

宋

柱國武都郡開國公食邑三千三百戶食實封肆伯戶贈太子太師苻君
[illegible]昭四十列羽儀居
[illegible]塵之傍 紫殿分班環衛在 彤墀之畔其有
[illegible]門令緒 王族象賢勳名允益於簡編德義脩[illegible]於譜
[illegible]允惟短漏不敢具書 公諱彥琳即
[illegible]王第六子也幼而敏晤長乃強明才當壯室之年使主[illegible]
[illegible]之事從 莊宗太子充衛隊都指揮使洎平偽蜀部
明庭旋昇水土之榮遷領竹符之貴階推金紫爵乃侯封
初羅牧涇川歸朝 舜殿儀就執金之列長親拱極之光相次
檢校太尉階至開府左驍衛上將軍至[illegible]五年五月中忽遘
旋歸大夜 天恩曲被賵賻有加尋贈太子太師至開寶五年
次壬申十一月丁巳朔廿六日壬申推葬於河南府河南縣龍門鄉
[illegible]村 公有子四人長曰昭文進士及第前太子中舍次曰昭浦東頭
奉官桂州知州兼巡檢次曰昭惠宋州虞城縣尉次曰昭吉前攝金
衛長史有女四人長曰適彭城劉氏次曰適周氏次曰適賈氏次
適馬家東平郡太夫人呂氏扶護
靈櫬掩畢玄宮禮也
[illegible]乙亥歲十一月四日從
[illegible]禮也

393.故推誠奉義翊戴功臣開府儀同三司檢校太尉行左驍衛上將軍御史大夫上柱國武都郡開國公食邑三千三百戶食實封肆佰戶贈太子太師苻君(彥琳)墓誌

43×42 釐米
開寶八年(975)十一月四日
誌主苻彥琳及其父存審,《舊五代史》卷五六有傳
參見《千唐》頁 1248

394.贊寧大師《石道記》碑

原碑 136×70 釐米　□□□左街廣愛寺崇達□□鑒撰，□□□翰林待詔□□□書丞□正賜緋魚袋吳文賞書
雍熙三年(986)□月□日
碑文摩崖鐫刊于龍門石窟西山魏字洞北側
參見張乃翥:《龍門〈石道記〉碑與宋釋贊寧》,《文物》1988 年第 4 期，頁 27–30

贊寧大師《石道記》碑局部

396.大宋故右班殿直前福州兵馬監兼在城巡撫隴西李公(昭瑀)墓誌銘並序

誌石 46.5×47×9.5 釐米　男進士夢松撰,侄承奉郎守大理寺丞夢澤書
咸平六年(1003)二月二十四日
2002 年 10 月龍門西山張溝村出土

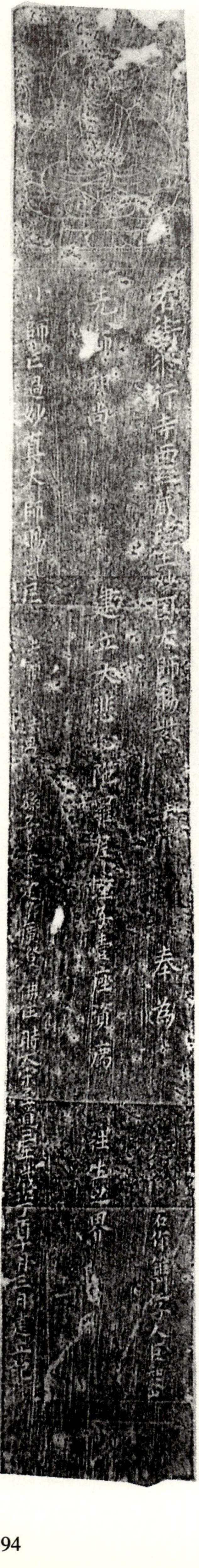

395.妙因大師尼法瓊尊勝幢記

幢體爲八面形棱柱,高 106 釐米,水平截面外接圓直徑 28 釐米;
每一幢面 90.8×11 釐米
至道三年(997)十月三日立于龍門
石存龍門石窟研究院

397.宋真宗《龍門銘》
（局部）

原碑殘高 268 釐米，寬 144 釐米
大中祥符四年（1011）三月十日，
摩崖鐫刊於龍門石窟東山看經寺北側

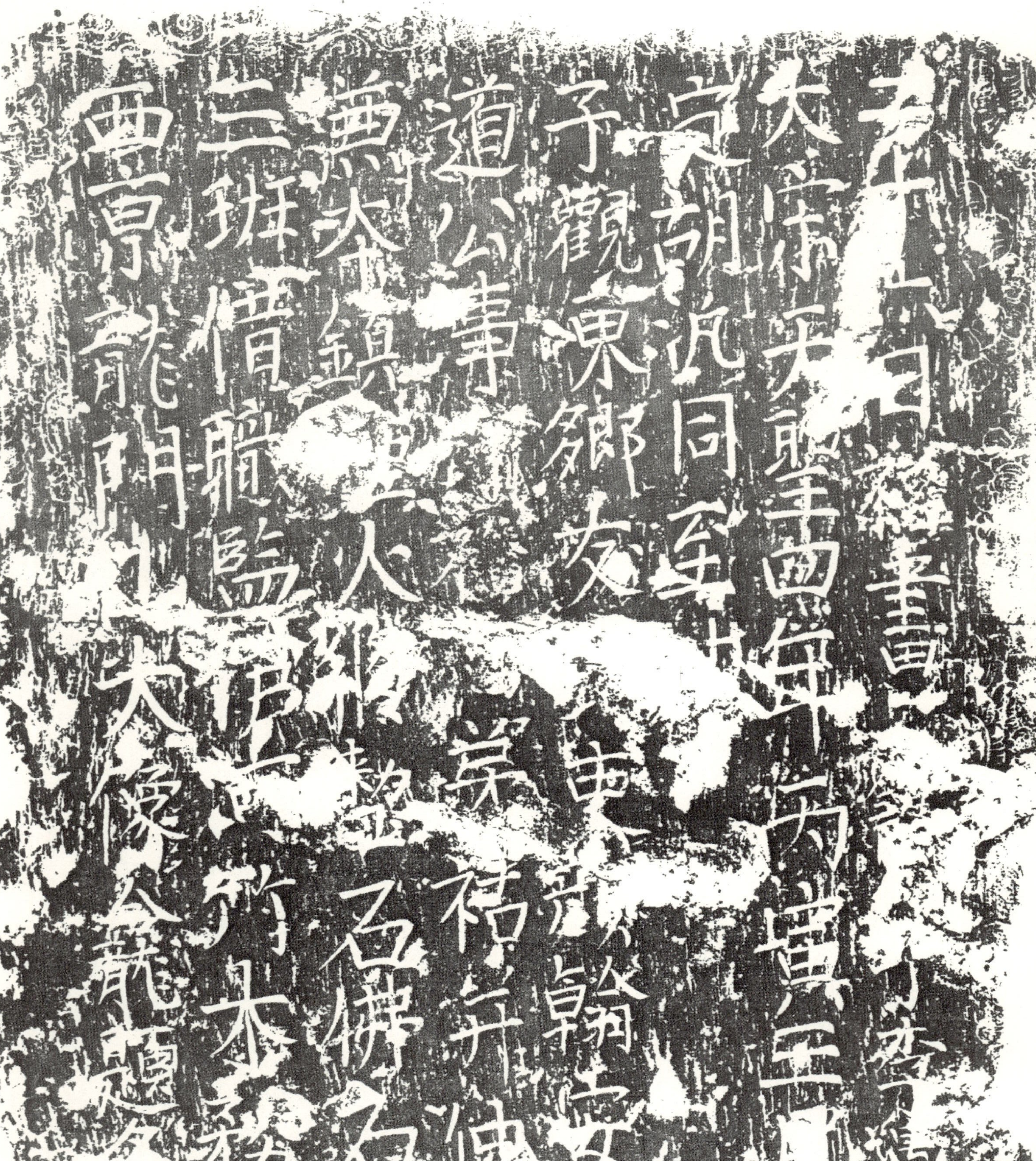

398.丁裕龍門公事題記

69×60 釐米

天聖四年(1026)三月二十六日

鐫刊於龍門石窟大盧舍那像龕本尊座壇東腰部北壁

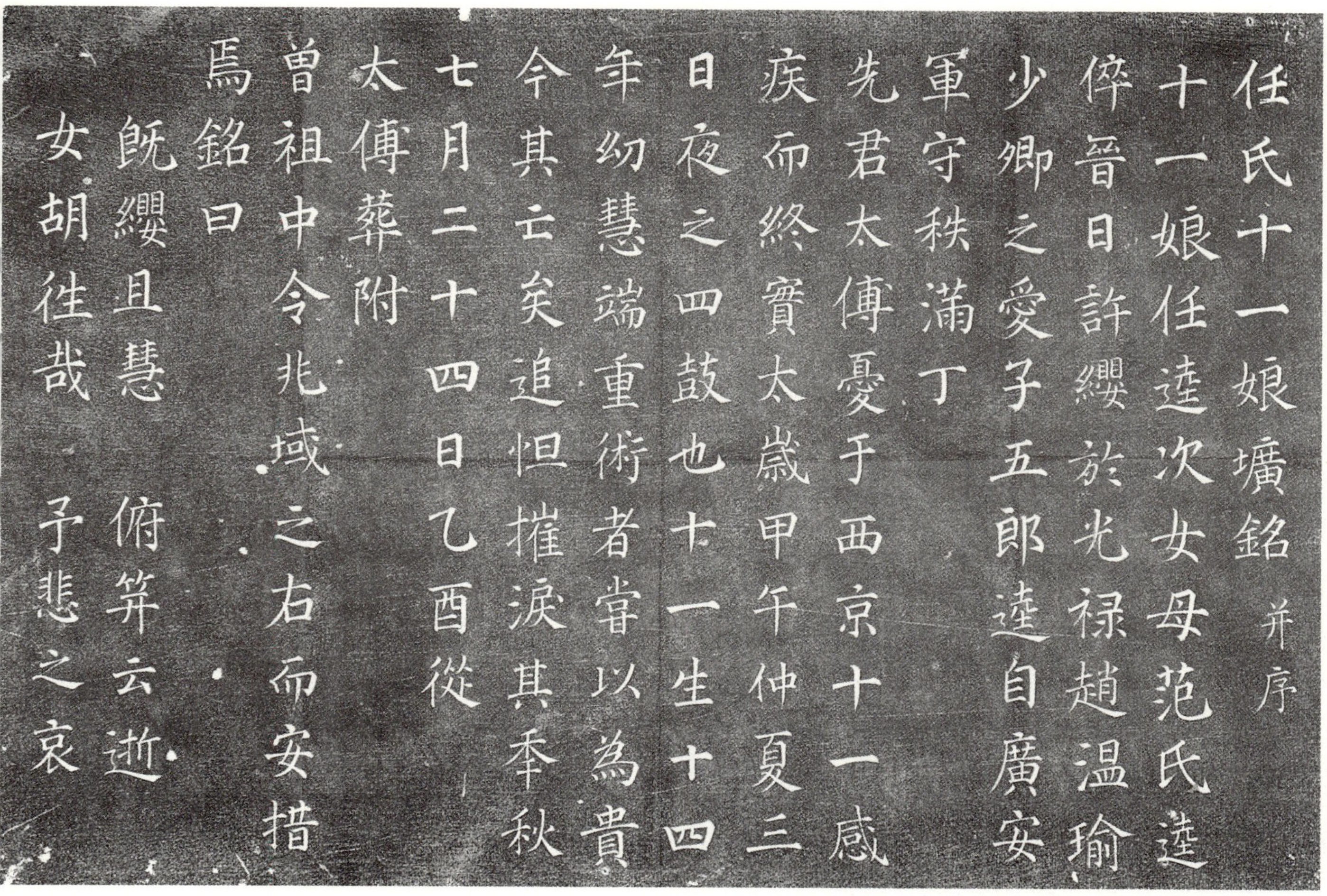

399.任氏十一娘壙銘並序

44.5×69.5 釐米
至和甲午歲(元年/1054)七月二十四日乙酉
2002 年秋龍門西山魏灣村出土

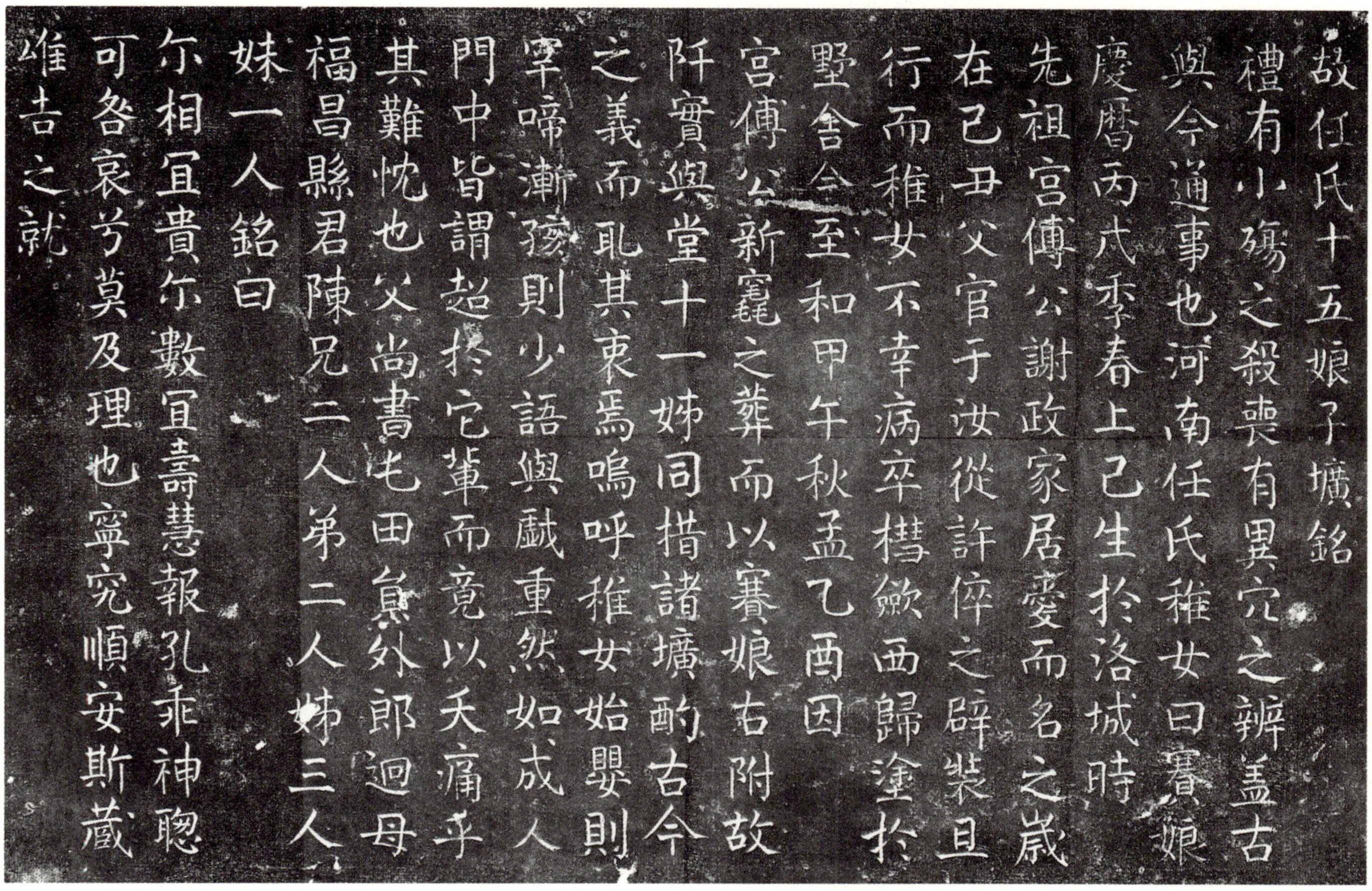

400.故任氏十五娘子(賽娘)壙銘

41×65 釐米
至和甲午(元年/1054)秋孟(七月)乙酉(二十四日)
2002 年秋龍門西山魏灣村出土

401.宋推誠保德功臣資政殿學士金紫光祿大夫尚書戶部侍郎護軍汝南郡開國公食邑二千三百戶食實封陸百戶贈兵部尚書謚文正公范公(仲淹)神道碑銘並序

碑身高 408 釐米，寬 141 釐米，厚 48 釐米；圭形碑額高 71 釐米，寬 51 釐米，內篆書“褒賢之碑”。觀文殿學士光祿大夫行禮部尚書知河南府兼西京留守事畿內勸農使上柱國王舉正題；翰林學士尚書吏部郎中知制誥充史館修撰歐陽修文；翰林學士兼侍講尚書吏部郎中知制誥充史館修撰王洙書
至和三年(1056)二月
碑立於龍門東山南麓許營村北原萬安山下
參見《新獲》，頁 141

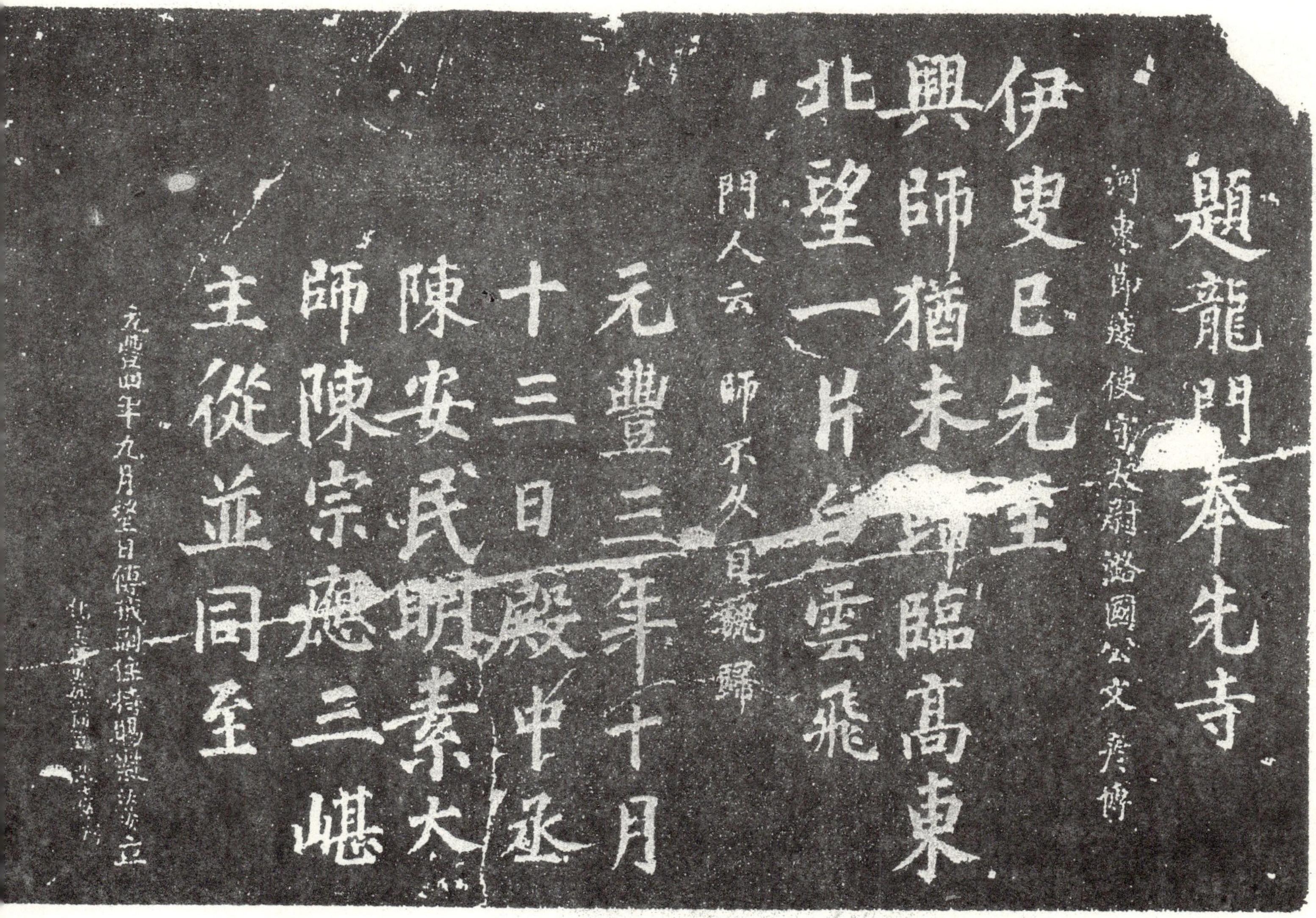

402.文彦博《題龍門奉先寺》

刻石 97×144×24–19 釐米　河東節度使守太尉潞國公文彦博撰書
元豐四年(1081)九月望日(十五日)
2000 年 10 月龍門奉先寺遺址出土

403.常景阿彌陀佛石像記

（據石刻內容擬題）

38×72 釐米　河中常景記，石匠閻永真並男忠美刊
元豐二年（1079）七月十二日
碑文刊於龍門石窟東山擂鼓臺南洞窟口北崖低層
《全編》第十冊，頁二〇二

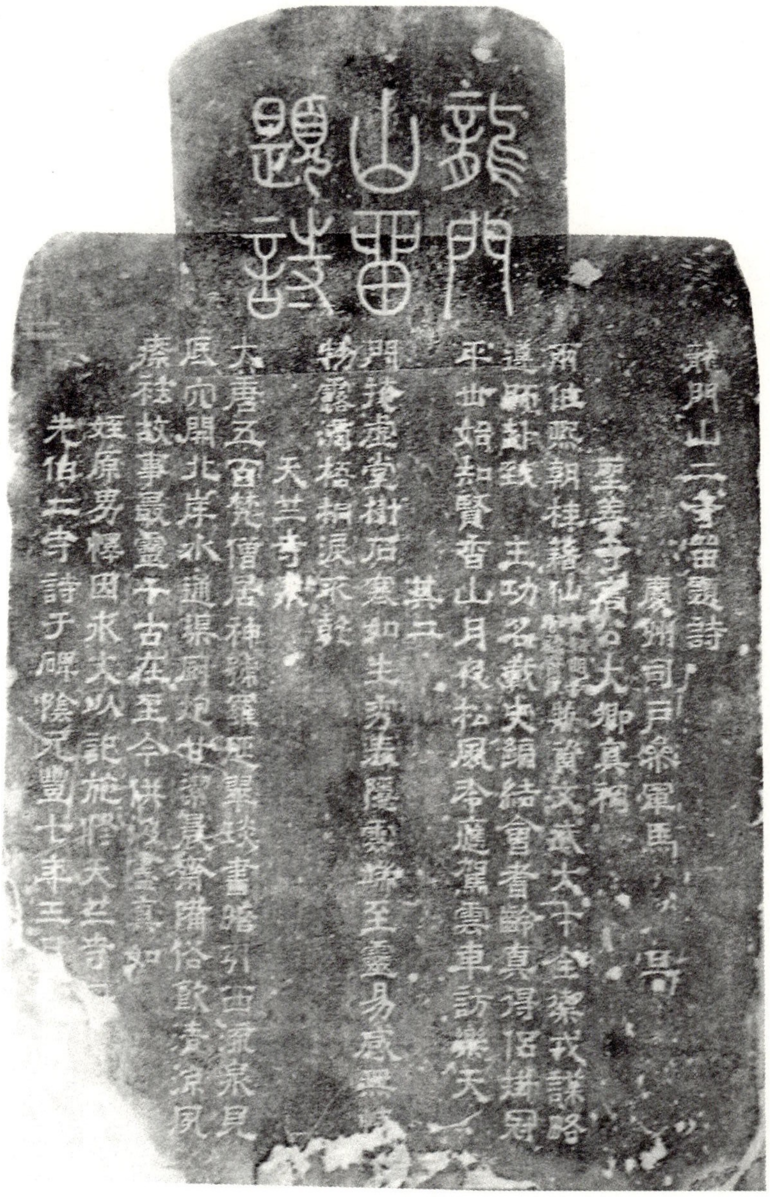

404.巨鹿魏宜天竺寺修殿記碑石

90×54×10.5 釐米
元豐七年(1084)三月十五日
文獻解說參見溫玉成:《龍門天竺寺與摩尼教》,《中原文物》1985年第4期;林悟殊:《龍門天竺寺非摩尼教寺辨》,《中原文物》1986年第2期
20世紀70年代出土於龍門西山北段,石藏龍門石窟研究院

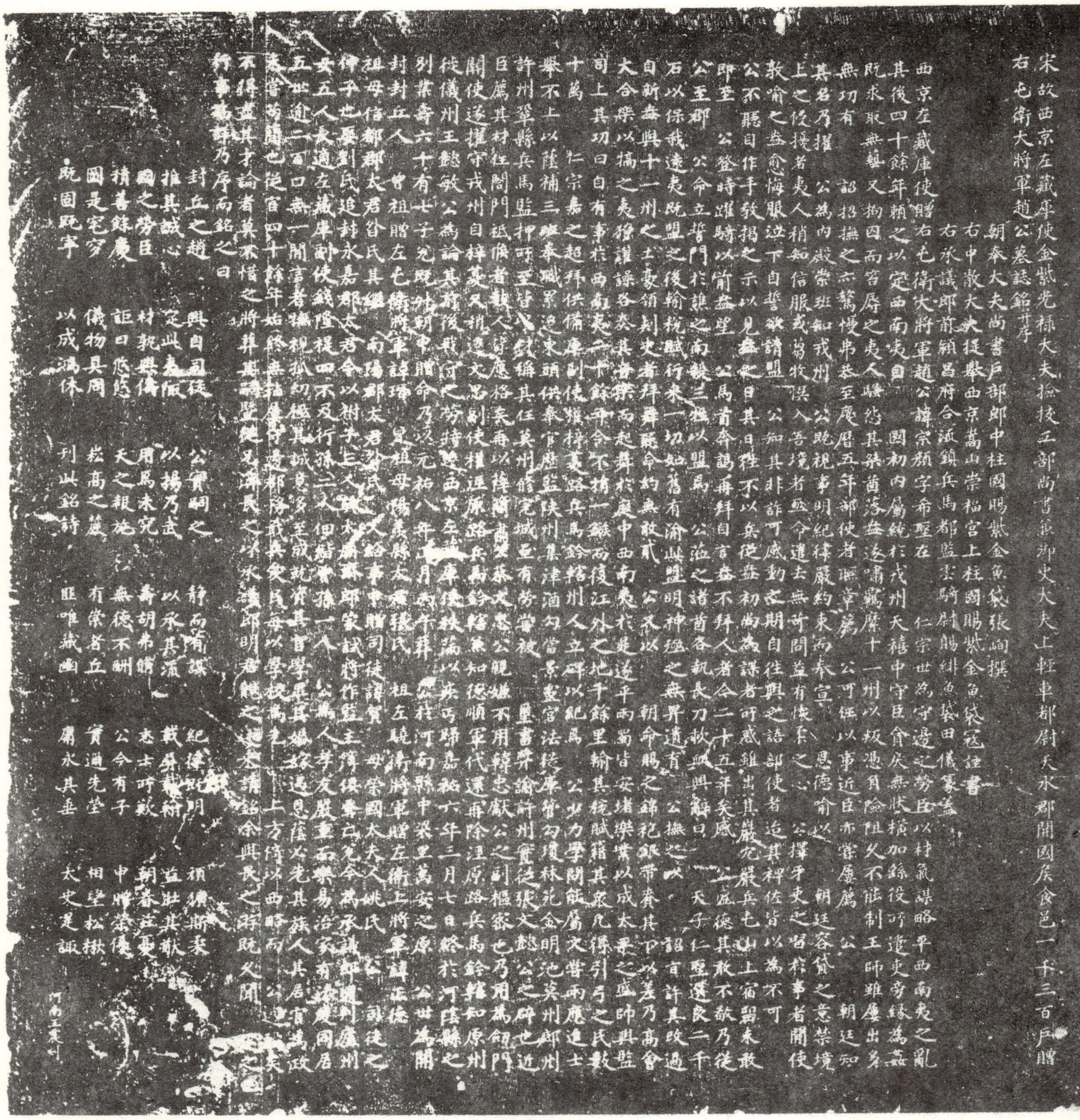

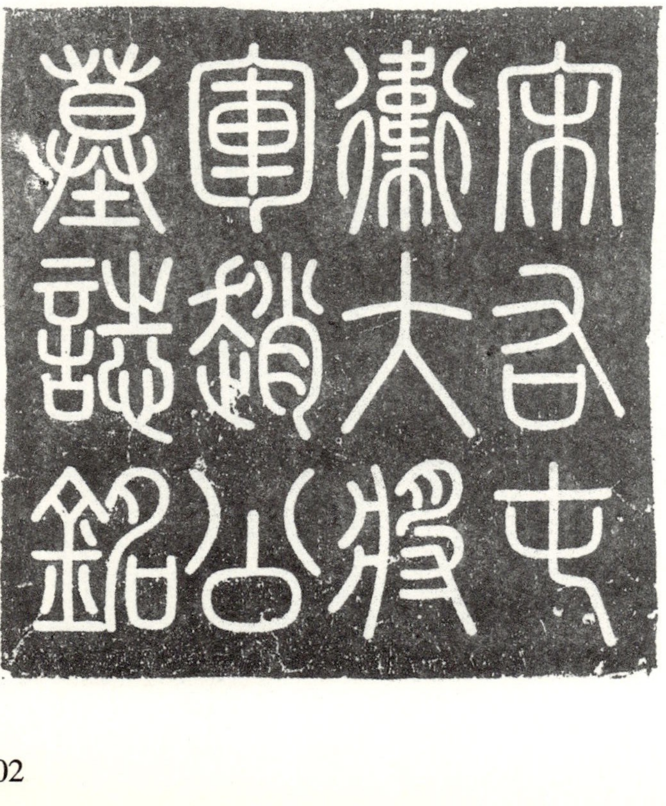

405.宋故西京左藏庫使金紫光祿大夫檢校工部尚書兼御史大夫上輕車都尉天水郡開國侯食邑一千三百戶贈右屯衛大將軍趙公(宗顔)墓誌銘並序

87×87×15.5 釐米；誌蓋 87×87 釐米，蓋芯篆書“宋右屯/衛大將/軍趙公/墓誌銘”。朝奉大夫尚書戶部郎中柱國賜紫金魚袋張峋撰，右中散大夫提舉西京嵩山崇福宮上柱國賜紫金魚袋寇諲書，右承議郎前潁昌府合流鎮兵馬都監雲騎尉賜緋魚袋田儀篆蓋

元祐八年(1093)正月丙午(二十八日)

1987 年 4 月龍門西山梁劉村東南原出土

參見《新獲》，頁 145

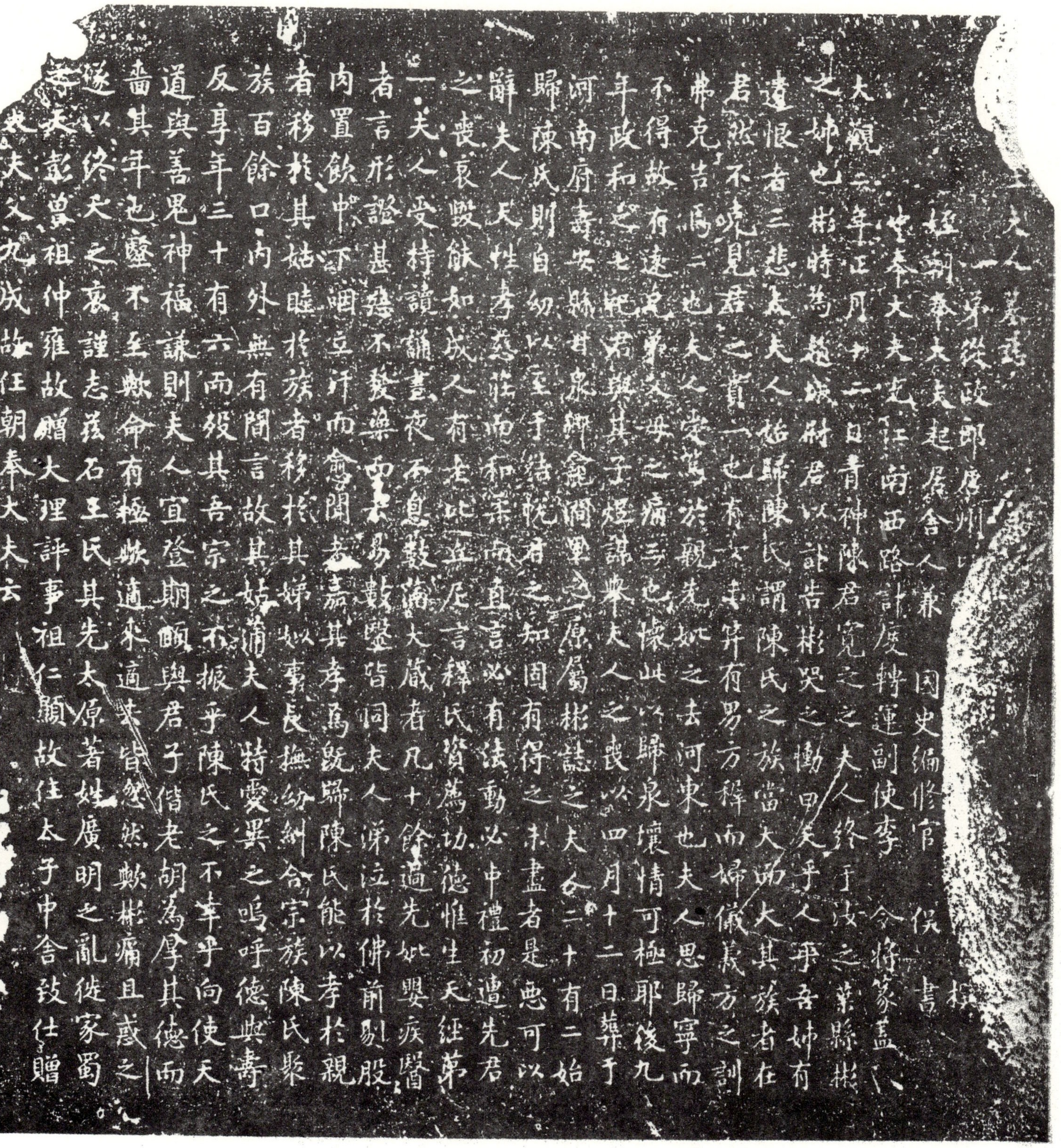

406.宋故王夫人墓誌

誌石 63×63×14 釐米　弟從政郎唐州比□(陽)□□□□□□□□□撰，侄朝奉大夫起居舍人兼國史編修官俁書，中奉大夫充江南西路計度轉運副使李令將篆蓋

政和七年(1117)四月十二日

20世紀某年出土于龍門西山胡坡村，石存該村

參見《新獲》，頁153

龍門區系石刻文萃

附錄一

近年洛陽等地新出土的石刻拓本

1.龐泰墓誌

（磚刻）

31×16.5×5.5 釐米
咸寧二年(276)三月三日
2006 年秋洛陽北邙出土。

2.吳金宛墓誌
（磚刻）

33×15.5 釐米
元康八年（298）二月廿二日
2006 年秋洛陽北邙出土。

3.蘇峻地記刻石

11×36 釐米
咸康六年(340)□月□日
石存洛陽市文物工作隊庫院

4.社人立石堪題記

11×31 釐米
永和四年(348)二月五日

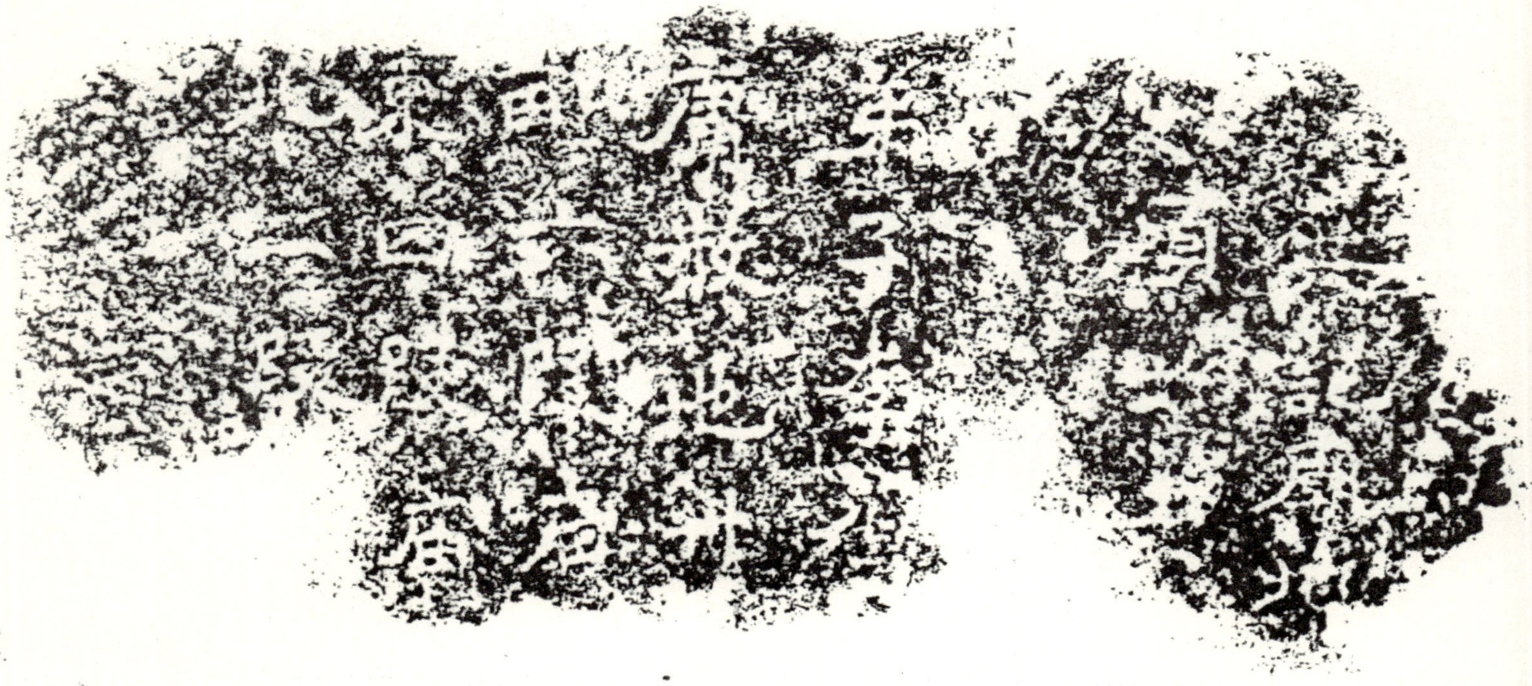

5.社人輸地記

11×36 釐米
疑亦永和四年(348)二月五日

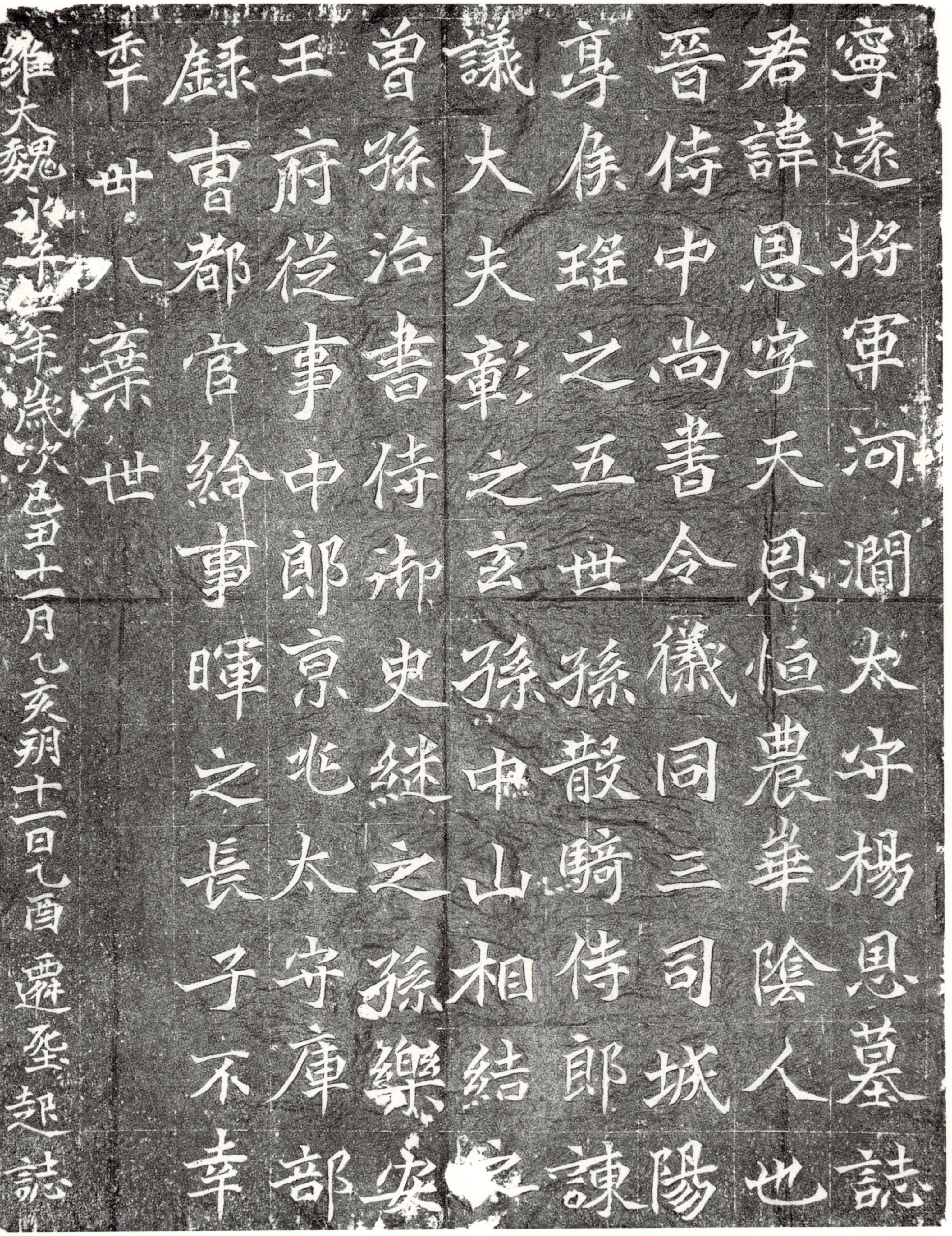

6.寧遠將軍河澗太守楊恩墓誌

34.5×27.5 釐米
永平二年(509)十一月十一日

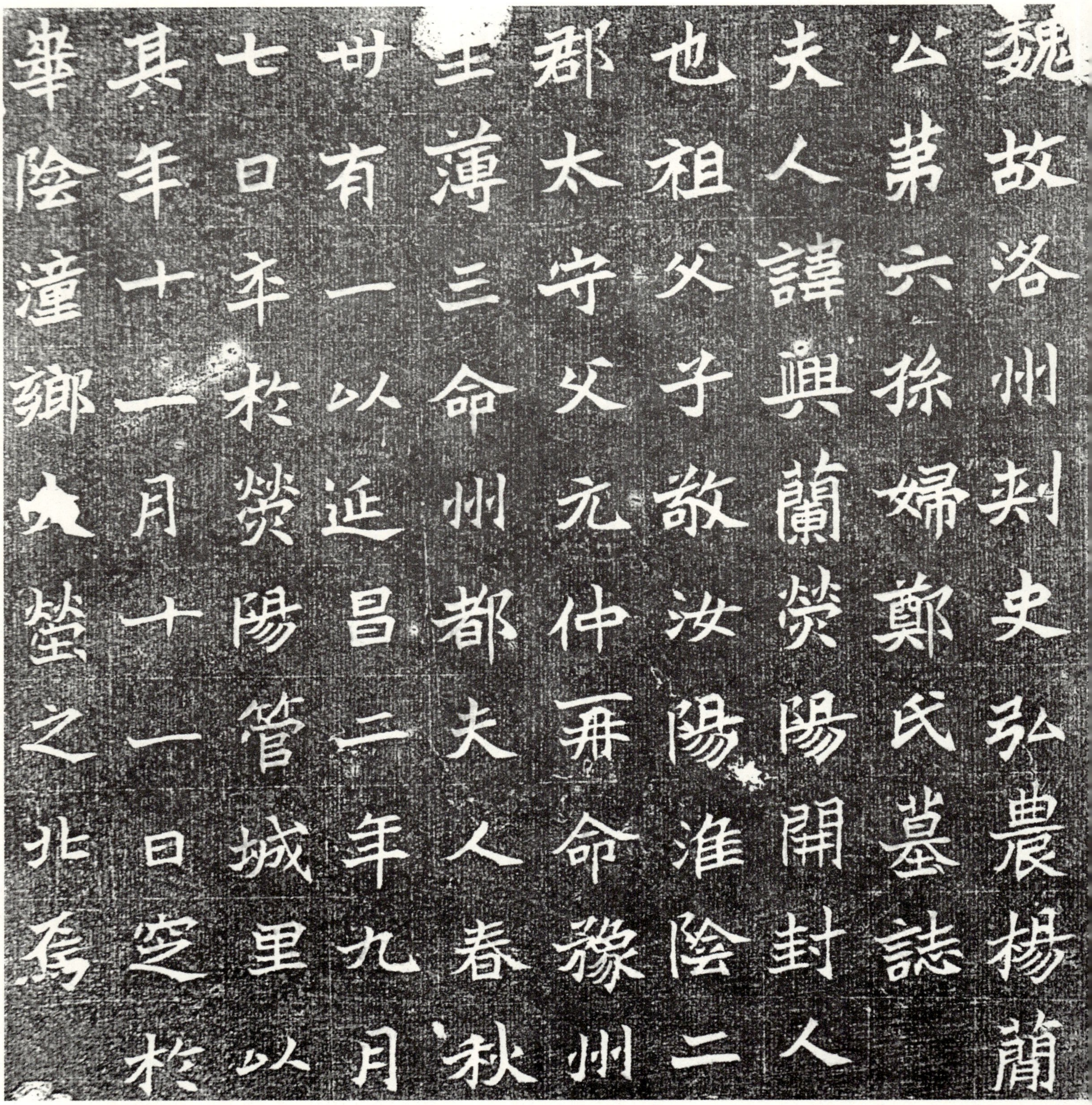
魏故洛州刺史弘農楊簡
公第六孫婦鄭氏墓誌
夫人諱興蘭滎陽開封人
也祖父子敬汝陽淮陰二
郡太守父元仲冊命豫州
主簿三命州都夫人春秋
廿有一以延昌二年九月
七日卒於滎陽管城里以
其年十一月十一日窆於
華陰潼鄉[illegible]塋之北焉

7.魏故洛州刺史弘農楊簡公第六孫婦鄭氏(興蘭)墓誌

23×23 釐米
延昌二年(513)十一月十一日

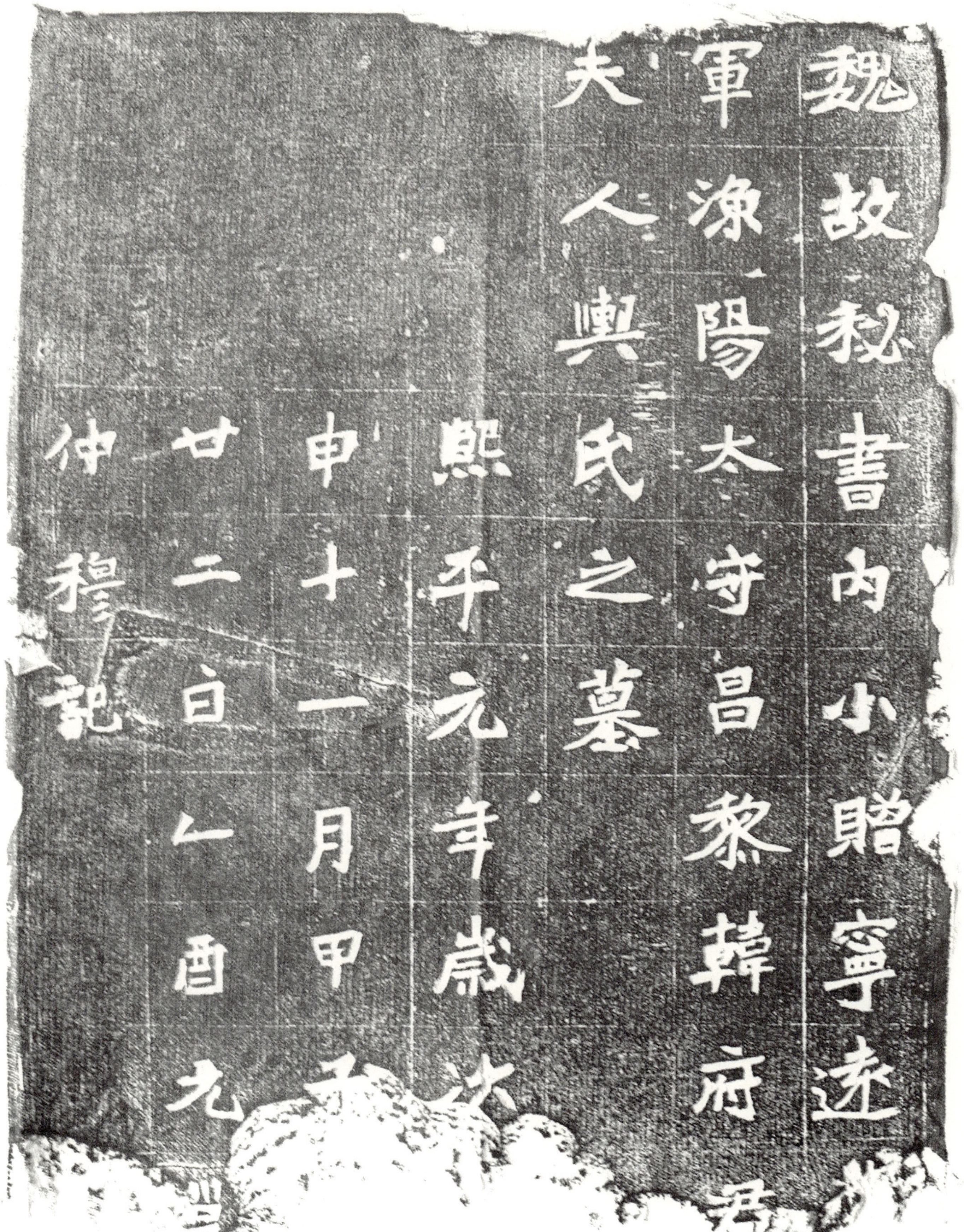
魏故秘書內小贈寧遠
軍漁陽太守昌黎韓府君
夫人輿氏之墓
熙平元年歲次
申十一月甲子
廿二日乙酉九
仲穆記

8.韓府君夫人輿氏墓誌

24×18.5 釐米
熙平元年(516)十一月廿二日
2006 年 5 月洛陽邙山麻屯村出土

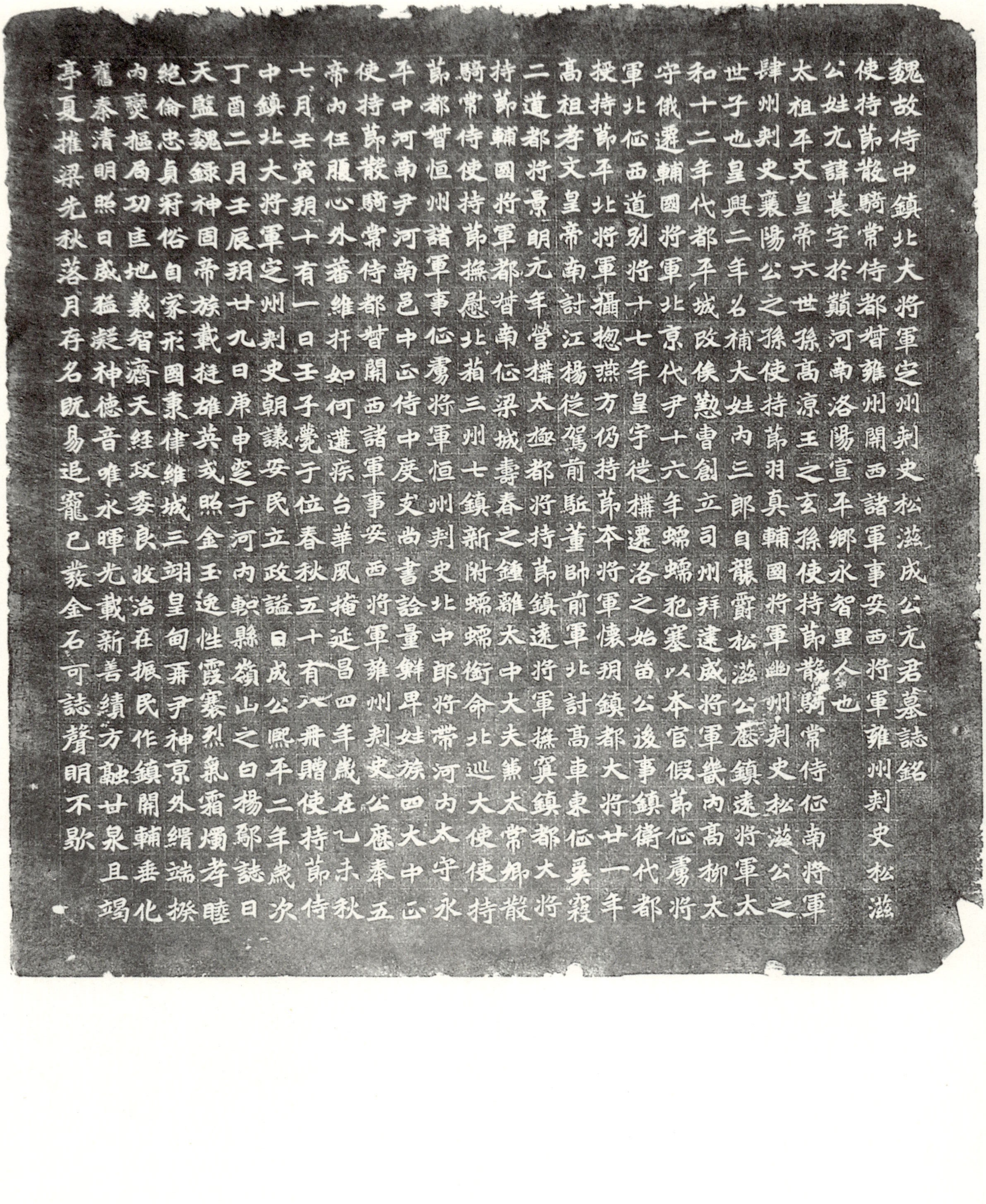

9.魏故侍中鎮北大將軍定州刺史松滋成公元君(萇)墓誌銘

80.5×80.5 釐米
熙平二年(517)二月廿九日
據云近年於濟源縣出土

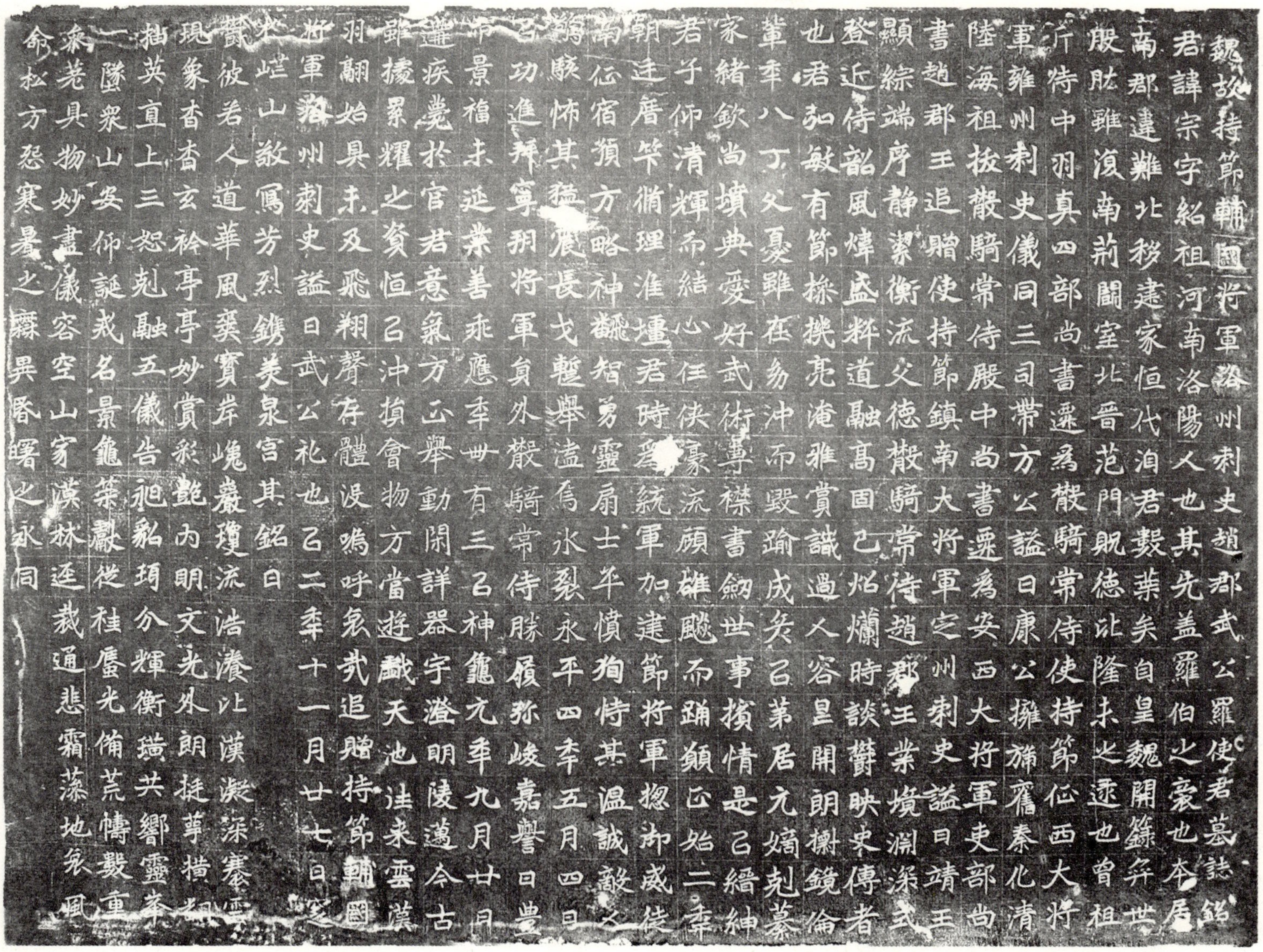

10.魏故持節輔國將軍洛州刺史趙郡武公羅使君(宗)墓誌銘

58×79.5 釐米
神龜二年(519)十一月廿七日
2004 年 8 月洛陽邙山出土。

11.程伯起等人造像記

44.5×45 釐米
正光元年(520)七月十五日
宜陽縣虎頭寺石窟北壁

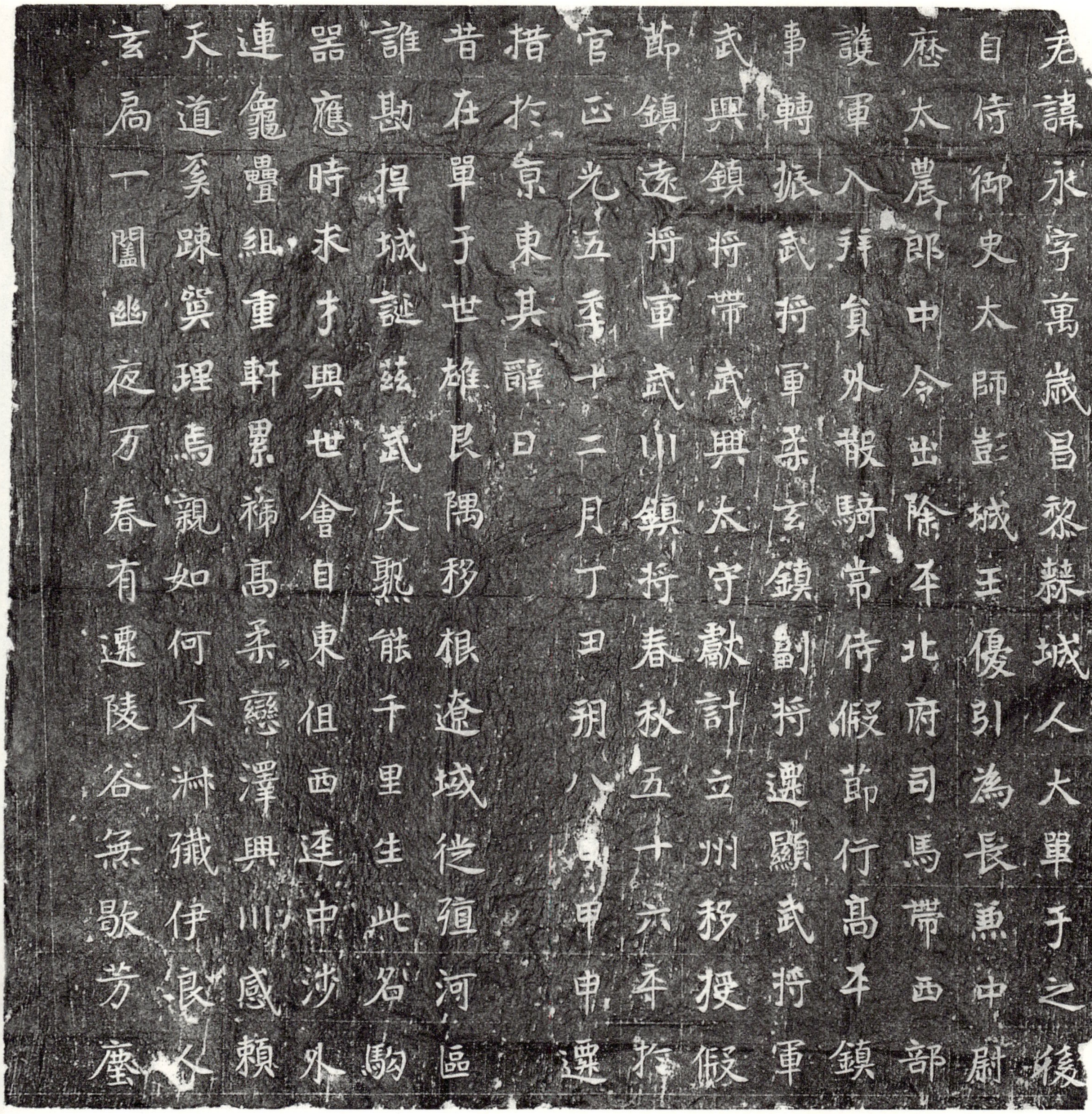

君諱永字萬歲昌黎縣城人大單于之後
自侍御史太師彭城王優引為長兼中尉
歷太農郎中令出除平北府司馬帶西部
護軍入拜負外散騎常侍假節行高平鎮
事轉振武將軍柔玄鎮副將遷顯武將軍
武興鎮將帶武興太守獻計立州移授假
節鎮遠將軍武川鎮將春秋五十六卒於
官正光五季十二月丁丑朔八日甲申遷
措於京東其辭曰
昔在單于世雄艮隅移根遼域從殖河區
誰勘捍城誕茲武夫熟能千里生此名駒
器應時求才與世會自東徂西逞中涉外
連龜疊組重軒累祎高柔戀澤興川感賴
天道奚昧冥理焉親如何不淑殲伊良人
玄扃一閟幽夜万春有還陵谷無歇芳塵

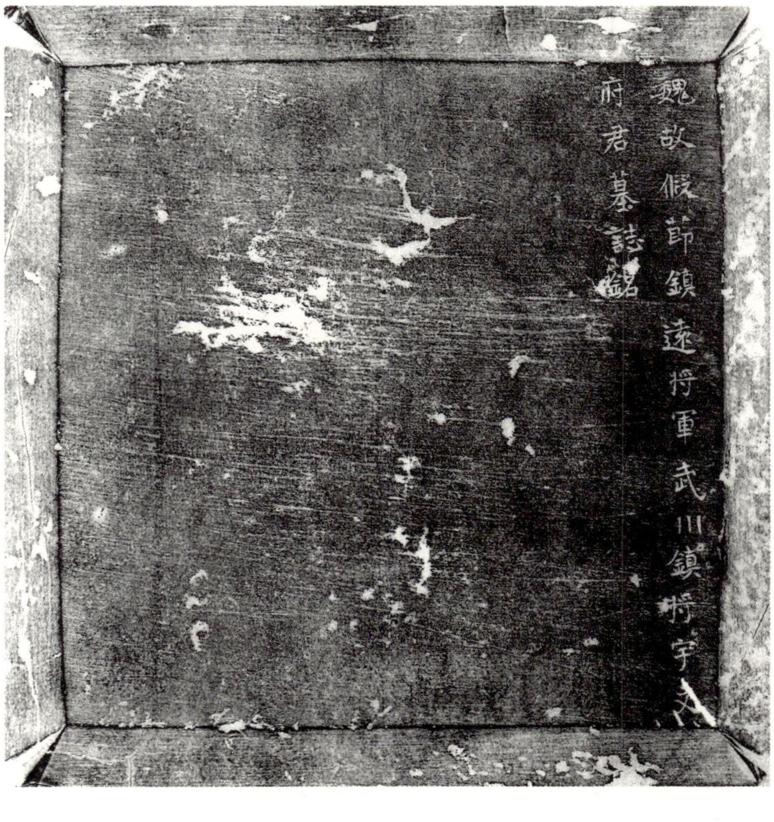

魏故假節鎮遠將軍武川鎮將宇文
府君墓誌銘

14.魏故假節鎮遠將軍武川鎮將宇文府君(永)墓誌銘

46×45.5 釐米；誌蓋 49×48 釐米，蓋芯楷書“魏故假節鎮遠將軍武川鎮將宇文/府君墓誌銘”
正光五年(524)十二月八日

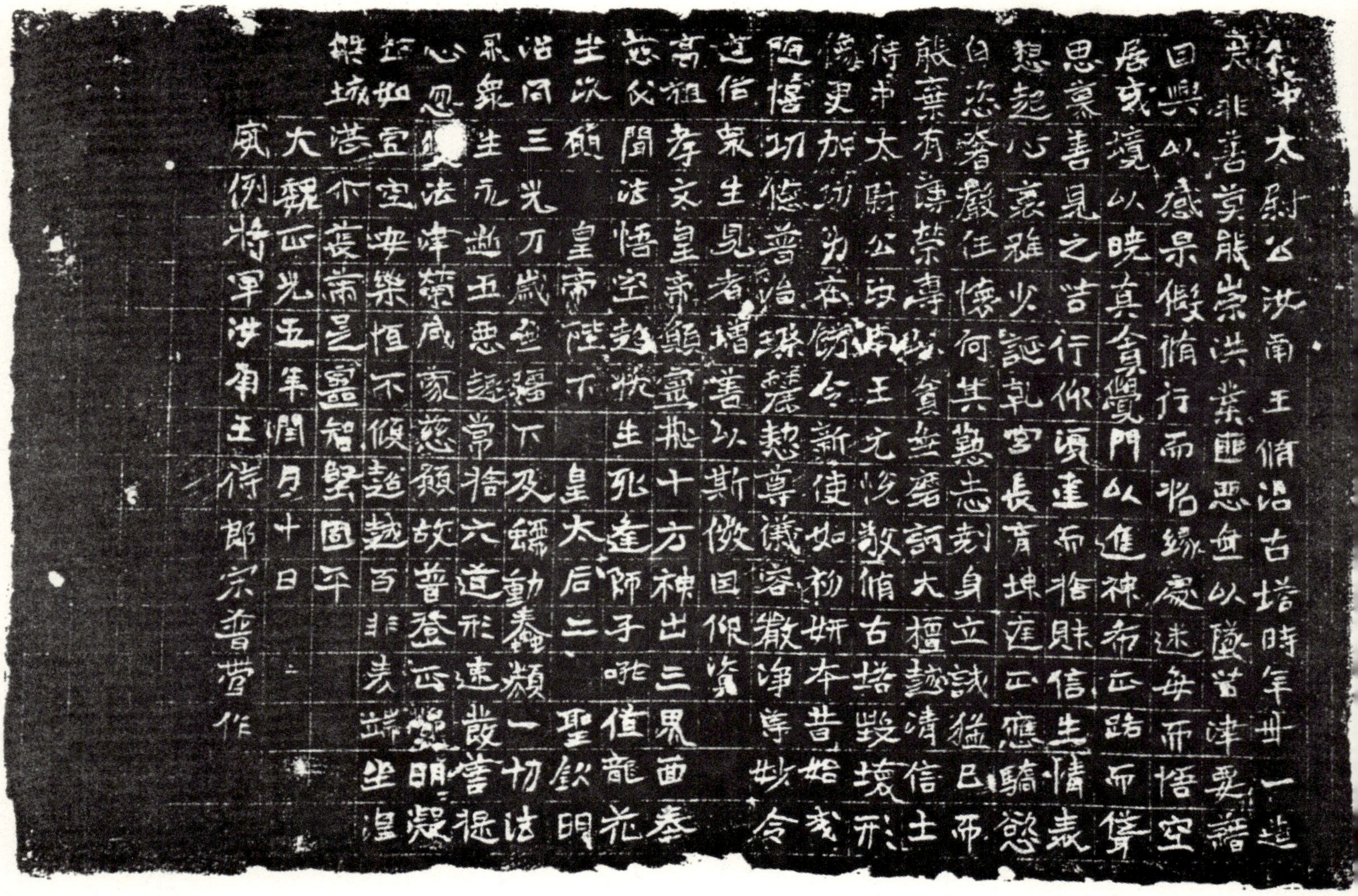

15.靈台遺址元悅浮圖銘

31×47.5×5.5 釐米
正光五年(524)閏月(二月)十日建
石藏關林洛陽古代藝術館

16.魏故陵江將軍朔方太守趙府君(億)墓誌

30.5×30.5 釐米
孝昌二年(526)閏十一月八日
傳云 2000 年冬洛陽邙山出土

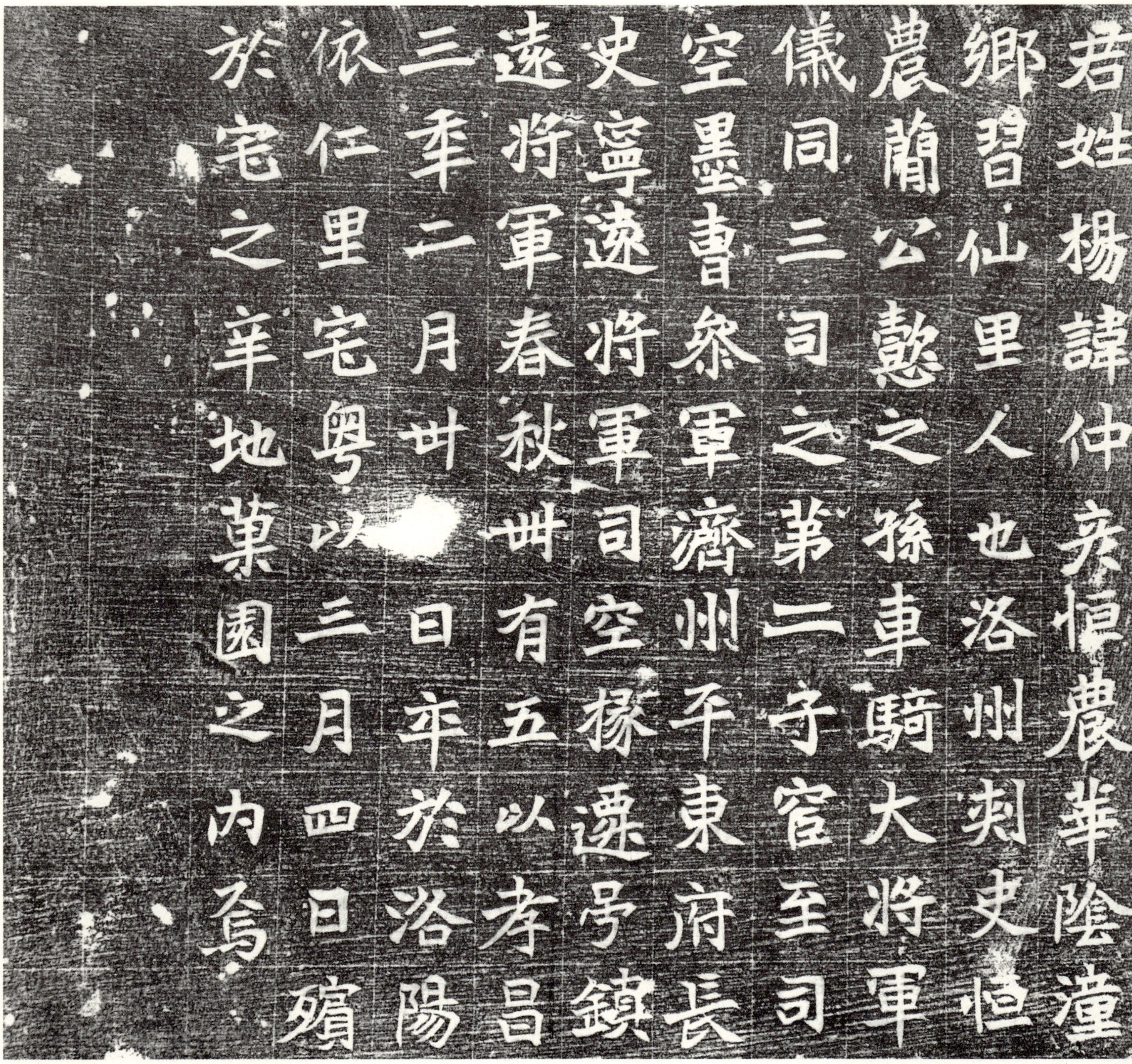

17.楊仲彥墓誌

（據誌文擬題）

26.5×29 釐米

孝昌三年（527）三月四日

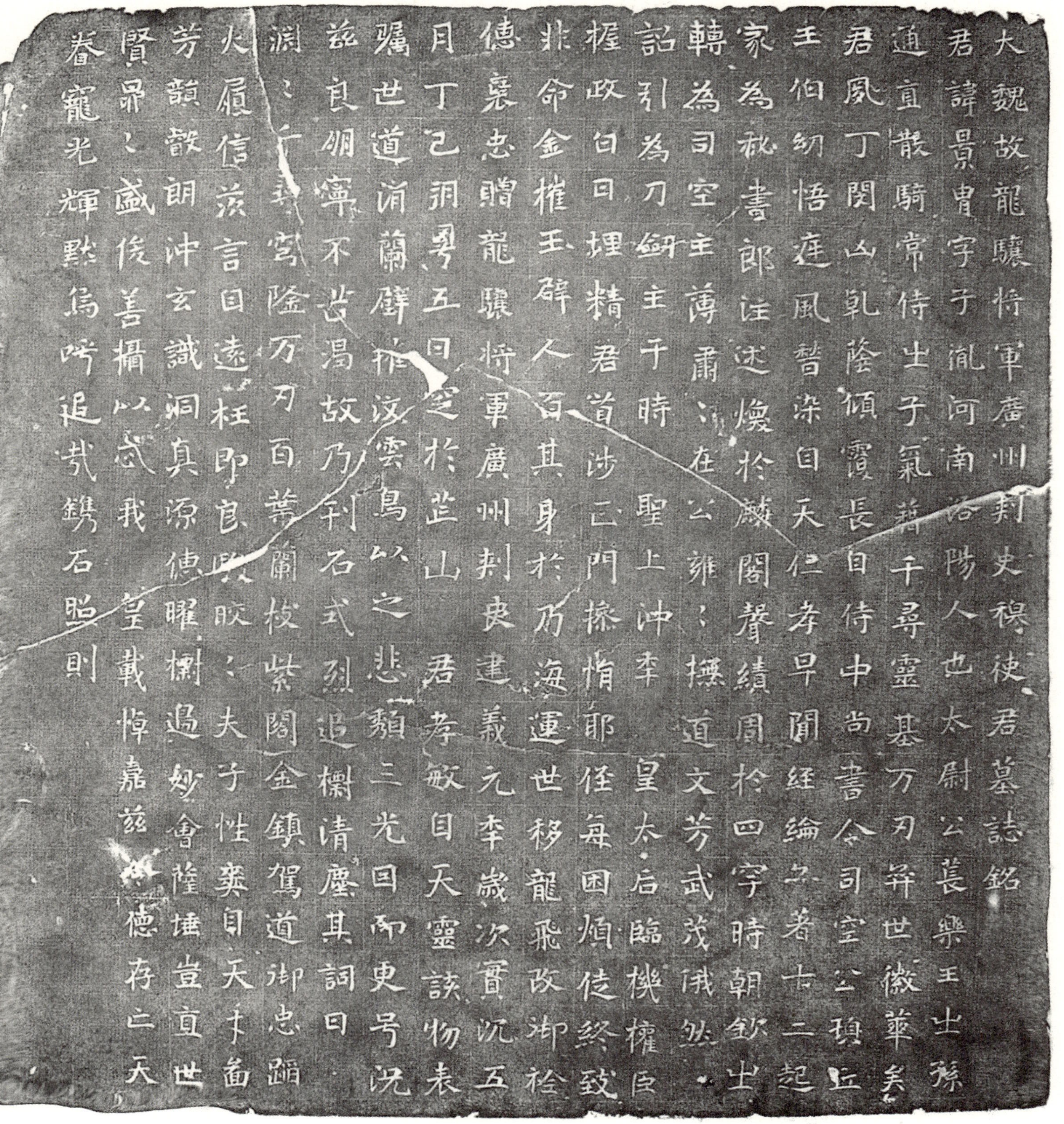

18.大魏故龍驤將軍廣州刺史穆使君(景胄)墓誌銘

55×54 釐米
建義元年(528)五月五日
2005 年 8 月洛陽邙山送莊村出土

19.魏故使持節都督涼州諸軍事平北將軍涼州刺史浮陽縣開國伯源侯(延伯)墓誌銘

58.5×58.5 釐米
大父源懷，季父子恭，北史俱有傳
永安元年(528)十一月八日

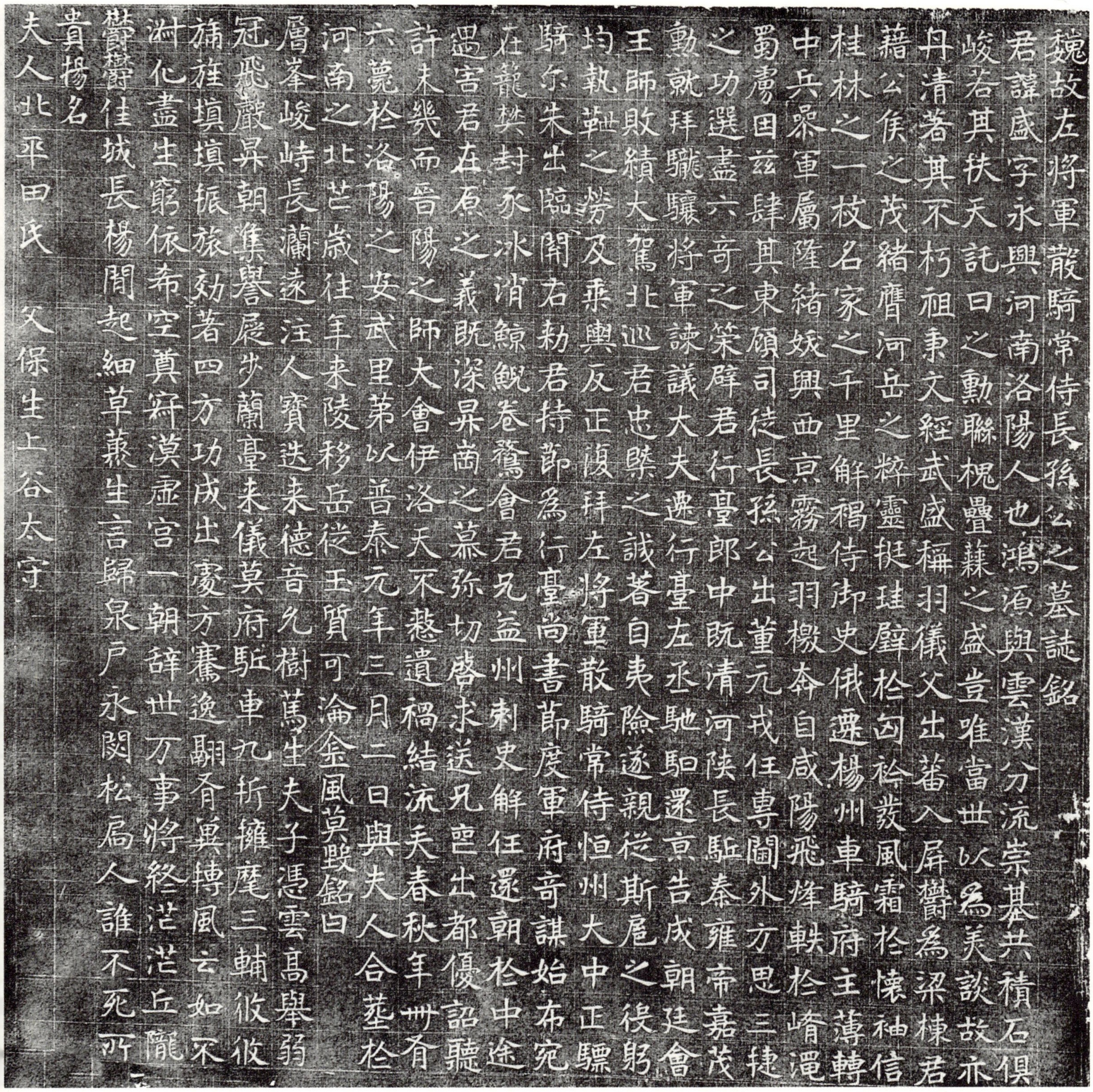

魏故左將軍散騎常侍長孫公之墓誌銘
君諱盛字永興河南洛陽人也鴻源與雲漢分流崇基共積石俱
峻若其扶天託日之勳聯槐疊蘇之盛豈唯當世以為美談故亦
丹清著其不朽祖東文經武盛稱羽儀父出蕃入屏鬱為梁棟君
藉公侯之茂緒膺河岳之粹靈挺珪璧於內資風霜於懷袖信
桂林之一枝名家之千里解褐侍御史俄遷楊州車騎府主簿轉
中兵參軍屬隆緒妖興西京霧起羽檄奔自咸陽飛烽軼於崤澠
蜀虜因茲肆其東顧司徒長孫公出董元戎任專閫外方思三捷
之功選盡六奇之策辟君行臺郎中既清河陝長驅秦雍帝嘉茂
勳就拜驤驤將軍諫議大夫遷行臺左丞馳驛還京告成朝廷會
王師敗績大駕北巡君忠槩之誠著自夷險遂親從斯厄之役躬
均執靮之勞及乘輿反正復拜左將軍散騎常侍恒州大中正驃
騎尒朱出臨關右勅君持節為行臺尚書節度軍府奇謀始布宛
在龍樊封豕冰消鯨鯢卷鶩會君兄益州刺史解任還朝於中途
遇害君在原之義既深昇崗之慕彌切啓求送兄喪出都優詔聽
許未幾而晉陽之師大會伊洛天不慭遺禍結流矣春秋年卌有
六薨於洛陽之安武里第以普泰元年三月二日與夫人合葬於
河南之北芒歲往年來陵移岳徙玉質可淪金風莫毀銘曰
層峯峻峙長瀾遠注人寶迭來德音允樹篤生夫子憑雲高舉弱
冠飛聲昇朝集譽展步蘭臺來儀莫府駈車九折擁麾三輔彼彼
旆旌填填振旅効著四方功成出處方騫逸翮肴異轉風云如不
淑化盡生窮依希空真寂漠虛宮一朝辭世万事將終茫茫丘隴
鬱鬱佳城長楊閒起細草叢生言歸泉戶永閟松扃人誰不死所
貴揚名
夫人北平田氏　父保生上谷太守

20.魏故左將軍散騎常侍長孫公(盛)之墓誌銘

55×56 釐米；誌蓋拓本 48×47.5 釐米，蓋芯篆書“魏故左將/軍散騎常/侍長孫公/之墓誌銘”
普泰元年(531)三月二日
2002 年冬洛陽邙山出土

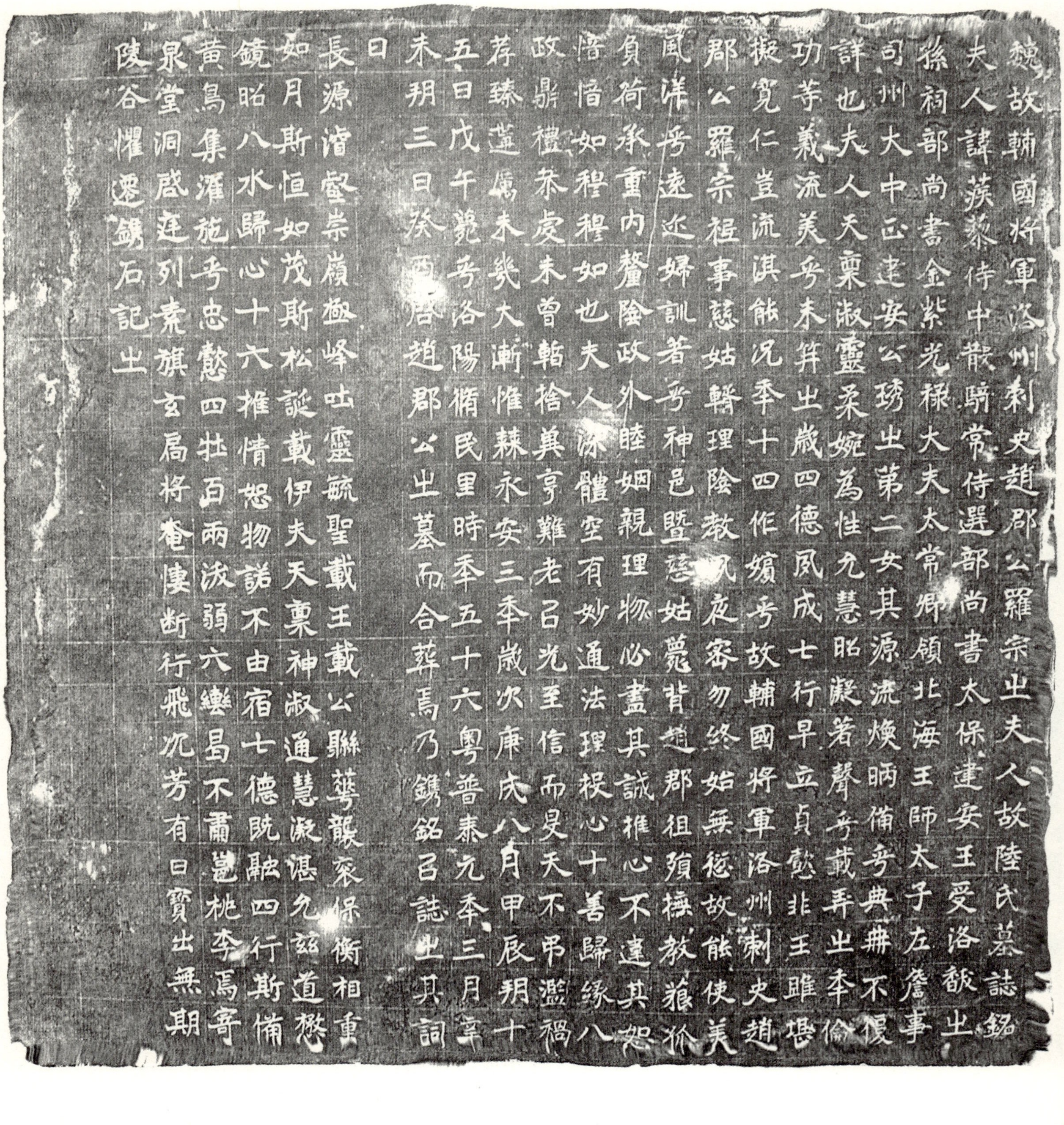

21.魏故輔國將軍洛州刺史趙郡公羅宗之夫人故陸氏(蒺藜)墓誌銘

51×51 釐米
普泰元年(531)三月三日
2004年8月洛陽邙山出土

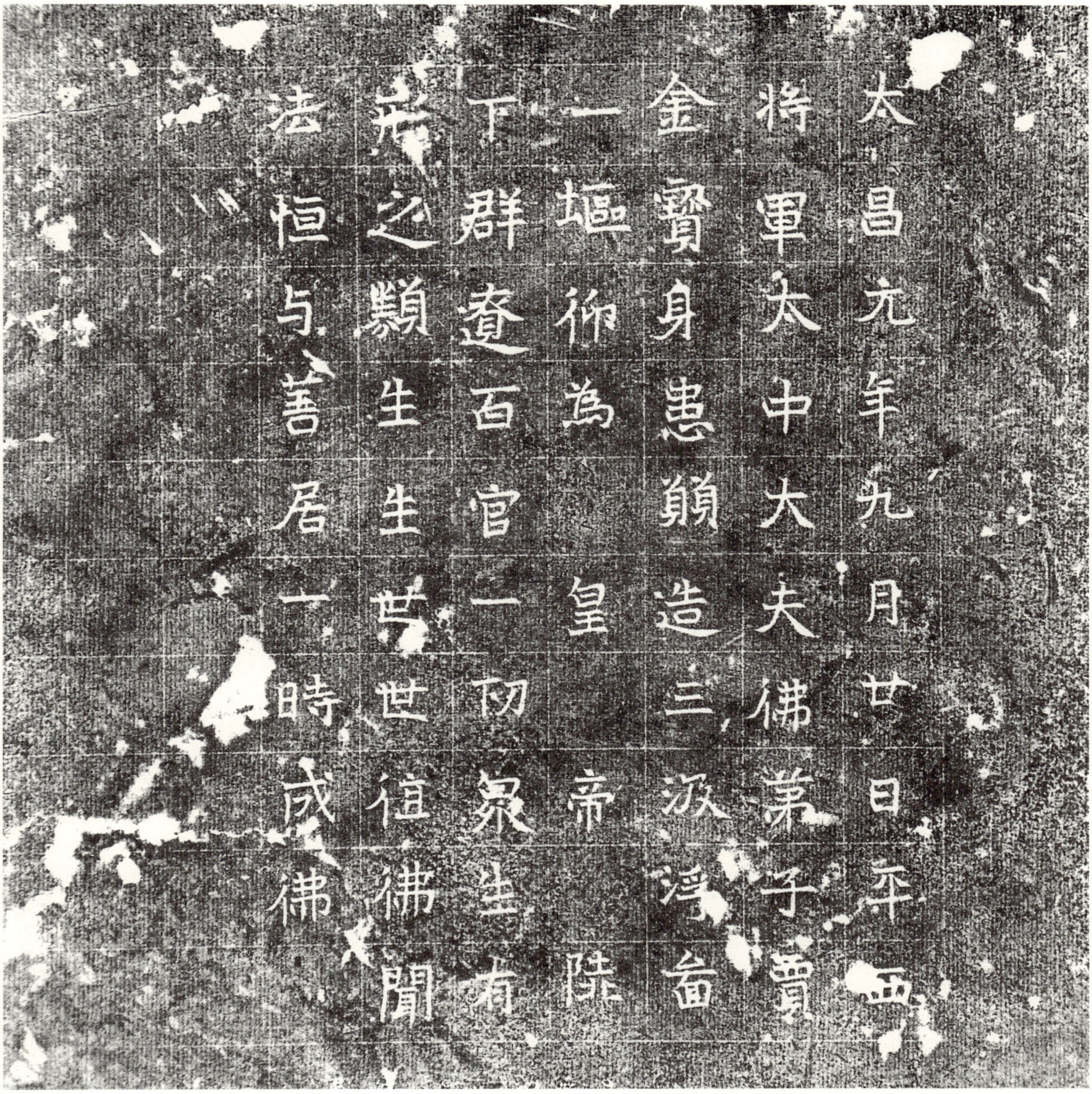
太昌元年九月廿日平西
將軍太中大夫佛弟子賈
金寶身患願造三級浮啚
一塸仰為皇帝陛
下群遼百官一切衆生有
形之類生生世世值佛聞
法恒与善居一時成佛

22.賈金寶造浮圖銘記

30.5×31.5 釐米
太昌元年(532)九月廿日

23.魏故持節督東雍州諸軍事平東將軍東雍州刺史敷西縣開國男楊君(恒)墓誌銘

51.5×50.5 釐米

大統十年(544)四月十八日

24.魏儀同開府行參軍鄭踐妻元夫人(孟瑜)墓誌銘

35×35 釐米

武定八年(550)五月十三日

25.石刻棺床拓本

48×202 釐米
北魏/無紀年

26.使持節驃騎大將軍開府儀同三司大都督高唐縣開國侯乙弗紹墓誌銘

53.5×53.5 釐米
天和二年(567)十月十七日
據云 2006 年 8 月西安出土

27.楊公夫人(女英)墓誌

(據誌文擬題)

56×56.5 釐米

開皇九年(589)三月廿一日

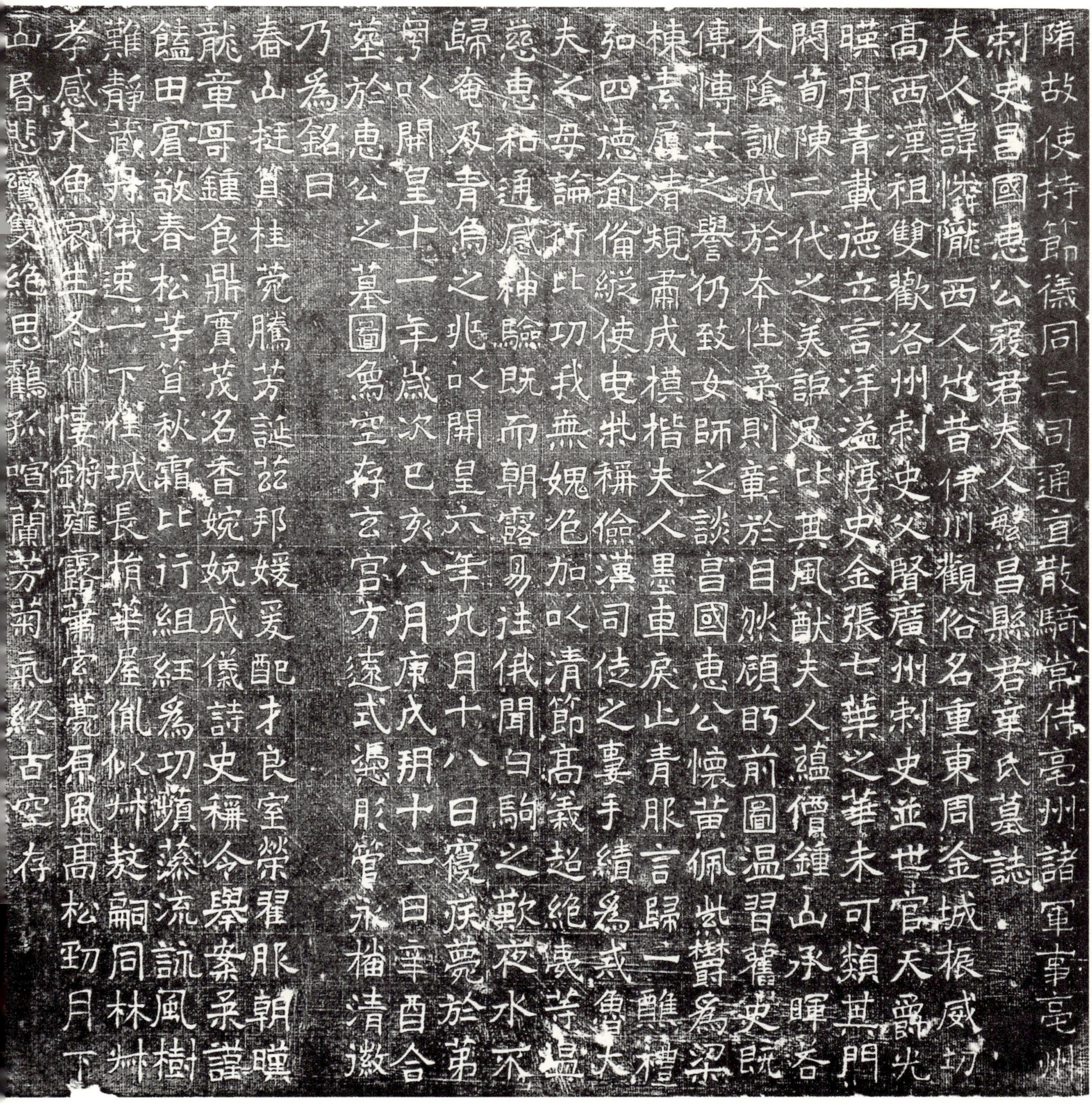

28.隋故使持節儀同三司通直散騎常侍亳州諸軍事亳州刺史昌國惠公寇君夫人繁昌縣君辛氏（憐）墓誌

50×51 釐米
其夫寇奉叔墓誌，見《漢魏南北朝墓誌集釋》
開皇十一年（591）八月十二日
2000 年夏洛陽邙山出土

29.□敬墓誌

（據誌文擬題）

49.5×51 釐米

開皇十四年(594)十一月十二

30.顏智孫墓誌

（據誌文擬題）

43.5×43.5 釐米；誌蓋 44×45 釐米，
蓋芯篆書“故常侍/顏君墓/誌之銘”。
開皇十五年(595)八月二十日

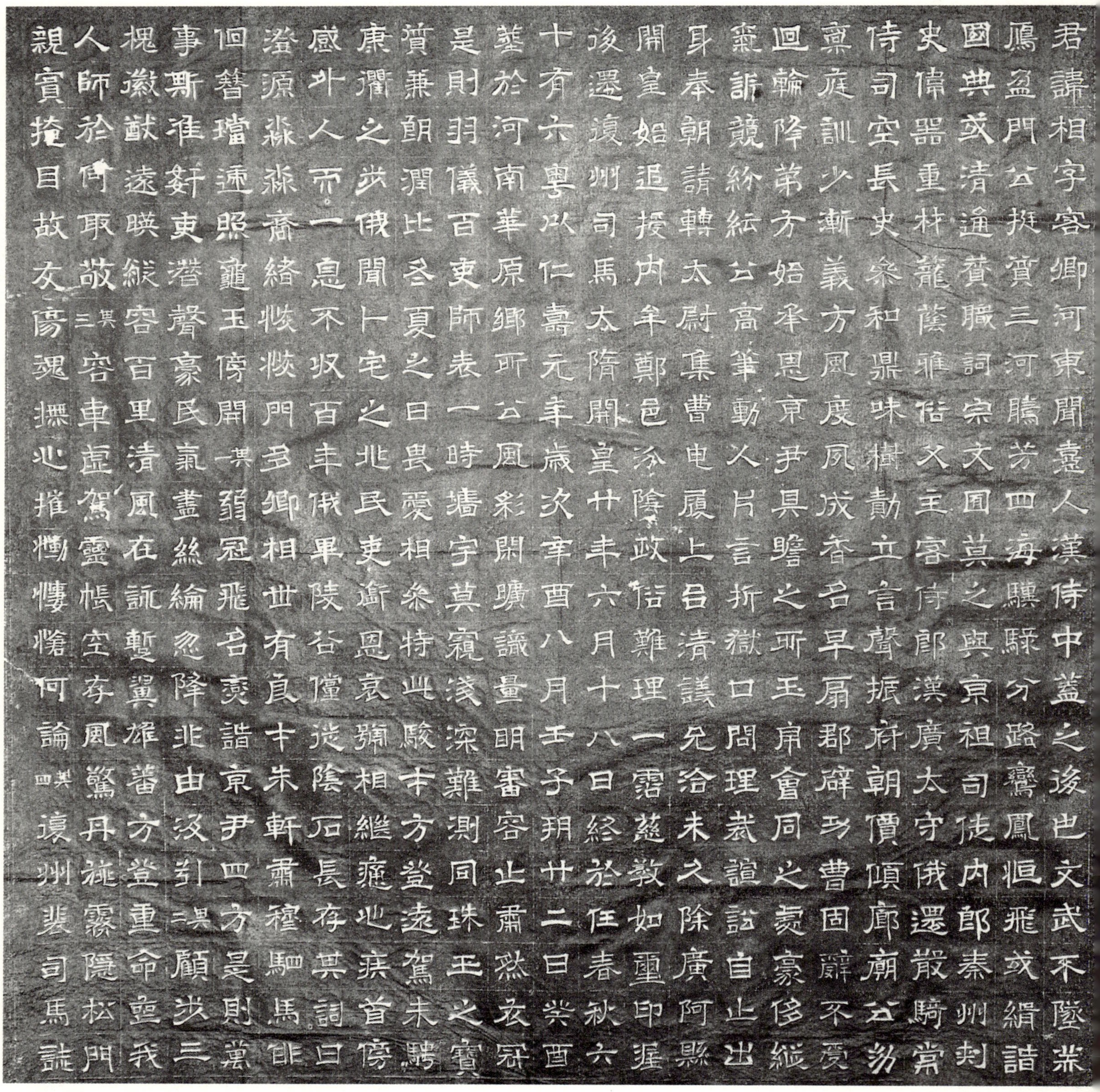

31.裴相墓誌

（據誌文擬題）

63.5×64 釐米

仁壽元年(601)八月廿二日

2001 年春洛陽邙山出土

32.裴覬墓誌

（據誌文擬題）

60×61.5 釐米；誌蓋拓本 49.5×49 釐米，蓋芯陽刻篆書“隋故廣德/將軍洛州/鎧曹參軍/裴君墓銘”
仁壽二年（602）十一月十一日
2005 年洛陽邙山出土

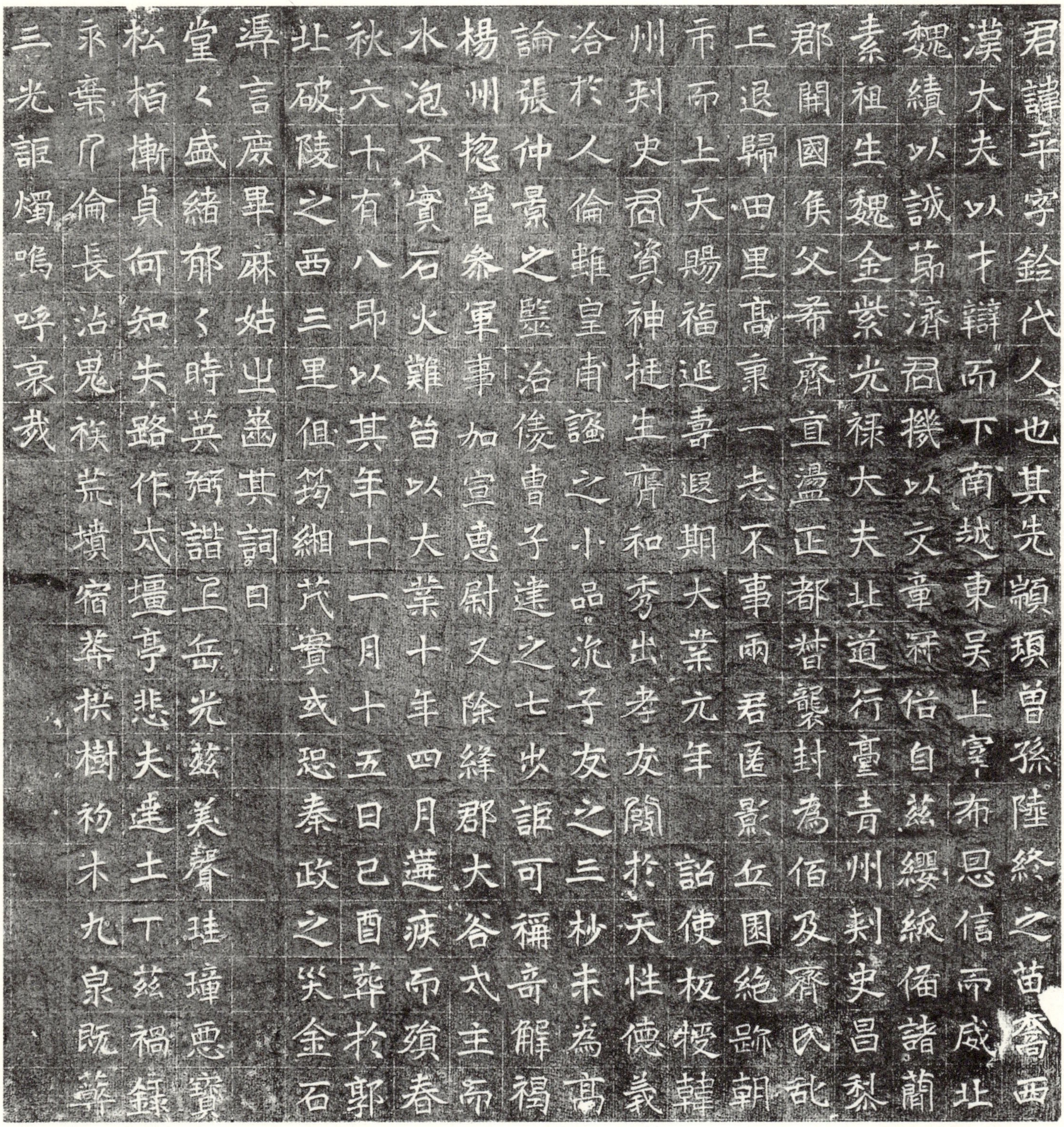
君諱平字鈴代人也其先顓頊曾孫陸終之苗裔西
漢大夫以才辯而下南越東吳上寧布恩信而威北
魏績以誠茀濟君機以文章冠俗自茲纓紱備諸簡
素祖生魏金紫光祿大夫北道行臺青州刺史昌黎
郡開國侯父希齊宣盪正都督襲封為伯及齊氏亂
上退歸田里高秉一志不事兩君匿影丘園絕跡朝
市而上天賜福延壽遐期大業元年詔使板授韓
州刺史君資神挺生齊和秀出孝友闕於天性德義
洽於人倫雖皇甫謐之小品沈子友之三杪未為高
論張仲景之鑒治後曹子建之七步詎可稱奇解褐
楊州揔管參軍事加宣惠尉又除絳郡太谷戍主而
水泡不實石火難留以大業十年四月遘疾而殞春
秋六十有八即以其年十一月十五日己酉葬於郭
北破陵之西三里但筠緗芃實或恐秦政之災金石
導言庶畢麻姑出盡其詞曰
堂堂盛緒郁郁時英爰詣三岳光茲美聲珪璋悪寶
松栢衡貞何知失路作戍壇亭悲夫逝土丁茲禍録
永棄人倫長治鬼族荒墳宿莽拱樹初木九泉既葬
三光詎燭嗚呼哀哉

33.陸平墓誌
（據誌文擬題）

42.5×42.5×6.5 釐米；誌蓋 43×43/8 釐米，
蓋芯篆書"隋太谷/戍主陸/君之銘"
大業十年(614)十一月十五日
2002 年冬洛陽邙山出土

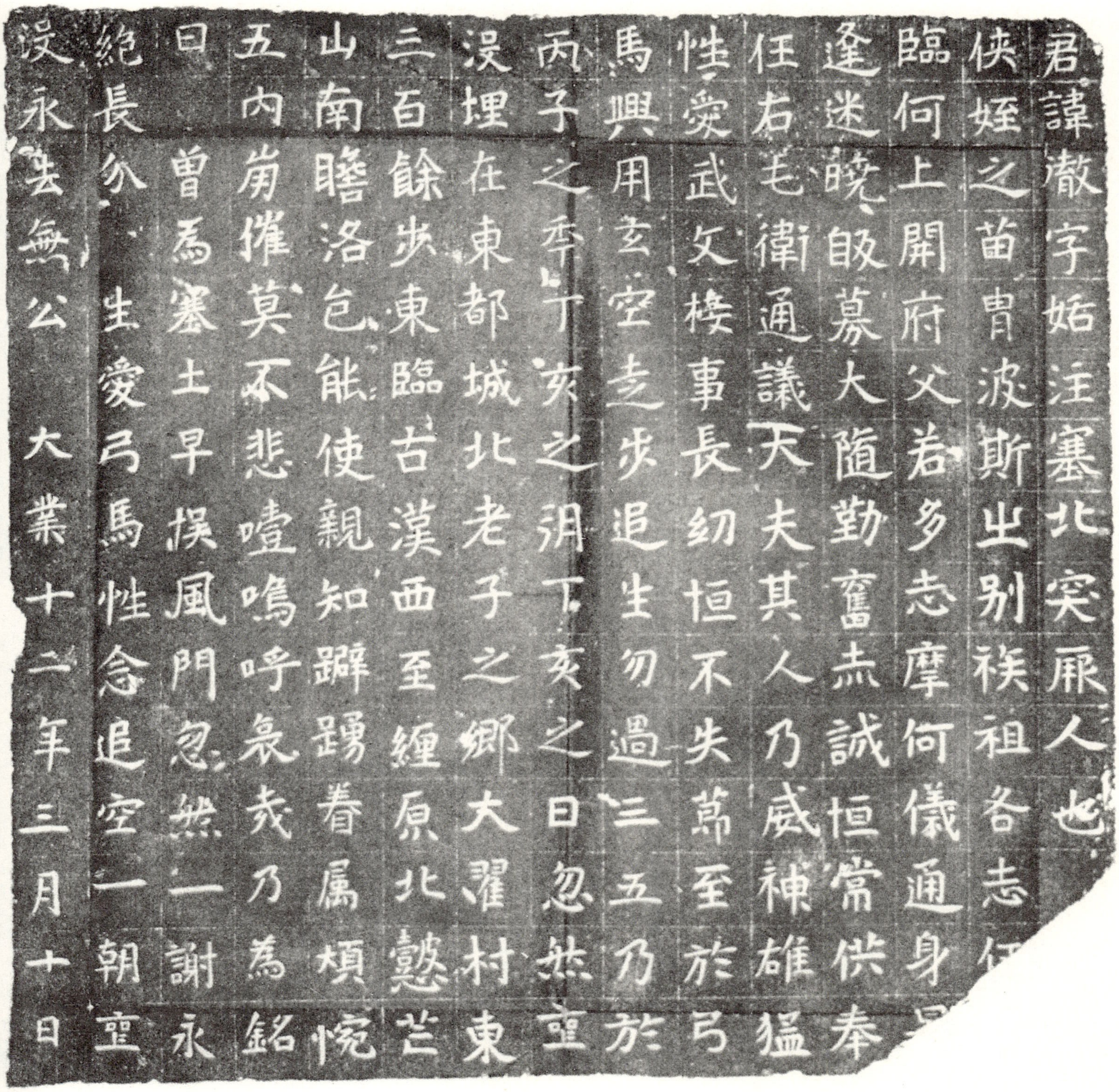

君諱徹字姡注塞北突厥人也
俠姪之苗胄波斯之別族祖各志任
臨何上開府父若多志摩何儀通身
逢迷曉飯慕大隨勤奮赤誠恒常供奉
任右毛衛通議天夫其人乃威神雄猛
性愛武文樓事長幼恒不失節至於弓
馬興用玄空走步追生勿過三五乃於
丙子之季丁亥之洎丁亥之日忽然薨
沒埋在東都城北老子之鄉大翟村東
三百餘步東臨古漢西至纏原北戀芒
山南瞻洛邑能使親知躃踴眷屬煩惋
五內崩摧莫不悲噎嗚呼哀哉乃為銘
曰曾為塞土早撲風門忽然一謝永
絕長公生愛弓馬性念追空一朝薨
沒永去無公大業十二年三月十日

34.突厥徹墓誌

（據誌文擬題）

37.5×38.5 釐米

本誌稱其"塞北突厥人也，(其先蓋)俠姪之苗胄，波斯之別族。"

大業十二年(616)三月十日

此誌約清、民之際出土于洛陽邙山，拓本原爲前哲"息廬"主人所庋藏。壽 2005 年 12 月進京，購於琉璃廠中國書店古舊部。

35.唐故廣平宋君左夫人(淑姬)墓誌銘並序

42.5×43×9 釐米
貞觀八年(634)十二月五日
2003 年 2 月洛陽北邙山出土

36.大唐故銀青光祿大夫左屯衛洛泉府折衝都尉閻君(休)墓誌銘并序

57×58 釐米；誌蓋 44×44.5 釐米，蓋芯篆書“閻君/墓誌”
貞觀廿年(646)十一月廿一日
傳云 2000 年偃師縣出土

37.大唐故昭武校尉宋君(文成)之墓誌並序

42.5×42 釐米
永徽四年(653)三月九日
傳云 2000 年二月偃師縣城北首陽山出土

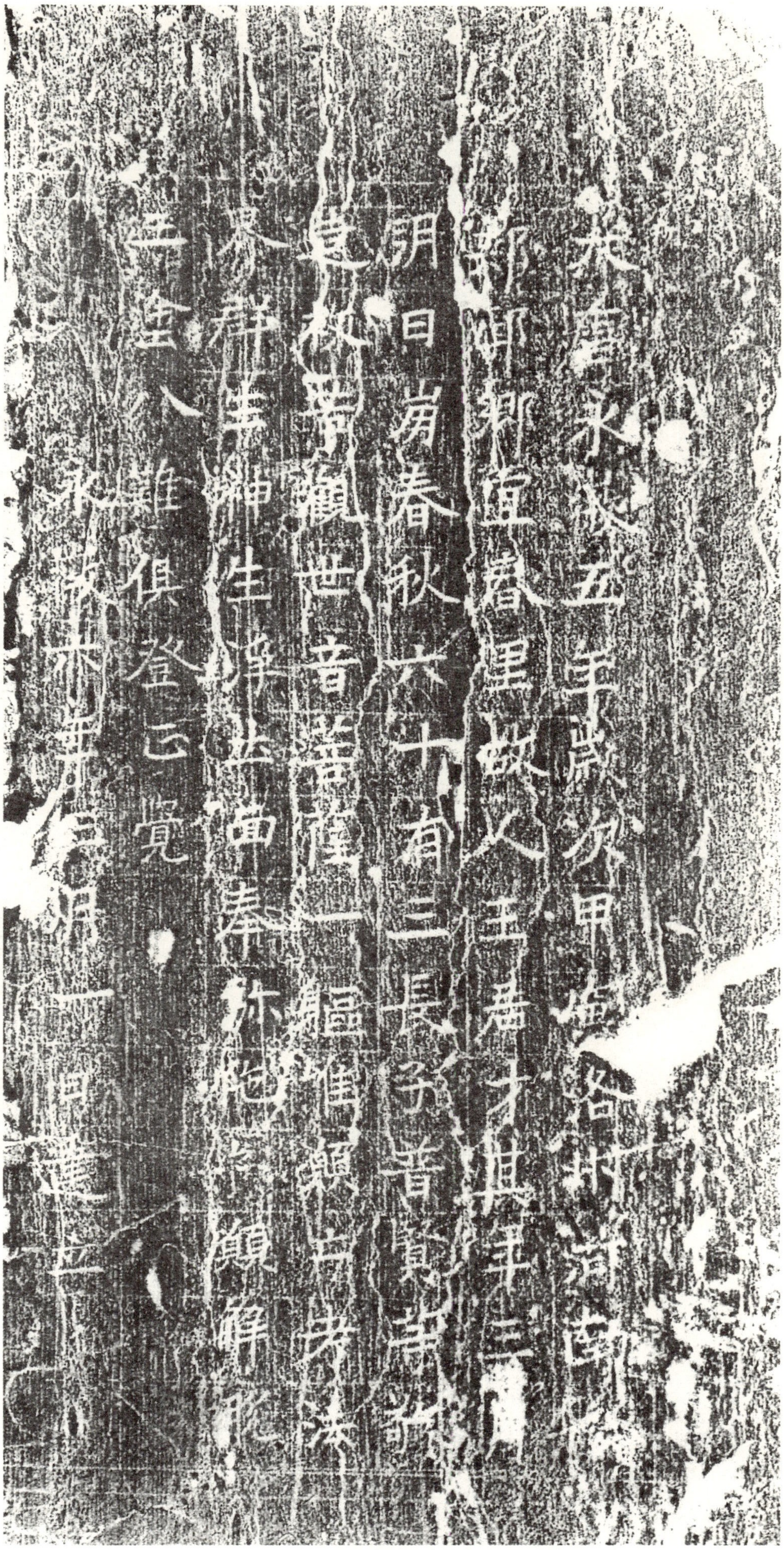

38.王普賢爲亡父王君才造像記
（據記文擬題）

36×18 釐米
永徽六年(655)三月一日建立

39.隋故東平郡鄄城縣令王君(緒)及夫人杜氏墓誌

51×52 釐米；誌蓋拓本 43.5×43 釐米，蓋芯篆書“隋故鄄/城縣令/王君銘”。
永徽六年(655)三月十四日
2006 年 4 月出土于偃師縣緱氏

40.大唐故持節杭州諸軍事杭州刺史姜府君(綱)墓銘並序

65×66 釐米

顯慶元年(656)十一月十二日

41.大唐故彭君(善行)墓誌

31.5×31.5×5.2 釐米
顯慶四年(659)二月七日
2001 年洛陽邙山出土

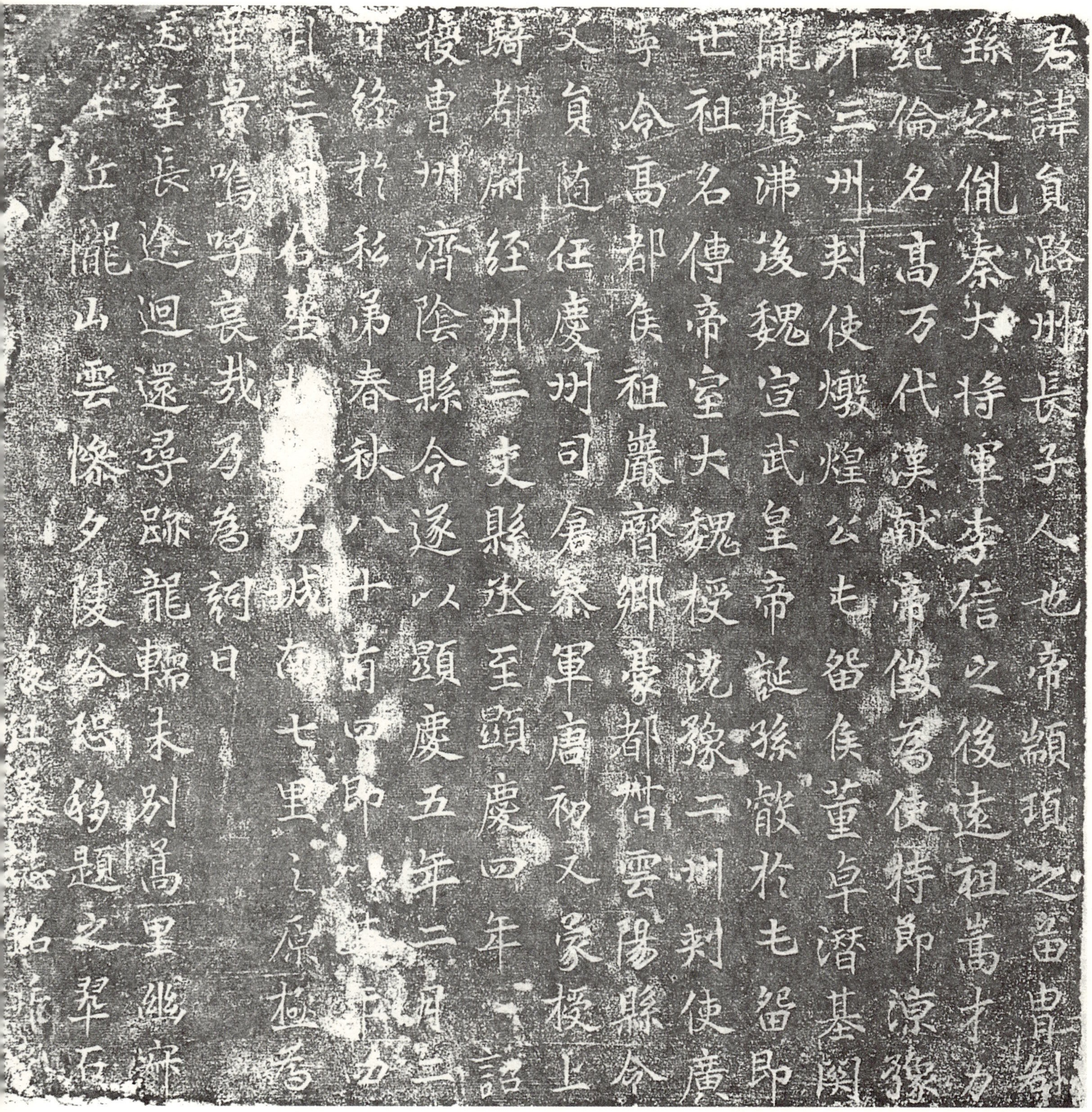

君諱員潞州長子人也帝顓頊之苗胄[illegible]
孫之侃秦大將軍李信之後遠祖嵩才力
絕倫名高万代漢獻帝徵為使持節涼豫
并三州刺使燉煌公乇留侯董卓潛基[illegible]
龍騰沸後魏宣武皇帝誕孫散於乇留郎
世祖名傳帝室大魏授豫二州刺使廣
平令高都侯祖巖齊鄉豪都督雲陽縣令
父員隨任慶州司倉參軍高祖之家授上
騎都尉經州三支縣丞至顯慶四年二詔
授曹州濟陰縣令遂以顯慶五年二月三
日終於私第春秋八十有四即以其年四
月三日合塋于城南七里之原柩為
華黄鳴呼哀哉乃為銘曰
遂至長途迴還尋跡龍轜未別萬里幽[illegible]
[illegible]丘隴山雲慘夕陵谷恐移題之翠石

42.李員墓誌

（據誌文擬題）

41×41 釐米

顯慶五年(660)四月三日葬于長子城南七里之原

2005 年 1 月誌石流經洛陽

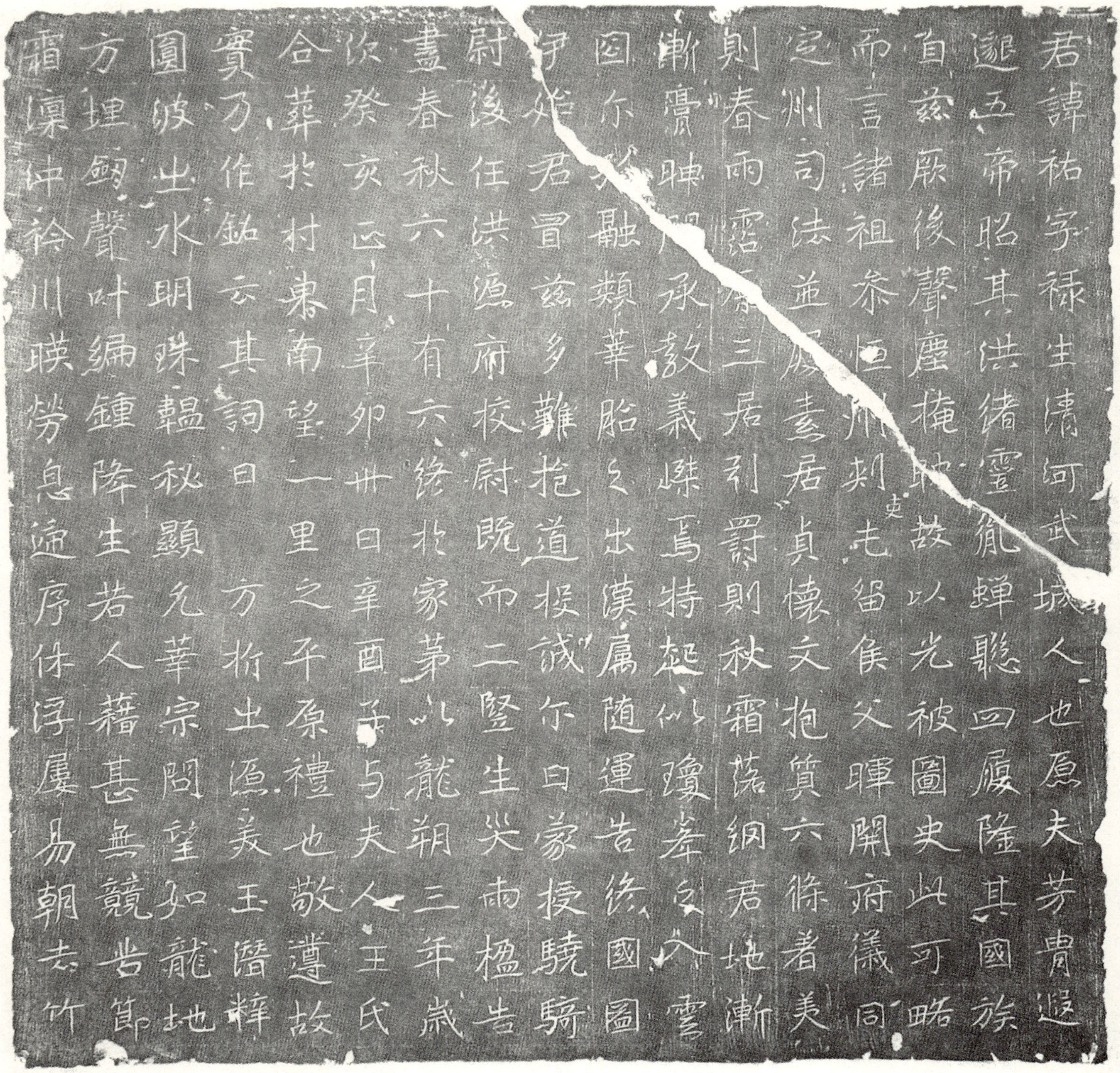

43.崔祐墓誌
（據內容擬題）

43×43.5 釐米
龍朔三年(663)正月三十日
據云 2006 年春河北某地出土

44.唐故郭大夫（善積）墓誌銘並序

51.5×51.5 釐米

乾封元年（666）二月廿三日

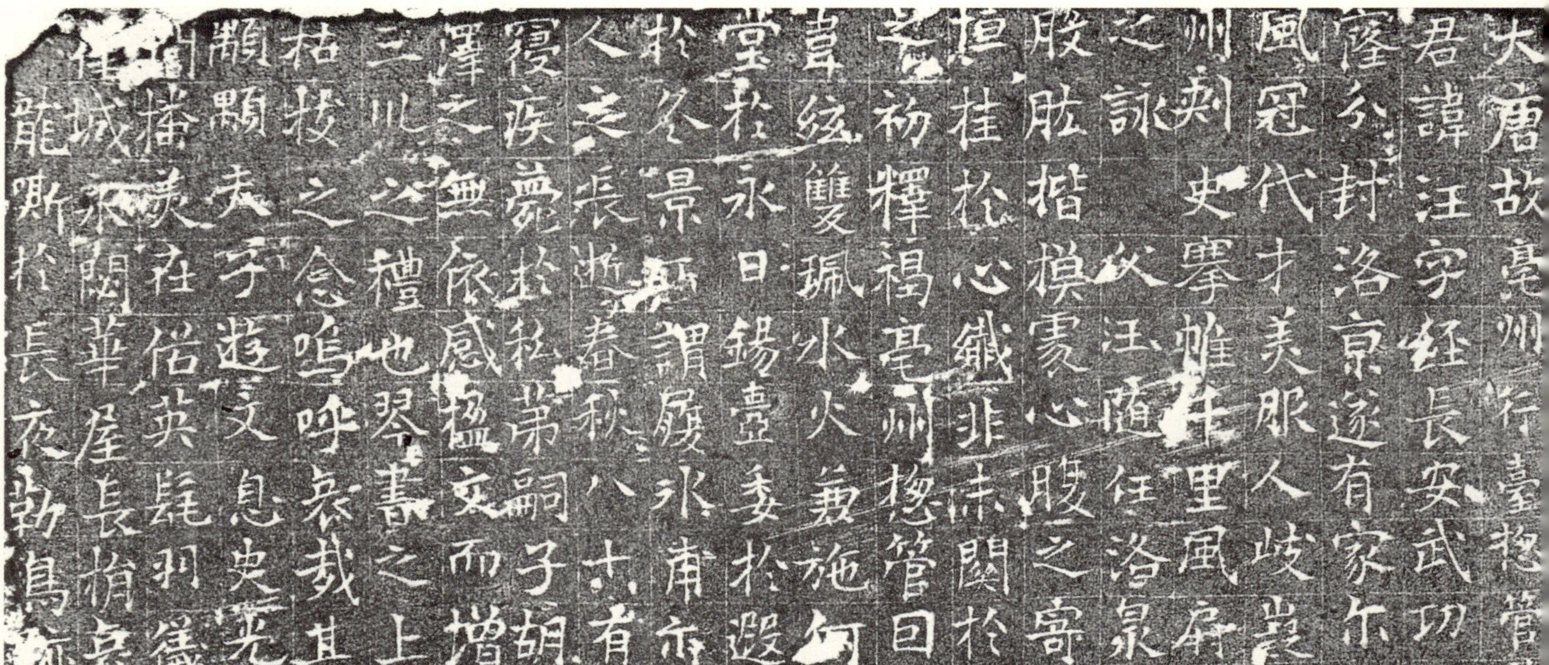

45.大唐故亳州行臺總管蘇君(汪)墓誌之銘並序

43×43 釐米；誌蓋芯拓本 32.5×32.5 釐米，內篆書“蘇君/誌銘”
總章二年(669)十二月一日
據云 2001 年秋洛陽邙山出土

46.唐故奉議郎上柱國史府君(君平)墓誌銘並序

57.3×58 釐米;誌蓋蓋芯篆書“史君/墓銘”,尺寸未量,本書未收
咸亨二年(671)十一月十六日
2003 年 2 月洛陽邙山出土

47.大唐建州建安縣尉故夫人高氏(莊嚴)墓誌銘並序

47×46.5 釐米
上元二年(675)十月三日
據云 2001 年夏洛陽邙山出土

48.大唐洛州故伊川府校尉張君(孝才)之墓誌並序

52.5×51 釐米
上元三年(676)三月十七日
2000年冬洛陽邙山出土

49.大唐桂州陽朔縣□飛騎尉趙君(確)墓誌銘並序

46.5×47.8 釐米
儀鳳四年(679)正月廿五日
據云 2000 年秋洛陽邙山出土

50.大唐故中散大夫使持節簡州諸軍事簡州刺史虞公(㥾)墓誌銘並序

56×56 釐米

永淳元年(682)十月廿六日

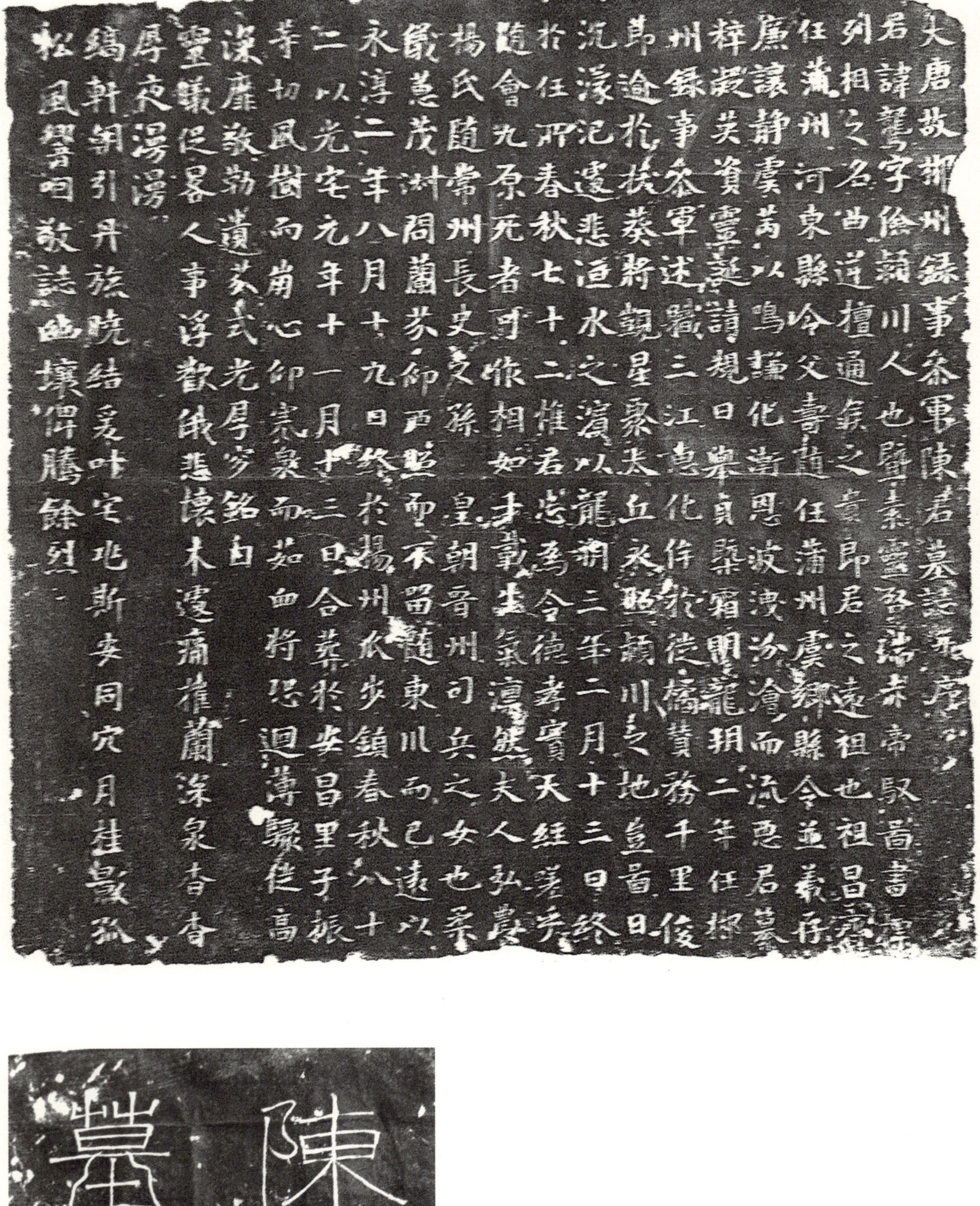

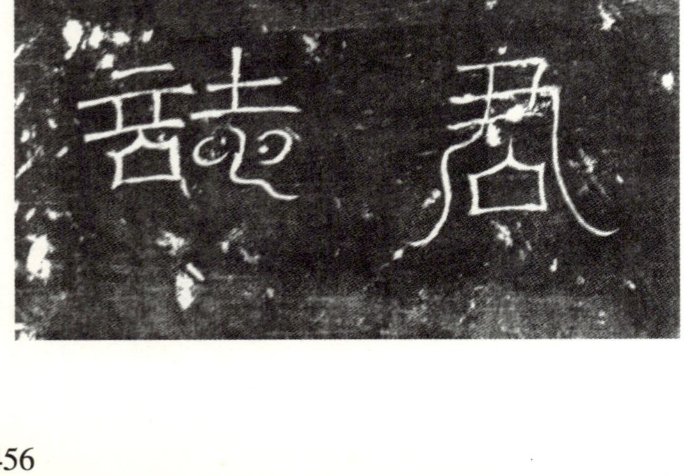

51.大唐故郴州錄事參軍陳君(鸞)墓誌並序

43×43.5 釐米；誌蓋蓋芯拓本 33.5×32.5 釐米，內篆書"陳君/墓誌"
光宅元年(684)十一月十三日
2006 年春洛陽邙山出土

52.大唐故監門直長趙君(興)之墓誌銘

58.5×58×9.5 釐米
載初元年(689)五月二十八日
2005 年冬洛陽邙山南麓出土

53.大周故銀青光祿大夫行籠州刺史上柱國燕郡開國公屈突府君(詮)墓誌銘並序

72×73×15 釐米
天授二年(691)十月十八日

54. 大周故唐安東都護府萬金鎮副騎都尉李府君(吉)墓誌銘並序

49.5×50 釐米；誌額拓本 52.5×52.5 釐米，額芯篆書“大周故/李府君/墓誌銘”。
天冊萬歲二年(696)正月十六日
據云 2006 年 12 月鞏縣出土。

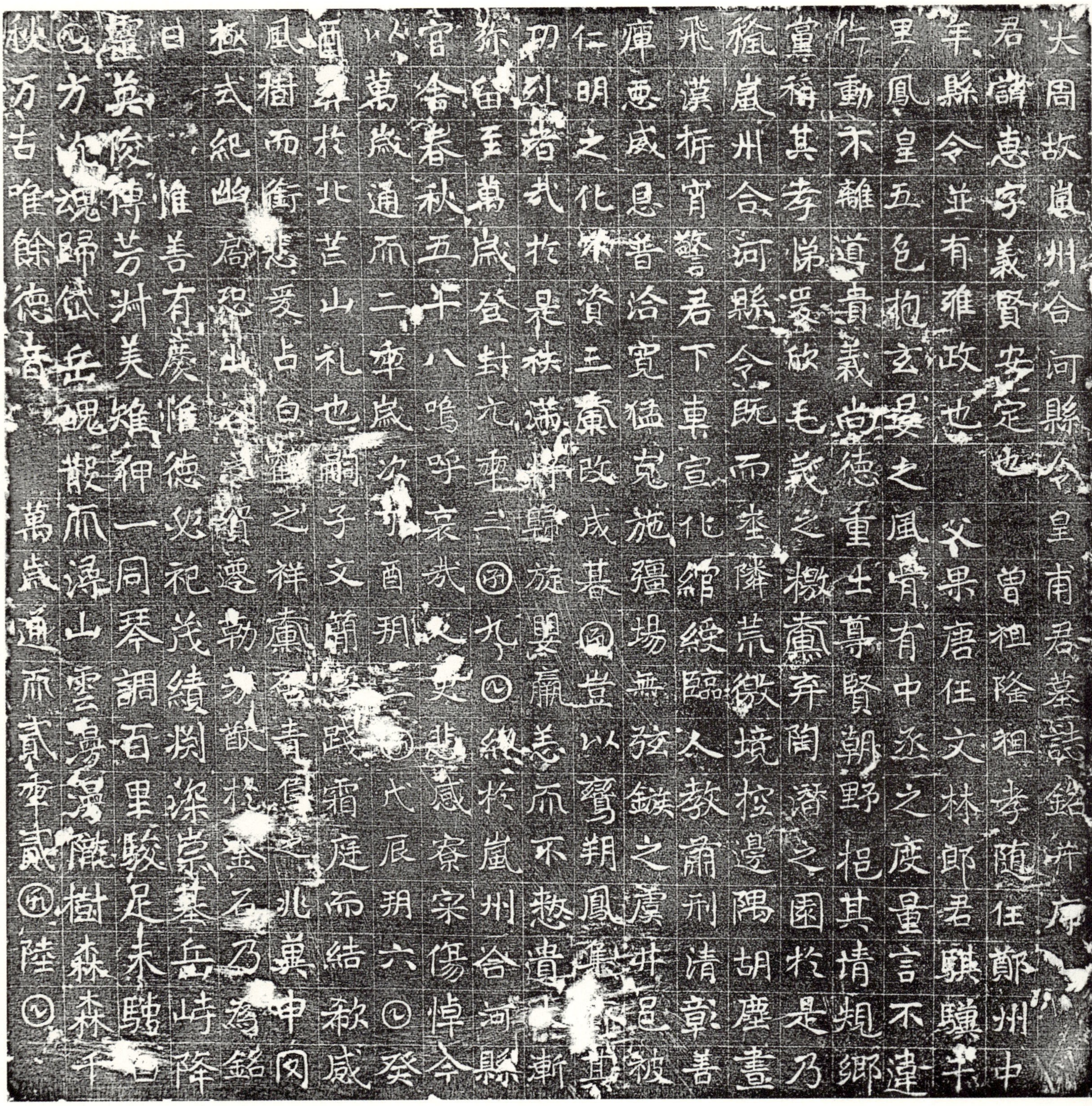

55.大周故嵐州合河縣令皇甫君(惠)墓誌銘並序

37.5×37 釐米
萬歲通天二年(697)二月六日
據云 1999 年冬洛陽邙山出土

56.大周故司衛少卿張君(遠助)墓誌銘並序

58×57×12.5 釐米
神功元年(697)十月二十一日
2002 年春洛陽邙山出土

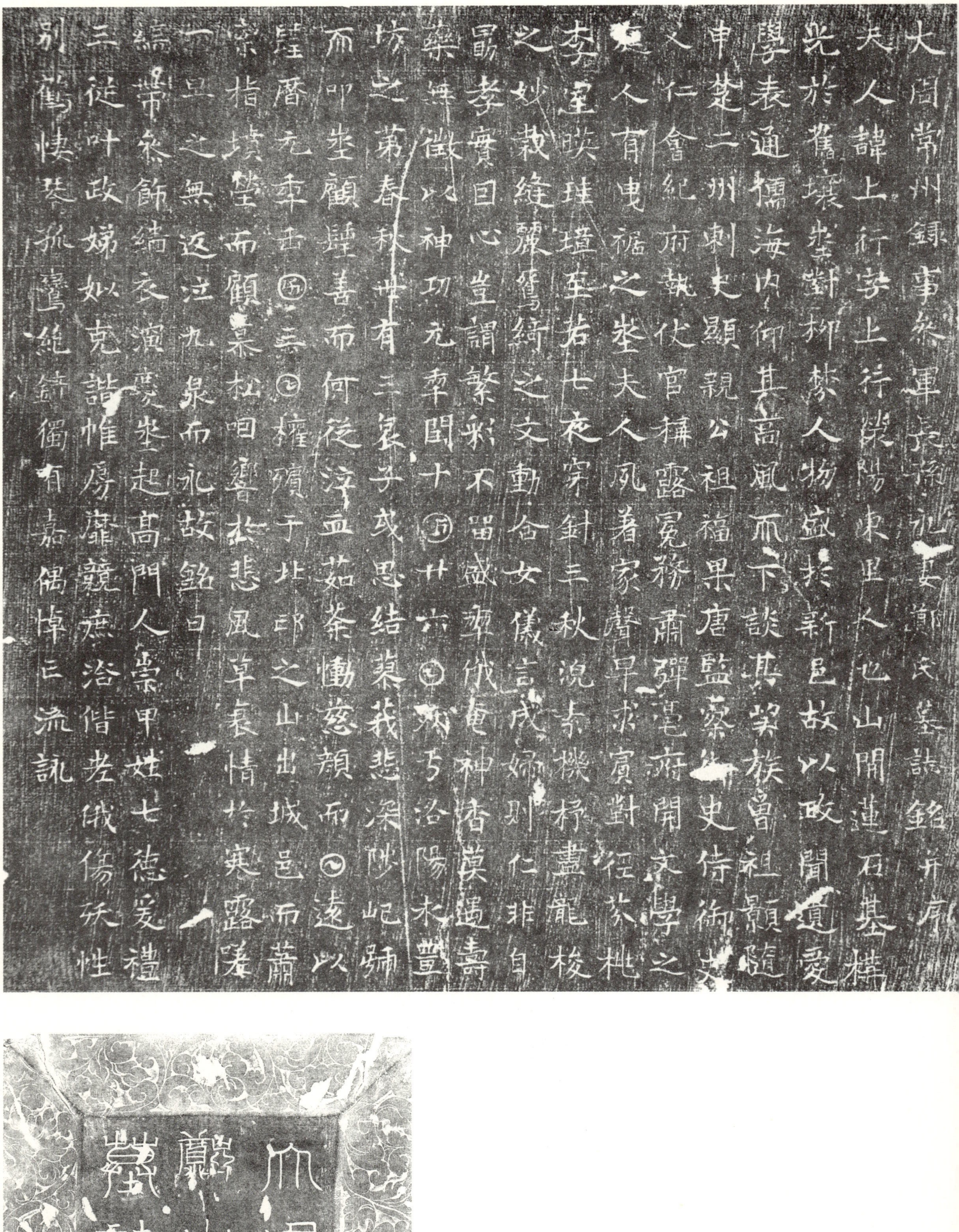

57.大周常州錄事參軍長孫永妻鄭氏（上行）墓誌銘並序

32.5×32.5 釐米；誌蓋拓本 34.5×36.5 釐米，蓋芯篆書“大周故/鄭夫人/墓誌銘”
聖曆元年（698）正月三日
據云 2000 年冬洛陽邙山出土

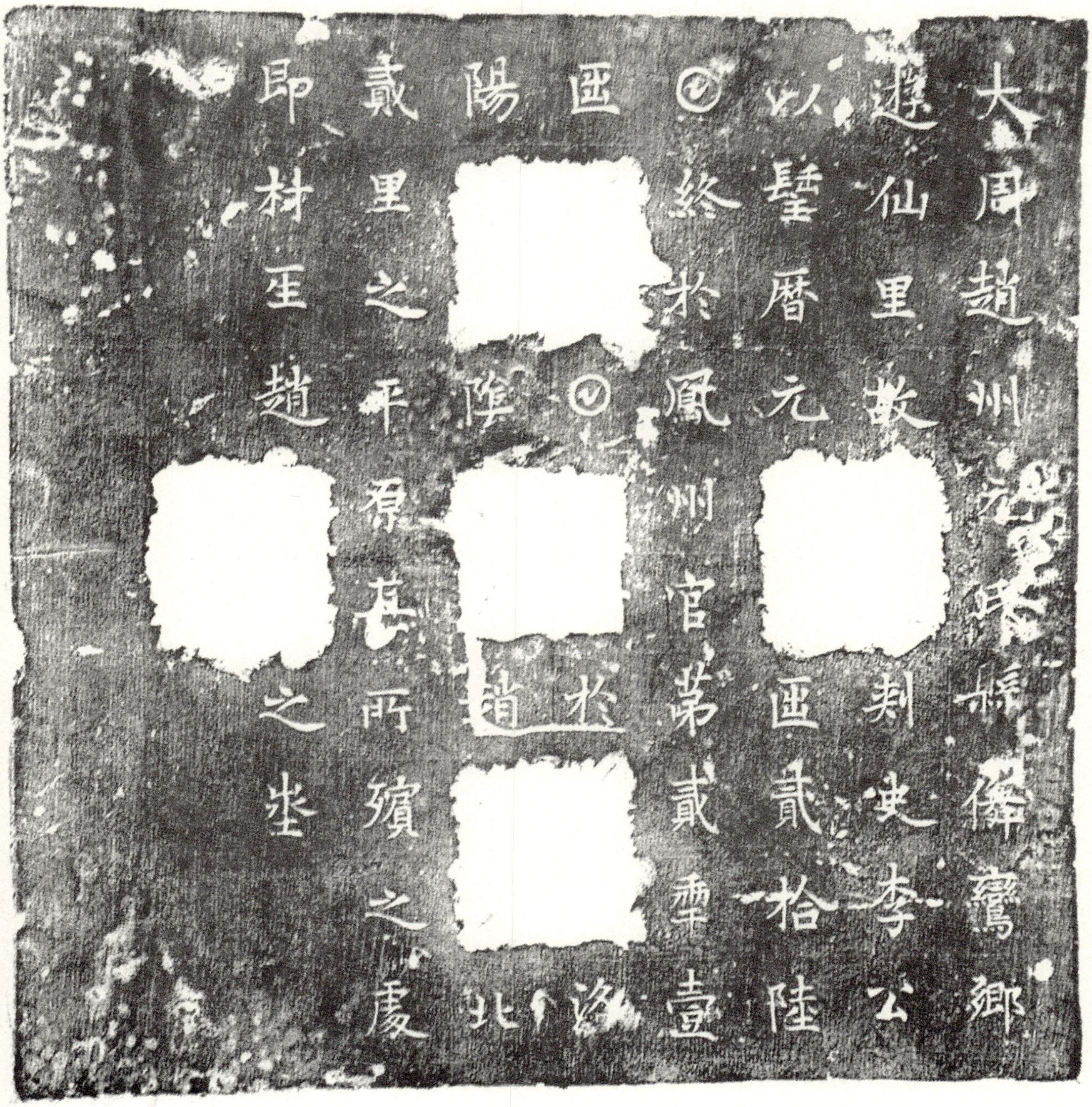

58.鳳州刺史李公墓誌

30.8×30.8 釐米
聖曆二年(699)一月□□日
2006 年 6 月洛陽邙山出土

59.大周故處士王君(真)墓誌銘並序

48×47.5 釐米
長安元年(701)十一月廿八日
約 2000 年出土于高平故城西原

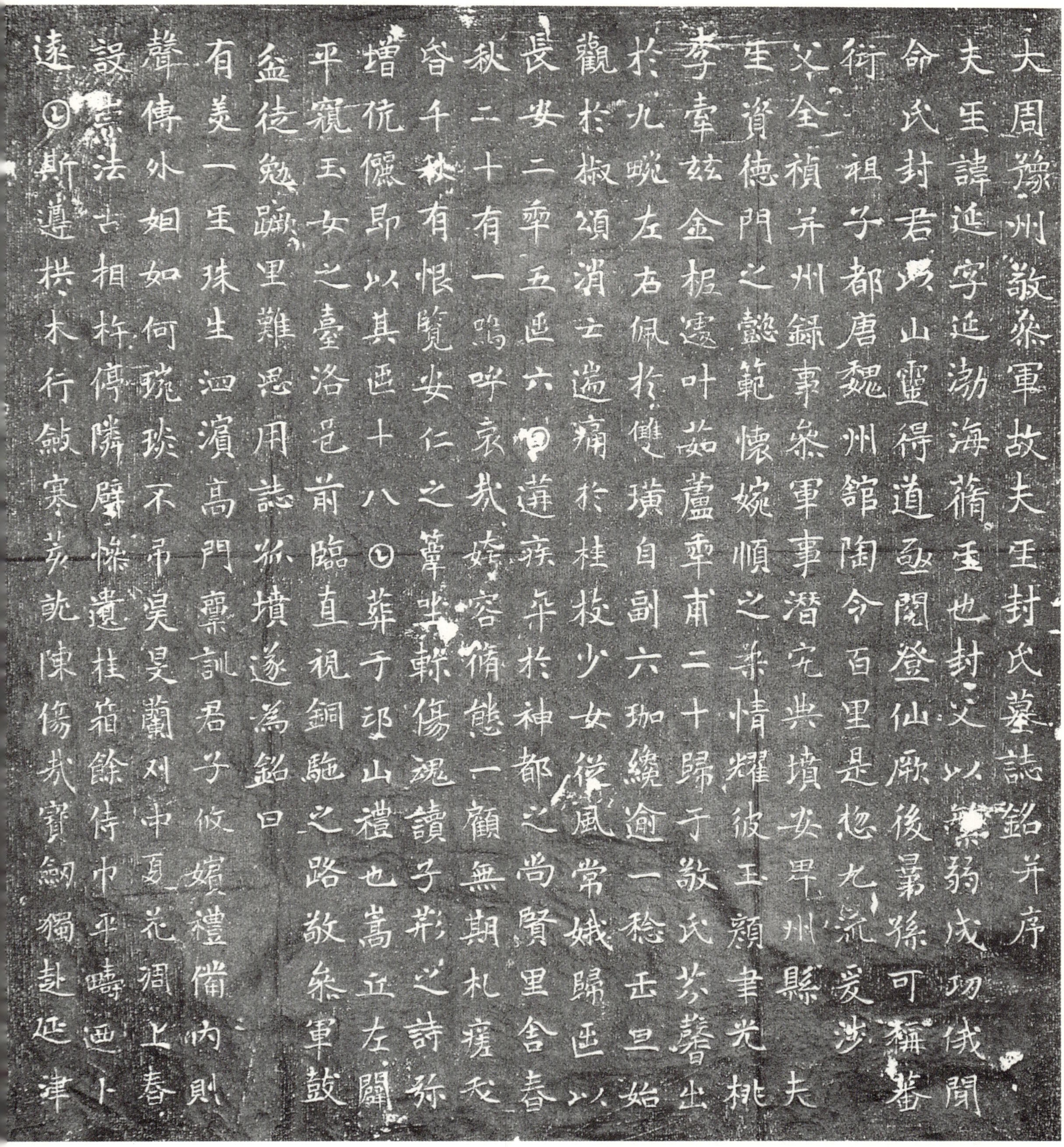
大周豫州敬參軍故夫人封氏墓誌銘并序
夫人諱延字延渤海蓨人也封父以纂弱成功儀聞
命氏封君以山靈得道函關登仙厥後弟孫可稱蕃
衍祖子都唐魏州館陶令百里是恤九流爰涉夫
父全禎并州錄事參軍事潛究典墳安卑州縣夫
人資德門之懿範懷婉順之柔情耀彼玉顏聿光桃
李爰茲金柩還叶茹蘆年甫二十歸于敬氏芬馨出
於九畹左右佩於雙璜自副六珈纔逾一稔壬旦始
觀於椒頌消亡遄痛於桂枝少女從風常娥歸月以
長安二年五月六日遘疾卒於神都之尚賢里舍春
秋二十有一嗚呼哀哉婉容脩態一顧無期札瘥夭
昏千秋有恨覽安仁之篇悲軌傷魂讀子荊之詩旅
增伉儷卽以其月十八日葬于邙山禮也嵩丘左闕
平寢玉女之臺洛邑前臨直視銅駝之路敬參軍鼓
盆徒勉勵里難忍用誌於墳遂爲銘曰
有美一人珠生泗濱高門稟訓君子攸嬪禮備內則
聲傳外姻如何琬琰不弔昊昊蘭刈中夏花凋上春
設崇法古相杵停隣辟慄遺桂箱餘侍巾平疇匝卜
遠日斯遷拱木行斂寒荄䖍陳傷哉寶劒獨赴延津

60.大周豫州敬參軍故夫人封氏(延)墓誌銘並序

43×42.5 釐米
長安二年(702)五月六日
2001 年 12 月洛陽邙山出土

61.大周故朝請大夫隨州長史上輕車都尉李府君(自勖)墓誌銘並序

70×70×15 釐米；誌蓋拓本 83×83 釐米，蓋芯篆書“大周故朝/請大夫隋/州長史李/府君墓誌”
長安二年(702)五月三十日
2004 年 12 月洛陽邙山出土

62.大周故澤州晉城縣令樊府君(鼎)墓誌銘並序

44×44.5×9.5 釐米
長安三年(703)正月二十日

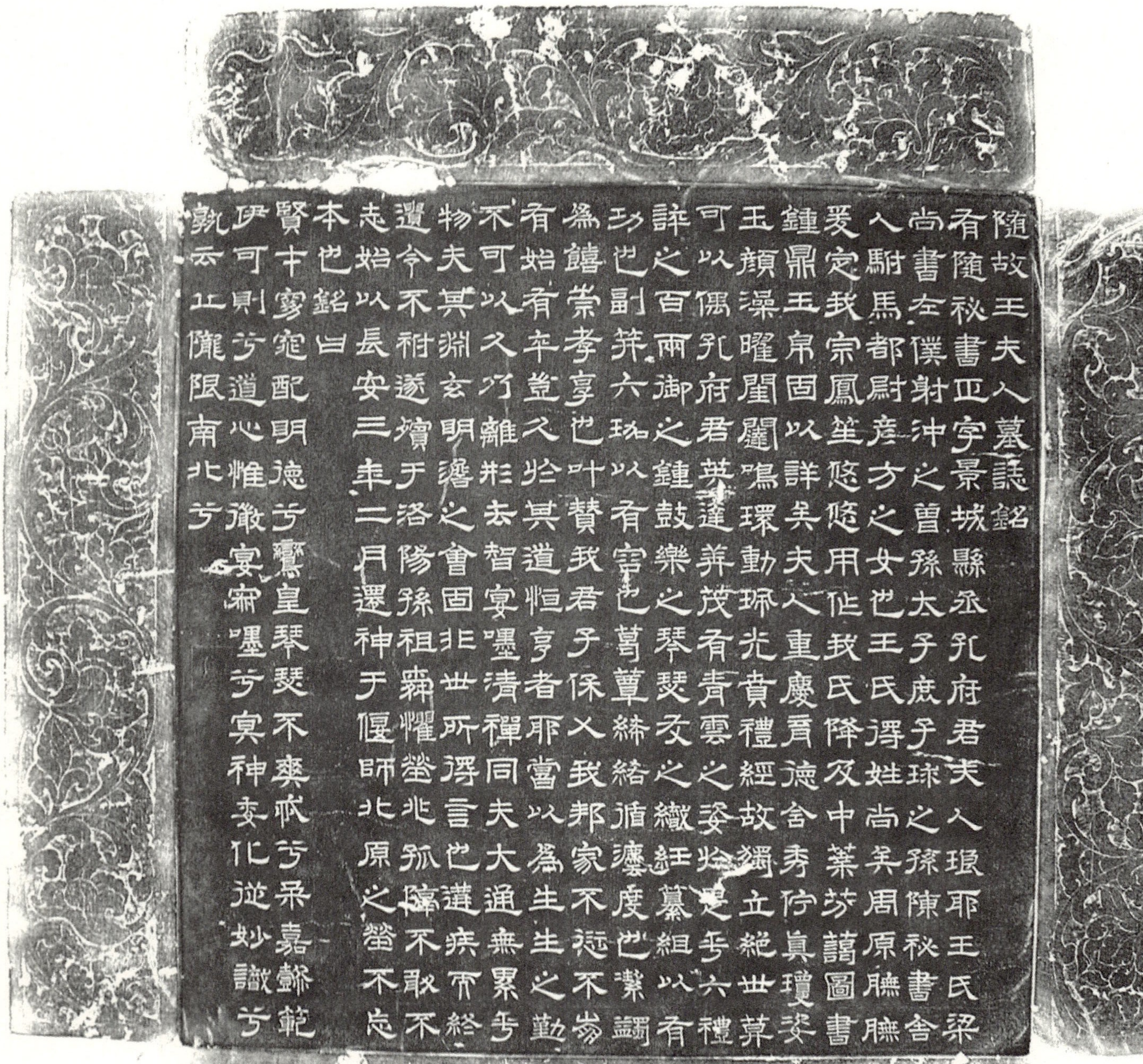

63.隨故王夫人墓誌銘

59.5×59.5×11.3 釐米；誌蓋拓本 45×46.5 釐米，蓋芯篆書"隋故王/夫人墓/誌之銘"
長安三年(703)二月
2006 年 6 月偃師出土

64.唐故詹事府主簿王公(鼎)墓誌銘並序

61.5×61.5 釐米
奉議郎行來庭縣尉武功蘇頲文
長安三年(703)十月十五日

65.唐故處士婁府君(文纂)墓誌銘並序

30.2×30.2 釐米
神龍元年(705)五月二十四日
2004 年 8 月洛陽邙山出土

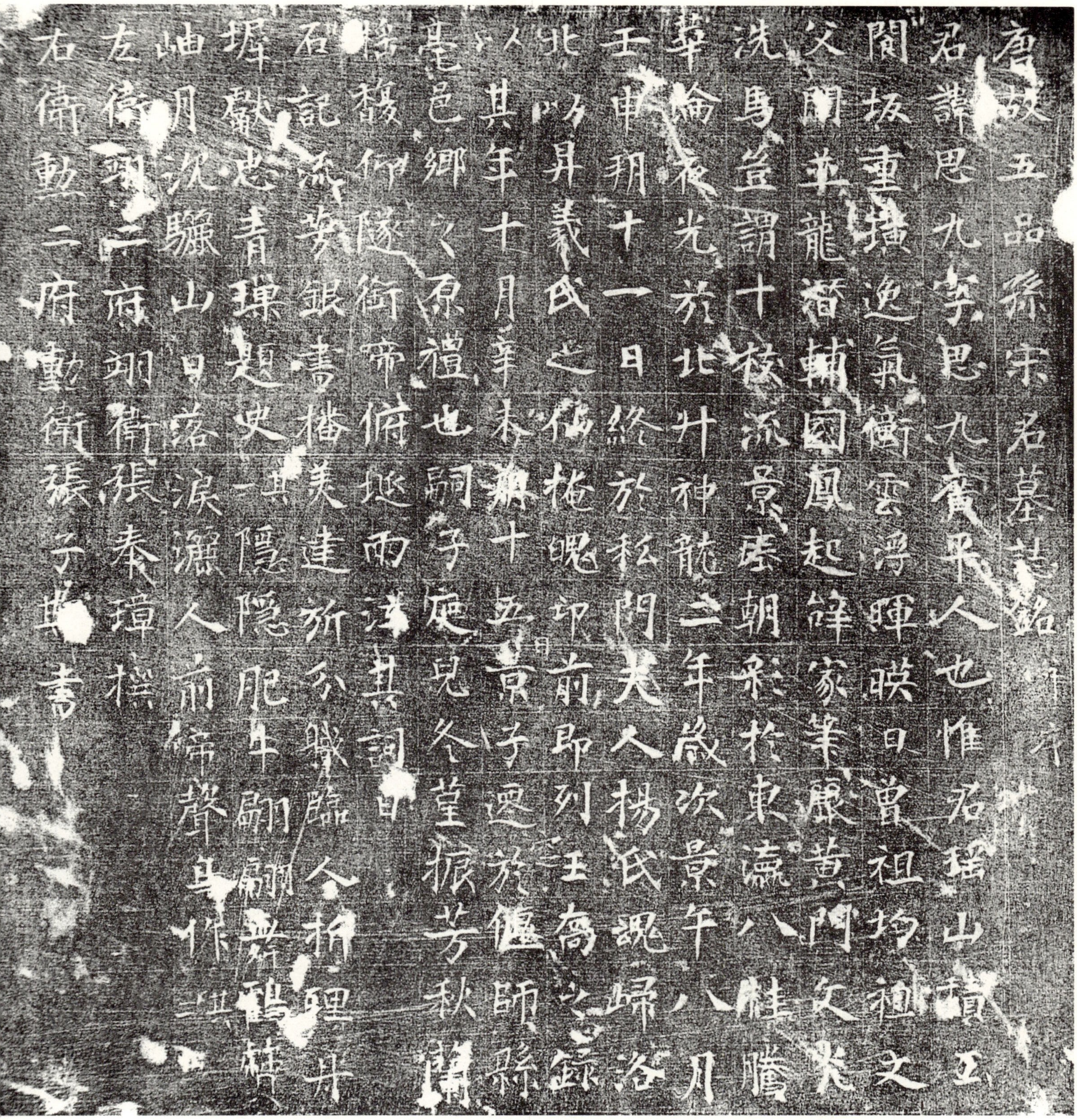

66.唐故五品孫宋君（思九）墓誌銘並序

31×31 釐米　左衛翊二府翊衛張奉璋撰，右衛勛二府勛衛張子期書
神龍二年（706）十月十五日
傳云 1999 年夏偃師縣城西原出土。

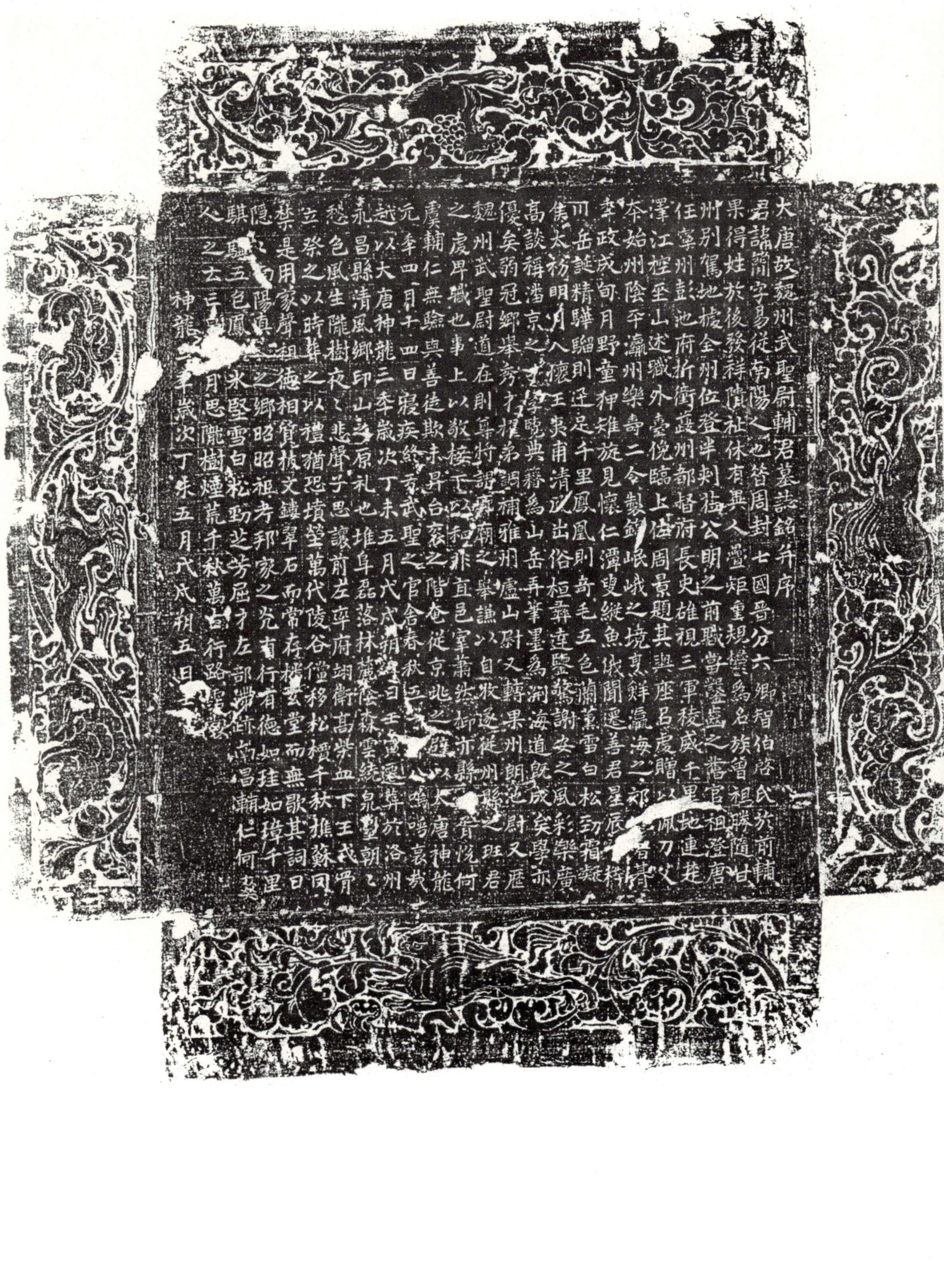

67.大唐故魏州武聖尉輔君(簡)墓誌銘並序

46×43×10.5 釐米
神龍三年(707)五月五日
2001 年秋洛陽邙山出土

68.大唐故衢州須江縣令弘農楊府君(務本)墓誌銘並序

55.5×55.5 釐米；誌蓋拓本 63×63 釐米，蓋芯篆書“大唐故/楊府君/墓誌銘”

景龍三年(709)七月辛酉(七日)

據云 2004 年夏偃師縣首陽山出土

69.大唐故上騎都尉朝散郎吏部常選楊公(處濟)墓誌銘並序

44.5×44.5×12 釐米；誌蓋拓本 45.5×46 釐米，蓋芯篆書“大唐故/楊府君/墓誌銘”
景龍三年(709)七月廿六日
2005 年夏洛陽邙山出土。

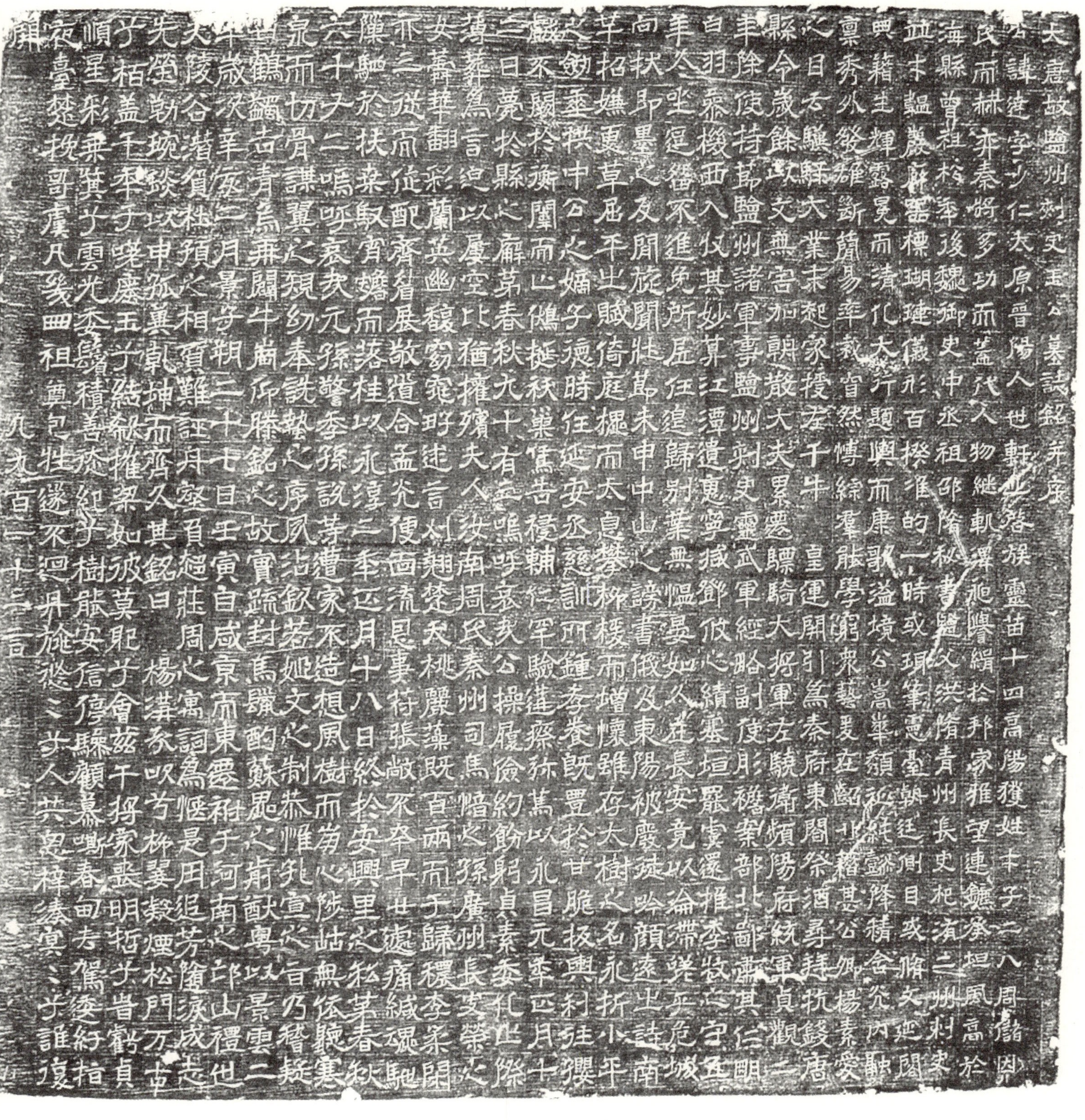

70.大唐故鹽州刺史王公(達)墓誌銘並序

53.5×54 釐米
景雲二年(711)二月十七日
2006 年 6 月出土于邙山

71.大唐故竹府君(玄)墓誌銘並序

58.5×58.5 釐米
景雲二年(711)十月廿日
2005 年冬出土

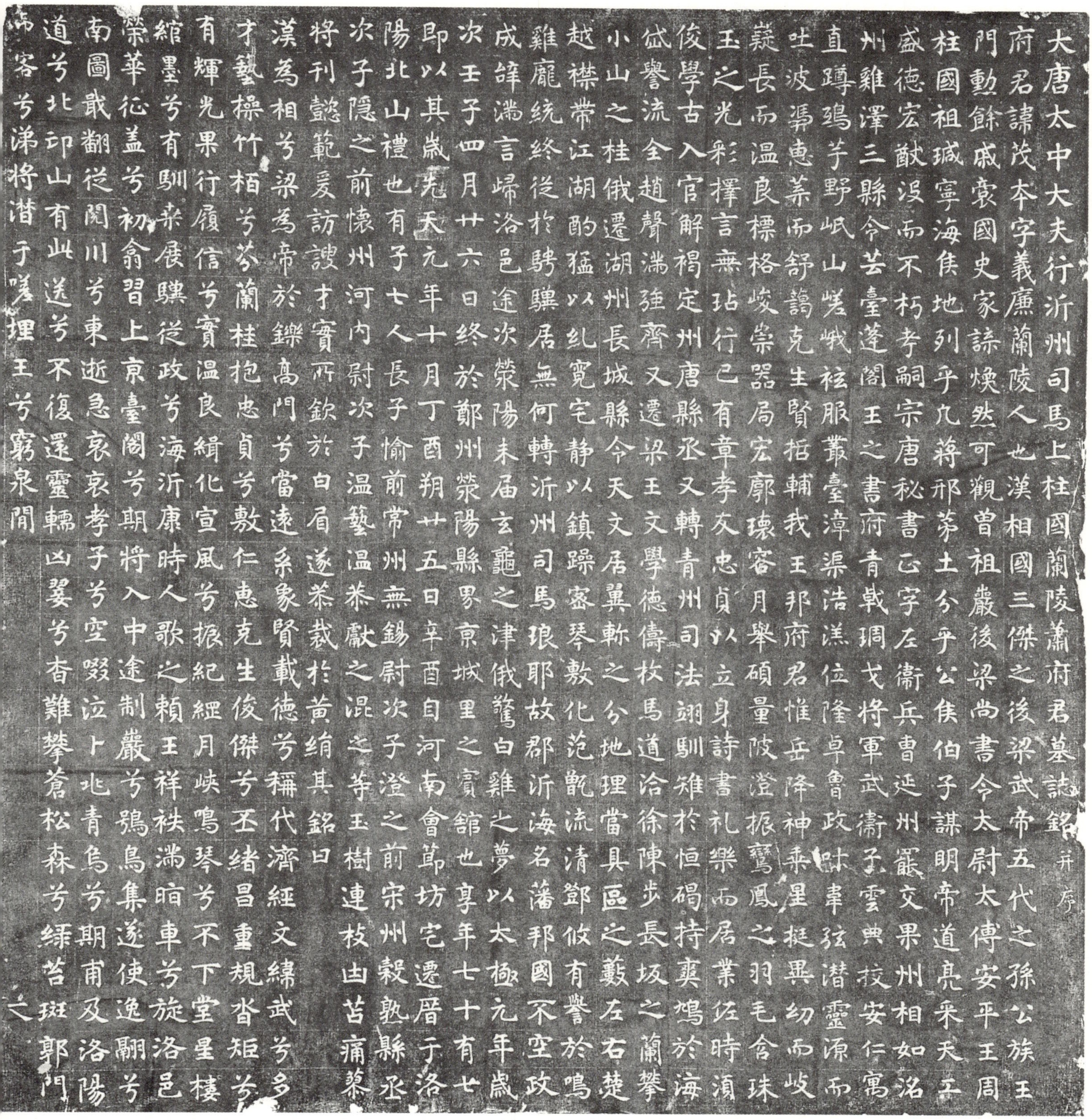

大唐太中大夫行沂州司馬上柱國蘭陵蕭府君墓誌銘并序

府君諱茂本，字義廉，蘭陵人也。漢相國三傑之後，梁武帝五代之孫。公族王門，勳餘戚衮，國史家諜，煥然可觀。曾祖巖，後梁尚書令、太尉、太傅、安平王、周柱國。祖瑊，寧海侯。地列乎九蔣邦茅土，分乎公侯伯子，謀明帝道，亮采天子，盛德宏猷，沒而不朽。考嗣宗，唐秘書正字、左衛兵曹、延州罷交果州相如洺州雍澤三縣令。芸臺蓬閣，王之書府；青戟琱戈，將軍武衛。子雲典校，安仁寓直。蹲鴟芋野，岷山嵯峨；袪服叢臺，漳渠浩渼。位隆卓魯，政肆彈弦。潛靈源而吐波，渠惠蕤而舒蘤。克生賢哲，輔我王邦。府君惟岳降神，乘星挺異，幼而岐嶷，長而溫良，標格峻崇，器局宏廓，瓌姿月舉，碩量陂澄，振鸞鳳之羽毛，含珠玉之光彩。擇言無玷，行己有章，孝友忠貞以立身，詩書禮樂而居業。弱時須俊，學古入官，解褐定州唐縣丞，又轉青州司法。翊馴雉於恒碣，持爽鳩於海岱。譽流全趙，聲滿強齊。又遷梁王文學，德儔枚馬，道洽徐陳，步長坂之蘭，擧小山之桂。俄遷湖州長城縣令。天文居翼軫之分，地理當具區之藪，左右楚越，襟帶江湖。酌猛以糺寬，宅靜以鎮躁，密琴數化，范甑流清，鄧攸有譽於鳴雞，龐統終從於騁驥。居無何，轉沂州司馬。琅耶故郡，沂海名藩，邦國不空，政成鋒滿，言歸洛邑，途次滎陽，未屆玄龜之津，俄驚白雞之夢。以太極元年歲次壬子四月廿六日終於鄭州滎陽縣界京城里之賓館也，享年七十有七。即以其歲先天元年十月丁酉朔廿五日辛酉自河南會節坊宅遷厝于洛陽北山，禮也。有子七人：長子愉，前常州無錫尉；次子澄之，前宋州穀孰縣丞；次子隱之，前懷州河內尉；次子溫藝、溫恭、獻之、混之等，玉樹連枝，由苫痛蓼。将刊懿範，爰訪謏才，寔所欽於白眉，遂恭裁於黃絹。其銘曰：

漢爲相兮梁爲帝，於鑠高門兮當遠系。象賢載德兮稱代濟，經文緯武兮多才藝。操竹栢兮芬蘭桂，抱忠貞兮敷仁惠。克生俊傑兮丕緒昌，重規沓矩兮有輝光。果行履信兮實溫良，絹化宣風兮振紀綱。月峽鳴琴兮不下堂，星樓綰墨兮有馴雉。展驥從政兮海沂康，時人歌之賴王祥。袪滿晦車兮旋洛邑，榮華征蓋兮初翕習。上京臺閣兮期將入，中途制巖兮鵩鳥集。遂使逸翮兮南圖戢，翻從閱川兮東逝急。哀哀孝子兮空毀泣，卜兆青烏兮期甫及。洛陽道兮北邙山，有此送兮不復還。靈轜凶翣兮杳難攀，蒼松森兮綠苔斑。郭門之而客兮涕將潜，于嗟埋玉兮窮泉間。

72.大唐太中大夫行沂州司馬上柱國蘭陵蕭府君(茂本)墓誌銘並序

80×79 釐米；誌蓋 83×84 釐米，蓋芯篆書“大唐故沂/州司馬蘭/陵蕭府君/墓誌之銘”
先天元年(713)十月二十五日
2004 年洛陽邙山出土

73.故銀青光祿大夫行黃門侍郎傅公(游藝)墓誌

71×72 釐米

先天元年(713)十一月十九日

誌主傅游藝,《舊唐書》卷一八六《酷吏傳》有傳,中華書局,1975 年,頁四八四二。

2004 年 5 月洛陽邙山出土。

大唐故幽州都督左威衛大將軍兼左羽林軍上下贈使持節都督兗州諸軍事兗州刺史河東郡開
國公裴府君墓誌銘并序　朝議郎行洛州河南縣尉鉅鹿魏烜撰
公諱懷古字德度河東聞喜人也六代祖仲穆燕西河王文學宋高祖平燕辟司徒府長史隨度江後寓
居壽春事見梁書材祖夷陵侯邃傳若夫垂棘孕寶辟浮虹氣汾水流懸鼎出龍雲地有精靈人多秀異
所以羽儀四海對越八王曾祖胤梁南平河東二郡太守聞喜縣開國公衣錦施化分茅書社祖詡隨朝
請大夫同安郡丞德既有鄰位不充量父慈仁隨衣冠子潁川長葛縣尸曹皇朝均州武當縣令贈絳
晉二州長史爲山廢於一簣寵賁延於九泉公稟元和之精資峻極之靈體仁義以毓德由禮讓以成性
機神內融英華外發若乃三德六行列聖之韜鈐指必踐其地九流七略前哲之閫域撫息咸[illegible]其奧
用能躡都廣軼姑餘搏風雲以曾飛截虹蜺以奮翼儀鳳二年舉賢良乃詣闕上書聖上覽新語而
歎陸生坐宣室而高賈誼擢授同州下邽縣主薄夫棠蘭始春芳香自遠和璞初瑩光價載高尋以絕遠
紀選舉勅遷授濟州録事參軍事丁艱去職喪既闋選授雍州櫟陽縣尉代論又選授洛州來庭縣主
簿尋而褒舉射策高第除監察御史又殿中侍御史內供奉執斯簡憲職此奸回茲選特難今昔爲重得
人之美允穆時談時西南外夷矜險怙亂聖謀安輯帝難其人公以才略可推銜命招撫拜闕
庭而遥邁指卭都而一息雷隨風淡化偃咸行遂輯群蠻卌萬戶捻犯膜拜屢請和親聖人以跡羈縻
好之錫罽乃勅淮陽郡王武延秀將是成命賫茲娉納勅公護送光此輶軒而豺狼異心欺乃誠信
誕我天造圖陷王師公淪躓虜庭拘囚異域奮不顧命賫道重圍與夫李陵既降隴西多愧蘇武
迭塞北窮留忠烈精誠豈爲連類上嘉其節乃疇厥庸授朝散大夫尚書祠部員外郎羌笮嶲昆感恩
懷惠款關守關俟公爲州國家道在綏懷重違誠請以公攝校姚嶲等卌七州諸軍事姚州都督擾
而不遣夷州之留士變河內之借寇恂無以尚矣鵷鸞異託臧没不群覽觀樊香瑱門待漏晨趨夕拜寔
行異才又除尚書主爵郎中南越天遥東甌海曠嶺障所限聲教難均遐徼荒陬兇渠允惡負茲地險亂
彼天常討伏招懷允屬朝選以公檢校桂田等卌二州諸軍事桂州都督持節招慰討擊公單車入境
匹馬先監篁竹通首望前茅而涯首桂林巨疊西中擢而樹領渙子旬晦千里肅清乃相與圖像立祠刊
石頌德比夫望豐碑而墮淚攀去轂而留軒可同年而語矣又除潭衡永等七州諸軍事潭州都督[illegible]其
又除相州諸軍事相州刺史山鎮衡巫地殷漳滏雖吳魏異俗而惠政載康累月徵拜右羽林將軍封聞
喜縣開國公食邑一千戶綮徹天禁黃道宸嚴持絳節而擁旄擐雕戈而倚劍威名所寄顧盼殊榮寵
楚帶河恩深張土景雲元年除汝州諸軍事汝州刺史洛京近甸汝海雄都四陝交馳萬商庬謀政庶
人免法簡刑清無何除并州大都督府長史進封河東郡開國公食邑二千戶重拜右羽林軍大將軍復
以本官兼并州長史未幾除使持節都督幽州諸軍事幽州刺史安東都護持節鎮守經略大使戎臣
防晉野燕垂乘虜障而東臨望胡庭而北指務兼天下之半地殷夷狄之衝總統之才允茲文武延和元
年徵拜左威衛大將軍左羽林軍上下文昌之宿類光上將之星羽林之營再肅將軍之令方期執玉會
服翊和平之風補袞槐庭陪告成之禮而熏山變啎溠水驚波甲子之年盈數成於二首辰巳之歲災
殃於九宵以先天元年十一月三日寢疾薨於長安布政里之私第春秋七十五悼深宸扆禮慇飾終
詔贈使持節都督兗州諸軍事兗州刺史勅賻物二百段米粟二百石喪事官給仍令京官五品一人
監護以先天二年三月廿二日遷厝於洛州河陽縣嶺山之北原禮也惟公性隣幾庶道貫中和清規
温廉深簡潔既體微以索隱信內照而外明洛所謂人倫之羽儀廊廟之瑚璉者矣嗣子太子通事舍人
不常冥極之感泣風枝而永慕終身之哀踐霜露而增絕以爲陵谷終改莫覩漢陽之文泉扃遽深思
羽陵之簡斲石紀德垂之頌聲其銘曰　大哉乾元兮萬物資始降厥靈命兮異人間起深情海曠
雲濤遥遥尋德岳立兮峯危紫霄　我皇稽古兮敷暢玄風夫君受命兮曾亮天工高冠長組兮文馬
軒入司禁兮出撫雄藩澤被幽都兮化行南國去思餘頌兮于今不息方調鼎餌兮爲國之楨如何
而兮棟折山傾粛是夷節兮悠悠永終千秋萬歲兮徒仰清風　猶子無惑書

74.大唐故幽州都督左威衛大將軍兼左羽林軍上下贈使持節都督兗州諸軍事兗州刺史河東郡開國公裴府君(懷古)墓誌銘並序

87.5×87.5×13 釐米，朝議郎行洛州河南縣尉巨鹿魏烜撰，猶子無惑書。
誌蓋 92.5×91.5×13.5 釐米，蓋芯篆書“大唐故/裴府君/墓誌銘”
先天二年(713)三月廿二日
裴懷古，《舊唐書》卷一八五下《良吏傳》有傳
2004 年春孟縣北嶺出土

75.唐故連州司戶參軍鄭府君（弘劼）墓誌銘並序

58×58 釐米
開元二年（714）五月十日
2004 年 2 月洛陽邙山出土

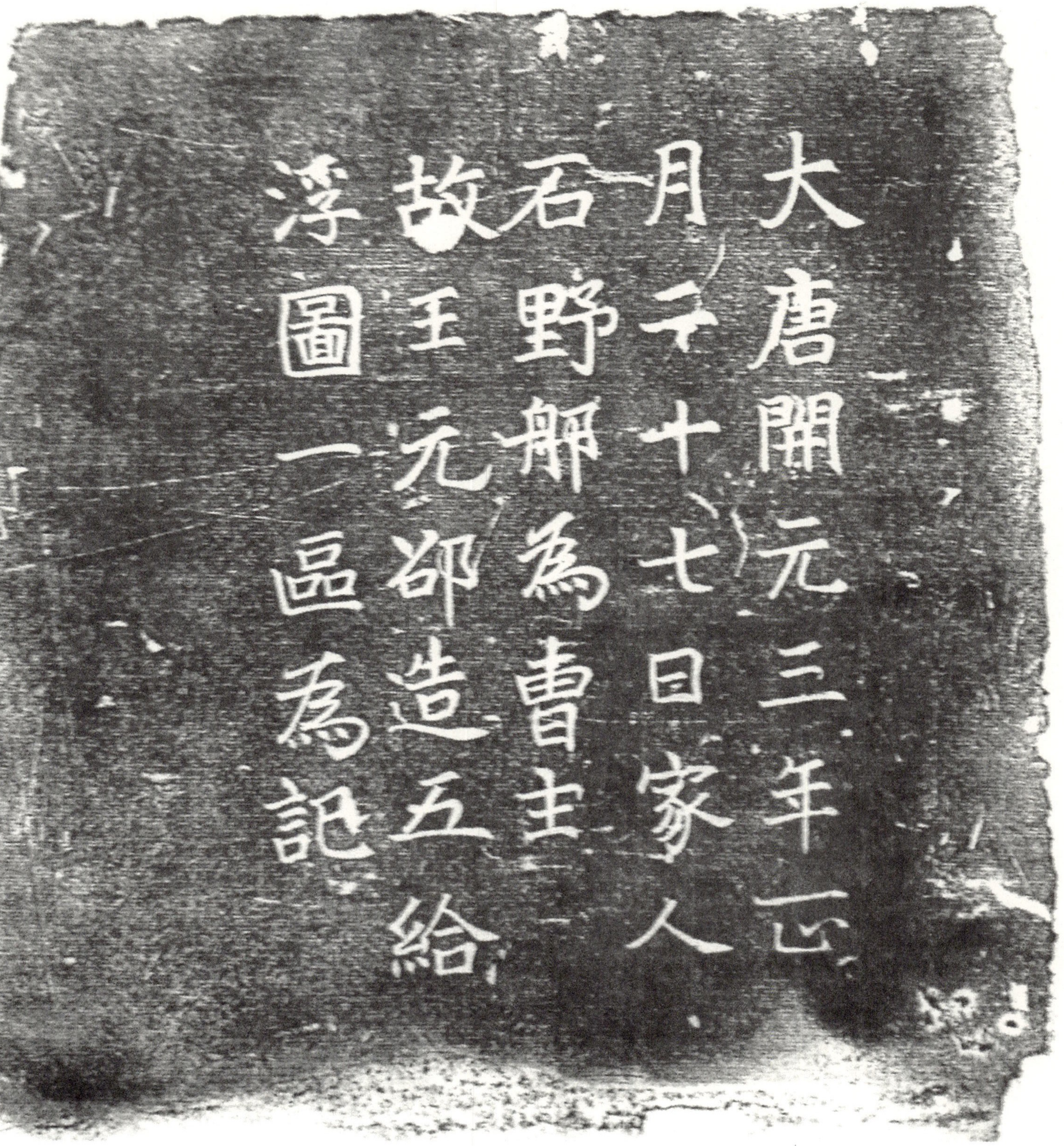

76.石野那浮圖銘

浮圖通高 135 釐米，水平截面正方形，每邊 34 釐米。銘文 34.5×34 釐米
開元三年(715)正月二十七日

唐故上柱國司馬君墓誌銘并序
若夫五馬浮江一龍飛漢昌華晉國惟我家子固知張門有
作賦之才桑孫標容山之譽山河秀氣與八宿而齊明人物
國華共三才而合德君諱元恪字敬本家本懷州河內人也
祖孝通父基並性逸山泉志輕軒蓋園林竹樹仲長統之齊
芳築室開居潘安仁之雅量公禀山澤之精精得星辰之勝
氣横行柳塞勇冠三軍直出榆關聲飛七萃勳庸克就功勳
爰登於大足元年遂授公上柱國栖遲鄉曲遊賞亭池秋
月消庭便奏鵾鷄之弄春花笑日言飛鸚鵡之林琳瑯座而
風彩生杞梓抽而賢才出公身德行誰敢先之嗚呼哀哉不
謂石火不停道颯難住郭龍驚夢賈鳥為災緑琴無竹林之
期丹旐有松扃之慘公春秋五十有一歿於先天二年大人
即以開元三年歲次乙卯二月癸丑朔三十日壬午葬於斯
城西南十二里東連叢葬望花柳於三春北迩漳觀風波之
二水有子崇舜等歎北邙而永慕悲南陵以痛情恐陵谷而
有遷勒金石而為固言邈下志乃作銘云其詞曰
晉國之盛河內貴孫金玉入座朱紫盈門風煙是歎人物仍
存其德如桂其明若琨其一山河之氣廊廟之材風雲間出英
烈時來鼓龍入筆鸚鵡隨杯山泉見乾煙月徘徊其二百年已
矣三樂無時忽辭華室泉路何之白馬將送黃鳥為詩一朝
親友万古相思其三

77.唐故上柱國司馬君(元恪)墓誌銘並序

54.5×54.5×7.8 釐米
開元三年(715)二月三十日
2002 年春洛陽邙山出土

唐故滑州韋城縣主簿隴西牛君墓誌銘并序
君諱志明字朗河南郡洛陽人也家傳鍾鼎代
載英賢歷周秦而虎昌洎漢魏而彌劭曾祖德
隨唐州録事參軍祖積齊州司法參軍父神趙
州房子縣尉並芝蘭擅美珪璋挺生咸包絶俗
之才悉蘊過人之量而良書滿腹有兼人之資
雄劍在懷思獨割之任負廊廟之器屈州縣之
班百家之衆妙必該十室之羣言共許君必標
穎聘長懷議節風振九皐之響爰毗百里之帶
勾霞無遺公勤有効所冀鸞飛筆妙坐陟霜臺
豈期鵩止座隅忽從泉路以唐開元三年歲次
甲寅六月廿一日卒於亳州永城廨舍春秋五
十有八即以開元三年歲次乙卯十二月巳酉
朔廿五日癸酉葬於洛陽上東門外張村平原
禮也悲驂踴步俯對佳城弔鶴銜哀遥臨兆域
雖墳塋列樹不媿承家恐陵谷遷移故爲銘記
青門之左白楊之前由來此地共啓荒埏吁嗟
夫子忽瘞幽泉敬鐫貞石用表遐年

78.唐故滑州韋城縣主簿隴西牛君(志明)墓誌銘並序

37.5×37.5 釐米
開元三年(715)十二月二十五日
2006 年春洛陽邙山南麓出土

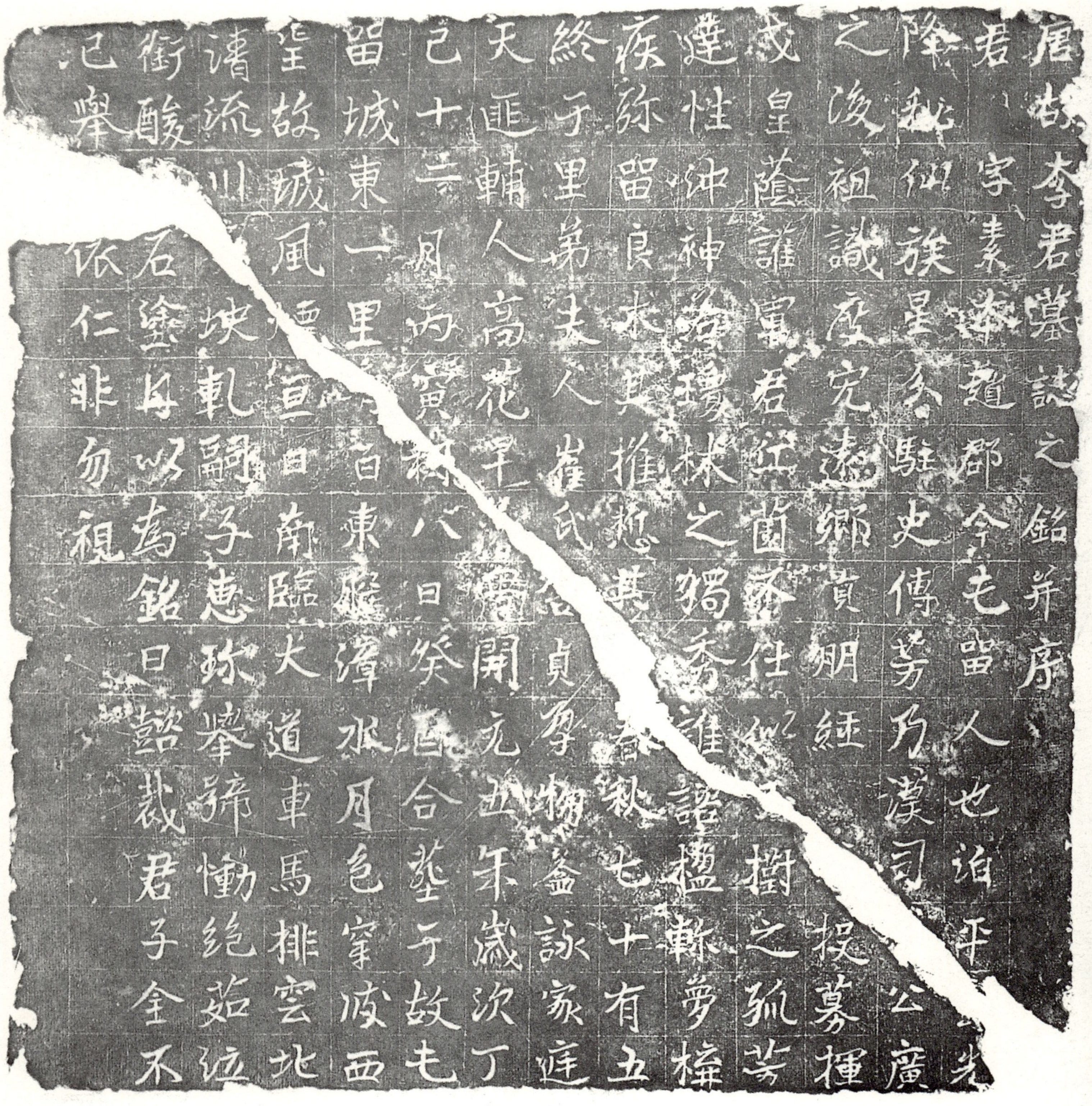

79.唐故李君(素)墓誌之銘並序

42.5×43 釐米
開元五年(717)十二月八日
2006 年 3 月出土于屯留故城

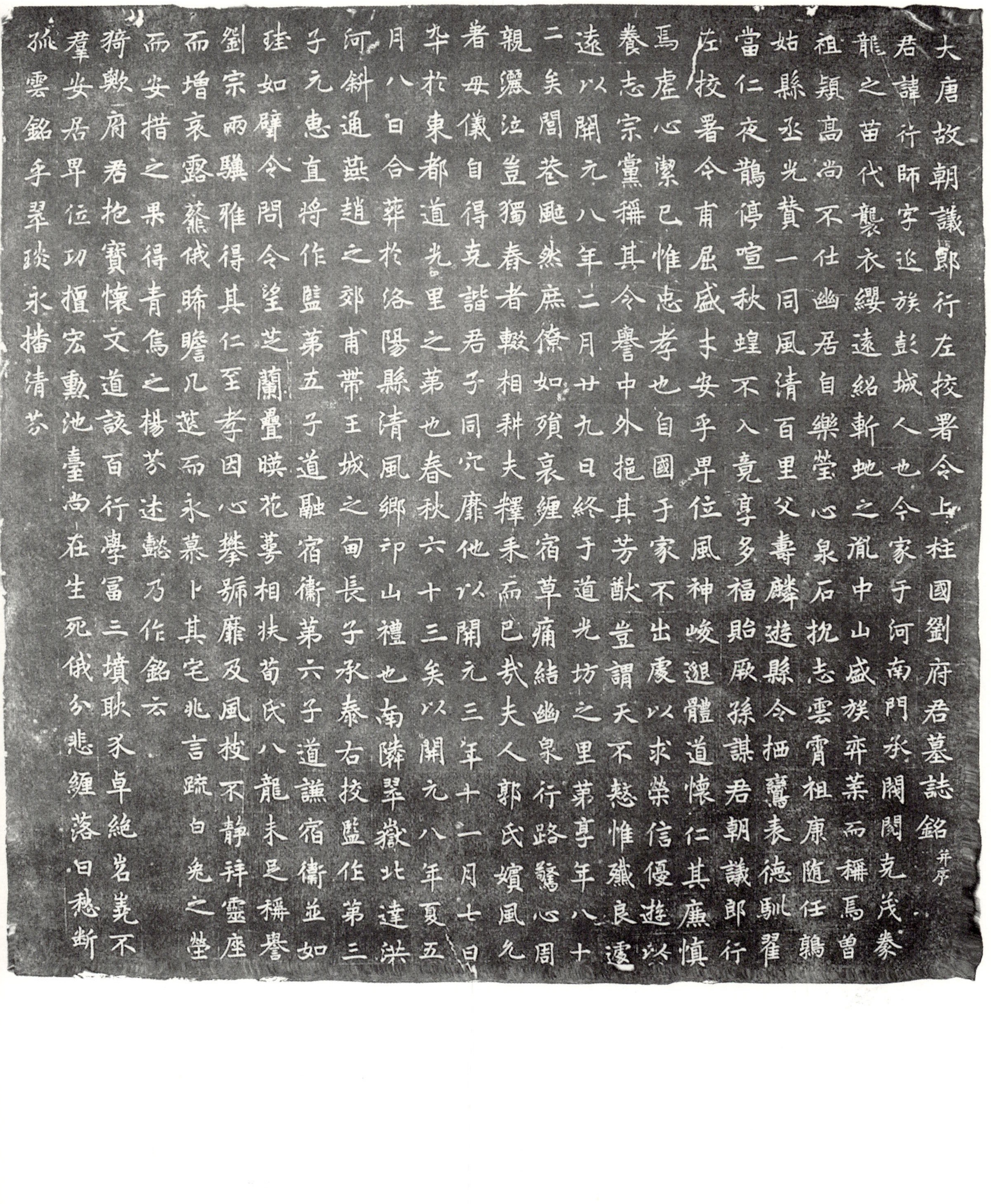

大唐故朝議郎行左校署令上柱國劉府君墓誌銘并序
君諱行師字延族彭城人也今家于河南門承閥閱克茂奕
龍之苗代襲衣纓遠紹斬地之胤中山盛族弈葉而稱焉曾
祖顗高尚不仕幽居自樂瑩心泉石抗志雲霄祖康隨任鵜
姑縣丞光贊一同風清百里父壽麟遊縣令樞鸞表德馴翟
當仁夜鵲停喧秋蝗不入竟享多福貽厥孫謀君朝議郎行
左校署令甫屆盛年安乎卑位風神峻邈體道懷仁其廉慎
焉虛心絜己惟忠孝也自國于家不出處以求榮信優遊以
養志宗黨稱其令譽中外挹其芳猷豈謂天不慭惟殲良遠
遠以開元八年二月廿九日終于道光坊之里第享年八十
二矣閭巷興悲庶僚如殞哀纏宿草痛結幽泉行路驚心周
親灑泣豈獨春者輟相耕夫釋耒而已哉夫人郭氏嬪風允
著母儀自得克諧君子同穴靡他以開元三年十一月七日
卒於東都道光里之第也春秋六十三矣以開元八年夏五
月八日合葬於洛陽縣清風鄉邙山禮也南隣翠嶽北達洪
河斜通燕趙之郊甫帶王城之甸長子承奉右校監作第三
子元惠直將作監第五子道融宿衛第六子道謙宿衛並如
珪如璧令問令望芝蘭疊暎花萼相扶荀氏八龍未足稱譽
劉宗兩驥雅得其仁至孝因心攀號靡及風枝不靜拜靈座
而增哀露蘤俄晞瞻几筵而永慕卜其宅兆言疏白兔之塋
而安措之果得青烏之楊芬述懿乃作銘云
猗歟府君抱寶懷文道該百行學富三墳耿介卓絕岩堯不
羣安居卑位功擅宏勳池臺尚在生死俄分悲纏落日慘斷
孤雲銘乎翠琰永播清芬

80.大唐故朝議郎行左校署令上柱國劉府君（行師）墓誌銘並序

59.5×59.5 釐米
開元八年（720）五月八日
2006年6月洛陽邙山出土

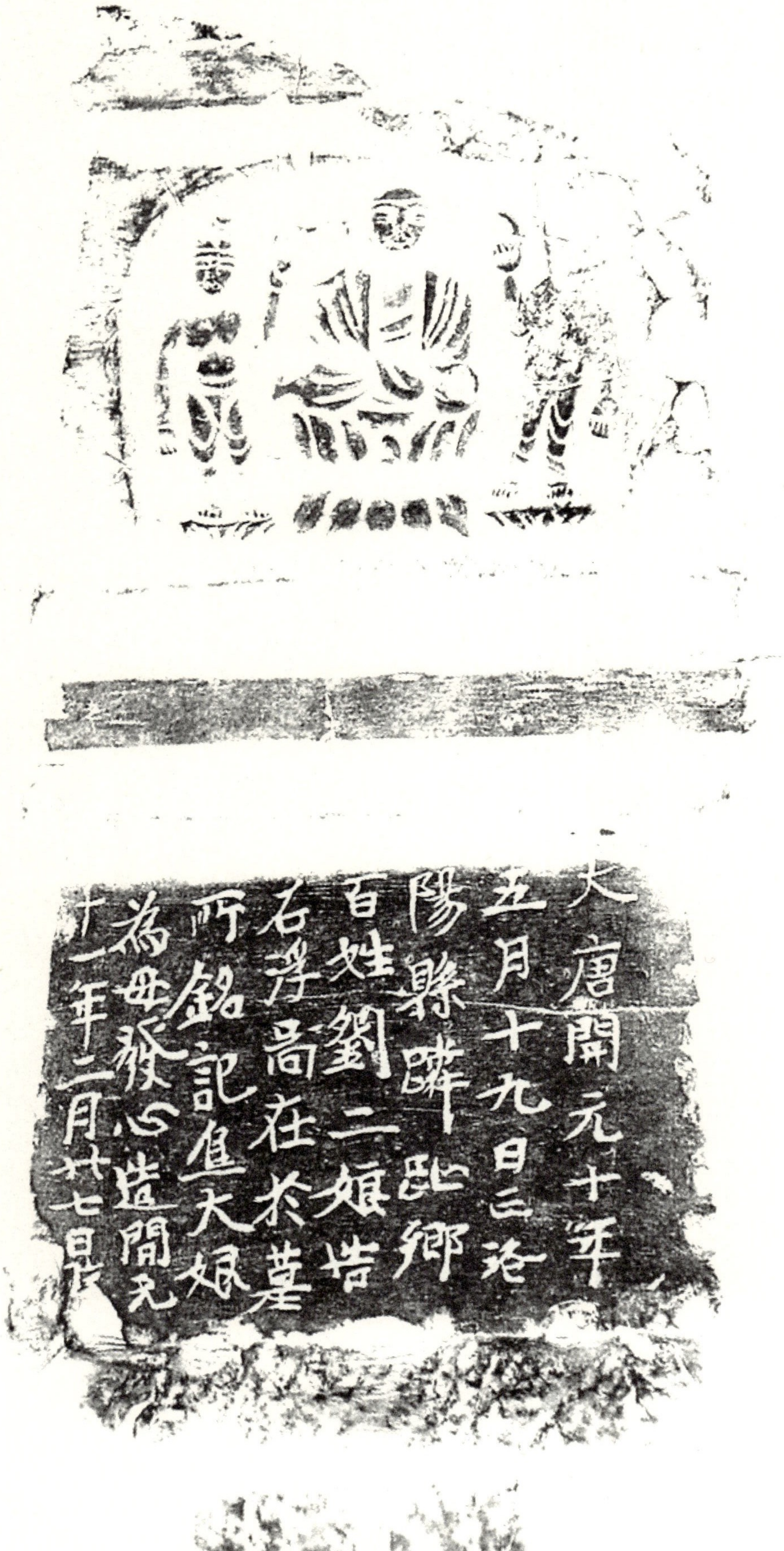

81.焦大娘爲亡母劉二娘建石浮圖銘

塔石殘高 62 釐米，水平截面 30×39 釐米
開元十一年(723)二月二十七日
據云 2006 年秋洛陽西郊出土。

大唐故陳州司馬鄧府君墓誌銘并序
夫孝為德本者揚名於後代也中為物表者建功於當時也是以德業咸
茂功名相輝誕光時雄克纂先烈祈天地之曆固非金石之不可致也公
諱淦南陽人自鄧祁侯後得姓代為南陽著族冑裔華胄子孫昌播久宦
晉之山河紀以方物者嗣不絶業二十一代祖禹漢大傅高密元侯高祖
禮昭建威將軍南陽太守襲封新野侯祖穎皇朝府儀同三司太子左
庶子左領軍大將軍營州總管兼魏二州刺史臨川郡開國公祖孔改隨
左千牛皇通議大夫新野侯父惲皇兵部侍郎殿中監并州長史京
兆尹尚書左右丞營繕大匠金紫光祿大夫刑部尚書淮陽郡開國男
食邑三百戶或高級鳳池坐焚香於南省或載馳熊軾州剖符於西鎬家
曲孝友禮節慶茲襲公至性謹達秉心塞淵長而兼企多而誦古孝友允修
貞教克宣實士林之耿光亦君子之宗匠也然以德不求備能則有專孚
輝子雜公則盡善年十三以門蔭補弘文生十六授太子內直丞累遷魏
州刺史務政出時光聲震京聯尋昇衡於州餘杭令去煩蠲苛鼎新革故塞
黎庶望樹德政碑亦濯壇魯恭之望尋遷河南府永寧縣令別勅唐州
部馬光佐之美千里是恭題輿之化百姓胥悅州將奇而舉之日立見公
清為政簡肅有字人之術懷憂國之心帝曰俞允武授陳州司馬疾莫
居無何天不愸遺奄見競落開元十二歲終於官於公第春秋四十有六
嗣子壞衆妙之族盡為友朋仰所天而無階孝遂庭以往則泣血相對茹
荼哀哀洛叉啓謀宅北允吉葬於首陽之原禮也惟公天下人乩昭雅趣弘
傳貞以謀始令而而終青松既彫明鏡亦碎豈百身之能贖蓋千古之不
朽也儻猥見吹薦謙為斯文殊未盡光贊乎休也其詞曰
水不可護兮有斐君子彼蒼不仁兮殲我吉士長別蘭室兮永歸萬里身
既殁兮名猶存悲天道兮復寧論青松彫兮明鏡昏揖餘芳兮垂裕後昆
夫人安定皇甫氏同此禮也
開元十二年歲次甲子閏十二月景辰朔十一日景寅

82.大唐故陳州司馬鄧府君(淦)墓誌銘並序

58.2×58 釐米
開元十二年(724)閏十二月十一日
據云 2002 年 11 月偃師縣北邙山出土

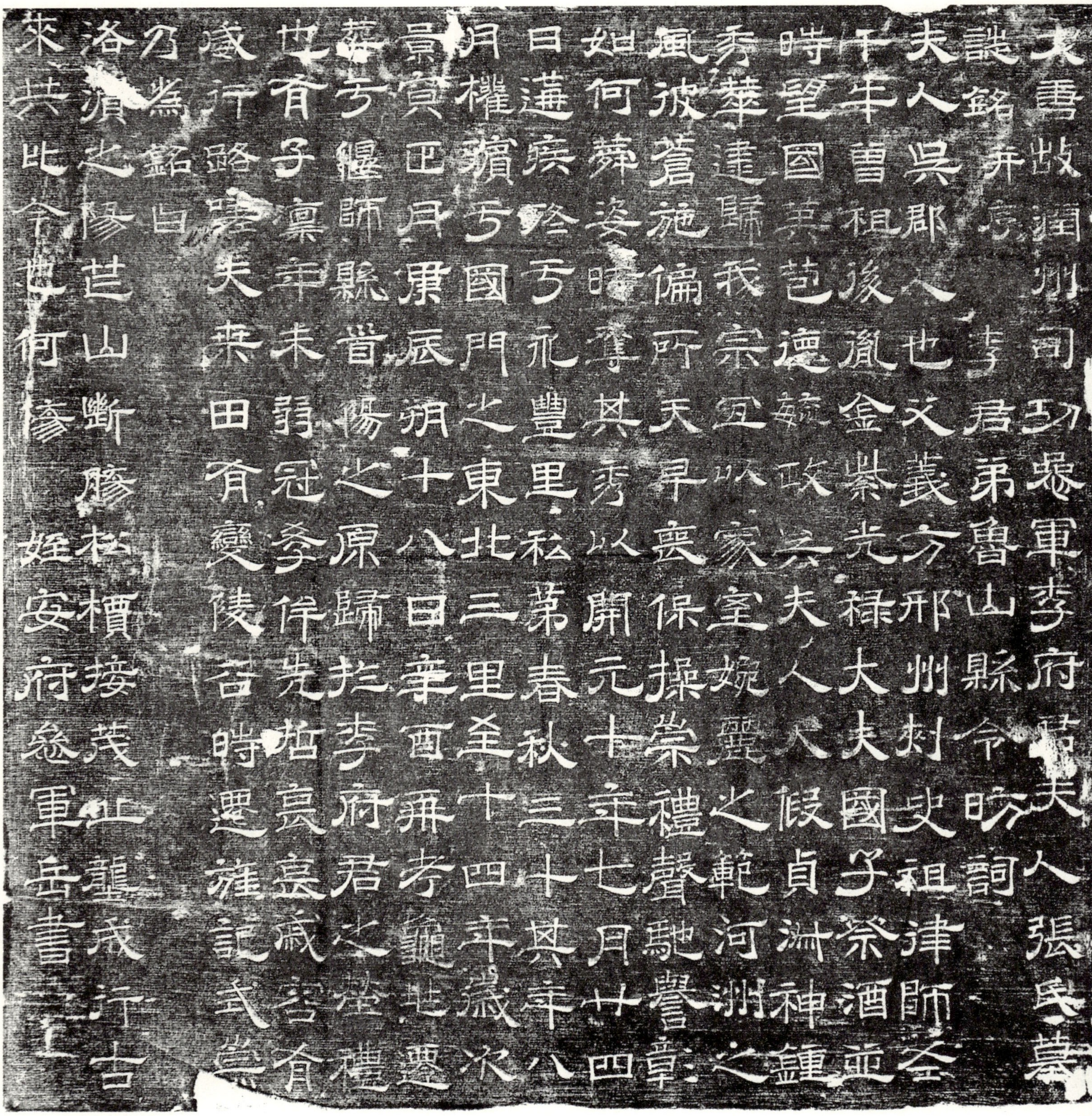

83.大唐故潤州司功參軍李府君夫人張氏墓誌銘並序

45.5×45.5 釐米　李君弟魯山縣令昉詞，侄安府參軍岳書
開元十四年(730)正月十八日
2001 年 2 月偃師縣城北出土

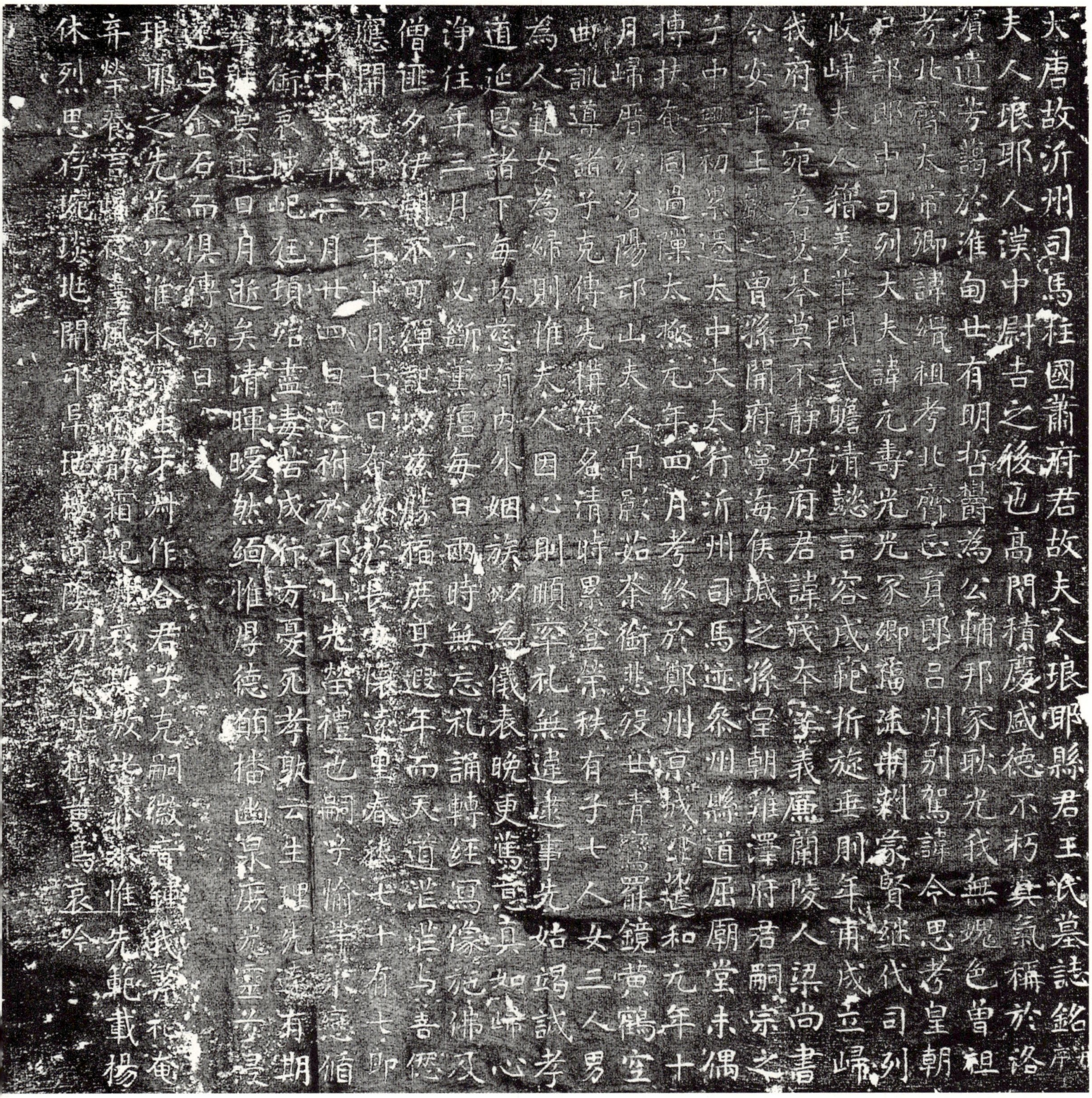

84.大唐故沂州司馬柱國蕭府君(茂本)
故夫人琅耶縣君王氏墓誌銘並序

43.5×44 釐米；誌蓋蓋芯拓本 31×31 釐米，
內篆書“大唐故/王夫人/墓誌銘”
開元十七年(729)二月二十四日

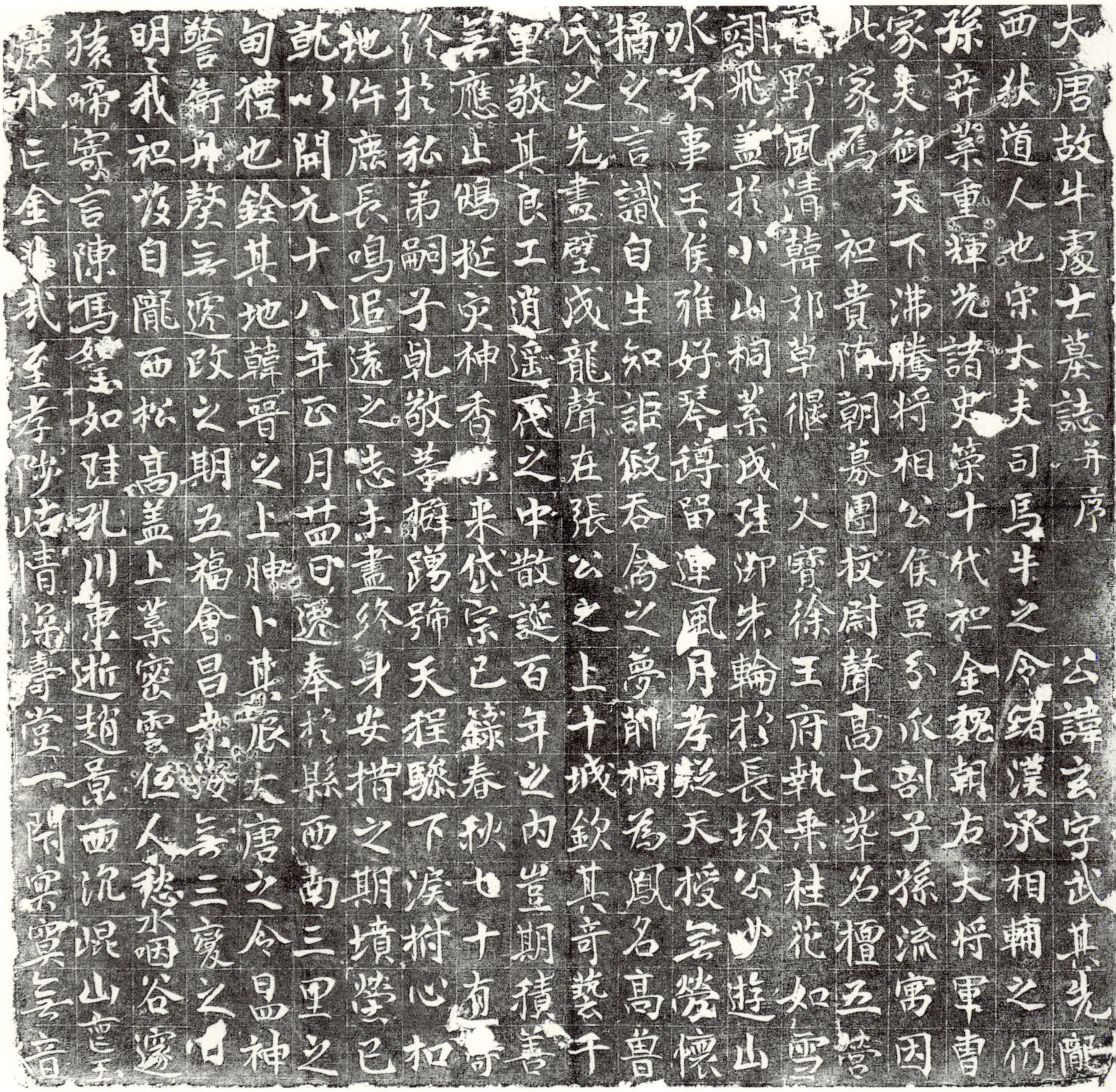
大唐故牛處士墓誌并序 公諱玄字武其先隴
西狄道人也宋大夫司馬牛之令緒漢承相輔之仍
孫弈葉重輝光諸史策十代祖金魏朝右大將軍曹
家美御天下沸騰將相公侯豆分瓜剖子孫流寓因
此家焉祖貴隋朝募團校尉聲高七萃名檀五營
野風清韓郊草偃父寶徐王府執乘桂花如雪
翊飛蓋於小山桐葉成珪御朱輪於長坂公少遊山
水不事王侯雅好琴罇留連風月孝竦天授言發懷
橘之言識自生知詎假吞禽之夢前桐為鳳名高曾
氏之先畫壁成龍聲在張公之上十城欽其奇藝千
里敬其良工逍遥代之中散誕百年之內豈期積善
無應止鳴挺灾神香不來岱宗已蘇春秋七十有
終於私弟嗣子乾敬等擗踴號天程縣下淚樹心扣
地作廉長鳴追遠之志未盡終身安措之期墳塋已
就以開元十八年正月廿四日遷奉於縣西南三里之
旬禮也銓其地韓晉之上腴卜其辰大唐之令晶神
警衛丹旐言遷改之期五福會昌京兆言三豐之日
明我祖遊自隴西松高蓋上葉密雲任人穗水咽谷瀉
猿啼寄言陳焉銘曰如珪孔川東逝趙景西沉崑山高玉
潢水已金武至孝情壽堂一閉寞寞言音

85.大唐故牛處士(玄)墓誌並序

46×45.5 釐米；誌蓋拓本 91×90.7 釐米，蓋芯篆書“唐故牛/君墓/誌之銘”
開元十八年(730)正月二十四日

唐故朝議大夫亳州別駕李府君墓誌銘并叙
府君李氏諱行止字行止隴西人帝顓頊載時以象天開國之
也陶咎繇回理以命氏得姓之始也周柱史及關著書教道
始也漢將軍廣隴寓殯族望之始也四始之後百代可知曾
祖穆事後周平江陵食邑九千戶位至太保封申國公自周入
隨忠讜無替拜太師諱謀孔臧多所弘益祖辯左武衛鷹揚郎
將父儼井陘令秩比五官才非百里公即第五子也茂才歷建
郴一郡掾南城令旋拜成武公以仁靜俗故有馴翬靈素之應
[illegible]吏美之圖錄聞奏加朝散大夫遷永樂吾成二縣令褒有能
追俄除恭陵令公久勞州縣欣然而就焉雖歲且四周公不
[illegible]改[illegible]河南丞秘帝用憂之以為濟俗非賢莫可二千石以
不特選其良屈公為亳州別駕自公之至康哉之歌盈於人口
夫人[illegible]中書令姚公之妹嘗謂公曰僕康大任竊慕祁奚鮑叔
之舉[illegible]神清明智周涖欲一薦侍御史再舉尚書郎拾遺補闕
右[illegible][illegible]左右公固辭曰野有君子何不紹子皮之風姚公逡巡
退有赧色嗚呼其操撿也如此而官至別駕其有命乎以開元
九年夏遘疾歸于私第以其年九月廿四日薨饗年八十四夫
人先公而亡殯于洛陽平陰之原至於公殁墳柏已拱時公亦
權厝其塋之東嗣子芳堅積霜露之感訪諸知禮得周公合葬
之儀以開元十八年六月十三日遷公于夫人玄堂禮也初公
之將窆夫人也自臨其穴指與同之後及孫流亦有遺命故封
樹不易衣衾斯舉存沒靡忒情禮兼施有足稱矣悲夫銘曰
我道與兮其派流長我生雖時兮而運不昌聖人制禮兮誰
敢或違邙山之下兮為吾之鄉萬古千秋[illegible]莫央

86.唐故朝議大夫亳州別駕李府君（行止）墓誌銘並序

61×61 釐米

開元十八年(730)六月十三日

誌主曾祖李穆,《隋書》卷三七有傳;夫人兄姚崇,《舊唐書》卷九六有傳。

2002 年 8 月洛陽邙山出土

87.大唐故吏部侍郎高陽許公(杲)墓誌銘並序

88×88×15 釐米；誌蓋拓本 90×90 釐米，蓋芯篆書"大唐故/許府君/墓誌銘"
中大夫守兵部侍郎韓休撰，弟河南縣尉景休書
開元十八年(730)十一月廿日
誌主許杲，字景先，《舊唐書》卷一九〇《文苑傳》、《新唐書》卷一二八有傳。撰文者韓休，《舊唐書》卷九八、《新唐書》卷一二六有傳。
2004 年春偃師縣首陽山南麓出土

88.唐故嶲州都督李府君(釋子)之墓誌銘並序

73×73×19 釐米
開元十八年(730)十二月廿九日
2004 年春洛陽邙山出土

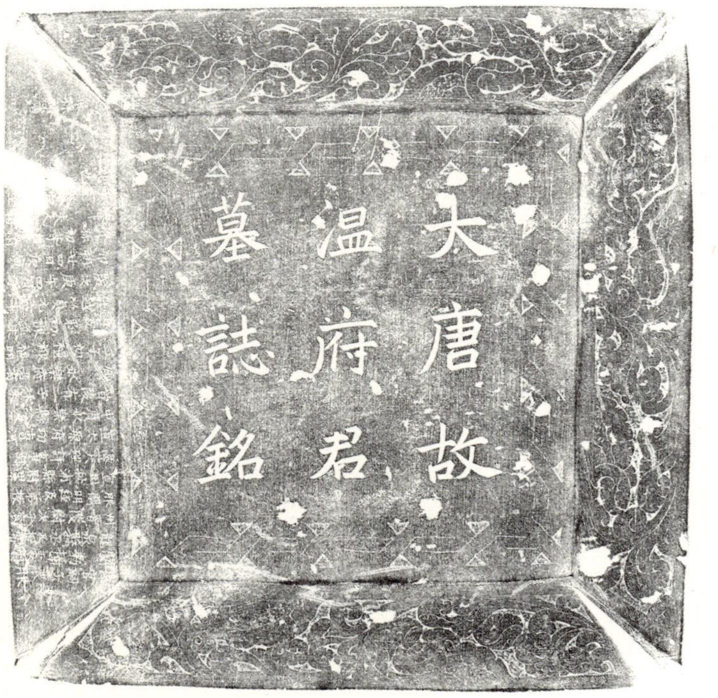

89.大唐故宋州寧陵縣令溫府君(任)墓誌銘並序

52.5×53 釐米；誌蓋拓本 56×55 釐米，蓋芯楷書“大唐故/溫府君/墓誌銘”。衆孫褫書。
開元十九年(731)十一月一日
2005 年 11 月洛陽邙山出土

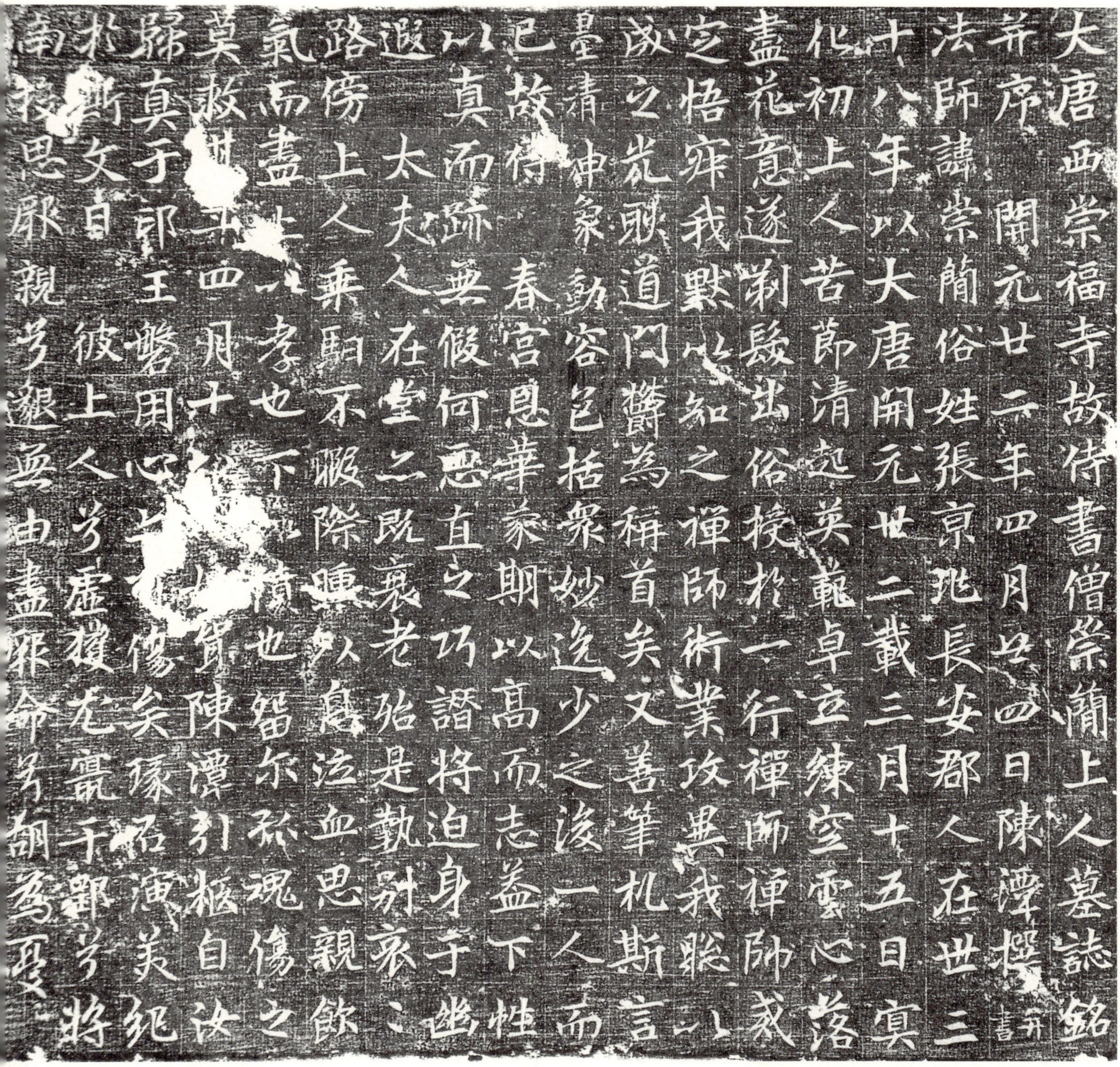

大唐西崇福寺故侍書僧崇簡上人墓誌銘
并序　開元廿二年四月廿四日陳潭撰　書并
法師諱崇簡俗姓張京兆長安郡人在世三
十八年以大唐開元廿二載三月十五日寘
化初上人昔節清邈英軌卓立練空雲心落
盡花意遂剃髮出俗授於一行禪師禪師叡
空悟寐我默以知之禪師術業攻異我聡以
成之岂敢道門欝為稱首矣文善筆札斯言
墨清神象動容包括衆妙逸少之後一人而
已故待　春宮恩華家期以高而志益下性
真而跡無假何惡直之巧譖將迫身于幽
以　太夫人在堂二既衰老殆是孰别哀哀
遐路傍上人乘馹不暇際暵人息泣血思親飲
氣而盡[illegible]孝也下[illegible]也留尔魂魂傷之
莫救[illegible]四月十[illegible]貫陳潭引柩自汝
歸真于邙王磐用心[illegible]傷矣琢石演美紀
於斯文曰彼上人兮虛獲尤忌于邙兮將
南披思廉親兮邈無由盡飛命兮翩為[illegible]

90.大唐西崇福寺故侍書僧崇簡上人墓誌銘並序

28.5×30.5×9.5–10 釐米；誌蓋 28.5×30.5×9.5–10 釐米，蓋芯楷書“大唐故/張崇簡/師誌銘”
開元二十二年(734)四月十八日
2005 年 10 月洛陽邙山出土

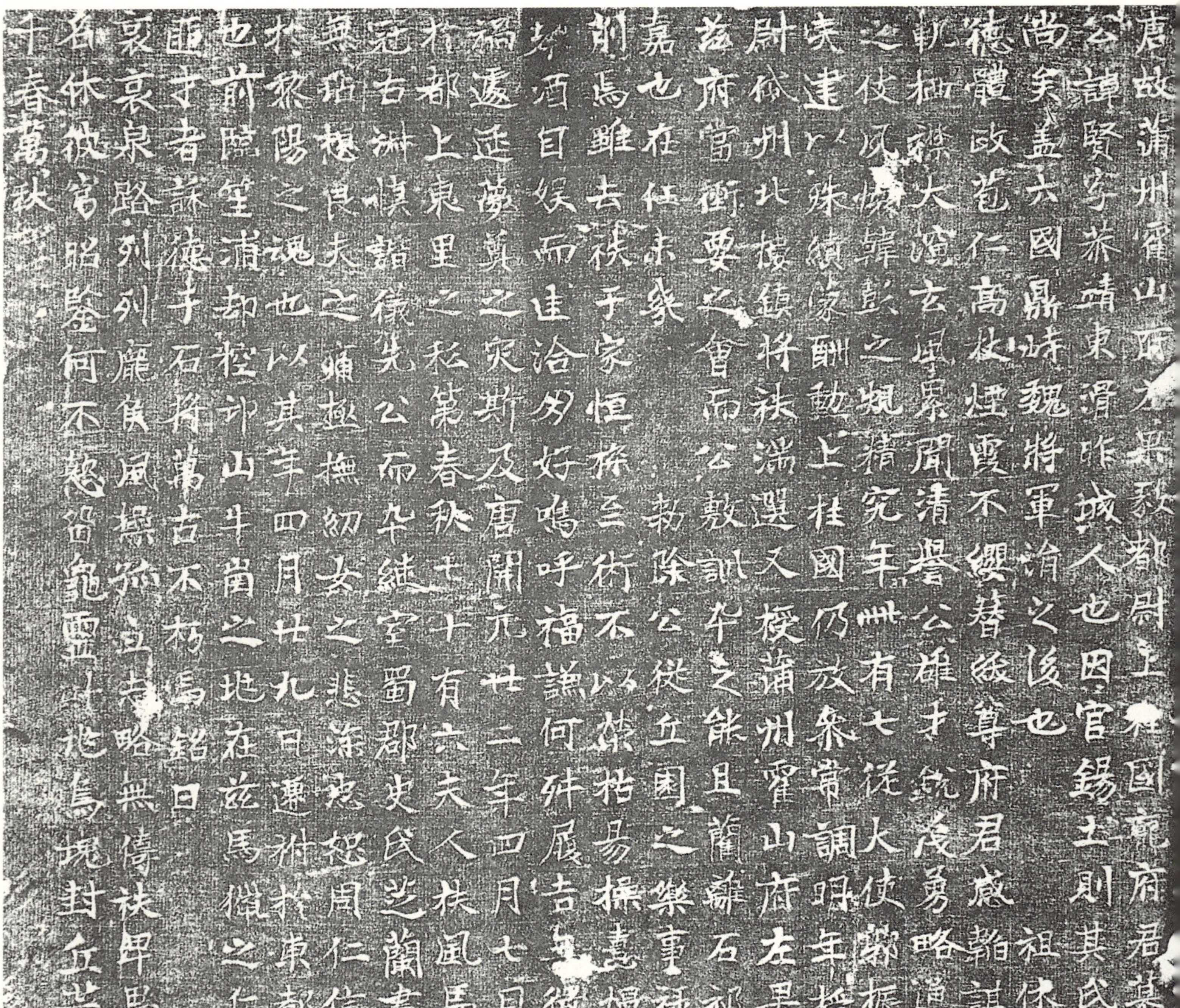

91.唐故蒲州霍山府左果毅都尉上柱國龐府君(賢)墓誌銘並序

36.4×36.6 釐米
開元二十二年(734)四月二十九日
2005 年 11 月洛陽邙山出土

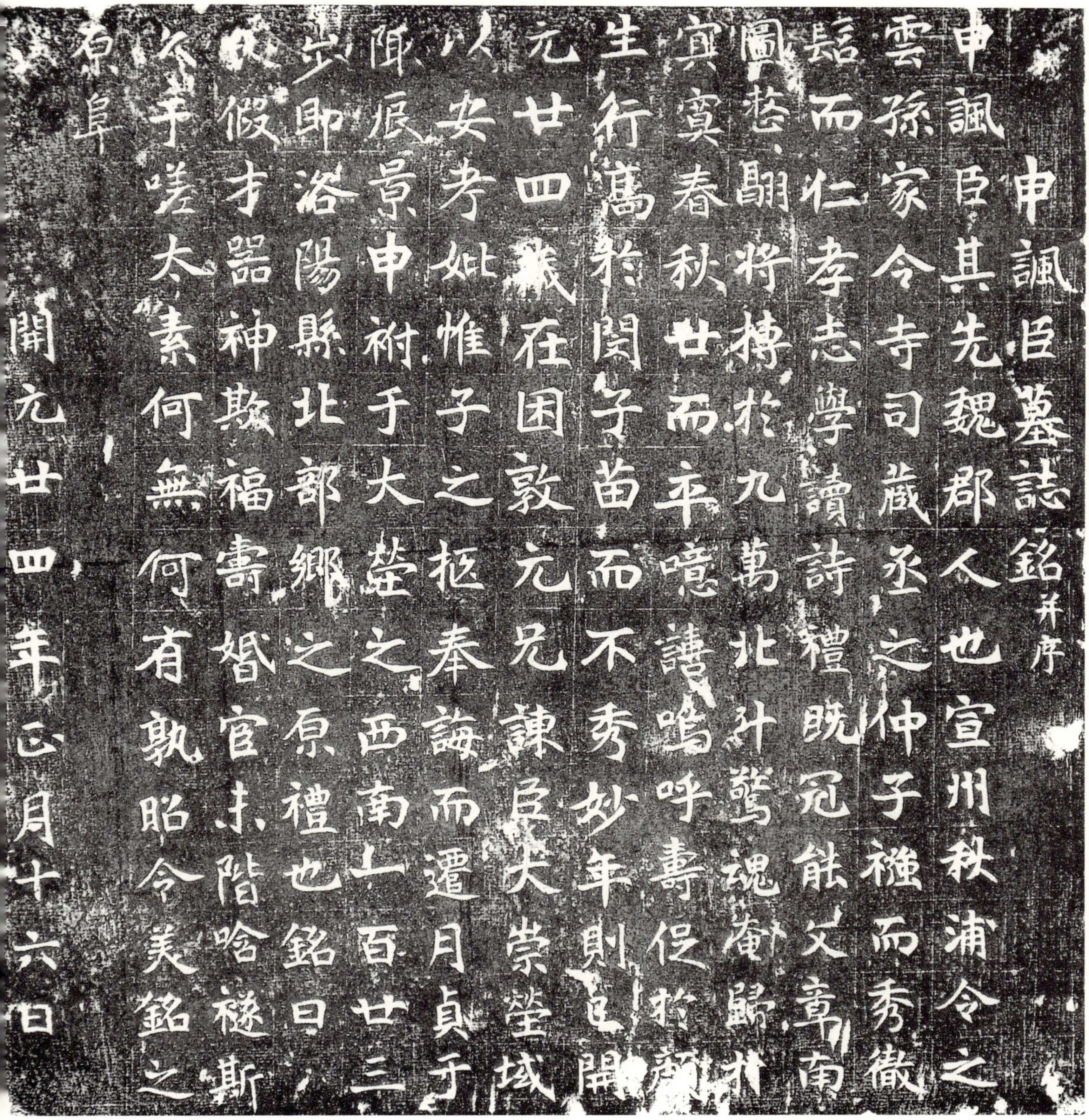

申諷臣墓誌銘并序
申諷臣其先魏郡人也宣州秋浦令之
雲孫家令寺司藏丞之仲子稚而秀徹
髫而仁孝志學讀詩禮既冠能文章甫
圖惹翩將搏於九萬北斗驚魂奄歸於
冥寞春秋廿而卒噫譆嗚呼壽促於顏
生行篤於閔子苗而不秀妙年則已開
元廿四載在困敦元兄諫臣大崇塋域
以安考妣惟子之柩奉誨而遷月貞于
陬辰景申祔于大塋之西南一百廿三
步即洛陽縣北部鄉之原禮也銘曰
天假才器神欺福壽婚宦未階唫嗟斯
於乎嗟太素何無何有孰昭令美銘之
泉阜
開元廿四年正月十六日

92.申諷臣墓誌銘並序

36×36 釐米
開元二十四年(736)正月十六日
1999 年 11 月洛陽邙山出土

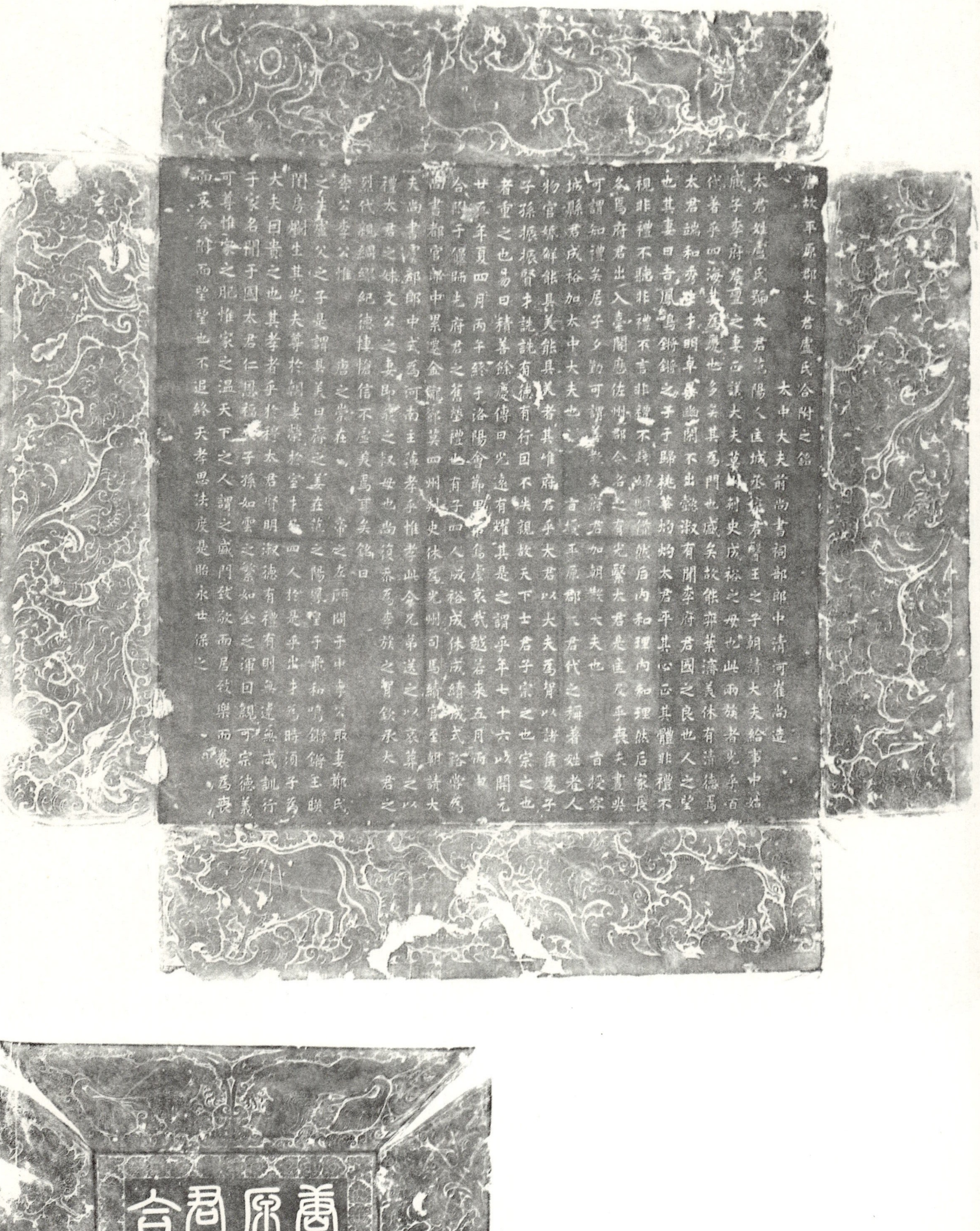

93.唐故平原郡太君盧氏合祔之銘

74×74×17 釐米；誌蓋拓本 81×81 釐米，蓋芯篆書“唐故平/原郡太/君盧氏/合祔銘”
開元廿五年(737)五月丙申(二十三日)
2006 年 8 月偃師出土

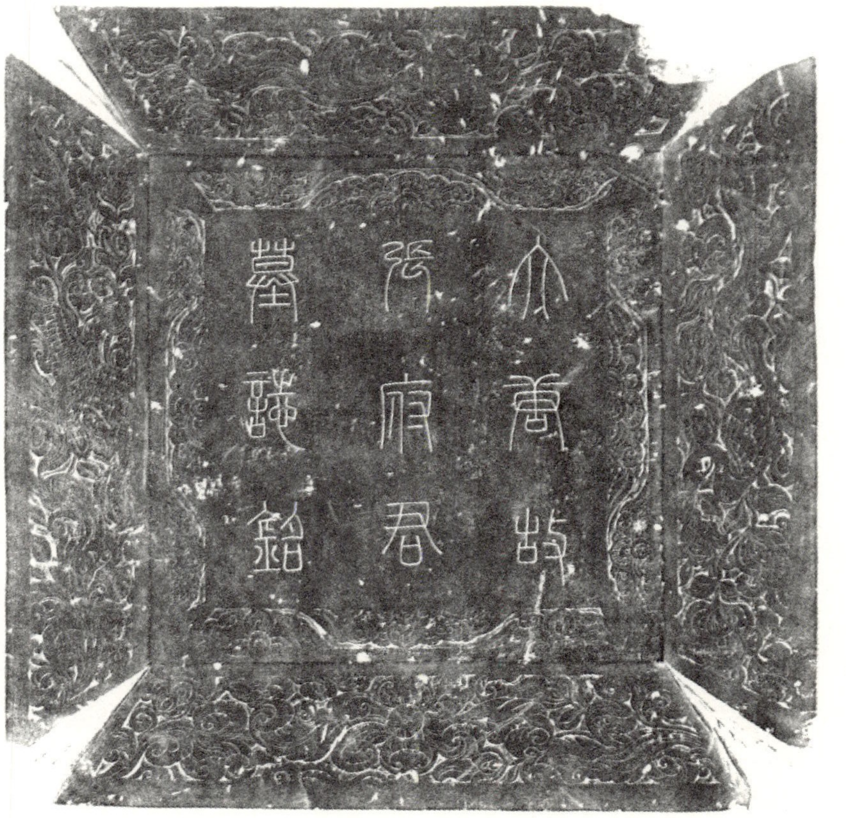

94.大唐故太中大夫使持節同州諸軍事守同州刺史上柱國張府君（説）墓誌銘並序

76×75.5×16 釐米；誌蓋拓本 86×86 釐米，蓋芯篆書“大唐故/張府君/墓誌銘”。通直郎行洛陽縣尉趙良玉撰，范陽盧之翰書。
開元廿八年（740）十一月十九日
誌主祖公謹、父大安，《舊唐書》卷八六幷有傳
約 2006 年夏出土於洛陽邙山

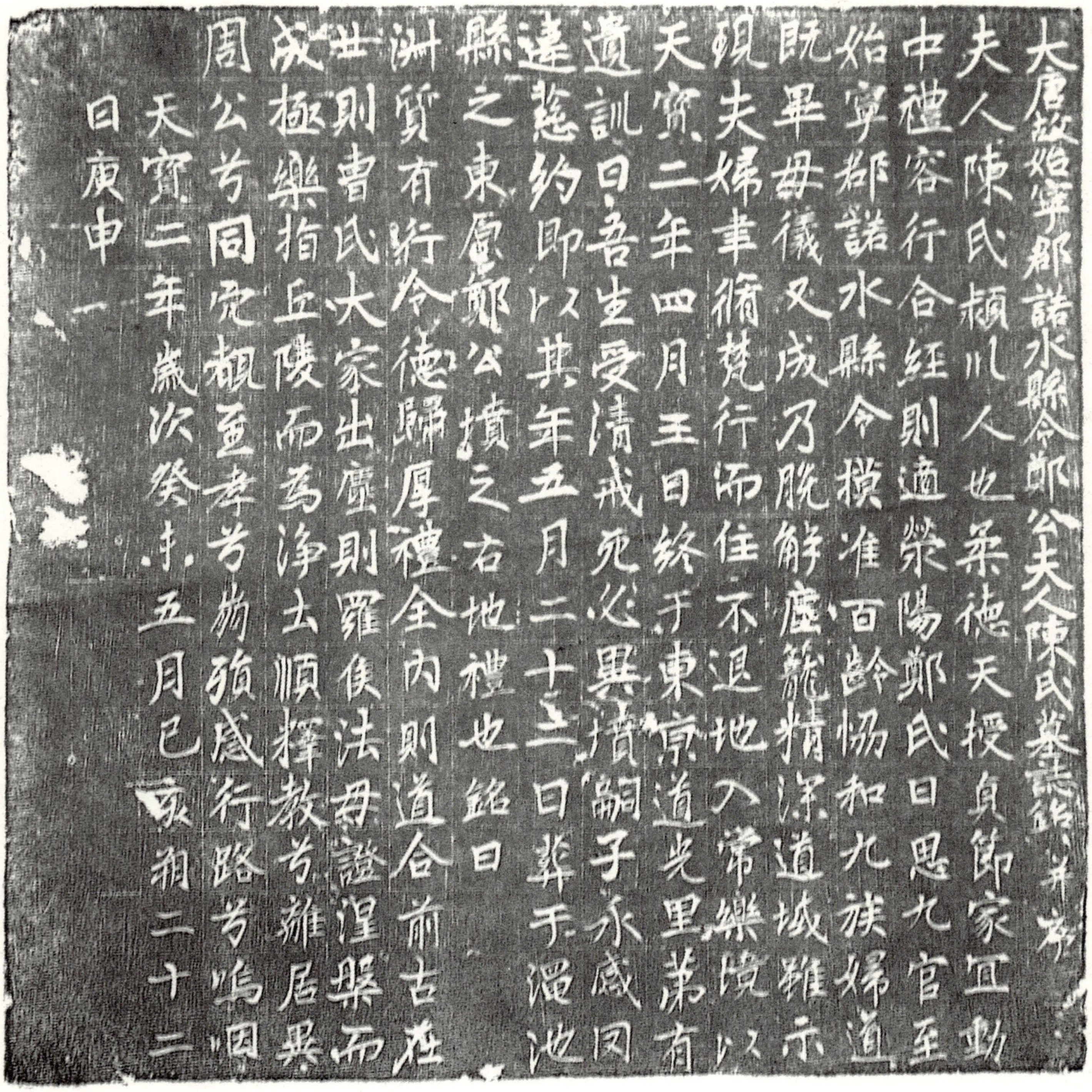

95.大唐故始寧郡諸水縣令鄭公（思九）夫人陳氏墓誌銘並序

35×35 釐米
天寶二年(743)五月二十二日
約 2006 年中秋出土于澠池縣

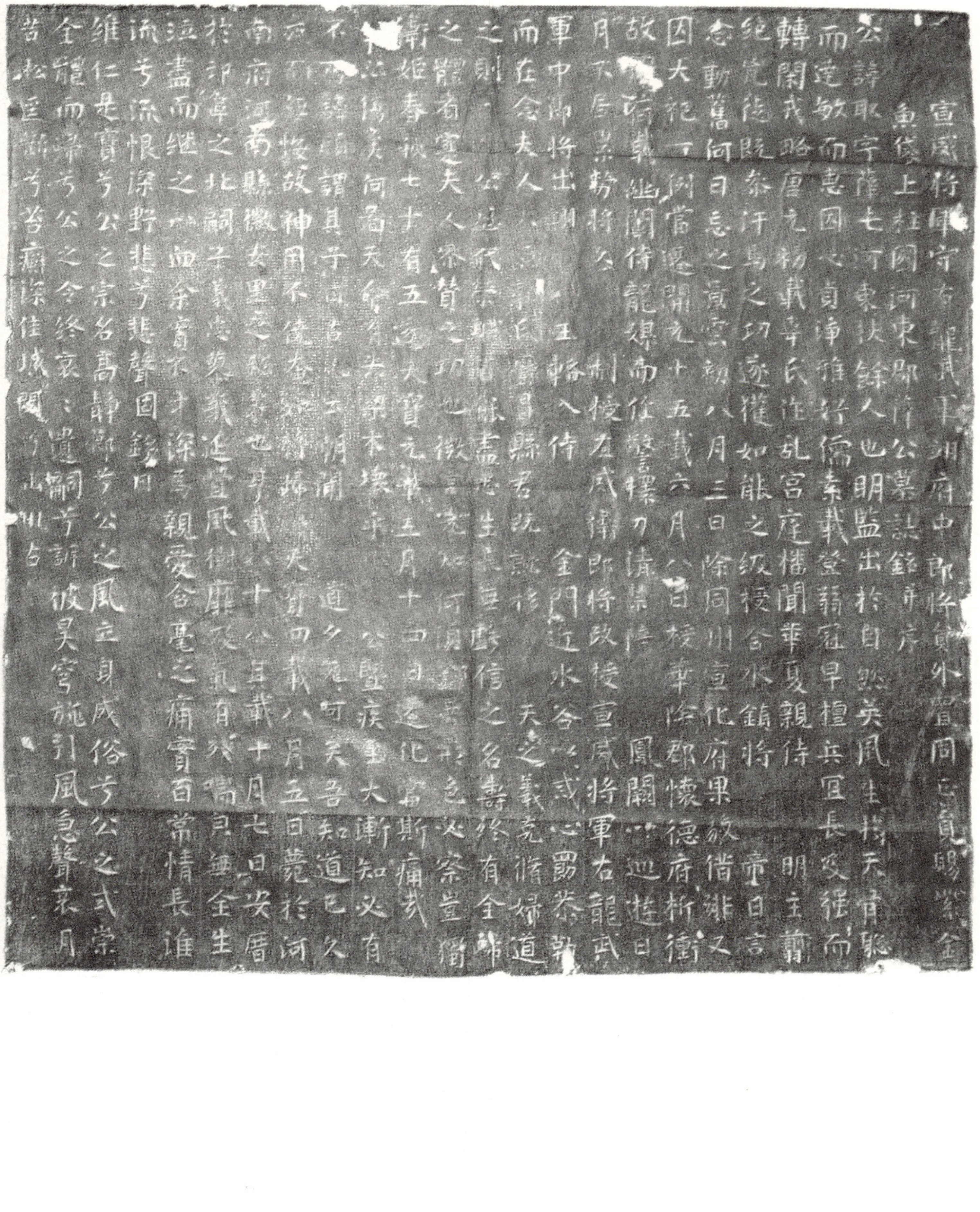

96.宣威將軍守右龍武軍翊府中郎將員外置同正員賜紫金魚袋上柱國河東郡薛公(取)墓誌銘並序

36×36×9.5 釐米
天寶四載(745)十月七日
約 2006 年 5 月出土于洛陽邙山

97.唐故尚書吏部主事南陽韓府君(履霜)墓誌銘並序

56.5×55 釐米　太子正字郎鄭曰成撰
天寶四載(745)十月十八日
2002 年 5 月洛陽邙山出土

98.大唐故忠武將軍行右龍武軍翊府中郎將賜紫金魚袋上柱國贈本軍將軍裴府君（智）墓誌銘並序

誌石 57×57×11 釐米；誌蓋拓本 58.5×58.5 釐米，蓋芯篆書“大唐故/裴府君/墓誌銘”

天寶六載（747）二月三日

2005 年冬西安出土

99.大唐故朝散郎裴府君(少烈)墓誌文並序

43.5×43.5 釐米；誌蓋拓本 33×33 釐米，蓋芯楷書
“大唐故/裴府君/墓誌銘”(改用“朱府君”誌蓋)
天寶六載(747)二月廿六日
2003 年洛陽邙山出土

100.唐故朝請大夫守都水使者滎陽鄭府君（齊丘）墓誌銘並序

68.5×70.5 釐米　中書侍郎崔沔撰，朝請大夫守都水使者魏哲書，猶子朝請郎行河南縣主簿日進再□
天寶七載（748）正月廿五日
2002 年 7 月偃師首陽山出土

唐故承議郎行桂陽郡平陽縣令騎都尉賈府君墓誌銘并序
公諱福謙字清洛陽人也粤乃受氏建德勤王佐命皆紹帝典
貽英聲昔在成周有若韋之啻力王室降于大漢有若誼之根
藻上京琮之裔惟充之孫綬煒有明德施于孫謀曾祖廓
皇朝袁原郡羅川縣令祖楚鄭郡安陽縣丞驤有之功委於尺
本逸足之幹𨁂於百里吁可悲夫父元敬尚書省都事端雅恭
懿明允篤誠著於己而施於人終於家而刑於政故星郎楷其
令則。天官播其謀猷公即都事公之長子也以文任宿衛解
褐補淮安郡方城縣尉秩滿調補靈昌郡胙城縣丞敷順德以
安下資小心而奉上故二封之惠人到于今稱之秩滿又補桂
陽郡平陽縣令五湖地迥三吳性薄公以信孚之德澄波浣風
以執壹之方潔諸勁俗故邑居畏郊境懷洗可小康幾于大漸
當考績之三載在天寶之五稔十一月廿四日終于平陽之敦
時年六十有三嗚呼哀哉公幼而冲粹長而凝範事上也謹行
己也恭粒禮知賓知巽鼓之業德同居無間識姜肱之慈愛故
公之四季父之八龍或哲或謀或肅或艾今一中儀兩司階張
皇國威端飭容衛幼則諧之以睦友長則弘之以義方故一慟
之悲豈惟十載夫人河東薛氏防陵司馬之孫汲郡司倉之子
以初笄歲歸于我公在知命年先公而卒今天寶七載戊子歲
建亥月己未日歸祔于河南縣平樂鄉邙山之陽禮也嗣子炊
痛風樹之無留懼陵谷之遷貿式刊貞石永紀玄堂銘曰
於穆君子焯有令德貽厥昆猶郡良吏克著嘉惠俗化敦篤其
不永人百無贖令德存利之貞石千古無替維泉門
河間郡劉洌文并書

101.唐故承議郎行桂陽郡平陽縣令騎都尉賈府君(福謙)墓誌銘並序

45×45 釐米　河間郡劉洌文并書
天寶七載(748)八月廿一日

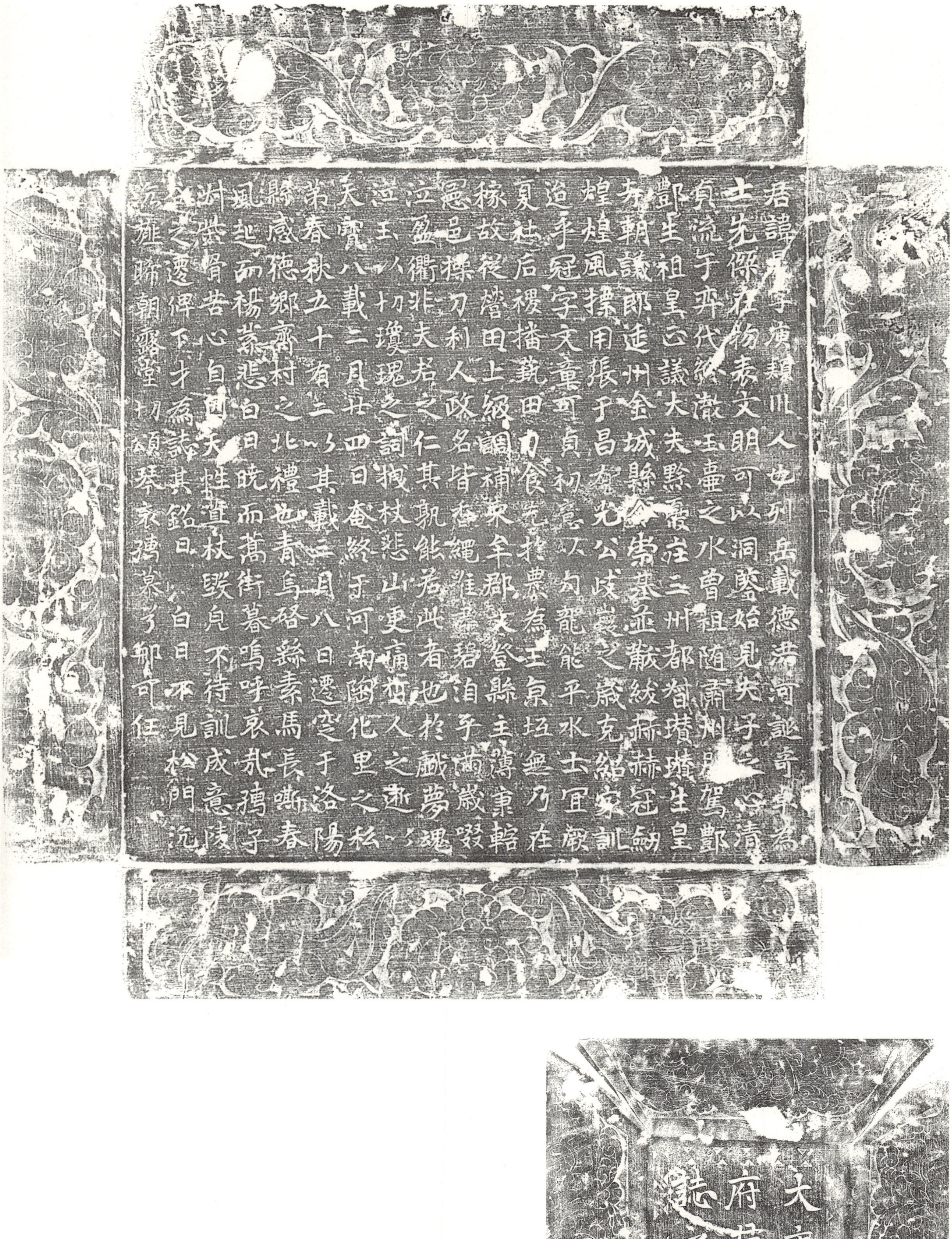

102.陳晃墓誌

（據誌文擬題）

36×36×8.2 釐米；誌蓋拓本 38×38 釐米，
蓋芯楷書"大唐陳/府君墓/誌之銘"
天寶八載(749)三月八日
2005 年 2 月洛陽隋唐故城東地齊村出土

103.唐故將仕郎臨汝郡梁川府兵曹參軍蘇公（德宏）墓誌銘

35×35 釐米

天寶八載（749）九月廿一日

據云 2000 年洛陽邙山出土

唐故雲麾將軍左龍武軍將軍上柱國李府君墓誌銘并序
弘農楊液撰
府君諱獻忠字信骨趙郡人也自公因官移家京兆今為人焉其先顓頊
之苗皋繇之胤伯陽之後也故知源流靈長庇根深遠者矣大父節晦迹
不事皇考来同公立効贈河內郡司馬並含光藏器蘊才時代神啓明哲
垂裕於公矣然武之七德射之五善幹相如之翰林考艸之翰身如州綽
雄若郭冣誓諸古人無出其右唐元之際以預謀誅逆起家授易馬太主
無何留宿衛仍借緋魚袋夫鳥有垂雲翼者不可以息坳堂之水木有干
青霄者不可以蒙枳棘之林公筮仕雖起於濫觴建官終榮於大樹兩任
畢毅五歷折衝一居中郎再踐郎將起家式主終位將軍凡為官卌載歷
職二十二雖屢移班秩而不離禁營懷慨之士同不談義且孝者德行
之本公執親喪也哀過於礼射者雄武之資公順天誅也捨拔則
獲貨者潘身之寶公將市義也積而能散忠者事君之節公衛
[illegible]寡也竭力盡誠有一於此久無間焉况兼有之不可多得嗚呼昊蒼不
悵殲我碩德以天寶九載四月九日寢疾弥留薨於望苑里之私第享年
七十有三皇帝聞之悲悼歎惜賻絹一百疋粟一百石以其載八
月四日遷厝於北邙山平樂原礼也惟公含柔和之德懷佐時之才不降
志以辱身不刻跡以瘝物道合則應義乖則違詩所謂樂只君子邦家之
彥斯之謂矣嗣子致果副尉左驍衛絳郡涑川府別將員外置同正員左
龍武軍宿衛迪翊麾校尉右威衛河內郡平皐府別將員外置同正員左
龍武軍宿衛承俊致果副尉左金吾衛河南府具茨府別將員外置同正
員左龍武軍宿衛祁等號恩罔極哀踰無逮爰命謏才作誌銘石詞曰
顓頊先胄皐繇遠祖衣冠弈葉兮其來振古府君繼生兮允文乃武其一唐
元之初韋氏僭位龍赫斯怒兮龔行天意府君扈討兮功成名
遂其二官榮大樹職司禁營天子寵遇兮物莫與京府君遘疾
兮滅身揚名其三洛城之陰邙山之陽特起孤墳兮于彼之崗府君居此兮
地久天長其四東京內作長上馮翊郡人馮□將刻字
天寶九載歲次庚寅八月丁巳朔四日庚申入壙

104.唐故雲麾將軍左龍武軍將軍上柱國李府君(獻忠)墓誌銘並序

59.5×59.5×15 釐米　弘農楊液撰
天寶九載(750)正月廿五日
1999 年 10 月洛陽邙山出土,石存龍門石窟研究院

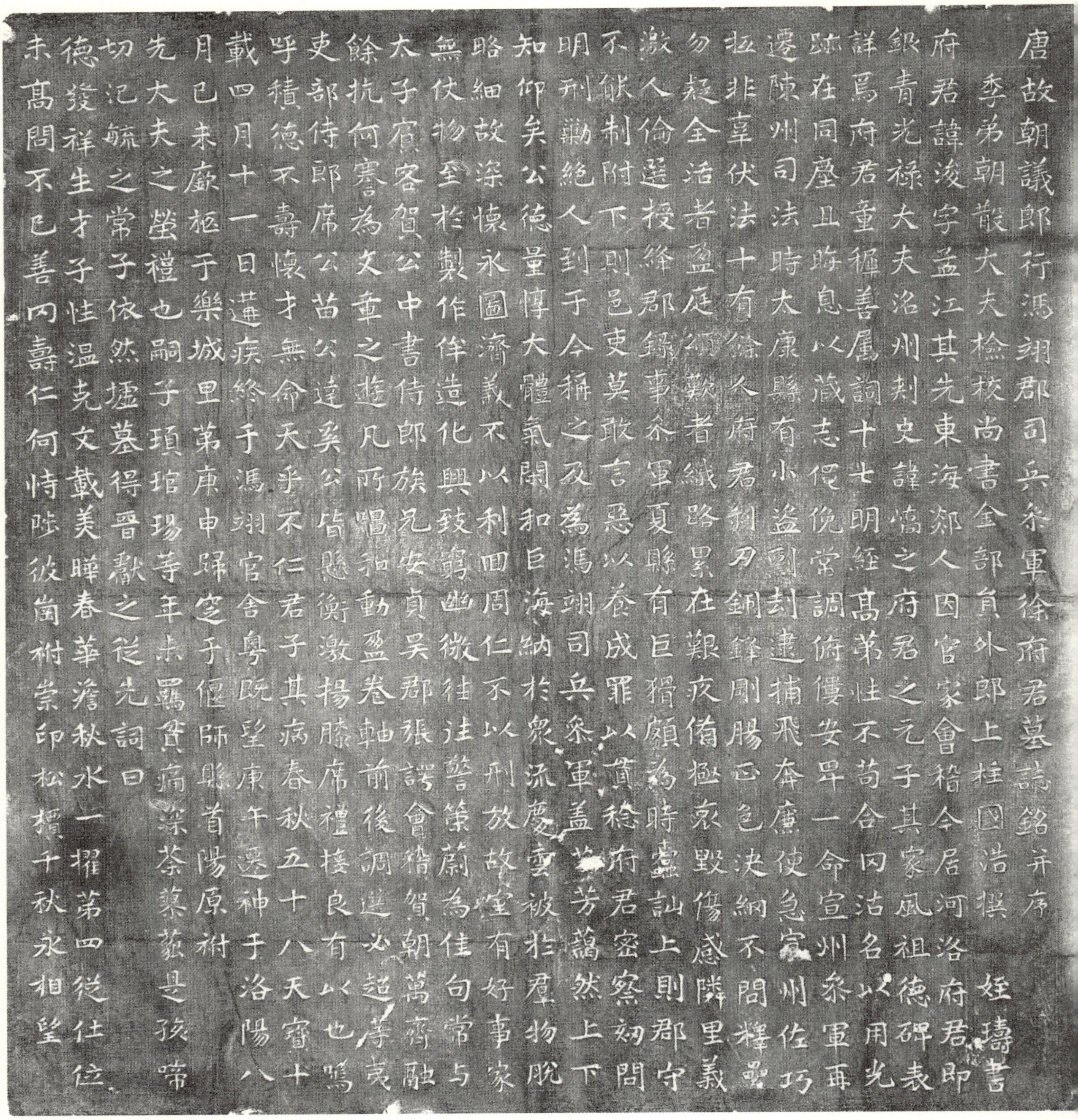

105.唐故朝議郎行馮翊郡司兵參軍徐府君(浚)墓誌銘並序

49.5×49 釐米　季弟朝散大夫檢校尚書金部員外郎上柱國浩撰，侄璹書

天寶十載(751)八月九日

撰文者徐浩，《舊唐書》卷一三七、《新唐書》卷一六〇有傳

約 2000 年冬偃師首陽山南麓出土

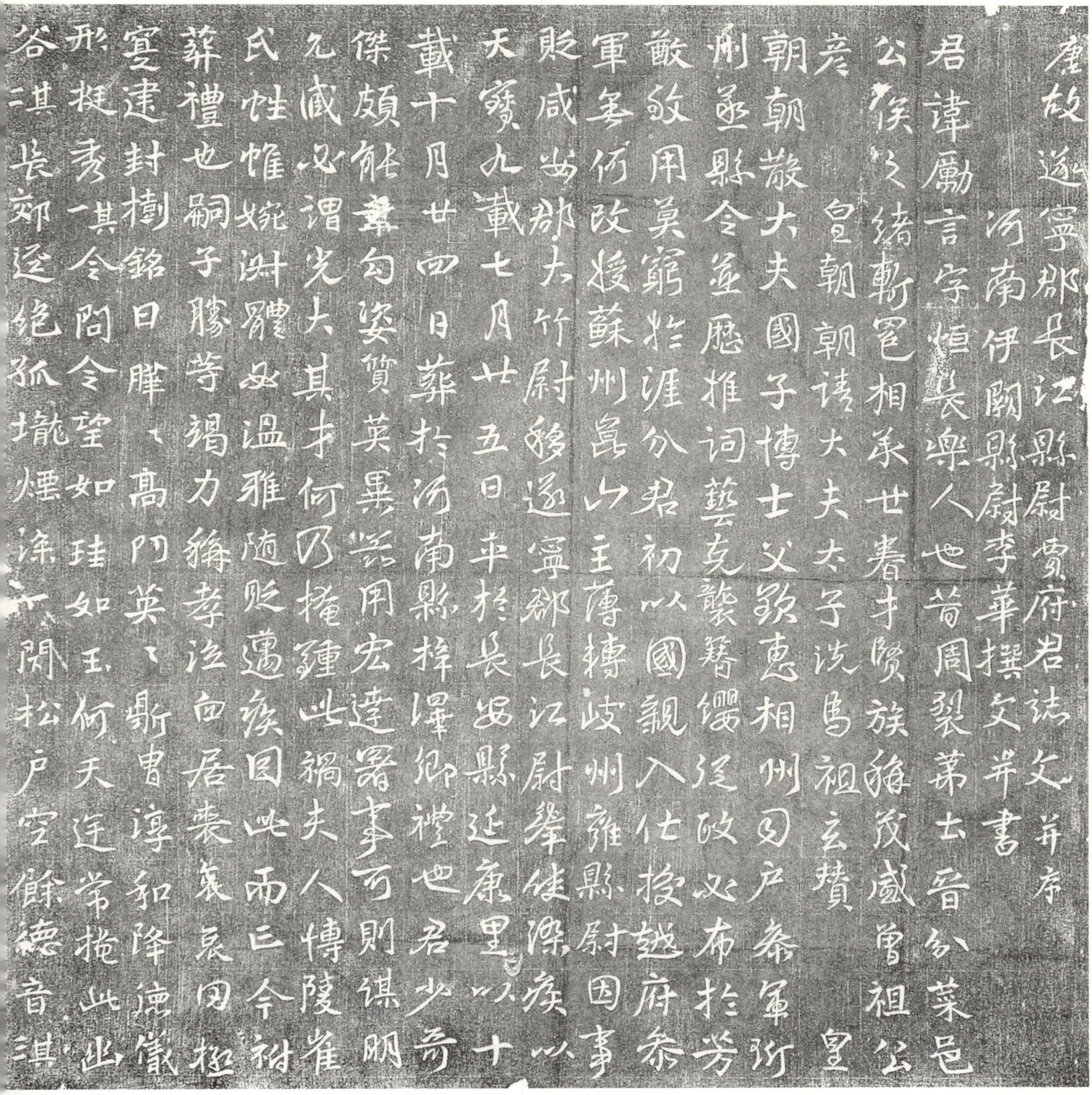
唐故遂寧郡長江縣尉賈府君誌文并序
河南伊闕縣尉李華撰文并書
君諱勵言字恒長樂人也昔周裂茅土晉分葉邑
公侯之緒軒冕相承世育才賢族承茂盛曾祖公
彥 皇朝朝請大夫太子洗馬祖玄贊 皇
朝朝散大夫國子博士父致惠相州司戶參軍衍
州遂縣令並歷推詞藝克襲簪纓從政必布於勞
敵敏用莫窮於淮分君初以國親入仕授越府參
軍參何政授蘇州崑山主簿轉岐州雍縣尉因事
貶咸安郡太竹尉移遂寧郡長江尉舉健璅疾以
天寶九載七月廿五日卒於長安縣延康里以十
載十月廿四日葬於河南縣梓澤鄉禮也君少奇
傑頗能辭句姿質英異用宏達略事可則謀明
允識必謂光大其才何乃穐鍾此禍夫人博陵崔
氏性惟婉淑體兼溫雅隨貶遘疾因此而亡今祔
葬禮也嗣子勝等竭力稱孝泣血居喪哀毀因極
寔建封樹銘曰膵膵高門英英鼎胄淳和降德儀
形挺秀其令問令望如珪如玉何天道常掩此幽
谷淇其長郊遂絕孤壠煙滁一閉松戶空餘德音淇

106.唐故遂寧郡長江縣尉賈府君(勵言)誌文並序

54.5×54.5×12.5 釐米；有誌蓋 55×55×12 釐米，筆者經眼，惜未購得拓本。河南伊闕縣尉李華撰文并書。

天寶十載(751)十月廿四日

誌文撰、書者李華，《舊唐書》卷一九〇下、《新唐書》卷二〇三有傳

2003 年 5 月洛陽邙山出土

107.大唐故朝議郎行上黨郡大都督府黎城縣令太原王公(廉)墓誌銘並序

46×45 釐米　通直郎行陳留郡浚義縣尉劉長卿撰
天寶十一載(752)二月廿四日
約 2006 年 6 月出土

108.大唐故韓氏劉夫人（會如）墓誌銘並序

60×59.5 釐米　前國子進士莊若訥纂
天寶十二載(753)二月一日
2000 年洛陽邙山出土

109.唐故宋州下(夏)邑縣尉鄭府君(兢)墓誌銘並序

47×47.5 釐米　承務郎守臨汝郡臨汝縣令盧虛舟撰
天寶十三載(754)正月十三日
2005 年 11 月洛陽邙山出土

110.道門某氏墓內厭勝刻石

21.5×22 釐米
無紀年，約當開元、天寶之際
2006 年 6 月洛陽邙山出土

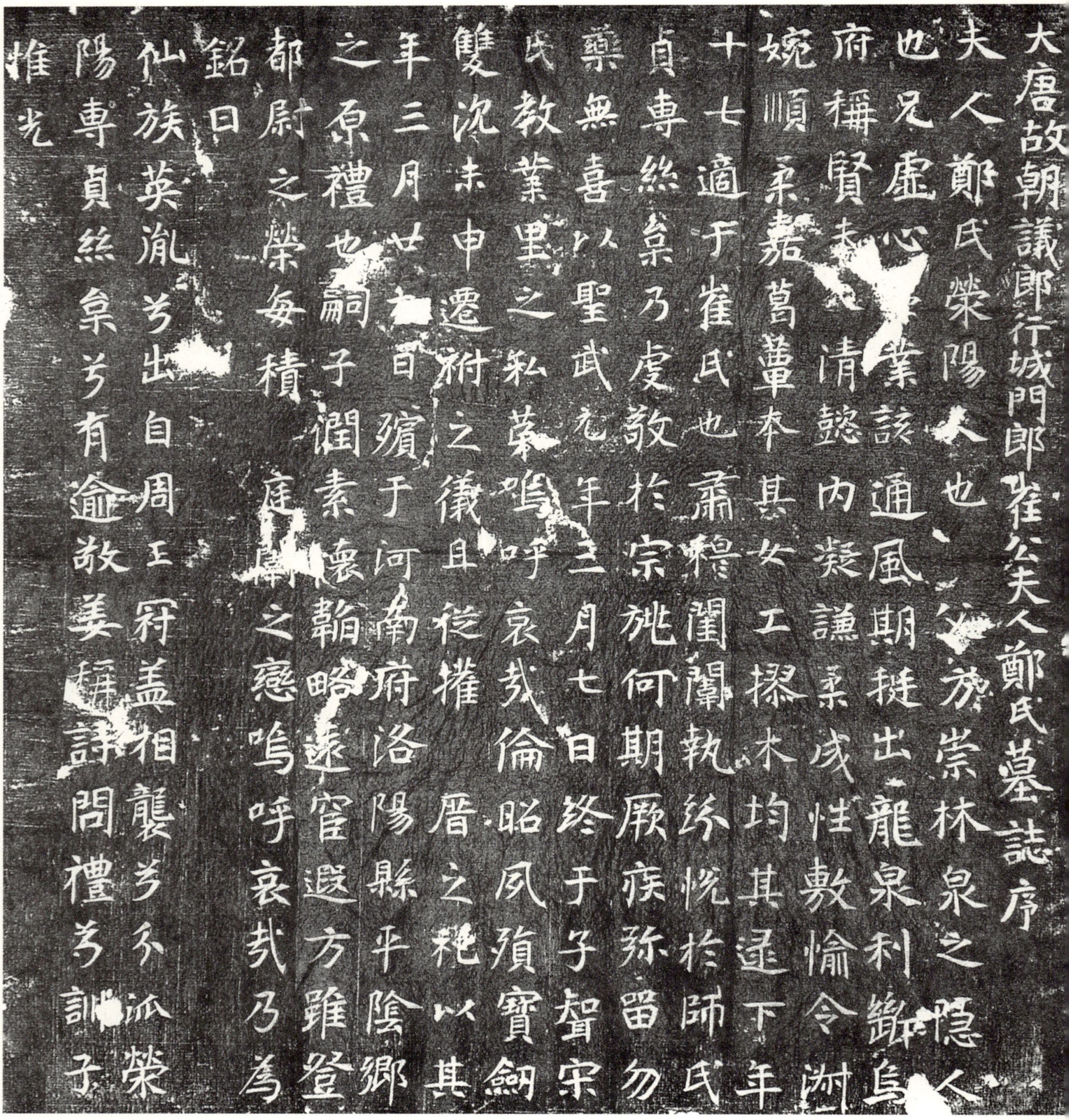

111.大唐故朝議郎行城門郎崔公夫人鄭氏墓誌序

36×35 釐米
聖武元年(756)三月廿九日
據云 2003 年洛陽邙山出土

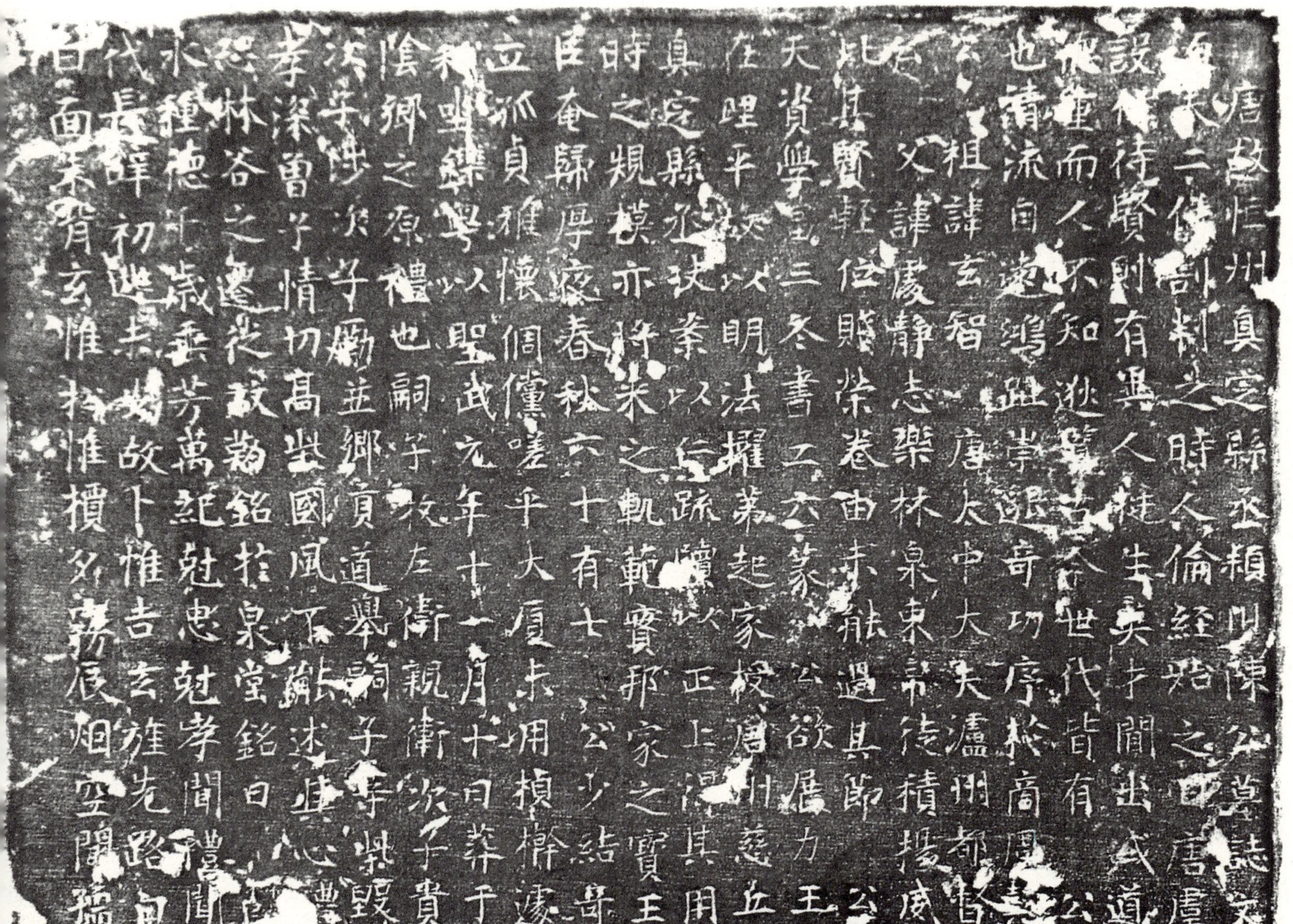

112.唐故恒州真定縣丞潁川陳公(希喬)墓誌文

35.5×36 釐米　進士賈鵬撰
聖武元年(756)十一月十日
據云 2005 年夏洛陽邙山出土

113.大唐故懷州武陟縣令愛州長史陽公(璡)墓誌銘並序

38×39 釐米
廣德元年(763)十月十五日
據云 2001 年洛陽邙山出土

附錄二

歷史文獻龍門記事輯零

夏：

1.禹　文獻

“昔大禹疏以通水，兩山相對，望之若闕，伊水曆其間北流，故謂之伊闕矣。”

《水經注》卷一五《伊水》條

西周：

2.僖公（即釐公）　文獻

“二十二年（前638）秋，秦、晉遷陸渾之戎於伊川。”

引《後漢書》卷八七《西羌傳》李賢注。

3.（大夫）辛有　史紀

“杜預云：‘允姓之戎居陸渾，在秦、晉西北，二國誘而徙之伊川，遂從戎號，今洛州陸渾縣，取其號也。’《後漢書》云：‘陸渾戎自瓜州遷於伊川。’《左傳》云：‘初，平王之東遷也，辛有適伊川，見被髮而祭於野者，曰：“不及百年，此其戎乎！其禮先亡矣”’”

《左傳》；又引《史記》卷四《周本紀》張守節正義。

4.楚莊王　史紀

周“定王元年（前606），楚莊王伐陸渾之戎，次洛，使人問九鼎。”

《史記》卷四《周本紀》。

春秋、戰國：

5.女寬　史紀

“晉知躒、趙鞅帥師納王，使女寬守闕塞。”

《左傳·昭公二十六年（前516）》

6.白起　史紀

周赧王二十二年（前293），韓公孫喜、魏人伐秦，秦將白起“敗魏師、韓師於伊闕，斬首二十四萬級，虜公孫喜，拔五城。”

《通鑒》卷四

7.白起　史紀

周赧王三十四年（前281），秦將白起慫出（闕）塞攻梁。

《史記》卷四《周本紀》

8.赧王　史紀

周赧王“五十九年（前256），秦取韓陽城、負黍，西周恐，倍秦，與諸侯約從，將天下鋭師出伊闕攻秦，令秦無得通陽城”。

《史記》卷四《周本紀》

曹魏：

9.《水經注》録　摩崖題刻

“（伊）闕左壁有石銘云：‘黃初四年（223）六月二十四日辛巳，大水出，舉高四丈五尺，齊此以下’。蓋記水之漲減也。”

《水經注》卷一五《伊水》條

兩晉：

10.沙漠汗　史志

“初，文帝入賓於晉，從者務勿塵姿神奇偉，登仙伊闕之山寺。”

《魏書》卷一一四《釋老志》

11.《水經注》録　摩崖題刻

“（伊闕）右壁又有石銘云：‘元康五年（295）河南府君循大禹之軌，部督郵辛曜、新城令王琨、部監作掾董猗、李褒，斬岸開石，平通伊闕。’石文尚存也。”

《水經注》卷一五《伊水》條

12.卜珝　史傳

“卜珝，字子玉，匈奴後部人也。少好讀《易》，郭璞見而嘆曰：‘吾所弗好也，奈何不免兵厄！’珝曰：‘然……’。珝遂隱龍門山。劉元海僭號，徵爲大司農、侍中，固以疾辭。”

《晉書》卷九五《卜珝傳》

13.桓溫　史紀

永和十二年(356)“秋八月己亥，桓溫及姚襄戰於伊水，大敗之，襄走平陽。徙其餘衆三千餘家於江、漢之間，執周成而歸。使揚武將軍毛穆之、都督陳午、輔國將軍河南太守戴施鎮洛陽。”

《晉書》卷八《穆帝紀》

北朝：

14.北魏孝文帝　史紀

太和十八年(494)十二月十一日，途徑伊闕南伐蕭梁。

《魏書》卷七《高祖紀》

15.北魏宣武帝　史紀

正始元年(504)十二月“己亥，行幸伊闕。”

《魏書》卷八《世宗紀》

16.胡靈太后　史紀

熙平二年(517)四月“乙卯，皇太后幸伊闕石窟寺，即日還宮。”

《魏書》卷九《肅宗紀》

17.北魏孝明帝　史紀

孝昌二年(526)八月“戊寅，帝幸南石窟寺，即日還宮。”

《魏書》卷九《肅宗紀》

18.釋慧可　內典

“自幼志氣不羣，博學詩書，尤精玄理。……後覽佛書，超然自得。即抵洛陽龍門山，依寶靜禪師出家受具。於永穆寺浮游講肆，遍學大小乘義。年三十二(神龜元年/518)，却返香山，終日宴坐，又經八載(孝昌二年/526)。”

《景德傳燈錄》卷三《慧可傳》

19.群盜　史紀

武泰元年(528)二月“群盜燒劫鞏縣以西、關口以東、公路澗以南。詔武衛將軍李神軌爲都督，討平之。”

《魏書》卷九《肅宗紀》

20.菩提達磨　內典

達磨傳鉢惠可後，“乃與徒衆往禹門千聖寺，止三日。未久，卒葬熊耳山，起塔於定林寺。”

《景德傳燈錄》卷三

21.菩提流支　內典

於龍門山有翻經處。

《宋高僧傳》卷十一《唐洛京伏牛山自在傳》

22.北魏出帝　史紀

永熙二年(533)正月“己亥，(元修)車駕幸崧高、石窟、靈岩寺。庚子，又幸，散施各有差。”

《魏書》卷十一《出帝紀》

隋：

23. 隋煬帝　史紀

大業二年(606)“夏四月庚戌(二十六日)，上(煬帝)自伊闕，陳法駕，備千乘萬騎，入於東京。”

《隋書》卷三《煬帝紀》

唐：

24.唐太宗　史紀、史傳

武德三年(620)“七月，總率諸軍攻王世充於洛邑，師次穀州。……太宗譴行軍總管史萬寶自宜陽南據龍門。”時“譴(盛)彥師與(史)萬寶軍於伊闕，絕其山南之路。”

《舊唐書》卷二《太宗紀》；《舊唐書》卷六九《薛萬徹傳》

25.唐太宗 史紀

貞觀十五年(641)"冬十月辛卯,大閲於伊闕。"

《舊唐書》卷三《太宗紀》

26.唐高宗 史紀

龍朔元年(661)"冬十月丁卯,狩於陸渾。癸酉,還宫。"

《舊唐書》卷四《高宗紀》

27.李素節 史傳、史紀

"則天稱制,又進封許王,累除舒州刺史。天授中,與上金同被誣告,追赴都……行至都城南龍門驛被縊死。"

《舊唐書》卷八六《許王素節傳》

素節被害,事在載初元年(690)七月"丁亥"。

《舊唐書》卷六《則天紀》

28.釋日照 內典

梵名地婆訶羅,中印度人。天皇時來華,所譯經天后制序。後終於洛陽,天后敕葬龍門香山寺,建塔旌表。

《宋高僧傳》卷二;《貞元錄》卷十二。《大正藏》·五十五册·頁864

29.玉泉寺 史傳

神功元年(697)七月後,武則天慾幸萬安山玉泉寺,王方慶諫阻,則天納其言而止。

《舊唐書》卷八九《王方慶傳》

30.來俊臣 史傳

"(來)俊臣嘗以三月三日萃其党於龍門,豎石題朝士姓名以卜之,令投石遥幾擊,倒者則先令告。至暮,投李昭德不中。"

《通鑒》神功元年《考异》;《朝野僉載》補輯

31.李顯 史傳

聖曆元年(698)後,則天召李顯自房陵返洛,擬"於石像驛安置,具法駕、陳百僚就迎之"。時"廬陵王自房陵還宫,太后匿之帳中,又召狄仁傑,以廬陵爲言。仁傑慷慨敷奏,言發涕流。遽出廬陵,謂仁傑曰:'還卿儲君。'仁傑降階泣賀。既已,奏曰:'太子還宫,人無知者,物議安審是非!'則天以爲然。乃復置中宗於龍門,具禮迎歸,人情咸悦。"

《舊唐書》卷八九《狄仁傑傳》

32.武則天 史紀

長安"四年(704)春正月,造興泰宫於壽安縣之萬安山。"四月"丙子,幸興泰宫。"

《舊唐書》卷六《則天紀》

33.武則天 史傳

"則天幸洛陽龍門,令從官賦詩,左史東方虬詩先成,則天以錦袍賜之。及(宋)之問詩成,則天稱其詞愈高,奪虬錦袍以賞之。"

《舊唐書》卷一九〇《宋之問傳》

34.宋之問 文獻

《寒食還陸渾别業》:"洛陽城里花如雪,陸渾山中今始發;旦别洛陽楊柳風,夕卧伊川桃李月;伊川桃李正芳新,寒食山中酒復春;野老不知堯舜力,酣歌一曲太平人。"

《全唐詩》卷五一

35.唐中宗 史紀

神龍元年(705)"冬十月癸亥,幸龍門香山寺。"

《舊唐書》卷七《中宗紀》

36.釋神秀 內典

"神龍二年(706)於東都天宫寺入滅,賜謚大通禪師。羽儀法物,送殯龍門。帝送至橋,王公士庶皆至葬所。張説及徵士盧鴻一各爲碑誄。"

《景德傳燈錄》卷四《神秀傳》

37.安金藏 文獻

"安金藏爲太常工人",則天時,嘗剖腹以明太子旦不反,"睿宗由是乃免。金藏後喪母,復於墓側躬造石墳石塔。舊源上無水,忽有涌出泉。又李樹盛冬開花,大鹿挾其道。使盧懷慎以聞,詔旌其門閭。"

《大唐新語》卷五《忠烈》

38.睿宗肅明皇后劉氏 史紀、史傳

景雲二年(711)正月"乙丑,追尊皇后劉氏爲肅明皇后,墓曰惠陵",招魂葬於都城之南。

《舊唐書》卷七《睿宗紀》;《舊唐書》卷五一《后妃傳》

39.睿宗昭成皇后竇氏 史紀、史傳

景雲二年(711)正月乙丑,追尊"德妃竇氏爲昭成皇后,墓曰靖陵,"招魂葬於都城之南。

《舊唐書》卷七《睿宗紀》;《舊唐書》卷五一《后妃傳》

40.釋義淨　內典

齊州張氏,游方印度,弘法兩京。

先天二年(713)卒,旌塔於洛京龍門北之高崗。

《宋高僧傳》卷一;《貞元錄》卷十三。《大正藏》·五十五册·頁 869–872

41.釋李元珪　內典

伊闕李氏。開元四年(716)卒於閑居寺,法葬嵩山(紀德幢建於龍門,見前)。

《宋高僧傳》卷一九

42.玄宗子李一　史傳、文獻

開元五年(717)薨,"葬於城南龍門東岑"。

《舊唐書》卷一〇七

蘇頲:《大唐故悼王石塔銘》:"唐開元五年歲在丁巳(717)四月庚午朔二十一日庚寅,故悼王薨於上陽之中禁。年曰二歲,而未及周。嗚呼哀哉！王即開元神武皇帝第九之愛子也。以某月二十七日景申,葬於萬安山之東南嶺。壙唯五尺,棺不三寸。壘石塔一丈於其上,不雕不斲,從省薄也。其銘曰:

南有萬安兮北有洛城,城可望兮天之京;嗚呼悼王寧不戀兮,嗚呼悼王寧不見兮;倚素塔兮陵翠微,空不礙兮雲則飛;嗚呼悼王兮其何歸！"

董誥等:《全唐文》卷二五六。

43.寶思惟　內典

北印度迦濕彌羅人。長壽二年(693)届於洛都。於龍門依天竺形制建寺曰"天竺寺"。開元九年(721)終於寺,構塔伊水之畔。

《宋高僧傳》卷三;《貞元錄》卷十三。《大正藏》·五十五册·頁 867

44.天竺、奉先寺　史誌

開元"十年(722)二月四日,伊水泛漲,毀都城南龍門天竺、奉先寺,壞羅郭東南角,平地水深六尺以上,入漕河,水次屋舍樹木蕩盡"。

《舊唐書》卷三七《五行誌》

45.唐玄宗　史紀

開元十二年(724)"冬十一月庚申,幸東都,至華陰"。開元十三年(725)"二月戊午,幸龍門,即日還宫。"

《舊唐書》卷八《玄宗紀》

46.菩提流志　內典

南天竺人。永淳二年(683)迎請入華。開元十五年(727)十一月四日卒於長壽寺。十二月一日於龍門西山起塔法葬。

《宋高僧傳》卷三;《貞元錄》卷十四。《大正藏》·五十五册·頁 872–873

47.張説　文獻

唐人"摹宰官之形儀,現輪王之相好"。爲蘇合宫(武氏新置縣,令爲蘇頲)摹真容。

《全唐文》卷二二二

48.唐玄宗　文獻

"張説既致仕,在家休養,乃乘閑往景山之陽,於先塋建立碑表。玄宗仍賜御書碑額以寵之。其文曰:'嗚呼！積善之墓。'與宣父延陵季子墓誌同體也,朝野以爲榮。及説薨,玄宗親制神道碑。其畧曰:'長安中,公爲鳳閣舍人,屬麟臺監張易之誣搆大臣,作爲飛語。御史大夫魏元忠即其醜正,必以中傷,天后致投杼之疑,中宗憂掘蠱之變。是時敕公爲證,啗以右職。一言刺回,四國交亂。公重爲義,死且不辭,庭辯無辜,中旨有忤,左右爲之惕息,而公以之抗詞。反元忠之塋魂,出太子於坑陷。人謂此舉義重於生。由是長流欽州,守正故也。'文多不盡載。"

劉肅:《大唐新語》卷十一《褒錫》

49.金剛智　內典

南印度摩賴耶國人。開元七年(719)達於廣府。開元二十年(732)十一月七日法葬於龍門南伊川之右,建塔旌表。

《宋高僧傳》卷一;《貞元錄》卷十四。《大正藏》·五十五册·頁 875–878

50.釋義福　內典

潞州銅鞮姜氏。開元二十年(732)卒,謚號 "大智禪師"。塔葬於伊闕之北,會葬者萬有餘人。

《宋高僧傳》卷九

51.善無畏　文獻紀事

開元二十三(735)月 日"葬於龍門西山"。

《全唐文》卷三一九

52.善無畏　內典

中印度人,釋迦如來季父之後。開元二十八年(740)十月三日,葬於龍門西山廣化寺之庭，置龕供養。

《宋高僧傳》卷二；《貞元錄》卷十四。《大正藏》·五十五册·頁 874–875

53.蕭穎士　史傳

開元以降，穎士"嘗與李華、陸據同游洛南龍門，三人共讀路側碑，穎士一閲，即能誦之。華再閲，據三閲，方能記之"。

《舊唐書》卷一九〇《蕭穎士傳》

54.陶翰　文獻

開元詩人陶翰曾有《宿天竺寺》詩，稱贊當寺美景有謂："松柏亂岩口，山西微徑通；天開一峰見，宫闕生虚空；正殿倚霞壁，千樓標石叢；夜來猿鳥靜，鍾梵響雲中；岑翠映湖月，泉聲亂溪風……"。

《全唐詩》卷一四六。中華書局，1960 年，第四册，頁一四七五

55.李憕　史傳

李憕，開元二十八年(740)爲河南少尹。天寶"十四載(755)轉光祿卿、東京留守，判尚書省事。……憕豐於産業，伊川膏腴，水陸上田，修竹茂樹，自城及闕口，别業相望。"

《舊唐書》卷一八七《李憕傳》

56.王維　文獻

"天寶末，群賊陷兩京，大掠文武朝臣及黄門宫嬪樂工騎士，每獲數百人，以兵仗嚴衛送於洛陽。……王維時爲賊拘於菩提寺中，聞之賦詩曰……"。

《明皇雜錄·補遺》

此事《舊唐書》卷一九〇下《王維傳》言拘維於"普施寺"內，則說有别矣。

57.雅禪師　文獻

天寶中，北宗雅禪師於東都龍門建藍若，庭中多古桐，枝幹拂地。

《酉陽雜俎》續集卷二《支諾皋中》，中華書局，1981 年，頁二一二

58.釋惠秀　內典

陳留李氏。長安(701–704)中往資聖寺。玄宗時卒，燕國公張説爲之送瘞龍門山，道俗千人奔會悲悼。

《宋高僧傳》卷一九

59.釋真亮　內典

"於本州開元寺智休師下披染服。受具已，游嵩少，遇普寂獎訓，頓開蒙昧。入龍門山，居而禪默，問津者交集，聲望日隆……"。

《宋高僧傳》卷一〇

60.釋神會　內典

襄陽高氏。上元元年(760)建午月十三日遷塔於龍門西山寶應寺，塔號"般若"。

《宋高僧傳》卷八

61.唐代宗　內典

永泰元年(765)應不空之請賜金剛智塔額。

《貞元釋教錄》卷一四

62.尼圓淨　金石書錄

興元元年(784)卒化於東京安國寺律院，翌年(785)安神於龍門天竺寺西南原。

《芒洛冢墓遺文補遺》，頁一二–一三

63.釋智慧　內典

北天竺迦畢試國人。貞元二年(786)始届京輦。及朱泚圍逼之後，卒於洛陽，塔葬龍門之西崗。

《宋高僧傳》卷二；《貞元錄》卷十七。《大正藏》·五十五册·頁 891–896

64.崔縱　史傳

"貞元元年(785)，親祀南郊，爲大禮使。……數月，除吏部侍郎，尋檢校禮部尚書、東畿唐汝鄧都觀察使、河南尹。……又引伊、洛水以通里閈，都中灌溉濟不逮爲十一二，人甚安之。徵拜太常卿，貞元七年(791)六月卒官，年六十二。"

《舊唐書》卷一〇八《崔渙傳》

65.吕元膺　史傳

元和十年(815)前後，"因吴元濟北犯，郊畿多警，防禦兵盡戍伊闕。(李)師道伏甲百餘於(東都)邸院，將焚宫室，……會小將李再興告變，元膺追兵伊闕。"

《舊唐書》卷一五四《吕元膺傳》

66.釋自在　內典

吴興李氏。元和(806–820)中居洛下香山，與天然禪師爲莫逆之交。所游必好古，思得前賢遺跡以快逸觀。龍門山得後魏三藏(菩提流支)翻經處。

《宋高僧傳》卷一一

67.李德裕　史傳

德裕嘗"東都於伊闕南置平泉别墅，清流翠篠，樹石幽奇。初未仕時，講學其中。及從官

藩服，出將入相，三十年不復重游，而題寄歌詩，皆銘之於石。今有《花木記》、《歌詩篇錄》二石存焉。”

《舊唐書》卷一七四《李德裕傳》

68.李德裕　文獻

“衛公平泉莊有黃辛夷、紫丁香。”

《酉陽雜俎》續集卷九《支植上》，中華書局，1981年，頁二八一

69.李德裕　文獻

“衛公莊上舊有同心蒂木芙蓉。”

《酉陽雜俎》續集卷九《支植上》，中華書局，1981年，頁二八三

70.釋如信　文獻

長慶四年(824)“窆於龍門之南崗”。“寶曆元年(825)遷葬於奉先寺，祔其先師塔廟穴之上。……請蘇州刺史白居易爲記”。

《白氏長慶集》卷六八《如信大師功德幢記》
文學古籍刊行社，一九五五年，第十册，頁1677–1678

71.僧鑒空　內典

嘗周游名山，“大和元年(827)詣洛陽，於龍門天竺寺遇河東柳理，親說厥由向理。理聞空之說，事皆不常，且甚奇之”。

《宋高僧傳》卷二〇《唐洛陽香山寺鑒空傳》

72.李玟　文獻

學士李玟習業於天竺寺，僧鑒空訪之，曾有預言佛法將衰之故事。

《太平廣記》卷三八八《齊君房條》

73.白居易　文獻

大和五年(831)秋，白氏以元稹墓誌文六七十萬筆贄施修龍門香山寺。

《白氏長慶集》卷六八《修香山寺記》
文學古籍刊行社，一九五五年，第十册，頁1695–1696

74.白居易　文獻

大和六年(832)六月二十六日河南尹白居易以伊闕山平泉處士韋楚“隱居樂道，獨行善身……棲山臥雲，練氣絕粒……二十餘年，不改其樂”，慫“厚貞退之風，遏燥進之俗”，薦之於朝。

《白氏長慶集》卷六八《薦李晏、韋楚狀》
文學古籍刊行社，一九五五年，第十册，頁1696–1698

75.釋智如　文獻

大和九年(835)“具涅槃儀移窆於龍門祖師塔院。”“開成元年(836)用闍維法遷祔於奉先寺祖師塔西而建幢”。

《白氏長慶集》卷六九《東都十律大德長聖善寺鉢塔院主智如和尚茶毗幢記》
文學古籍刊行社，一九五五年，第十册，頁1721–1723

76.釋神照　文獻

開成三年(838)冬十二月示滅於奉國寺禪院，“以是月遷葬於龍門山……明年(839)傳教主院上首弟子沙門清閑糾門徒合財施輿服勤，弟子志行等營度襄事，卜兆於寶應寺荷澤祖師塔東若干步窆而塔焉，示不忘本也”。

《白氏長慶集》卷七一《唐東都奉國寺禪德大師照公塔銘并序》
文學古籍刊行社，一九五五年，第十册，頁1771–1772

77.白居易　文獻

開成五年(840)白居易以“賦、格律詩凡八百首合爲十卷，今納於龍門香山寺經藏堂”。

《白氏長慶集》卷七一《香山寺白氏洛中集記》
文學古籍刊行社，一九五五年，第十册，頁1770–1771

78.白居易　文獻

白氏晚年有《天竺寺七葉堂避暑》、《題天竺南院贈閑、元、旻、清四上人》、《宿天竺寺回》詩篇，後者咏曰：“野寺經三宿，都城復一還；家仍念婚嫁，身尚系官班；蕭灑秋臨水，沈吟晚下山；長閑猶未得，逐日且偷閑”。

《白氏長慶集》卷三一
文學古籍刊行社，一九五五年，第五册，頁819

79.白居易　墓銘

會昌六年(846)月日祔葬於香山寺如滿大師塔側。

李商隱撰誌

80.高元裕　文獻

大中六年(852)十一月十日歸葬河南府伊闕縣白沙之南原。

《八瓊室金石補正》卷七五

81.達磨禪師　文獻

"大中庚午歲(四年/850)八月十五日詔河南尹河東公再建斯塔……河東公賁詔書詣龍門以天子意起之"。大中七年(853)正月五日陳寬撰誌,京兆少尹崔倬書,韓師復摸勒并刻。

《八瓊室金石補正》卷七五《再建圓覺大□□塔志》

82.釋從諫　內典

"屬會昌四年(844)詔廢佛塔廟,令沙門復桑梓,亦例澄汰。(諫)乃烏帽麻衣,潛於皇甫氏(枚)之溫泉別業。後崗上喬木駢鬱,巨石砥平,諫於夏中常就此入定,或補毳事"。

《宋高僧傳》卷一二《唐洛京廣愛寺從諫傳》

83.張直方　文獻

"咸通庚寅歲(十一年/870),盧龍軍節度使檢校尚書左僕射張直方表請修入覲之禮,優詔允焉"。十三年(872)十一月,張直方輿狎者王知古出長夏門抵闕塞。遇雪,渡伊水東南行至東草店,逢山魅狐妖之事。

皇甫枚:《山水小牘》,《説郛》卷三三

84.李廷光　文獻

廣明元年(880),皇甫枚在汝墳溫泉之別業。夏四月朔旦,雲物暴起於西北隅。瞬息間,濃雲四塞,大風發屋拔木雨且雹。明日,皇甫枚抵洛師,目寓都城自長夏門之北夾道古槐十拔去者五六矣,門之鴟吻亦失之。至八月,汝州招募軍李廷光等一千五百兵勇自雁門回,掠東都南市,焚長夏門而去。

皇甫枚:《山水小牘》,《説郛》卷三三

85.李愚　史傳

"天復初(901),駕在鳳翔,汴軍攻蒲、華,愚避難東歸洛陽。時衛公李德裕孫延古在平泉舊墅,愚往依焉。子弟親採穭負薪,以給朝夕,未嘗干人。"

《舊五代史》卷六七《李愚傳》

五代:

86.宏哲　文獻

開平二年(908)六月十四日於龍門立幢。

《八瓊室金石補正》卷七九,頁546

87.後唐莊宗　文獻

同光二年(924)十二月乙酉,幸廣化寺祈雪。 三年(925)五月戊申,幸龍門廣化寺,開佛塔請雨。

《册府元龜》卷一四五

88.沙門道賢　內典

"鳳翔沙門道賢,夢游五竺見佛,指示此某國、某聚落。暨旦,頓解五竺言音。傳粉壇法於世,人稱鳳翔阿嘟梨法。清泰初,隨末帝入洛而終,塔於龍門"。

《佛祖統紀》卷四二

89.釋可止　內典

房山馬氏。應順元年(934)正月二十二日卒,清泰二年(935)四月八日建塔於龍門山廣化寺之東南隅。

《宋高僧傳》卷七

90.後唐末帝　文獻

清泰元年(934)六月丙子,"命韓昭裔開廣化寺三藏塔。是夕,雨至三寸。……丁酉……遣中使往龍門廣化寺禱雨,百僚奔走祠宇。……甲辰,幸龍門佛寺禱雨,至晚還宮。十二月庚寅,幸龍門廣化寺開無畏塔祈雪,自卯至申。"

《册府元龜》卷一四五

91.後唐末帝　史紀、文獻

清泰三年(936)正月"戊戌(八日),幸龍門佛寺祈雪"。

《舊五代史》卷四八《末帝紀下》

清泰"三年(936)正月戊戌,以自去冬少雪,幸龍門廣化寺開無畏師塔祈禱"。

《册府元龜》卷一四五

92.釋僧照　內典

范陽張氏。乾祐元年(948)三月二十六日卒,四月三日遷神於洛城南,行荼毗法,樹塔於廣化寺南崗。

《宋高僧傳》卷七

93.釋道丕　內典

長安李唐宗室。顯德二年(955)六月八日遷化,葬於龍門廣化寺之左,樹立石塔。

《宋高僧傳》卷一七

94.釋夢江　內典

清泰(934–936)中,龍門廣化寺請爲衆開演,遇帝幸其寺宣問,妙辯天逸,悅可上心,時於御前賜紫袈裟,却乎不受。訓導二十餘年,講罷行道禮佛,日唯一食。慈仁於物,罕逢愠色。周顯德三年(956)疾終,緇素悲慕,爲其建塔矣"。

《宋高僧傳》卷七《漢洛陽天宮寺從隱附夢江傳》

北宋:

95.宋太祖　內典

開寶八年(975)三月,"幸洛陽,至龍門山廣化寺,開無畏三藏塔,瞻敬真體。四月,上將郊天而雨不止,遣使禱無畏塔"。

《佛祖統紀》卷四三

96.釋義莊　內典

滑台張氏。太平興國戊寅年(三年/978)八月卒。明年(979)二月遷塔於龍門菩提寺西。

《宋高僧傳》卷二八

97.釋普勝　內典

陸澤張氏。太平興國四年(979年)秋七月四日示滅,門人收舍利葬塔於寶應寺西阜。

《宋高僧傳》卷二八

98.宋真宗　史紀

景德四年(1007)"二月己卯,上幸龍門。睹巖崖石佛甚多,經會昌毀廢,皆已摧壞。左右曰:'非官爲葺治,不能成此勝跡。'上曰:'軍國用度,不慾以奉外教,恐勞費滋甚也。'"

《續資治通鑒長編》卷六五

99.宋真宗　內典

大中祥符四年(1011)三月,真宗"幸洛陽龍門山廣化寺,瞻無畏三藏塔,制贊刻石,置之塔所。"

《佛祖統紀》卷四四

100.宋真宗　內典

大中祥符九年(1016),"西京龍門佛龕,歲久廢壞,上命沙門棲演給工修飾,凡一萬七千三百三十九尊。"

《佛祖統紀》卷四四

101.義從法師　文獻

"天聖年中(1023–1031),蒙請於寶應蓮宮講《百法》、《上生》十五餘遍。素壽六十三,僧臘四十六,於明道二年(1033)正月二十九,無疾而終於寶應之房。……當年五月中,建此幢記。"

《八瓊室金石補正》卷八二

102.呂蒙正　文獻

"微時,於洛陽之龍門利涉院土室中,與溫中舒讀書,其室中今有畫像。有詩云:'八灘風急浪花飛,手把魚竿旁釣磯,自是釣頭香餌別,此心終待得魚歸。'又云:'怪得池塘春水滿,夜來雷雨起南山。'後狀元及第,位至宰相。……買園洛城東南,下臨伊水起亭,以'噎瓜'爲名,不忘貧賤之義也。"

《邵氏聞見錄》卷七

103.歐陽修等　文獻

"謝希深、歐陽永叔官洛陽時,同游嵩山。自潁陽歸,暮抵龍門香山。雪作,登石樓望都城,各有所懷。忽於烟靄中有策馬渡伊水來者。既至,乃錢相遣厨傳歌伎至。吏傳公言曰:'山行良勞,當少留龍門賞雪。府事簡,無遽歸也。'後錢相謫漢東,諸公送別至彭婆鎮,錢相置酒作長短句,俾伎歌之,甚悲。"

《邵氏聞見錄》卷八

104.丁謂　筆記

初自分司西京貶崖州,至龍門南彭婆鎮,病瘧,夜遇盜,失物甚多。

《邵氏聞見錄》卷七

105.文彥博　文集

熙寧六年(1073),於龍門"珍珠泉"畔勝善寺建"藥寮"以濟民疾。

《范太史集》卷三六《龍門山勝善寺藥寮記》,《四庫全書》集部三九·別集類。第1100冊,頁1100–394–395。上海古籍出版社,1987年。

106.文彦博、富弼、司馬光等　文獻

元豐五年(1082),以向慕香山九老之會,乃結洛下長者十三學士成"耆英會",於香山資勝院耆英堂圖寫貌真。

邵伯溫:《邵氏聞見錄》卷一〇

107.司馬光、范景仁　文獻

"司馬光居洛時,嘗與范景仁過韓城、抵登封。……由軒轅道至龍門,游廣愛、奉先諸寺,上華嚴閣、千佛巖,尋高公堂。渡潜溪,入廣化寺,觀唐郭汾陽鐵像。涉伊水至香山皇龕,憩石樓,臨八節灘,過白公影堂。凡所經從,多有詩什,自作序曰《游山錄》,士大夫爭傳之。"

邵伯溫:《邵氏聞見錄》卷一一

108.龍門堰　文獻

洛城正南十八里,龍門堰引伊水,以大石爲杠,互受二水。……伊水一支正北入城,又一支東南("南"當爲"北"之誤——翥按)入城,皆北行,分諸園。復合一渠,由長夏門以東、以北至羅門,二水皆入於漕河。所以洛中公卿士庶園宅,多有水竹花木之勝。

邵伯溫:《邵氏聞見錄》卷一〇

109.伊水汛漲　文獻

"元豐七年(1084)甲子六月二十六日,洛中大雨,伊、洛漲,壞天津橋,波浪與上陽宮墻齊。夜,西南城破,伊、洛南北合而爲一流,公卿士庶第宅廬舍皆壞。唯伊水東渠有積薪塞水口,故水不入府第"。

邵伯溫:《邵氏聞見錄》卷一三

110.道德里書生　文獻

"東都道德里書生,行至中橋,遇貴人與語,因南去長夏門,遂至龍門,入一甲第"。

轉採自《紀聞》

後 序

龍門地區區系文化生態問題的思考與提出，是 20 世紀 80 年代以來筆者在龍門石窟學術探索過程中的一個階段性認知。嗣後的二十餘年間，筆者有意識地沿着這一學理思路，漸次開始了相關歷史資料的蒐集。在此期間，因諸 1993 年龍門石窟國際學術討論會的緣際機會，筆者曾草就《從出土文物看中古時期龍門地區的區系文化聚落》一文，對當時常見的若干石刻資料所折射的龍門文化環境事象進行了初步的梳理。現今呈諸學界的這本文獻資料，則是筆者龍門學涯耳順退休的前夜，對多年囊匣積累及史部轉抄的結集，它大抵反映了世紀之初一位普通龍門學人對這一學術課題的階段性總結。

1900 年敦煌藏經洞的發現，引起了海內外文化學界的廣泛矚目。敦煌地區千姿百態的社會世俗與意趣雋永的人間生態，殆因秘藏千年的地下寶卷而昭亮於天下。一門國際顯學——敦煌學——的誕生，無疑與石室遺書的不經面世，有着勢同因果的直接聯繫。

位居中原的龍門石窟，由於處於魏、唐都城畿下的一種特殊的地理區位，中古一代自然少不了官達士庶的人文遺跡。衹是由於這一地區暫時屬於當代洛陽城市建設的邊緣地帶，以至配合城市建設而產生的“被動考古發掘”尚未能在這裏以中國文物工作特有的“洛陽模式”而展開——幾十年來主動考古資料的欠缺，限制了人們對這一地區文化生態總量內涵的認識和思考。相當長的時期以來，人們可以爲龍門石窟氣象恢弘的摩崖造像所折服，但卻幾無例外地忽視了石窟外圍地帶歷史遺踪的尋索與梳理——敦煌遺產的啓迪價值和敦煌學人的業績示範，迄今並未引起龍門同仁應有的措意。這一具有地方學風色彩的時代現實，從深層意義上折射出當代工業經濟的思潮背景下，社會指導階層對人類以往歷史行爲的豐富性及其認知價值正確估價的缺失。

2005 年冬天，我應意大利那不勒斯東方大學（Università degli Studi di Napoli “L'Orientale”）的邀請前去講學。當我懷着景仰的心情參觀龐培古城遺址的時候，我爲這一久負盛名的考古遺存的經略創意感到由衷的讚嘆——意大利人民自 1763 年以來，不避盛寒酷暑，孜孜窮年以超凡的毅力將這一人類文化遺產通過堅韌的考古勞動揭示給世人，從而向世界人民展示了意大利古代文明輝煌燦爛的業績。與此同時，我們看到意大利遺產管理部門以可持續發展的眼光，有效地維護了遺址原生態的存在狀況並將遺址文物進行了專門的陳列宣傳——龐培遺址有意地保存了將近一半的未發掘面積，而歷年發掘出土的文物則集中保存在那不勒斯國立考古博物館（Museo Archeologico Nazionale）。意大利人民通過這一國有遺產的精心經營極力爲世界人民提供文化教育長遠服務的意識，給我們留下了深刻的印象。

由此而回望，面對着近年以來龍門地區大量文物遺產的盜掘與流失，我們不能不對我國的文化管理事業充滿了慍慍的憂心！

所以，我們期盼着同是世界遺産的龍門石窟，亦能擺脱熱衷開發、疏於政理的頹廢境地，以富于文化戰略的眼光，從我們面臨的現實做起，爲這一世界遺産整體文化價值的揭示與可持續保護，作出科學的規劃和實施的安排。

這本文獻資料的結集與出版，是筆者二十年來對這一文化課題淺嘗實踐的階段性成果。筆者深知，以歷史資料積累和學人實踐磨礪爲基礎的"龍門學"學科的建立，絶不會止於這類初期田野實踐的局限。筆者希望當今國家文化主管部門中的有識之士，能儘早爲龍門地區整體文化生態的揭示，作出帶有前瞻意義的規劃與部署——工業時代背景下文物管理的"洛陽模式"對一處"大遺址"文化原生態價值造成的傷害，無論如何也不該在龍門地區的文化遺産保護與開發中，繼續地重演了。

在本書即將付梓印行的時刻，我要感謝爲本書出版作出了巨大支持的郭又陵先生、殷夢霞先生。沒有他們的鼎力襄助，本書在世紀之交的今天，是無論如何也不能出版問世的。柴劍虹先生在百忙中爲本書分神賜序，也使筆者感到由衷的溫暖。

此外，賢内林潤娥女士，幾十年來在日常生活煩瑣家務的餘息中，不辭勞苦地代我檢索、剪輯有關的資料，這也是筆者歉歉擎首而不能釋之心田的。

祈盼龍門遺産保護、學術研究的事業，在中國未來的後工業化時代能有長足的發展。

張乃翥

2006 年 3 月 15 日

叙於龍門石窟研究院

責任編輯·殷夢霞
封面設計·九雅工作室